새로운 개념과 접근법에 따른

실험계획법

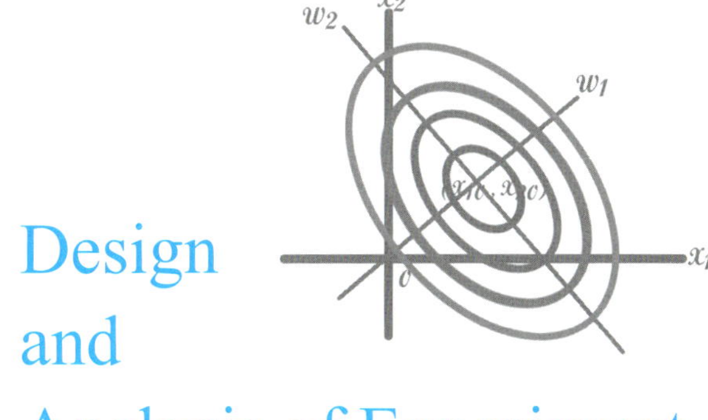

Design
and
Analysis of Experiment

양인모 · 오근태 · 유춘번 · 황인극 공저

민 영 사 · 대한상공회의소

머리말

실험계획법도 다른 분야와 마찬가지로 그 동안 많은 변화가 있었다.

1단계는 미국에서 탄생된 초기의 실험계획법으로 주로 평균을 목표에 맞추는 데 초점을 두었다.

2단계는 실험계획법을 받아들인 일본이 평균을 목표에 맞추는 전통적인 실험계획법으로는 규격에 부합되는 품질을 효과적으로 만들어 내는데 한계를 느껴 산포에 대한 개념을 도입하였다. 이는 직교배열표를 사용하여 가법성을 통해 평균 또는 산포를 설계하는 것으로, 이를 통해 일본의 품질이 비약적으로 발전하며 80년대 중 후반까지 세계 제품시장을 석권하게 되었다.

3단계는 일본에 위기의식을 느낀 미국이 일본의 품질을 연구하는 과정에서 다음의 문제 때문에 양산 시 재현성에 한계가 있다는 것을 알게 되었다.

첫째, 직교배열표를 통해 산포를 설계하더라도 양산시 가법성이 성립된다는 보장이 없다.

둘째, 현장에서 발생되고 있는 요인들의 실제 산포를 반영하지 못한다.

또한 때로는 경제성 때문에 다른 요인들과의 trade off를 통해 특정 요인의 산포를 크게 해야 하는 경우도 있다는 것을 파악하고 새로운 방법을 고안하게 되었다.

이는 실험계획법을 통해 모델(방정식)을 설정한 후, 현장에서 발생되는 요인들의 실제 산포를 모델에 대입하여 output 산포가 규격을 만족시키도록 최적화하는 것이다. 즉, **실험계획법을 통해 데이터(산포)를 사용하여 예측 생산을 해봄으로써 양산 시 재현성 확보를 통해 품질을 보증**하는 방식이다.

따라서 본서는 이러한 품질발전의 추이에 맞추어 전통적인 실험계획법을 통해 실험계획법의 개념과 기본원리를 이해하도록 하는 한편, 방정식을 효과적으로 설정하고 이를 통해 output 산포를 예측(보증)할 수 있도록 실험계획법들의 효과적인 사용법을 정리하였다.

특히 각 장마다 이론을 설명하고, 예제를 풀어봄으로써 이해도를 높이는 한편 미니탭을 통해 이를 검증함으로써 학습효과를 극대화할 수 있게 하였다.

본서는 크게 3개의 부분으로 구성이 되어 있다.

첫 부분인 1~6장은 전통적인 실험계획법으로 이를 통해 실험계획법의 개념과 기본원리를 이해할 수 있다.

두 번째 부분인 7~13장은 실험을 통해 모델을 구한 후 이를 활용하여 최적화와 허용차 설계를 함으로써 품질을 효과적으로 보증할 수 있도록 하였다. 이를 위해서는 **[그림 1-5]**에서 설명한 대로 2가지 경로가 있는데 상황에 맞추어 각 경로에서 적절한 실험계획법을 사용하면 된다.

세 번째 부분은 두 번째 부분에 비해 많이 사용되지는 않지만 이들을 활용하면 보다 효과적으로 문제를 해결할 수 있는 실험계획법들로 구성을 하였다.

세 번째 부분의 각 장을 요약하면 다음과 같다.

13장은 다른 실험계획법과 달리 인자(변수)들의 양이 아니라 상대적인 혼합비율에 의해 결정되어 인자가 서로 독립적이지 않은 경우인 '**혼합물실험**'을 다루었다.

14장은 실험 전체를 랜덤하게 하기 곤란한 경우 랜덤화를 하기 쉬운 정도를 고려하여 인자를 단계별로 나누어 배치함으로써 실험을 단계별로 랜덤화하는 '**분할법**'을 다루었다.

15장은 난괴법의 경우 한 방향으로 블록을 형성하나, 두 개의 변량인자로 양방향 모두 블록을 형성함으로써 실험에 포함되지 않는 요인이 실험에 미치는 영향을 차단하고자 하는 '**라틴방격법**'(latin square design)을 다루었다.

16장은 생산 현장에서 정상적인 조업을 하면서 공정의 최적조건을 설정하기 위해 실행되는 '**EVOP**'를 다루었다.

끝으로 **17장** 및 **18장**에서는 '**직교배열표**'를 사용하여 품질문제를 효과적으로 개선할 수 있는 '**품질공학**'을 다루었다. 특히 품질공학은 과거의 실험계획법을 한 단계 업그레이드하고 3단계로의 품질 발전을 촉진하였으며 그 개념은 설계단계에서 매우 유용하게 활용될 수 있다.

본서를 통해 실험계획법이 보다 수월하게 이해되고 활용됨으로써 우리나라 품질 발전에 기여가 되었으면 하는 바람이다.

이 책이 출판될 수 있도록 도움을 주신 분들께 진심으로 감사드리며 특히 민영사 김동현 대표님과 임직원 분들께 감사드린다.

끝으로 이 책을 사랑하는 가족들에게 바칩니다.

2015. 10. 30

저자 일동

차례

Part I

Part II

5. 이원배치(반복있음)

6. 다원배치

7. 상관 및 회귀분석

8. 요인배치법

9. 블록실험과 일부실시법

14. 분할법

15. 라틴방격법

16. EVOP

17. 직교배열표

1 실험계획법 개요

실험계획법이란 문제(Y)를 해결하기 위해 문제에 영향을 미치는 요인(X)과의 관계를 $Y=F(X)$라는 수학적 관계식으로 규명한 후, 이를 활용하여 문제를 효과적으로 해결하는 일련의 계획적인 활동이다.

따라서 실험계획법을 사용할 경우 최소의 비용(노력, 시간, 실험횟수 등)으로 최대의 성과를 낼 수 있다.

이를 위해 실험계획법은 다음의 단계를 거치게 된다.

- 설계 : 어떤 데이터를 어떻게 수집할 것인가?
- 분석 : 실험결과로부터 어떤 정보를 얻을 수 있는가?
- 의사결정 : 최적화를 한 후 경제성 및 실행가능성을 고려하여 의사결정을 한다.

1.1 실험계획법의 목적

일반적으로 실험계획의 목적 또는 용도는 다음과 같다.

① 소수의 중요 요인(Vital Few Xs)의 영향정도를 파악

요인(X)이 특성치(Y)에 미치는 영향이 얼마나 큰가를 파악한다(유의성의 문제).

② 선정된 중요 X들과 특성치 Y 간의 관련성 파악

수학적인 모델을 통해 선정된 중요 요인으로 목표를 달성할 수 있는지 여부를 파악한다(유효성의 문제).

③ 최적화

유의한 요인들이 어떤 조건을 가질 때 가장 바람직한 출력을 얻을 수 있는가를 결정한다(최적 반응조건의 결정문제).

④ 제품 및 공정의 설계/개선

상기의 정보들을 활용하여 경제적이고 실행 가능한 제품 및 공정을 설계하거나 개선을 한다.

실험계획법을 이해하기 위해서는 우선 다음의 용어를 이해해야 한다. 이들과 또한

이들과 관련된 용어는 이후에도 필요에 따라 추가 설명될 것이다.

- **특성치**(characteristic value): 실험의 결과물(output)로 측정되고 평가될 수 있어야 한다.
- **요인**(factor): 특성치(Y)에 영향을 주는 변수(X)로 모수인자와 변량인자로 구분된다.
  - 모수인자(fixed factor): 기술적인 의미를 가지는 요인으로, 실험 시 요인의 특정 값을 지정할 수 있다. 예를 들어 온도, 압력 등 실험에 사용되는 대부분의 요인이 모수인자이다.
  - 변량인자(random factor): 기술적인 의미를 갖지 못하며, 요인의 특정 값을 지정할 수 없어 랜덤하게 결정된다. 실험 시 제어할 수 없는 요인으로 일간의 차이, 로트의 차이, 블록의 차이 등이 해당된다.
- **모델**(Model): 특성값(Y)과 요인(X)의 관계를 수학적 관계식을 사용하여 표현한 것이다
- **수준**(level) 또는 **처리**(treatment): 실험을 위해 지정된 인자의 값이다.
- **수준수**(처리수): 실험을 위해 인자에 지정된 값이 몇 개냐를 나타내는 것으로, 예를 들어 인자가 A_1, A_2, A_3의 3 수준을 가질 경우 수준수(처리수)는 3이 된다.
- **처리조합**(treatment combination): 인자들의 수준조합으로 단위실험의 조건을 나타낸다.
- **주효과**(main effect): 하나의 인자가 단독으로 특성치에 미치는 영향이다.
- **교호작용**(interaction): 2개 이상의 인자가 결합하여 특성치에 미치는 영향이다. 교호작용이 있는 경우 이들이 결합효과가 개별인자의 효과보다 훨씬 크다. 따라서 최적조건은 교호작용과 관련되는 인자를 동시에 고려하여 설정해야 한다.

[그림 1-1]을 통해 상기의 용어에 대한 정의를 보다 쉽게 이해할 수 있다.

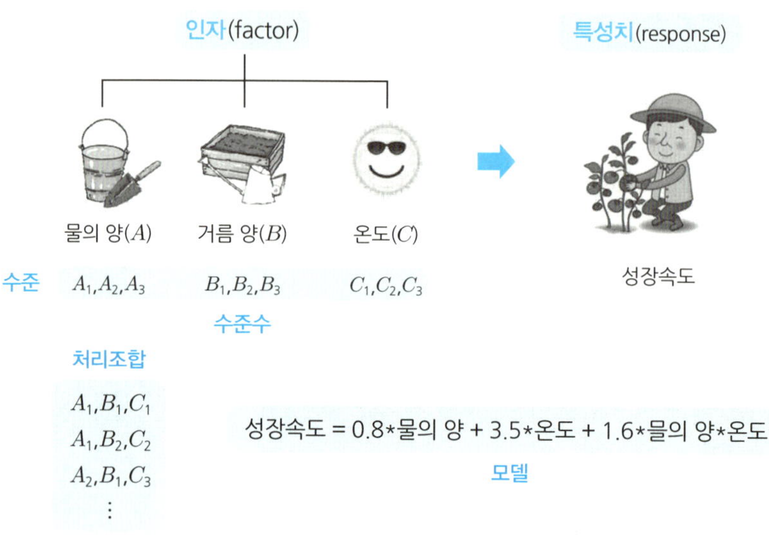

[그림 1-1] 실험계획법의 예

1.2 실험계획법의 5대 원리

실험계획 시 다음의 다섯 가지 기본원리를 적용할 경우 보다 정도(precision)가 높고 분석이 용이한 실험계획법을 실행할 수 있다.

① 랜덤화(randomization)의 원리

랜덤으로 실험을 실행함으로써 실험에 포함되지 않은 기타 다른 요인(잡음)이 미치는 영향을 실험 전체에 분산을 시킨다. 이를 통해 이들이 실험에 편중되게 미치는 영향을 줄일 수 있다.

② 교락(confounding)의 원리

서로 다른 2개 이상의 요인이 실험에 미치는 영향이 혼재되어 분리할 수 없는 상태로, 관심이 없는 요인과 블록효과를 교락시킴으로써 실험의 회수를 줄이는 등 실험의 효율을 높일 수 있다.

③ 블록화(blocking)의 원리

고차항과 블록효과를 교락시켜 블록을 만듦으로써 잡음이 실험에 미치는 영향을 차단할 수 있다. 이 경우 교락된 고차항과 블록효과를 분석 시 배제함으로써 나머지 요인이 실험에 미치는 영향을 온전하게 구할 수 있다.

블록을 형성할 경우 실험을 시간적 또는 공간적으로 분할하여 실험환경을 균일하게 함으로써 정도가 좋은 결과를 얻을 수 있다.

블록화는 랜덤화에 비해 잡음에 의한 영향을 줄이는 보다 적극적인 방법이라고 할 수 있다.

④ 반복(replication)의 원리

실험의 반복을 통해 오차의 자유도를 증대하여 오차 분산의 정도를 높게 추정함으로써 검출력을 높이고 실험의 신뢰성을 확보할 수 있다.

⑤ 직교화(orthogalization)의 원리

요인 간의 직교성이 성립되게 하여 독립성을 확보함으로써 적은 실험회수로 검출력을 높이고 정도가 높은 추정을 할 수가 있다.

1.3 실험계획법의 필요성

기존의 데이터가 있을 경우 이를 활용하여 실험계획을 할 수도 있다. 그러나 이 경우 다음과 같은 문제가 있을 수 있다.

① 기존 데이터 활용 시 제약조건

- 기록들의 불완전성
  - 변수(Xs) 혹은 특성치 누락이 있을 수 있다.
  - 데이터 수집상의 실수들이 내재되어 데이터가 현상을 정확하게 반영하지 못할 수 있다.
- 공정 변수들이 상호 연관성(교호작용)을 가진 상태에서 수집될 수 있다.
- 중요 요인들의 영향이 있음에도 불구하고 수집된 데이터상으로는 유의한 변화가 없을 수도 있다. 또는 그 반대의 경우도 있을 수 있다.

따라서 기존의 데이터로는 현황을 관찰, 파악하는 정도로 활용하는 것이 바람직하다.

② 기존 데이터를 활용한 프로세스 관찰방법

- 산점도, 런(Run) 차트, 관리도, 층별
- 상관관계, 분산분석(ANOVA), 회귀분석

일반적으로 실험계획법을 사용하지 않는 조직의 경우 시행착오(trial and error)나 OFAT(One Factor At a Time)를 통해 제품이나 공정을 설계하고 있다. 그러나 이들이 가지고 있는 제약 때문에 실험계획의 목적을 달성하는 데 한계가 있다.

▶ 시행착오(trial and error)

다음의 그림에서와 같이 온도(80 ℃ ~ 100 ℃), 압력(60 psi ~ 80 psi) 범위 내에서 수율을 최대로 하고자 한다. 시행착오를 통해 온도와 압력의 조건을 임의로 설정할 때, 실험의 조건은 몇 개가 될 수 있는가?

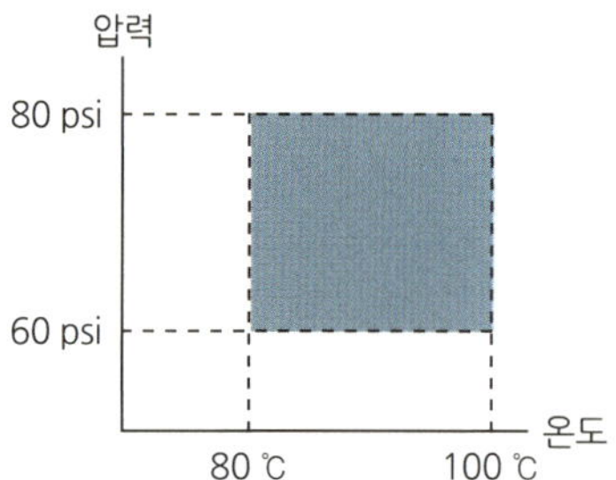

사각형 안에 찍힐 수 있는 점들은 무한대가 될 수 있다. 따라서 무수히 많은 실험을 하더라도 시행착오를 통해 수율을 최대로 하는 최적조건을 찾을 가능성은 극히 낮다는 것을 알 수 있다.

따라서 시행착오를 통해 실험을 할 경우 다음의 문제가 발생된다.

① 성공적인 실험결과를 얻기 위해서는 많은 노력(시간과 비용)이 소요됨
② 실험시간과 자원을 효율적으로 사용했는지 여부를 알기가 어려움
③ 적절한 결과가 도출되지 않을 경우 다음 조치사항이 명확하지 않음
④ 실험목적 달성 시 처리과정에 대한 가정을 확장시킬 정보가 부족함(실험의 재현이 곤란함)

▶ OFAT(One Factor At a Time)

한 번에 하나의 요인값만을 순차적으로 바꾸어서 특성값을 구하는 방식으로 이를 그림으로 나타내면 **[그림 1-2]**와 같다.

1단계: (80 ℃, 60 psi)에서 수율 70 %
2단계: (100 ℃, 60 psi)에서 수율 80 %
(압력을 고정한 상태에서 온도를 100 ℃로 바꿈)
3단계: (100 ℃, 80 psi)에서 수율 75 %
(온도를 고정한 상태에서 압력을 80 psi로 바꿈)

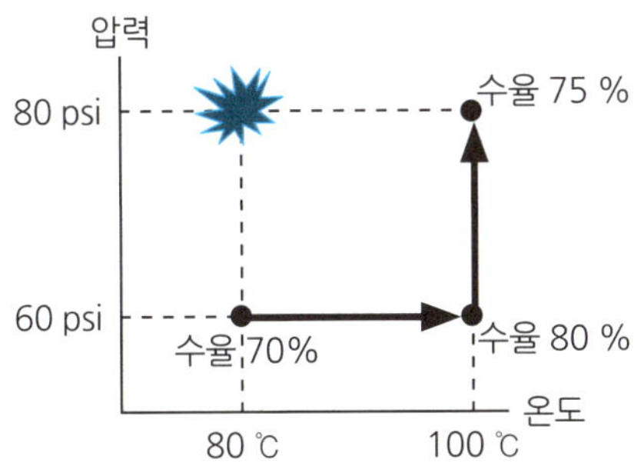

[그림 1-2] OFAT에 의한 실험

이 경우 최대 수율 80 %를 얻을 수 있다. 그러나 조건(80 ℃, 80 psi)를 놓쳤다. 즉, OFAT을 통해 실험을 할 경우 어느 수준조합에서 실험을 시작했느냐에 의해 영향을 받을 수 있으며, 주어진 모든 공간을 조사할 수 없다.

이상의 문제점을 극복하고 최소의 노력 즉, 비용으로 최대의 성과를 내기 위해서는 실험계획법을 적용할 필요가 있다. 왜냐하면 실험계획법은 최소의 노력으로 최대의 정보를 얻을 수 있도록 고안해 놓은 체계적인 방법론이기 때문이다. 단, 어떤 경우에 어떤 실험계획법을 적용해야 하는가, 그리고 그 결과에 대한 해석을 어떻게 해야 하는가에 대한 고려를 할 필요가 있다.

1.4 실험계획법의 적용단계

실험계획법을 통해 문제를 해결하기 위해서는 **[그림 1-3]**과 같이 인자의 선별(screening), 특성화(characterization) 및 최적화(optimization)의 3단계를 거치게 된다.

일반적으로 선별단계에서 다수의 요인이 선정되므로 전통적인 실험계획법을 사용할 경우 실험의 횟수가 급격히 증가되기 때문에 실행에 한계가 있다.

따라서 이러한 문제점을 극복하기 위해 다꾸찌는 직교배열표를 사용하게 되었다. 그러나 직교배열표는 그 장점에도 불구하고 교호작용을 분석할 수 없는 단점이 있다.

이에 6시그마에서는 선별단계에서 통계적 분석을 함으로써 요인을 최대로(3~5개) 줄인다. 그리고 특성화 및 최적화 단계에서 이들 줄어든 소수의 요인을 대상으로 2수준 요인실험(또는 일부 실시법)을 포함한 실험계획법을 필요에 따라 단계적으로 확장하여 적용(**[그림 1-5]** 참조)한다. 따라서 보다 체계적이고 과학적으로 주효과와 교호작용 나아가 곡면을 포함한 보다 완벽한 정보를 얻을 수 있다.

특히 중요한 요인으로 모델을 설정하고 이를 활용하여 최적화 및 허용차 설계를 함으로써 보다 재현성이 높은 품질을 만들 수 있게 되었다.

실험계획법의 적용단계	전통적인 실험계획법	다꾸찌 방법	6시그마
인자의 선별 (screening designs) • 다수의 요인 중 소수의 중요 요인 선별	• 정성적인 분석	• 정성적인 분석	• 정성적인 분석 • 통계적 분석
특성화 (characterization) • 중요 인자들이 특성치에 미치는 영향파악	• 다원배치 • 다수준 요인 실험	• 직교배열표	• 2수준 요인실험 (다중회귀분석)
최적화 (optimization) • 중요 요인들의 최적조건 설정			• 반응표면실험 (몬테칼로 모의실험)

[그림 1-3] 실험계획법의 적용단계

1.5 실험계획법의 적용순서

문제를 해결하기 위해 또는 원하는 정보를 얻기 위해 처음부터 고차원의 실험계획법을 적용할 필요가 없다.

[그림 1-4]와 같이 실험을 단계적으로 확장하여 적용할 경우 보다 완벽한 지식을 얻을 수 있을 뿐 아니라 실험의 실패에 대한 리스크를 줄일 수 있다. 또한 원하는 결과를 얻을 경우 그 단계에서 실험을 종료할 수 있으므로 보다 적은 노력(비용)으로 원하는 목표를 달성할 수 있다.

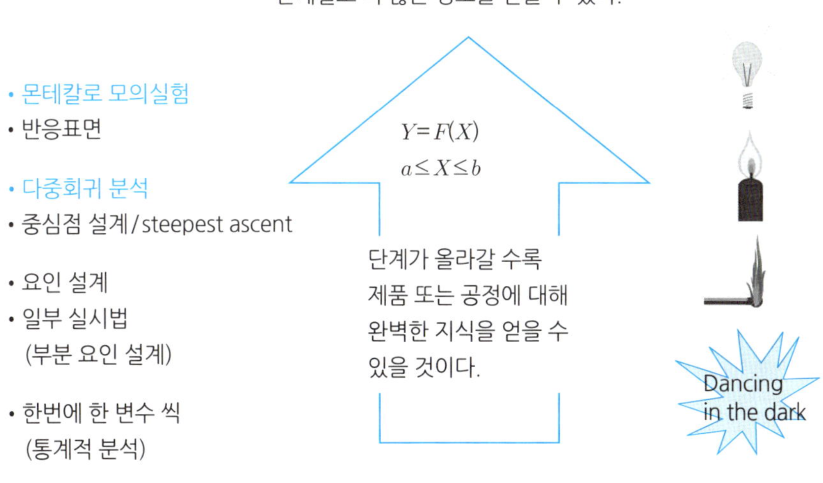

[그림 1-4] 실험계획법의 적용순서

1.6 실험계획법의 2가지 경로

[그림 1-4]를 보다 구체적으로 나타내면 [그림 1-5]와 같다.

만일 인자의 선별단계에서 단순회귀분석을 사용했을 경우 [그림 1-5]의 오른쪽 경로를 따라 실험을 진행한다. 이는 장치산업에서와 같이 인자의 수준을 임의로 설정할 경우 대규모 불량이 발생되거나 또는 사회현상에서 현실적으로 요인을 임의로 설정하기가 불가능한 경우에 해당된다. 따라서 자연상태에서 데이터를 있는 그대로 취하여 분석을 하는 경우에는 **[그림 1-5]**의 오른쪽 경로를 따른다.

인자의 수준을 임의로 설정할 수 있어 인자의 선별 시 회귀분석 이외의 툴을 사용하였을 경우에는 **[그림 1-5]**의 왼쪽 경로를 따라 실험을 진행한다.

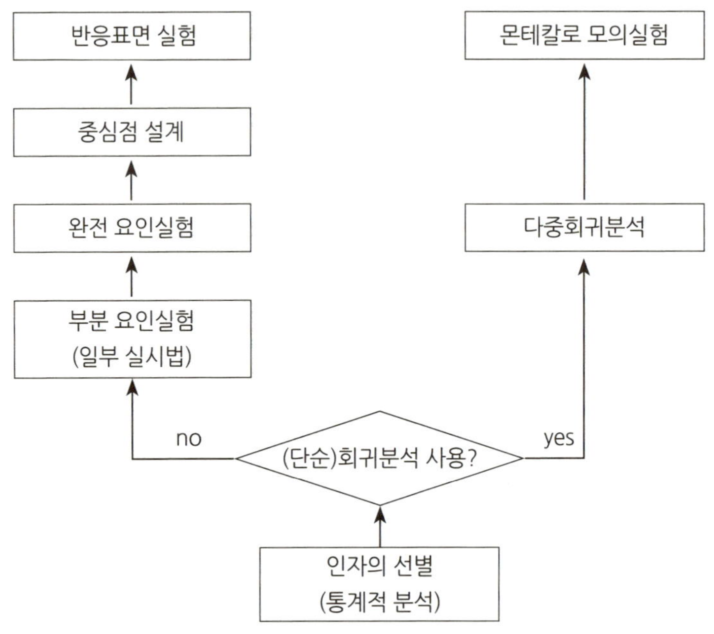

[그림 1-5] 실험계획법의 2가지 경로

1.7 실험계획법의 추진절차

실험을 보다 효율적으로 추진하여 원하는 목적을 달성하기 위해서는 **[그림 1-6]**과 같은 절차를 따르는 것이 바람직하다.

① 실험의 목적 설정

문제를 명확히 이해하고 실험을 하고자 하는 목적을 명확하게 설정한다. 이는 실험의 목적에 따라 실험계획의 방법이나 크기가 달라질 수 있기 때문이다.

② 실험의 설계

특성치 Y를 설정하고 이에 대한 요인 X들을 파악한다. 실험의 목적이나 요인들의 수에 의해 적용하는 실험계획법의 종류와 그 크기가 달라질 수 있다. 이때 실험에 선정되지 않은 요인이 실험에 영향을 미치지 않도록 하기 위해 상황에 따라 랜덤화 또는 블록실험을 할 수 있어야 한다.

③ 실행

실험을 설계한 사람이 실험을 실행하는 것이 바람직하다. 그러나 경우에 따라서는 실험을 실행하는 사람이 다를 수 있다. 따라서 실험을 실행하기 이전에 실험조건을 설정하거나 데이터를 측정하는 방법에 대해 표준화를 하고 이를 숙지할 필요가 있다.

④ 분석

데이터 분석은 통계 패키지를 사용하는 것이 바람직하다. 그리고 분석의 오류를 피하고, 이들 결과를 효과적으로 이해 및 활용하기 위해서는 그래프를 함께 사용하는 것이 바람직하다.

또한 중요 요인으로 모델을 설정함으로써 실험의 목표를 달성할 수 있는지의 여부를 조기에 파악할 수 있으며, 모델을 활용함으로써 최적조건의 설정과 허용차 설계를 과학적 및 효과적으로 할 수 있다.

분석결과가 지금까지의 경험이나 지식 그리고 이미 알려진 이론과 일치하는 가를 검토하는 것이 중요하다. 만일 다를 경우에는 추가 확인 실험을 하거나 또는 권위 있는 사람 또는 기관에 자문을 받아 조치하는 것도 좋은 방법이다.

⑤ 의사결정

실험계획법의 결과가 실험의 목표를 달성할 수 있을 정도로 만족스럽게 나왔다면 이를 현업에 적용한다. 단, 처음부터 대규모로 적용하기 보다는 소규모로 적용하여 효과를 본 다음 단계적으로 확산 적용하는 것이 바람직하다.

만일 실험을 통해 목표를 달성할 수 없다고 판단되면 단계 '② **실험의 설계**'로 돌아가 다른 중요 요인을 선정하거나 요인의 범위를 조정할 수 있을 것이다. 실험계획법의 세부 추진절차는 '**8. 요인실험**'에 제시되어 있다.

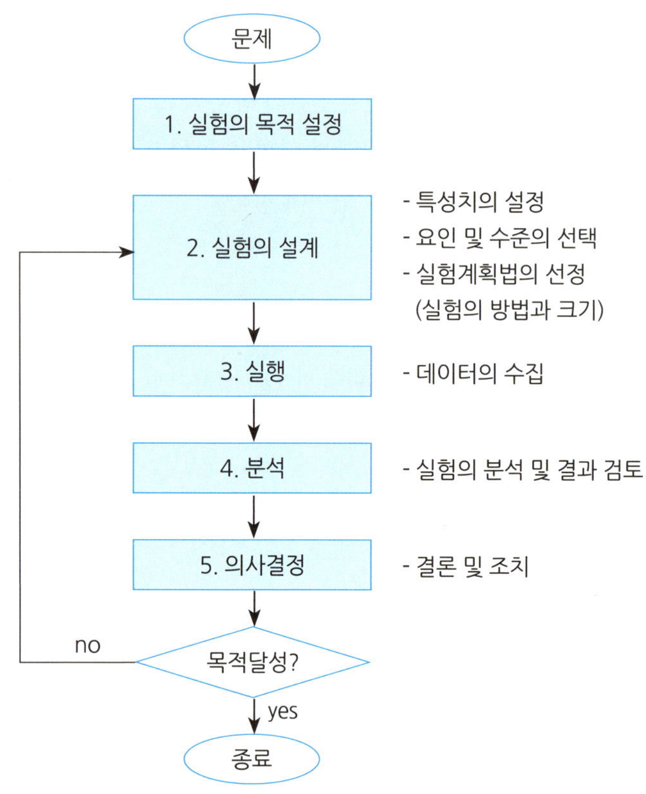

[그림 1-6] 실험계획법의 추진절차

1장

연습문제

1. 왜 실험계획법을 사용해야 하는지 그 필요성에 대해 간략하게 기술하시오.

2. 실험계획법의 목적 또는 용도에 대해 간략하게 기술하시오.

3. 실험계획법을 통해 요인의 선별(screening design), 특성화(characterization), 최적화(optimization) 단계를 거치면서 문제를 해결하게 된다. 각 단계의 핵심 내용을 간략하게 기술하시오.

4. 다음을 실험계획법의 5가지 기본원리라고 한다. 이를 간략하게 설명하시오.

   1) 랜덤화의 원리(principle of randomization)

   2) 반복의 원리(principle of replication)

   3) 블록화의 원리(principle of blocking)

   4) 교락의 원리(principle of confounding)

   5) 직교화의 원리(principle of orthogonality)

5. 실험계획법을 통해 문제를 해결하기 위해 처음부터 고차원의 실험계획법을 적용하기보다는 단계별로 실험을 확장하며 진행하는 것이 바람직하다. 이에 대한 이유를 간략하게 기술하시오.

6. 실험계획법을 통해 최적화를 하기 위해서는 인자의 수준을 임의로 설정하여 실험을 할 수 있는 경우와 그렇지 않은 경우 즉, 두 가지 경로로 나누어 실험을 진행한다. 이에 대해 간략하게 기술하시오.

7. 실험계획법의 추진절차와 각 단계별 핵심 추진내용 및 주의할 점에 대해 간략하게 기술하시오.

8. 시행착오(trial and error)와 OFAT(One Factor At a TIME)의 문제점에 대해 기술하시오.

9. 다꾸찌 방법에서 직교배열표를 사용하는 이유와 그 한계는 무엇인가?

10. 6시그마에서 '**문제 9**'에서의 한계를 극복하기 위해 실험계획법을 적용하는 방법론에 대해 간략하게 기술하시오.

미니탭 및 기초통계 이해

2.1 미니탭의 이해

미니탭은 원래 기초 통계학을 수강하는 학생들을 위하여 1972년 미국 펜실베니아 주립대학에서 개발된 통계 프로그램으로, 이후 공학, 사회학, 경영학, 품질관리 등 자료의 분석을 통해서 연구하는 모든 분야에 널리 사용되고 있다.

특히 Six Sigma가 많은 기업에 도입되면서부터 필수 통계 소프트웨어로 자리잡고 있다.

최신 판은 버전 17로, 개발 이래 현장의 요구(특히 Six Sigma)를 적극적으로 수용하면서 지속적으로 업그레이드되고 있다.

1) 미니탭의 화면 구성 요소

미니탭은 다음의 화면으로 구성되어 있다.

① 세션 창(Session Window): 미니탭의 명령어를 수행한 결과를 보여준다.

- 데이터 처리결과를 텍스트 형식으로 출력
- Session Window button, Ctrl-Tab, Ctrl-M, Window menu를 이용해 접근할 수 있다.

② Data Window(워크시트): 데이터를 입력 및 수정하고 입력된 데이터를 볼 수 있다.

- 각 열은 제목 칸을 가지고 있다. 31개 이하의 문자입력이 가능하다.
- 각 열은 동종의 변수만을 가진다(예: 숫자, 문자, 날자, 시간 등).
- Data Window button, Ctrl-Tab, Ctrl-D, Windows menu를 이용해 접근할 수 있다.

③ Project Manager Window: 미니탭 사용에 대한 전반적인 정보를 제공한다.

- 메뉴나 Session Window에서 사용된 모든 명령들을 저장한다.
- 현재 사용되고 있는 변수, 상수, 매트릭스 등에 대한 정보를 제공한다.
- Ctrl-Tab, Ctrl-i, Windows menu를 통해 접근할 수 있다.

④ Graph Window: 데이터 처리결과를 그래프로 보여 준다. 최고 15개의 그래

프 윈도우를 동시에 열 수 있다.

• Ctrl-Tab, Window menu를 통해 접근할 수 있다.

⑤ Menu 바: 메뉴를 클릭할 경우 명령어가 나타난다. 이 중 하나를 선택하면 명령이 실행된다.

⑥ Tool 바: 자주 사용하는 명령어를 그림으로 형상화하여 버튼으로 나타낸 것으로, 이 곳을 클릭하면 명령이 실행된다.

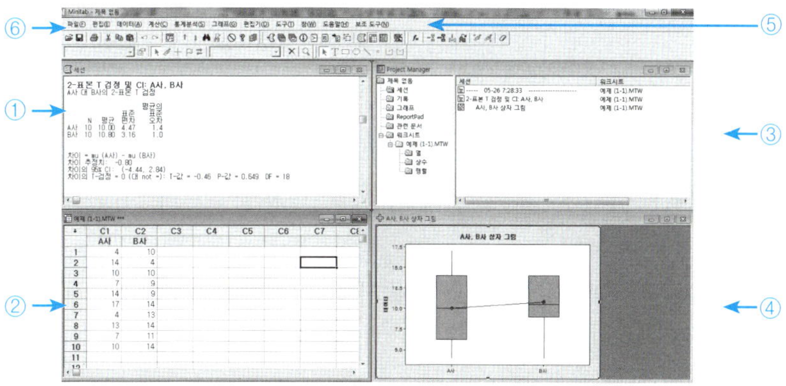

2) 시작하기

다음의 3가지 방법 중 하나로 Minitab을 실행하면 초기화면이 나타난다.

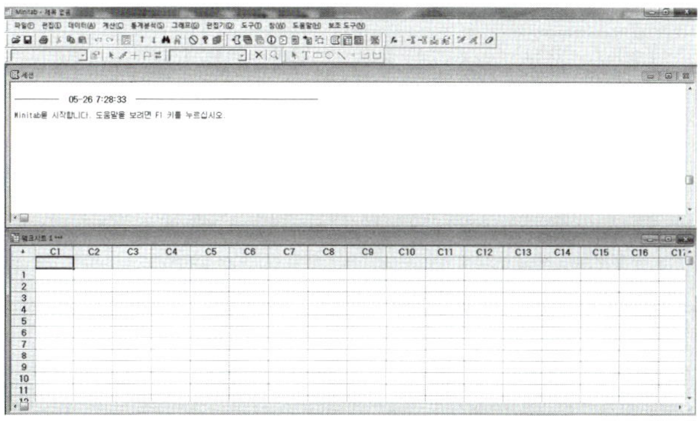

① 바탕화면에서 MINITAB 아이콘을 double click 한다.

② **시작 > 프로그램 > MINITAB**을 선택한다.

③ **Windows 탐색기 > Program Files > MINITAB 17 > Mtb 17**을 선택한다.

3) 자료의 입력

미니탭에서는 다음과 같이 데이터를 입력할 수 있다.

① 복사/붙이기 기능
미니탭 내에서 또는 다른 'Windows software(예: Excel)'에서 데이터를 복사할 수 있다.

② Data window에 직접 입력 가능
워크시트상에 자료를 직접 입력할 수 있다.

③ 자동 생성 기능
계산 > 패턴있는 데이터 만들기 > 등간격 숫자 집합…을 통해 데이터를 자동으로 생성할 수 있다.

④ 자료를 불러올 수 있다.
보통 사용되고 있는 소프트웨어 패키지(Excel)에서 또는 텍스트나 ASCII로 저장된 파일에서 데이터를 불러올 수 있다.

다음의 예제를 통해 데이터를 직접 입력해 보기로 한다.

예제 2-1

동일 부품을 납품하고 있는 두 협력사의 부품특성을 다음과 같이 측정하였다.
미니탭에 데이터를 입력하시오.

	부품의 일련번호									
	1	2	3	4	5	6	7	8	9	10
협력사 A	4	14	10	7	14	17	4	13	7	10
협력사 B	10	4	10	9	9	14	13	14	11	14

상기의 데이터를 Data window상에 입력하는 방법은 다음과 같다.

① 데이터 입력을 하고자 하는 셀로 커서를 이동시킨 후 데이터를 입력하고 Enter를 누른다.

② 이때 최상단 좌측칸에 있는 화살표가 → 인 경우 Enter 를 누르면 커서가 우측으로 이동되고 화살표가 ↓인 경우 Enter를 누르면 커서가 아래로 이동된다.

③ 입력된 값을 수정하고자 할 경우에는 해당 셀을 클릭한 후 새로운 값을 입력하고 Enter를 누르면 된다.

④ 데이터 입력 중 이를 취소하고자 할 경우에는 Esc를 누르면 된다.

[표 2-1] 미니탭 워크시트에 데이터 입력

예제 (1-1).MTW ***

↓	C1	C2	C3
	협력사 A	협력사 B	
1	4	10	
2	14	4	
3	10	10	
4	7	9	
5	14	9	
6	17	14	
7	4	13	
8	13	14	
9	7	11	
10	10	14	
11			

4) 워크시트 저장

Data 워크시트상에 입력된 데이터를 이후에 다시 사용하기 위해서는 디스크에 저장해야 한다.

파일 > 현재 워크시트 저장을 클릭하면 다음의 화면이 나타난다.

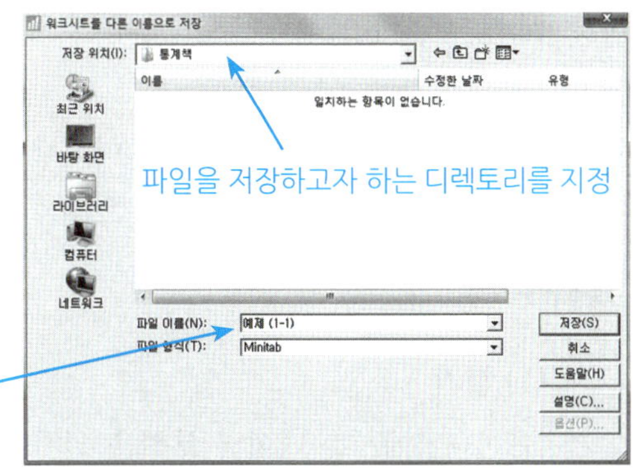

저장(S)를 클릭하면 데이터가 저장된다. 저장된 자료는 이후 **파일 > 워크시트 열기**를 클릭함으로써 다시 불러올 수 있다.

5) Project의 저장

미니탭에서는 데이터, 통계적 분석결과, 그래프 등을 포함하여 작업한 내용 전체를 저장할 수 있다.

파일 > 프로젝트 저장을 클릭한 후 다음을 실행한다.

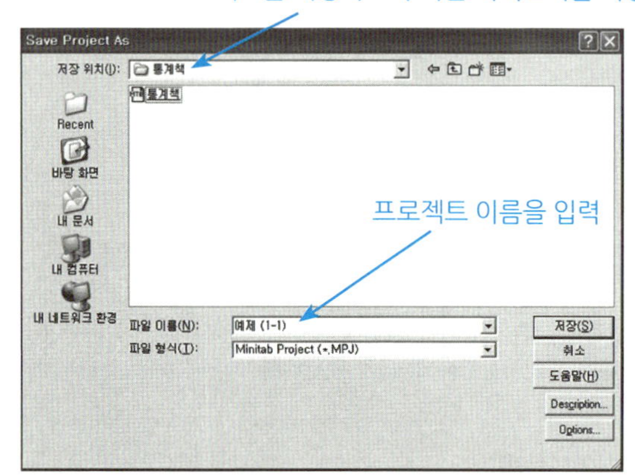

저장을 클릭하면 프로젝트가 저장된다.

저장된 자료는 이후 **파일 > 프로젝트 열기**를 클릭함으로써 다시 불러올 수 있다.

6) 명령어의 실행

미니탭의 명령어는 각 장에서 미니탭에 의한 분석이 필요할 때마다 사용함으로써 익히는 것이 바람직하다. 따라서 우선은 공통적으로 많이 사용되는 명령어부터 소개하기로 한다.

(1) 쌓기

미니탭에서는 데이터 분석을 위하여 '쌓기'형 데이터를 요구하는 경우가 많다.

쌓기에는 열 쌓기와 행 쌓기가 있다.

① 열 쌓기

[표 2-1]의 데이터를 미니탭을 사용하여 쌓기를 하면 다음과 같다.

데이터 > 쌓기 > 열... 을 클릭하면 다음의 화면이 나타난다.

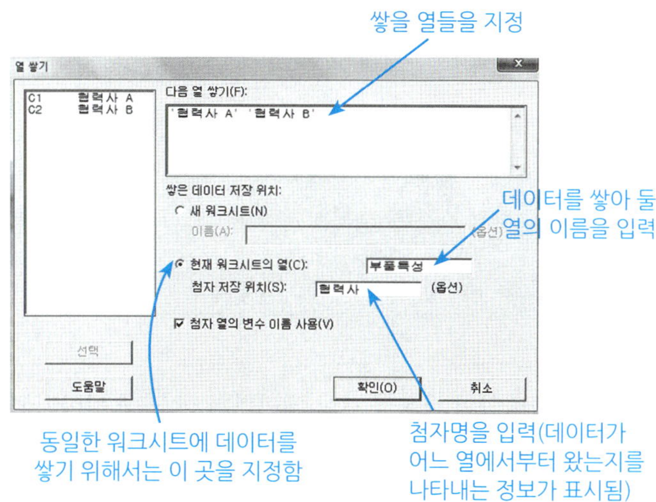

'확인'을 클릭하면 다음과 같이 동일한 워크시트에 데이터가 쌓아진다.

[표 2-2] 미니탭을 사용한 데이터 쌓기

예제 (1-1).MTW ***

↓	C1	C2	C3	C4-T	C5
	협력사 A	협력사 B	부품특성	협력사	
1	4	10	4	협력사 A	
2	14	4	14	협력사 A	
3	10	10	10	협력사 A	
4	7	9	7	협력사 A	
5	14	9	14	협력사 A	
6	17	14	17	협력사 A	
7	4	13	4	협력사 A	
8	13	14	13	협력사 A	
9	7	11	7	협력사 A	
10	10	14	10	협력사 A	
11			10	협력사 B	
12			4	협력사 B	
13			10	협력사 B	
14			9	협력사 B	
15			9	협력사 B	
16			14	협력사 B	
17			13	협력사 B	
18			14	협력사 B	
19			11	협력사 B	
20			14	협력사 B	
21					

② 행 쌓기

때로는 입력되어 있는 데이터를 열이 아니라 행으로 쌓아야 하는 경우가 있다. **데이터 > 쌓기 > 행**을 클릭한다.

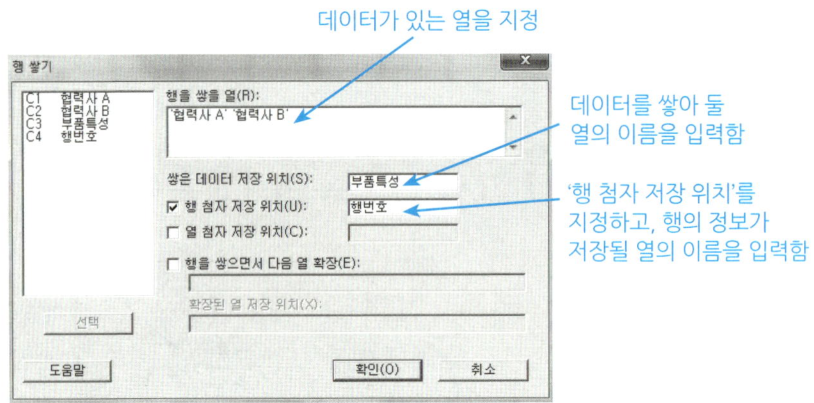

'확인'을 클릭하면 다음과 같이 데이터가 한 열에 쌓아지고 각 데이터에 대한 행의 정보가 생성된다.

↓	C1	C2	C3	C4
	협력사 A	협력사 B	부품특성	행번호
1	4	10	4	1
2	14	4	10	1
3	10	10	14	2
4	7	9	4	2
5	14	9	10	3
6	17	14	10	3
7	4	13	7	4
8	13	14	9	4
9	7	11	14	5
10	10	14	9	5
11			17	6
12			14	6
13			4	7
14			13	7
15			13	8
16			14	8
17			7	9
18			11	9
19			10	10
20			14	10

(2) 분할

[표 2-2]에서 쌓아진 데이터를 '분할' 명령어를 통해 **[표 2-1]**과 같이 다시 원 상태로 되돌릴 수 있다.

데이터 > 열 분할 ...을 클릭하면 다음의 화면이 나타난다.

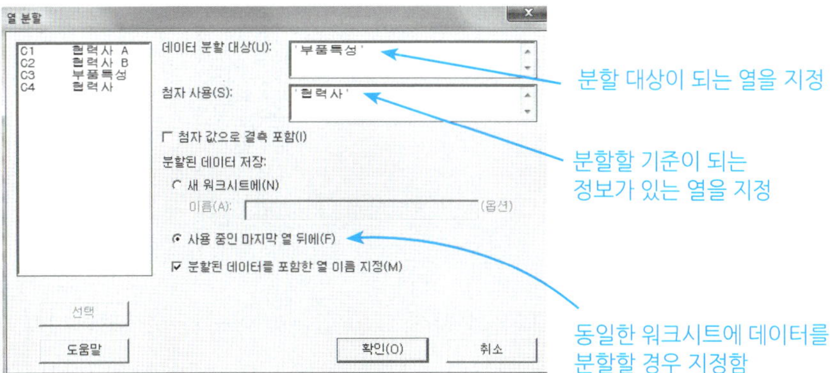

'확인'을 클릭하면 쌓였던 데이터가 다시 분할된 것을 알 수 있다.

예제 (1-1).MTW ***

↓	C1	C2	C3	C4-T	C5	C6	C7
	협력사 A	협력사 B	부품특성	협력사	부품특성_협력사 A	부품특성_협력사 B	
1	4	10	4	협력사 A	4	10	
2	14	4	14	협력사 A	14	4	
3	10	10	10	협력사 A	10	10	
4	7	9	7	협력사 A	7	9	
5	14	9	14	협력사 A	14	9	
6	17	14	17	협력사 A	17	14	
7	4	13	4	협력사 A	4	13	
8	13	14	13	협력사 A	13	14	
9	7	11	7	협력사 A	7	11	
10	10	14	10	협력사 A	10	14	
11			10	협력사 B			
12			4	협력사 B			
13			10	협력사 B			
14			9	협력사 B			
15			9	협력사 B			
16			14	협력사 B			
17			13	협력사 B			
18			14	협력사 B			
19			11	협력사 B			
20			14	협력사 B			

(3) 패턴있는 데이터 만들기

미니탭을 사용하여 자료를 분석하기 위해서는 일정한 형태로 반복되는 데이터가 필요한 경우가 있다. 물론 이 경우 일일이 수작업으로 데이터를 입력할 수도 있으나 매우 번거롭기 때문에 '패턴 있는 데이터 만들기' 명령어를 사용한다.

미니탭에서 계산 > 패턴있는 데이터 만들기 > 등간격 숫자 집합...을 클릭하면 다음의 화면이 나타난다.

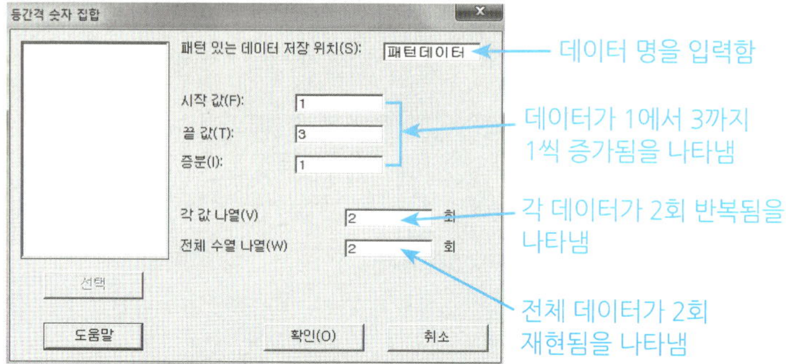

'확인'을 클릭하면 다음과 같이 패턴 있는 데이터가 생성된다. 1부터 3까지 1씩 증분이 되면서 각각의 데이터가 2회 반복이 되었고, 전체 데이터가 2회 재현이 되었다.

↓	C1	C2
	패턴데이터	
1	1	
2	1	
3	2	
4	2	
5	3	
6	3	
7	1	
8	1	
9	2	
10	2	
11	3	
12	3	
13		

문제 2-1 미니탭을 사용하여 다음과 같이 패턴있는 데이터를 생성하시오.

ⓐ

↓	C1
1	1
2	1
3	1
4	3
5	3
6	3
7	5
8	5
9	5
10	7
11	7
12	7

ⓑ

↓	C1
1	5
2	5
3	3
4	3
5	1
6	1
7	5
8	5
9	3
10	3
11	1
12	1

ⓒ

↓	C1-T
1	A
2	A
3	B
4	B
5	C
6	C
7	A
8	A
9	B
10	B
11	C
12	C

(4) 그래프 편집

미니탭에서는 다양한 그래프를 작성할 수 있으며 또한 작성한 그래프를 다양한 방법으로 편집할 수 있다.

① 글자 및 그래프의 편집

미니탭으로 그래프를 작성한 이후 글씨 또는 그래프상에 커서를 위치하고 더블클릭을 하면 글씨의 크기, 글자체, 그림의 유형, 색상 등을 다양하게 편집할 수 있다.

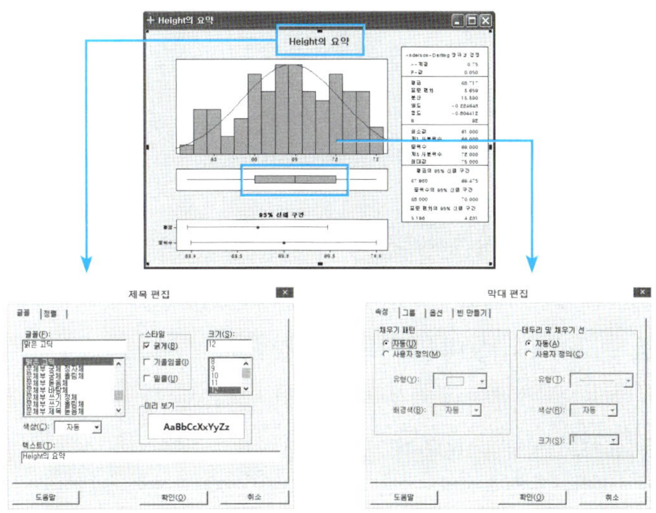

② 그래프 브러시 기능

그래프상에서 오른 마우스를 클릭하면 다음의 팝업 화면이 나타난다. 이 때 브러시를 선택하여 그래프상의 점을 클릭하면 워크시트상에 해당 데이터에 표시가 된다.

[그림 2-1]의 산점도 상에서 이상치로 판단되는 점을 제거한 후 재분석을 하고자 할 경우 그래프 '브러시' 기능을 사용함으로써 해당 되는 데이터를 워크시트상에서 손쉽게 찾을 수 있다.

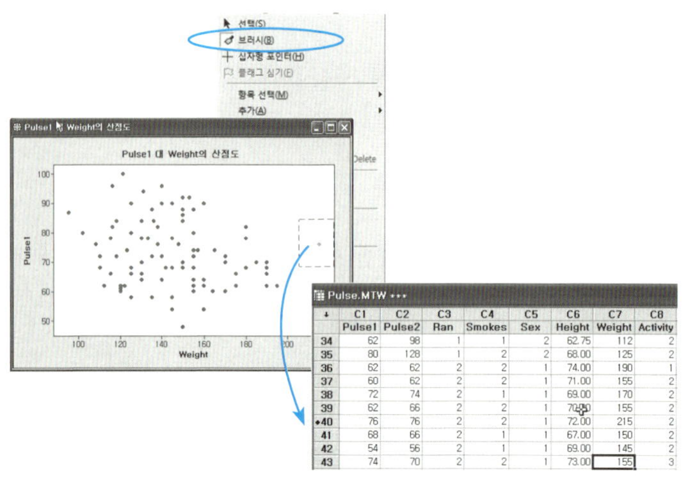

↓	C1	C2	C3	C4	C5	C6	C7	C8
	Pulse1	Pulse2	Ran	Smokes	Sex	Height	Weight	Activity
34	62	98	1	1	2	62.75	112	2
35	80	128	1	2	2	68.00	125	2
36	62	62	2	2	1	74.00	190	1
37	60	62	2	2	1	71.00	155	2
38	72	74	2	1	1	69.00	170	2
39	62	66	2	2	1	70.00	155	2
•40	76	76	2	2	1	72.00	215	2
41	68	66	2	1	1	67.00	150	2
42	54	56	2	1	1	69.00	145	2
43	74	70	2	2	1	73.00	155	3

[그림 2-1] 그래프 브러시 기능의 설명

③ 그래프 정보표시

미니탭에서는 워크시트상의 데이터와 그래프가 일치하는지의 여부에 대한 정보를 제공한다. **[표 2-3]**은 발생할 수 있는 3가지 경우에 따라 아이콘 색깔을 통해 그래프의 상태 및 원인을 설명한다.

노랑색 및 빨강색의 경우 데이터의 업데이트를 통해 그래프가 다시 회복이 되어 초록의 상태로 복귀가 가능하다.

[표 2-3] 미니탭에서 그래프에 대한 정보표시

아이콘 색깔	상태 및 원인
(초록)	• 최근 그래프이며, 데이터와 그래프가 일치한다. - 그래프를 수동으로 업데이트했거나, '그래프 자동 업데이트'를 지정하여 업데이트가 된 상태이다. - 처음부터 데이터를 변경하지 않았다.
(노랑)	• 데이터가 변경되었으며, 그래프와 데이터는 일치하지 않는다. • 이 경우 데이터를 업데이트 함으로써 초록색으로의 복귀가 가능하다.
(빨강)	• 데이터가 변경되었으며 그래프와 데이터가 일치하지 않는다. (그래프가 자동으로 업데이트 되도록 설정한 경우에만 해당됨) • 이 경우에도 데이터를 업데이트함으로써 초록색으로 복귀 가능하다.

[표 2-3]에서 빨강색의 경우는 그래프를 자동으로 업데이트하도록 설정한 경우에만 해당이 된다.

그래프를 자동으로 업데이트 하는 방법은 그래프 상에서 오른 마우스 버튼을 클릭하면 다음의 팝업 화면이 나타나는데 이때 '그래프 자동 업데이트'를 지정하면 된다.

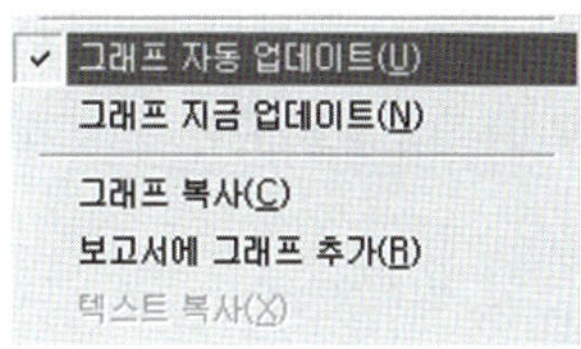

7) 자료의 출력(Print)

미니탭 작업 중에 필요에 따라 세션 창, 워크시트 및 그래프를 출력할 수 있다.

세션 창의 통계적 분석 결과를 출력하기 위해서는, 커서로 세션 창을 지정한 후. Menu바의 '파일'을 클릭하면 다음의 화면이 나타난다.

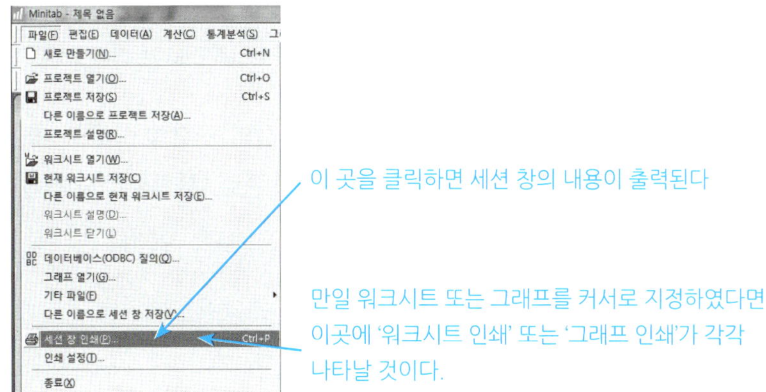

8) 끝내기

파일 > 종료를 클릭하면 미니탭을 종료할 수 있다.

2.2 기초통계

통계학을 활용할 경우에는 필요한 자료를 선별적으로 취함으로써 업무의 양을 줄일 수 있으며 또한 비용을 절감 할 수 있다. 그리고 불확실성을 정량화하여 보다 정확하고 합리적인 의사결정을 함으로써 수많은 시행착오를 줄일 수 있다.

따라서 최소의 시간과 비용으로 보다 정확한 의사결정을 통해 실험계획을 보다 효과적으로 추진하기 위해서는 이에 필요한 통계의 핵심 내용을 이해할 필요가 있다.

2.2.1 확률분포의 종류

확률분포는 무수히 많으나 이 중에 특정 형태를 따르는 확률분포에는 고유한 명칭이 부여되어있다. 따라서 이들 특정 확률분포의 특징을 이해하고 문제의 상황에 따라 적용하면 합리적인 의사결정을 할 수 있다.

확률분포에는 연속형과 이산형이 있는데 본서에서는 연속형 확률분포만을 다루기로 한다.

2.2.1.1 연속형 확률분포

연속형 확률변수가 취할 수 있는 모든 값의 구간에 확률을 대응시킨 것을 연속형 확률분포라고 한다. 연속형 확률분포를 함수로 나타낸 것을 연속형 확률밀도함수라고 한다.

1) 정규분포(normal distribution)

정규분포는 **[그림 2-2]**와 같이 평균을 중심으로 좌우가 대칭인 종모양의 형태로, 사회 및 자연현상에서 접하는 많은 자료들이 보통 정규분포를 따른다.

또한 자료들이 정규분포를 따르지 않더라도 중심극한정리*에 의해 정규분포를 적

중심극한정리: '3) 표본분포'의 '(1) 중심극한정리에 의한 표준정규분포' 참조

용할 수 있기 때문에 가장 많이 사용되는 분포이다.

정규분포의 확률밀도함수는 다음과 같다.

$$f(x) = \frac{1}{\sqrt{2\pi\sigma^2}} e^{-(x-\mu)^2/2\sigma^2}, \quad -\infty < x < \infty \qquad (2.1)$$

π : 3.1416(원주율: 상수), e : 2.7183(상수)

정규분포의 특성

① 정규분포의 모양과 위치는 분포의 평균과 표준편차로 결정된다.

② 정규분포의 확률밀도 함수는 평균(μ)을 중심으로 대칭인 종모양(Bell Shape)이다.

③ 확률변수의 범위는 무한대이다($-\infty < X < \infty$).

④ 분포의 평균(μ)과 표준편차(σ)가 어떤값을 갖더라도 정규곡선과 X축 사이의 전체면적은 1이다.

⑤ 정규분포는 $\mu \pm \sigma$ 구간의 확률이 68.26 %, $\mu \pm 2\sigma$ 구간의 확률이 95.45 %, $\mu \pm 3\sigma$ 구간의 확률이 99.73 %이다.

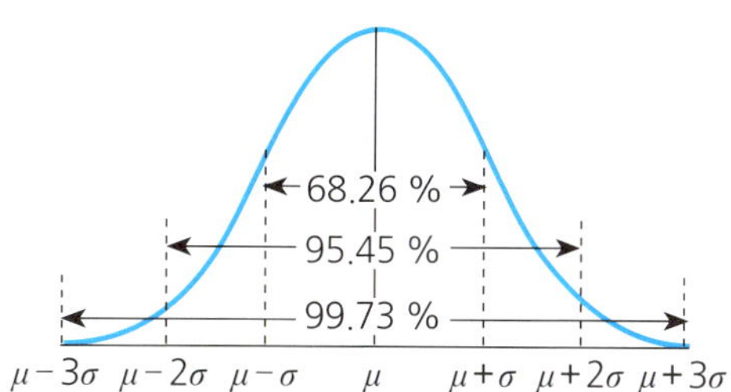

[그림 2-2] 정규분포

정규분포의 평균과 분산은 다음과 같은데,

$$\mu = E(X)$$
$$\sigma^2 = Var(X)$$

식 (2.1)에서 알 수 있듯이 정규분포의 확률밀도함수는 평균과 분산에 의해 결정된다. 따라서 정규분포를 $X \sim N(\mu, \sigma^2)$로 나타낸다.

2) 표준정규분포(standard normal distribution)

[그림 2-3]의 우측 그림과 같이 정규분포를 따르는 확률변수 X를 평균으로 빼고 표준편차로 나누어 표준화할 수 있다. 이때 표준화된 확률변수 Z는 좌측 그림과 같이 평균이 0 이고 표준편차가 1이며, 0을 중심으로 좌우 대칭의 종모양의 표준정규분포를 따른다.

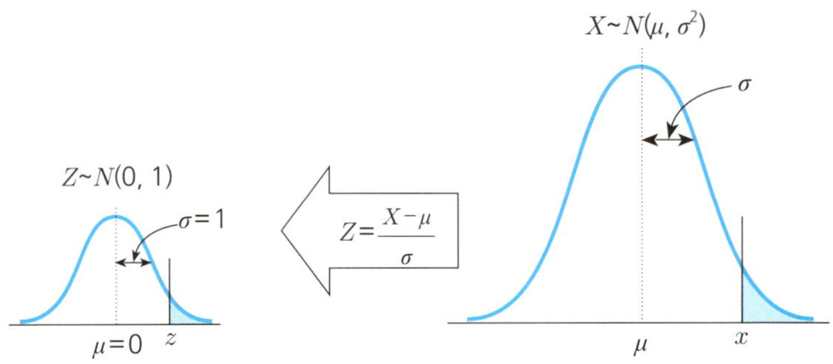

[그림 2-3] 자료의 표준화

표준정규분포는 $Z \sim N(0, 1)$으로 나타내고 $P(Z \geq z) = \alpha$가 되는 z의 값을 Z_α로 나타낸다.

자료를 표준정규화하는 이유는 다음과 같다.

자료를 표준정규화 하는 이유

[그림 2-3]에서 우측의 정규분포상에서 $P(X \geq x)$의 확률값은 좌측의 표준정규분포상에서 $P(Z \geq z)$의 확률값과 동일하다.

따라서 정규분포를 따르는 어떠한 확률변수 즉 특성들(사람의 키, 몸무게, 강낭콩의 무게 등…)에 대한 확률값도, 표준정규화한 후 표준정규분포로부터 간편하게 구할 수 있다.

예제 2-2

우리나라 남자고등학생의 몸무게는 평균이 $\mu=60$ kg 표준편차는 $\sigma=10$ kg인 정규분포를 따른다. 이 경우 다음의 질문에 답을 하시오.

① 남자 고등학생 중 임의로 한 명을 선택하였을 때 그 학생의 몸무게가 70 kg이상일 확률은 얼마인가?

② 선택된 학생의 몸무게가 60 ~ 65 kg사이에 속할 확률은 얼마인가?

---

① 학생의 몸무게가 $N(60, 10^2)$을 따르는 상태에서 $P(X\geq 70)$일 경우로, 다음의 우측 정규분포상에서 $x=70$보다 큰 부분의 확률면적을 구하는 것이다. 그런데 이 확률면적을 직접 구하지 않고 좌측에 있는 표준정규분포상에서 $z=1$보다 큰 부분의 면적을 구한다.

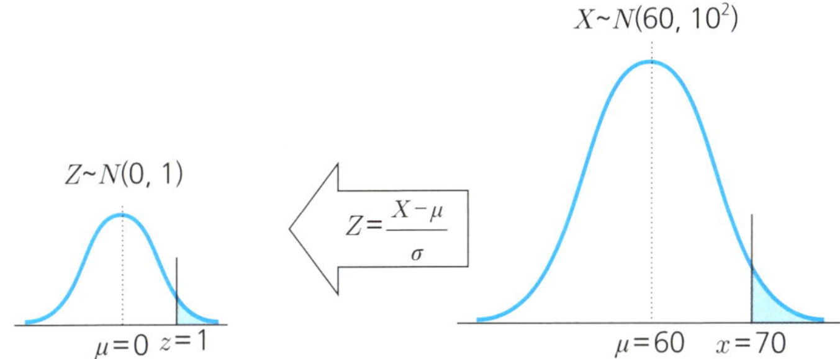

$$P(X\geq 70)=P\left(\frac{X-\mu}{\sigma}\geq\frac{70-60}{10}\right)$$
$$=P(Z\geq 1)=0.159$$

② $P(60\leq X\leq 65)$일 경우로 다음의 우측 그림에서 $x=60$과 $x=65$사이의 면적을 구하는 것이다. 이 경우 좌측에 있는 표준 정규분포상에서 $z=0$과 $z=0.5$ 사이의 면적을 구한다.

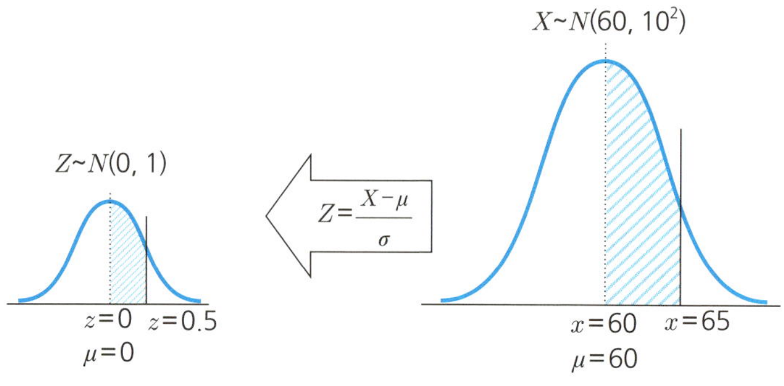

$$P(60 \le X \le 65) = P(X \ge 60) - P(X \ge 65)$$
$$= P\left(\frac{X-\mu}{\sigma} \ge \frac{60-60}{10}\right) - P\left(\frac{X-\mu}{\sigma} \ge \frac{65-60}{10}\right)$$
$$= P(Z \ge 0) - P(Z \ge 0.5)$$
$$= 0.5 - 0.309 = 0.191$$

3) 표본분포

모집단에 대한 의사결정을 하기 위해 모집단의 특성을 직접 조사해야 하나 이는 불가능하거나 또는 경제적인 이유 때문에 곤란한 경우가 많다.

따라서 모집단의 일부인 표본을 추출한 후, 표본통계량 또는 표본통계량을 포함한 확률변수가 특정분포를 따르는 것을 이용하여 모집단에 대한 추정 및 검정을 함으로써 의사결정을 한다.

(1) 중심극한정리에 의한 표준정규분포

[그림 2-4]에서와 같이, 모집단이 어떤 분포를 따르든지 상관없이, 표본의 크기가 어느 정도 클 경우(일반적으로 30개 이상인 경우)에는 중심극한정리에 의해 표본평균 $\overline{X}$는 정규분포를 따른다. 이 것이 정규분포를 가장 많이 사용하게 되는 이유이다.

중심극한정리(central limit theorem)

평균이 μ이고 분산이 σ^2인 무한 모집단에서 크기 n인 랜덤 표본을 뽑았을 때, n이 충분히 크다면 모집단의 분포형태에 관계없이 표본평균 $\overline{X}$는 근사적으로 $N\left(\mu, \frac{\sigma^2}{n}\right)$을 따른다.

따라서 표본의 크기가 클 경우, 표본평균이 $\overline{X} \sim N\left(\mu, \frac{\sigma^2}{n}\right)$인 정규분포를 따르므로 표준정규화된 다음의 확률변수 Z는 표준정규분포를 따른다.

$$Z = \frac{\overline{X} - \mu}{\sigma / \sqrt{n}} \sim N(0, 1) \qquad (2.2)$$

[그림 2-4]의 ②와 같이 모집단이 정규분포를 따르는 경우, 모분산 σ^2을 알고 있다면 표본의 크기에 상관없이 표본평균 $\overline{X}$는 정규분포를 따른다. 그러나 현실적으로 모분산 σ^2을 알 수 있는 경우는 거의 없으므로, 모집단이 정규분포를 따르더라도 표본의 크기가 작은 경우에는 이후 절에 설명되어 있는 t 분포를 적용한다.

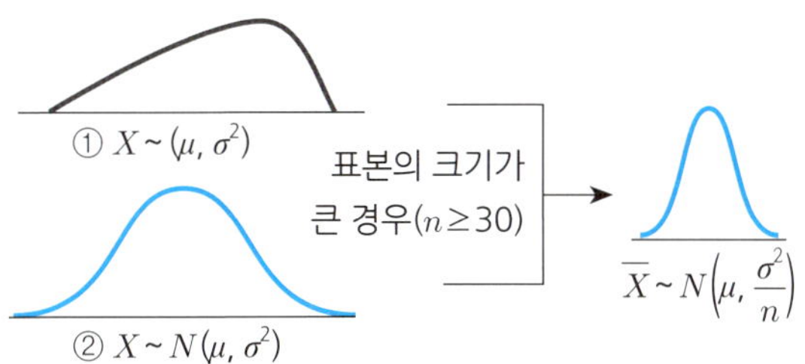

[그림 2-4] 중심극한정리의 설명

[그림 2-5]는 주사위 개수를 증가하여 던지면서 그 평균에 대한 확률분포를 그림으로 나타낸 것이다.

이 경우 주사위 개수가 증가할수록 즉, 표본의 크기가 커질 수록 확률분포는 산포가 작아지면서 정규분포에 가까워지는 것을 알 수 있다.

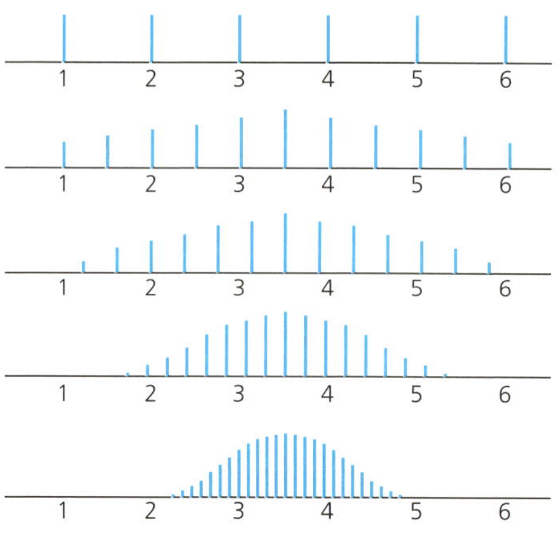

[그림 2-5] 중심극한정리의 이해

예제 2-3

지금까지 생산된 전구의 수명은 평균이 $\mu = 1\ 000$시간 분산이 1 200시간이었다. 40개의 전구를 추출할 경우 이들 전구의 평균수명이 1 010시간보다 클 확률은 얼마인가?

표본평균 $\overline{X}$는 중심극한정리에 의해 다음과 같은 정규분포를 따른다.

$$\overline{X} \sim N\left(1\ 000,\ \frac{1\ 200}{40}\right)$$

따라서 전구의 평균수명이 1 010보다 클 확률 $P(\overline{X} \geq 1\ 010)$을 다음과 같이 표준정규화하여 구할 수 있다.

$$P(\overline{X} \geq 1\ 010) = P\left(Z > \frac{1\ 010 - 1\ 000}{\sqrt{\frac{1\ 200}{40}}}\right)$$
$$= P(Z > 1.83) = 0.0336$$

상기의 확률값은 오른쪽의 표준정규분포 상에서 빗금친 부분의 면적에 해당된다.

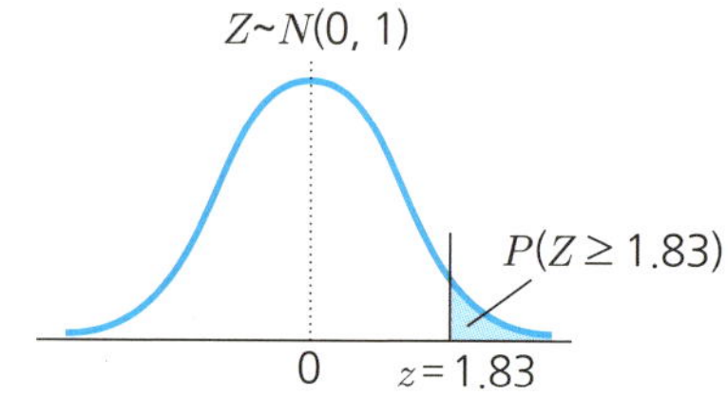

부록의 표준정규분포표에서 $z=1.83$보다 큰 부분의 확률 $P(Z\geq 1.83)=0.0336$을 구할 수 있다.

식 (2.2)의 표준정규분포는 표본의 크기가 큰 경우 단일 모평균 μ를 추정 및 검정하는 데 사용된다. 이를 위해 미니탭에서는 1 sample Z를 사용한다.

표준정규분포를 이용한 모평균 μ의 추정 및 검정

표본의 크기가 클 경우, 모집단이 어떤 분포를 따르든지 상관없이, 다음의 확률변수는 표준정규분포를 따른다.

$$Z=\frac{\overline{X}-\mu}{\sigma/\sqrt{n}}\sim N(0,\ 1)$$

따라서 모평균 μ와 이에 대한 통계량 $\overline{X}$를 포함하고 있는 상기의 확률변수 Z가 표준정규분포를 따른다는 것을 이용하여 모평균 μ에 대한 추정 및 검정을 할 수 있다.

(2) t 분포

σ^2이 미지인 정규분포 $N(\mu,\ \sigma^2)$으로 부터의 확률표본 $X_1,\ X_2,\ \cdots,\ X_n$이 크지 않을 경우, 다음의 확률변수 T는 자유도*가 $n-1$인 t 분포를 따른다.

$$T=\frac{\overline{X}-\mu}{S/\sqrt{n}} \tag{2.3}$$

$$\text{단, } \overline{X}=\frac{1}{n}\sum_{i=1}^{n}X_i,\quad S=\sqrt{\frac{\sum_{i=1}^{n}(X_i-\overline{X})^2}{n-1}}$$

t 분포를 따르는 확률변수 T는 미지인 모집단의 표준편차 σ 대신 S를 사용하여 얻은 것이다.

자유도: 어떤 상태로부터 몇 번을 변화시켜(흔들어서) 데이터를 구했는가를 나타낸다. 따라서 자유도 $\phi=n$(데이터의 수)-1 이 된다. 자유도의 크기는 정보의 양을 나타내기 때문에 자유도가 클 수록 보다 현실에 가까운 정보를 얻을 수 있다.

확률변수 T가 자유도가 ϕ인 t 분포를 따를 때, $T \sim t(\phi)$로 나타낸다.

$t(\phi)$분포의 확률밀도함수는 **[그림 2-6]**과 같이 0을 중심으로 대칭이고 표준정규분포와 유사한 모양이나, 표준정규분포보다 더 퍼져있는 형태이다. 그러나 자유도 ϕ가 커질수록 표준정규분포에 근접하게 된다.

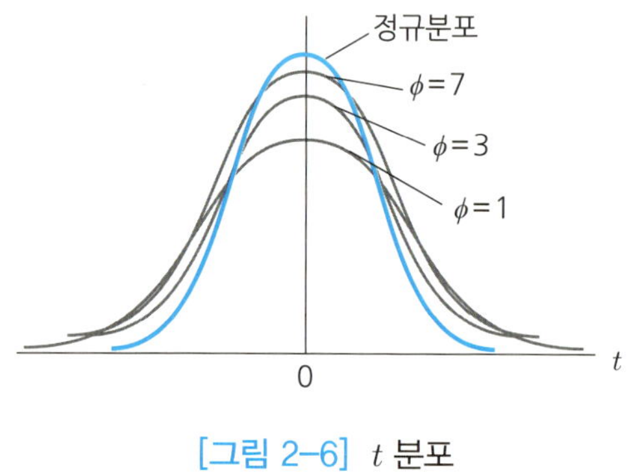

[그림 2-6] t 분포

$T \sim t(\phi)$일 때 $P(T \geq t) = \alpha$가 되는 t의 값을 $t_\alpha(\phi)$로 나타낸다. ϕ와 α가 주어지면 $t_\alpha(\phi)$의 값을 t 분포표를 이용하거나 미니탭을 이용하여 구할 수 있다.

예제 2-4

확률변수 T가 자유도 4인 t분포를 따를 때 $P(T \geq t) = 0.01$ 이 성립하는 t의 값을 구하시오.

자유도 $\phi = 4$인 다음의 t분포상에서 빗금친 부분의 확률에 대응하는 확률변수 T의 값을 구한다.

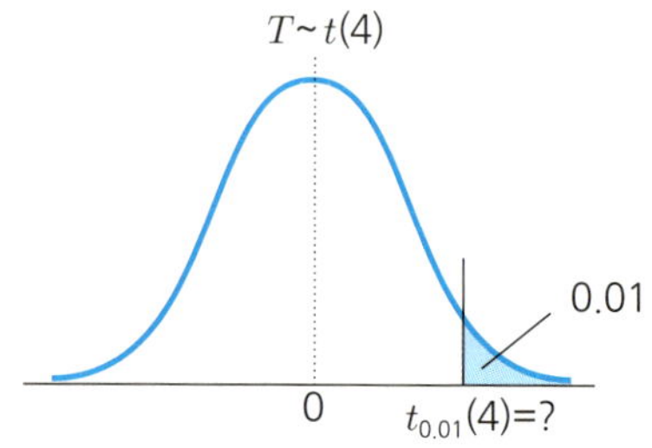

부록의 t 분포표에서 자유도 4, 확률 0.01에 해당되는 $t_{0.01}(4) = 3.747$을 구할 수 있다.

식 (2.3)의 t 분포는 모집단이 정규분포를 따르나 표본의 크기가 작을 경우, 모평균인 μ를 추정 및 검정하는 데 사용된다. 이를 위해 미니탭에서는 1 sample t를 사용한다.

t 분포를 이용한 모평균 μ의 추정 및 검정

표본의 크기가 작은 경우, 모집단이 정규분포를 따르나 모분산 σ^2이 미지 일 때, 다음의 확률변수는 자유도가 $\phi=n-1$인 t 분포를 따른다.

$$T=\frac{\overline{X}-\mu}{\frac{S}{\sqrt{n}}}$$

따라서 모평균 μ와 이에 대한 추정량 $\overline{X}$를 포함하고 있는 상기의 확률변수가 t 분포를 따른다는 것을 이용하여 모평균 μ에 대한 추정 및 검정을 할 수 있다.

(3) 두 표본평균의 차에 대한 분포

두 개의 모집단의 표준편차 σ_1과 σ_2를 알고 있는 경우에는 표본의 크기에 상관없이 표준정규분포를 사용한다. 그러나 실무에서는 모집단의 표준편차를 알 수 있는 경우가 거의 없다. 따라서 본서에서는 σ를 알 경우는 고려하지 않는다.

① 표본의 크기가 작으며, 미지인 두 모분산이 다를 경우

표본의 크기가 작은 경우, 두 모집단이 정규분포를 따르나 미지인 모분산 σ_1^2, σ_2^2 이 동일하지 않을 때, 두 모평균의 차 $\mu_1-\mu_2$와 이에 대한 추정량를 포함한 다음의 확률변수는 근사적으로 자유도가 n_0인 t분포를 따른다.

$$T=\frac{(\overline{X}_1-\overline{X}_2)-(\mu_1-\mu_2)}{\sqrt{\frac{S_1^{\ 2}}{n_1}+\frac{S_2^{\ 2}}{n_2}}}\sim t(n_0) \qquad (2.4)$$

여기서 자유도 n_0은 다음 식에 의해 구해지는 값에서 소수점 이하를 잘라버린 정수이다.

$$n_0=\frac{\left(\frac{S_1^{\ 2}}{n_1}+\frac{S_2^{\ 2}}{n_2}\right)^2}{\frac{\left(\frac{S_1^{\ 2}}{n_1}\right)^2}{n_1-1}+\frac{\left(\frac{S_2^{\ 2}}{n_2}\right)^2}{n_2-1}}$$

이 경우 미니탭에서는 2 sample t를 사용한다. 단, 두 모분산이 다르므로 '등분산 가정'의 옵션을 지정하지 않는다.

② 표본의 크기가 작으며, 미지인 두 모분산이 같을 경우

앞의 '①'에서 두 모분산이 같을 경우 $\sigma_1^{\ 2}=\sigma_2^{\ 2}=\sigma^2$ 로 가정하고 σ^2을 합동표본분산 S^2_{Pooled}로 추정할 수 있다. 따라서 식 (2.4)를 다음과 같이 나타낼 수 있다.

$$T=\frac{(\overline{X}_1-\overline{X}_2)-(\mu_1-\mu_2)}{S_{Pooled}\sqrt{\frac{1}{n_1}+\frac{1}{n_2}}}\sim t(n_1+n_1-2)$$

여기서 $S_{Pooled}=\sqrt{\frac{(n_1-1)S_1^{\ 2}+(n_2-1)S_2^{\ 2}}{n_1+n_2-2}}$ 이다.

예제 2-5

두 설비에서 생산되는 통조림의 무게는 평균이 각각 154 g 및 155 g이고 분산이 동일한 정규분포를 따르는 것으로 알려져 있다.

각각의 설비에서 생산되는 통조림을 10개씩 측정할 경우 통조림 평균무게가 3 g 이상 차이 날 확률을 구하시오.단 $s_1=5$, $s_2=4$이다.

두 모집단이 정규분포를 따르고 모분산이 동일한 상태에서 표본의 크기가 작

으므로 다음의 t 분포를 사용한다.

$$T=\frac{(\overline{X}_1-\overline{X}_2)-(\mu_1-\mu_2)}{S_{Pooled}\sqrt{\frac{1}{n_1}+\frac{1}{n_2}}}\sim t(18),$$

여기서 $S_{Pooled}=\sqrt{\frac{9\times5^2+9\times4^2}{18}}=\sqrt{20.5}$

따라서 $P(\overline{X}_1-\overline{X}_2\geq3)=P\left(T\geq\frac{3-(-1)}{\sqrt{20.5}\times\sqrt{\frac{1}{10}+\frac{1}{10}}}\right)$

$$=P(T\geq1.98)=0.0316$$

상기의 확률은 자유도가 $\phi=n_1+n_2-2\ =18$인 다음의 t 분포상에서 빗금친 부문의 확률면적을 구하는 것이다.

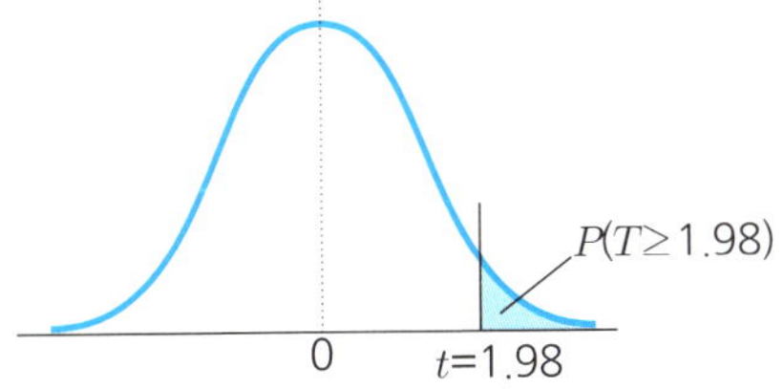

부록의 t 분포표에서 $P(T\geq1.73)=0.05$, $P(T\geq2.1)=0.025$이므로 보간법에 의해 $P(T\geq1.98)=0.0316$을 구할 수 있다.

표본의 크기가 작으며, 미지인 두 모분산이 같을 경우 미니탭으로 평균의 차이에 대한 추검정을 할 때에는 2 sample t를 사용한다. 이 경우 '등분산 가정'을 지정한다.

③ 표본의 크기가 큰 경우

표본의 크기가 큰 경우 중심극한정리에 의해 두 표본평균의 차인 $\overline{X}_1-\overline{X}_2$는 평균이 $\mu_1-\mu_2$이고 표준편차가 $\sqrt{\frac{\sigma_1^2}{n_1}+\frac{\sigma_2^2}{n_2}}$인 정규분포를 따르므로 다음의 확

률변수는 표준정규분포를 따른다.

$$Z = \frac{\overline{X}_1 - \overline{X}_2 - (\mu_1 - \mu_2)}{\sqrt{\frac{\sigma_1^{\ 2}}{n_1} + \frac{\sigma_2^{\ 2}}{n_2}}} \sim N(0,\ 1) \tag{2.5}$$

따라서 표본의 크기가 큰 경우에는 모집단이 어떤 분포를 따르는지에 관계없이 식 (2.5)의 확률변수는 근사적으로 표준정규분포를 따른다.

$\sigma_1^{\ 2}$, $\sigma_2^{\ 2}$를 모르는 경우에는 각각 표본분산 $s_1^{\ 2}$, $s_2^{\ 2}$를 대신 사용해도 Z는 근사적으로 표준정규분포를 따른다.

표본의 크기가 큰 경우 두 표본평균의 차에 대한 추검정을 할 때, 미니탭에서는 2 sample Z가 없으므로 2 sample t를 사용한다.

(4) 표본분산에 대한 분포(χ^2 분포)

$X_1, X_2, \cdots, X_n$ 이 정규모집단 $N(\mu,\ \sigma^2)$으로 부터의 확률표본일 경우, 다음의 확률변수는 자유도 $n-1$ 인 χ^2 분포를 따른다. 단 여기서 $S^2 = \frac{\sum_{i=1}^{n}(X_i - \overline{X})^2}{n-1}$ 이다.

$$\frac{(n-1)S^2}{\sigma^2} \sim \chi^2(n-1) \tag{2.6}$$

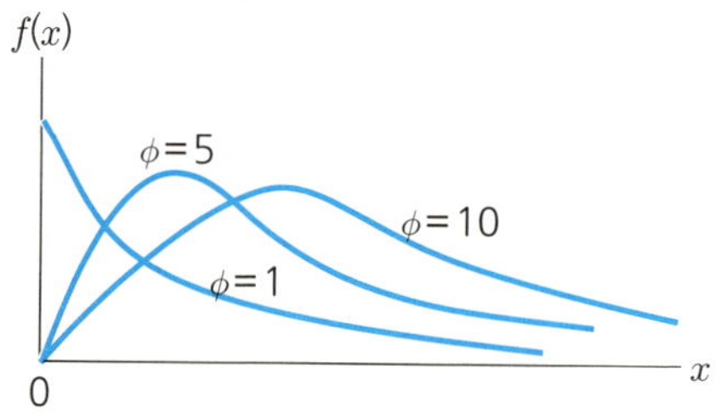

[그림 2-7] 카이제곱 분포

χ^2 분포는 오른쪽 꼬리가 긴 비대칭 분포로, 그 모양은 자유도 ϕ에 의해 영향을 받는다. X가 자유도가 ϕ인 χ^2 분포를 따르면 $X \sim \chi^2(\phi)$로 표현하고, $P(X \geq x) = \alpha$가 되는 x 값을 $\chi_\alpha^{\ 2}(\phi)$로 나타낸다.

예제 2-6

확률변수 X가 자유도 4인 χ^2 분포를 따른다고 할 때 $P(X \geq x) = 0.05$가 성립하는 x의 값을 구하시오.

다음과 같이 자유도가 4인 χ^2분포상에서 빗금친 부분의 확률면적 0.05에 대응되는 확률변수의 값을 구한다.

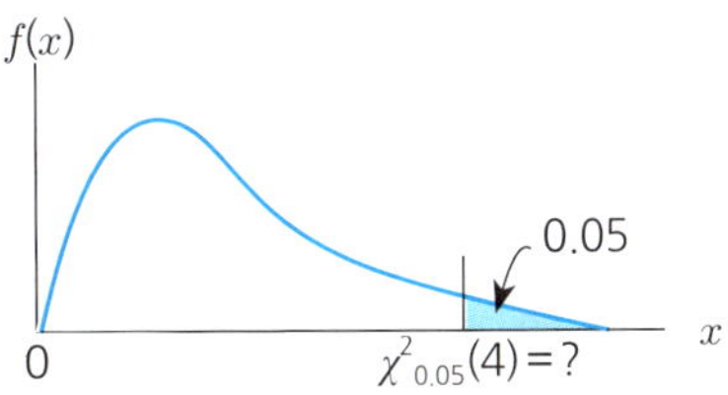

부록의 χ^2 분포표에서 $x = \chi^2_{0.05}(4) = 9.49$를 구할 수 있다.

식 (2.6)의 χ^2 분포는 모분산 σ^2을 추정 및 검정하는 데 사용된다.

χ^2 분포를 이용한 모분산 σ^2의 추정 및 검정

모집단이 정규분포를 따를 경우 다음의 확률변수는 자유도가 $\phi = n-1$인 χ^2 분포를 따른다.

$$\chi^2 = \frac{(n-1)S^2}{\sigma^2}$$

따라서 모분산 σ^2과 이에 대한 추정량 S^2을 포함하는 상기의 확률변수가 χ^2 분포를 따르는 것을 이용하여 모분산 σ^2에 대한 추정 및 검정을 할 수 있다.

(5) 두 표본분산비에 대한 분포(F 분포)

$X_1, \cdots, X_{n_1}$과 $Y_1, \cdots, Y_{n_2}$가 각각 두 정규모집단 $N(\mu_1, \sigma_1^2)$, $N(\mu_2, \sigma_2^2)$으로부터 추출한 서로 독립인 확률표본일 때, 다음의 확률변수는 자유도(n_1-1, n_2-1)인 F 분포를 따른다.

$$F=\frac{\dfrac{S_1^{\ 2}}{\sigma_1^{\ 2}}}{\dfrac{S_2^{\ 2}}{\sigma_2^{\ 2}}}=\frac{\displaystyle\sum_1^{n_1}\frac{(X_i-\overline{X})^2}{(n_1-1)\sigma_1^{\ 2}}}{\displaystyle\sum_1^{n_2}\frac{(Y_i-\overline{Y})^2}{(n_2-1)\sigma_2^{\ 2}}} \tag{2.7}$$

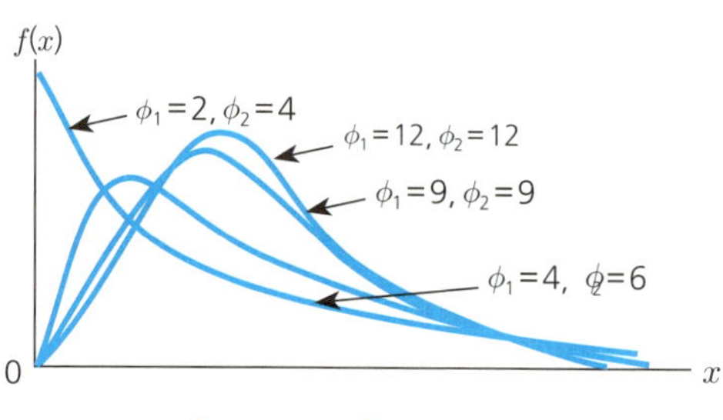

[그림 2-8] F 분포

F 분포는 오른쪽에 긴 꼬리를 가지며, 자유도 (ϕ_1, ϕ_2)에 의해 영향을 받는다. X가 자유도가 ϕ_1, ϕ_2인 F 분포를 따르면 $X \sim F(\phi_1, \phi_2)$로 나타내고, $P(X \geq x)=\alpha$가 되는 x를 $F_\alpha(\phi_1, \phi_2)$로 나타낸다.

F 분포에서는 자유도의 순서가 바뀌면 다음과 같은 관계가 성립된다.

$$F_{1-\alpha}(\phi_1, \phi_2)=\frac{1}{F_\alpha(\phi_2, \phi_1)}$$

예제 2-7

확률변수 X가 자유도(3, 4)인 F 분포를 따를 때, $P(X \geq x)=0.05$ 가 되는 x의 값을 구하시오.

다음과 같이 $X \sim F(3, 4)$인 F 분포상에서 확률면적 0.05에 대응되는 확률변수 X의 값을 구하면 된다.

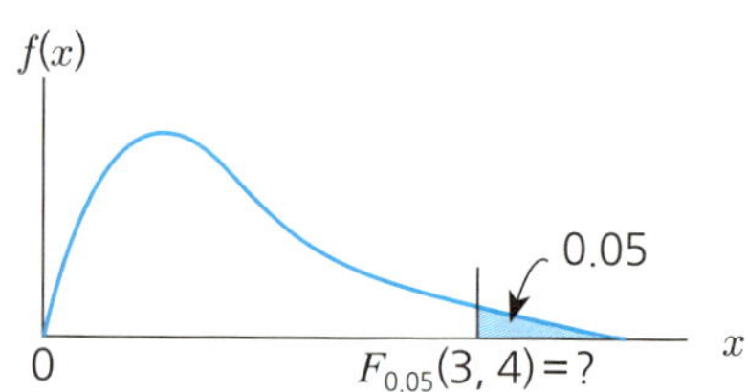

부록의 F 분포표에서 $x=F_{0.05}(3, 4)=6.591$을 구할 수 있다.

예제 2-8

확률변수 X가 자유도 (3, 4)인 F 분포를 따를 때, $P(X \geq x) = 0.95$가 되는 x의 값을 구하시오.

다음과 같이 $X \sim F(3, 4)$인 F분포상에서 빗금친 부분의 확률면적에 대응되는 확률변수 X의 값을 구한다.

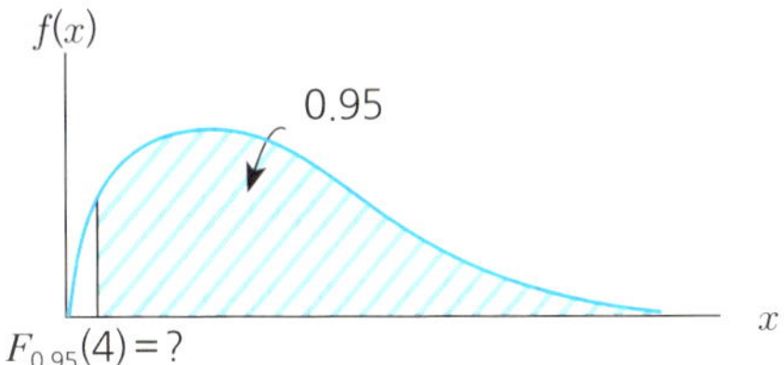

부록의 F 분포표에서 $F_{0.05}(4, 3) = 9.117$ 이므로 $\dfrac{1}{F_{0.95}(3, 4)} = 9.117$이 된다.

따라서 $F_{0.95}(3, 4) = 0.1097$이 된다.

식 (2.7)의 F 분포는 두 모집단의 분산 비율을 추정 및 검정하는 데 사용된다. 미니탭에서는 이를 위해 '**2분산**'이나 '**등분산 검정**'을 사용한다.

F 분포를 이용한 두 모분산비율 $\dfrac{\sigma_1^2}{\sigma_2^2}$의 추정 및 검정

두 정규모집단으로부터 서로 독립인 확률표본을 추출할 경우, 다음의 확률변수는 자유도가 $\phi_1 = n_1 - 1$, $\phi_2 = n_2 - 1$인 F 분포를 따른다.

$$F = \frac{\dfrac{S_1^2}{\sigma_1^2}}{\dfrac{S_2^2}{\sigma_2^2}}$$

따라서 모비율 $\dfrac{\sigma_1^2}{\sigma_2^2}$와 이에 대응되는 추정량 $\dfrac{S_1^2}{S_2^2}$를 포함하고 있는 상기의 확률변수가 F 분포를 따르는 것을 이용하여 모비율 $\dfrac{\sigma_1^2}{\sigma_2^2}$에 대한 추정 및 검정을 할 수 있다.

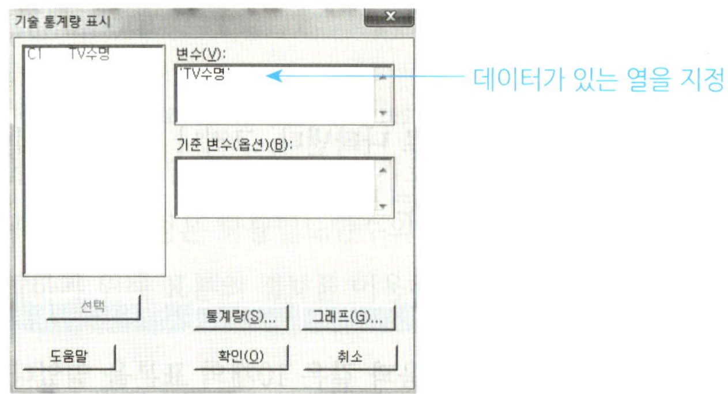

통계량을 클릭하면 다음의 화면이 나타난다.

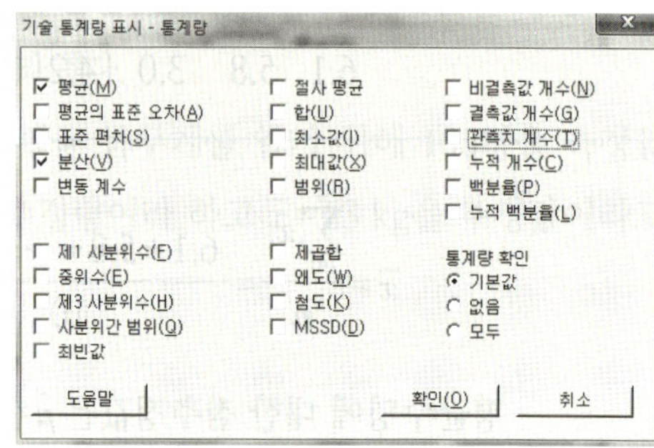

상기의 화면에서 평균(Mean)과 분산(Variance)을 지정한 후 '확인'을 연속하여 클릭하면 세션창에 다음의 결과가 나타난다.

```
기술 통계량: TV수명

변수       평균     분산
TV수명   4.500    1.424
```

표본평균이 4.5, 표본분산이 1.424로 앞에서 구한값과 일치된다.

일반적으로 모수의 종류에 따라 사용되는 추정량은 다음과 같다.

[표 2-4] 모수에 따라 일반적으로 사용되는 추정량

모수		추정량	
모평균	μ	표본평균	$\overline{X}$
모분산	σ^2	표본분산	S^2
모표준편차	σ	표본표준편차	S
모비율	p	표본비율	$\hat{P}$

2) 구간추정(interval estimation)

모수의 참값이 포함될 것이라고 예상되는 구간을 추정하는 것으로, 모수 θ에 대해 구간추정을 한다는 것은 다음과 같은 $P(L \leq \theta \leq U) = 1-\alpha$를 만족하는 신뢰구간의 하한과 상한 즉, L과 U를 구하는 것이다.

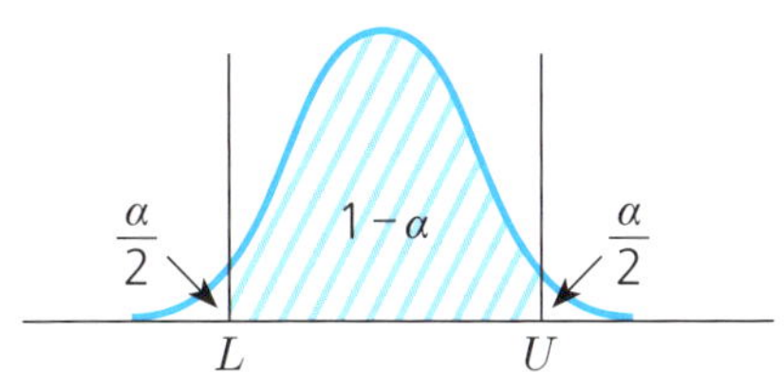

[그림 2-10] $1-\alpha$를 만족하는 신뢰구간의 추정

예제 2-10

우리나라 남자 고등학생의 몸무게를 알기 위해 전국에 걸쳐 랜덤하게 $n = 100$명을 추출하여 조사한 결과 평균이 $\bar{x} = 63$ kg, 표준편차가 $s = 10$ kg이었다. 이 경우 우리나라 남자고등학생의 평균 몸무게에 대한 95 %의 신뢰구간을 구하시오.

표본평균 $\overline{X}$는 중심극한 정리에 의해 $\overline{X} \sim N\left(\mu, \frac{\sigma^2}{n}\right)$이므로 다음의 통계량은 표준정규분포를 따른다.

$$Z = \frac{\overline{X} - \mu}{\frac{\sigma}{\sqrt{n}}}$$

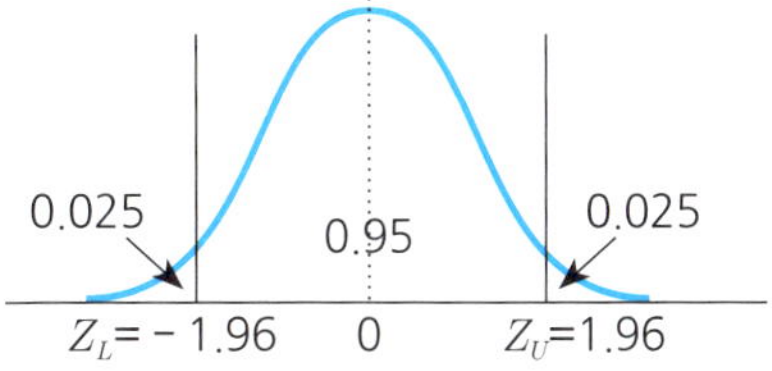

[그림 2-11] 표준정규분포 $Z \sim N(0, 1)$

따라서 **[그림 2-11]**의 표준정규분포상에서 양쪽 끝의 확률면적을 2.5 %씩 끊어내는 L과 U의 값을 구하면 이들 값에 의한 범위가 모평균 μ의 95 %의 신뢰구간이 된다.

표준정규분포표로부터 $Z_U = 1.96$을 구할 수 있다. 표준정규분포는 0을 중심으로 좌우 대칭이므로 $Z_L = -1.96$이 된다.

그러므로 **[그림 2-11]**의 표준정규분포상에서 확률면적 95 %를 포함하는 확률식을 다음과 같이 나타낼 수 있는데

$$P\left(-1.96 \le \frac{\overline{X}-\mu}{\frac{\sigma}{\sqrt{n}}} \le 1.96\right) = 0.95$$

상기의 식에서 미지수인 σ를 표본의 표준편차 S로 대신하고, 좌측 항을 모평균 μ에 대해 정리하면 다음과 같다.

$$P\left(\overline{X} - 1.96 \cdot \frac{S}{\sqrt{n}} \le \mu \le \overline{X} + 1.96 \cdot \frac{S}{\sqrt{n}}\right) = 0.95$$

$L = \overline{X} - 1.96 \cdot \frac{S}{\sqrt{n}}$ 과 $U = \overline{X} + 1.96 \cdot \frac{S}{\sqrt{n}}$ 사이의 구간이 μ에 대한 95 % 신뢰구간이 되므로 $\overline{x} = 63$ kg, $s = 10$ kg, $n = 100$을 대입하여 신뢰구간의 상한과 하한을 구하면 다음과 같다.

$$\left(\overline{x} - 1.96 \cdot \frac{s}{\sqrt{n}} \le \mu \le \overline{x} + 1.96 \cdot \frac{s}{\sqrt{n}}\right) = (61.04 \le \mu \le 64.96)$$

기타 다른 상황에서 모수에 대한 구간추정을 할 경우에도 상기의 방식을 동일하게 적용할 수 있다. 단, 구간추정 시 우리가 알고자 하는 모수와 이에 대응되는 추정량을 포함하는 확률변수가 무엇이고, 어떤 분포를 따르는가를 이해하고 적용하는 것이 중요하다.

■ 미니탭을 사용하여 **'예제 2-10'**을 풀면 다음과 같다.

통계분석 > 기초 통계 > 1 표본 Z 검정을 클릭하면 다음의 화면이 나타난다.

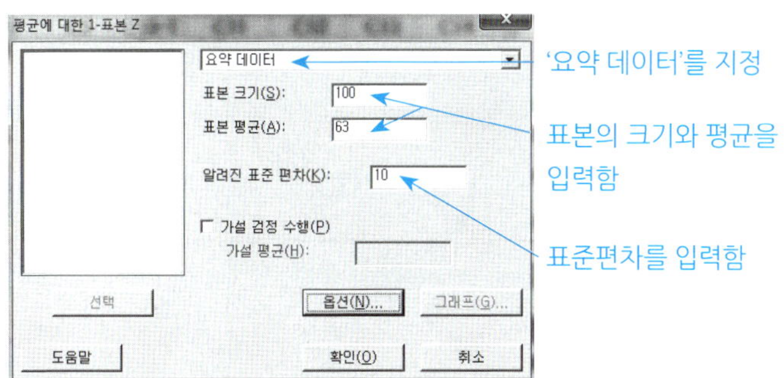

'옵션'을 클릭하면 다음의 화면이 나타난다.

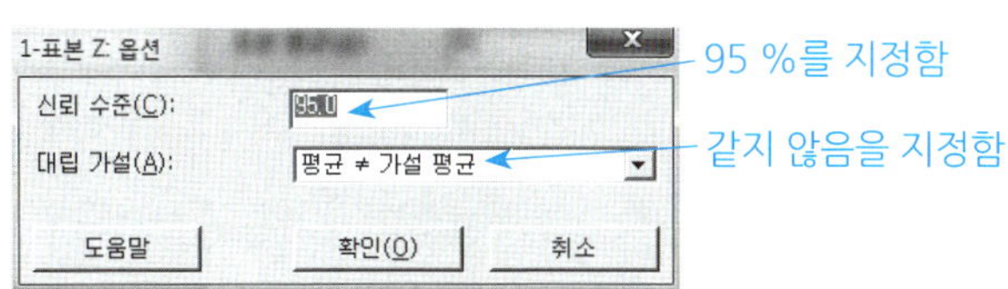

'확인'을 연속하여 클릭하면 다음의 결과가 나타난다.

```
1-표본 Z 검정
가정된 표준 편차 = 10

               평균의
               표준
  N    평균    오차      95% CI
100   63.00   1.00   (61.04, 64.96)
```

상기의 신뢰구간은 앞에서 구한 것과 동일함을 알 수 있다.

▶ 신뢰수준의 의미

신뢰수준이 95 %라는 것은, 확률식 $P(L \leq \theta \leq U) = 0.95$를 만족하는 신뢰구간 L과 U를 구하여 모수 θ에 대해 구간추정을 할 경우, 실제로 모수 θ가 신뢰구간에 포함되는 경우가 100회 중 95회라는 것이다.

즉, **[그림 2-15]**와 같이 구간추정을 100회 실행할 경우 신뢰구간에 미지의 모수 θ가 포함될 경우가 95회이며, 포함되지 않을 경우가 5회라는 것이다. 이는 모집단의 일부인 표본을 추출한 후 표본의 한정된 정보를 가지고 모수를 추정하기 때문이다.

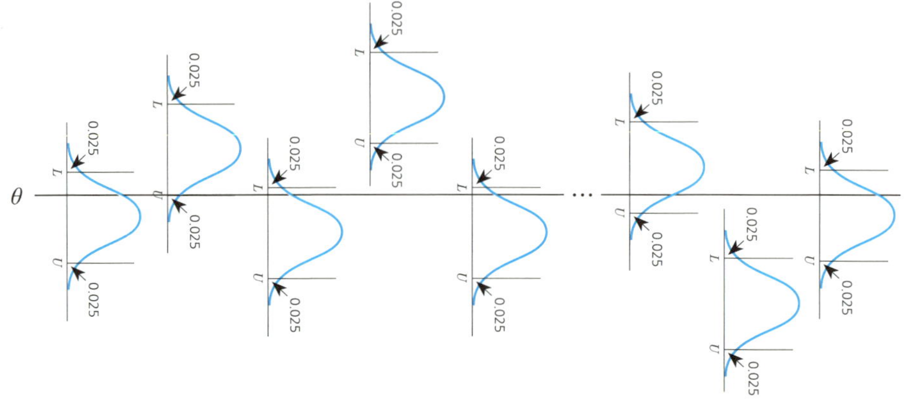

[그림 2-12] 구간추정의 의미

2.2.3 검정(test of hypotheses)

검정이란 모집단의 모수에 대해 가설을 수립한 후 가설이 옳은지 여부를 표본의 정보를 이용하여 판정하는 것이다.

1) 가설검정의 이해

'예제 2-10'에서 2년 전에 우리나라 남자고등학생들의 평균몸무게가 60 kg이었다면, 현재 표본평균 $\bar{x}=63$ kg이므로 몸무게가 증가되었다고 주장할 수 있다.

이 경우 기존의 사실 즉, 2년 전에 몸무게가 60 kg이라는 것을 귀무가설(null hypothesis)이라고 하고 통상 H_0으로 표기한다. 그리고 새로운 주장 또는 사실 즉, 몸무게가 증가되었다는 것을 대립가설(alternative hypothesis)이라고 하고 통상 H_1으로 표기한다. 이들 중 어느 가설이 옳은 가를 판정하는 것을 가설검정(hypothesis testing)이라고 한다.

즉, 가설검정이란 귀무가설이 옳다는 가정하에 즉, 모집단의 모수를 이미 알고 있는 상태에서, 표본으로부터 얻은 정보를 이용하여 모수가 바뀌었는지 여부를 판정하는 것이다.

예제 2-11

'예제 2-10'에서 2년 전에 우리나라 남자 고등학생의 몸무게가 60 kg이었다면, 우리나라 남자고등학생의 몸무게가 증가되었다고 할 수 있는가? 유의수준 $\alpha = 0.05$로 검정하시오.

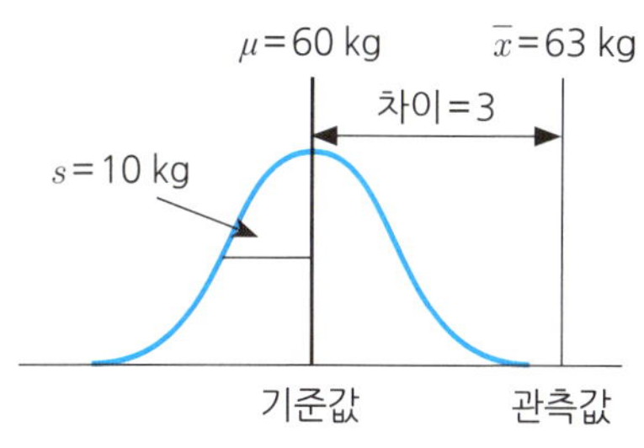

상기의 그림에서 우리가 발견하고자 하는 차이(관측값 − 기준값)는 신호(signal)라고 할 수 있다.

$$\text{즉, } \bar{x} - \mu = 3\text{이다.}$$

그리고 잡음(noise)은 몸무게의 변동으로 다음과 같다.

$$\frac{\sigma}{\sqrt{n}} = \frac{10}{\sqrt{100}} = 1 \qquad (\sigma\text{를 모르므로 } s\text{를 대신 사용})$$

따라서 잡음에 대한 신호(signal to noise)의 비율(SN 비)은 다음과 같이 나타낼 수 있다.

$$SN\text{비} = \frac{signal}{noise} = \frac{\bar{x} - \mu}{\frac{\sigma}{\sqrt{n}}} = \frac{63 - 60}{\frac{10}{\sqrt{100}}} = 3 = Z_{\text{calc}} \qquad (2.8)$$

이 경우 SN비가 클수록 $\bar{x} > \mu$로 $\bar{x}$는 $\mu = 60$ kg 보다 큰 다른 모집단으로부터 추출되었다고 할 수 있으므로 귀무가설을 기각할 수 있다.

그러면 SN비가 얼마나 커야 하는가?

중심극한정리에 의해 식 (2.8)에서의 SN비는 Z 분포를 따른다. 따라서 **[그림 2-13]**의 Z 분포상에서 확률면적 상위 5 %에 해당되는 곳의 Z_{critic}* 값을 구하여 만일 SN비 즉, Z_{calc}*값이 Z_{critic} 보다 커 기각역에 속할 경우 귀무가설을 기각할 수 있다.

Z_{cirtic}, Z_{calc}: 일반적으로 검정통계량값과 임계값을 나타내기 위한 아래 첨자로 '0'과 'α'를 사용하나 본서에서는 'calc'와 'critic'을 사용하기로 한다. 따라서 다음을 같은 것으로 이해하면 된다.

$$Z_0 = Z_{\text{calc}},\ Z_\alpha = Z_{\text{cirtic}}(\text{또는 } F_0 = F_{\text{calc}},\ F_\alpha = F_{\text{cirtic}} \text{ 등})$$

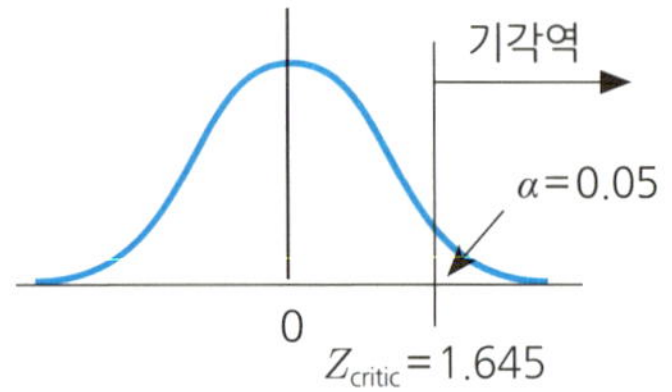

[그림 2-13] Z 분포

이 경우 $Z_{calc} = 3 > 1.645 = Z_{critic}$이므로 귀무가설을 기각할 수 있다. 따라서 몸무게가 증가되었다고 할 수 있다.

Signal to noise 비율

$$SN\text{비} = \frac{signal}{noise} = \frac{\bar{x} - \mu}{\frac{\sigma}{\sqrt{n}}} = \frac{63 - 60}{\frac{10}{\sqrt{100}}} = 3$$

- signal to noise 비율이
  - 작을 경우: signal(차이)이 단지 noise로 관측값과 기준값이 차이가 없다.
  - 클 경우: signal(차이)이 noise 이상으로 관측값과 기준값이 차이가 있다.
- 따라서 signal to noise 비율이 충분히 클 경우, 우리는 효과(즉, 차이)가 사실이라고 결론 지울 수 있다.

그러면 signal to noise의 비율이 얼마나 커야 관측값이 기준값과 다른 모집단으로부터 추출되어 차이가 있다고 할 수 있는가? 이를 판정하기 위해 확률분포를 사용한다.

이상의 내용을 검정절차에 따라 정리하면 다음과 같다.

① 귀무가설(H_0)과 대립가설(H_1)을 수립한다.

$$H_0 : \mu = 60 \text{ kg} \quad \text{vs.} \quad H_1 : \mu > 60 \text{ kg}$$

② 검정통계량*을 결정하고 검정통계량값을 계산한다.

표본의 크기가 큰 경우, 모평균 μ와 이에 대한 추정량 $\overline{X}$를 포함하고 있는 확률변수는 표준정규분포를 따른다. 따라서 귀무가설이 옳다는 가정하에 검정통계량값 Z_{calc}는 다음과 같다.

$$Z_{calc}=\frac{\bar{x}-\mu}{\frac{\sigma}{\sqrt{n}}}=\frac{63-60}{\frac{10}{\sqrt{100}}}=3$$

③ 유의수준 $\alpha=0.05$를 만족하는 임계치 Z_{critic}을 결정(기각역과 채택역을 결정)한다.

부록의 표준정규분포표에서 $Z_{critic}=1.645$이다.

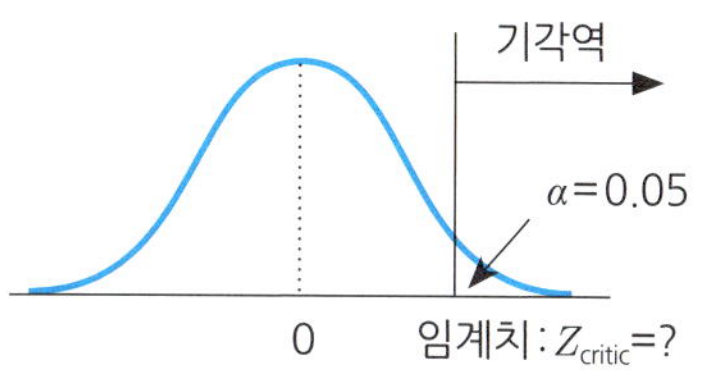

④ 검정통계량값과 임계치를 비교하여 판정을 한다.

$Z_{calc}=3>1.645=Z_{critic}$로 Z_{calc}가 기각역에 속하므로 귀무가설을 기각할 수 있다. 따라서 몸무게가 증가되었다고 할 수 있다.

이 경우 $P(Z\geq 1.645)=0.05$이므로 확률값 $P(Z\geq 3)$는 0.05에 비해 매우 작다.

미니탭에서는 검정의 결과로 검정통계량값(Z_{calc}=3)에 해당되는 확률값(p 값)을 구하는데, 만일 $p\leq 0.05$일 경우 검정통계량값이 기각역에 속하므로 귀무가설을 기각할 수 있다.

검정 절차를 그림으로 정리하면 **[그림 2-14]**와 같다.

[그림 2-14]의 검정방법은 기타 다른 모든 상황에서도 적용할 수 있다. 단, 문제의 상황에 따라 적용해야 할 확률분포를 결정하면 된다(검정통계량은 확률분포에 의해 결정됨).

검정통계량: 검정통계량이란 미지의 모수를 포함하지 않은 관측 가능한 확률변수들 X_1, X_2, ⋯, X_n의 실수치 함수(real valued function)이다. 따라서 통계량은 그 자체로 확률변수이며, 일정한 확률분포를 따르나 미지수를 포함해서는 안 된다.
예를 들어 자유도 $n-1$인 t 분포를 따르는 다음의 식은 미지수 μ를 포함하고 있으므로 확률변수이다.

$$\frac{\overline{X}-\mu}{\frac{S}{\sqrt{n}}}\sim t(n-1)$$

그런데 가설검정 시에는 귀무가설 H_0 : $\mu=\mu_0$에서 미지수 μ값이 주어지므로 상기의 식은 통계량이 된다.

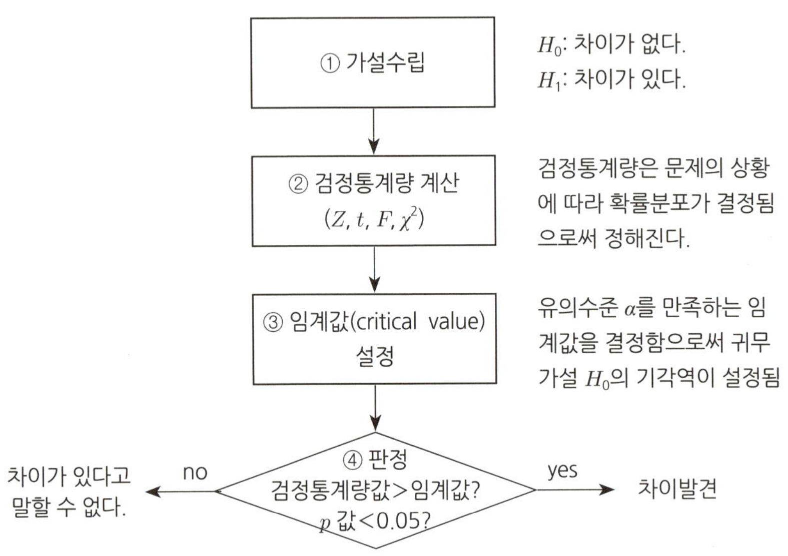

[그림 2-14] 검정의 절차(의사결정 프로세스 맵)

■ 미니탭을 사용하여 **'예제 2-11'**을 풀면 다음과 같다.

통계분석 > 기초 통계 > 1 표본 Z 검정을 클릭하면 다음의 화면이 나타난다.

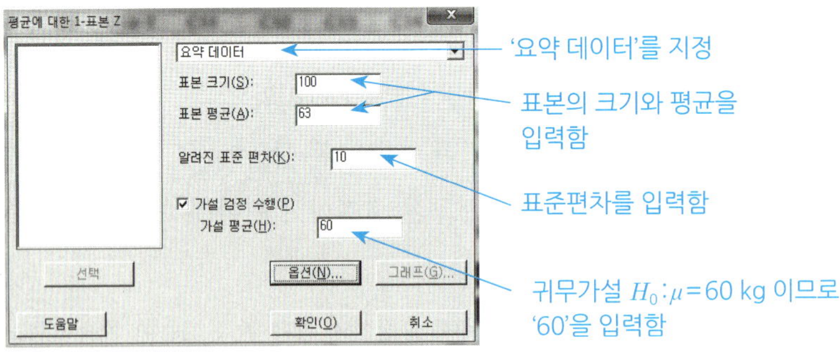

'옵션'을 클릭하면 다음의 화면이 나타난다.

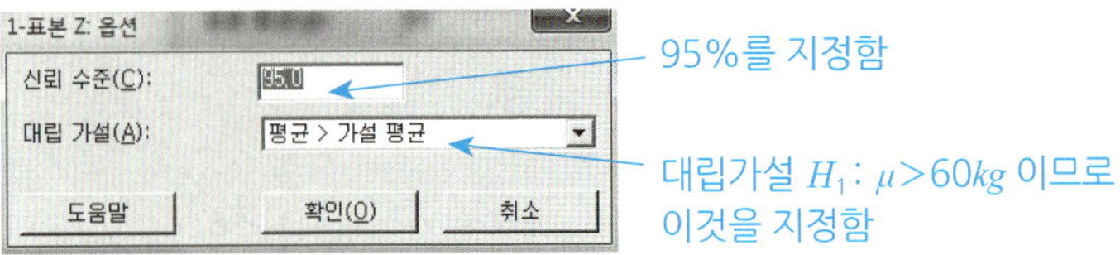

'확인'을 연속하여 클릭하면 다음의 결과가 나타난다.

1-표본 Z 검정
μ = 60 대 > 60의 검정
가정된 표준 편차 = 10

N	평균	평균의 표준 오차	95% 하한	Z	P
100	63.00	1.00	61.36	3.00	0.001

$Z_{calc}=3$으로 앞에서 손으로 계산한 값과 동일함을 알 수 있다. 그리고 이에 해당되는 확률값이 0.001임을 알 수 있다. 이 경우 $p=0.001<0.05$이므로 Z_{calc}가 기각역에 속함을 알 수 있다. 따라서 귀무가설을 기각할 수 있다. 즉 몸무게가 증가되었다고 할 수 있다.

▶ 구간추정과 가설검정과의 관계

'예제 2-11'은 **'예제 2-10'**에서 구한 신뢰구간$(61.04 \le \mu \le 64.96)$으로도 판정할 수 있다. 즉, 귀무가설이 사실일 때의 모수인 $\mu=60$ kg이 신뢰구간에 포함되어 있지 않으므로 표본은 다른 모집단으로부터 추출되었다고 할 수 있다. 따라서 귀무가설을 기각할 수 있다.

그러나 이와 반대로 신뢰구간 내에 귀무가설이 사실일 때의 모수가 포함되어 있다면 귀무가설을 기각할 수 없다.

▶ 가설검정의 기본용어

① 귀무가설과 대립가설

검정의 대상으로 삼는 가설을 귀무가설이라고 하고, H_0으로 표시한다. 이에 대립되는 반대의 가설을 대립가설이라고 하고, H_1 또는 H_A로 표시한다.

즉, 기존의 알고 있는 사실을 귀무가설이라고 하고 새로운 주장이나 사실을 대립가설이라고 한다.

② 유의수준

귀무가설이 옳음에도 불구하고 귀무가설을 기각하게 되는 확률의 한도를 말한다. 예를 들면 양품임에도 불구하고 불량처리를 하는 경우로 제1종의 오류(α)라고 한다.

일반적으로 별도의 언급이 없는 한 α=0.05를 사용한다.

③ 검정통계량

귀무가설을 기각할 것인지의 여부를 판정하기 위한 통계량을 검정통계량이라고 한다. 이 때 검정통계량이 취할 수 있는 구간을 임계치에 의해 채택역과 기각역으로 나눈다. 그리고 통계량의 값이 기각역에 속하면 귀무가설을 기각하고 채택역에 속하면 귀무가설을 기각하지 않는 것으로 결론을 내린다.

④ 임계치

기각역과 채택역을 구분 짓는 경계값이다.

⑤ 단측검정과 양측검정

실험 또는 조사의 목적에 따라 귀무가설 $H_0 : \mu = \mu_0$에 대한 대립가설을 $H_1 : \mu > \mu_0$, $H_1 : \mu < \mu_0$ 및 $H_1 : \mu \neq \mu_0$의 3가지 형태로 설정할 수 있다. 대립가설의 형태에 따라 처음 2개의 대립가설의 경우를 단측검정 그리고 마지막 대립가설의 경우를 양측검정이라고 한다.

단측검정과 양측검정

대립가설은 귀무가설에서 지정한 모수값이 포함되지 않은 영역을 나타낸다. 이 때 $H_1 : \mu > \mu_0$ 및 $H_1 : \mu < \mu_0$ 과 같이 한쪽 방향만을 고려하는 경우를 단측검정, $H_1 : \mu \neq \mu_0$와 같이 양쪽을 모두 고려하는 경우를 양측검정이라고 한다.

귀무가설 $H_0 : \mu = \mu_0$	vs.	대립가설 $H_1 : \mu > \mu_0$	단측검정
		$H_1 : \mu < \mu_0$	단측검정
		$H_1 : \mu \neq \mu_0$	양측검정

2) 가설검정의 오류

'**예제 2-11**'에서 $\alpha=0.05$는 귀무가설 즉, H_0이 사실임에도 불구하고 기각되는 확률이다. 이는 **[그림 2-15]**에서 $\mu=60$ kg임에도 불구하고 $\mu>60$ kg이라고 잘못 판정하는 확률로 제 1종의 오류라고 한다.

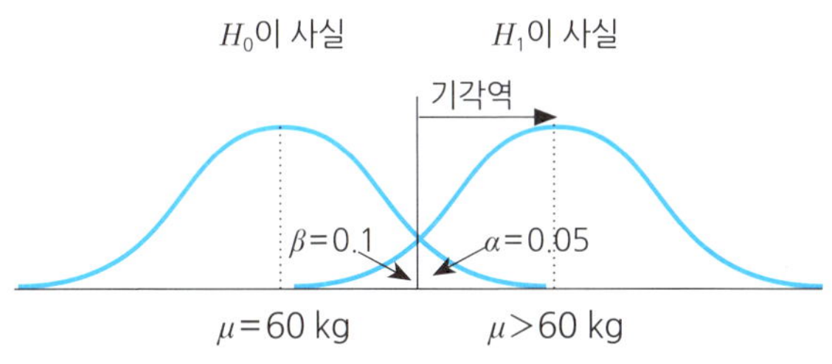

[그림 2-15] 가설검정의 오류

H_0이 사실일 경우를 양품이라고 하면 제 1종의 오류는 양품을 불량으로 처리하는 확률이다. 양품을 불량으로 처리할 경우 생산자가 불리하므로 제 1종의 오류를 생산자 위험이라고 한다.

[그림 2-15]에서 H_1이 사실임에도 불구하고 H_0을 채택하는 확률을 β라고 하며 제 2종의 오류라고 한다. H_1이 사실일 경우를 불량이라고 하면 제 2종의 오류는 불량을 양품으로 처리하는 확률이다. 불량을 양품으로 처리할 경우 소비자가 불리하므로 제 2종의 오류를 소비자 위험이라고 한다.

[표 2-5] 가설검정의 오류

사실 \ 판단	H_0 채택	H_1 채택
H_0	옳은 결정	제 1종 오류 (α) 생산자 위험
H_1	제 2종 오류 (β) 소비자 위험	옳은 결정

생산자 입장에서 양품을 불량으로 처리하는 것이 불합리하다고 생각되어, **[그림 2-16]**에서와 같이 기각역을 우측으로 이동하여 $\alpha=0$으로 할 수 있다.

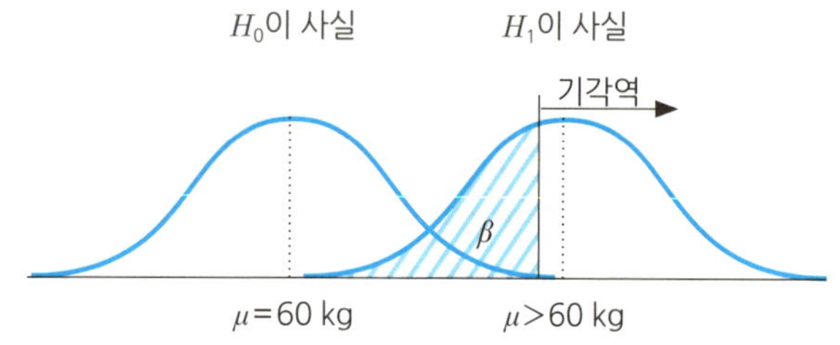

[그림 2-16] 가설검정의 오류: α=0을 위한 기각역의 이동

이 경우 모든 양품이 양품으로 처리되나 β값이 커짐에 따라 다수의 불량이 양품으로 처리되어 출하된다.

따라서 당장은 생산자가 유리한 것 같으나, 대규모의 클레임이 발생되어 결국 생산자가 망할 수도 있다. 그러므로 α값을 무조건 작게 할 수 없고 적절한 값에서 타협을 해야 한다. 일반적으로 특별한 언급이 없는 한 $\alpha=0.05$, $\beta=0.1$을 기준으로 한다.

▶검정력

$1-\beta$를 검정력(power of the test)이라고 하는데 이는 **[그림 2-15]**에서 H_1이 사실일 때 H_1이 사실이라고 판정하는 확률을 말한다. 즉 변화가 있을 때 변화하였다고 판정하는 확률이다.

검정력은 높을 수록 좋으나, 통상 $\beta=0.1$을 기준으로 하므로 검정력은 0.9를 기준으로 한다.

2장

연습문제

1. 다음의 용어를 간략하게 정의하시오.

–모집단

–표본

–모수

–통계량

–확률

–확률변수

–확률분포

–확률밀도함수

–기대값

–분산

2. 다음의 데이터가 연속형 또는 이산형 인지를 분류하시오.

데이터	유형
납기지연 건수	
납기지연 시간	
연체 계정수	
연체 금액	
장비고장 건수	
장비고장 시간	
매출액 달성률	
재작업이 필요한 제품 비율	

3. 다음 데이터에 대해 요구하는 통계량을 계산하시오.

1 2 5 8 10 12 12 16 20

1) 평균
2) 중앙값
3) 최빈값
4) 분산 및 표준편차
5) 범위
6) 사분위 범위

4. 협력사인 A사로부터 신제품에 사용될 부품을 납품 받아 품질특성을 다음과 같이 측정하였다. 다음의 질문에 답을 하시오.

5.1 4.9 5.5 4.5 5 5.5 6.1 5.5 5.4 6.1 4.8

1) 품질특성의 95 % 신뢰구간을 구하시오.

2) 품질특성의 평균이 적어도 5.3 이상이 되어야 협력사의 부품을 구매하는데 있어 경제적인 타당성이 성립된다면 이 경우 A사의 부품을 구매할 수 있는가? 유의수준 $\alpha = 0.05$로 검정하시오.

3) '**2)**'의 경우 '**1)**'의 결과를 보더라도 판정을 할 수 있다. 그 이유는 무엇인가?

5. 자사에서 '**문제 4**'에서와 동일한 부품을 생산하고 있다. 이 경우 12개의 부품을 측정한 결과가 다음과 같을 경우 질문에 답을 하시오.

6.1 5.5 6.8 4.9 5.7 5.5 6.1 6 6.3 5.1 6.1 5.5

$\bar{x} = 5.8, \quad s = 0.534$

1) 자사와 협력사 간에 품질특성의 산포의 차이가 있다고 할 수 있는가?

2) 자사와 협력사 간에 품질특성의 평균의 차이가 있다고 할 수 있는가?

3) 자사와 협력사 간에 품질특성의 평균의 차이에 대한 95 % 신뢰구간을 구하시오.

6. 플라스틱의 강도는 매우 중요한 CTQ 이다. 이를 개선하기 위해 새로운 소재를 사용한 신제품을 개발하였다. 이때 강도가 현재보다 10 psi(pound per square inch) 이상일 경우, 신제품을 도입하는 것이 유리하다면 어떤 의사결정을 해야 하는가? 단, 유의수준 $\alpha=0.05$로 한다.

기존제품: 133.2 133.2 133.5 134.1 133.2 133.5 131.4 135.2
132.1 132.5 132.6 132.6

신제품: 144.2 142.4 143.0 143.3 142.5 142.6 142.2 141.8 143.5
141.9 140.9 143.3

7. '**문제 6**'에서 기존제품과 신제품 간에 강도의 산포에 차이가 있다고 할 수 있는가? 단, 유의수준 $\alpha=0.05$로 한다.

8. 중학생과 고등학생 각각 100명을 대상으로 한달 용돈을 조사하였다. 중학생의 용돈의 평균은 40 000원, 표준편차는 30 000원이고, 고등학생의 용돈의 평균은 50 000원 표준편차는 40 000원이었다. 다음의 질문에 답을 하시오. 단, 유의수준 $\alpha=0.05$로 한다.

1) 이 경우 중학생과 고등학생의 평균 용돈의 차이가 있다고 할 수 있는가?

2) 용돈의 차이에 대한 95 % 신뢰구간을 구하시오.

9. 두 명의 작업자가 일정 기간 동안에 작업한 결과를 다음과 같이 측정하였다. 이 경우 작업자 A와 작업자 B간에 품질수준에 차이가 있다고 할 수 있는가? 유의수준 $\alpha=0.05$로 검정하시오.

	작업자 A	작업자 B
양품	200개	100개
불량	13개	8개

10. 온도의 변화에 따른 품질실적이 다음과 같다. 이 경우 온도가 품질에 영향을 미치는 중요 요인이라고 할 수 있는가? 유의수준 $\alpha = 0.05$로 검정하시오.

	100 ℃	110 ℃	120 ℃
양품	810개	520개	350
불량	13개	8개	5개

1) 가설을 수립하시오.

2) 검정 통계량을 결정하시오.

3) 판정을 하고 그 이유를 설명하시오.

3 일원배치법

두 개의 표본 간에 평균의 차이가 있는지 여부를 파악하기 위해서는 두 평균의 차에 대한 가설검정 즉, 2 표본 t 검정법*을 사용한다. 이 개념을 확장하여 표본이 3개 이상일 경우 표본 간에 평균의 차이가 있는가를 파악하고자 할 때 즉, 인자(factor)가 하나이며 처리수가 3개 이상일 때 일원배치법(one-way factorial design)을 사용한다.

일원배치법은 가장 단순한 실험으로, 용도는 다수의 인자들 중에서 특성치의 평균에 영향을 주는 중요 인자를 선정하는 경우 또는 원하는 값을 중요 인자의 어떤 특정 수준에서 찾고자 할 경우 사용된다.

일원배치법은 각 실험단위(experimental unit)가 모두 동일하다는 가정하에서 수행되므로 수준수와 반복수에 제한이 없다. 따라서 결측지(missing value)가 있어도 분석이 용이한 장점이 있다.

일원배치법을 실행할 경우 변량인자나 실험에 포함되지 않은 인자가 실험에 미치는 영향을 최소화하거나 배제하기 위해 랜덤화를 하는 것이 바람직하다.

3.1 반복수가 같은 일원배치법

1) 일원배치법의 구조모형

[표 3-1]은 인자 A의 수준(처리)수가 l개이며 각 수준에서 m개를 반복하여 측정할 경우를 일반화하여 표현한 것이다.

[표 3-1] 일원배치의 데이터 배열

요인	A_1	A_2	$\cdots$	A_l	
특성	y_{11} y_{12} $\vdots$ y_{1m}	y_{21} y_{22} $\vdots$ y_{2m}	$\cdots$ $\cdots$ $\vdots$ $\cdots$	y_{l1} y_{l2} $\vdots$ y_{lm}	
평균	$T_{1.}$	$T_{2.}$		$T_{l.}$	T
전체평균	$\bar{y}_{1.}$	$\bar{y}_{2.}$		$\bar{y}_{l.}$	$\bar{\bar{y}}$

2 표본 t 검정법: 미니탭에서는 이를 2 sample t라고 한다.

각 수준에서 얻어진 반응치들을 평균 μ_i 공통분산 σ_E^2을 갖는 정규모집단으로부터의 확률표본으로 가정하면 **[그림 3-1]**과 같이 나타낼 수 있다.

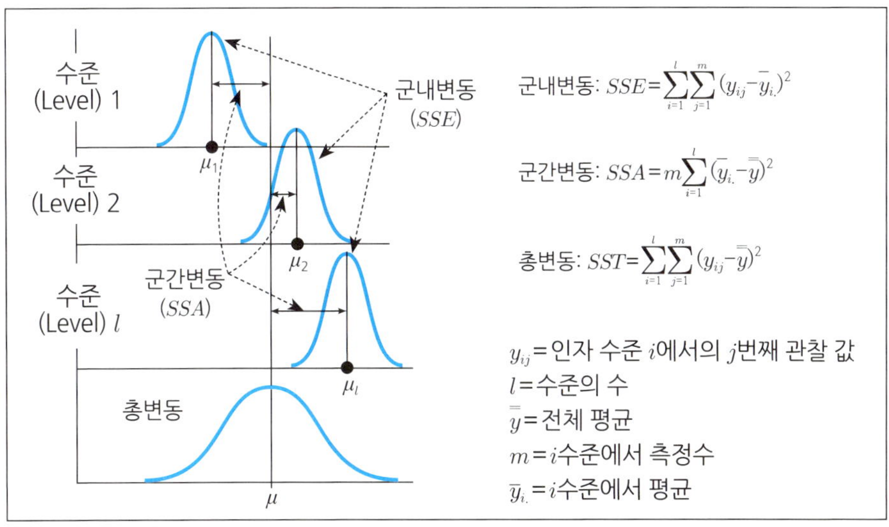

[그림 3-1] 각 수준에서의 데이터 분포

[그림 3-1]에서 각각의 데이터는 다음과 같이 나타낼 수 있다.

$$y_{ij}=\mu_i+e_{ij},\quad \text{여기서}\quad i=1.\ 2,\ \cdots,\ l \qquad (3.1)$$
$$j=1.\ 2,\ \cdots,\ m$$
$$\text{이며}\quad e_{ij}\sim N(0,\ \sigma_E^2)\text{이고 서로 독립임}$$

각 수준의 평균(μ_i)과 총평균(μ)의 차이를 다음과 같이 표현할 경우

$$a_i=\mu_i-\mu,$$

식 (3.1)은

$$\begin{aligned} y_{ij}&=\mu_i+e_{ij}\\ &=\mu+(\mu_i-\mu)+e_{ij}\\ &=\mu+a_i+e_{ij}\end{aligned}$$

로 나타낼 수 있다. 여기서 a_i는 처리의 주효과*(main effect)로 이들의 합은 다음과 같이 항상 '0'이 됨을 알 수 있다.

$$\sum_{i=1}^{l} a_i = \sum_{i=1}^{l} (\mu_i - \mu)$$
$$= l\left[\sum_{i=1}^{l} \frac{\mu_i}{l} - \mu\right]$$
$$= 0 \quad (3.2)$$

이상에서 A가 모수인자(fixed factor)일 경우 일원배치법의 데이터 구조식을 다음과 같이 나타낼 수 있다.

$$y_{ij} = \mu + a_i + e_{ij}, \quad i = 1.\ 2, \cdots, l \quad (3.3)$$
$$j = 1.\ 2, \cdots, m$$

$e_{ij} \sim N(0, \sigma_E^2)$이고 서로 독립임

단, $\sum_{i=1}^{l} a_i = 0$

2) 인자에 따른 모형의 분류

(1) 모형의 분류

인자의 종류에 따라 사용되는 모형은 다음과 같이 분류된다.

① 모수모형(fixed model)

모델이 모수인자로만 구성이 된 경우이다.

② 변량모형(random model)

모델이 변량인자로만 구성된 경우이다.

③ 혼합모형(mixed model)

모델이 모수인자와 변량인자로 구성된 경우로 대표적인 것이 랜덤블록실험(randomized block design: 난괴법)이라고 할 수 있다.

주효과: 주효과란 어떤 특정 인자의 수준을 변화하였을 때 특성치 y가 평균적으로 변화하는 양으로, 이는 특정 인자가 단독으로 특성치 y에 미치는 영향을 말한다.

(2) 인자의 특징

모수인자 또는 변량인자에 상관없이 이들에 의해 변동(산포)이 발생된다.

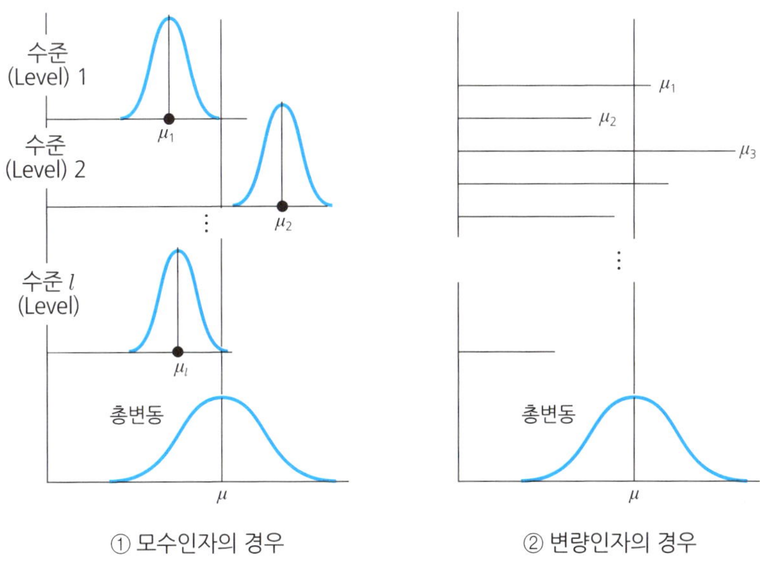

[그림 3-2] 모수인자와 변량인자의 비교

모수인자의 경우 **[그림 3-2]**의 ①과 같이 처리수준에 따른 평균의 변화 즉, 효과 a_i에 의한 변동으로 이를 다음과 같이 나타낼 수 있다.

$$\sigma_A{}^2 = \frac{\sum_{i=1}^{l}(a_i - \overline{a})^2}{l-1} \tag{3.4}$$

그런데 식 (3.2)에서와 같이 모수인자의 경우 $\sum_{i=1}^{l} a_i = 0$이므로 a_i의 평균은 당연히 0이 된다.

$$\overline{a} = \sum_{i=1}^{l} \frac{a_i}{l} = 0$$

따라서 식 (3.4)는 다음과 같이 된다.

$$\sigma_A{}^2 = \frac{\sum_{i=1}^{l}(a_i - \overline{a})^2}{l-1} = \frac{\sum_{i=1}^{l} a_i{}^2}{l-1} \tag{3.5}$$

변량인자의 경우 **[그림 3-2]**의 ②와 같이 각 수준이 랜덤으로 정해지므로 μ_i는 샘플링마다 변하는 값이 된다. 따라서 $a_i = \mu_i - \mu$는 랜덤으로 변화하는 확률변수가 된다. 따라서 기대치는 0이 된다.

$$E(a_i) = 0,\ E(\overline{a}) = 0$$

a_i의 분산은 다음과 같이 정의되거나

$$\sigma_A{}^2 = E\left[\frac{1}{l-1}\sum_{i=1}^{l}(a_i - \overline{a})^2\right] \tag{3.6}$$

또는 다음과 같이 정의될 수 있다.

$$\begin{aligned}\sigma_A{}^2 &= E\{a_i - E(a_i)\}^2 \\ &= E(a_i - 0)^2 = E(a_i{}^2)\end{aligned} \tag{3.7}$$

이상에서 설명한 모수 또는 변량인자에 따른 특징을 요약하여 정리하면 **[표 3-2]**와 같다.

[표 3-2] 모수인자와 변량인자의 특징 비교

모수인자	변량인자
a_i는 상수이다. $E(a_i) = a_i,\ Var(a_i) = 0$	a_i는 확률변수이다. $E(a_i) = 0,\ Var(a_i) = \sigma_A{}^2$
a_i의 합은 0이다. $\sum_{i=1}^{l} a_i = 0$	일반적으로 a_i의 합은 0이 아니다. $\sum_{i=1}^{l} a_i \neq 0$
처리수준에 의해 발생되는 평균의 차이 즉, 효과변동으로 다음과 같이 나타낸다. $\sigma_A{}^2 = \frac{\sum_{i=1}^{l}(a_i - \overline{a})^2}{l-1} = \frac{\sum_{i=1}^{l} a_i{}^2}{l-1}$	a_i 가 랜덤하게 발생되는 확률변수이므로 이에 의한 산포를 다음과 같이 나타낸다. $\sigma_A{}^2 = E\left[\frac{1}{l-1}\sum_{i=1}^{l}(a_i - \overline{a})^2\right]$

(3) 오차항의 특성

식 (3.1)에서의 e_{ij}는 A_i수준에서 j번째 측정된 데이터 y_{ij}에 수반되는 오차로 확률변수로서 **[표 3-3]**과 같이 배열할 수 있다.

[표 3-3] 일원배치의 오차 배열

요인	A_1	A_2	$\cdots$	A_l	
반복	e_{11} e_{12} $\vdots$ e_{1m}	e_{21} e_{22} $\vdots$ e_{2m}	$\cdots$ $\cdots$ $\cdots$	e_{l1} e_{l2} $\vdots$ e_{lm}	
평균	$\bar{e}_{1.}$	$\bar{e}_{2.}$		$\bar{e}_{l.}$	$\bar{\bar{e}}$

[그림 3-1]에서 각 수준에서의 처리효과가 없다고 가정할 경우 오차의 변동만으로 **[그림 3-3]**과 같이 표현할 수 있다.

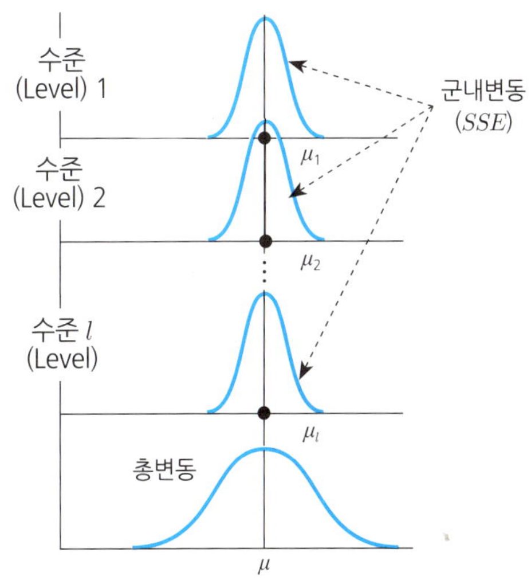

[그림 3-3] 오차분산의 이해

[그림 3-3]을 통해 e_{ij}의 분산 $e_E^{\,2}$를 구하는 다음의 공식을 보다 쉽게 이해할 수 있다.

① $\sigma_E^{\,2} = E\{e_{ij} - E(e_{ij})\}^2$

$\quad = E(e_{ij} - 0)^2 = E(e_{ij}^{\,2})$

② $\sigma_E^{\,2} = E\left[\frac{1}{m-1}\sum_{j=1}^{m}(e_{ij} - \bar{e}_{i.})^2\right]$ (3.8)*

③ $\sigma_E^2 = E\left[\frac{m}{l-1}\sum_{i=1}^{l}(\bar{e}_{i.} - \bar{\bar{e}})^2\right]$ (3.9)*

④ $\sigma_E^2 = E\left[\frac{1}{lm-1}\sum_{i=1}^{l}\sum_{j=1}^{m}(e_{ij} - \bar{\bar{e}})^2\right]$ (3.10)*

$e_{ij} \sim N(0, \sigma_E^2)$이고 서로 독립이라는 가정을 보다 구체적으로 나타내면 다음과 같다.

① 정규성(normality): 오차 e_{ij}는 정규분포를 따른다.

② 독립성(independence): 임의의 e_{ij}들은 서로 독립이다.

③ 불편성(unbiasedness): $E(e_{ij}) = 0$으로 편의는 없다.

④ 등분산성(equal variance): 어떠한 e_{ij}의 분산도 σ_E^2으로 동일하다.

3) 분산분석(ANOVA: Analysis of Variance)

식 (3.1)로부터 관측값 y_{ij}와 총평균 $\bar{\bar{y}}$의 차인 총편차를 다음과 같이 어쩔 수 없이 발생되는 오차와 인자의 수준차이에 의한 처리효과로 분해할 수 있다.

$$y_{ij} - \bar{\bar{y}} = (y_{ij} - \bar{y}_{i.}) + (\bar{y}_{i.} - \bar{\bar{y}})$$

(총편차) (오차) (처리효과)

상기의 식의 양변을 제곱한 후 모든 i, j에 대해 더하면 다음의 식이 성립된다.

$$\sum_{i=1}^{l}\sum_{j=1}^{m}(y_{ij} - \bar{\bar{y}})^2 = \sum_{i=1}^{l}\sum_{j=1}^{m}(y_{ij} - \bar{y}_{i.})^2 + \sum_{i=1}^{l}\sum_{j=1}^{m}(\bar{y}_{i.} - \bar{\bar{y}})^2 \quad (3.11)$$

(총변동) (군내변동) (군간변동)

따라서 총변동을 군간변동과 군내변동으로 분해될 수 있다.

총변동: $SST = \sum_{i=1}^{l}\sum_{j=1}^{m}(y_{ij} - \bar{\bar{y}})^2 = \sum_{i=1}^{l}\sum_{j=1}^{m}y_{ij}^2 - \frac{T^2}{N}$ 여기서 $N = lm$이다.

식 (3.8), (3.9), (3.10): 식 (3.8)은 **[그림 3-3]**에서 군내변동을 구한 것으로 식 (3.11)의 군내변동과 형태가 동일함을 알 수 있다. 식 (3.9)는 **[그림 3-3]**에서 군간변동을 구한 것으로 식 (3.11)의 군간변동과 동일한 형태이다. 이 경우 **[표 3-6]**의 $E(V)$란에서 알 수 있듯이 효과변동이 없다고 가정하였으므로 결국 오차변동만이 남게 된다. 식 (3.10)은 **[그림 3-3]**에서 오차의 총변동으로부터 오차의 분산을 구한 것이다.

군간변동(효과변동): $SSA = \sum_{i=1}^{l}\sum_{j=1}^{m}(\bar{y}_{i.} - \bar{\bar{y}})^2 = m\sum_{i=1}^{l}(\bar{y}_{i.} - \bar{\bar{y}})^2 = \sum_{i=1}^{l}\frac{T_{i.}^{\ 2}}{m} - \frac{T^2}{N}$

군내변동(오차변동): $SSE = \sum_{i=1}^{l}\sum_{j=1}^{m}(y_{ij} - \bar{y}_i)^2$

$$= \sum_{i=1}^{l}\sum_{j=1}^{m}y_{ij}^{\ 2} - m\sum_{i=1}^{l}\bar{y}_i^{\ 2}$$

$$= \sum_{i=1}^{l}\sum_{j=1}^{m}y_{ij}^{\ 2} - \frac{T^2}{N} - \left(\sum_{i=1}^{l}\frac{T_{i.}^{\ 2}}{m} - \frac{T^2}{N}\right)$$

$$= SST - SSA$$

예제 3-1

3종류의 부품을 개발한 후 부품 간에 인장강도의 평균에 차이가 있는지를 파악하기 위해 다음과 같이 측정을 하였다. 변동을 구한 후 분산분석표를 작성하시오.

부품 1	부품 2	부품 3
4	13	10
7	10	12
9	9	14
8	10	13
13	12	14

우선 각 수준에서의 특성치의 합과 평균을 구하면 다음과 같다.

[표 3-4] 측정치의 합과 평균의 계산

	부품 1	부품 2	부품 3	
	4	13	10	
	7	10	12	
	9	9	14	
	8	10	13	
	13	12	14	
$T_{i.}$	41	54	63	$T=158$
$\bar{y}_{i.}$	8.2	10.8	12.6	$\bar{\bar{y}}=10.53$

각각의 변동을 구하여 **[표 3-5]**와 같은 분산분석표를 작성할 수 있다.

총변동: $SST=\sum_{i=1}^{3}\sum_{j=1}^{5}y_{ij}^{2}-\frac{T^2}{N}$

$$=(4^2+7^2+\cdots+14^2)-\frac{158^2}{15}=1\ 778-1\ 664.27=113.73$$

군간변동: $SSA=\sum_{i=1}^{l}\frac{T_{i.}^{2}}{m}-\frac{T^2}{N}$

$$=\frac{1}{5}(41^2+54^2+63^2)-\frac{158^2}{15}=1\ 713.2-1\ 664.27=48.93$$

군내변동: $SSE=SST-SSB=64.80$

[표 3-5] '예제 3-1'의 분산분석표

요인	변동(SS)	자유도(ϕ)	평균변동(MS)	F_{calc}	$F_{critic}(\phi_A, \phi_E; \alpha)$
A(군간)	$SSA=48.93$	2	$MSA=24.47$	$\frac{MSA}{MSE}=4.53$	3.89
E(군내)	$SSE=64.80$	12	$MSE=5.4$		
T(총계)	$SST=113.73$	14			

[그림 3-1]에서 A가 특성치 Y의 평균에 영향을 주는 중요한 인자일 경우 각 처리수준에서 평균 μ_i는 서로 다른 값을 가질 것으로 예상할 수 있다. 이 경우 군간변동이 군내변동에 비해 클 수 밖에 없다. 따라서 **[그림 3-4]**의 좌측과 같이 군간변동(SSA)이 군내변동(SSE)에 비해 클 경우 A는 특성치 Y의 평균에 영향을 미치는 중요한 인자라고 할 수 있다. 그런데 군간변동과 군내변동 간의 크기를 공평하게 비교하기 위해서는, **[그림 3-4]**의 우측과 같이 각각의 변동을 자신의 자유도*로 나누어 1회 변화시켰을 때의 평균변동인 MSA, MSE를 구해야 한다.

자유도: 인자의 자유도는 인자의 수준을 몇 회 변화시키면서 변동을 구하였는가를 나타내고, 총 자유도는 어떤 상태로부터 몇 회 변화시키면서 변동을 구하였는가를 나타낸다. 따라서 인자의 자유도 및 총자유도(전체 실험의 자유도)는 각각 다음과 같다.

- 인자의 자유도 = 인자의 수준수(l) − 1
- 총자유도 = 모든 데이터의 수(lm) − 1

자유도의 크기는 정보의 양을 나타내기 때문에 자유도가 클 수록 보다 현실에 가까운 정보를 얻을 수 있다.

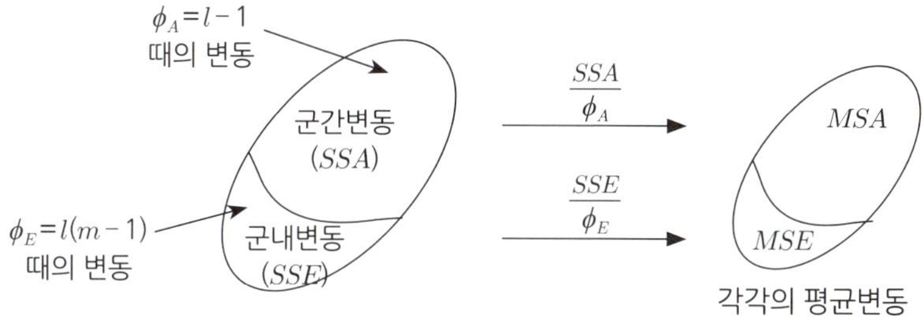

[그림 3-4] 평균변동의 계산

다음과 같은 가설을 수립한 상태에서 MSA가 MSE에 비해 클 경우 인자 A는 특성치에 유의한 영향을 미치므로 귀무가설을 기각할 수 있다.

$$H_0 : \mu_1 = \mu_2 = \cdots = \mu_l \quad \text{vs.} \quad H_1 : \text{모든 } \mu_i\text{가 같지는 않다.} \tag{3.12}$$

식 (3.12)에서 귀무가설은 모든 처리의 주효과 $a_i = 0$일 때 성립되므로 결국 식 (3.12)는 식 (3.13)과 동일한 표현임을 알 수 있다.

$$H_0 : a_1 = a_2 = \cdots = a_l = 0 \quad \text{vs.} \quad H_1 : a_i\text{는 모두 0이 아니다.} \tag{3.13}$$

이상의 내용을 보다 효과적으로 처리하기 위해 다음과 같은 분산분석표를 작성한다.

[표 3-6] 분산분석표

요인	SS	ϕ	$MS(V)$	$E(V)$	F_{calc}	$F_{critic}(\alpha)$
군간(A)	SSA	$l-1$	$\frac{SSA}{\phi_A} = MSA = V_A$	$\sigma_E^2 + m\sigma_A^2$	$\frac{MSA(V_A)}{MSE(V_E)}$	$F_\alpha(\phi_A, \phi_E)$
군내(E)	SSE	$l(m-1)$	$\frac{SSE}{\phi_E} = MSE = V_E$	σ_E^2		
계(전체)	SST	$lm-1$				

4) 평균변동의 기대치와 F검정

식 (3.3)에서 개개의 데이터 y_{ij}가 확률변수로, A가 모수인자인 경우에 a_i와 μ는 상수이므로 y_{ij}의 기대값과 분산은 다음과 같다.

$$e_{ij} \sim N(0, \sigma_E^2)\text{이므로}$$

$$\begin{aligned} E(y_{ij}) &= E(\mu + a_i + e_{ij}) \\ &= \mu + a_i = \mu_i \\ Var(y_{ij}) &= Var(\mu + a_i + e_{ij}) \\ &= Var(e_{ij}) \\ &= \sigma_E^2 \end{aligned}$$

이 된다.

따라서 y_{ij}는 다음의 분포를 따름을 알 수 있다.

$$y_{ij} \sim N(\mu_i, \sigma_E^2) \tag{3.14}$$

[표 3-6]의 평균변동의 기대값 $E(V_A)$와 $E(V_E)$를 구하기 위해서는 우선 식 (3.3)으로부터 다음과 같이 평균에 대한 구조식을 구할 필요가 있다.

인자 A의 각 수준에서 평균에 대한 구조식:

$$\begin{aligned} \bar{y}_{i.} &= \frac{1}{m}\sum_{j=1}^{m} y_{ij} \\ &= \frac{1}{m}\sum_{j=1}^{m}(\mu + a_i + e_{ij}) \\ &= \frac{1}{m}(m\mu + ma_i + \sum_{j=1}^{m} e_{ij}) \\ &= \mu + a_i + \bar{e}_{i.} \end{aligned} \tag{3.15}$$

전체 평균에 대한 구조식:

$$\begin{aligned} \bar{\bar{y}} &= \frac{1}{lm}\sum_{i=1}^{l}\sum_{j=1}^{m} y_{ij} \\ &= \frac{1}{lm}\sum_{i=1}^{l}\sum_{j=1}^{m}(\mu + a_i + e_{ij}) \end{aligned}$$

$$=\frac{1}{lm}(lm\mu+m\sum_{i=1}^{l}a_i+\sum_{i=1}^{l}\sum_{j=1}^{m}e_{ij})$$
$$=\mu+\bar{\bar{e}} \tag{3.16}$$

$E(V_A)=E\left(\frac{SSA}{l-1}\right)$이므로 $E(V_A)$를 구하기 위해서는 우선 $E(SSA)$를 구한다.

$$E(SSA)=E\left[m\sum_{i=1}^{l}(\bar{y}_{i.}-\bar{\bar{y}})^2\right]$$
$$=E\left[m\sum_{i=1}^{l}\{(\mu+a_i+\bar{e}_{i.})-(\mu+\bar{\bar{e}})\}^2\right] \quad \text{식 (3.15), (3.16)으로부터}$$
$$=mE\left[\sum_{i=1}^{l}\{a_i+(\bar{e}_{i.}-\bar{\bar{e}})\}^2\right]$$
$$=mE\left[\sum_{i=1}^{l}a_i^2+2\sum_{i=1}^{l}a_i(\bar{e}_{i.}-\bar{\bar{e}})+\sum_{i=1}^{l}(\bar{e}_{i.}-\bar{\bar{e}})^2\right]$$
$$=m\sum_{i=1}^{l}a_i^2+mE\left[\sum_{i=1}^{l}(\bar{e}_{i.}-\bar{\bar{e}})^2\right]$$

식 (3.5)와 식 (3.9)로부터

$$E(SSA)=(l-1)m\left[\frac{\sum_{i=1}^{l}a_i^2}{l-1}\right]+(l-1)E\left[\frac{m}{l-1}\sum_{i=1}^{l}(\bar{e}_{i.}-\bar{\bar{e}})^2\right]$$
$$=(l-1)m\sigma_A^2+(l-1)\sigma_E^2$$

이 된다. 따라서 V_A의 기대치는

$$E(V_A)=\frac{E(SSA)}{l-1}=\sigma_E^2+m\sigma_A^2 \tag{3.17}$$

임을 알 수 있다.

동일한 방법으로 SSE의 기대치를 구하면

$$E(SSE)=E\left[\sum_{i=1}^{l}\sum_{j=1}^{m}(y_{ij}-\bar{y}_{i.})^2\right]$$
$$=E\left[\sum_{i=1}^{l}\sum_{j=1}^{m}\{(\mu+a_i+e_{ij})-(\mu+a_i+\bar{e}_{i.})\}^2\right]$$
$$=E\left[\sum_{i=1}^{l}\sum_{j=1}^{m}(e_{ij}-\bar{e}_{i.})\}^2\right]$$

식 (3.8)로부터

$$E(SSE) = (m-1)\sum_{i=1}^{l} E\left[\frac{1}{m-1}\sum_{j=1}^{m}(e_{ij}-\bar{e}_{i.})^2\right]$$
$$= l(m-1)\sigma_E{}^2$$

이 된다. 따라서 V_E의 기대치는 다음과 같다.

$$E(V_E) = \frac{E(SSE)}{l(m-1)} = \sigma_E{}^2 \qquad (3.18)$$

이상에서 구한 평균변동의 기대치가 **[표 3–6]**의 $E(V)$란에 나타나 있다.

식(3.13)의 가설을 식 (3.5)의

$$\sigma_A{}^2 = \frac{\sum_{i=1}^{l} a_i^2}{l-1}$$

을 사용하여 다음과 같이 표현할 수 있다.

$$H_0 : \sigma_A{}^2 = 0 \qquad H_1 : \sigma_A{}^2 > 0 \qquad (3.19)$$

식 (3.19)의 귀무가설이 성립될 경우 **[표 3–6]**의 $E(V)$란으로부터, 검정통계량 F는 분산이 $\sigma_E{}^2$으로 동일한 모집단으로부터의 분산의 비율이므로 F 분포를 따르는 것을 알 수 있다. 따라서 검정통계량 값은 다음과 같다.

$$F_{\text{calc}} = \frac{\dfrac{SSA}{\phi_A}}{\dfrac{SSE}{\phi_E}} = \frac{MSA}{MSE} = \frac{V_A}{V_E}$$

그런데 $MSA(V_A)$가 $MSE(V_E)$보다 커 $F_{\text{calc}} \geq F_{\text{critic}}(\phi_A, \phi_E; \alpha)$이 되어 검정통계량값 F_{calc}가 기각역에 속할 경우 $\sigma_A{}^2 > 0$이므로 귀무가설을 기각할 수 있다.

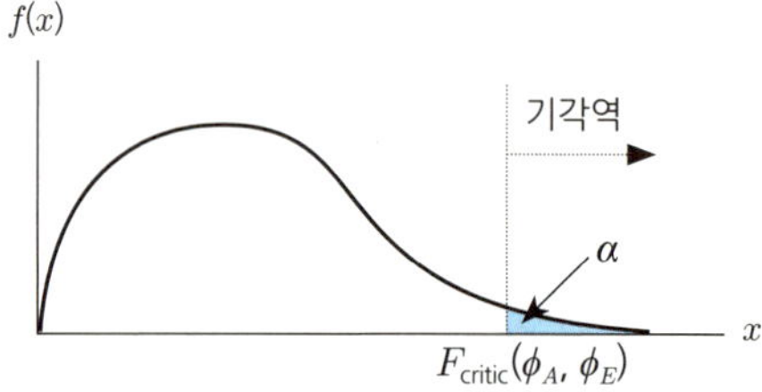

[그림 3–5] F분포: $X \sim F(\phi_A, \phi_E)$

이 경우 인자 A는 특성치의 평균에 영향을 주는 중요한 인자라고 할 수 있다.

예제 3-2

'예제 3-1'의 **[표 3-5]** 분산분석표에 대해 유의수준 $\alpha=0.05$로 F 검정을 하시오.

요인	SS	ϕ	V	F_{calc}	$F_{critic}(\phi_A, \phi_E; \alpha)$
A(군간)	$SSA=48.93$	2	$V_A=24.47$	$\frac{V_A}{V_E}=4.53$	3.89
E(군내)	$SSE=64.80$	12	$V_E=5.4$		
T(총계)	$SST=113.73$	14			

$F_{calc}=4.53>3.89=F_{critic}(\phi_A, \phi_E; \alpha)$이므로 귀무가설 $H_0 : \sigma_A^2=0$을 기각할 수 있다. 따라서 부품 간에 인장강도의 평균에 차이가 있다고 할 수 있다.

5) 분산분석 이후의 추정

(1) 모평균의 신뢰구간 추정

만일 인자 A가 특성치에 유의한 영향을 미치는 중요한 인자로 판명될 경우 인자의 각 수준에서 모평균이나 모평균의 차에 대한 구간추정을 할 수 있다. 그리고 이를 통해 얻은 정보를 토대로 하여 기술적 및 경제적 검토를 함으로써 합리적인 의사결정을 할 수 있다.

식 (3.15)로부터 다음을 구할 수 있다.

$$E(\overline{y}_{i.})=\mu+a_i,\ Var(\overline{y}_{i.})=\frac{\sigma_E^2}{m}$$

따라서 A_i 수준에서의 모평균 $\mu(A_i)$를 추정하기 위해 불편추정량인 $\overline{y}_{i.}$를 사용한다.

$$\hat{\mu}(A_i)=\widehat{\mu+a_i}=\overline{y}_{i.}$$

여기서 σ_E^2은 미지이기 때문에 불편추정량 V_E로부터 추정을 할 수 있다[식

(3.18)]. 따라서 $\hat{\mu}(A_i)$의 $100(1-\alpha)$ % 신뢰구간은 다음과 같다.

$$\bar{y}_{i.} \pm \mathrm{t}\left(\phi_E;\ \frac{\alpha}{2}\right)\sqrt{\frac{V_E}{m}} \tag{3.20}$$

식 (3.20)에서 분산 V_E가 작을 수록 반복수 m이 클 수록 신뢰구간이 작아지는 것을 알 수 있다.

(2) 모평균의 차의 신뢰구간 추정

$\bar{y}_{i.}-\bar{y}_{i'.}$는 두 수준 A_i와 $A_{i'}$ 간에 모평균의 차 $(\mu_i-\mu_{i'})$에 대한 불편추정량이고

$$\begin{aligned} E(\bar{y}_{i.}-\bar{y}_{i'.}) &= E(\bar{y}_{i.})-E(\bar{y}_{i'.}) \\ &= \mu+a_i-(\mu+a_{i'}) \\ &= \mu_i-\mu_{i'} \end{aligned}$$

이에 대한 분산은 다음과 같다.

$$Var(\bar{y}_{i.}-\bar{y}_{i'.}) = \frac{\sigma_E^{\ 2}}{m}+\frac{\sigma_E^{\ 2}}{m}=\frac{2\sigma_E^{\ 2}}{m}$$

(두 수준 A_i와 $A_{i'}$ 간의 데이터는 독립이므로)

따라서 $\mu(A_i)-\mu(A_{i'})$의 $100(1-\alpha)$ %의 신뢰구간은 다음과 같다.

$$(\bar{y}_{i.}-\bar{y}_{i'..}) \pm t\left(\phi_E;\ \frac{\alpha}{2}\right)\sqrt{\frac{2V_E}{m}} \tag{3.21}$$

만일 신뢰구간이 0을 포함하지 않을 경우 다음과 같이 가설을 수립한 상태에서 귀무가설 H_0을 기각할 수 있다.

$$H_0: \mu_i=\mu_{i'} \qquad H_1: \mu_i \neq \mu_{i'}$$

또는 $$H_0: \mu_i-\mu_{i'}=0 \qquad H_1: \mu_i-\mu_{i'} \neq 0$$

즉, **[그림 3-6]**에서 $|\bar{y}_{i.}-\bar{y}_{i'.}| > t\left(\phi_E;\ \frac{\alpha}{2}\right)\sqrt{\frac{2V_E}{m}}$일 경우 검정통계량값 $t_{\text{calc}}=\dfrac{\bar{y}_{i.}-\bar{y}_{i'.}}{\sqrt{\dfrac{2V_E}{m}}}$가 기각역에 속하므로 귀무가설 H_0을 기각할 수 있다.

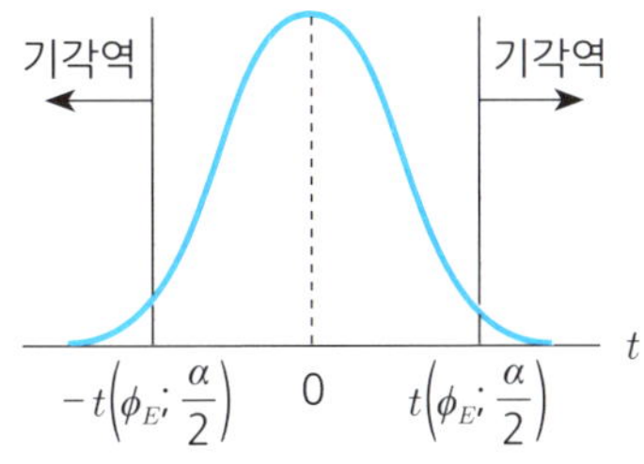

[그림 3-6] 자유도 Φ_E인 t 분포

따라서 유의수준 α에서 두 수준 간의 차이가 유의하려면 두 수준 간의 차이 $|\bar{y}_{i.} - \bar{y}_{i'.}|$와 $t\left(\phi_E; \frac{\alpha}{2}\right)\sqrt{\frac{2V_E}{m}}$를 비교하여 $|\bar{y}_{i.} - \bar{y}_{i'.}| > t\left(\phi_E; \frac{\alpha}{2}\right)\sqrt{\frac{2V_E}{m}}$가 성립되어야 한다.

이에 다음을 최소유의차(LSD: Least Significant Difference)라고 한다.

$$t\left(\phi_E; \frac{\alpha}{2}\right)\sqrt{\frac{2V_E}{m}} \tag{3.22}$$

예제 3-3

'예제 3-1'에 대해 다음의 질문에 답을 하시오.

1) 인장강도가 최대로 되는 수준에서 모평균에 대한 95%의 신뢰구간을 구하시오.

[표 3-4]에서 부품 3의 인장강도의 평균이 가장 크므로 식 (3.20)으로부터 다음을 구할 수 있다.

$$\bar{y}_{3.} \pm t(12;\ 0.025)\sqrt{\frac{V_E}{m}}$$

$$= 12.6 \pm 2.18\sqrt{\frac{5.4}{5}}$$

$$= (10.33,\ 14.87)$$

2) 부품 2와 부품 3 간에 모평균의 차에 대한 95 % 신뢰구간을 구하시오.

식 (3.21)로부터

$$(\bar{y}_{3.}-\bar{y}_{2.})\pm t(12;\ 0.025)\sqrt{\frac{2V_E}{m}}$$
$$=(12.6-10.8)\pm 2.18\sqrt{\frac{2\times 5.4}{5}}$$
$$=1.8\pm 3.2$$
$$=(-1.4,\ 5)$$

신뢰구간이 0을 포함하므로 부품2와 부품 3 간에는 인장강도의 평균의 차이가 없는 것을 알 수 있다.

3) 최소유의차(LSD)를 구한 후 이를 사용하여 모평균 간에 유의한 차이가 있는가를 판정하시오.

식 (3.22)로부터 LSD를 구하면

$$t\left(\phi_E;\ \frac{\alpha}{2}\right)\sqrt{\frac{2V_E}{m}}=2.18\sqrt{\frac{2\times 5.4}{5}}=3.2$$

가 된다.
다음과 같이 각 부품간의 평균의 차이를 구하면 부품 1과 부품 3 간의 차이값만이 LSD보다 큰 값을 갖는다. 따라서 부품 1과 부품 3 간에만 평균의 차이가 있음을 알 수 있다.

부품 1과 부품 2의 차이: $|\bar{y}_{1.}-\bar{y}_{2.}|=2.6$
부품 1과 부품 3의 차이: $|\bar{y}_{1.}-\bar{y}_{3.}|=4.4$
부품 2와 부품 3의 차이: $|\bar{y}_{2.}-\bar{y}_{3.}|=1.8$

■ 미니탭을 사용하여 **'예제 3-1'**부터 **'예제 3-3'**까지를 풀면 다음과 같다.

원래는 관리도 작성을 통해 데이터가 동일한 모집단으로부터 추출된 것인지, 정규성 검정을 통해 데이터가 정규분포를 따르는지 여부를 먼저 파악해야 한다. 그러나 이 경우 데이터가 이들 조건을 만족하므로 생략하기로 한다.

분산분석을 위해서 우선 등분산 검정을 먼저 한다.

비교하고자 하는 표본이 3개이므로 **통계분석 > 분산 분석 > 등분산 검정**을 클릭하면 다음의 화면이 나타난다.

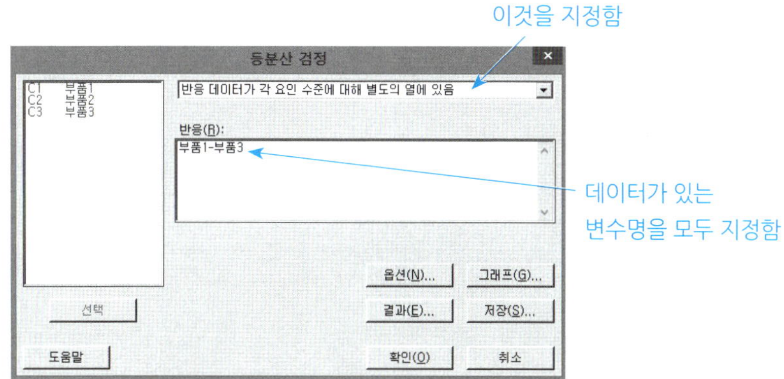

'옵션'을 선택하면 다음의 화면이 나타난다.

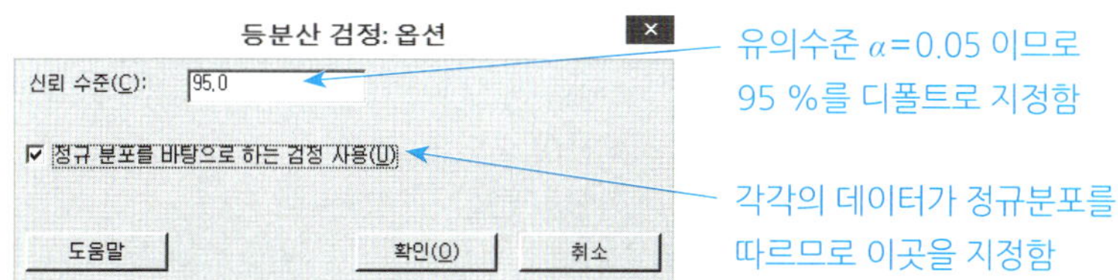

'확인'을 클릭한 후 '그래프'를 클릭하면 다음의 화면이 나타난다.

'확인'을 연속하여 클릭하면 다음의 결과들이 나타난다.

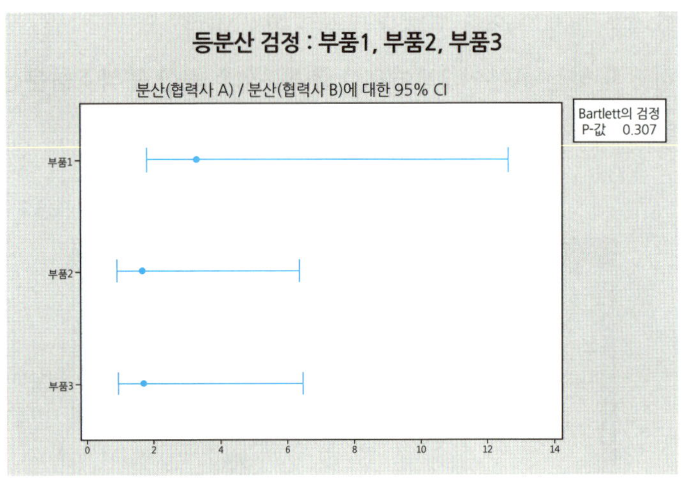

우선 그래프상에서 신뢰구간이 겹치는 것을 보아도 산포의 차이가 없는 것을 알 수 있다.

등분산 검정: 부품1, 부품2, 부품3
방법

귀무 가설 모든 분산이 동일합니다.
대립 가설 하나 이상의 분산이 다릅니다.
유의 수준 α = 0.05

Bartlett의 방법이 사용되었습니다. 이 방법은 정규 데이터에 대해서만 정확합니다.

표준 편차의 95% Bonferroni 신뢰 구간

표본	N	표준 편차	CI
부품1	5	3.27109	(1.76780, 12.5901)
부품2	5	1.64317	(0.88802, 6.3244)
부품3	5	1.67332	(0.90432, 6.4404)

개별 신뢰 수준 = 98.3333%

검정

방법	검정 통계량	P-값
Bartlett	2.40	0.302

실제로 $p=0.302>0.05$이므로 귀무가설 $H_0 : \sigma_1{}^2=\sigma_2{}^2=\sigma_3{}^2$을 기각할 수 없다. 따라서 부품간 인장강도의 산포에 차이가 있다고 할 수 없다.

등분산이 성립되므로 다음의 분산분석을 할 수 있다.

통계분석 > 분산 분석 > 일원 분산 분석을 클릭하면 다음의 화면이 나타난다.

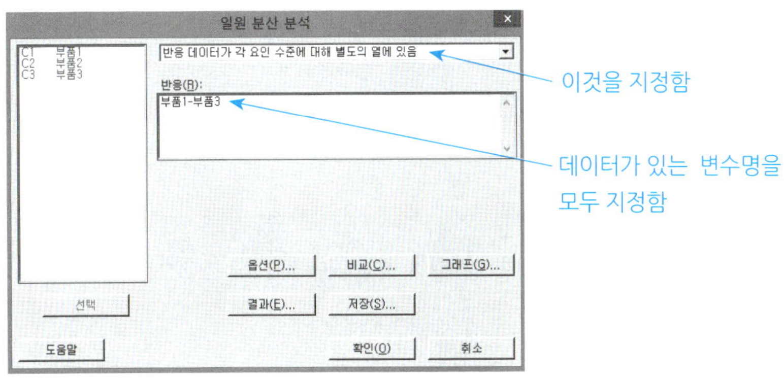

'옵션'을 선택하면 다음의 화면이 나타난다.

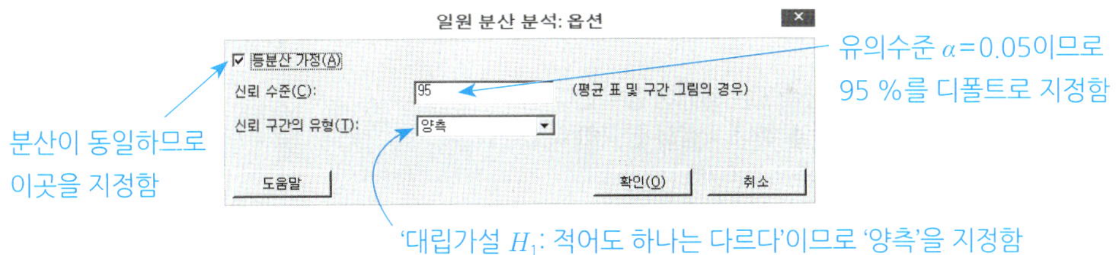

'확인'을 클릭한 후 '그래프'를 클릭하여

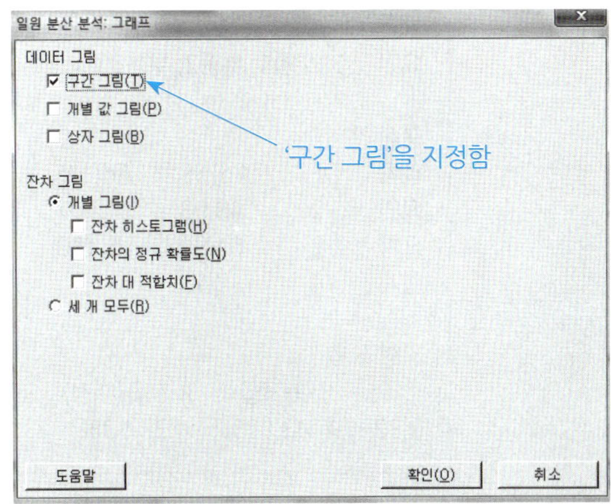

'확인'을 연속하여 클릭하면 다음의 결과들이 나타난다.

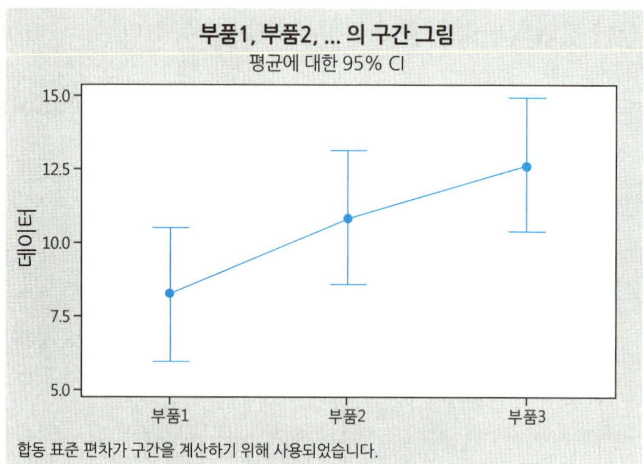

우선 그래프를 먼저 보면 부품에 따라 인장강도의 평균에 차이가 있음을 알 수 있다. 부품 3의 인장강도가 가장 큼을 알 수 있다.

일원 분산 분석: 부품1, 부품2, 부품3

방법

귀무 가설 모든 평균이 동일합니다.

대립 가설 하나 이상의 평균이 다릅니다.

유의 수준 α = 0.05

분석을 위해 분산이 같다고 가정되었습니다.

요인 정보

요인	수준	값
요인	3	부품1, 부품2, 부품3

분산 분석

출처	DF	Adj SS	Adj MS	F-값	P-값
요인	2	48.93	24.467	4.53	0.034
오차	12	64.80	5.400		
총계	14	113.73			

모형 요약

S	R-제곱	R-제곱(수정)	R-제곱(예측)
2.32379	43.02%	33.53%	10.98%

평균

요인	N	평균	표준 편차	95% CI
부품1	5	8.20	3.27	(5.94, 10.46)
부품2	5	10.800	1.643	(8.536, 13.064)
부품3	5	12.600	1.673	(10.336, 14.864)

합동 표준 편차 = 2.3237

$p=0.034<0.05$ 이므로 귀무가설을 기각할 수 있다. 따라서 부품간 인장강도의 평균에 차이가 있다고 할 수 있다.

부품 3에 대한 모평균의 95 % 신뢰구간값은 '**예제 3-3**'에서 구한 값과 약간의 차이가 나는 것을 알 수 있다. 이는 미니탭에서는 표준편차로 합동표준편차를 사용하는 반면 '**예제 3-3**'에서는 오차의 평균변동의 제곱근을 사용했기 때문이다.

미니탭으로 모평균의 차이에 대한 신뢰구간을 구하기 위해서 다음을 실행한다.

통계분석 > 분산 분석 > 일원 분산 분석을 클릭하면 다음의 화면이 나타난다.

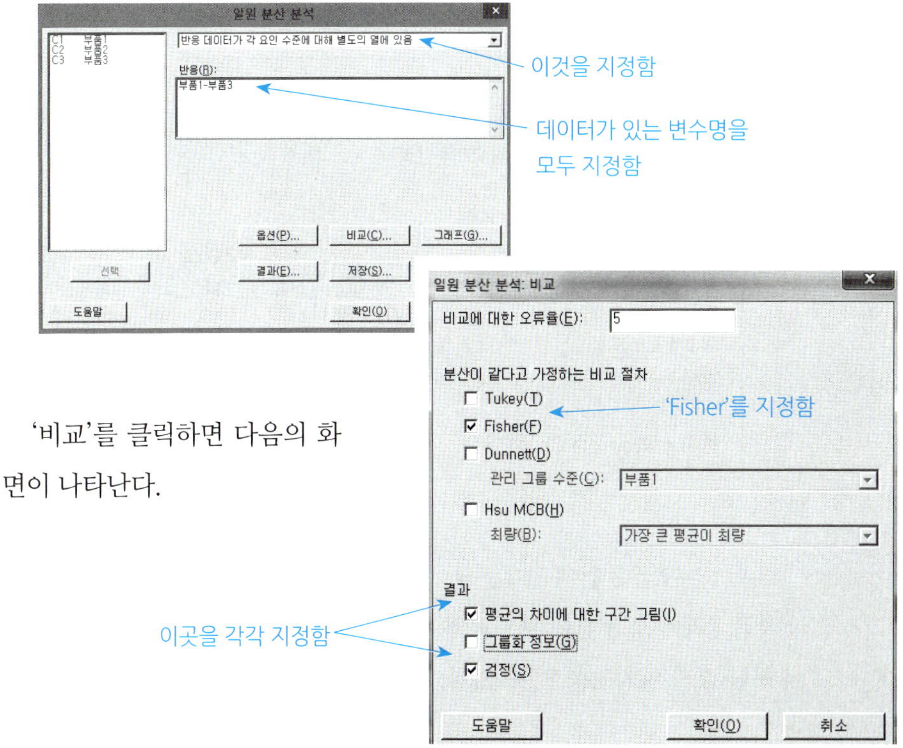

'비교'를 클릭하면 다음의 화면이 나타난다.

'확인'을 연속하여 클릭하면 다음의 결과들이 나타난다.

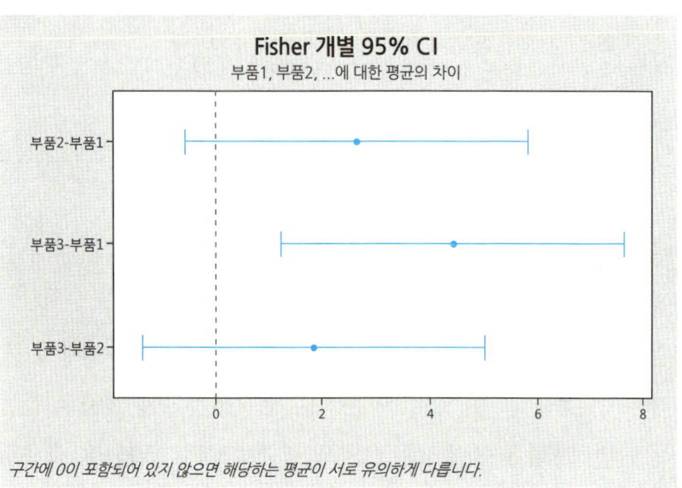

그래프상에서 0을 포함하지 않은 것은 부품 1과 부품 3 간의 차이 뿐이다. 따라서 부품 1과 부품 3만이 유의수준 $\alpha=0.05$에서 평균의 차이가 있는 것을 알 수 있다.

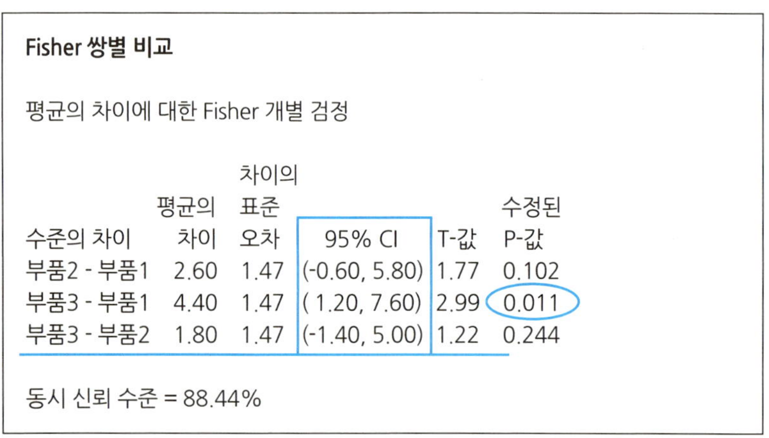

Fisher 쌍별 비교

평균의 차이에 대한 Fisher 개별 검정

수준의 차이	평균의 차이	차이의 표준 오차	95% CI	T-값	수정된 P-값
부품2 - 부품1	2.60	1.47	(-0.60, 5.80)	1.77	0.102
부품3 - 부품1	4.40	1.47	(1.20, 7.60)	2.99	0.011
부품3 - 부품2	1.80	1.47	(-1.40, 5.00)	1.22	0.244

동시 신뢰 수준 = 88.44%

부품 1과 부품 3 간에 모평균의 차에 대한 확률값만이 $p=0.011$로 0.05보다 작다.

부품 2와 부품 3 간에 모평균의 차에 대한 95 % 신뢰구간의 값은 '**예제 3-3**'에서 구한 값과 일치됨을 알 수 있다.

3.2 반복수가 같지 않은 일원배치법

'**3.1 반복수가 같은 일원배치법**' 에서는 모든 수준에서 반복수가 m으로 동일하였다. 그러나 몇 가지 이유로 인해 각 수준에서 반복수가 다른 관측치를 얻게 되는 경우가 있다.

① 실수 또는 불의의 사고로 인해 특정값을 관측하지 못하는 경우
② 관심이 있는 특정 수준에서 더 많은 반복을 함으로써 정도(precision)가 높은 결과를 얻기 위해

1) 구조모형

[표 3-7]은 반복수가 일정하지 않은 경우를 일반화하여 나타낸 것으로 이 경우에도 실험을 랜덤하게 진행해야 한다.

[표 3-7] 일원배치의 데이터배열(반복수가 다른 경우)

요인	A_1	A_2	$\cdots$	A_l	
반복	y_{11} y_{12} $\vdots$ y_{1m_1}	y_{21} y_{22} $\vdots$ y_{2m_2}	$\cdots$ $\cdots$ $\vdots$ $\cdots$	y_{l1} y_{l2} $\vdots$ y_{lm_l}	
합계	$T_{1.}$	$T_{2.}$		$T_{l.}$	T
평균	$\bar{y}_{1.}$	$\bar{y}_{2.}$		$\bar{y}_{l.}$	$\bar{\bar{y}}$

반복수가 같지 않은 경우 일원배치의 구조식은 다음과 같다.

$$y_{ij} = \mu + a_i + e_{ij} \tag{3.23}$$

여기서 $i = 1.\ 2, \cdots, l$

$j = 1.\ 2, \cdots, m_i$

$e_{ij} \sim N(0, \sigma_E^{\ 2})$이고 서로 독립임

단, $\sum_{i=1}^{l} a_i = 0$

2) 분산분석

각각의 변동을 다음과 같이 구할 수 있다. 이는 m이 m_i로 대체된 것 이외는 반복수가 같은 일원배치법과 같다.

총변동: $SST = \sum_{i=1}^{l}\sum_{j=1}^{m_i}(y_{ij} - \bar{\bar{y}})^2 = \sum_{i=1}^{l}\sum_{j=1}^{m_i} y_{ij}^2 - \frac{T^2}{N}$

군간변동(효과변동): $SSA = \sum_{i=1}^{l}\sum_{j=1}^{m_i}(\bar{y}_{i.} - \bar{\bar{y}})^2 = \sum_{i=1}^{l} m_i(\bar{y}_{i.} - \bar{\bar{y}})^2 = \sum_{i=1}^{l}\frac{T_{i.}^2}{m_i} - \frac{T^2}{N}$

군내변동(오차변동): $SSE = SST - SSA$

따라서 분산분석표를 작성하면 다음과 같다.

[표 3-8] 일원배치법의 분산분석표(반복수가 다른 경우)

요인	SS	ϕ	V	$E(V)$	F_{calc}	$F_{critic}(\alpha)$
군간(A)	SSA	$\phi_A = l-1$	$\frac{SSA}{\phi_A} = MSA = V_A$	$\sigma_E^2 + \frac{\sum_{i=1}^{l} m_i a_i^2}{l-1}$	$\frac{V_A}{V_E}$	$F_\alpha(\phi_A, \phi_E)$
군내(E)	SSE	$\phi_E = N-l$	$\frac{SSE}{\phi_E} = MSE = V_E$	σ_E^2		
계(전체)	SST	$\phi_T = N-1$				

3) 평균변동의 기대값와 F 검정

평균변동의 기대값을 계산하기 위해 식 (3.23)으로부터 우선 다음을 구한다.

$$\bar{y}_{i.} = \mu + a_i + \bar{e}_{i.}$$
$$\bar{\bar{y}} = \mu + \bar{\bar{e}}$$

여기서

$$\bar{e}_{i.} = \sum_{j=1}^{m_i}\frac{e_{ij}}{m_i}$$
$$\bar{\bar{e}} = \sum_{i=1}^{l}\sum_{j=1}^{m_i}\frac{e_{ij}}{N}$$

$$E(SSA) = E\left[\sum_{i=1}^{l} m_i(\bar{y}_{i.} - \bar{\bar{y}})^2\right]$$

$$= E\left[\sum_{i=1}^{l} m_i\{(\mu + a_i + \bar{e}_{i.}) - (\mu + \bar{\bar{e}})\}^2\right]$$

$$= E\left[\sum_{i=1}^{l} m_i\{a_i + (\bar{e}_{i.} - \bar{\bar{e}})\}^2\right]$$

$$= \sum_{i=1}^{l} m_i a_i^{\,2} + E\left[\sum_{i=1}^{l} m_i(\bar{e}_{i.} - \bar{\bar{e}})^2\right]$$

$$E\left[\frac{1}{l-1}\sum_{i=1}^{m} m_i(\bar{e}_{i.} - \bar{\bar{e}})^2\right] = \sigma_E^{\,2}$$

이므로

$$E(SSA) = \sum_{i=1}^{l} m_i a_i^{\,2} + (l-1)\sigma_E^{\,2}$$

이 된다. 따라서

$$E(V_A) = \frac{E(SSA)}{l-1} = \sigma_E^{\,2} + \frac{\sum_{i=1}^{l} m_i a_i^{\,2}}{l-1} \tag{3.24}$$

$$E(SSE) = E\left[\sum_{i=1}^{l}\sum_{j=1}^{m_i}(y_{ij} - \bar{y}_{i.})^2\right]$$

$$= E\left[\sum_{i=1}^{l}\sum_{j=1}^{m_i}\{(\mu + a_i + e_{ij}) - (\mu + a_i + \bar{e}_{i.})\}^2\right]$$

$$= E\left[\sum_{i=1}^{l}\sum_{j=1}^{m_i}(e_{ij} - \bar{e}_{i.})\}^2\right]$$

$\sigma_E^{\,2} = E\left[\sum_{j=1}^{m_i}\frac{(e_{ij} - \bar{e}_{i.})^2}{m_i - 1}\right]$ 이므로

$$E(SSE) = E\left[\sum_{i=1}^{l}(m_i - 1)\sum_{j=1}^{m_i}\frac{(e_{ij} - \bar{e}_{i.})^2}{m_i - 1}\right]$$

$$= \sum_{i=1}^{l}(m_i - 1)\,\sigma_E^{\,2}$$

$$= (N - l)\sigma_E^{\,2}$$

이 된다. 따라서

$$E(V_E) = \frac{E(SSE)}{N-l} = \sigma_E^{\,2} \tag{3.25}$$

이상에서 구한 평균변동의 기대값이 **[표 3-8]**의 $E(V)$란에 나타나 있다.

[표 3-8]로부터 귀무가설은 다음과 같이 수립할 수 있다.

$$H_0 : \sum_{i=1}^{l} m_i a_i^2 = 0$$

그런데 이는 다음과 동일한 것이다.

$$H_0 : a_1 = a_2 = \cdots = a_l = 0$$

또는 $$H_0 : \mu_1 = \mu_2 = \cdots = \mu_l$$

만일 $F_{\text{calc}} = \dfrac{V_A}{V_E} \geq F_{\text{critic}}(\phi_A, \phi_E; \alpha)$일 경우 귀무가설을 기각할 수 있다.

4) 분산분석 후의 추정

각 수준 A_i에서 모평균을 추정하기 위해 우선 다음을 구한다.

$$E(\bar{y}_{i.}) = \mu + a_i, \; Var(\bar{y}_{i.}) = \frac{\sigma_E^2}{m_i}$$

이므로 $\mu(A_i)$의 $100(1-\alpha)$ % 신뢰구간은 다음과 같다.

$$\bar{y}_{i.} \pm \text{t}\left(\phi_E; \frac{\alpha}{2}\right)\sqrt{\frac{V_E}{m_i}} \tag{3.26}$$

두 수준 A_i와 $A_{i'}$간의 모평균의 차의 경우

$$E(\bar{y}_{i.} - \bar{y}_{i'.}) = \mu_i - \mu_{i'}$$
$$Var(\bar{y}_{i.} - \bar{y}_{i'.}) = \frac{\sigma_E^2}{m_i} + \frac{\sigma_E^2}{m_{i'}}$$

이므로 $\mu(A_i) - \mu(A_{i'})$의 $100(1-\alpha)$ %의 신뢰구간은 다음과 같다.

$$\bar{y}_{i.} - \bar{y}_{i'.} \pm t\left(\phi_E; \frac{\alpha}{2}\right)\sqrt{V_E\left(\frac{1}{m_i} + \frac{1}{m_{i'}}\right)} \tag{3.27}$$

예제 3-4

촉매의 첨가량에 따라 침전량에 차이가 있는 것으로 판단이 되어 촉매의 첨가량을 3수준(2 %, 4 %, 6 %)으로 변화시키며 다음과 같은 실험을 하였다. 다음의 질문에 답을 하시오.

A_1	A_2	A_3
10.2	9.7	10.4
10.1	10.2	10.4
10.0	9.7	10.3
10.3	10.2	10.2
10.4	9.8	
	9.9	
	10.0	

1) 각각의 변동을 구한 후 분산분석표를 작성하시오.
2) 촉매는 침전량에 영향을 미치는 중요 인자이라고 할 수 있는가? 유의수준 $\alpha=0.05$로 검정하시오.
3) 침전량이 가장 많은 수준에서 모평균의 95 % 신뢰구간을 구하시오.
4) 수준 1과 수준 3 간에 모평균의 차에 대한 95 % 신뢰구간을 구하시오.

---

1) 각각의 변동을 구한 후 분산분석표를 작성하시오.

우선 각 수준에서의 침전량의 합과 평균을 구하면 다음과 같다.

[표 3-9] 측정치의 합과 평균의 계산

	A_1	A_2	A_3	
	10.2	9.7	10.4	
	10.1	10.2	10.4	
	10.0	9.7	10.3	
	10.3	10.2	10.2	
	10.4	9.8		
		9.9		
		10.0		
$T_{i.}$	51	69.5	41.3	$T=161.8$
$\bar{y}_{i.}$	10.2	9.93	10.33	$\bar{\bar{y}}=10.11$

$$SST = \sum_{i=1}^{l}\sum_{j=1}^{m_i} y_{ij}^2 - \frac{T^2}{N}$$

$$= (10.2^2 + 10.1^2 + \cdots + 10.2^2) - \frac{(161.8)^2}{16}$$

$$= 1\ 637.06 - 1\ 636.20 = 0.86$$

$$SSA = \sum_{i=1}^{l} \frac{T_{i.}^2}{m_i} - \frac{T^2}{N}$$

$$= \left(\frac{51^2}{5} + \frac{69.5^2}{7} + \frac{41.3^2}{4}\right) - \frac{(161.8)^2}{16}$$

$$= 1\ 636.66 - 1\ 636.20 = 0.46$$

$$SSE = SST - SSB = 0.86 - 0.46 = 0.4$$

요인	SS	ϕ	V	$E(V)$	F_{calc}	$F_{\text{critic}}(0.05)$
군간(A)	0.46	2	0.23	$\sigma_E^2 + \frac{\sum_{i=1}^{l} m_i a_i^2}{l-1}$	7.67	$F_\alpha(\phi_A, \phi_E) = 3.81$
군내(E)	0.4	13	0.03	σ_E^2		
계(전체)	0.86	15				

2) 촉매는 침전량에 영향을 미치는 중요 인자라고 할 수 있는가? 유의수준 $\alpha = 0.05$로 검정하시오.

$F_{\text{calc}} = 7.67 \geq 3.81 = F_{\text{critic}}(\phi_A, \phi_E; 0.05)$로 귀무가설 $H_0 : \sum_{i=1}^{l} m_i a_i^2 = 0$을 기각할 수 있다. 따라서 촉매는 침전량의 평균에 영향을 미치는 중요 인자라고 할 수 있다.

3) 침전량이 가장 많은 수준에서 모평균의 95 % 신뢰구간을 구하시오.

[표 3-9]에서 수준 3의 평균값이 가장 크므로 식 (3.26)으로부터 다음을 구할 수 있다.

$$\bar{y}_{3.} \pm t(13; 0.025)\sqrt{\frac{V_E}{m_3}}$$

$$= 10.33 \pm 2.16\sqrt{\frac{0.03}{4}}$$

$$= 10.33 \pm 0.19$$

$$=(10.14,\ 10.52)$$

4) 수준 1과 수준 3간에 모평균의 차에 대한 95 % 신뢰구간을 구하시오.

식 (3.27)로부터

$$(\bar{y}_{3.} - \bar{y}_{1.}) \pm t(13;\ 0.025)\sqrt{V_E\left(\frac{1}{m_3} + \frac{1}{m_1}\right)}$$

$$= (10.33 - 10.2) \pm 2.16\sqrt{0.03\left(\frac{1}{4} + \frac{1}{5}\right)}$$

$$= 0.13 \pm 0.25$$

$$= (-0.12,\ 0.38)$$

가 된다.

이 경우 신뢰구간이 0을 포함하므로 유의수준 α=0.05에서 두 표본 간에는 평균의 차이가 없는 것을 알 수 있다.

■ 미니탭을 사용하여 **'예제 3-4'**를 풀면 다음과 같다.

침전량의 데이터는 등분산을 따르므로 이에 대한 분석은 생략하기로 한다.

통계분석 > 분산 분석 > 일원 분산 분석을 클릭한 후 **'예제 3-1'**~**'예제 3-3'**에서와 동일한 방법으로 분석을 하면 다음과 같다.

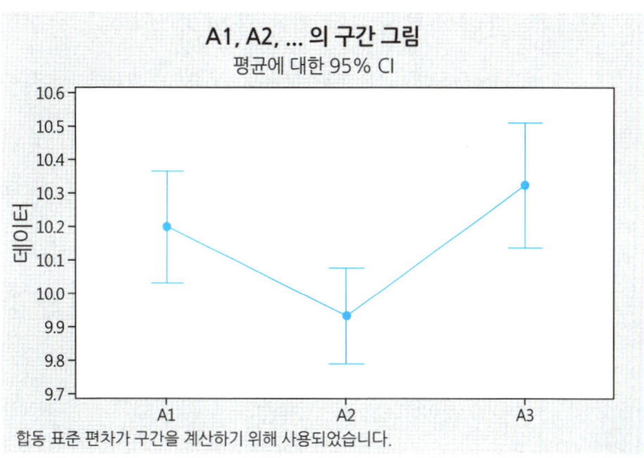

일원 분산 분석: A1, A2, A3
방법

귀무 가설 모든 평균이 동일합니다.
대립 가설 하나 이상의 평균이 다릅니다.
유의 수준 α = 0.05

분석을 위해 분산이 같다고 가정되었습니다.
요인 정보

요인	수준	값
요인	3	A1, A2, A3

분산 분석

출처	DF	Adj SS	Adj MS	F-값	P-값
요인	2	0.4557	0.22786	7.37	0.007
오차	13	0.4018	0.03091		
총계	15	0.8575			

모형 요약

S	R-제곱	R-제곱(수정)	R-제곱(예측)
0.175803	53.14%	45.94%	32.54%

평균

요인	N	평균	표준 편차	95% CI
A1	5	10.2000	0.1581	(10.0301, 10.3699)
A2	7	9.9286	0.2138	(9.7850, 10.0721)
A3	4	10.3250	0.0957	(10.1351, 10.5149)

합동 표준 편차 = 0.175803

그림에서 알 수 있듯이 A_3수준에서 침전량이 가장 많은 것을 알 수 있다. 실제로 $p = 0.007 < 0.05$이므로 촉매에 따른 침전량의 차이가 있음을 알 수 있다.

A_3에 대한 신뢰구간이 앞에서 손으로 구한 값과 약간의 차이가 나는 것은 미니탭에서는 표준편차로서 합동표준편차를 사용했기 때문이다.

모평균의 차이에 대한 신뢰구간을 구하기 위해, 앞의 **'예제 3-1'**~**'예제 3-3'**을 분석한 동일한 방법으로 **통계분석 > 분산 분석 > 일원 분산 분석**을 클릭한다. 그리고 '비교'를 클릭하여 'Fisher'를 지정한 후 '결과'에서 '평균의 차이에 대한 구간 그림', '검정'을 지정한다.

'확인'을 연속하여 클릭하면 다음의 결과가 나타난다.

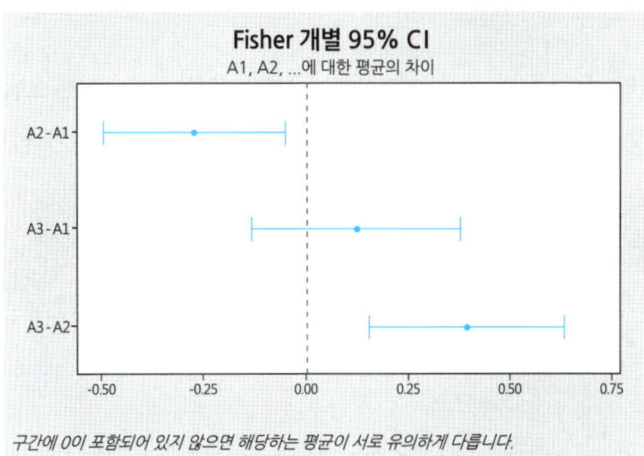

$A_3 - A_1$의 95 % 신뢰구간이 0을 포함하고 있으므로 유의수준 $\alpha = 0.05$에서 A_1과 A_3 간에 평균의 차이가 있다고 할 수 없다.

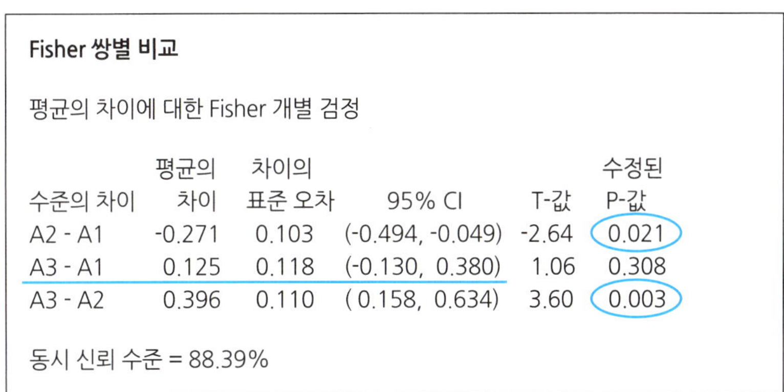

Fisher 쌍별 비교

평균의 차이에 대한 Fisher 개별 검정

수준의 차이	평균의 차이	차이의 표준 오차	95% CI	T-값	수정된 P-값
A2 - A1	-0.271	0.103	(-0.494, -0.049)	-2.64	0.021
A3 - A1	0.125	0.118	(-0.130, 0.380)	1.06	0.308
A3 - A2	0.396	0.110	(0.158, 0.634)	3.60	0.003

동시 신뢰 수준 = 88.39%

$A_2 - A_1$, $A_3 - A_2$의 확률값은 $p < 0.05$로 촉매의 첨가량이 A_2(4 %)일 경우 침전량이 다른 수준보다 작아 유의한 차이가 나는 것을 알 수 있다.

$A_3 - A_1$의 95 % 신뢰구간은 계산상의 약간의 차이가 있을 뿐 앞에서 구한 값과 일치됨을 알 수 있다.

3.3 변량모형

변량인자의 경우 분산분석표의 작성이나 F 검정을 하는 방법은 모수모형과 동일하다. 변량인자의 경우 각 수준에서 모평균의 추정은 의미가 없다. 그러나 변량인자의 산포는 모수인자의 평균을 추정하거나 F 검정 시에 영향을 미치므로 이를 추정하기로 한다.

1) 반복수가 같은 경우

구조식은 다음과 같다. 이 경우 변량인자이므로 a_i는 확률변수가 된다.

$$y_{ij}=\mu+a_i+e_{ij} \tag{3.28}$$

여기서 $i=1.\ 2, \cdots, l$

$j=1.\ 2, \cdots, m$

$e_{ij} \sim N(0, \sigma^2)$이고 서로 독립임

$a_i \sim N(0, {\sigma_A}^2)$이고 서로 독립임

$Cov(a_i, e_{ij})=0$

식 (3.28)로부터 다음을 구할 수 있다. 이 경우 변량인자이므로 $\bar{a}=\sum_{i=1}^{l}\frac{a_i}{l}\neq 0$이다.

$$\bar{y}_{i.}=\mu+a_i+\bar{e}_{i.}$$

$$\bar{\bar{y}}=\mu+\bar{a}+\bar{\bar{e}}$$

그리고 $Cov(a_i, \bar{e}_{i.})=0$, $Cov(\bar{a}, \bar{\bar{e}})=0$ 이므로

$$Var(\bar{y}_{i.})=Var(a_i)+Var(\bar{e}_{i.})$$
$$={\sigma_A}^2+\frac{{\sigma_E}^2}{m}$$

$$Var(\bar{\bar{y}})=Var(\bar{a})+Var(\bar{\bar{e}})$$
$$=\frac{{\sigma_A}^2}{l}+\frac{{\sigma_E}^2}{lm}$$

이 된다.

평균변동의 기대값을 구하기 위해 우선 다음을 계산한다.

$$\begin{aligned} E(SSA) &= E\left[m\sum_{i=1}^{l}(\overline{y}_{i.}-\overline{\overline{y}})^2\right] \\ &= E\left[m\sum_{i=1}^{l}\{(\mu+a_i+\overline{e}_{i.})-(\mu+\overline{a}+\overline{\overline{e}})\}^2\right] \\ &= E\left[m\sum_{i=1}^{l}\{(a_i-\overline{a})+(\overline{e}_{i.}-\overline{\overline{e}})\}^2\right] \\ &= mE\left[\sum_{i=1}^{l}(a_i-\overline{a})^2\right]+mE\left[\sum_{i=1}^{l}(\overline{e}_{i.}-\overline{\overline{e}})^2\right] \end{aligned}$$

식 (3.6), 식 (3.9)로부터

$$E(SSA) = m(l-1)\sigma_A{}^2 + (l-1)\sigma_E{}^2$$

이 된다. 따라서

$$E(V_A) = \frac{E(SSA)}{l-1} = \sigma_E{}^2 + m\sigma_A{}^2 \tag{3.29}$$

이 경우 식 (3.17)과 같은 형태이나 모수인자인 식 (3.5)의 $\sigma_A{}^2$과는 정의가 다름을 유의해야 한다.

$$\begin{aligned} E(SSE) &= E\left[\sum_{i=1}^{l}\sum_{j=1}^{m}(y_{ij}-\overline{y}_{i.})^2\right] \\ &= E\left[\sum_{i=1}^{l}\sum_{j=1}^{m}(e_{ij}-\overline{e}_{i.})^2\right] \end{aligned}$$

식 (3.8)로부터

$$\begin{aligned} E(SSE) &= (m-1)\sum_{i=1}^{l}E\left[\frac{1}{m-1}\sum_{j=1}^{m}(e_{ij}-\overline{e}_{i.})^2\right] \\ &= l(m-1)\sigma_E{}^2 \end{aligned}$$

이 된다. 따라서

$$E(V_E) = \frac{E(SSE)}{l(m-1)} = \sigma_E{}^2 \tag{3.30}$$

이상에서 식 (3.29), (3.30)으로부터 다음을 구할 수 있다.

$$\hat{\sigma}_E^{\ 2} + m\hat{\sigma}_A^{\ 2} = V_A \tag{3.31}$$

$$\hat{\sigma}_E^{\ 2} = V_E \tag{3.32}$$

상기의 식으로부터 $\hat{\sigma}_A^{\ 2}$의 추정치를 구할 수 있다,

$$\hat{\sigma}_A^{\ 2} = \frac{V_A - V_E}{m} \tag{3.33}$$

예제 3-5

날씨에 따른 연비의 차이가 있는지를 파악하기 위해 맑은날(A_1), 흐린날(A_2), 비오는 날(A_3)에 동일한 자동차로 동일한 연료를 사용하여 다음과 같이 리터당 주행거리를 측정하였다.

A_1	A_2	A_3
16.3	15.8	16.0
16.1	16.2	15.9
16.2	15.8	15.8
16.4	16.2	16.1
16.1	15.8	15.9

1) 각각의 변동을 구하고 분산분석표를 작성하시오.

2) 날씨에 따라 연비가 차이가 있다고 할 수 있는가? 유의수준 $\alpha = 0.05$로 검정하시오.

3) 로트 간의 산포 $\sigma_A^{\ 2}$와 로트 내의 산포 $\sigma_E^{\ 2}$을 점추정 하시오.

4) $\sigma_E^{\ 2}$에 대해 95 %의 신뢰구간을 구하시오.

1) 각각의 변동을 구하고 분산분석표를 작성하시오.

우선 다음과 같이 각 수준에서 측정치의 합과 평균을 구한다.

	A_1	A_2	A_3	
	16.3	15.8	16.0	
	16.1	16.2	15.9	
	16.2	15.8	15.8	
	16.4	16.2	16.1	
	16.1	15.8	15.9	
$T_{i.}$	81.10	79.80	79.70	$T = 240.60$
$\bar{y}_{i.}$	16.22	15.96	15.94	$\bar{\bar{y}} = 16.04$

각 수준에서 변동을 구한 후

$$SST=\sum_{i=1}^{l}\sum_{j=1}^{m}y_{ij}^{2}-\frac{T^2}{N}$$
$$=(16.3^2+16.1^2+\cdots+15.9^2)-\frac{(240.6)^2}{15}$$
$$=3\,859.78-3\,859.22=0.56$$

$$SSA=\sum_{i=1}^{l}\frac{T_{i.}^{2}}{m}-\frac{T^2}{N}$$
$$=\frac{1}{5}(81.1^2+79.8^2+79.7^2)-\frac{(240.6)^2}{15}$$
$$=3\,859.47-3\,859.22=0.25$$

$$SSE=SST-SSA=0.56-0.25=0.31$$

분산분석표를 작성하면 다음과 같다.

[표 3-10] '예제 3-5'의 분산분석표

요인	SS	ϕ	V	$E(V)$	F_{calc}	$F_{critic}(0.05)$
군간(A)	0.25	2	0.13	$\sigma_E^2+m\sigma_A^2$	4.33	$F_\alpha(\phi_A, \phi_E)=3.89$
군내(E)	0.31	12	0.03	σ_E^2		
계(전체)	0.56	14				

2) 날씨에 따라 연비가 차이가 있다고 할 수 있는가? 유의수준 $\alpha=0.05$로 검정하시오.

$F_{calc}=4.33>3.89=F_{critic}(\phi_2,\ \phi_{12};\ 0.05)$이므로 귀무가설 $H_0 : \sigma_A^2=0$을 기각할 수 있다. 따라서 날씨에 따라 연비가 차이가 난다고 할 수 있다.

3) 로트 간의 산포 σ_A^2와 로트 내의 산포 σ_E^2을 점추정 하시오.

식 (3.32)로부터

$$\hat{\sigma}_E^2=V_E=0.03$$

식 (3.33)으로부터

$$\hat{\sigma}_A^{\ 2} = \frac{V_A - V_E}{m} = \frac{0.13 - 0.03}{5} = 0.02$$

4) ${\sigma_E}^2$에 대해 95 %의 신뢰구간을 구하시오.

[표 3–10]에서 $\frac{SSE}{{\sigma_E}^2} \sim \chi^2(n-2)$이므로

$$\chi^2_{0.975}(12) \le \frac{SSE}{{\sigma_E}^2} \le \chi^2_{0.025}(12) \text{ 에서}$$

$$\frac{SSE}{\chi^2_{0.025}(12)} \le {\sigma_E}^2 \le \frac{SSE}{\chi^2_{0.975}(12)} \text{ 이 된다.}$$

따라서 95 %의 신뢰구간은 다음과 같다.

$$\frac{0.31}{23.34} \le {\sigma_E}^2 \le \frac{0.31}{4.40}$$

$$0.013 \le {\sigma_E}^2 \le 0.07$$

■ 미니탭을 사용하여 '**예제 3–5**'를 분석하면 다음과 같다.

우선 데이터를 다음과 같이 쌓는다.

↓	C1	C2	C3	C4	C5-T
	A1	A2	A3	연비	날씨
1	16.3	15.8	16.0	16.3	A1
2	16.1	16.2	15.9	16.1	A1
3	16.2	15.8	15.8	16.2	A1
4	16.4	16.2	16.1	16.4	A1
5	16.1	15.8	15.9	16.1	A1
6				15.8	A2
7				16.2	A2
8				15.8	A2
9				16.2	A2
10				15.8	A2
11				16.0	A3
12				15.9	A3
13				15.8	A3
14				16.1	A3
15				15.9	A3

통계분석 > 분산 분석 > 일반 선형 모형 > 일반 선형 모형 적합을 클릭하면 다음의 화면이 나타난다.

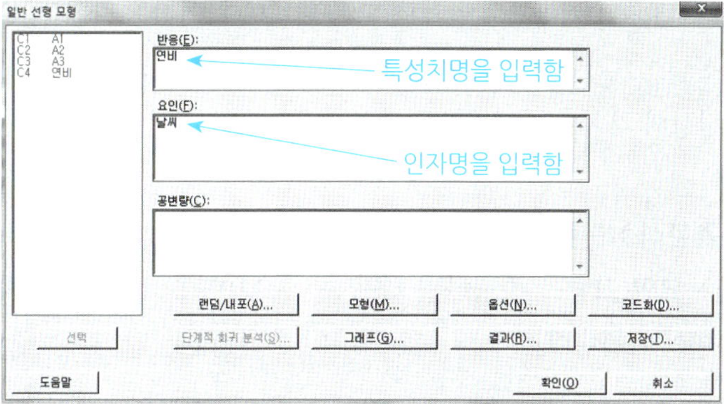

'랜덤/내포'를 클릭하여

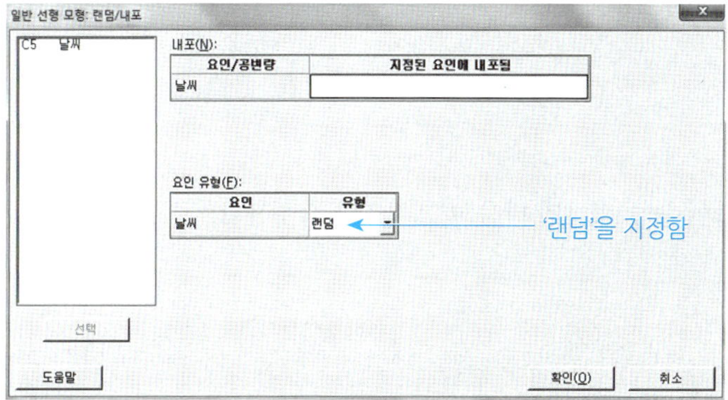

'확인'을 연속하여 클릭하면 다음의 결과가 나타난다.

방법
요인 코딩 (-1, 0, +1)

요인 정보

요인	유형	수준	값
날씨	랜덤	3	A1, A2, A3

분산 분석

출처	DF	Adj SS	Adj MS	F-값	P-값
날씨	2	0.2440	0.12200	4.69	0.031
오차	12	0.3120	0.02600		
총계	14	0.5560			

모형 요약

S	R-제곱	R-제곱(수정)	R-제곱(예측)
0.161245	43.88%	34.53%	12.32%

$p=0.031<0.05$이므로 날씨에 따라 연비에 차이가 있다고 할 수 있다.

분산분석표상에서의 값이 앞에서 손으로 구한 값과 약간의 차이가 나는 것은 반올림상의 차이로 판정결과에는 차이가 없음을 알 수 있다.

통계분석 > 분산 분석 > 인반 선형 모형 > 요인 그림을 클릭하면 다음의 화면이 나타난다.

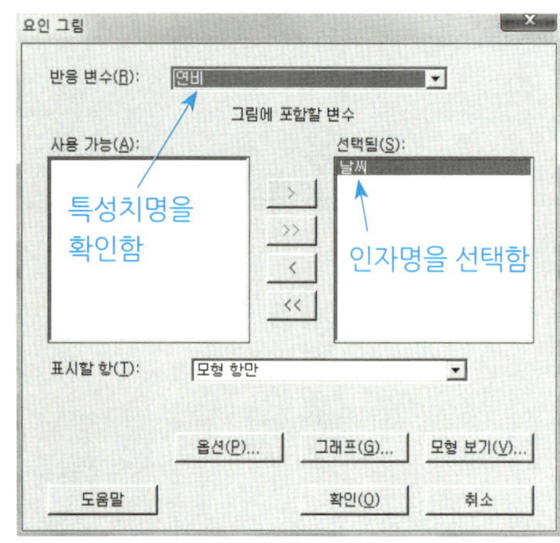

'확인'을 클릭하면 다음의 그래프가 작성된다.

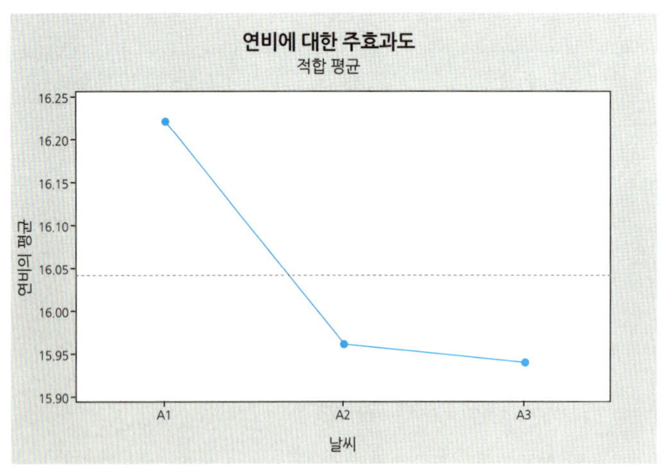

맑은날(수준 A_1)에서 연비가 가장 높음을 알 수 있다.

날씨는 변량인자이므로 모평균을 추정하는 것은 의미가 없다. 변량인자가 실험에 미치는 영향에 대해서는 이원배치법에서 자세히 설명하기로 한다.

2) 반복수가 다른 경우

구조식은 반복수가 같은 경우의 식 (3.28)과 동일하다. 단, 반복수가 다르므로 $j=1, 2, \cdots, m_i$를 사용한다. 분산분석 방법은 반복수가 다른 경우의 모수모형과 동일하나 단, 인자의 평균제곱의 기대값에 차이가 있다.

인자 A가 변량인자로 $\sum_{i=1}^{l} m_i a_i \neq 0$이므로 $\overline{a} = \frac{\sum_{i=1}^{l} m_i a_i}{\sum_{i=1}^{l} m_i}$로 정의할 경우

$$\begin{aligned} E(SSA) &= E\left[\sum_{i=1}^{l} m_i(\overline{y}_{i.} - \overline{\overline{y}})^2\right] \\ &= E\left[\sum_{i=1}^{l} m_i\{(\mu + a_i + \overline{e}_{i.}) - (\mu + \overline{a} + \overline{\overline{e}})\}^2\right] \\ &= E\left[\sum_{i=1}^{l} m_i\{(a_i - \overline{a}) + (\overline{e}_{i.} - \overline{\overline{e}})\}^2\right] \\ &= E\left[\sum_{i=1}^{l} m_i(a_i - \overline{a})^2\right] + E\left[\sum_{i=1}^{l} m_i(\overline{e}_{i.} - \overline{\overline{e}})^2\right] \end{aligned}$$

이 된다. 여기서

$$E\left[\sum_{i=1}^{l} m_i(a_i - \overline{a})^2\right] = \left(\frac{N^2 - \sum m_i^2}{N}\right)\sigma_A^2$$

$$\text{단, } N = \sum_{i=1}^{l} m_i$$

임을 증명할 수 있고

$$E\left[\frac{1}{l-1}\sum_{i=1}^{m} m_i(\overline{e}_{i.} - \overline{\overline{e}})^2\right] = \sigma_E^2$$

이므로

$$E(SSA) = \left(\frac{N^2 - \sum m_i^2}{N}\right)\sigma_A^2 + (l-1)\sigma_E^2$$

이 됨을 알 수 있다. 따라서

$$E(V_A) = \left[\frac{N^2 - \sum m_i^2}{N(l-1)}\right]\sigma_A^2 + \sigma_E^2$$

이 된다.

분산분석표를 작성하면 다음과 같다. 이 경우 반복수가 다른 경우의 모수모형인 **[표 3-8]**과 비교하면 인자 A의 평균변동의 기대값만이 차이가 남을 알 수 있다.

요인	SS	ϕ	V	$E(V)$	F_{calc}	$F_{\text{critic}}(\alpha)$
A	SSA	$l-1$	V_A	$\sigma_E^2+\left[\frac{N^2-\sum m_i^2}{N(l-1)}\right]\sigma_A^2$	$\frac{V_A}{V_E}$	$F_\alpha(\phi_A, \phi_E)$
E	SSE	$N-1$	V_E	σ_E^2		
T	SST	$N-1$				

연습문제

1. 다음의 용어의 정의를 간략하게 기술하시오.

   1) 특성 및 요인

   2) 모수인자와 변량인자

   3) 수준, 처리(treatment)

   4) 수준수, 처리수

   5) 처리조합

   6) 주효과, 교호작용

2. 모수인자나 변량인자 모두 산포를 발생시키나 그 성격에는 차이가 있다. 이를 간략하게 기술하시오.

3. 분산분석 시 F값이 크면 즉, p 값이 작으면 해당 요인이 유의하다고 한다. 그 이유를 간략하게 기술하시오.

4. 유의수준 α와 p값의 의미가 무엇인지 간략하게 기술하시오.

5. 일원배치의 사용 용도에 대해 간략하게 기술하시오.

6. 3개의 회사에서 납품하는 복합원료의 TD특성을 측정하여 평균에 차이가 있는지를 파악하기 위해 다음과 같은 분산분석을 하였다.

ANOVA 분석

Source	DF	SS	MS	F	P
Factor	( )	257.73	( )	( )	0.000
Error	( )	81.60	( )		
Total	14	39.33			

1) 가설을 수립하시오.

2) 요인과 오차항의 자유도는 각각 얼마인가?

3) MS의 의미가 무엇인가를 설명하시오.

4) 요인 및 오차의 MS를 구하시오.

5) 이 경우 검정 통계량의 값은 얼마인가?

6) 회사별 원료의 TD특성이 다르다고 할 수 있는가? 그 이유는?

7. 전기특성을 향상하기 위해 3개의 신제품을 개발한 후 다음과 같이 측정을 하였다. 다음의 질문에 답을 하시오. 단, 유의수준 $\alpha=0.05$로 한다.

	부품1	부품2	부품3	
	5	12	11	
	6	10	12	
	9	8	15	
	8	10	13	
	12	13	14	
$T_{i.}$	40	53	65	$T=158$
$\bar{y}_{i.}$	8	10.6	13	$\bar{\bar{y}}=10.5$

1) 데이터에 대한 구조식을 밝히시오.

2) 데이터가 동일한 모집단으로부터 추출되었다고 할 수 있는가?

3) 데이터가 정규성을 따르는가(p값을 명시할 것)?

4) 산포의 차이가 있는가?

① 가설을 수립하시오.

② p값을 명시하고 판정을 하시오.

5) 각각의 변동을 구하고 분산분석표를 작성하시오.

6) 평균의 차이가 있는가?

① 가설을 수립하시오.

② p값을 명시하고 판정을 하시오.

7) 만일 평균의 차이가 있을 경우 평균을 최대로 하는 조건에서 95 % 신뢰구간을 구하시오.

8) 평균이 최대인 수준과 최소인 수준 간에 평균의 차이에 대한 95 % 신뢰구간을 구하시오.

8. 4가지 원재료간에 탄성계수의 차이가 있는지를 조사하기 위해 다음과 같은 데이터를 얻었다. 다음의 질문에 답을 하시오. 단, 유의수준 $\alpha = 0.05$로 한다.

A	B	C	D
21	19	28	30
22	25	26	28
18	20	30	26
15	26	27	28
	22	25	
		28	

1) 데이터의 구조식을 밝히시오.

2) 데이터가 정규분포를 따르는가?

3) 산포의 차이가 있는가(p값을 통해 판정을 할 것)?

4) 각각의 변동을 구하고 분산분석표를 작성하시오.

5) 평균의 차이가 있는가(p값을 통해 판정할 것)?

6) 만일 탄성계수에 차이가 있을 경우 이를 최대로 하는 조건에서 95 % 신뢰구간을 구하시오.

7) 탄성계수가 최대인 수준과 최소인 수준 간에 평균의 차이에 대한 95 % 신뢰구간을 구하시오.

9. 로트 간에 특성치의 차이가 있는지를 파악하기 위해 다음과 같은 데이터를 수집하였다.

번호	A_1	A_2	A_3	A_4
1	7	8.3	9.5	7
2	9	7.4	8	7.5
3	6	7.2	8.2	6.7
4	7.3	7.5	8.3	7.3
5	7.9	6.2	8.5	6.2

1) 구조식을 밝히시오.

2) 로트 간에 특성치의 차이가 있다고 할 수 있는가?

3) 로트 간의 산포 σ_A^2와 로트 내의 산포 σ_E^2를 추정하시오.

4) σ_E^2에 대한 95 % 신뢰구간을 구하시오.

10. 두 수준간의 차이 $|\bar{y}_{i.} - \bar{y}_{i'.}|$가 최소유의차(LSD: Least Significant Difference) $t\left(\phi_E;\ \frac{\alpha}{2}\right)\sqrt{\frac{2V_E}{m}}$보다 클 경우 귀무가설을 기각할 수 있는 이유를 간략하게 기술하시오.

반복이 없는 이원배치법

[표 4-2] 이원배치법의 분산분석표(반복이 없는 경우)

요인	SS	ϕ	V	$E(V)$	F_{calc}	$F_{critic}(\alpha)$
A	SSA	$l-1$	$V_A=\frac{SSA}{\phi_A}$	$\sigma_E^2+m\sigma_A^2$	$\frac{V_A}{V_E}$	$F_\alpha(\phi_A, \phi_E)$
B	SSB	$m-1$	$V_B=\frac{SSB}{\phi_B}$	$\sigma_E^2+l\sigma_B^2$	$\frac{V_B}{V_E}$	$F_\alpha(\phi_B, \phi_E)$
$A\times B$ 또는 (E)	$SS(A\times B)$ 또는 (SSE)	$(l-1)(m-1)$	$V_E=\frac{SSE}{\phi_E}$	σ_E^2		
T	SST	$lm-1$				

이 경우 오차의 자유도가 할당되지 않으며, 교호작용* AB와 오차 E가 교락** (confounding)이 되어 분리해 낼 수 없다. 따라서 교호작용이 작을 경우에 한하여 이를 오차로 취급[오차항에 풀링***(pooling)]함으로써 실험을 분석할 수 있다.

3) 평균변동의 기대치와 F 검정

평균변동의 기대값을 구하기 위해 우선 다음을 구한다.

식 (4.1)로부터 평균에 대한 구조식을 다음과 같이 구할 수 있다.

$$\text{인자 } A: \ \bar{y}_{i.}=\mu+a_i+\bar{e}_{i.} \quad (4.7)$$

$$\text{인자 } B: \ \bar{y}_{.j}=\mu+b_j+\bar{e}_{.j} \quad (4.8)$$

$$\text{총평균}: \ \bar{\bar{y}}=\mu+\bar{\bar{e}} \quad (4.9)$$

A, B는 모두 모수인자이므로 효과변동과 오차변동을 다음과 같이 구할 수 있다.

교호작용: 2개 이상의 서로 다른 인자가 결합해서 특성치에 미치는 영향이다. 교호작용이 있는 경우 이들의 결합효과가 개별인자의 효과보다 훨씬 크다. 따라서 최적조건은 교호작용에 관련되는 인자를 동시에 고려하여 설정해야 한다.

교락(confounding): 실험횟수가 적을 경우 두 개 이상의 인자가 특성치에 미치는 영향을 분리해 낼 수 없게 되는 경우를 말한다. 이에 대한 내용이 '9.1 교락'에 자세히 설명되어 있다.

풀링(pooling): 유의하지 않은 인자를 오차항으로 취급하는 것을 말한다. 원칙적으로 3인자 이상의 교호작용과, 유의하지 않은 2인자 교호작용만이 풀링의 대상이 되나 모형을 단순화하기 위해 주효과도 풀링을 할 수 있다.

인자 A의 효과변동: $\sigma_A{}^2 = \dfrac{\sum_{i=1}^{l} a_i{}^2}{l-1}$ (4.10)

인자 B의 효과변동: $\sigma_B{}^2 = \dfrac{\sum_{j=1}^{m} b_j{}^2}{m-1}$ (4.11)

$$\begin{aligned}\text{오차변동: } \sigma_E{}^2 &= E\left[\frac{1}{lm-1}\sum_{i=1}^{l}\sum_{j=1}^{m}(e_{ij}-\overline{\overline{e}})^2\right] \\ &= E\left[\frac{m}{l-1}\sum_{i=1}^{l}(\overline{e}_{i.}-\overline{\overline{e}})^2\right] \\ &= E\left[\frac{l}{m-1}\sum_{j=1}^{m}(\overline{e}_{.j}-\overline{\overline{e}})^2\right] \qquad (4.12)\end{aligned}$$

따라서 $E(V_A)$를 다음과 같이 구할 수 있다.

$$\begin{aligned}E(SSA) &= E\left[m\sum_{i=1}^{l}(\overline{y}_{i.}-\overline{\overline{y}})^2\right] \\ &= E\left[m\sum_{i=1}^{l}\{(\mu+a_i+\overline{e}_{i.})-(\mu+\overline{\overline{e}})\}^2\right] \qquad \text{식 (4.7), (4.9)로부터} \\ &= mE\left[\sum_{i=1}^{l}\{a_i+(\overline{e}_{i.}-\overline{\overline{e}})\}^2\right] \\ &= m\sum_{i=1}^{l}a_i{}^2 + mE\left[\sum_{i=1}^{l}(\overline{e}_{i.}-\overline{\overline{e}})^2\right] \\ &= (l-1)(m\sigma_A{}^2+\sigma_E{}^2) \qquad \text{식 (4.10), (4.12)로부터}\end{aligned}$$

가 되므로

$$E(V_A) = \frac{E(SSA)}{l-1} = \sigma_E{}^2 + m\sigma_A{}^2$$

이 된다.

동일한 방법으로 $E(V_B)$와 $E(V_E)$를 구할 수 있다.

$$E(V_B) = \frac{E(SSB)}{m-1} = \sigma_E{}^2 + l\sigma_B{}^2$$

$$E(V_E) = \frac{E(SSE)}{(l-1)(m-1)} = \sigma_E{}^2$$

이상에서 구한 평균변동의 기대값이 **[표 4-2]**의 $E(V)$란에 나타나 있다.

인자 A에 대해서 귀무가설을 다음과 같이 설정할 경우

$$H_0 : a_1 = a_2 = \cdots = a_l = 0$$

$$\text{또는} \quad H_0 : {\sigma_A}^2 = 0 \tag{4.13}$$

식 (4.13)의 귀무가설이 성립될 때 **[표 4-2]**의 $E(V)$란으로부터, 다음의 검정통계량은 분산이 ${\sigma_E}^2$으로 동일한 모집단으로부터의 분산의 비율이므로 F 분포를 따르는 것을 알 수 있다.

$$F = \frac{\frac{SSA}{\phi_A}}{\frac{SSE}{\phi_E}} = \frac{MSA}{MSE} = \frac{V_A}{V_E}$$

그런데 만일 $F_{\text{calc}} \geq F_{\text{critic}}(\phi_A, \phi_E; \alpha)$일 경우 **[표 4-2]**에서 ${\sigma_A}^2 > 0$임을 알 수 있으므로 귀무가설을 기각할 수 있다.

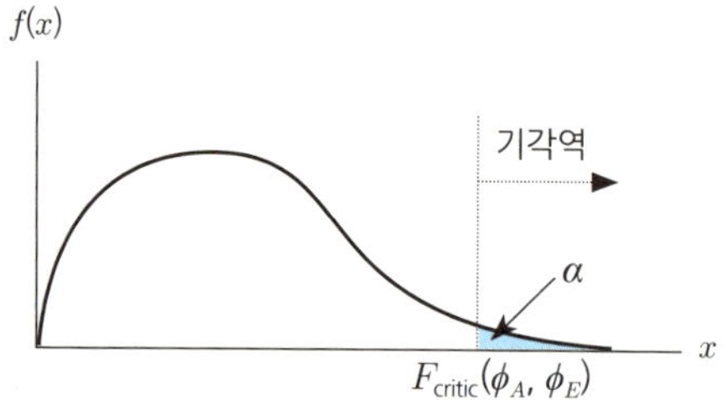

[그림 4-1] F분포: $X \sim F(\phi_A, \phi_E)$

인자 B에 대해서도 귀무가설을 다음과 같이 설정한 후

$$H_0 : b_1 = b_2 = \cdots = b_m = 0$$

$$\text{또는} \quad H_0 : {\sigma_B}^2 = 0$$

만일 $F_{\text{calc}} \geq F_{\text{critic}}(\phi_B, \phi_E; \alpha)$일 경우 귀무가설을 기각할 수 있다.

4) 분산분석 이후의 추정

(1) 인자 A의 모평균의 추정

인자 A의 i수준에서 모평균 $\mu(A_i)$의 점추정값은 다음과 같다.

$$\hat{\mu}(A_i) = \widehat{\mu + a_i} = \bar{y}_{i.}$$

그리고 $\bar{y}_{i.}$에 대한 분산은

$$\begin{aligned} Var(\bar{y}_{i.}) &= Var(\mu + a_i + \bar{e}_{i.}) \\ &= Var(\bar{e}_{i.}) \\ &= \frac{{\sigma_E}^2}{m} \end{aligned}$$

이므로 $\mu(A_i)$의 $100(1-\alpha)$ %의 신뢰구간은 다음과 같다.

$$\bar{y}_{i.} \pm t\left(\phi_E ; \frac{\alpha}{2}\right)\sqrt{\frac{V_E}{m}}$$

(2) 인자 B의 모평균의 추정

인자 B의 j수준에서 모평균 $\mu(B_j)$의 점추정값은 다음과 같다.

$$\hat{\mu}(B_j) = \widehat{\mu + b_j} = \bar{y}_{.j}$$

그리고 $\bar{y}_{.j}$에 대한 분산은

$$\begin{aligned} Var(\bar{y}_{.j}) &= Var(\mu + b_j + \bar{e}_{.j}) \\ &= Var(\bar{e}_{.j}) \\ &= \frac{{\sigma_E}^2}{l} \end{aligned}$$

이므로 $\mu(B_j)$의 $100(1-\alpha)$ %의 신뢰구간은 다음과 같다.

$$\bar{y}_{.j} \pm t\left(\phi_E ; \frac{\alpha}{2}\right)\sqrt{\frac{V_E}{l}}$$

(3) A, B 조합조건에서 모평균의 추정

인자 A의 i수준, 인자 B의 j수준에서 모평균 $\mu(A_iB_j)$의 점추정값은 다음과 같다.

$$\hat{\mu}(A_iB_j) = \widehat{\mu + a_i + b_j}$$

$$= \widehat{\mu + a_i} + \widehat{\mu + b_j} - \hat{\mu}$$

$$= \bar{y}_{i.} + \bar{y}_{.j} - \bar{\bar{y}} \qquad (4.14)$$

그리고 $\bar{y}_{i.} + \bar{y}_{.j} - \bar{\bar{y}}$에 대한 분산은

$$Var(\bar{y}_{i.} + \bar{y}_{.j} - \bar{\bar{y}}) = \frac{\sigma_E^{\ 2}}{n_e^{\ *}} = \frac{\sigma_E^{\ 2}}{\frac{lm}{l+m-1}} \qquad (4.15)$$

이므로 $\mu(A_iB_j)$의 $100(1-\alpha)$ %의 신뢰구간은

$$(\bar{y}_{i.} + \bar{y}_{.j} - \bar{\bar{y}}) \pm t\left(\phi_E;\ \frac{\alpha}{2}\right)\sqrt{\frac{V_E}{n_e}} \qquad (4.16)$$

이 된다.

여기서 $n_e = \dfrac{lm}{l+m-1}$으로 반복이 없는 이원배치법의 유효반복수(effective number of Replication)라고 한다.

(4) 모평균 차의 추정

인자 A의 i수준과 i'수준간에 모평균의 차에 대한 점추정 값은 다음과 같다.

$$\widehat{\mu(A_i) - \mu(A_{i'})} = \bar{y}_{i.} - \bar{y}_{i'.}$$

---

n_e: n_e를 다음의 2가지 방법으로 구할 수 있다.

① 식 (4.14)에서 $\bar{y}_{i.}$은 m개, $\bar{y}_{.j}$는 l개, $\bar{\bar{y}}$는 lm개의 데이터 평균이므로 n_e를 다음과 같이 구할 수 있다.

$\dfrac{1}{n_e} = \dfrac{1}{m} + \dfrac{1}{l} - \dfrac{1}{lm}$에서

$\dfrac{1}{n_e} = \dfrac{l+m-1}{lm}$이므로

$n_e = \dfrac{lm}{l+m-1}$ 이 된다. (4.17)

② $n_e = \dfrac{\text{총 실험횟수}}{\text{유의한 요인의 자유도의 합} + 1}$ 를 사용할 경우 반복이 없는 이원배치법에서

인자 A와 B가 유의할 경우

$n_e = \dfrac{lm}{(l-1)+(m-1)+1} = \dfrac{lm}{l+m-1}$ 이 된다.

그리고 이에 대한 분산은

$$Var(\bar{y}_{i.} - \bar{y}_{i'.}) = \frac{2{\sigma_E}^2}{m}$$

이므로 $\mu(A_i) - \mu(A_{i'})$의 $100(1-\alpha)$ %의 신뢰구간은 다음이 된다. 이는 식 (3.21)의 일원배치법일 경우와 같다.

$$(\bar{y}_{i.} - \bar{y}_{i'.}) \pm t\left(\phi_E;\ \frac{\alpha}{2}\right)\sqrt{\frac{2V_E}{m}} \tag{4.18}$$

인자 B의 j수준과 j'수준 간의 모평균의 차에 대한 $100(1-\alpha)$ %의 신뢰구간도 동일한 방법으로 구할 수 있다.

$$(\bar{y}_{.j} - \bar{y}_{.j'}) \pm t\left(\phi_E;\ \frac{\alpha}{2}\right)\sqrt{\frac{2V_E}{l}} \tag{4.19}$$

식 (4.18), (4.19)의 신뢰구간이 0을 포함할 경우 두 수준 간에 모평균의 차이가 유의하다고 할 수 없다.

그런데 만일 인자의 각 수준에서 다음이 성립될 경우 두 수준 간에 모평균의 유의한 차이가 있다고 할 수 있다.

인자 A의 경우: $|\bar{y}_{i.} - \bar{y}_{i'.}| > t\left(\phi_E;\ \frac{\alpha}{2}\right)\sqrt{\frac{2V_E}{m}}$

인자 B의 경우: $|\bar{y}_{.j} - \bar{y}_{.j'}| > t\left(\phi_E;\ \frac{\alpha}{2}\right)\sqrt{\frac{2V_E}{l}}$

예제 4-1

온도와 시간이 필름의 광투과율에 미치는 영향을 파악하기 위해 온도 3수준(A_1, A_2, A_3), 시간 3수준(B_1, B_2, B_3)에서 실험을 하였다. 다음의 질문에 답을 하시오.

	A_1	A_2	A_3
B_1	91.2	92.4	95.4
B_2	92.4	93.7	98.8
B_3	91.6	92.8	96.9

1) 분산분석표를 작성하시오.

2) 온도와 시간은 광투과율에 영향을 미치는 중요 인자라고 할 수 있는가? 유의수준 $\alpha = 0.05$로 판정하시오.

3) 광투과율을 최대로 하는 조합조건에서 모평균의 95 % 신뢰구간을 구하시오.

4) 광투과율이 최대 및 최소인 수준에서 각 인자의 모평균의 차이에 대한 95 % 신뢰구간을 구하시오.

1) 분산분석표를 작성하시오.

우선 각 수준에서 측정값의 합과 평균을 구하면 다음과 같다.

[표 4-3] 측정치의 합과 평균의 계산

	A_1	A_2	A_3	$T_{.j}$	$\bar{y}_{.j}$
B_1	91.2	92.4	95.4	279.00	93.00
B_2	92.4	93.7	98.8	284.90	94.97
B_3	91.6	92.8	96.9	281.30	93.77
$T_{i.}$	275.20	278.90	291.10	T=845.20	
$\bar{y}_{i.}$	91.73	92.97	97.03	$\bar{\bar{y}}$=93.91	

각각의 변동을 구하여 분산분석표를 작성하면 다음과 같다.

$$SST=\sum_{i=1}^{l}\sum_{j=1}^{m}y_{ij}^2-\frac{T^2}{N}=79\,427.26-79\,373.67=53.59$$

$$SSA=\sum_{i=1}^{l}\frac{T_{i.}^2}{m}-\frac{T^2}{N}=79\,419.82-79\,373.67=46.15$$

$$SSB=\sum_{j=1}^{m}\frac{T_{.j}^2}{l}-\frac{T^2}{N}=79\,379.57-79\,373.67=5.90$$

$$SSE=SST-SSA-SSB=53.59-46.15-5.90=1.54$$

요인	SS	ϕ	V	$E(V)$	F_{calc}	F_{critic}
A	46.15	2	23.08	$\sigma_E^2+m\sigma_A^2$	59.18*	$F_{0.05}(\phi_2, \phi_4)=6.94$
B	5.90	2	2.95	$\sigma_E^2+l\sigma_B^2$	7.56*	
E	1.54	4	0.39	σ_E^2		
T	53.59	8				

2) 온도와 시간은 광투과율에 영향을 미치는 중요 인자라고 할 수 있는가? 유의수준

$\alpha = 0.05$로 판정하시오.

두 인자의 $F_{\text{calc}} > 6.94 = F_{\text{critic}}(\phi_2,\ \phi_4;\ 0.05)$이므로 $\alpha = 0.05$에서 모두 유의하다고 할 수 있다.

3) 광투과율을 최대로 하는 조합조건에서 모평균의 95 % 신뢰구간을 구하시오.

[표 4-3]에서 A_3B_2 수준에서 측정치의 평균값이 가장 크므로 식 (4.16)으로부터 다음을 구할 수 있다.

$$(\bar{y}_{3.} + \bar{y}_{.2} - \bar{\bar{y}}) \pm t(4;\ 0.025)\sqrt{\frac{V_E}{n_e}}$$

$$= (97.03 + 94.97 - 93.91) \pm 2.76 \times \sqrt{\frac{0.39}{1.8}}$$

$$= 98.09 \pm 1.29$$

$$= (96.8,\ 99.38)$$

여기서 n_e는 식 (4.17)로부터 $n_e = \dfrac{lm}{l+m-1} = \dfrac{9}{5} = 1.8$이다.

4) 광투과율이 최대 및 최소인 수준에서 각 인자의 모평균의 차이에 대한 95 % 신뢰구간을 구하시오.

[표 4-3]에서 온도 A_3에서 광투과율이 가장 높고 A_1에서 가장 낮으므로 $A_3 - A_1$에 대한 95 % 신뢰구간은 다음과 같다.

식 (4.18)로부터

$$(\bar{y}_{3.} - \bar{y}_{1.}) \pm t(4;\ 0.025)\sqrt{\frac{2V_E}{m}}$$

$$= (97.03 - 91.73) \pm 2.76 \times \sqrt{\frac{2 \times 0.39}{3}}$$

$$= 5.3 \pm 1.41$$

$$= (3.89,\ 6.71)$$

[표 4-3]에서 온도 B_2에서 광투과율이 가장 높고 B_1에서 가장 낮으므로 $B_2 - B_1$에 대한 95 % 신뢰구간은 다음과 같다.

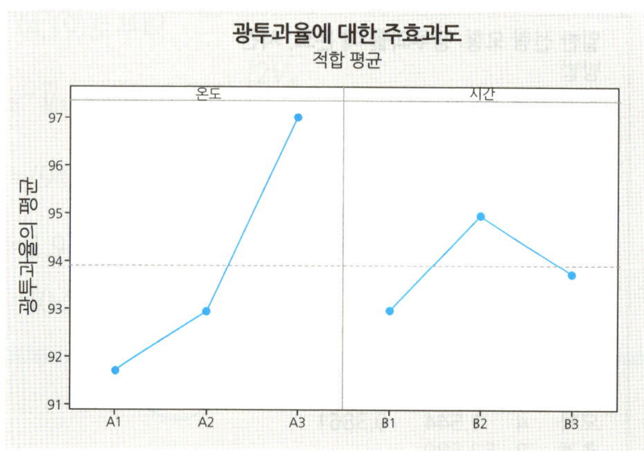

온도는 A_3, 시간은 B_2에서 광투과율이 가장 큰 값을 갖는 것을 알 수 있다. 따라서 A_3, B_2의 수준조합에서 모평균을 추정하기 위해 다음을 실행한다.

통계분석 > 분산 분석 > 일반 선형 모형 > 예측을 클릭하면 다음의 화면이 나타난다.

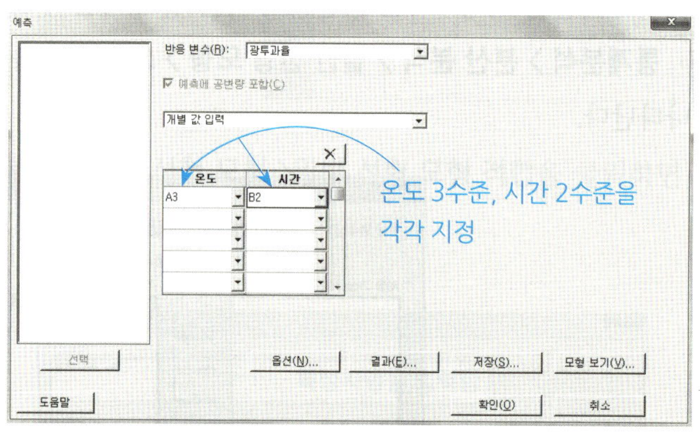

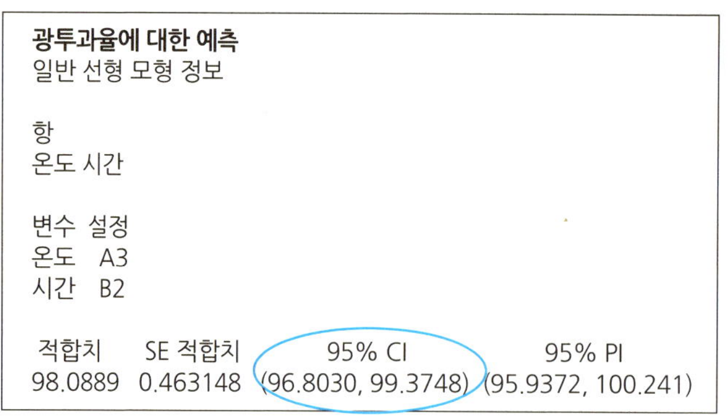

광투과율에 대한 예측
일반 선형 모형 정보

항
온도 시간

변수 설정
온도 A3
시간 B2

적합치	SE 적합치	95% CI	95% PI
98.0889	0.463148	(96.8030, 99.3748)	(95.9372, 100.241)

'확인'을 클릭하면 왼쪽과 같은 결과가 나타난다.

상기의 값은 앞에서 구한 값과 일치됨을 알 수 있다.

모평균의 차이에 대한 신뢰구간을 구하기 위해 **통계분석 > 분산 분석 > 일반 선형 모형 > 비교**를 클릭한 후

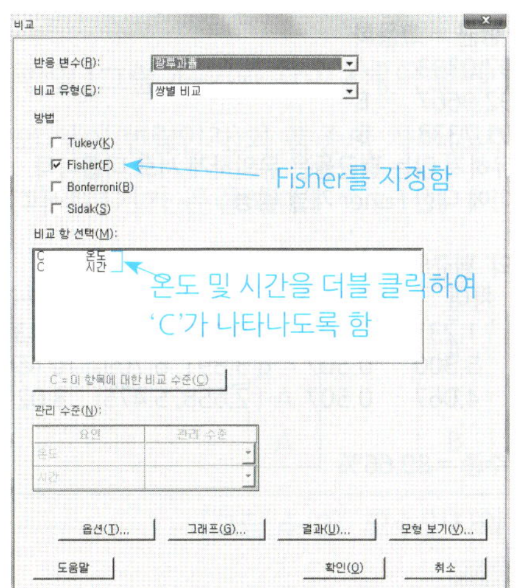

'결과'를 클릭하여

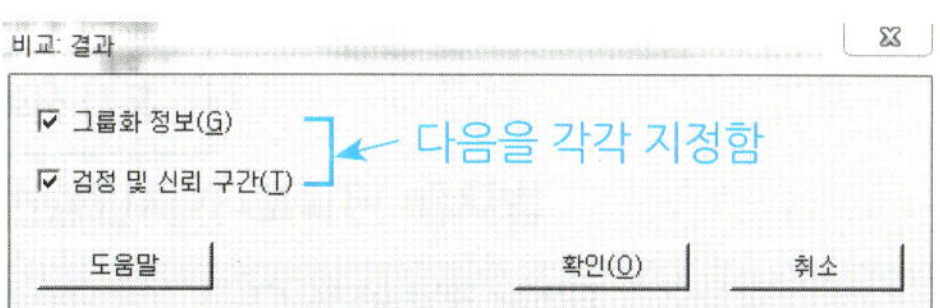

'확인'을 연속하여 클릭하면 다음의 결과가 나타난다.

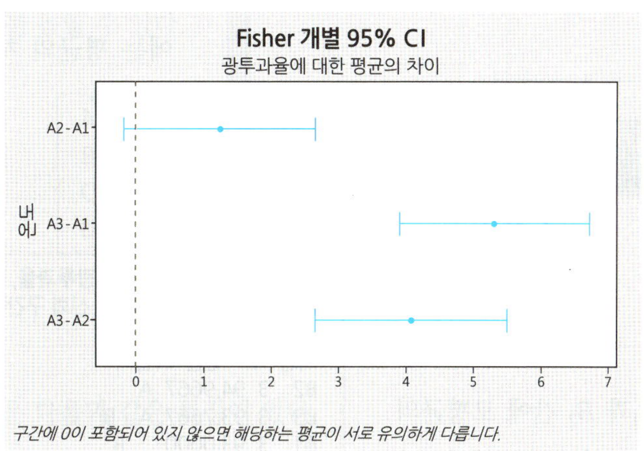

A_2-A_1의 신뢰구간은 0을 포함하고 있으므로 A_1와 A_2 간에는 평균의 차이가 없는 것을 알 수 있다.

1) 난괴법의 구조식

[그림 4-3]의 경우 품종은 모수인자이고 밭의 종류는 변량인자가 된다. 따라서 난괴법은 1개의 모수인자와 1개의 변량인자로 구성된 반복이 없는 이원배치법으로 실험의 배열은 **[표 4-1]**의 반복이 없는 이원배치(모수모형)와 동일하다.

난괴법의 구조식은 두 개가 모두 모수인자인 이원배치와 동일하나 b_j가 확률변수가 된다.

$$y_{ij} = \mu + a_i + b_j + e_{ij} \quad i = 1, 2, \cdots, l \quad j = 1, 2, \cdots, m \tag{4.20}$$

$e_{ij} \sim N(0, \sigma_E^{\,2})$이고 서로 독립

$b_j \sim N(0, \sigma_B^{\,2})$이고 서로 독립

$$Cov(e_{ij}, b_j) = 0$$

여기서 $\sum_{i=1}^{l} a_i = 0$이나 일반적으로 $\sum_{j=1}^{m} b_j \neq 0$이 된다.

2) 분산분석

이 경우 변동의 계산은 반복이 없는 이원배치(모수모형)의 식 (4.3)~(4.6)과 동일하다. 따라서 분산분석표도 **[표 4-2]**와 동일하다.

3) 분산분석 후의 추정

B는 변량인자이므로 모평균의 추정은 의미가 없다. 그러나 모수인자 A의 모평균 추정 시 영향을 미치므로 변량인자 B의 분산을 추정하는 것은 의미가 있다.

우선 $\sigma_B^{\,2}$을 추정하면 다음과 같다.

[표 4-2]로부터

$$V_B = \hat{\sigma}_E^{\,2} + l\hat{\sigma}_B^{\,2} = 0$$

$$V_E = \hat{\sigma}_E^{\,2}$$

이므로

$$\hat{\sigma}_E^{\ 2} = V_E \tag{4.21}$$

$$\hat{\sigma}_B^{\ 2} = \frac{V_B - V_E}{l} \tag{4.22}$$

가 된다.

(1) 인자 A의 모평균의 추정

인자 A의 각 수준 A_i에서의 모평균 $\mu(A_i)$는 다음과 같이 추정할 수 있다.

$$\bar{y}_{i.} = \mu + a_i + \bar{b} + \bar{e}_{i.}$$

따라서

$$\begin{aligned} Var(\bar{y}_{i.}) &= Var(\bar{b} + \bar{e}_{i.}) \\ &= \frac{\sigma_B^{\ 2}}{m} + \frac{\sigma_E^{\ 2}}{m} \end{aligned} \tag{4.23}$$

이 된다.

식 (4.23)에 식 (4.21), 식(4.22)로부터의 $\sigma_B^{\ 2}$및 $\sigma_E^{\ 2}$의 추정치를 각각 대입하면

$$\begin{aligned} \widehat{Var}(\bar{y}_{i.}) &= \frac{1}{m}\left(\frac{V_B - V_E}{l}\right) + \frac{1}{m} V_E \\ &= \frac{V_B + (l-1)V_E}{lm} \end{aligned}$$

가 된다. 따라서 $\mu(A_i)$에 대한 $100(1-\alpha)$ %의 신뢰구간은 다음과 같다.

$$\bar{y}_{i.} \pm t\left(\phi^*_E ; \frac{\alpha}{2}\right)\sqrt{\frac{V_B + (l-1)V_E}{lm}} \qquad (4.24)^*$$

(4.24): 식 (4.24)의 제곱근 속에 있는 분자의 형태가 다음과 같이 평균변동 V_1, V_2, …들의 선형조합일 경우

$$V = a_1 V_1 + a_2 V_2 + \cdots$$

ϕ^*는 다음과 같이 구할 수 있다. 여기서 ϕ_i 는 V_i의 자유도이다.

$$\phi^* = \frac{(a_1 V_1 + a_2 V_2 + \cdots)^2}{\frac{(a_1 V_1)^2}{\phi_1} + \frac{(a_2 V_2)^2}{\phi_2} + \cdots}$$

여기서 자유도 ϕ^*는 Satterthwaite에 의해 제안된 다음의 방법으로 구한다.

$$\phi^* = \frac{[V_B + (l-1)V_E]^2}{\dfrac{V_B^2}{\phi_B} + \dfrac{[(l-1)V_E]^2}{\phi_E}} \tag{4.25}$$

(2) 인자 A의 모평균의 차이에 대한 추정

인자 A의 두 수준 i와 i' 간에 모평균의 차에 대한 추정량 $\bar{y}_{i.} - \bar{y}_{i'.}$의 평균과 분산은 다음과 같다.

$$\begin{aligned} E(\bar{y}_{i.} - \bar{y}_{i'.}) &= \mu_i - \mu_{i'} \\ Var(\bar{y}_{i.} - \bar{y}_{i'.}) &= Var\{(\mu + a_i + \bar{b} + \bar{e}_{i.}) - (\mu + a_{i'} + \bar{b} + \bar{e}_{i'.})\} \\ &= Var\{(a_i - a_{i'}) + (\bar{e}_{i.} - \bar{e}_{i'.})\} \\ &= Var(\bar{e}_{i.} - \bar{e}_{i'.}) \\ &= 2\frac{\sigma_E^2}{m} \end{aligned}$$

따라서 $\mu(A_i) - \mu(A_{i'})$의 $100(1-\alpha)$ %의 신뢰구간은 다음과 같다. 이는 식 (4.18)과 동일함을 알 수 있다.

$$(\bar{y}_{i.} - \bar{y}_{i'.}) \pm t\left(\phi_E; \frac{\alpha}{2}\right)\sqrt{\frac{2V_E}{m}} \tag{4.26}$$

예제 4-2

	A_1	A_2	A_3
B_1	43	44.1	45.2
B_2	42.2	43.2	46.1
B_3	45.3	46.2	46.6
B_4	44.7	45.4	47.2
B_5	43.3	43.2	46
B_6	43.9	44.3	46.4

제품의 단중이 시간과 로트에 따라 영향을 받는 것으로 판단되어 6개의 로트(B_1, B_2, ⋯ ,B_6)를 랜덤으로 선정한 후 시간의 3수준(A_1, A_2, A_3)에서 반복이 없는 이원배치의 실험을 하였다. 다음의 질문에 답을 하시오.

1) 분산분석표를 작성하시오.
2) 시간과 로트가 단중에 영향을 미치는 중요 인자라고 할 수 있는가? 유의수준 $\alpha = 0.05$로 판정하시오.

3) 단중이 최대로 되는 수준에서 모평균의 95 % 신뢰구간을 구하시오.

4) 단중이 최대로 되는 수준과 최소로 되는 수준에서 모평균의 차에 대한 95 % 신뢰구간을 구하시오.

1) 분산분석표를 작성하시오.

우선 다음과 같이 각 수준에서 측정치의 합과 평균을 구한다.

[표 4-4] 측정치의 합과 평균의 계산

	A_1	A_2	A_3	$T_{.j}$	$\bar{y}_{.j}$
B_1	43	44.1	45.2	132.30	44.10
B_2	42.2	43.2	46.1	131.50	43.83
B_3	45.3	46.2	46.6	138.10	46.03
B_4	44.7	45.4	47.2	137.30	45.77
B_5	43.3	43.2	46	132.50	44.17
B_6	43.9	44.3	46.4	134.50	44.83
$T_{i.}$	262.40	266.30	277.50	T=806.20	
$\bar{y}_{i.}$	43.73	44.38	46.25	$\bar{\bar{y}}$=44.79	

각각의 변동을 구한 후 분산분석표를 작성하면 다음과 같다.

$$SST=\sum_{i=1}^{l}\sum_{j=1}^{m}y_{ij}^2-\frac{T^2}{N}=36\ 145.26-36\ 108.8=36.46$$

$$SSA=\sum_{i=1}^{l}\frac{T_{i.}^2}{m}-\frac{T^2}{N}=36\ 129.28-36\ 108.8=20.48$$

$$SSB=\sum_{j=1}^{m}\frac{T_{.j}^2}{l}-\frac{T^2}{N}=36\ 121.65-36\ 108.8=12.85$$

$$SSE=SST-SSA-SSB=36.46-20.48-12.85=3.13$$

요인	SS	ϕ	V	$E(V)$	F_{calc}	F_{critic}
A	20.48	2	10.24	$\sigma_E^2+m\sigma_A^2$	33.03	$F_{0.05}(\phi_2, \phi_{10})=4.1$
B	12.85	5	2.57	$\sigma_E^2+l\sigma_A^2$	8.29	$F_{0.05}(\phi_5, \phi_{10})=3.33$
E	3.13	10	0.31	σ_E^2		
T	36.46	8				

2) 시간과 로트가 단중에 영향을 미치는 중요 인자라고 할 수 있는가? 유의수준 $\alpha=0.05$로 판정하시오.

두 인자 모두 $F_{calc}>F_{critic}(0.05)$이므로 유의수준 $\alpha=0.05$에서 유의하다고 할 수 있다. 따라서 시간과 로트 모두 단중에 영향을 미치는 중요한 인자라고 할 수 있다.

3) 단중이 최대로 되는 조건에서 모평균의 95 % 신뢰구간을 구하시오.

[표 4-4]에서 A_3 수준에서 평균값이 가장 크므로 식 (4.24)를 사용하여 모평균의 95 % 신뢰구간을 다음과 같이 구할 수 있다.

$$\bar{y}_{3.} \pm t(\phi^*;\ 0.025)\sqrt{\frac{2.57+2\times0.31}{3\times6}}$$

$$=46.25\pm2.33\times0.42$$

$$=46.25\pm0.98$$

$$=(45.27,\ 47.23)$$

여기서 자유도 $\phi^*=\dfrac{[V_B+(l-1)V_E]^2}{\dfrac{V_B^{\ 2}}{\phi_B}+\dfrac{[(l-1)V_E]^2}{\phi_E}}=\dfrac{[2.57+2\times0.31]^2}{\dfrac{(2.57)^2}{5}+\dfrac{[2\times0.31]^2}{10}}=7.49$가 된다.

4) 단중이 최대로 되는 수준과 최소로 되는 수준에서 모평균의 차에 대한 95 % 신뢰구간을 구하시오.

[표 4-4]에서 단중이 최대로 되는 수준과 최소로 되는 수준이 각각 A_3와 A_1임을 알 수 있다. 따라서 식 (4.26)으로부터 다음을 구할 수 있다.

$$(\bar{y}_{3.}-\bar{y}_{1.})\pm t\left(10;\ 0.025\right)\sqrt{\frac{2V_E}{m}}$$

$$=(46.25-43.73)\pm2.23\sqrt{\frac{2\times0.31}{6}}$$

$$=2.52\pm0.72$$

$$=(1.8,\ 3.24)$$

신뢰구간이 0을 포함하지 않으므로 시간의 수준 1과 수준 3 간에는 모평균의 차이가 있는 것을 알 수 있다.

■ 미니탭을 사용하여 '**예제 4-2**'를 분석하면 다음과 같다.

통계분석 > 분산 분석 > 일반 선형 모형 > 일반 선형 모형 적합을 클릭한 후 '반응'에 특성치명 '요인'에 인자명을 각각 입력한 후 '랜덤/내포'를 클릭하면 다음의 화면이 나타난다.

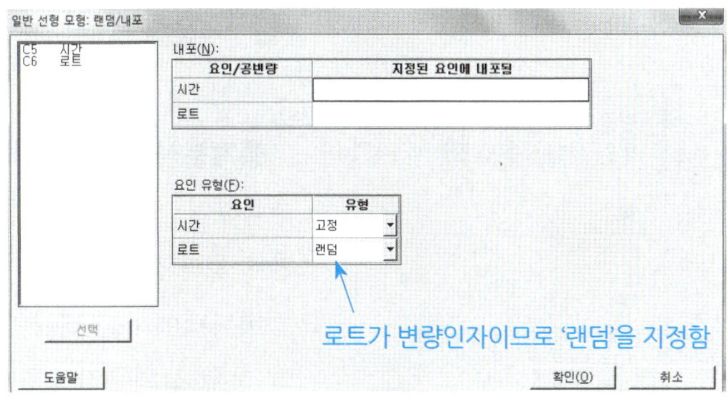

'확인'을 연속하여 클릭하면 다음의 결과가 나타난다.

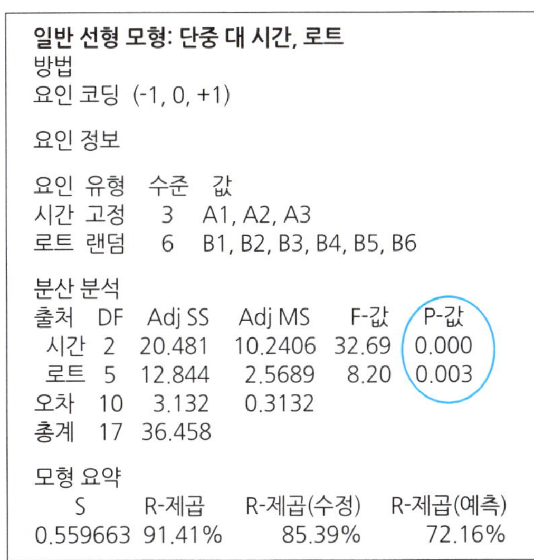

일반 선형 모형: 단중 대 시간, 로트

방법

요인 코딩 (-1, 0, +1)

요인 정보

요인	유형	수준	값
시간	고정	3	A1, A2, A3
로트	랜덤	6	B1, B2, B3, B4, B5, B6

분산 분석

출처	DF	Adj SS	Adj MS	F-값	P-값
시간	2	20.481	10.2406	32.69	0.000
로트	5	12.844	2.5689	8.20	0.003
오차	10	3.132	0.3132		
총계	17	36.458			

모형 요약

S	R-제곱	R-제곱(수정)	R-제곱(예측)
0.559663	91.41%	85.39%	72.16%

시간 및 로트가 모두 단중에 영향을 미치는 중요한 인자임을 알 수 있다.

로트는 변량인자로 평균의 추정이 의미가 없으므로 모수인자인 시간에 대해서 모평균과 모평균의 차이에 대한 추정을 한다.

통계분석 > 분산 분석 > 일반 선형 모형 > 요인 그림을 클릭하여 다음의 그래프를 작성한다.

시간에 따라 단중이 증대되며 A_3에서 단중이 최대가 됨을 알 수 있다. 따라서 이 수준에서 95 %의 신뢰구간을 구하면 다음과 같다.

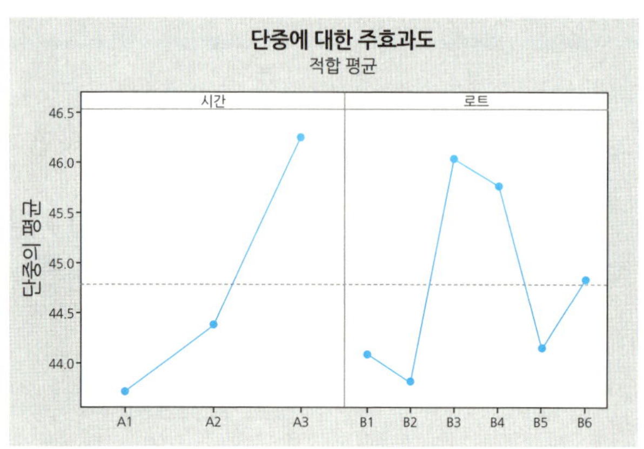

단중에 대한 예측
일반 선형 모형 정보

항
시간 로트

변수 설정
시간 A3

적합치
46.25

통계분석 > 분산 분석 > 일반 선형 모형 > 예측을 클릭하여 '시간'에 'A_3'를 지정한 후 '확인'을 클릭하면 왼쪽과 같은 결과가 나타난다.

미니탭에서는 변량인자의 영향을 받는 모수인자의 경우 신뢰구간을 구하지 못하고 점 추정치만을 구하는 것을 알 수 있다.

A_1과 A_3 간에 모평균의 차이에 대한 95 % 신뢰구간을 구하기 위해 다음을 실행한다.

통계분석 > 분산 분석 > 일반 선형 모형 > 비교를 클릭하여 '방법'에서 'Fisher'를 선택하고 '비교 항 선택'에서 '시간'을 더블 클릭하여 'C'가 나타나도록 한다.

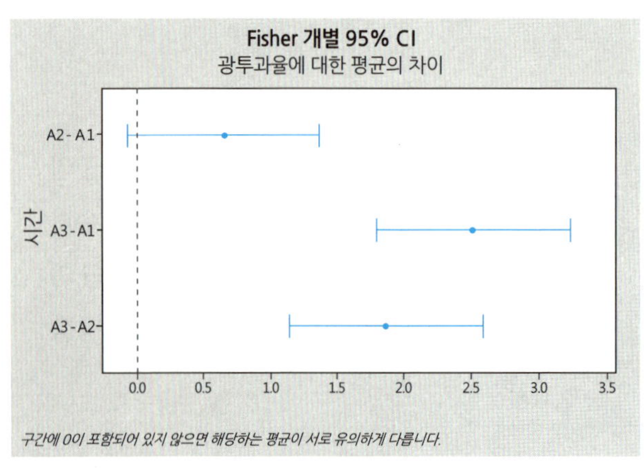

'결과'를 클릭하여 '검정 및 신뢰구간'을 지정한 후 '확인'을 연속하여 클릭하면 왼쪽과 같은 결과가 나타난다.

A_1과 A_2 간에 모평균의 차의 95 % 신뢰구간이 0을 포함하므로 유의수준 $\alpha=0.05$에서 차이가 유의하지 않다. 나머지 수준 간에는 신뢰구간이 0을 포함하지 않으므로 평균에 유의한 차이가 있다고 할 수 있다.

```
단중에 대한 비교
Fisher 쌍별 비교: 반응 = 단중, 항 = 시간

평균의 차이에 대한 Fisher 개별 검정

시간 수준의   평균의   차이의
차이          차이     표준 오차   개별 95% CI        T-값    P-값
A2 - A1       0.650    0.323       (-0.070, 1.370)    2.01    0.072
A3 - A1       2.517    0.323       ( 1.797, 3.237)    7.79    0.000
A3 - A2       1.867    0.323       ( 1.147, 2.587)    5.78    0.000

동시 신뢰 수준 = 88.57%
```

A_1과 A_3 간에 모평균의 차이에 대한 95 % 신뢰구간은 계산상의 약간의 차이가 있을 뿐 앞에서 구한 값과 일치됨을 알 수 있다.

4) 결측치의 취급

실험 중 기록의 잘못이나 사고로 인해 어떤 수준조합에서 관측치를 구하지 못하는 경우가 있다. 이를 결측치(missing value)라고 하는데 다른 데이터로부터 추정된 추정값을 사용하여 분산분석을 할 수 있다. 이때 총변동과 오차변동의 자유도는 결측치의 수만큼 줄어들게 된다.

반복이 없는 이원배치의 경우 Yates에 의해 제안되었는데 그 원리는 오차변동 SSE를 최소로 하는 결측치를 구하는 것이다.

계산을 간편하게 하기 위해 y_{11}이 결측치일 경우 이를 y라고 하자.

요인	A_1	A_2	$\cdots$	A_l	
B_1 B_2 $\vdots$ B_m	(y) y_{12} $\vdots$ y_{1m}	y_{21} y_{22} $\vdots$ y_{2m}	$\cdots$ $\cdots$ $\cdots$	y_{l1} y_{l2} $\vdots$ y_{lm}	$T'_{.1}$ $T_{.2}$ $y_{.m}$
합	$T'_{1.}$	$T_{2.}$		$T_{l.}$	T'

이 경우 오차의 변동 SSE는 다음과 같다.

$$
\begin{aligned}
SSE &= SST - SSA - SSB \\
&= y^2 + {y_{12}}^2 + {y_{13}}^2 + \cdots + {y_{lm}}^2 - \frac{(y+T')^2}{N} \\
&\quad - \frac{1}{m}\left\{(y+T'_{1.})^2 + {T_{2.}}^2 + \cdots + {T_{l.}}^2\right\} + \frac{(y+T')^2}{N} \\
&\quad - \frac{1}{l}\left\{(y+T'_{.1})^2 + {T_{.2}}^2 + \cdots + {T_{.m}}^2\right\} + \frac{(y+T')^2}{N}
\end{aligned}
$$

SSE를 최소로하는 y를 구하기 위해 SSE를 y로 편미분한 후 0으로 놓고 풀면

$$\frac{\partial SSE}{\partial y} = 2y - \frac{2}{m}(y+T'_{1.}) - \frac{2}{l}(y+T'_{.1}) + \frac{2}{lm}(y+T') = 0$$

에서 다음의 추정치를 구할 수 있다.

$$\hat{y} = \frac{lT'_{1.} + mT'_{.1} - T'}{(l-1)(m-1)} \tag{4.27}$$

식 (4.27)은 결측치가 A_1B_1의 수준조합에서 발생할 경우로 이를 일반화하면 식 (4.28)이 된다.

$$\hat{y} = \frac{lT'_{i.} + mT'_{.j} - T'}{(l-1)(m-1)} \tag{4.28}$$

이때 총변동과 오차변동의 자유도는 결측치의 수 1만큼 줄어들어 $\phi_T = lm - 2$, $\phi_E = (l-1)(m-1) - 1$이 된다.

결측치가 2개일 경우에도 동일한 방법을 적용하면 다음의 식을 얻게 된다.

$$
\begin{aligned}
(l-1)(m-1)y_1 + y_2 &= lT'_{i.} + mT'_{.j} - T' \\
(l-1)(m-1)y_2 + y_1 &= lT'_{i'.} + mT'_{.j'} - T'
\end{aligned}
$$

상기의 연립방정식을 풀면 결측치의 추정값을 얻을 수 있다. 이때 오차항의 자유도는 2만큼 줄어든다. 일반적으로 결측치가 3개 이상인 경우는 사용되지 않는다.

예제 4-3

다음과 같이 A_3B_2에서 결측치가 발생되었을 경우 경우 결측치를 추정하시오.

	A_1	A_2	A_3	$T_{.j}$
B_1	19.2	20.4	23.4	63
B_2	20.4	21.7	-	42.1
$T_{i.}$	39.6	42.1	23.4	105.1

식 (4.25)로부터

$$\hat{y} = \frac{lT'_{i.} + mT'_{.j} - T'}{(l-1)(m-1)}$$

$$= \frac{3 \times 23.4 + 2 \times 42.1 - 105.1}{2 \times 1} = 24.65$$

가 된다.

4장

연습문제

1. 온도(A_1, A_2, A_3)와 원료의 종류(B_1, B_2, B_3)에 따라 수율에 차이가 있는지를 파악하기 위해 다음과 같은 실험을 하였다.

	A_1	A_2	A_3	$T_{.j}$	$\bar{y}_{.j}$
B_1	92.2	93.4	92.6	278.2	92.73
B_2	94.4	97.8	95.9	288.1	96.03
B_3	93.4	94.7	93.8	281.9	93.97
$T_{i.}$	280	285.9	282.3	T=848.2	$\bar{\bar{y}}$=94.24
$\bar{y}_{i.}$	93.33	95.30	94.10		

1) 어떤 형태의 실험인가? 그 이유와 함께 기술하시오.

2) 구조식을 밝히시오.

3) 원료의 종류에 따라 수율에 차이가 있다고 할 수 있는가(p값을 명시함)?

4) 수율을 가장 높게 하는 조건에서 95 %의 신뢰구간을 구하시오.

5) 각 요인에서 수율이 가장 높은 수준과 가장 낮은 수준 간에 평균의 차이가 있다고 할 수 있는가? 그 이유는?

2. 신발 제조사는 재료의 종류에 따라 신발의 마모(수명)에 차이가 있는지를 파악하기 위해 10명의 소년을 대상으로 다음의 실험을 하였다.

실험대상	재질 1	재질 2
1	13.2	14
2	8.2	8.8
3	10.9	11.2
4	14.3	14.2
5	10.7	11.8
6	6.6	6.4
7	9.5	9.8
8	10.8	11.3
9	8.8	9.3
10	13.3	13.6

1) 어떤 형태의 실험인가? 그 이유와 함께 기술하시오.

2) 구조식을 밝히시오.

3) 재질에 따른 수명의 차이가 있다고 할 수 있는가(p값을 명시함)?

3. 소재의 종류(A_1, A_2, A_3)에 따라 도금방법(B_1, B_2, B_3, B_4)을 달리한 후 전도율을 다음과 같이 측정하여 실험을 하였다. 다음의 질문에 답을 하시오. 단, 유의수준 $\alpha=0.05$이다.

	A_1	A_2	A_3	$T_{.j}$	$\bar{y}_{.j}$
B_1	35.2	35.4	33.6	104.2	34.75
B_2	34.8	34.8	339	103.5	34.50
B_3	34.4	35.7	34	104.1	34.70
B_4	34.6	35.3	33.8	103.7	34.57
$T_{i.}$	139	141.2	135.3	T=415.5	
$\bar{y}_{i.}$	34.75	35.30	33.83		$\bar{\bar{y}}$=34.63

1) 소재의 종류와 도금방법은 중요 요인이라고 할 수 있는가?

2) 인자가 유의할 경우 전도율을 최대로 하는 조건에서 95 % 신뢰구간을 구하시오.

4. 다음은 지난 1년간 제품별 지역별 매출액을 집계한 것이다. 이 경우 제품별 매출에차이가 있다고 할 수 있는가? 유의수준 $\alpha=0.05$로 검정하시오.

지역	제품A	제품B	제품C	제품D
서울	55	56	53	55
부산	52	54	55	54
대구	48	51	48	50
광주	50	55	52	55

5. 촉매(A, B, C, D)의 종류에 따라 침전량의 차이가 있는지를 파악하기로 하였다. 3개의 로트에서 용액을 채취한 후 다음과 같이 각 용액에 대해 4개의 촉매로 랜덤하게 실험을 하였다. 다음의 질문에 답을 하시오.

로트1		로트2		로트3	
B	23.1	B	22.7	C	21.1
D	23.3	C	22.5	D	22.2
A	22.2	A	22.0	A	20.3
C	23.4	D	23.0	B	21.5

1) 촉매의 종류에 따라 침전량에 차이가 있다고 할 수 있는가?

2) 만일 촉매의 종류가 유의할 경우 침전량이 가장 많은 수준에서 95 %의 신뢰구간을 구하시오.

6. 온도(A_1, A_2, A_3)와 압력이(B_1, B_2, B_3)이 점도에 미치는 영향을 파악하기 위해 각각의 조합에서 다음과 같이 실험을 하던 중 실수로 인해 결측치가 발생이 되었다. 다음의 질문에 대해 답을 하시오.

	A_1	A_2	A_3
B_1	32.2	30.2	32.6
B_2	34.4	y	35.9
B_3	33.4	32.2	33.8

1) 결측치를 예측하시오.

2) 분산분석표를 작성한 후 중요 요인을 파악하시오.

3) 점도가 최대로 되는 조건에서 95 % 신뢰구간을 구하시오.

5 반복이 있는 이원배치법

'**4. 반복이 없는 이원배치법**'의 각 실험조건에서 반복실험을 할 경우 '반복이 있는 이원배치법'이 된다. 따라서 실험횟수가 많아지는 단점이 있으나 다음과 같은 장점이 있다.

- 오차의 자유도를 구할 수 있으며 오차와의 교락 없이 교호작용을 구할 수 있다.
- 오차로부터 교호작용이 분리되므로 인자에 대한 검출력이 증대된다.
- 실험이 반복되므로 재현성과 관리상태를 검토할 수 있다.
- 반복수를 조절함으로써(반복수가 증가되면 이에 따라 자유도가 증대됨) 검출력을 높일 수 있다.
- 여기서 반복은 특정 조합에서 관측을 반복(repetition)하는 것이 아니라 매번 A_iB_j의 다른 조합에서 즉, 완전 랜덤하게 실험을 하는 것을 의미한다.

반복이 있는 이원배치법에서는 두 개의 인자가 모두 모수인자인 모수모형과 1인자 모수, 1인자 변량인 혼합모형이 있다.

[표 5-1] 반복이 있는 이원배치법의 데이터 배열

요인A / 요인B	A_1	A_2	$\cdots$	A_l	합	평균
B_1	y_{111} y_{112} $\vdots$ y_{11r}	y_{211} y_{212} $\vdots$ y_{21r}	$\cdots$ $\cdots$ $\cdots$	y_{l11} y_{l12} $\vdots$ y_{l1r}	$T_{.1.}$	$\bar{y}_{.1.}$
B_2	y_{121} y_{122} $\vdots$ y_{12r}	y_{221} y_{222} $\vdots$ y_{22r}	$\cdots$ $\cdots$ $\cdots$	y_{l21} y_{l22} $\vdots$ y_{l2r}	$T_{.2.}$	$\bar{y}_{.2.}$
$\vdots$			$\vdots$		$\vdots$	
B_m	y_{1m1} y_{1m2} $\vdots$ y_{1mr}	y_{2m1} y_{2m2} $\vdots$ y_{2mr}	$\cdots$ $\cdots$ $\cdots$	y_{lm1} y_{lm2} $\vdots$ y_{lmr}	$T_{.m.}$	$\bar{y}_{.m.}$
	$T_{1..}$	$T_{2..}$		$T_{l..}$	T	
	$\bar{y}_{1..}$	$\bar{y}_{2..}$		$\bar{y}_{l..}$		$\bar{\bar{y}}$

5.1 모수모형

1) 모형의 구조

[표 5–1]은 인자 A, B의 각 실험조합에서 r회 반복실험을 한 경우를 일반화하여 나타낸 것이다.

인자 A가 l수준, 인자 B가 m수준인 상태에서 반복수가 r로 동일한 경우 데이터의 구조식은 다음과 같다.

$$y_{ijk} = \mu + a_i + b_j + (ab)_{ij} + e_{ijk} \tag{5.1}$$

$$i = 1.\ 2,\ \cdots,\ l$$

$$j = 1.\ 2,\ \cdots,\ m$$

$$k = 1.\ 2,\ \cdots,\ r$$

단, $e_{ijk} \sim N(0,\ \sigma_E^{\ 2})$이다.

2) 등분산의 검정

분산분석은 등분산(equal variance)을 가정한 상태에서 평균의 변화를 탐지함으로써 인자가 특성치의 평균에 영향을 주는 중요한 요인인지 여부를 판정하는 것이다.

따라서 관측치들이 등분산인지 여부를 먼저 검토해야 한다. 만일 등분산일 경우 실험은 관리상태에서 진행되었다고 할 수 있으며, 실험을 분석하는 것이 의미가 있다.

등분산을 검토하는 방법에는 몇 가지가 있지만 여기서는 R 관리도에 의한 방법을 소개하기로 한다.

① 각 조합조건에서 반복 관측치에 대한 범위 R_{ij}(각 조합조건에서 최대값- 최소값)를 구한다.

② 범위의 평균 $\overline{R}$를 구한다.

$$\overline{R} = \frac{\sum R_{ij}}{lm}$$

③ R 관리도의 상한선을 구한다.

$$UCL = D_4\overline{R}$$

여기서 D_4의 값은 **[표 5-2]**에서 반복수의 크기에 따라 구할 수 있다.

[표 5-2] 관리선의 한계를 구하기 위한 상수표

반복수(r)	A_2	D_3	D_4	d_2
2	1.880	0	3.267	1.128
3	1.023	0	2.575	1.693
4	0.729	0	2.282	2.059
5	0.577	0	2.115	2.326
6	0.483	0	2.004	2.534
7	0.419	0.076	1.924	2.704
8	0.373	0.136	1.864	2.847
9	0.337	0.184	1.816	2.970
10	0.308	0.223	1.77	3.078

④ 관리상태 여부를 판정한다.

모든 R_{ij}값이 UCL(관리 상한선: Upper Control Limit)보다 작을 경우 등분산의 가정은 성립되고, 실험은 관리상태에 있었다고 할 수 있다. 그러나 만일 R_{ij}값이 한 개라도 UCL보다 큰 것이 있을 경우 등분산의 가정은 성립되지 않으며 실험이 관리상태에 있었다고 할 수 없다.

3) 분산분석

식 (5.1)로부터 개별 데이터 y_{ijk}와 총평균 $\overline{\overline{y}}$를 다음과 같이 분리할 수 있다.

$$y_{ijk} - \overline{\overline{y}} = (\overline{y}_{i..} - \overline{\overline{y}}) + (\overline{y}_{.j.} - \overline{\overline{y}}) + (\overline{y}_{ij.} - \overline{y}_{i..} - \overline{y}_{.j.} + \overline{\overline{y}}) + (y_{ijk} - \overline{y}_{ij.})$$

상기의 양변을 제곱한 후 모든 i, j, k에 대해 합할 경우 다음과 같이 변동을 구할 수 있다.

총변동: $SST=\sum_i\sum_j\sum_k(y_{ijk}-\overline{\overline{y}})^2=\sum_i\sum_j\sum_k y_{ijk}^2-\frac{T^2}{N}$

인자 A의 변동: $SSA=\sum_i\sum_j\sum_k(\overline{y}_{i..}-\overline{\overline{y}})^2=\sum_i\frac{T_{i..}^2}{mr}-\frac{T^2}{N}$

인자 B의 변동: $SSB=\sum_i\sum_j\sum_k(\overline{y}_{.j.}-\overline{\overline{y}})^2=\sum_j\frac{T_{.j.}^2}{lr}-\frac{T^2}{N}$

AB 간의 변동: $SSAB=\sum_i\sum_j\sum_k(\overline{y}_{ij.}-\overline{\overline{y}})^2=\sum_i\sum_j\frac{T_{ij.}^2}{r}-\frac{T^2}{N}$

교호작용 AB의 변동:
$$SS(A\times B)=\sum_i\sum_j\sum_k(\overline{y}_{ij.}-\overline{y}_{i..}-\overline{y}_{.j.}+\overline{\overline{y}})^2$$
$$=\sum_i\sum_j\sum_k(\overline{y}_{ij.}-\overline{\overline{y}})^2$$
$$-\sum_i\sum_j\sum_k(\overline{y}_{i..}-\overline{\overline{y}})^2-\sum_i\sum_j\sum_k(\overline{y}_{.j.}-\overline{\overline{y}})^2$$
$$=SSAB-SSA-SSB$$

군내변동(오차변동):
$$SSE=\sum_i\sum_j\sum_k(y_{ijk}-\overline{y}_{ij.})^2$$
$$=SST-SSAB$$
$$=SST-SS(A\times B)-SSA-SSB$$

이상의 변동으로부터 분산분석표를 작성하면 **[표 5-3]**과 같다.

[표 5-3] 반복이 있는 이원배치법의 분산분석표(모수모형)

요인	SS	ϕ	V	$E(V)$	F_{calc}	$F_{critic}(\alpha)$
A	SSA	$l-1$	V_A	$\sigma_E^2+mr\sigma_A^2$	$\frac{V_A}{V_E}$	$F_\alpha(\phi_A, \phi_E; \alpha)$
B	SSB	$m-1$	V_B	$\sigma_E^2+lr\sigma_B^2$	$\frac{V_B}{V_E}$	$F_\alpha(\phi_B, \phi_E; \alpha)$
$A\times B$	$SS(A\times B)$	$(l-1)(m-1)$	$V_{A\times B}$	$\sigma_E^2+r\sigma_{A\times B}^2$	$\frac{V_{A\times B}}{V_E}$	$F_\alpha(\phi_{A\times B}, \phi_E; \alpha)$
E	SSE	$lm(r-1)$	V_E	σ_E^2		
T	SST	$lmr-1$				

4) 평균변동의 기대값

A, B가 모수인자인 경우 다음이 성립됨을 이미 알고 있다.

$$\sum_{i=1}^{l} a_i = 0 \qquad \sum_{j=1}^{m} b_j = 0$$

교호작용에 대해서도 다음의 식이 성립된다.

$$\sum_{i=1}^{l} (ab)_{ij} = 0, \quad j = 1.\ 2, \cdots, m$$

$$\sum_{j=1}^{m} (ab)_{ij} = 0, \quad i = 1.\ 2, \cdots, l$$

주효과에 대한 변동은 식 (4.10), (4.11)과 동일하며

$$\sigma_A{}^2 = \frac{\sum_{i=1}^{l} a_i{}^2}{l-1} \tag{5.2}$$

$$\sigma_B{}^2 = \frac{\sum_{j=1}^{m} b_j{}^2}{m-1} \tag{5.3}$$

교호작용에 대한 변동은 다음과 같다.

$$\sigma_{A\times B}{}^2 = \frac{\sum_{i=1}^{l}\sum_{j=1}^{m} [(ab)_{ij}]^2}{(l-1)(m-1)} \tag{5.4}$$

오차변동 $\sigma_E{}^2$은 다음과 같이 정의 될 수 있다.

$$\sigma_E{}^2 = E\left[\frac{1}{lm(r-1)}\sum_{i=1}^{l}\sum_{j=1}^{m}\sum_{k=1}^{r}(e_{ijk} - \bar{e}_{ij.})^2\right] \tag{5.5}$$

$$= E\left[\frac{mr}{l-1}\sum_{i=1}^{l}(\bar{e}_{i..} - \bar{\bar{e}})^2\right] \tag{5.6}$$

$$= E\left[\frac{lr}{m-1}\sum_{j=1}^{m}(\bar{e}_{.j.} - \bar{\bar{e}})^2\right] \tag{5.7}$$

$$= E\left[\frac{r}{lm-1}\sum_{i=1}^{l}\sum_{j=1}^{m}(\bar{e}_{ij.} - \bar{\bar{e}})^2\right] \tag{5.8}$$

식 (5.1)로부터 평균에 대한 구조식들을 다음과 같이 구할 수 있다.

$$\bar{y}_{ij.} = \mu + a_i + b_j + (ab)_{ij} + \bar{e}_{ij.} \tag{5.9}$$

$$\bar{y}_{i..} = \mu + a_i + \bar{e}_{i..} \tag{5.10}$$

$$\bar{y}_{.j.} = \mu + b_j + \bar{e}_{.j.} \tag{5.11}$$

$$\bar{\bar{y}} = \mu + \bar{\bar{e}} \tag{5.12}$$

이상을 통해 인자 A의 변동의 기대값을 구하면 다음과 같다.

$$\begin{aligned} E(SSA) &= E\Big[\sum_{i=1}^{l}\sum_{j=1}^{m}\sum_{k=1}^{r}(\bar{y}_{i..} - \bar{\bar{y}})^2\Big] \\ &= mrE\Big[\sum_{i=1}^{l}\{(\mu + a_i + \bar{e}_{i..}) - (\mu + \bar{\bar{e}})\}^2\Big] \\ &= mr\sum_{i=1}^{l}a_i^{\,2} + mrE\Big[\sum_{i=1}^{l}(\bar{e}_{i..} - \bar{\bar{e}})^2\Big] \qquad \text{식 (5.2), (5.6)으로부터} \\ &= mr(l-1)\sigma_A^{\,2} + (l-1)\sigma_E^{\,2} \end{aligned}$$

동일한 방법으로 다음을 구할 수 있다.

$$E(SSB) = lr(m-1)\sigma_B^{\,2} + (m-1)\sigma_E^{\,2}$$

$$E(SSE) = lm(r-1)\sigma_E^{\,2}$$

그리고 교호작용에 대한 변동의 기대값은 다음과 같다.

$$\begin{aligned} E(SSAB) &= E\Big[\sum_{i=1}^{l}\sum_{j=1}^{m}\sum_{k=1}^{r}(\bar{y}_{ij.} - \bar{\bar{y}})^2\Big] \\ &= rE\Big[\sum_{i=1}^{l}\sum_{j=1}^{m}\{(\mu + a_i + b_j + (ab)_{ij} + \bar{e}_{ij.}) - (\mu + \bar{\bar{e}})\}^2\Big] \\ &= mr(l-1)\sigma_A^{\,2} + lr(m-1)\sigma_B^{\,2} \\ &\quad + r(l-1)(m-1)\sigma_{A\times B}^{\,2} + (lm-1)\sigma_E^{\,2} \end{aligned}$$

이므로

$$\begin{aligned} E[SS(A\times B)] &= E(SSAB - SSA - SSB) \\ &= r(l-1)(m-1)\sigma_{A\times B}^{\,2} + (l-1)(m-1)\sigma_E^{\,2} \end{aligned}$$

$E(S_A)$, $E(S_B)$, $E(S_{A\times B})$, $E(S_E)$를 각각의 자유도 Φ_A, Φ_B, $\Phi_{A\times B}$, Φ_E로 나눌 경우 **[표 5–3]**의 $E(V)$란에 있는 평균변동의 기대값을 얻을 수 있다.

5) 분산분석 후의 추정

반복이 있는 경우 이원배치법은 반복이 없는 이원배치법의 확장이므로 각 수준에서의 모평균의 추정은 반복이 없는 경우와 거의 동일하다.

(1) 모평균의 추정

$$\bar{y}_{i..} = \mu + a_i + \bar{e}_{i..} \quad \text{이므로}$$
$$E(\bar{y}_{i..}) = \mu + a_i = \mu_i$$
$$Var(\bar{y}_{i..}) = Var(\bar{e}_{i..})$$
$$= \frac{\sigma_E^2}{mr} \quad \text{이 된다.}$$

따라서 모평균 $\mu(A_i)$의 $100(1-\alpha)$ %의 신뢰구간은 다음과 같다.

$$\bar{y}_{i..} \pm t\left(\phi_E;\ \frac{\alpha}{2}\right)\sqrt{\frac{V_E}{mr}}$$

모평균 $\mu(B_j)$의 $100(1-\alpha)$ %의 신뢰구간도 동일한 방식으로 구하면 다음과 같다.

$$\bar{y}_{.j.} \pm t\left(\phi_E;\ \frac{\alpha}{2}\right)\sqrt{\frac{V_E}{lr}}$$

두 인자 수준조합에서의 모평균 $\mu(A_iB_j)$의 추정은 교호작용이 유의한 경우와 유의하지 않은 경우로 나누어서 검토해야 한다.

(2) A, B 조합조건에서 모평균의 추정

① 교호작용이 유의한 경우

$\mu(A_iB_j)$는 다음과 같이 추정할 수 있다.

$$\bar{y}_{ij.} = \mu + a_i + b_j + (ab)_{ij} + \bar{e}_{ij.}$$

$\bar{y}_{ij.}$의 기대값과 분산이 다음과 같으므로

$$E(\bar{y}_{ij.}) = \mu + a_i + b_j + (ab)_{ij}$$
$$Var(\bar{y}_{ij.}) = Var(\bar{e}_{ij.}) = \frac{\sigma_E^2}{r}$$

$\mu(A_iB_j)$의 100(1 − α) %의 신뢰구간을 구하면 다음과 같다.

$$\bar{y}_{ij.} \pm t\left(\phi_E;\ \frac{\alpha}{2}\right)\sqrt{\frac{V_E}{r}} \tag{5.13}$$

② 교호작용이 유의하지 않은 경우

식 (5.10), (5.11), (5.12)로부터 다음을 알 수 있으므로

$$E(\bar{y}_{i..}) = \mu + a_i$$
$$E(\bar{y}_{.j.}) = \mu + b_j$$
$$E(\bar{\bar{y}}) = \mu$$

$\mu + a_i + b_j$의 점추정량은

$$\widehat{\mu + a_i + b_j} = \widehat{\mu + a_i} + \widehat{\mu + b_j} - \hat{\mu}$$
$$= \bar{y}_{i..} + \bar{y}_{.j.} - \bar{\bar{y}}$$

이고 $\bar{y}_{i..} + \bar{y}_{.j.} - \bar{\bar{y}}$의 분산은 다음과 같다.

$$Var(\bar{y}_{i..} + \bar{y}_{.j.} - \bar{\bar{y}}) = \frac{\sigma_E^{\ 2}}{n_e}$$

여기서 유효반복수 n_e를 다음과 같이 구할 수 있다.

$$\frac{1}{n_e} = \frac{1}{mr} + \frac{1}{lr} - \frac{1}{lmr}$$
$$= \frac{l + m - 1}{lmr} \qquad \text{에서}$$
$$n_e = \frac{lmr}{l + m - 1}$$

따라서 $\mu(A_iB_j)$의 모평균 100(1 − α) %의 신뢰구간은 다음과 같다.

$$(\bar{y}_{i..} + \bar{y}_{.j.} - \bar{\bar{y}}) \pm t\left(\phi_E;\ \frac{\alpha}{2}\right)\sqrt{\frac{V_E}{n_e}} \tag{5.14}$$

만일 교호작용이 유의할 경우에는 A_iB_j의 수준조합에서 원하는 값을 찾는다. 그러나 교호작용이 유의하지 않을 경우에는 A, B의 각 인자의 수준에서 원하는 값을 찾는다.

(2) 모평균의 차에 대한 추정

인자 A의 경우

$$E(\bar{y}_{i..}-\bar{y}_{i'..})=\mu_i-\mu_{i'}$$

$$Var(\bar{y}_{i..}-\bar{y}_{i'..})=\frac{\sigma_E^2}{mr}+\frac{\sigma_E^2}{mr}=2\frac{\sigma_E^2}{mr}$$

이므로 $\mu(A_i)-\mu(A_{i'})$의 $100(1-\alpha)$ %의 신뢰구간은 다음과 같다.

$$(\bar{y}_{i..}-\bar{y}_{i'..})\pm t\left(\phi_E;\frac{\alpha}{2}\right)\sqrt{\frac{2V_E}{mr}} \tag{5.15}$$

인자 B의 경우에도 동일한 방법으로 구하면 다음과 같다.

$$(\bar{y}_{.j.}-\bar{y}_{.j'.})\pm t\left(\phi_E;\frac{\alpha}{2}\right)\sqrt{\frac{2V_E}{lr}} \tag{5.16}$$

예제 5-1

필름의 강도를 강화하기 위해 로의 온도 3수준(A_1, A_2, A_3)과 시간의 3수준(B_1, B_2, B_3)에서에 2회 반복실험을 하였다. 다음의 질문에 답을 하시오.

	A_1	A_2	A_3
B_1	218 222	220 222	222 225
B_2	235 237	246 248	232 231
B_3	241 240	220 224	225 226

1) 실험이 관리상태에서 실행되었는지 여부를 판정하시오.
2) 분산분석표를 작성하시오.
3) 유의수준 $\alpha=0.05$에서 중요 인자를 선정하시오.
4) 강도를 최대로 하는 조건을 구하고 이 조건에서 모평균을 추정하시오.
5) 만일 인자가 유의할 경우 강도가 최대 및 최소인 수준에서 각 인자의 모평균의 차이에 대한 95 % 신뢰구간을 구하시오.

1) 실험이 관리상태에서 실행되었는지 여부를 판정하시오.

① 각 조합조건에서 관측치에 대한 범위 R_{ij}(각 조합조건에서 최대값- 최소값)를 구하면 다음과 같다.

	A_1	A_2	A_3	
B_1	4	2	3	
B_2	2	2	1	
B_3	1	4	1	
$R_{i.}$	7	8	5	$\sum R_{ij}=20$

② 범위의 평균 $\overline{R}$를 구한다.

$$\overline{R}=\frac{\sum R_{ij}}{lm}=\frac{20}{9}=2.2$$

③ R 관리도의 상한선을 구한다.

[표 5–2]에서 $r=2$일 때 $D_4=3.267$이므로

$$UCL=D_4\overline{R}=3.267\times 2.2=7.187$$

④ 관리상태 여부를 판정한다.

모든 R_{ij}값이 UCL보다 작으므로 등분산이라고 할 수 있다. 따라서 실험은 관리상태에서 실행되었다고 할 수 있다.

2) 분산분석표를 작성하시오.

우선 각 수준에서 측정값의 합과 평균을 구하면 다음과 같다.

[표 5–4] 측정치의 합과 평균의 계산

	A_1	A_2	A_3	$T_{.j.}$	$\bar{y}_{.j.}$
B_1	218 222	220 222	222 225	1 329	221.5
B_2	235 237	246 248	232 231	1 429	238.2
B_3	241 240	220 224	225 226	1 376	229.3
$T_{i..}$ $\bar{y}_{i..}$	1 393 232.2	1 380 230.0	1 361 226.8	T=4 134	$\bar{\bar{y}}$=229.7

각각의 변동을 구한 후 분산분석표를 작성하면 다음과 같다.

$$SST=\sum_{i=1}^{l}\sum_{j=1}^{m}\sum_{k=1}^{r}y_{ijk}^2-\frac{T^2}{N}=950\ 958-949\ 442=1\ 516$$

$$SSA=\sum_{i=1}^{l}\frac{T_{i..}^2}{mr}-\frac{T^2}{N}=949\ 528.3-949\ 442=86.3$$

$$SSB=\sum_{j=1}^{m}\frac{T_{.j.}^2}{lr}-\frac{T^2}{N}=950\ 276.3-949\ 442=834.3$$

$$SSAB=\sum_{i=1}^{l}\sum_{j=1}^{m}\frac{T_{ij.}^2}{r}-\frac{T^2}{N}=950\ 930-949\ 442=1\ 488$$

$$SS(A\times B)=SSAB-SSA-SSB=1\ 488-86.3-834.3=567.4$$

$$SSE=SST-SSAB=1\ 516-1\ 488=28$$

요인	SS	ϕ	V	$E(V)$	F_{calc}	$F_{critic}(\alpha)$
A	86.3	2	43.2	$\sigma_E^2+mr\sigma_A^2$	13.9*	$F_{0.05}(2, 9)=5.71$
B	834.3	2	417.2	$\sigma_E^2+lr\sigma_B^2$	134.6*	
$A\times B$	567.4	4	141.9	$\sigma_E^2+r\sigma_{A\times B}^2$	45.8*	$F_{0.05}(4, 9)=4.72$
E	28	9	3.1	σ_E^2		
T	1 516	17				

3) 유의수준 $\alpha=0.05$에서 중요 인자를 선정하시오.

주효과 및 교호작용 모두 $F_{calc}>F_{critic}(\alpha)$으로 유의수준 $\alpha=0.05$에서 유의함을 알 수 있다.

4) 강도를 최대로 하는 조건을 구하고 이 조건에서 모평균을 추정하시오.

교호작용이 유의하므로 A_iB_j 수준조합에서 강도의 평균값을 구한 후 평균값이 가장 큰 수준조합을 찾으면 A_2B_2가 된다.

	A_1	A_2	A_3
B_1	220	221	223.5
B_2	236	247	231.5
B_3	240.5	222	225.5

식 (5.13)으로부터 다음을 구할 수 있다.

$$\begin{aligned}
&\bar{y}_{22.} \pm t(9;\ 0.025)\sqrt{\frac{V_E}{r}} \\
&= 247 \pm 2.26\sqrt{\frac{3.1}{2}} \\
&= 247 \pm 2.8 \\
&= (244.2,\ 249.8)
\end{aligned}$$

5) 만일 인자가 유의할 경우 강도가 최대 및 최소인 수준에서 각 인자의 모평균의 차이에 대한 95 % 신뢰구간을 구하시오.

[표 5–4]로부터 온도 A_1에서 강도가 최대, A_3에서 최소가 되는 것을 알 수 있다.

식 (5.15)로부터

$$\begin{aligned}
&(\bar{y}_{3..} - \bar{y}_{1..}) \pm t(9;\ 0.025)\sqrt{\frac{2V_E}{mr}} \\
&= (226.8 - 232.2) \pm 2.26\sqrt{\frac{2\times 3.1}{6}} \\
&= -5.4 \pm 2.30 \\
&= (-7.7,\ -3.1)
\end{aligned}$$

이 된다.

[표 5–4]로부터 시간 B_2에서 강도가 최대, B_1에서 최소가 되는 것을 알 수 있으므로

식 (5.16)으로부터

$$\begin{aligned}
&(\bar{y}_{.2.} - \bar{y}_{.1.}) \pm t(9;\ 0.025)\sqrt{\frac{2V_E}{lr}} \\
&= (238.2 - 221.5) \pm 2.26\sqrt{\frac{2\times 3.1}{6}} \\
&= 16.7 \pm 2.30 \\
&= (14.4,\ 19)
\end{aligned}$$

이 된다.

■ **'예제 5-1'**을 미니탭을 사용하여 풀면 다음과 같다.

미니탭에 데이터를 다음과 같이 입력한 후

↓	C1	C2	C3	C4	C5	C6-T	C7-T
	A1	A2	A3	강도	군	온도	시간
1	218	220	222	218	1	A1	B1
2	222	222	225	222	1	A1	B1
3	235	246	232	235	2	A1	B2
4	237	248	231	237	2	A1	B2
5	241	220	225	241	3	A1	B3
6	240	224	226	240	3	A1	B3
7				220	4	A2	B1
8				222	4	A2	B1
9				246	5	A2	B2
10				248	5	A2	B2
11				220	6	A2	B3
12				224	6	A2	B3

⋮

통계분석 > 관리도 > 부분군 계량형 관리도 > Xbar-R을 클릭하면 다음의 화면이 나타난다.

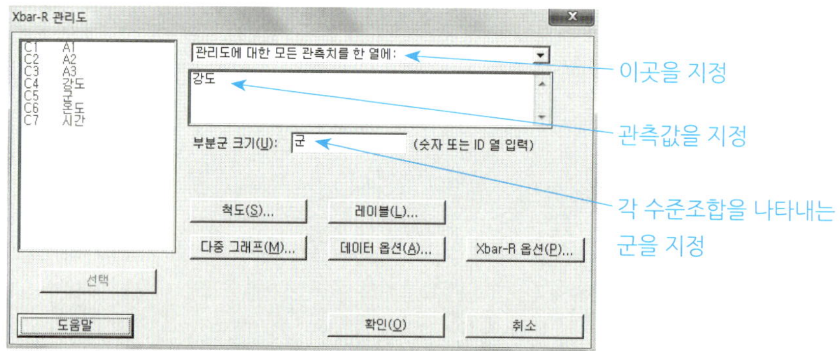

'확인'을 클릭하면 다음의 $\overline{X}-R$관리도가 작성된다.

[그림 5-1]의 하단의 R 관리도에서 $UCL = 7.261$ 로, 계산상의 약간의 차이가 있을 뿐 앞에서 계산한 값과 일치 한다고 할 수 있다.

R 관리도상의 모든 점들이 UCL보다 작으므로 관측치들은 등분산으로 관리상태에서 측정되었다고 할 수 있다.

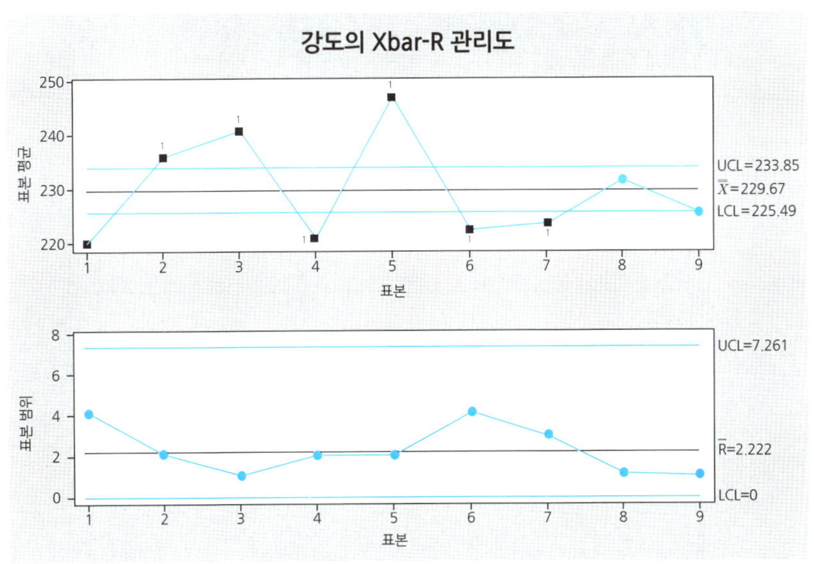

[그림 5-1] $\overline{X}-R$ 관리도

상단의 $\overline{X}$ 관리도상의 $\bar{x}_i$의 점들이 관리선을 벗어나므로 강도의 평균에 영향을 주는 중요 요인이 작용하고 있다는 것을 알 수 있다. 따라서 주효과 A, B 및 교호작용 AB 중 적어도 하나는 중요 인자라고 예측할 수 있다.

통계분석 > 분산 분석 > 일반 선형 모형 > 일반 선형 모형 적합을 클릭하면 다음의 화면이 나타난다.

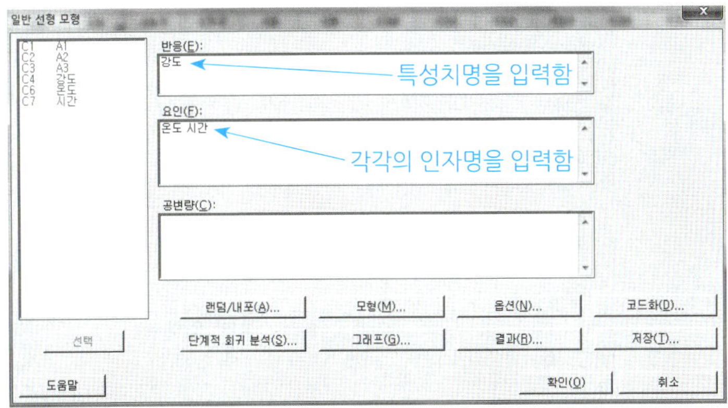

'모형'을 클릭하면 다음의 화면이 나타난다.

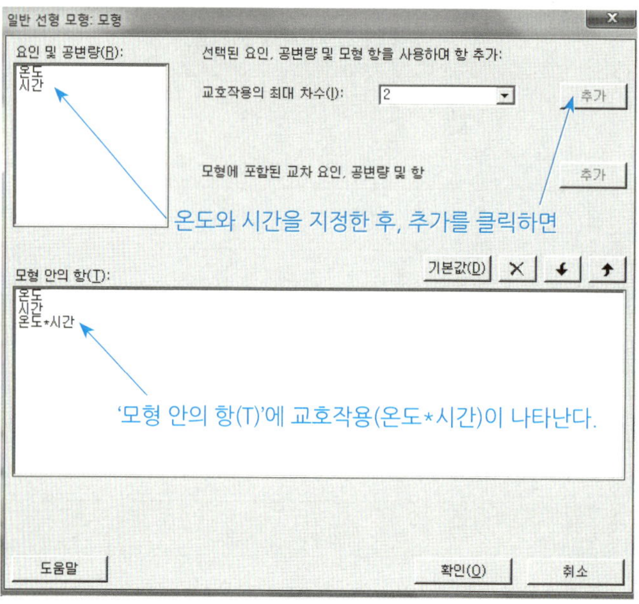

'확인'을 연속하여 클릭하면 다음의 결과가 나타난다.

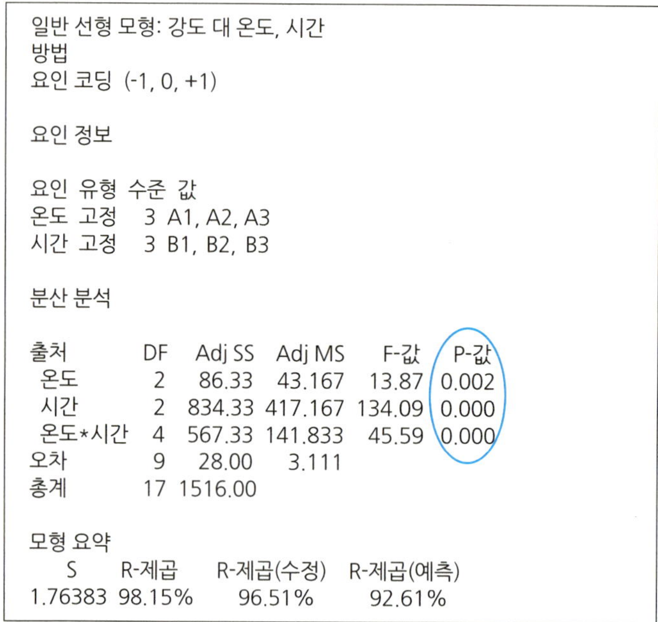

일반 선형 모형: 강도 대 온도, 시간
방법
요인 코딩 (-1, 0, +1)

요인 정보

요인	유형	수준	값
온도	고정	3	A1, A2, A3
시간	고정	3	B1, B2, B3

분산 분석

출처	DF	Adj SS	Adj MS	F-값	P-값
온도	2	86.33	43.167	13.87	0.002
시간	2	834.33	417.167	134.09	0.000
온도*시간	4	567.33	141.833	45.59	0.000
오차	9	28.00	3.111		
총계	17	1516.00			

모형 요약

S	R-제곱	R-제곱(수정)	R-제곱(예측)
1.76383	98.15%	96.51%	92.61%

온도, 시간의 주효과와 교호작용 모두 $p<0.05$이므로 유의함을 알 수 있다.

필름의 강도를 최대로 하는 조건을 찾기 위해 그래프를 작성한다.

통계분석 > 분산 분석 > 일반 선형 모형 > 요인 그림을 클릭하여 주효과도와 교호작용도를 작성하면 다음과 같다.

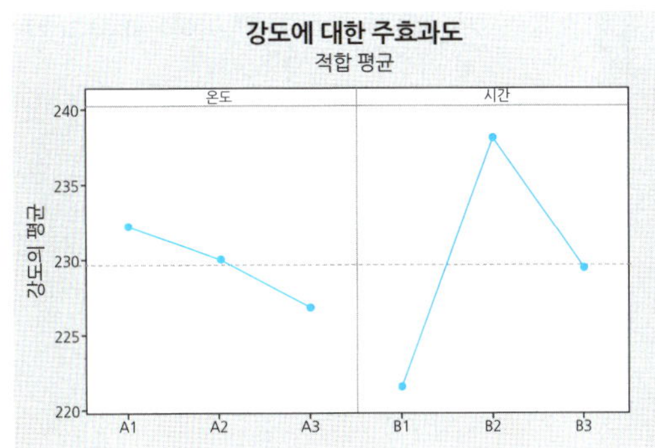

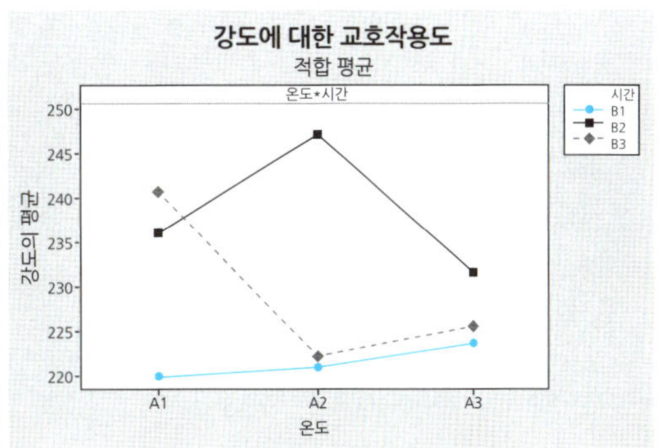

이 경우 교호작용이 유의하므로 교호작용도상에서 강도가 최대로 되는 조건을 구하면 A_2B_2가 된다.

'예제 4-1'에서와 동일한 방식으로 **통계분석 > 분산 분석 > 일반 선형 모형 > 예측**을 클릭한 후 A_2 및 B_2를 지정하여 다음의 결과를 얻을 수 있다.

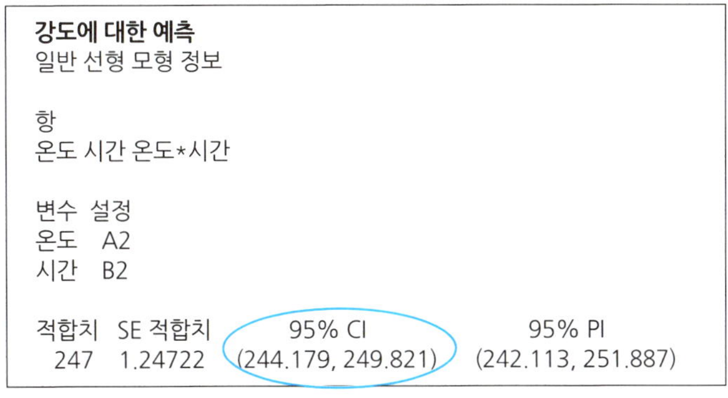

강도에 대한 예측
일반 선형 모형 정보

항
온도 시간 온도*시간

변수	설정
온도	A2
시간	B2

적합치	SE 적합치	95% CI	95% PI
247	1.24722	(244.179, 249.821)	(242.113, 251.887)

A_2B_2 수준조합에서 모평균에 대한 95 % 신뢰구간값은 앞에서 구한 값과 일치됨을 알 수 있다.

통계분석 > 분산 분석 > 일반 선형 모형 > 비교를 클릭하여

'방법'에 'Fisher'를 지정하고 '온도', '시간'을 더블 클릭하여 'C'가 나타나도록

한 후 '결과'를 클릭하여 '그룹화 정보'와 '검정 및 신뢰구간'을 지정한다.

'확인'을 연속하여 클릭하면 다음의 결과들이 나타난다.

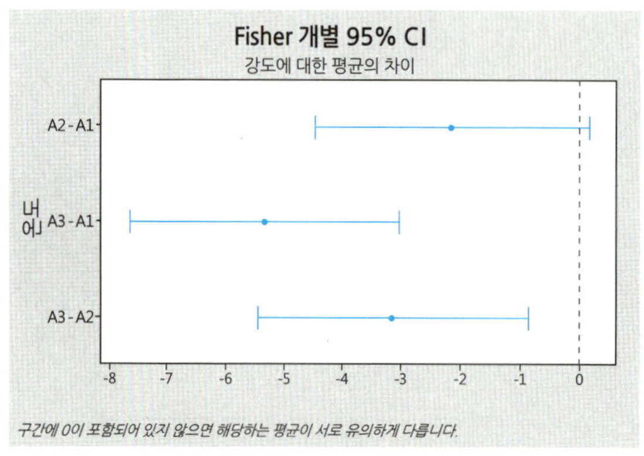

온도의 경우 A_2-A_1의 신뢰구간이 0을 포함하고 있으므로 A_1와 A_2 간에는 평균의 차이가 없는 것을 알 수 있다.

Fisher 쌍별 비교: 반응 = 강도, 항 = 온도

Fisher LSD 방법 및 95% 신뢰 구간을 사용한 그룹화 정보

온도	N	평균	그룹화
A1	6	232.167	A
A2	6	230.000	A
A3	6	226.833	B

문자를 공유하지 않는 평균들은 유의하게 서로 다릅니다.

평균의 차이에 대한 Fisher 개별 검정

신뢰구간이 0을 포함하지 않고, $p<0.05$임을 알 수 있다.

온도 수준의 차이	차이의 평균의 차이	표준 오차	개별 95% CI	T-값	P-값
A2 - A1	-2.17	1.02	(-4.47, 0.14)	-2.13	0.062
A3 - A1	-5.33	1.02	(-7.64, -3.03)	-5.24	0.001
A3 - A2	-3.17	1.02	(-5.47, -0.86)	-3.11	0.013

동시 신뢰 수준 = 88.66%

A_3-A_1 의 95 % 신뢰구간은 계산상의 차이가 있을 뿐 앞에서 구한 값과 일치됨을 알 수 있다.

시간의 경우 모든 신뢰구간은 0을 포함하고 있지 않으므로 모든 수준 간에는 평균의 차이가 있는 것을 알 수 있다.

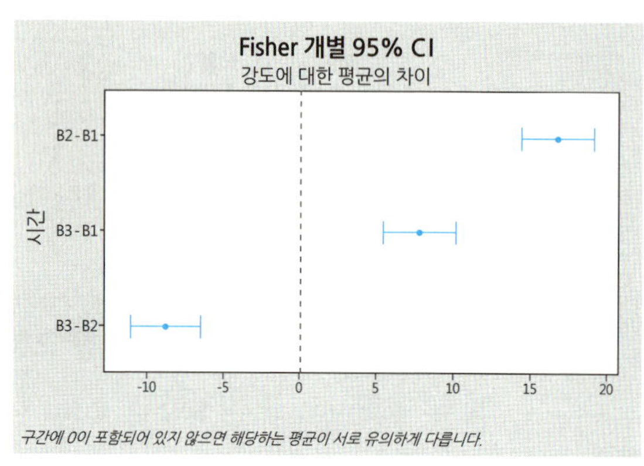

B_2-B_1 의 95 % 신뢰구간은 앞에서 구한 값과 일치됨을 알 수 있다.

Fisher 쌍별 비교: 반응 = 강도, 항 = 시간
Fisher LSD 방법 및 95% 신뢰 구간을 사용한 그룹화 정보

시간	N	평균	그룹화		
B2	6	238.167	A		
B3	6	229.333		B	
B1	6	221.500			C

문자를 공유하지 않는 평균들은 유의하게 서로 다릅니다.

평균의 차이에 대한 Fisher 개별 검정

시간 수준의 차이	평균의 차이	차이의 표준 오차	개별 95% CI	T-값	P-값
B2 - B1	16.67	1.02	(14.36, 18.97)	16.37	0.000
B3 - B1	7.83	1.02	(5.53, 10.14)	7.69	0.000
B3 - B2	-8.83	1.02	(-11.14, -6.53)	-8.67	0.000

동시 신뢰 수준 = 88.66%

5.2 혼합모형

'반복이 있는 이원배치법'에서 하나의 인자가 모수인자이며 또 다른 인자가 변량인자의 경우 혼합모형이 된다. 이 경우 반복수가 동일하다고 가정해 보자.

1) 구조모형

B가 변량인자이므로 다음과 같이 구조식을 정의할 수 있다.

$$y_{ijk}=\mu+a_i+b_j+(ab)_{ij}+e_{ijk} \tag{5.17}$$

$$i=1, 2, \cdots, l$$

$$j=1, 2, \cdots, m$$

$$k=1, 2, \cdots, r$$

단, $e_{ijk} \sim N(0, \sigma_E^2)$

$b_j \sim N(0, \sigma_B^2)$

$(ab)_{ij} \sim N(0, \sigma_{A\times B}^2)$

2) 분산분석

변동을 구하는 방법은 모수모형과 동일하다. 따라서 **[표 5-5]**의 분산분석표는 **[표 5-3]**과 동일하다.

[표 5-5] 반복이 있는 이원배치법의 분산분석표(혼합모형)

요인	SS	ϕ	$MS(V)$	$E(V)$	F_{calc}	$F_{critic}(\alpha)$
A	SSA	$l-1$	V_A	$\sigma_E^2+r\sigma_{A\times B}^2+mr\sigma_A^2$	$\frac{V_A}{V_{A\times B}}$	$F_\alpha(\phi_A, \phi_{A\times B}; \alpha)$
B	SSB	$m-1$	V_B	$\sigma_E^2+lr\sigma_B^2$	$\frac{V_B}{V_E}$	$F_\alpha(\phi_B, \phi_E; \alpha)$
$A\times B$	$SS(A\times B)$	$(l-1)(m-1)$	$V_{A\times B}$	$\sigma_E^2+r\sigma_{A\times B}^2$	$\frac{V_{A\times B}}{V_E}$	$F_\alpha(\phi_{A\times B}, \phi_E; \alpha)$
E	SSE	$lm(r-1)$	V_E	σ_E^2		
T	SST	$lm-1$				

단, 인자 B가 변량인자이므로 인자 A의 평균변동의 기대값이 차이가 나는데 이에 대해서는 다음 절에 설명되어 있다.

3) 평균변동의 기대값

A는 모수인자, B는 변량인자이므로 다음이 성립된다.

$$\sum_{i=1}^{l} a_i = 0$$

$$\sum_{j=1}^{m} b_j \neq 0$$

$$\sum_{i=1}^{l} (ab)_{ij} = 0, \quad j=1, 2, \cdots, m \tag{5.18}$$

$$\sum_{j=1}^{m} (ab)_{ij} \neq 0, \quad i=1, 2, \cdots, l \tag{5.19}$$

주효과 및 교호작용의 변동은 다음과 같다.

$$\sigma_A^2 = \frac{\sum_{i=1}^{l} a_i^2}{l-1} \tag{5.20}$$

$$\sigma_B{}^2 = E\left[\frac{\sum_{j=1}^{m}(b_j - \bar{b})^2}{m-1}\right] \tag{5.21}$$

$$\sigma_{A\times B}{}^2 = E\left[\frac{\sum_{i=1}^{l}\sum_{j=1}^{m}[(ab)_{ij}]^2}{(l-1)(m-1)}\right] = E\left[\frac{m\sum_{i=1}^{l}[(\overline{ab})_{i.}]^2}{(l-1)}\right] \tag{5.22}$$

$\sigma_E{}^2$에 대한 정의는 식 (5.5)~식 (5.8)과 동일하다.

이상에서 평균에 대한 구조식을 다음과 같이 구할 수 있다.

$$\bar{y}_{ij.} = \mu + a_i + b_j + (ab)_{ij} + \bar{e}_{ij.}$$

$$\bar{y}_{i..} = \mu + a_i + \bar{b} + (\overline{ab})_{i.} + \bar{e}_{i..} \quad \text{여기서} \quad (\overline{ab})_{i.} = \frac{\sum_{j=1}^{m}(ab)_{ij}}{m}$$

$$\bar{y}_{.j.} = \mu + b_j + \bar{e}_{.j.}$$

$$\bar{\bar{y}} = \mu + \bar{b} + \bar{\bar{e}}$$

따라서 평균변동에 대한 기대값은 다음과 같다.

$$E(V_A) = \sigma_E{}^2 + r\sigma_{A\times B}{}^2 + mr\sigma_A{}^2 \tag{5.23}$$

$$E(V_B) = \sigma_E{}^2 + lr\sigma_B{}^2 \tag{5.24}$$

$$E(V_{A\times B}) = \sigma_E{}^2 + r\sigma_{A\times B}{}^2 \tag{5.25}$$

$$E(V_E) = \sigma_E{}^2 \tag{5.26}$$

식 (5.23)에는 교호작용의 변동이 포함되나 식 (5.24)에는 포함되지 않는 것은 A가 모수인자이기 때문에 $(ab)_{.j} = 0$인 반면 B는 변량인자이기 때문에 $(ab)_{i.} \neq 0$이기 때문이다.

$E(V_A)$를 구해보면 다음과 같다.

$$\begin{aligned}
E(SSA) &= E\left[\sum_{i=1}^{l}\sum_{j=1}^{m}\sum_{k=1}^{r}(\bar{y}_{i..} - \bar{\bar{y}})^2\right] \\
&= mrE\left[\sum_{i=1}^{l}\{(\mu + a_i + \bar{b} + (\overline{ab})_{i.} + \bar{e}_{i..}) - (\mu + \bar{b} + \bar{\bar{e}})\}^2\right] \\
&= mrE\left[\sum_{i=1}^{l}a_i{}^2 + \sum_{i=1}^{l}\{(\overline{ab})_{i.}\}^2 + \sum_{i=1}^{l}(\bar{e}_{i..} - \bar{\bar{e}})^2\right] \\
&= mr(l-1)\left[\frac{\sum_{i=1}^{l}a_i{}^2}{l-1}\right] + r(l-1)E\left[\frac{m\sum_{i=1}^{l}[(\overline{ab})_{i.}]^2}{l-1}\right]
\end{aligned}$$

$$+(l-1)E\left[\frac{mr\sum_{i=1}^{l}(\bar{e}_{i..}-\bar{\bar{e}})^2}{l-1}\right]$$ 식 (5.20), (5.22), (5.6)으로부터

$$=mr(l-1){\sigma_A}^2+r(l-1){\sigma_{A\times B}}^2+(l-1){\sigma_E}^2$$

이므로

$$E(V_A)=\frac{E(SSA)}{l-1}={\sigma_E}^2+r{\sigma_{A\times B}}^2+mr{\sigma_A}^2$$

이 된다.

나머지 인자들에 대해서도 동일한 방법으로 평균변동의 기대값을 구할 수 있다. 이들 값들은 **[표 5–5]**의 $E(V)$란에도 나타나 있다.

[표 5–5]에서 ${\sigma_A}^2=0$일 경우 검정통계량 $F=\frac{V_A}{V_{A\times B}}$는 모분산이 ${\sigma_E}^2+r{\sigma_{A\times B}}^2$로 같은 모집단으로부터의 비율이므로 F 분포를 따른다.

그런데 만일 $F_{\text{calc}}\geq F_{\text{critic}}(\phi_A,\ \phi_{A\times B};\ 0.05)$일 경우 ${\sigma_A}^2>0$이므로 귀무가설을 기각할 수 있다.

변량인자 B의 경우 검정통계량은 $F=\frac{V_B}{V_E}$로 모수인자 A와 차이가 있는 것을 알 수 있다. 이는 식 (5.18), (5.19)와 같이 교호작용에 제약이 있는 모형*(restricted model)을 사용하기 때문이다.

만일 제약이 없는 모형*(unrestricted model)을 사용할 경우에는 변량인자 B도 모수인자 A와 동일하게 교호작용의 평균변동($V_{A\times B}$)을 사용하여 F 검정을 한다(**[표 5–9]** 참조).

4) 분산분석후의 추정

변량인자 B는 기술적인 의미가 없으므로 모평균을 추정하는 것은 의미가 없다. 그러나 모수인자 A의 모평균 추정 시 영향을 미치므로 변량인자 B의 분산이 어느 정도인가를 파악하는 것은 의미가 있다.

제약이 있는 모형, 제약이 없는 모형: 모수인자와 변량인자의 교호작용 효과를 모수인자의 수준으로 더하면 0이 된다는 식 (5.18)의 전제조건을 갖는 모형을 제약이 있는 모형이라고 한다. 그리고 이러한 전제조건이 없는 모형을 제약이 없는 모형이라고 한다. 따라서 제약이 없는 모형은 식 (5.18), (5.19)를 갖지 않는다.

[표 5-5]로부터

$$V_B = \hat{\sigma}_E^2 + lr\hat{\sigma}_B^2$$
$$V_E = \hat{\sigma}_E^2$$

이므로

$$\hat{\sigma}_E^2 = V_E \tag{5.27}$$
$$\hat{\sigma}_B^2 = \frac{V_B - V_E}{lr} \tag{5.28}$$

가 된다. 같은 방법으로 $\sigma_{A\times B}{}^2$의 추정치는 다음과 같다.

$$\sigma_{A\times B}{}^2 = \frac{V_{A\times B} - V_E}{r} \tag{5.29}$$

(1) 모수인자 A의 모평균의 추정

①교호작용이 유의한 경우

$\mu(A_i)$에 대한 점추정치는 $\bar{y}_{i..}$로 이에 대한 분산은 다음과 같다.

$$\begin{aligned} Var(\bar{y}_{i..}) &= Var[\mu + a_i + \bar{b} + \overline{(ab)}_{i.} + \bar{e}_{i..}] \\ &= Var(\bar{b}) + Var\{\overline{(ab)}_{i.}\} + Var(\bar{e}_{i..}) \\ &= \frac{\sigma_B{}^2}{m} + \frac{\sigma_{A\times B}{}^2}{m} + \frac{\sigma_E{}^2}{mr} \end{aligned} \tag{5.30}$$

식 (5.30)에 식 (5.27), (5.28), (5.29)를 각각 대입할 경우 다음을 구할 수 있다.

$$\begin{aligned} \widehat{Var}(\bar{y}_{i..}) &= \frac{1}{m}\left(\frac{V_B - V_E}{lr}\right) + \frac{1}{m}\left(\frac{V_{A\times B} - V_E}{r}\right) + \frac{V_E}{mr} \\ &= \frac{1}{lmr}[(V_B - V_E) + l(V_{A\times B} - V_E) + lV_E] \\ &= \frac{1}{lmr}(V_B + lV_{A\times B} - V_E) \end{aligned} \tag{5.31}$$

따라서 교호작용이 유의한 경우 모수인자 $\mu(A_i)$의 $100(1-\alpha)$ % 신뢰구간을 구하면 다음과 같다.

1) 분산분석표를 작성하시오.

2) 첨가제는 응고시간에 영향을 주는 중요한 인자라고 할 수 있는가? 유의수준 $\alpha = 0.05$로 검정하시오.

3) 응고시간이 최소인 수준을 구하고 이 조건에서 모평균의 95 % 신뢰구간을 구하시오.

4) 응고시간이 최소인 수준과 최대인 수준 간에 모평균의 차에 대한 95 % 신뢰구간을 구하시오.

---

1) 분산분석표를 작성하시오.

우선 각 수준에서 측정값의 합과 평균을 구하면 **[표 5-6]**과 같다.

[표 5-6] 측정치의 합과 평균의 계산

	A_1	A_2	A_3	$T_{.j.}$	$\bar{y}_{.j.}$
B_1	25.3 25.1	22.1 23.3	20.2 20.5	136.50	22.75
B_2	25.4 25.5	23.7 23.9	21.4 22.2	142.10	23.68
$T_{i..}$ $\bar{y}_{i..}$	101.30 25.33	93.00 23.25	84.30 21.08	$T=278.6$	 $\bar{\bar{y}}=23.2$

각각의 변동을 구한 후 분산분석표를 작성하면 다음과 같다.

$$SST=\sum_{i=1}^{l}\sum_{j=1}^{m}\sum_{k=1}^{r}{y_{ijk}}^2-\frac{T^2}{N}=6\ 508.8-6\ 468.16=40.64$$

$$SSA=\sum_{i=1}^{l}\frac{{T_{i..}}^2}{mr}-\frac{T^2}{N}=6\ 504.3-6\ 468.16=36.13$$

$$SSB=\sum_{j=1}^{m}\frac{{T_{.j.}}^2}{lr}-\frac{T^2}{N}=6\ 470.78-6\ 468.16=2.62$$

$$SSAB=\sum_{i=1}^{l}\sum_{j=1}^{m}\frac{{T_{ij.}}^2}{r}-\frac{T^2}{N}=6\ 507.67-6\ 468.16=39.51$$

$$SS(A\times B)=SSAB-SSA-SSB=39.51-36.13-2.62=0.76$$

$$SSE=SST-SSAB=40.64-39.51=1.13$$

[표 5-7] '예제 5-2'의 분산분석표(반복이 있는 이원배치법: 혼합모형)

요인	SS	ϕ	V	$E(V)$	F_{calc}	F_{critic}
A	36.13	2	18.07	$\sigma_E^2+r\sigma_{A\times B}^2+mr\sigma_A^2$	47.55	$F_{0.05}(2, 2)=19$
B	2.62	1	2.62	$\sigma_E^2+lr\sigma_B^2$	14.56	$F_{0.05}(1, 6)=5.99$
$A\times B$	0.76	2	0.38	$\sigma_E^2+r\sigma_{A\times B}^2$	2.11	$F_{0.05}(2, 6)=5.14$
E	1.13	6	0.18	σ_E^2		
T	40.64	11				

이 경우 제약이 있는 모형을 사용하였으므로 모수인자 A의 검정통계량값은 $F=\dfrac{V_A}{V_{A\times B}}=47.55$가 되고 변량인자 B의 검정통계량값은 $F=\dfrac{V_B}{V_E}=14.56$이 된다.

2) 유의수준 $\alpha=0.05$에서 중요 인자를 선정하시오.

[표 5-7]에서 주효과는 $F_{calc}>F_{critic}$로 모두 유의하나 교호작용은 유의하지 않다. 따라서 유의하지 않은 교호작용을 오차에 풀링한 후 재분석을 하면 다음과 같다.

요인	SS	ϕ	V	$E(V)$	F_{calc}	$F_{critic}(\alpha)$
A	36.13	2	18.07	$\sigma_E^2+mr\sigma_A^2$	75.29	$F_{0.05}(2, 8)=4.46$
B	2.62	1	2.62	$\sigma_E^2+lr\sigma_B^2$	10.92	$F_{0.05}(1, 8)=5.32$
E	1.89	8	0.24	σ_E^2		
T	40.64	11				

주효과는 모두 $F_{calc}>F_{critic}(0.05)$로 유의함을 알 수 있다.

3) 응고시간이 최소인 수준을 구하고 이 조건에서 모평균을 추정하시오.

[표 5-6]의 A_3 수준에서 응고시간이 가장 작고 교호작용이 유의하지 않으므로 식 (5.35)를 사용하면 다음과 같이 구할 수 있다.

$$\bar{y}_{3..}\pm t(\phi^*;\ 0.025)\sqrt{\frac{V_B+(l-1)V_E'}{lmr}}$$

$$= 21.08 \pm 6.73\sqrt{\frac{2.62+2\times 0.24}{12}}$$
$$= 21.08 \pm 3.43$$
$$= (17.65,\ 24.51)$$

여기서 자유도는 식 (5.36)으로부터

$$\phi^* = \frac{[V_B + (l-1)V_E']^2}{\frac{(V_B)^2}{\phi_B} + \frac{[(l-1)V_E']^2}{\phi_E'}} = \frac{[2.62 + 2\times 0.24]^2}{\frac{(2.62)^2}{1} + \frac{[2\times 0.24]^2}{8}} = 1.39$$

가 된다.

4) 응고시간이 최소인 수준과 최대인 수준 간에 모평균의 차에 대한 95 % 신뢰구간을 구하시오.

[표 5–6]으로부터 응고시간이 최소 및 최대인 수준이 각각 A_3, A_1임을 알 수 있다. 교호작용이 유의하지 않으므로 식 (5.38)로부터 다음과 같이 구할 수 있다.

$$(\bar{y}_{3..} - \bar{y}_{1..}) \pm t(8;\ 0.025)\sqrt{\frac{2V_E}{mr}}$$
$$= (21.08 - 25.33) \pm 2.306\sqrt{\frac{2\times 0.24}{4}}$$
$$= -4.25 \pm 0.80$$
$$= (-5.05,\ -3.45)$$

신뢰구간이 0을 포함하지 않으므로 수준 1과 수준 3 간에 모평균의 차이가 있다고 할 수 있다.

■ 미니탭을 사용하여 '**예제 5–2**'를 분석하면 다음과 같다.

통계분석 > 분산 분석 > 일반 선형 모형 > 일반 선형 모형 적합을 클릭한 후 '반응'에 특성치명을 지정하고 '요인'에 각 인자명을 지정한다.

'랜덤/내포'를 클릭하여 '요인유형'에서 '로트'에 대해 '랜덤'을 지정한 후 '확인'을 클릭한다. '모형'을 클릭하고 '요인 및 공변량'에서 '첨가제'와 '로트'를 각각 지정한 후, '추가'를 클릭함으로써 '모형 안의 항'에 교호작용 '첨가제*로트'를 추가한다.

'확인'을 연속하여 클릭하면 다음의 결과가 나타난다.

[표 5-8] '예제 5-2'의 미니탭 분석결과

일반 선형 모형: 응고시간 대 첨가제, 로트
방법
요인 코딩 (-1, 0, +1)

요인 정보

요인	유형	수준	값
첨가제	고정	3	A1, A2, A3
로트	랜덤	2	B1, B2

분산 분석

출처	DF	Adj SS	Adj MS	F-값	P-값
첨가제	2	36.1317	18.0658	47.44	0.021
로트	1	2.6133	2.6133	6.86	0.120
첨가제*로트	2	0.7617	0.3808	2.02	0.213
오차	6	1.1300	0.1883		
총계	11	40.6367			

모형 요약

S	R-제곱	R-제곱(수정)	R-제곱(예측)
0.433974	97.22%	94.90%	88.88%

교호작용의 확률값은 $p=0.213<0.05$로 교호작용은 유의하지 않음을 알 수 있다.

변량인자 B의 F값이 **[표 5-7]**과 차이가 나는 것은 미니탭에서는 제약이 없는 모형을 사용하고 있기 때문이다. 제약이 없는 경우 **[표 5-9]**에서 변량인자 B의 F_{calc}값은 다음과 같이 계산되어 진다.

$$F_{calc}=\frac{2.62}{0.38}=6.89$$

이 값이 **[표 5-8]**의 미니탭으로 분석한 결과값과 약간의 차이가 나는 것은 단지 계산상의 차이일 뿐이다.

[표 5-9] 제약이 없는 경우 분산분석표(반복이 있는 이원배치법: 혼합모형)

요인	SS	ϕ	V	$E(V)$	F_{calc}	F_{critic}
A	36.13	2	18.07	$\sigma_E^2 + r\sigma_{A\times B}^2 + mr\sigma_A^2$	47.55	$F_{0.05}(2, 6) = 5.14$
B	2.62	1	2.62	$\sigma_E^2 + r\sigma_{A\times B}^2 + lr\sigma_B^2$	6.89	$F_{0.05}(1, 6) = 5.99$
$A\times B$	0.76	2	0.38	$\sigma_E^2 + r\sigma_{A\times B}^2$	2.11	
E	1.13	6	0.18	σ_E^2		
T	4064	11				

미니탭에서 제약이 있는 모형 사용

물론 미니탭에서도 **통계분석 〉 분산 분석 〉 균형 분산 분석**을 클릭한 후 '옵션'을 클릭하여 다음과 같이 '모형의 제한된 형식 사용'을 지정할 경우 제약이 있는 모형을 사용하여 분석을 할 수 있다.

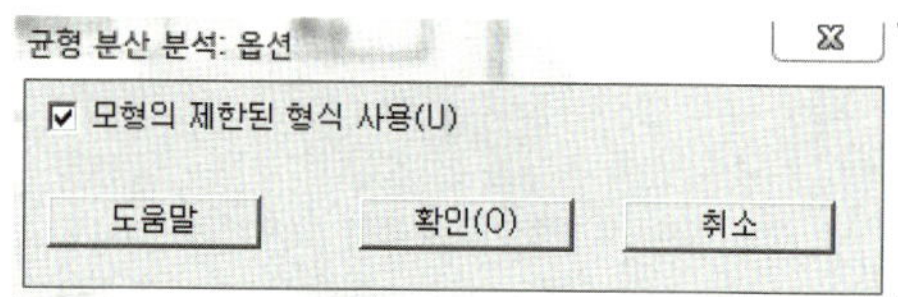

이 경우 교호작용이 유의하지 않으므로 오차에 풀링을 한다.

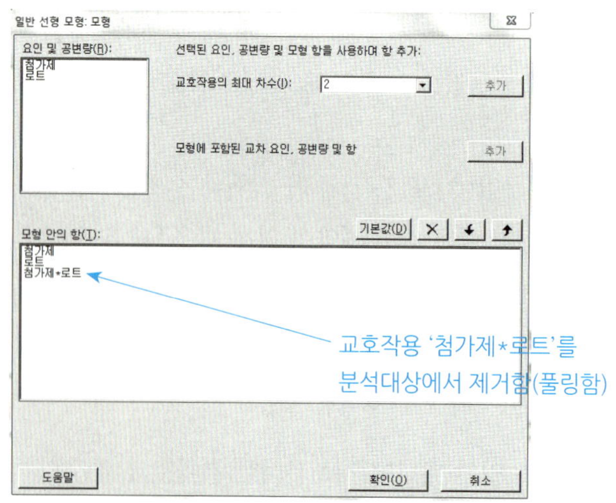

'확인'을 연속하여 클릭하면 다음의 결과가 나타난다.

일반 선형 모형: 응고시간 대 첨가제, 로트
방법
요인 코딩 (-1, 0, +1)

요인 정보

요인	유형	수준	값
첨가제	고정	3	A1, A2, A3
로트	랜덤	2	B1, B2

분산 분석

출처	DF	Adj SS	Adj MS	F-값	P-값
첨가제	2	36.1317	18.0658	76.40	0.000
로트	1	2.6133	2.6133	11.05	0.010
오차	8	1.8917	0.2365		
적합성 결여	2	0.7617	0.3808	2.02	0.213
순수 오차	6	1.1300	0.1883		
총계	11	40.6367			

모형 요약

S	R-제곱	R-제곱(수정)	R-제곱(예측)
0.486270	95.34%	93.60%	89.53%

주효과 모두 확률값이 $p<0.05$로 유의함을 알 수 있다.

통계분석 > 분산 분석 > 일반 선형 모형 > 요인 그림을 클릭하여 다음의 그래프를 작성하면 첨가제의 3수준에서 응고시간이 최소가 됨을 알 수 있다.

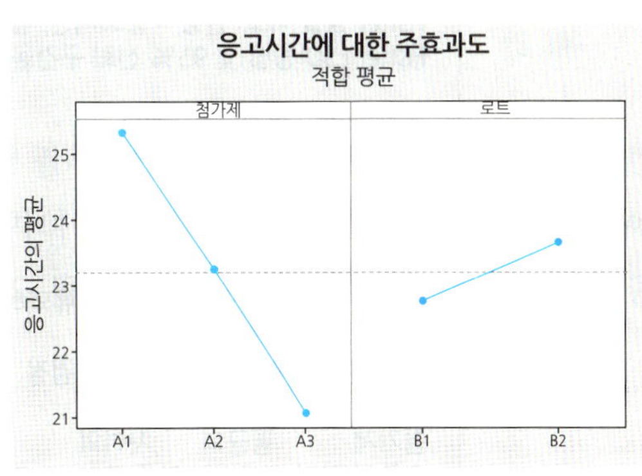

모수인자인 첨가제 3수준에서 95 % 신뢰구간을 구하기 위해 **통계분석 > 분산 분석 >일반 선형 모형 > 예측**을 클릭한 후 'A_3'를 지정하고 '확인'을 클릭을 하면 오른쪽과 같은 결과가 나타난다.

미니탭에서는 변량인자의 영향을 받는 모수인자의 경우 점추정치만을 구할 수 있음을 알 수 있다.

응고시간에 대한 예측
일반 선형 모형 정보

항
첨가제 로트

변수	설정
첨가제	A3

적합치
21.075

단, 이 경우 c_i가 동시에 0이 되어서는 않된다.

그리고 계수들의 제곱의 합인 D를 선형식 L의 단위수라고 한다.

$$D = c_1^{\ 2} + c_2^{\ 2} + \cdots + c_n^{\ 2} = 0$$

이 경우 선형식 L의 제곱을 단위수 D로 나눈 S_L을 선형식의 변동이라고 하며 자유도 1을 갖는다.

$$S_L = \frac{L^2}{D}$$

만일 2개의 선형식이 있을 경우

$$L_1 = c_1 y_1 + c_2 y_2 + \cdots + c_n y_n$$
$$L_2 = c'_1 y_1 + c'_2 y_2 + \cdots + c'_n y_n$$

다음이 성립되면 두 선형식 L_1과 L_2는 서로 직교한다.

$$c_1 c'_1 + c_2 c'_2 + \cdots + c_n c'_n = 0 \qquad \text{즉, } \sum c_i c'_i = 0$$

(1) 일원배치법 및 반복이 없는 이원배치법의 경우

일원배치법의 경우 선형식은 다음과 같다.

$$L = c_1 T_{1.} + c_2 T_{2.} + \cdots + c_l T_{l.} \tag{5.40}$$

반복수가 다른 경우 대비의 조건은 다음과 같으며

$$c_1 m_1 + c_2 m_2 + \cdots + c_l m_l = 0 \qquad \text{즉, } \sum c_i m_i = 0 \tag{5.41}$$

$$(\text{반복이 동일할 경우 } \sum c_i = 0) \tag{5.42}$$

대비의 변동은 다음과 같다.

$$S_L = \frac{L^2}{\sum m_i c_i^{\ 2}} \tag{5.43}$$

$$\left(\text{반복이 동일할 경우 } S_L = \frac{L^2}{m \sum c_i^{\ 2}}\right) \tag{5.44}$$

그리고 다음의 2개의 대비에 대해서

$$L_1 = c_1 T_{1.} + c_2 T_{2.} + \cdots + c_l T_{l.}$$
$$L_2 = c'_1 T_{1.} + c'_2 T_{2.} + \cdots + c'_l T_{l.}$$

다음이 성립될 경우 2 개의 대비 L_1과 L_2는 서로 직교한다.

$$c_1 c'_1 m_1 + c_2 c'_2 m_2 + \cdots + c_l c'_l m_l = 0 \qquad 즉,\ \sum c_i c'_i m_i = 0 \tag{5.45}$$

(반복이 동일할 경우 $\sum c_i c'_i = 0$) (5.46)

이 경우 각각의 대비에 대한 변동을 다음과 같이 구할 수 있으며, 각각은 자유도 1을 갖고 요인 A의 변동인 S_A의 구성성분이 된다.

$$S_{L_1} = \frac{L_1^{\ 2}}{\sum m_i c_i^{\ 2}} \tag{5.47}$$

$$S_{L_2} = \frac{L_2^{\ 2}}{\sum m_i (c'_i)^2} \tag{5.48}$$

(반복이 동일할 경우 $S_{L_1} = \dfrac{L_1^{\ 2}}{m \sum c_i^{\ 2}}$, (5.49)

$S_{L_2} = \dfrac{L_2^{\ 2}}{m \sum (c'_i)^2}$) (5.50)

따라서 $l-1$개의 대비가 직교할 경우 다음이 성립된다.

$$S_A = S_{L_1} + S_{L_2} + \cdots + S_{L_{l-1}} \tag{5.51}$$

이 경우 A의 변동을 직교하는 대비의 변동으로 분해하는 것을 S_A의 직교분해(orthogonal decomposition)라고 한다.

대비를 구하는 목적은 직교분해를 통해 어떤 대비의 변동이 S_A의 변동에 가장 큰 부분을 차지하고 있는가를 파악하는데 있다.

즉, 인자를 구성하고 있는 요소 중에 인자의 변동에 영향을 주는 중요 요소를 분리해 내는 데 있다.

예제 5-3

타이어의 종류에 따라 마모량에 차이가 있는지를 파악하기 위해 제조사 A(A_1: 자사, A_2: 국내타사, A_3: 외산)에 따른 마모량을 측정하였다. 이때 다양한 환경 조건하에서 측정을 하기 위해 4개의 코스(B_1, B_2, B_3, B_4)를 선정하였다. 다음의 질문에 답을 하시오.

	A_1	A_2	A_3	$T_{.j}$
B_1	23.1	26.2	23	72.3
B_2	23.2	26.6	22.2	72
B_3	26.2	26.6	25.3	78.1
B_4	25.4	27.2	24.7	77.3
$T_{i.}$	97.9	106.6	95.2	T=299.7

1) 타이어 종류, 코스에 따라 마모량에 유의한 차이가 있다고 할 수 있는가?

2) 만일 유의할 경우 국내산과 외산, 자사와 국내타사 간에 마모량에 차이가 있다고 할 수 있는가?

---

1) 타이어 종류, 코스에 따라 마모량에 유의한 차이가 있다고 할 수 있는가?

각각의 변동을 구하여 분산분석표를 작성하면 다음과 같다.

$$SST=\sum_{i=1}^{l}\sum_{j=1}^{m}y_{ij}^2-\frac{T^2}{N}=(23.1^2+23.2^2+\cdots+24.7^2)-\frac{299.7^2}{12}=31.863$$

$$SSA=\sum_{i=1}^{l}\frac{T_{i.}^2}{m}-\frac{T^2}{N}=\frac{(97.9^2+106.6^2+95.2^2)}{4}-\frac{299.7^2}{12}=17.745$$

$$SSB=\sum_{j=1}^{m}\frac{T_{.j}^2}{l}-\frac{T^2}{N}=\frac{(72.3^2+72^2+78.1^2+77.3^2)}{3}-\frac{299.7^2}{12}=10.389$$

$$SSE=SST-SSA=31.863-17.745-10.389=3.729$$

요인	SS	ϕ	MS	F_{calc}	F_{critic}
SSA	17.745	2	8.873	14.27*	4.74
SSB	10.389	3	3.463	5.57*	
SSE	3.729	6	0.622		
SST	31.863	11	2.9		

$F_{calc}>F_{critic}$이므로 타이어의 종류, 코스 모두 마모량에 유의한 영향을 주는 것을 알 수 있다.

2) 만일 유의할 경우 국내산과 외산, 자사와 국내타사 간에 마모량에 차이가 있다고 할 수 있는가?

L_1을 국내산과 외산과의 차이, L_2를 자사와 국내타사와의 차이라고 하면 식 (5.40)에 의해 선형식 L_1과 L_2는 다음과 같다.

$$L_1 = \frac{1}{8}(T_{1.} + T_{2.}) - \frac{1}{4}(T_{3.}) = \frac{1}{8}(97.9 + 106.6) - \frac{1}{4}(95.2) = 1.7625$$
$$L_2 = \frac{1}{4}(T_{1.}) - \frac{1}{4}(T_{2.}) = \frac{1}{4}(97.9) - \frac{1}{4}(106.6) = -2.175$$

이 경우 각각의 계수는 다음과 같으므로

$$L_1: \ c_1 = \frac{1}{8},\ c_2 = \frac{1}{8},\ c_3 = -\frac{1}{4}$$
$$L_2: \ c'_1 = \frac{1}{4},\ c'_2 = -\frac{1}{4},\ c'_3 = 0$$

각각의 계수의 합이 0이 되어 식 (5.42)가 성립되므로 L_1과 L_2를 대비라고 할 수 있다.

$$\sum c_i = \frac{1}{8} + \frac{1}{8} - \frac{1}{4} = 0, \qquad \sum c'_i = \frac{1}{4} + \left(-\frac{1}{4}\right) + 0 = 0$$

또한 식 (5.46)이 성립되므로 L_1과 L_2는 서로 직교한다고 할 수 있다.

$$\sum c_i c'_i = \left(\frac{1}{8} \times \frac{1}{4}\right) + \left\{\frac{1}{8} \times \left(-\frac{1}{4}\right)\right\} + \left\{\left(-\frac{1}{4} \times 0\right)\right\} = 0$$

따라서 식 (5.49), (5.50)에 의해 A의 변동을 다음과 같이 분해될 수 있다.

$$S_{L_1} = \frac{L_1^{\ 2}}{m\sum c_i^2} = \frac{1.7625^2}{4 \cdot \left(\frac{6}{64}\right)} = 8.284$$
$$S_{L_2} = \frac{L_2^{\ 2}}{m\sum (c'_i)^2} = \frac{(-2.175)^2}{4 \cdot \left(\frac{2}{16}\right)} = 9.461$$

이 경우 $SSA = S_{L_1} + S_{L_2} = 8.284 + 9.461 = 17.745$가 되므로 식 (5.51)이 성립됨을 알 수 있다.

이상에서 국내산과 외산과의 차이(L_1) 및 자사와 국내타사와의 차이(L_2) 모두 A의 변동에 영향을 미치며 이 중 L_2가 보다 더 큰 영향을 미치는 것을 알 수 있다.

■ **'예제 5-3'**을 미니탭을 사용하여 풀면 다음과 같다.

통계분석> 분산 분석> 일반 선형 모형>일반 선형 모형 적합을 클릭한 후, '반응'에 '마모량', '요인'에 '타이어', '코스'를 지정한다.

'확인'을 클릭하면 '세션창'에 다음의 결과가 나타난다.

```
일반 선형 모형: 마모량 대 타이어, 코스
방법
요인 코딩  (-1, 0, +1)

요인 정보
요인    유형  수준  값
타이어  고정    3  A1, A2, A3
코스    고정     4  1, 2, 3, 4
분산 분석
출처      DF  Adj SS    Adj MS    F-값    P-값
 타이어   2  17.745  8.8725  14.28  0.005
 코스      3  10.389  3.4631    5.57  0.036
오차       6    3.728  0.6214
총계      11   31.863

모형 요약
       S  R-제곱  R-제곱(수정)  R-제곱(예측)
0.788282  88.30%        78.55%        53.19%
```

타이어 종류, 코스 모두 $p<0.05$이므로 유의함을 알 수 있다.

국내산과 외산 간에 마모량에 차이(L_1)가 있는지를 파악하기 위해 우선 '워크시트'에 다음과 같이 데이터를 입력한다.

C1-T	C2	C3
국내외	코스	마모량
국내	1	23.1
국내	2	23.2
국내	3	26.2
국내	4	25.4
국내	1	26.2
국내	2	26.6
국내	3	26.6
국내	4	27.2
외산	1	23.0
외산	2	22.2
외산	3	25.3
외산	4	24.7

일반 선형 모형을 통해 분석을 하면 다음과 같다.

```
일반 선형 모형: 마모량 대 국내외, 코스
방법
요인 코딩  (-1, 0, +1)
요인 정보

요인     유형   수준    값
국내외  고정     2     국내, 외산
코스     고정     4     1, 2, 3, 4

분산 분석

출처            DF     Adj SS     Adj MS     F-값     P-값
 국내외          1    8.2838    8.2838    4.40    0.074
 코스            3  10.3892    3.4631    1.84    0.228
오차             7  13.1896    1.8842
 적합성 결여  3    0.9046    0.3015    0.10    0.957
 순수 오차      4  12.2850    3.0713
총계            11  31.8625

모형 요약
        S   R-제곱      R-제곱(수정)    R-제곱(예측)
1.37267  58.60%        34.95%          0.00%
```

국내산과 외산과의 차이에 대한 $p_{L_1}=0.074$로 유의수준 $\alpha=0.1$에서 유의함을 알 수 있다.

자사와 국내타사와의 차이(L_2)를 파악하기 위해 '워크시트'에 다음과 같이 데이터를 입력한다.

C1-T	C2	C3
자사및타사	코스	마모량
자사	1	23.1
자사	2	23.2
자사	3	26.2
자사	4	25.4
타사	1	26.2
타사	2	26.6
타사	3	26.6
타사	4	27.2

일반 선형 모형을 통해 분석을 하면 다음과 같다.

```
방법
요인 코딩  (-1, 0, +1)

요인 정보
요인             유형   수준   값
자사및타사  고정      2    자사, 타사
코스             고정      4    1, 2, 3, 4

분산 분석

출처             DF   Adj SS    Adj MS     F-값     P-값
 자사및타사   1     9.461    9.4613   10.05   0.050
 코스             3     5.034    1.6779     1.78   0.323
오차              3     2.824    0.9412
총계              7   17.319
모형 요약

      S   R-제곱    R-제곱(수정)  R-제곱(예측)
0.970180  83.70%       61.96%         0.00%
```

자사 및 국내타사 간에 차이의 경우 $p_{L_2}=0.05$이므로 $\alpha=0.05$에서 유의함을 알 수 있다.

이상에서 $p_{L_2}=0.05<0.074=p_{L_1}$이므로 국내산과 외산과의 차이($L_1$)보다 자사와 국내타사와의 차이($L_2$)가 마모량에 더 큰 영향을 미치는 것을 알 수 있다. 이는 앞의 직교분해를 통해 분석한 결과와 동일함을 알 수 있다.

1) 시간과 로트는 산화도에 영향을 미치는 중요한 요인이라고 할 수 있는가?

2) 산화도가 최소일 때 모평균의 95 % 신뢰구간을 구하시오.

3) 산화도가 최소인 수준과 최대인 수준 간에 모평균의 차이에 대한 95 % 신뢰구간을 구하시오.

3. 3종의 소재(A_1, A_2, A_3)에 대해 2 수준(B_1, B_2)의 온도에서 열처리를 하여 각 수준조합에서 전기적 특성을 2회 반복하여 측정을 하였다. 다음의 질문에 답을 하시오.

	A_1	A_2	A_3	$T_{.j.}$	$\bar{y}_{.j.}$
B_1	87 85	36 34	32 33	307	51.2
B_2	86 83	32 30	28 29	288	48
$T_{i..}$ $\bar{y}_{i..}$	341 85.3	132 33	122 30.5	T=595	 $\bar{\bar{y}}$=49.6

1) 소재의 종류와 열처리 온도는 중요한 요인이라고 할 수 있는가(p값을 명시할 것)?

2) 전기적 특성을 최대로 하는 조건조합에서 95 % 신뢰구간을 구하시오.

3) 유의한 요인에 대해 전기적 특성을 최대로 하는 수준과 최소로 하는 수준 간에 평균의 차이에 대한 95 % 신뢰구간을 구하시오.

4. 3종류의 원료(A_1, A_2, A_3) 간에 수분의 차이가 있는지를 파악하기 위해 3일간(B_1, B_2, B_3)에 걸쳐 다음과 같이 데이터를 수집하였다. 다음의 질문에 답을 하시오.

	A_1	A_2	A_3	$T_{.j.}$	$\bar{y}_{.j.}$
B_1	26 24	57 55	34 30	226	37.7
B_2	22 20	54 52	30 25	203	33.8
B_3	20 18	53 52	29 28	200	33.3
$T_{i..}$ $\bar{y}_{i..}$	130 21.7	323 53.8	176 29.3	T=629	 $\bar{\bar{y}}$=34.9

1) 원료 종류와 일간의 차이는 중요한 요인이라고 할 수 있는가?

2) 중요한 요인에 대해 수분이 최소일 때 모평균의 95 % 신뢰구간을 구하시오.

3) 수분이 최소인 수준과 최대인 수준 간에 모평균의 차이에 대한 95 % 신뢰구간을 구하시오.

5. 3사 간(A_1, A_2, A_3)에 납품 품질특성에 차이가 있는지를 파악하기 위해 3개의 로트(B_1, B_2, B_3)를 랜덤하게 추출하여 다음과 같이 분석을 하였다.

	A_1	A_2	A_3	$T_{.j.}$	$\bar{y}_{.j.}$
B_1	44 45	38 37	67 63	294	49
B_2	45 40	37 36	69 68	295	49.2
B_3	44 43	35 34	68 67	291	48.5
$T_{i..}$ $\bar{y}_{i..}$	261 43.5	217 36.2	402 67	T=880	$\bar{\bar{y}}$=48.9

1) 회사와 로트의 차이는 중요한 요인이라고 할 수 있는가?

2) 중요한 요인에 대해 품질특성이 최소인 수준에서 모평균의 95 % 신뢰구간을 구하시오.

3) 품질특성이 최소인 수준과 최대인 수준 간에 모평균의 차이에 대한 95 % 신뢰구간을 구하시오.

6. 일정기간 동안 작업방법(A_1, A_2, A_3)과 인센티브(B_1, B_2)에 따른 생산량을 다음과 같이 측정하였다. 이때 사내 행사로 인해 생산의 차질이 생겨 다음과 같이 결측치(y)로 취급을 하기로 하였다. 다음의 질문에 답을 하시오.

	A_1	A_2	A_3
B_1	24 25 24	38 38 35	47 44 45
B_2	25 20 23	34 36 34	42 y 42

1) 결측치를 추정하시오.

2) 분산분석표를 작성하시오.

3) 생산량이 최대로 되는 조건을 구하고 이 조건에서 생산량의 95 % 신뢰구간을 구하시오.

7. 과일의 당도를 비교하기 위해 다음과 같은 데이터를 수집하였다. 여기서 A_1: 국내 자연산, A_2: 국내 하우스 재배, A_3: 수입산이다. 다음을 알고자 할 경우 질문에 답을 하시오.

L_1: 국내산의 자연산과 하우스 재배의 차이
L_2: 국내산과 수입산의 차이

	A_1	A_2	A_3
	12.1	12	14.2
	11.8	10.2	14.6
	14.2	13.3	14.6
	13.8	12.7	15.2
		12.3	
	51.9	60.5	58.6

1) 분산분석표를 작성하여 인자 A가 유의한지 여부를 판정하시오.

2) L_1과 L_2의 선형식을 구하시오.

3) L_1과 L_2가 대비임을 밝히시오.

4) L_1과 L_2가 서로 직교함을 밝히시오.

5) L_1과 L_2가 직교대비일 경우 각각 변동을 구한 후 인자 A의 변동과의 관계를 구하시오.

6) 인자 A에 변동에 영향을 미치는 중요 요소는 무엇이라고 할 수 있는가?

7) 이상에서 직교분해를 하는 목적은 무엇이라고 할 수 있는가?

6

다원배치법

일반적으로 인자의 수가 3개 이상일 경우의 실험계획법을 다원배치법(multi-way factorial design)이라고 한다. 다원배치법의 경우 실험횟수에 비해 얻을 수 있는 정보가 많지 않으므로 일반적으로 실무에서는 많이 사용되지 않는다. 따라서 대신에 2수준의 요인실험을 많이 사용하고 있는데 이에 대해서는 '**8. 요인실험**'에 설명되어 있다.

6.1 반복이 없는 삼원배치

인자 A, B, C의 수준수가 각각 l, m, n이고 각 조합에서 1회씩만을 실험하는 경우로 **[표 6-1]**과 같이 나타낼 수 있다.

[표 6-1] 삼원배치법의 배열표

요인B \ 요인A		A_1	A_2	$\cdots$	A_l
B_1	C_1	y_{111}	y_{211}	$\cdots$	y_{l11}
	C_2	y_{112}	y_{212}	$\cdots$	y_{l12}
	$\vdots$	$\vdots$	$\vdots$		$\vdots$
	C_n	y_{11n}	y_{21n}	$\cdots$	y_{l1n}
B_2	C_1	y_{121}	y_{221}	$\cdots$	y_{l21}
	C_2	y_{122}	y_{222}	$\cdots$	y_{l22}
	$\vdots$	$\vdots$	$\vdots$		$\vdots$
	C_n	y_{12n}	y_{22n}	$\cdots$	y_{l2n}
$\vdots$				$\vdots$	
B_m	C_1	y_{1m1}	y_{2m1}	$\cdots$	y_{lm1}
	C_2	y_{1m2}	y_{2m2}	$\cdots$	y_{lm2}
	$\vdots$	$\vdots$	$\vdots$		$\vdots$
	C_n	y_{1mn}	y_{2mn}	$\cdots$	y_{lmn}

1) 인자의 구조식

이 경우 인자 A의 i수준, 인자 B의 j수준, 인자 C의 k수준에서 관측치를 다음과 같이 표현할 수 있다.

$$y_{ijk} = \mu + a_i + b_j + c_k + (ab)_{ij} + (ac)_{ik} + (bc)_{jk} + e_{ijk} \qquad (6.1)$$

$$i = 1.\ 2, \cdots, l$$

$$j = 1.\ 2, \cdots, m$$

$$k = 1.\ 2, \cdots, n$$

$e_{ijk} \sim N(0, {\sigma_E}^2)$ 이고 서로 독립

이 경우 3인자 교호작용 $(abc)_{ijk}$와 오차 e_{ijk}가 교락되나 3인자 이상의 교호작용은 무시할 수 있으므로 이를 오차로 취급하면 추가실험 없이 실험을 분석할 수 있다.

2) 분산분석

식 (6.1)로부터 각각의 데이터 y_{ijk}와 총평균 $\bar{\bar{y}}$를 다음과 같이 분리할 수 있다.

$$\begin{aligned} y_{ijk} - \bar{\bar{y}} &= (\bar{y}_{i..} - \bar{\bar{y}}) + (\bar{y}_{.j.} - \bar{\bar{y}}) + (\bar{y}_{..k} - \bar{\bar{y}}) \\ &+ (\bar{y}_{ij.} - \bar{y}_{i..} - \bar{y}_{.j.} + \bar{\bar{y}}) + (\bar{y}_{i.k} - \bar{y}_{i..} - \bar{y}_{..k} + \bar{\bar{y}}) + (\bar{y}_{.jk} - \bar{y}_{.j.} - \bar{y}_{..k} + \bar{\bar{y}}) \\ &+ (y_{ijk} - \bar{y}_{ij.} - \bar{y}_{i.k} - \bar{y}_{.jk} + \bar{y}_{i..} + \bar{y}_{.j.} + \bar{y}_{..k} - \bar{\bar{y}}) \end{aligned} \qquad (6.2)$$

따라서 각각의 변동을 다음과 같이 구하여 **[표 6–2]**의 분산분석표를 작성할 수 있다.

$$SST = \sum_i \sum_j \sum_k (y_{ijk} - \bar{\bar{y}})^2 = \sum_i \sum_j \sum_k {y_{ijk}}^2 - \frac{T^2}{N}$$

$$SSA = \sum_i \sum_j \sum_k (\bar{y}_{i..} - \bar{\bar{y}})^2 = \sum_i \frac{{T_{i..}}^2}{mn} - \frac{T^2}{N}$$

$$SSB = \sum_i \sum_j \sum_k (\bar{y}_{.j.} - \bar{\bar{y}})^2 = \sum_j \frac{{T_{.j.}}^2}{ln} - \frac{T^2}{N}$$

$$SSC = \sum_i \sum_j \sum_k (\bar{y}_{..k} - \bar{\bar{y}})^2 = \sum_k \frac{{T_{..k}}^2}{lm} - \frac{T^2}{N}$$

$$SSAB = \sum_i \sum_j \sum_k (\bar{y}_{ij.} - \bar{\bar{y}})^2 = \sum_i \sum_j \frac{{T_{ij.}}^2}{n} - \frac{T^2}{N}$$

$$SS(A \times B) = SSAB - SSA - SSB$$

$$SSAC = \sum_i \sum_j \sum_k (\bar{y}_{i.k} - \bar{\bar{y}})^2 = \sum_i \sum_k \frac{{T_{i.k}}^2}{m} - \frac{T^2}{N}$$

$$SS(A \times C) = SSAC - SSA - SSC$$

$$SSBC = \sum_i \sum_j \sum_k (\bar{y}_{.jk} - \bar{\bar{y}})^2 = \sum_j \sum_k \frac{T_{.jk}^{\ 2}}{l} - \frac{T^2}{N}$$

$$SS(B \times C) = SSBC - SSB - SSC$$

$$SSE = SST - \{SSA + SSB + SSC + SS(A \times B) + SS(A \times C) + SS(B \times C)\}$$

[표 6-2] 삼원배치법의 분산분석표

요인	SS	ϕ	V	F_{calc}	$F_{\text{critic}}(\alpha)$
A	SSA	$l-1$	V_A	V_A/V_E	
B	SSB	$m-1$	V_B	V_B/V_E	
C	SSC	$n-1$	V_C	V_C/V_E	
$A \times B$	$SS(A \times B)$	$(l-1)(m-1)$	$V_{A \times B}$	$V_{A \times B}/V_E$	
$A \times C$	$SS(A \times C)$	$(l-1)(n-1)$	$V_{A \times C}$	$V_{A \times C}/V_E$	
$B \times C$	$SS(B \times C)$	$(m-1)(n-1)$	$V_{B \times C}$	$V_{B \times C}/V_E$	
E	SSE	$(l-1)(m-1)(n-1)$	V_E		
T	SST	$lmn-1$			

3) 분산분석후 추정

분산분석을 통해서 유의하지 않은 인자를 풀링(fooling)하는 것이 바람직하다. 따라서 분산분석 후의 추정은 풀링한 이후에 실시를 한다.

① 주효과만이 유의한 경우

이 경우 교호작용(AB, AC, BC)은 오차항에 풀링이 된다. 만일 A, B, C의 모든 인자가 유의할 경우 모평균의 구간추정은 다음과 같다.

$$\mu(A_i) : \bar{y}_{i..} \pm t\left(\phi_E'; \frac{\alpha}{2}\right)\sqrt{\frac{V_E'}{mn}} \tag{6.3}$$

$$\mu(B_j) : \bar{y}_{.j.} \pm t\left(\phi_E'; \frac{\alpha}{2}\right)\sqrt{\frac{V_E'}{ln}} \tag{6.4}$$

$$\mu(C_k) : \bar{y}_{..k} \pm t\left(\phi_E'; \frac{\alpha}{2}\right)\sqrt{\frac{V_E'}{lm}} \tag{6.5}$$

그리고 $A_iB_jC_k$ 수준조합에서의 모평균의 점추정값은

$$\begin{aligned}\hat{\mu}(A_iB_jC_k) &= \widehat{\mu+a_i+b_j+c_k} \\ &= \widehat{\mu+a_i}+\widehat{\mu+b_j}+\widehat{\mu+c_k}-2\hat{\mu} \\ &= \bar{y}_{i..}+\bar{y}_{.j.}+\bar{y}_{..k}-2\bar{\bar{y}}\end{aligned}$$

이므로 $\mu(A_iB_jC_k)$의 신뢰구간은

$$(\bar{y}_{i..}+\bar{y}_{.j.}+\bar{y}_{..k}-2\bar{\bar{y}}) \pm t\left(\phi_E'; \frac{\alpha}{2}\right)\sqrt{\frac{V_E'}{n_e}} \tag{6.6}$$

가 된다. 여기서 유효반복수 n_e는 다음과 같다.

$$\frac{1}{n_e}=\frac{1}{mn}+\frac{1}{ln}+\frac{1}{lm}-2\frac{1}{lmn}$$

$$n_e=\frac{lmn}{l+m+n-2}$$

이 경우 교호작용이 유의하지 않으므로 식 (6.3)~(6.5)에서 구한 최적수준과 식 (6.6)에서 구한 최적수준이 동일하게 된다.

만일 A, B 주효과만이 유의한 경우

$$\begin{aligned}\hat{\mu}(A_iB_j) &= \widehat{\mu+a_i}+\widehat{\mu+b_j}-\hat{\mu} \\ &= \bar{y}_{i..}+\bar{y}_{.j.}-\bar{\bar{y}}\end{aligned}$$

이 된다. 그러므로

$$(\bar{y}_{i..}+\bar{y}_{.j.}-\bar{\bar{y}}) \pm t\left(\phi_E'; \frac{\alpha}{2}\right)\sqrt{\frac{V_E'}{n_e}} \tag{6.7}$$

여기서 $n_e=\dfrac{lmn}{l+m-1}$

② 주효과와 일부 교호작용이 유의한 경우

주효과 A, B, C와 교호작용 AB만이 유의한 경우, $A_iB_jC_k$의 점추정값은 다음과 같다.

$$= 44\ 169 - 41\ 568.1 = 2\ 600.9$$

$$SSA = \sum_i \frac{T_{i..}^2}{mn} - \frac{T^2}{N} = \frac{1}{6}(323^2 + 304^2 + 238^2) - \frac{865^2}{18}$$

$$= 42\ 231.5 - 41\ 568.1 = 663.4$$

$$SSB = \sum_j \frac{T_{.j.}^2}{ln} - \frac{T^2}{N} = \frac{1}{9}(425^2 + 440^2) - 41\ 568.1$$

$$= 41\ 580.6 - 41\ 568.1 = 12.5$$

$$SSC = \sum_k \frac{T_{..k}^2}{lm} - \frac{T^2}{N} = \frac{1}{6}(244^2 + 336^2 + 285^2) - 41\ 568.1$$

$$= 42\ 276.2 - 41\ 568.1 = 708.1$$

$$SSAB = \sum_i \sum_j \frac{T_{ij.}^2}{n} - \frac{T^2}{N} = \frac{1}{3}(175^2 + 148^2 + \cdots + 105^2) - 41\ 568.1$$

$$= 43\ 300.3 - 41\ 568.1 = 1\ 732.2$$

$$SS(A \times B) = SSAB - SSA - SSB$$

$$= 1\ 732.2 - 663.4 - 12.5 = 1\ 056.3$$

$$SSAC = \sum_i \sum_k \frac{T_{i.k}^2}{m} - \frac{T^2}{N} = \frac{1}{2}(94^2 + 122^2 + \cdots + 73^2) - 41\ 568.1$$

$$= 43\ 004.5 - 41\ 568.1 = 1\ 436.4$$

$$SS(A \times C) = SSAC - SSA - SSC$$

$$= 1\ 436.4 - 663.4 - 708.1 = 64.9$$

[표 6-4] '예제 6-1'의 분산분석표

요인	SS	ϕ	V	F_{calc}	F_{critic}
A	663.4	2	331.7	16.7*	6.94
B	12.5	1	12.5	0.6	7.71
C	708.1	2	354.1	17.8*	
$A \times B$	1 056.3	2	528.2	26.5*	
$A \times C$	64.9	4	16.2	0.8	6.39
$B \times C$	16.3	2	8.2	0.4	
오차	79.4	4	19.9		
총계	2 600.9	17			

$$SSBC = \sum_j \sum_k \frac{T_{.jk}^{\ 2}}{l} - \frac{T^2}{N} = \frac{1}{3}(123^2 + 162^2 + \cdots + 145^2) - 41\ 568.1$$

$$= 42\ 305 - 41\ 568.1 = 736.9$$

$$SS(B \times C) = SSBC - SSB - SSC = 736.9 - 12.5 - 708.1 = 16.3$$

$$SSE = SST - \{SSA + SSB + SSC + SS(A \times B) + SS(A \times C) + SS(B \times C)\}$$

$$= 2\ 600.9 - (663.4 + 12.5 + 708.1 + 1\ 056.3 + 64.9 + 16.3)$$

$$= 79.4$$

2) 중요 인자를 선정하시오.

주효과 A, C 교호작용 AB가 유의함을 알 수 있다.
교호작용 AC 및 BC가 유의하지 않으므로 풀링을 한 후 재분석을 하면 다음과 같다.

요인	SS	ϕ	V	F_{calc}	F_{critic}
A	663.4	2	331.7	20.7*	4.10
B	12.5	1	12.5	0.8	4.96
C	708.1	2	354.1	22.1*	
$A*B$	1 056.3	2	528.2	32.9*	
오차	160.6	10	16.1		
총계	2 600.9	17			

3) 경도를 최대로 하는 조건에서 95 % 신뢰구간을 구하시오.

교호작용 AB가 유의하므로 **[표 6–3]**의 AB 이원표상에서 경도를 최대로하는 A_2B_2 수준조합을 찾고, 요인 C의 경우는 AC 또는 BC 이원표상에서 경도를 최대로 하는 C_2 수준을 찾는다.

식 (6.8)로부터

$$(\bar{y}_{22.} + \bar{y}_{..2} - \bar{\bar{y}}) \pm t(10;\ 0.025)\sqrt{\frac{16.1}{2.25}}$$

$$= (\frac{187}{3} + \frac{336}{6} - \frac{865}{18}) \pm 2.23 \times 2.67$$

$$= 70.27 \pm 5.95$$

$$= (64.3,\ 76.2)$$

여기서 $n_e = \dfrac{lmn}{lm+n-1} = \dfrac{18}{6+3-1} = 2.25$

■ 미니탭을 사용하여 '**예제 6-1**'을 풀면 다음과 같다.

통계분석 > 분산 분석 > 일반 선형 모형 > 일반 선형 모형 적합을 클릭한 후, 특성치명과 인자명을 지정하고 '모형'을 클릭하여 '교호작용'을 지정한다.

'확인'을 연속하여 클릭하면 다음의 결과가 나타난다.

일반 선형 모형: Y 대 A, B, C

방법

요인 코딩 (-1, 0, +1)

요인 정보

요인	유형	수준	값
A	고정	3	1, 2, 3
B	고정	2	1, 2
C	고정	3	1, 2, 3

분산 분석

출처	DF	Adj SS	Adj MS	F-값	P-값
A	2	663.44	331.722	16.73	0.011
B	1	12.50	12.500	0.63	0.472
C	2	708.11	354.056	17.85	0.010
A*B	2	1056.33	528.167	26.63	0.005
A*C	4	64.89	16.222	0.82	0.575
B*C	2	16.33	8.167	0.41	0.688
오차	4	79.33	19.833		
총계	17	2600.94			

모형 요약

S	R-제곱	R-제곱(수정)	R-제곱(예측)
4.45346	96.95%	87.04%	38.23%

주효과 A(온도), C(경화시간), 교호작용 AB(온도*압력)가 중요함을 알 수 있다.

중요하지 않은 인자를 순차적으로 풀링한 후 재분석을 하면 다음과 같다.

일반 선형 모형: Y 대 A, B, C

방법

요인 코딩 (-1, 0, +1)

요인 정보

요인	유형	수준	값
A	고정	3	1, 2, 3
B	고정	2	1, 2
C	고정	3	1, 2, 3

분산 분석

출처	DF	Adj SS	Adj MS	F-값	P-값
A	2	663.44	331.72	20.66	0.000
B	1	12.50	12.50	0.78	0.398
C	2	708.11	354.06	22.05	0.000
A*B	2	1056.33	528.17	32.90	0.000
오차	10	160.56	16.06		
총계	17	2600.94			

모형 요약

S	R-제곱	R-제곱(수정)	R-제곱(예측)
4.00694	93.83%	89.51%	80.00%

통계분석 > 분산 분석 > 일반 선형 모형 > 요인 그림을 클릭하여 다음의 그래프를 작성한다.

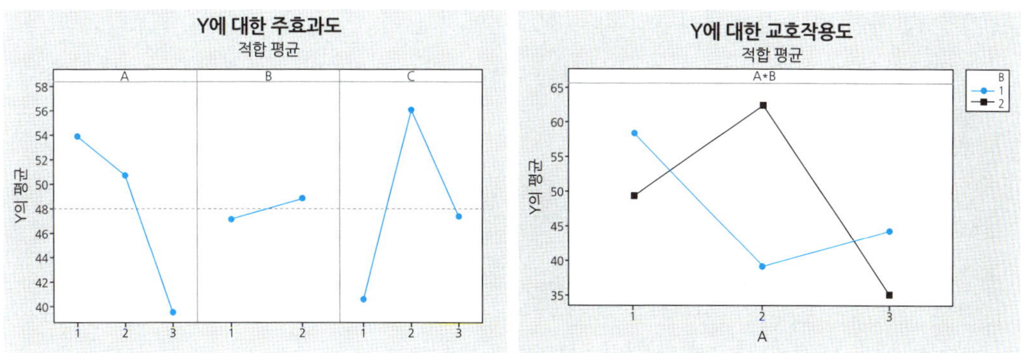

교호작용 AB가 중요하므로 교호작용도에서 경도를 최대로 하는 A_2B_2 수준조합을 찾고, 인자 C의 경우는 주효과도에서 경도를 최대로 하는 C_2 수준을 찾는다.

통계분석 > 분산 분석 > 일반 선형 모형 > 예측을 클릭한 후 A_2, B_2 및 C_2를 지정하여 경도를 최대로 하는 조건에서 95 % 신뢰구간을 구할 수 있다.

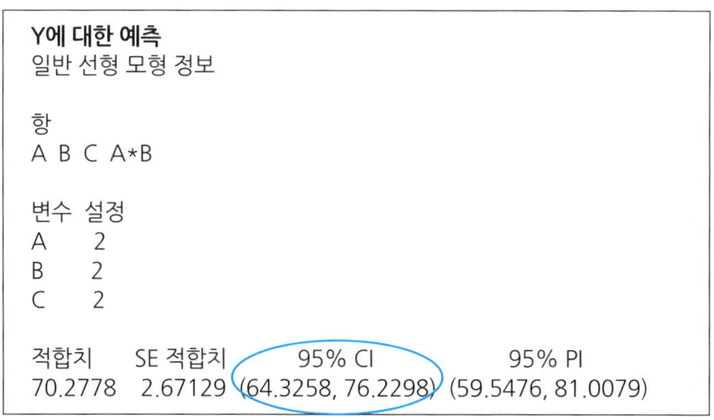
Y에 대한 예측
일반 선형 모형 정보

항
A B C A*B

변수	설정
A	2
B	2
C	2

적합치	SE 적합치	95% CI	95% PI
70.2778	2.67129	(64.3258, 76.2298)	(59.5476, 81.0079)

상기의 신뢰구간은 앞에서 구한 값과 동일함을 알 수 있다.

6.2 반복이 있는 삼원배치

반복이 없는 삼원배치법의 각 실험조건에서 반복실험을 할 경우로 구조식은 다음과 같다. 이 경우 식 (6-1)과의 차이는 반복을 함으로써 3인자 교호작용 ABC를 분리할 수 있다는 것이다.

$$y_{ijkp}=\mu+a_i+b_j+c_k+(ab)_{ij}+(ac)_{ik}+(bc)_{jk}+(abc)_{ijk}+e_{ijkp} \qquad (6.9)$$

$i=1, 2, \cdots, l$

$j=1, 2, \cdots, m$

$k=1, 2, \cdots, n$

$p=1, 2, \cdots, r$

$e_{ijkp} \sim N(0, \sigma_E{}^2)$ 이고 서로 독립

그러나 3인자 이상의 교호작용은 무시할 수 있으므로 교호작용 ABC를 분리해 내는 것은 큰 의미가 없다. 따라서 반복이 있는 삼원배치는 데이터를 얻는데 시간이나 비용이 많이 소요되지 않는 경우에 한해서 사용하는 것이 바람직하다.

반복이 있는 삼원배치법의 경우 변동의 계산이나 분산분석 후의 추정은 반복이 없는 삼원배치법의 경우와 동일한 방식이 적용되므로 본서에서는 생략하기로 한다.

6.3 평균변동의 기대값 계산

다원배치법의 경우 평균변동의 기대값 $E(V)$를 일일이 유도하는 것은 매우 번거롭다. 그러나 다음과 같은 방법을 따르면 매우 간편하게 $E(V)$값을 구할 수 있다.

반복이 있는 이원배치법의 혼합모형을 사례로 하여 이를 설명하기로 한다. 이 경우 구조식은 다음과 같다.

$$y_{ijk}=\mu+a_i+b_j+(ab)_{ij}+e_{ijk}$$

A: 모수인자, B: 변량인자

1단계: [표6-5]의 좌측에 첨자를 포함한 상태로 각 인자를 기입한다.

우측 상단 첫 줄에 각 인자의 수준수 또는 반복수, 둘째 줄에는 모수인자인 경우에는 'F', 변량 인자의 경우는 'R'을 기입한다. 그리고 마지막 줄에는 각 요인의 첨자를 기입한다.

[표 6-5] **평균변동의 기대값 계산표**

	l	m	r	(수준수 또는 반복수)
	F	R	R	(모수인자: F, 변량인자: R)
	i	j	k	(요인의 첨자)
A_i				
B_j				
AB_{ij}				
$E_{k(ij)}$				

여기서 $k(ij)$는 인자 A와 B의 수준이 정해진 이후에 반복이 이루어지는 것을 나타낸다.

2단계: 각 행에 대해 동일한 첨자가 있는 열은 제외하고 나머지 곳에 수준수 또는 반복수를 기입한다.

	l	m	r
	F	R	R
	i	j	k
A_i		m	r
B_j	l		r
AB_{ij}			r
$E_{k(ij)}$			

3단계: 행에 있는 첨자 중에서 ( ) 속에 첨자가 있을 경우 해당 첨자와 같은 첨자가 있는 열에는 1을 기입한다.

	l	m	r
	F	R	R
	i	j	k
A_i		m	r
B_j	l		r
AB_{ij}			r
$E_{k(ij)}$	1	1	

4단계: 아직 할당이 되지 않은 곳은 열별로 F이면 0, R이면 1을 기입한다.

	l	m	r
	F	R	R
	i	j	k
A_i	0	m	r
B_j	l	1	r
AB_{ij}	0	1	r
$E_{k(ij)}$	1	1	1

5단계: 인자 A의 경우 우선 i첨자가 있는 열을 전부 가린 후 나머지 열을 행별로 곱하여 값을 구한다.

	l F i	m R j	r R k	
A_i	0	m	r	mr
B_j	l	1	r	r
AB_{ij}	0	1	r	r
$E_{k(ij)}$	1	1	1	1

$E(V_A)$는 i가 있는 행의 분산 $\sigma_A{}^2$, $\sigma_{A\times B}{}^2$, $\sigma_E{}^2$과 이에 대응대는 행별곱 mr, r, 1을 차례로 곱하여 구한다. 따라서 $E(V_A)$는 다음이 된다.

$$E(V_A) = mr\sigma_A{}^2 + r\sigma_{A\times B}{}^2 + \sigma_E{}^2$$

나머지 평균변동의 기대값도 동일한 방법으로 구하여 정리하면 다음과 같다.

	l F i	m R j	r R k	$E(V)$
A_i	0	m	r	$\sigma_E{}^2 + r\sigma_{A\times B}{}^2 + mr\sigma_A{}^2$
B_j	l	1	r	$\sigma_E{}^2 + lr\sigma_B{}^2$
AB_{ij}	0	1	r	$\sigma_E{}^2 + r\sigma_{A\times B}{}^2$
$E_{k(ij)}$	1	1	1	$\sigma_E{}^2$

6장

연습문제

1. 다원배치법의 한계와 이를 극복하기 위한 방안은 무엇인가를 간략하게 기술하시오.

2. 인자 수가 A, B, C 3개이며 각 인자의 수준수가 l, m, n인 삼원배치법에서 반복수가 r일 경우 평균변동의 기대값을 구하시오. 단 3개의 인자는 모두 모수인자이다.

3. '**문제 2**'에서 A, B인자는 모수인자이고, 인자 C가 변량인자일 경우 평균변동의 기대값을 구하시오.

4. 반도체 웨이퍼의 원료가 되는 소재의 수율을 향상하기 위해 온도 3수준(A_1, A_2, A_3), 압력 2수준(B_1, B_2), 설비의 회전수 3수준(C_1, C_2, C_3)에서 다음과 같은 실험을 하였다. 다음의 질문에 답을 하시오.

		A_1	A_2	A_3
B_1	C_1	63	81	60
	C_2	73	92	65
	C_3	79	95	72
B_2	C_1	63	80	61
	C_2	74	92	61
	C_3	77	95	75

1) 분산분석표를 작성하시오.

2) 유의수준 $\alpha = 0.05$에서 유의하지 않은 요인을 풀링하시오.

3) 수율을 최대로 하는 조건을 설정하시오.

4) '3)'에서 모평균에 대한 95 % 신뢰구간을 구하시오.

상관과 회귀분석

온도와 압력간에 서로 관련이 있는가? 판촉비가 증가할 수록 매출이 증대하는가? 등과 같이 두 변수 간에 관계가 있는지의 여부를 파악하는 것을 상관분석이라 한다. 상관분석은 다수의 변수가 존재할 경우 상관관계가 있는 중요한 변수를 선정할 때 유용하게 사용된다.

만일 상관관계가 있을 경우 온도가 80 ℃일 때의 압력값, 판촉비가 10억 일 때의 매출액 등을 예측하는 것과 같이 독립변수와 종속변수 간에 방정식(모델)을 구하고 독립변수의 값으로 종속변수의 값을 추정하는 것을 회귀분석이라 한다.

일반적으로 회귀분석은 인위적으로 실험조건을 설정하여 데이터를 구하기가 곤란한 경우, 자연상태에서 관련 데이터를 있는 그대로 수집하여 분석할 때 많이 사용된다.

이 장에서는 상관관계를 먼저 설명한 후 회귀분석에 대해 설명하기로 한다.

7.1 상관분석(correlation analysis)

두 변수 간의 상호 관련성의 정도를 구체적인 숫자인 상관계수(correlation coefficient)를 구하여 파악하는 것을 상관분석이라고 한다.

상관계수를 구하기 전에 산점도(scatter diagram)를 작성하여 먼저 두 변수 간의 관계를 미리 파악하는 것이 중요하다.

상관분석을 위해서는 다음과 같이 쌍을 이룬 계량형 데이터가 필요하다.

$$(x_1, y_1), (x_2, y_2), \cdots, (x_n, y_n)$$

1) 산점도

상관분석의 첫 단계로 **[그림 7-1]**과 같이 데이터를 x, y축에 타점하여 산점도를 작성함으로써 다음과 같이 두 변수 간의 관계를 파악한다.

① x와 y사이에 선형 관계가 있는지를 검토한다.

(a)의 경우는 x의 값이 증가할수록 y의 값이 증가하므로 양의 상관관계, (b)의 경우는 x의 값이 증가할수록 y의 값이 감소하므로 음의 상관관계를 갖는다.

② 곡선관계가 성립되는지를 파악한다.

(c)의 경우는 곡선의 관계가 성립되므로 곡선회귀분석을 해야 한다.

③ 이상치가 있는가를 파악한다.

(d)의 경우는 이상치가 존재하는 경우로 데이터의 혼입, 측정오류, 기입 시의 착오 등의 원인을 규명하여 조치한 후 상관계수를 구해야 한다.

④ 층별할 수 있는지를 검토한다.

(e)의 경우는 서로 다른 두 개의 모집단의 데이터가 혼재되어 있는 경우로 데이터를 분리한 후 상관계수를 구해야 한다.

[그림 7-1]에서 (c), (d) 및 (e)의 경우는 실제로 상관관계가 있음에도 불구하고, 아무런 조치 없이 상관계수를 구할 때에는 상관관계가 없는 것으로 나타날 수 있다. 따라서 상관분석을 할 경우에는 우선 산점도를 작성하여 전반적인 관계를 먼저 파악하고, 필요한 조치를 한 이후 상관계수를 구할 필요가 있다.

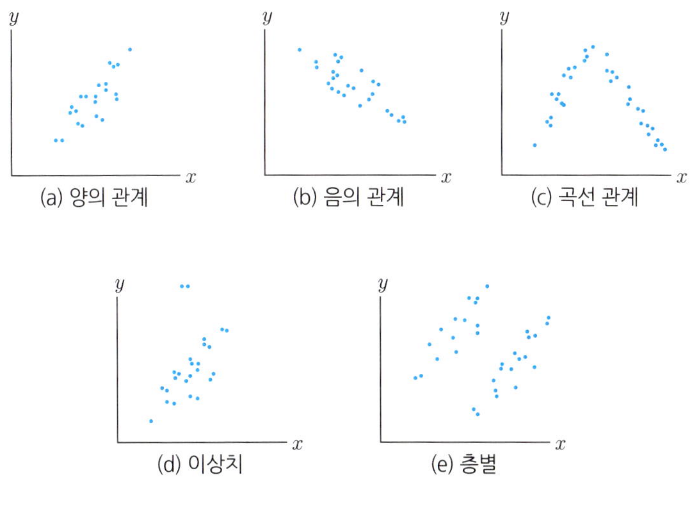

[그림 7-1] 상관관계

2) 상관계수(correlation coefficient)

상관계수 r은 두 변수 간의 선형관계의 정도를 수치로 나타난 척도로 항상 -1에서 $+1$사이의 값을 갖는다. 이때 상관계수의 값이 $+1$에 가까울수록 강한 양의 상관관계를 가지며 -1에 가까운 값을 가질수록 강한 음의 상관관계를 갖는다.

일반적으로 두 변수 간의 관계의 정도를 상관계수의 값에 따라 다음과 같이 나타낸다.

① $|r| \geq 0.8$: 강한 상관관계
② $0.4 \leq |r| < 0.8$: 약한 상관관계
③ $|r| < 0.4$: 상관관계가 없음

상관계수를 모집단에서 구할 경우 모상관계수(population coefficient of correlation), 표본에서 구할 경우 표본상관계수(sample correlation coefficient)라고 한다.

▶ 모상관계수

모집단으로부터의 모상관계수는 다음과 같이 구할 수 있다

$$\rho = \frac{Cov(X, Y)}{\sigma_X \sigma_Y}$$

여기서 $Cov(X, Y) = E(X - \mu_X)(Y - \mu_Y)$ (7.1)

$$\sigma_X^2 = E(X - \mu_X)^2$$

$$\sigma_Y^2 = E(Y - \mu_Y)^2$$

식 (7.1)에서 공분산(Cov: covariance)은 x의 큰 값에 y의 큰 값 또는 x의 작은 값에 y의 작은 값이 대응되면 양수의 큰값을 갖는다. 그리고 x의 큰 값에 y의 작은 값 또는 x의 작은 값에 y의 큰 값이 대응되면 음수의 큰 값을 갖는다.

그런데 공분산은 x, y의 단위에 따라 그 값이 달라진다. 따라서 단위와 무관한 척도를 얻기 위하여 공분산을 x와 y의 표준편차의 곱 $\sigma_X \cdot \sigma_Y$ 로 나누어 상관계수를 구한다.

▶ 표본상관계수

모집단의 모상관계수를 알 수 있는 경우는 드물다. 따라서 모집단으로부터 n개의 확률표본 $(x_1, y_1), (x_2, y_2), \cdots, (x_n, y_n)$을 추출하여 표본상관계수를 구함으로써 모상관계수를 다음과 같이 추정한다.

$$\hat{\rho}=\frac{\widehat{Cov}(X, Y)}{\hat{\sigma}_X\hat{\sigma}_Y}=\frac{\frac{S_{xy}}{n-1}}{\sqrt{\frac{S_{xx}}{n-1}\cdot\frac{S_{yy}}{n-1}}}=\frac{S_{xy}}{\sqrt{S_{xx}\cdot S_{yy}}}=r$$

여기서 $\widehat{Cov}(X, Y)=\frac{\sum(x_i-\bar{x})(y_i-\bar{y})}{n-1}=\frac{S_{xy}}{n-1}$

$$\hat{\sigma}_X^2=\frac{\sum(x_i-\bar{x})^2}{n-1}=\frac{S_{xx}}{n-1}$$

$$\hat{\sigma}_Y^2=\frac{\sum(y_i-\bar{y})^2}{n-1}=\frac{S_{yy}}{n-1}$$

표본상관계수는 다음과 같은 특성을 갖는다.

표본상관계수 r의 성질

(1) $-1\leq r\leq 1$의 값을 갖는다

(2) r은 선형관계를 나타내는 척도로 그림 [7-1]에서 (a)는 $0<r<1$ (b)는 $-1<r<0$의 값을 갖는다. 만일 $r=1$ 또는 $r=-1$일 경우에는 모든 점이 일직선상에 있게 된다.

(3) 만일 X가 $aX+b$, Y가 $cY+d$로 바뀌어도 a와 c의 부호가 같으면 r값은 변함이 없다.

따라서 계산의 편의상 다음과 같이 수치변환(단, $h>0$, $g>0$)을 하여도 X, Y의 상관계수는 x, y의 상관계수와 동일하다.

$$X=(x-x_0)\times h$$

$$Y=(y-y_0)\times g$$

예제 7-1

두 변수 X, Y에 대한 표본상관계수 r을 구하시오.

x	1	2	3	4	5
y	4	6	7	8	10

우선 산점도를 작성하여 두 변수 간의 관계를 파악한다.

두 변수 간에 양의 상관관계가 존재함을 알 수 있다.

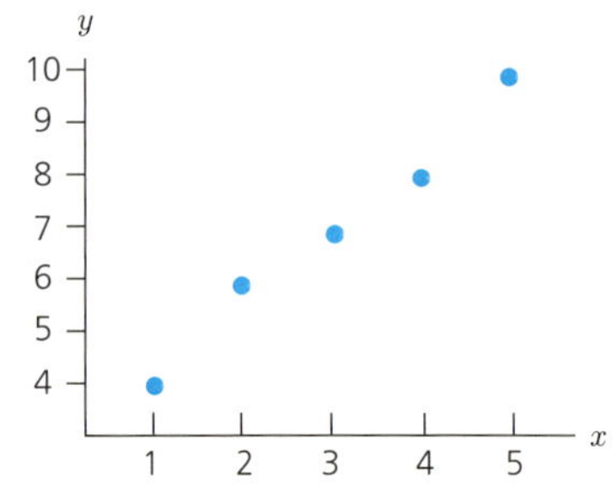

표본상관계수를 보다 간편하게 구하기 위해 다음과 같은 보조표를 작성한다.

x_i	y_i	$(x_i-\bar{x})$	$(y_i-\bar{y})$	$(x_i-\bar{x})^2$	$(y_i-\bar{y})^2$	$(x_i-\bar{x})\cdot(y_i-\bar{y})$
1	4	-2	-3	4	9	6
2	6	-1	-1	1	1	1
3	7	0	0	0	1	0
4	8	1	1	1	0	1
5	10	2	3	4	9	6
$\bar{x}=3$	$\bar{y}=7$			$S_{xx}=10$	$S_{yy}=20$	$S_{xy}=14$

$$r=\frac{S_{xy}}{\sqrt{S_{xx}\cdot S_{yy}}}=\frac{14}{\sqrt{10\times 20}}=0.99$$

3) 상관계수의 검정

표본상관계수 r은 모상관계수 ρ에 의해 영향을 받지만 추출된 표본에 의해서도 영향을 받는다. 따라서 구해진 표본상관계수 r을 통하여 상관관계가 성립되는지의 여부를 파악할 필요가 있다.

두 변수 사이에 상관관계가 있는지를 검정하는 가설은 다음과 같다.

$$H_0 : \rho = 0 \quad \text{vs.} \quad H_1 : \rho \neq 0$$

귀무가설이 옳다는 가정하에 모집단의 분포가 정규분포이면 다음의 검정통계량은 자유도가 $n-2$인 t 분포를 따른다.

$$T = \frac{r}{\sqrt{\frac{1-r^2}{n-2}}}$$

만일 $|t_{calc}| > t_{\frac{\alpha}{2}}(n-2)$이면 귀무가설 H_0을 기각할 수 있으므로 상관관계가 성립된다고 할 수 있다.

예제 7-2

'예제 7-1'에서 구한 상관계수에 대한 검정을 하시오. 단 유의수준 $\alpha = 0.05$로 한다.

x	1	2	3	4	5
y	4	6	7	8	10

① 귀무가설 및 대립가설을 수립한다.

$$H_0 : \rho = 0 \quad \text{vs.} \quad H_1 : \rho \neq 0$$

② 검정통계량을 결정한 후 그 값을 구한다.

$$t_{calc} = \frac{r}{\sqrt{\frac{1-r^2}{n-2}}} = \frac{0.99}{\sqrt{\frac{1-0.99^2}{5-2}}} = 12.16$$

③ $\alpha = 0.05$에서의 임계치를 구하여 기각역을 결정한다.

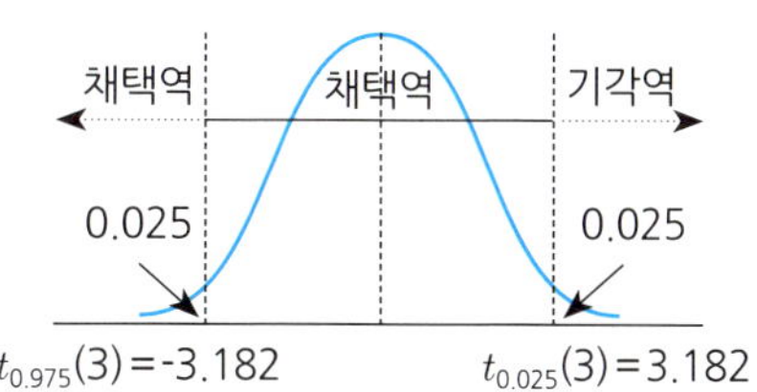

④ 검정통계량값과 임계치를 비교한다.

$|t_{calc}| > t_{critic}\left(n-2;\ \frac{\alpha}{2}\right)$ 즉, $t_{calc} = 12.16 > 3.182 = t_{critic}(3;\ 0.025)$로 기각역에 속하므로 귀무가설 H_0을 기각할 수 있다.

따라서 두 변수 간에 상관관계가 있다고 할 수 있다.

■ 미니탭을 사용하여 **'예제 7-1'**, **'예제 7-2'**에서의 상관계수의 계산 및 검정을 하면 다음과 같다.

우선 워크시트에 오른쪽 그림과 같이 데이터를 입력한다.

↓	C1	C2
	x	y
1	1	4
2	2	6
3	3	7
4	4	8
5	5	10

그래프 > 산점도를 클릭하면 우측과 같은 화면이 나타난다.

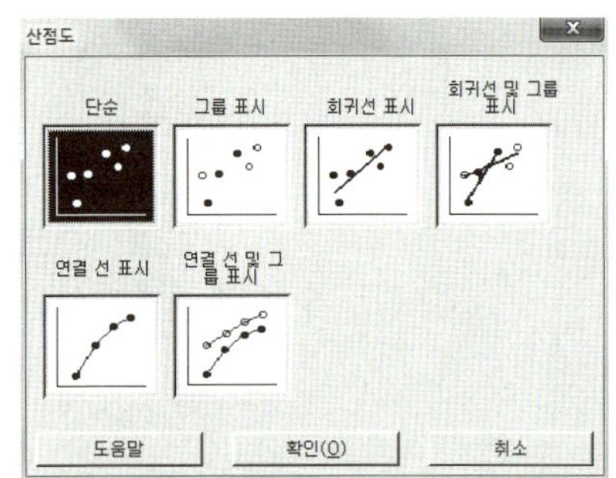

'단순'을 더블 클릭하여 화면이 나타나면 다음을 지정한다.

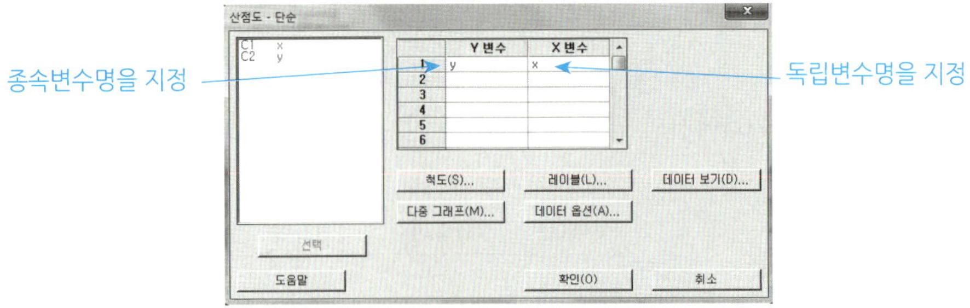

'확인'을 클릭하면 다음의 산점도가 나타난다.

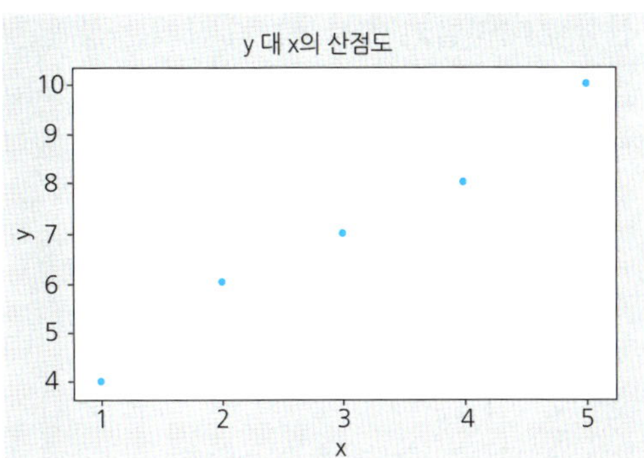

상관계수를 구하고 이를 검정하기 위해 **통계분석 > 기초 통계 > 상관 분석**을 클릭한 후 다음을 실행한다.

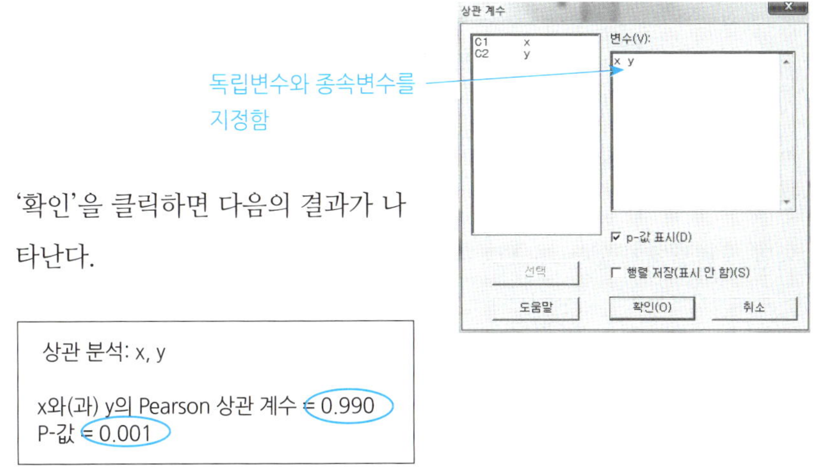

'확인'을 클릭하면 다음의 결과가 나타난다.

상관 분석: x, y

x와(과) y의 Pearson 상관 계수 = 0.990
P-값 = 0.001

상관계수는 0.99로 '**예제 7-1**'에서 구한 값과 동일함을 알 수 있다. 확률값 $p=0.001<0.05$로 귀무가설 H_0을 기각할 수 있다.

4) 상관관계와 인과관계의 차이

산점도상에서 두 변수 간에 상관관계가 있는 경우에 반드시 인과관계*가 있는 것은 아니다.

인과관계: 상관관계는 두 변수가 같이 변화하는 것을 의미하지만, 인과관계는 한 변수가 다른 변수의 변화에 영향을 주는 것을 말한다.

[그림 7-2]에서 신장과 디지탈기기 사용능력 간에는 상관관계가 있지만 인과관계가 있다고 할 수 없다. 이 경우 두 변수 모두 제 3의 변수인 연령에 의해 영향을 받았기 때문이다.

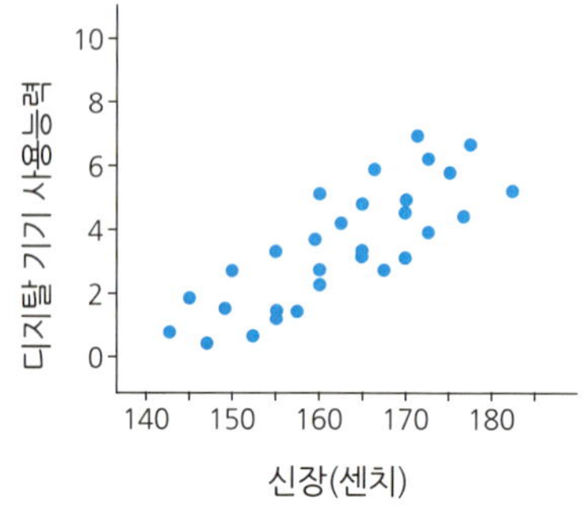

[그림 7-2] 상관관계는 있으나 인과관계가 없는 경우

이와 반대로 **[그림 7-3]**과 같이 상관관계가 없다고 인과관계가 없는 것이 아니다. ①과 같이 요인 X의 범위가 좁은 경우, ②와 같이 층별을 하지 않은 경우 인과관계가 있지만 상관관계가 없는 것으로 나타날 수 있다.

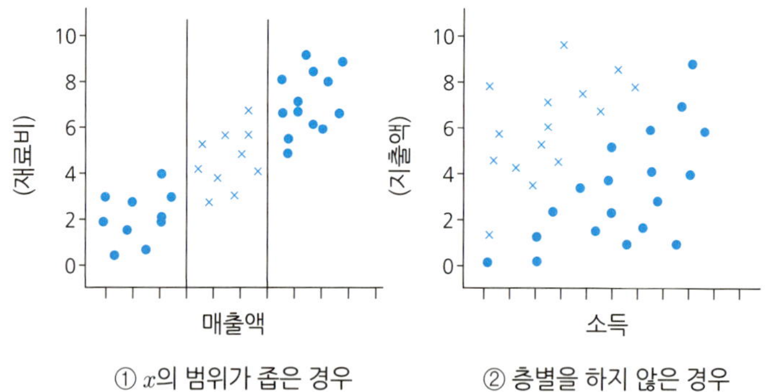

[그림 7-3] 인과관계가 있으나 상관관계가 나타나지 않는 경우

이상에서 상관분석을 할 경우 변수 간에 인과관계를 잘 고려하여 관련성 있는 데이터를 수집하되, 층별을 한 상태에서 요인의 범위를 충분히 벌려야 한다.

문제 7-1 생산 엔지니어는 온도가 증가함에 따라 수율도 증가하리라고 믿고 있다. 이를 검증하기 위해 온도에 따른 수율 데이터를 수집하였다. 수율 파일을 열고 다음의 질문에 답을 하시오.

① 산점도를 작성하시오.

② 상관계수를 구하시오.

③ 온도가 수율에 영향을 미치는 중요 요인이라고 할 수 있는가?

7.2 회귀분석(regression)

회귀분석이란 변수들의 관련성을 규명하기 위해 데이터로부터 모델을 추정하는 것으로, 일반적으로 추정된 모델을 이용하여 필요한 예측을 하거나 관심 있는 통계적 추론을 한다.

상관분석과 회귀분석의 차이

회귀분석의 주된 목적은 독립변수의 값을 지정했을 때 종속변수가 갖는 값을 정확히 추정하는 데 있다. 상관분석은 두 변수 간의 상호 관련성을 상관계수를 구하여 파악하고자 하는 데 있다.

회귀분석은 다음의 3종류로 구분할 수 있다.

① 단순회귀분석: 독립변수 1개, 종속변수 1개일 때의 관계를 선형으로 가정한다.

② 중회귀분석: 독립변수 2개 이상 , 종속변수 1개일 때의 관계를 선형으로 가정한다.

③ 곡선회귀분석: 독립변수 1개, 종속변수 1개일 때의 관계를 2차 이상의 고차함수로 가정한다.

중회귀 및 곡선회귀분석도 단순회귀분석과 같은 방식이 적용되므로 단순회귀분석을 통해 보다쉽게 이해할 수 있다.

7.2.1 단순회귀분석

두 변수 X, Y의 n개의 확률표본 $(x_1, y_1), (x_2, y_2), \cdots, (x_n, y_n)$에 대한 관계를 다음과 같이 직선으로 가정한다.

$$y_i = a + bx_i + e_i, \quad i = 1, 2, \cdots, n \tag{7.2}$$

이때 $e_i \sim N(0, \sigma^2)$이고 서로 독립이며 a, b는 미지의 모수이다. 그리고 y_i는 종속변수로 독립변수 x_i에 따라 결정되는 값이다.

1) 단순회귀의 적합

식 (7.2)의 모회귀계수인 a, b는 최소제곱법(method of least square)에 의해 다음의 오차의 제곱합 D를 최소화하는 추정량 $\hat{a}$, $\hat{b}$으로 추정한다.

$$D = \sum_{i=1}^{n} e_i^{\,2} = \sum_{i=1}^{n} (y_i - a - bx_i)^2$$

이를 위해서 우선 오차의 제곱합 D를 다음과 같이 a, b로 각각 편미분 한 후, 0으로 놓고 풀면

$$\frac{\partial D}{\partial a} = -2\sum_{i=1}^{n}(y_i - a - bx_i) = 0$$
$$\frac{\partial D}{\partial b} = -2\sum_{i=1}^{n}x_i(y_i - a - bx_i) = 0$$

a, b의 추정량을 $\hat{a}$, $\hat{b}$로 하는 다음의 정규방정식(normal equation)을 구할 수 있다.

$$n\hat{a} + \hat{b}\sum x_i = \sum y_i$$
$$\hat{a}\sum x_i + \hat{b}\sum x_i^{\,2} = \sum x_i y_i$$

상기의 식을 풀면 오차의 제곱합 D를 최소로 하는 최소제곱 추정량 $\hat{a}$, $\hat{b}$은 다음과 같다.

$$\hat{b} = \frac{\sum(x_i - \bar{x})(y_i - \bar{y})}{\sum(x_i - \bar{x})^2} = \frac{S_{xy}}{S_{xx}}$$

$$\hat{a} = \bar{y} - \hat{b}\bar{x}$$

이들 값은 **[그림 7-4]**에서 각각의 관측값에서부터 추정된 모델상의 예측값까지의 거리의 합을 최소로 하는 값이다.

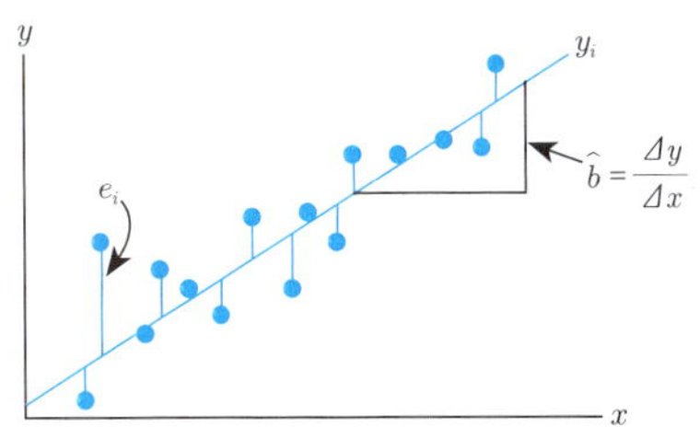

[그림 7-4] 최소제곱법에 의한 모델의 계산

따라서 회귀직선의 추정식을 다음과 같이 나타낼 수 있는데 이 직선이 x, y의 산점도상에서 x, y 관계를 가장 잘 대표한다고 할 수 있다.

$$\hat{y} = \hat{a} + \hat{b}x \tag{7.3}$$

여기서 $\hat{a}$은 $x=0$에서 $\hat{y}$의 절편이고, $\hat{b}$은 기울기이다.

예제 7-3

'예제 7-1'에서 직선회귀를 구하시오.

x	1	2	3	4	5
y	4	6	7	8	10

$\bar{x} = 3$, $\bar{y} = 7$이므로 $S_{xx} = \sum(x_i - \bar{x})^2 = 10$, $S_{xy} = \sum(x_i - \bar{x})(y - \bar{y}) = 14$가 된다. 따라서 기울기와 절편은 각각 다음과 같이 계산되므로

$$\hat{b} = \frac{S_{xy}}{S_{xx}} = \frac{14}{10} = 1.4$$

$$\hat{a} = \bar{y} - \hat{b}\bar{x} = 7 - (1.4 \times 3) = 2.8$$

다음의 모델을 얻을 수 있다.

$$\hat{y} = \hat{a} + \hat{b}x = 2.8 + 1.4x \tag{7.4}$$

이 모델을 산점도상에 나타내면 다음과 같다.

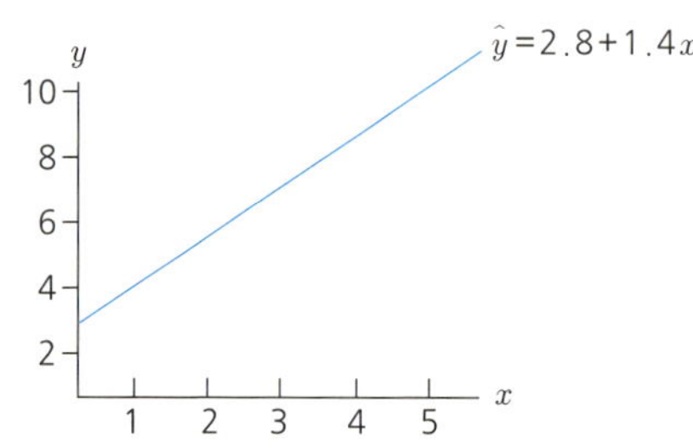

■ **'예제 7-3'**에서 미니탭을 이용하여 직선회귀를 구하면 다음과 같다.

통계분석 > 회귀 분석 > 적합선 그림을 클릭한 후 다음을 실행한다.

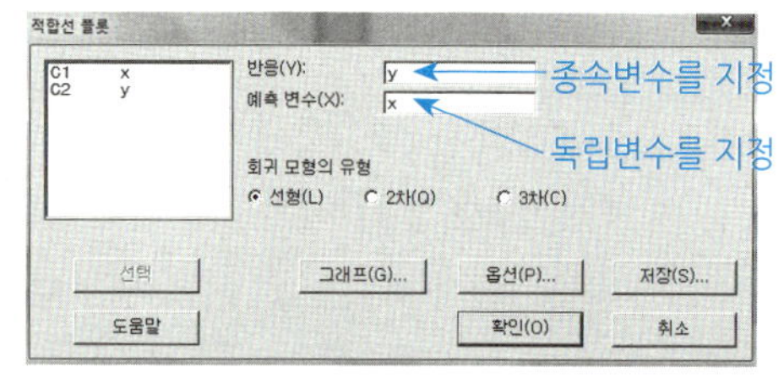

'확인'을 클릭하면 다음의 회귀모델이 나타난다.

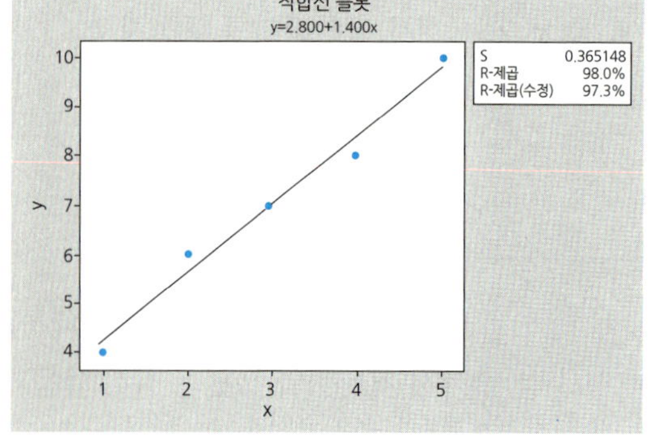

미니탭에 의한 우측의 모델은 앞에서 구한 모델과 동일함을 알 수 있다.

2) 분산분석

식 (7.2)의 단순회귀모형은 독립변수와 종속변수 간에 일정한 기울기를 갖는 선형 관계가 성립된다고 가정하였다. 따라서 적합된 회귀모델이 선형관계를 나타내어 의미가 있는지 즉, 유의한지의 여부를 판정하기 위하여 분산분석표를 작성한다.

(1) 변동의 분해

총편차 $(y_i - \overline{y})$는 **[그림 7-5]**에서와 같이 회귀선에 의해 설명이 되지 않는 편차 $(y_i - \hat{y}_i)$와 설명이 되는 편차 $(\hat{y}_i - \overline{y})$로 다음과 같이 나눌 수 있다.

$$(y_i - \overline{y})^2 = (y_i - \hat{y}_i)^2 + (\hat{y}_i - \overline{y})^2 \qquad (7.5)$$

식 (7.5)의 양변을 제곱한 후 $i = 1, 2, \cdots, n$에 대해 모두 더하면 다음의 식이 성립되는데 이때 마지막 항 $\sum(y_i - \hat{y}_i)(\hat{y}_i - \overline{y}) = 0$이 된다.

$$\begin{aligned}\sum(y_i - \overline{y})^2 &= \sum(y_i - \hat{y}_i)^2 + \sum(\hat{y}_i - \overline{y})^2 + 2\sum(y_i - \hat{y}_i)(\hat{y}_i - \overline{y}) \\ &= \sum(y_i - \hat{y}_i)^2 + \sum(\hat{y}_i - \overline{y})^2\end{aligned}$$

따라서 상기의 식을 총변동 SST(Total Sum of Square), 잔차변동 SSE(Error Sum of Square), 회귀변동 SSR(Regression Sum of Square)로 다음과 같이 구분할 수 있는데

SST	=	SSE	+	SSR
총변동		잔차변동 (회귀식에 의해 설명되지 않는 변동)		회귀변동 (회귀식에 의해 설명 되는 변동)

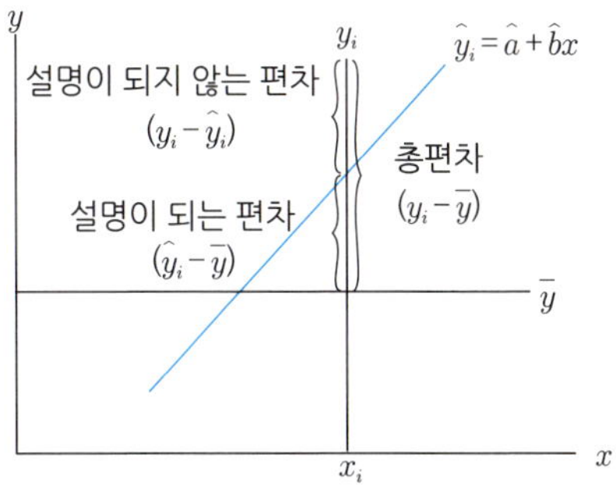

[그림 7-5] 총편차의 분해

이들 식을 다음과 같이 간략하게 나타낼 수 있다.

$$\text{총변동: } SST = \sum (y_i - \bar{y})^2 = \sum y_i^2 - \frac{T^2}{N}$$

$$\begin{aligned}\text{회귀변동: } SSR &= \sum (\hat{y}_i - \bar{y})^2 = \sum (\hat{a} + \hat{b}x_i - \bar{y})^2 = \sum (\bar{y} - \hat{b}\bar{x} + \hat{b}x_i - \bar{y})^2 \\ &= \sum [\hat{b}(x_i - \bar{x})]^2 = \hat{b}^2 \sum (x_i - \bar{x})^2 = \hat{b}^2 S_{xx} \\ &= \left(\frac{S_{xy}}{S_{xx}}\right)^2 \cdot S_{xx} = \frac{S_{xy}^2}{S_{xx}}\end{aligned}$$

$$\text{잔차변동: } SSE = SST - SSR$$

(2) 분산분석표의 작성

상기의 각각의 변동을 **[표 7-1]**의 분산분석표에 정리할 수 있는데, 회귀에 의한 변동 SSR은 자유도가 1이므로 회귀의 평균변동은 $SSR = MSR$이 된다. 잔차에 의한 변동 SSE는 자유도가 $n-2$이므로 잔차의 평균변동은 $MSE = SSE/(n-2)$가 된다.

만일 종속변수 y와 독립변수 x사이에 선형관계가 성립된다면 기울기 $b \neq 0$이며, 선형관계가 성립되지 않는다면 기울기 $b=0$이 된다.

따라서 적합된 회귀식에 선형관계가 성립되는지의 여부를 판정하기 위해 다음의 가설을 수립할 수 있다.

$$H_0 : b = 0 \quad \text{vs.} \quad H_1 : b \neq 0$$

[표 7-1]에서 검정통계량 $F = \frac{MSR}{MSE}$은 두 분산의 비율이므로 F 분포를 따르는데 만일 이 값이 클 경우 MSR의 기대값에서 $b \neq 0$ 이 됨을 알 수 있다.

[표 7-1] 분산분석표

요인	변동합(SS)	자유도(ϕ)	평균변동(V)	$E(V)$	F_{calc}	$F_{critic}(\alpha)$
회귀	SSR	1	MSR	$\sigma^2 + b^2 S_{xx}$	$\frac{MSR}{MSE}$	
잔차	SSE	$n-2$	MSE	σ^2		
계	SST	$n-1$				

따라서 **[그림 7–6]**에서 $F_{calc}=\dfrac{MSR}{MSE}>F_{critic}(1,\ n-2)$일 경우 귀무가설 H_0을 기각할 수 있으므로 추정된 회귀식이 x, y의 관계를 설명하는데 유의하다고 할 수 있다.

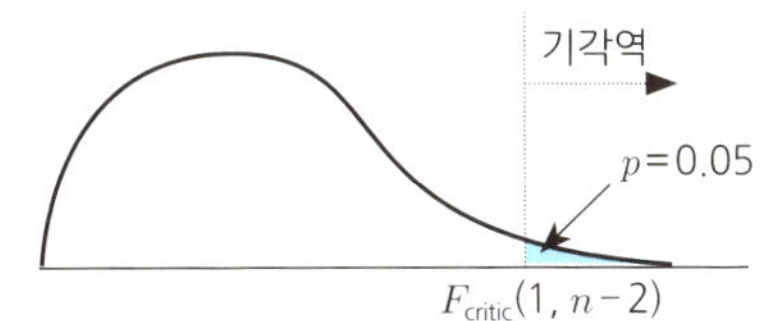

[그림 7–6] F 분포: $X\sim F(1,\ n-2)$

(3) 결정계수(coefficient of determination)

SST에 대한 SSR의 비율을 결정계수라고 하는데 이는 총변동 중에서 회귀선에 의해 설명되는 변동이 차지하는 비율이다. 따라서 결정계수가 크면 클수록 회귀식이 관측점을 잘 설명하는 것으로 적합성이 보증된다고 할 수 있다. 그러나 이 경우에도 '**4) 잔차분석**'에 설명되어 있는 잔차분석을 통하여 적합성을 검토할 필요가 있다.

$$R^2=\frac{SSR}{SST}=\frac{S_{xy}^2/S_{xx}}{S_{yy}}=\frac{S_{xy}^2}{S_{xx}S_{yy}}$$

만일, 모든 측정치들이 회귀선상에 위치하면 $SSE=0$이 되어, $SSR=SST$가 되므로 $R^2=1$이 된다.

즉 x, y 간에 상관관계가 클수록 R^2의 값은 1에 가까운 값을 갖게 된다.

결정계수 R^2으로부터 상관계수 r값을 구할수 있는데 회귀식의 기울기 $\hat{b}$가 양(positive)이면 양의 상관계수 $r=\sqrt{R^2}$, $\hat{b}$가 음(negative)이면 음의 상관계수 $r=-\sqrt{R^2}$을 갖는다.

예제 7–4

분산분석을 통하여 '**예제 7–3**'에서 구한 회귀 모델이 유의한지의 여부를 $\alpha=0.05$로 검정하시오. 그리고 회귀 모델이 유의할 경우 결정계수 및 상관계수를 구하시오.

x	1	2	3	4	5
y	4	6	7	8	10

(1) 기울기 b에 대한 추론

[표 7-3]에서 $\hat{b} \sim N\left(\hat{b}, \frac{\sigma^2}{S_{xx}}\right)$이므로 모수인 기울기 b와 이에 대한 추정량 $\hat{b}$를 포함한 다음의 확률변수가 자유도가 $n-2$인 t 분포를 따른다.

$$T = \frac{\hat{b} - b}{\sqrt{\frac{V_E}{S_{xx}}}} = t(n-2) \tag{7.6}$$

따라서 상기의 분포를 이용하여 기울기 b에 대한 추정 및 검정을 할 수 있다.

그러므로 분산분석표상에서 F 검정을 통해 회귀식이 유의한지의 여부를 판정하는 것과 같은 내용을, t 검정을 통해서도 할 수 있다.

예제 7-5

t 검정을 통해 '**예제 7-3**'에서 구한 회귀모델이 의미가 있는지 여부를 유의수준 $\alpha = 0.05$로 검정하시오.

① 귀무가설과 대립가설을 수립한다.

$$H_0 : b = 0 \quad \text{vs.} \quad H_1 : b \neq 0$$

② 검정통계량을 결정하고 그 값을 계산한다.

'**예제 7-3**', '**예제 7-4**'에서 다음의 값들을 이미 알고 있으므로

기울기: $\hat{b} = 1.4$

평균오차변동: $V_E = 0.1333$

$S_{xx} = \sum (x_i - \bar{x})^2 = 10$

귀무가설 $H_0 : b = 0$이 옳다는 가정하에 식 (7.6)으로부터 검정통계량값은 다음과 같다.

$$t_{\text{calc}} = \frac{1.4}{\sqrt{\frac{0.1333}{10}}} = 12.13$$

③ $\alpha=0.05$에서의 임계치를 구하여 기각역을 결정한다.

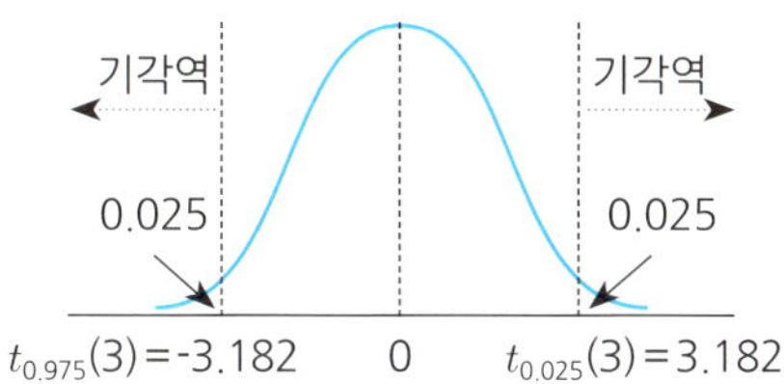

④ $t_{\text{calc}}=12.13>t_{\text{critic}}(3,\ 0.025)=3.182$로 기각역에 속하므로 귀무가설 $H_0 : b=0$을 기각할 수 있다. 따라서 회귀식은 유의하다고 할 수 있다.

기울기 b에 대한 신뢰구간을 추정하여도 검정의 결과와 동일한 결론을 얻을 수 있다. 즉, 기울기 b의 신뢰구간이 '0'을 포함할 경우 회귀식은 유의하다고 할 수 없으며, '0'을 포함하지 않을 경우 유의하다고 할 수 있다. 상기의 예제에서는 당연히 b의 신뢰구간이 '0'을 포함하지 않을 것이다.

기울기 b에 대한 추론과 동일한 방법으로 절편 a에 대해서도 추론을 할 수 있다.

(2) 절편 a에 대한 추론

[표 7-3]에서 $\hat{a} \sim N\!\left(a,\ \left\{\frac{1}{n}+\frac{(\bar{x})^2}{S_{xx}}\right\}\sigma^2\right)$이므로 모수인 절편 a와 이에 대한 추정량 $\hat{a}$을 포함한 다음의 확률변수는 자유도 $n-2$인 t 분포를 따른다.

$$T=\frac{\hat{a}-a}{\sqrt{\left\{\frac{1}{n}+\frac{(\bar{x})^2}{\sum(x_i-\bar{x})^2}\right\}\cdot V_E}}\sim t(n-2) \qquad (7.7)$$

따라서 상기의 분포를 이용하여 절편 a에 대한 추정 및 검정을 할 수 있다.

예제 7-6

t 검정을 통해 **'예제 7-3'**에서 구한 절편 a가 유의한지 여부를 유의수준 $\alpha=0.05$로 검정하시오.

① 귀무가설 및 대립가설을 수립한다.

$$H_0: a=0 \quad \text{vs.} \quad H_1: a \neq 0$$

② 검정통계량을 결정하고 그 값을 계산한다.

'예제 7-3', **'예제 7-4'**에서 다음의 값들을 이미 알고 있으므로

$\bar{x}=3$

절편: $\hat{a}=2.8$

평균오차변동: $V_E=0.1333$

$S_{xx}=\sum(x_i-\bar{x})^2=10$

귀무가설 $H_0: a=0$이 옳다는 가정하에 식 (7.7)으로부터의 검정통계량값은 다음과 같다.

$$t_{\text{calc}}=\frac{2.8}{\sqrt{\left(\frac{1}{5}+\frac{3^2}{10}\right)0.1333}}=7.31$$

③ $\alpha=0.05$에서의 임계치를 구하여 기각역을 결정한다.

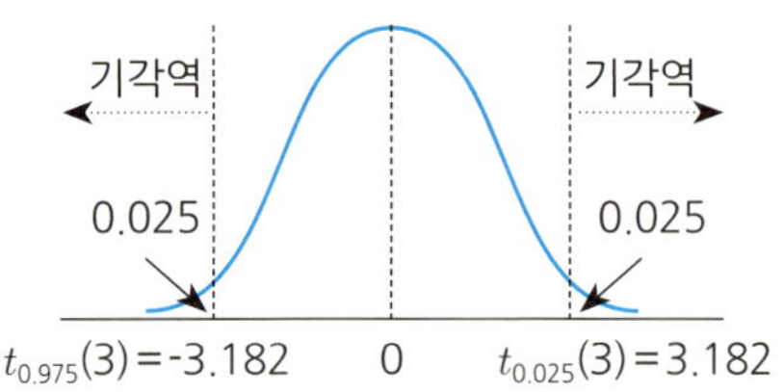

④ $t_{\text{calc}}=7.31>t_{\text{critic}}(3,\ 0.025)=3.182$로 기각역에 속하므로 귀무가설 $H_0: a=0$을 기각할 수 있다. 따라서 절편은 유의하다고 할 수 있다.

절편 a에 대한 신뢰구간을 추정하여도 검정의 결과와 동일한 결론을 얻을 수 있다. 즉, 절편 a의 신뢰구간이 '0'을 포함할 경우 절편은 유의하다고 할 수 없으며, '0'을 포함하지 않을 경우 유의하다고 할 수 있다. 상기의 예에서는 당연히 a의 신뢰구간이 '0'을 포함하지 않을 것이다.

식 (7.3)의 추정된 회귀식에서 기울기 $\hat{b}$ 및 절편 $\hat{a}$이 추정된 값이므로 $\hat{y}$도 추정값이다.

따라서 이들 추정량을 이용하여 $x = x_0$에서 y의 평균 $E(y) = a + bx$ 및 y에 대한 개별값 y_s에 대한 추검정을 할 수 있다. 이에 대해서는 '**6) y의 평균 $E(y)$ 및 개별값 y_s에 대한 추론**'에 설명되어 있다.

■ '**예제 7-3**', '**예제 7-4**'를 미니탭을 사용하여 풀면 다음과 같다.

통계분석 > 회귀 분석 > 회귀 분석 > 적합 회귀 모형을 클릭한 후 다음을 실행한다.

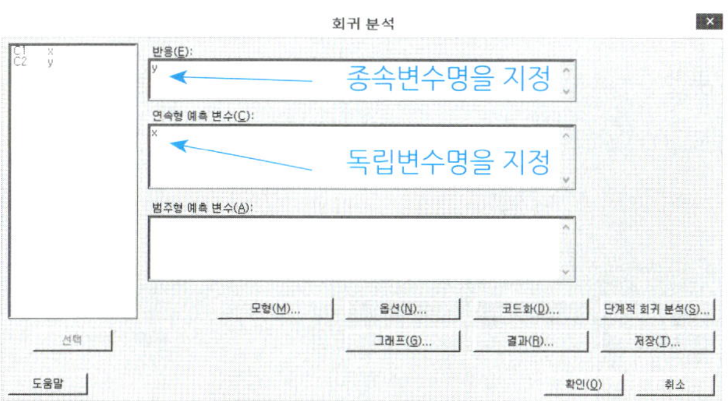

'확인'을 클릭하면 다음의 결과가 세션 창에 나타난다.

[표 7-4] '예제 7-3', '7-4'에 대한 미니탭 분석 결과

회귀 분석: y 대 x
분산 분석

출처	DF	Adj SS	Adj MS	F-값	P-값
회귀	1	19.6000	19.6000	147.00	0.001
x	1	19.6000	19.6000	147.00	0.001
오차	3	0.4000	0.1333		
총계	4	20.0000			

분산분석의 F 검정과 t 검정은 동일한 검정이다.

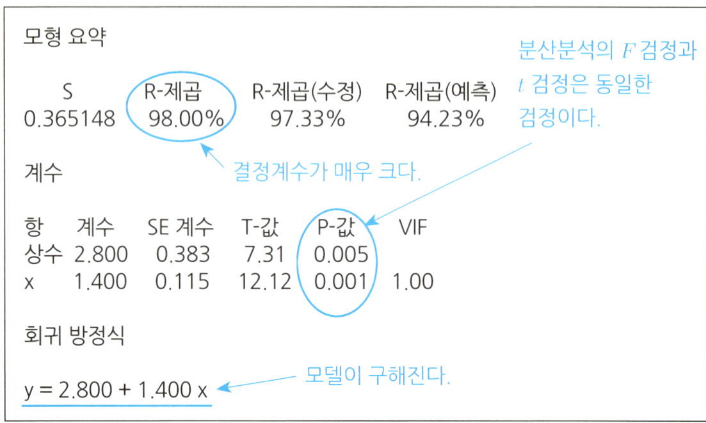
모형 요약

S	R-제곱	R-제곱(수정)	R-제곱(예측)
0.365148	98.00%	97.33%	94.23%

계수

항	계수	SE 계수	T-값	P-값	VIF
상수	2.800	0.383	7.31	0.005	
x	1.400	0.115	12.12	0.001	1.00

회귀 방정식

y = 2.800 + 1.400 x

분산분석에서 회귀의 확률값이 $p=0.001$ 그리고 t 검정에서 기울기 및 절편에 대한 p값이 각각 0.001, 0.005로 모두 0.05보다 작다. 따라서 적합된 모델의 기울기 및 절편 모두 유의하다고 할 수 있다.

결정계수는 $R^2=98.0\ \%$로 매우 높은 편이므로 적합된 모델이 관측점을 잘 설명한 다고 할 수 있다. 그리고 직선의 기울기가 $b=1.4>0$ 이므로 상관계수는 $r=\sqrt{0.98}=0.99$이 된다.

이상의 미니탭에 의한 결과는 앞의 예제들의 결과와 동일함을 알 수 있다.

4) 잔차분석

식 (7.2)의 단순회귀모형 대한 기본가정을 세분하여 다시 정리하면 다음과 같다.

단순 회귀모형의 기본가정

① 선형성: 두 변수 X와 Y 간에는 직선관계가 성립되어야 한다.

② 정규성: 오차들은 평균이 0이고 분산이 σ^2인 정규분포를 따라야 한다.

③ 등분산성: 오차들의 분산은 σ^2로 같아야 한다.

④ 독립성: 오차들은 서로 독립이어야 한다.

적합된 회귀식이 상기의 기본가정을 만족하는지의 여부를, 이미 설명한 기울기 b에 대한 유의성 검정이나 결정계수 R^2을 구함으로써 어느 정도 파악할 수 있다.

그러나 경우에 따라서는 분산분석에 의한 F검정의 결과 회귀식이 유의하고, 결정계수가 큼에도 불구하고 상기의 단순회귀모형의 기본가정이 위배되는 경우가 있다.

따라서 회귀분석을 통해 모델을 구한 후에는 모델이 충분히 잘 적합되었는지의 여부를 판정하기 위해서 반드시 잔차분석을 실시해야 한다.

다음의 **[그림 7-7]**에서와 같이 가로축을 추정값 $\hat{y}_i$ 세로축을 잔차 $\hat{e}_i$로 하여 잔차 산점도를 작성할 경우, 만일 모델이 잘 적합되었다면 (a)와 같이 잔차는 어떤 경향도 없이 랜덤하게 분포할 것이다.

그러나 (b), (c), (d)의 경우는 모두 경향성을 가지므로 모델이 잘 적합 되었다고 할 수 없다. (c)의 경우는 2차 모델에 적합시켜야 하며, (b)및 (d)의 경우에는 변수변환을 통해 원래의 데이터를 선형으로 전환한 후 모델에 적합시킬 필요가 있다.

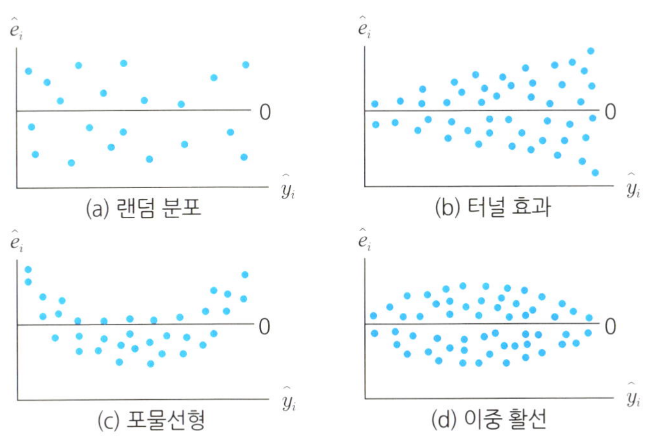

[그림 7-7] 추정값 $\hat{y}_i$에 대한 잔차산점도

예제 7-7

'예제 7-3'에서 적합된 모델에 대해 잔차분석을 하시오.

적합된 회귀 모델 $\hat{y}=2.8+1.4x$에서 $x=1$일 때의 추정값은 $\hat{y}_1=2.8+1.4(1)=4.2$이다.

↓	C1	C2	C3	C4
	x	y	적합치1	표준화 잔차1
1	1	4	4.2	-0.86603
2	2	6	5.6	1.30931
3	3	7	7.0	0.00000
4	4	8	8.4	-1.30931
5	5	10	9.8	0.86603

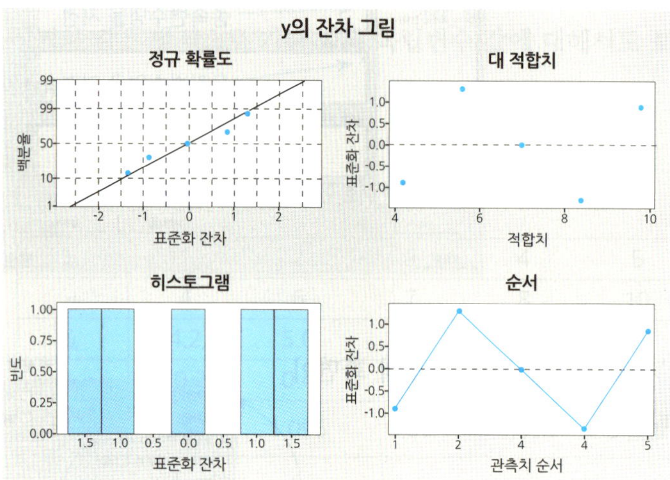

잔차에 대한 '정규 확률도'에서 점들이 직선을 나타내므로 잔차는 정규분포를 따른다고 할 수 있다.

'대 적합치'(Residual Versus the Fitted Values)에서는 데이터가 어떤 경향성을 보이지 않고 0을 중심으로 랜덤하게 흩어져 있다.

'대 순서'(Residuals Versus the Order of the Data)에서 특별한 형태를 발견할 수 없으므로 오차들이 서로 독립이라고 할 수 있다.

단, '히스토그램'(Histogram of the Residuals)에서 히스토그램이 마치 정규분포를 따르지 않는 것으로 나타났으나 이는 데이터수가 적기 때문이다. 일반적으로 데이터의 수가 30개 이상되어야 정규분포의 형태를 따른다.

이상에서 '**예제 7-3**'에서 구한 모델은 충분히 잘 적합되었다고 할 수 있다. 즉, 모델이 측정값을 잘 대표한다고 할 수 있다.

이 경우 만일 달성해야할 목표값이 있을 경우 회귀모델을 통해 목표값을 달성할 수 있는지 여부 즉, 모델의 유효성을 파악 할 수 있다. 모델의 유효성에 대해서는 '**8. 요인실험**'에 설명되어 있다.

5) 회귀분석을 위한 데이터의 변환

잔차에서 나타나는 문제(잔차에 대한 가정의 위배)를 해결하기 위해, x 또는 y 또는 x와 y를 동시에 변환함으로써 x와 y 간에 비선형(non-linear) 관계를 선형으로 바꿀 수 있다.

이때 데이터의 변환은 x 또는 y를 정규분포화하기 위해서가 아니라 잔차가 정규분포를 따라야하기 때문에 실행되는 것이다.

가장 자주 사용하는 변환은 데이터에 로그를 취하는 방법과 제곱근을 취하는 방법이다.

[표 7-6]은 변수변환을 통해 원래의 데이터를 선형으로 변화시킬 수 있는 몇 가지 방법을 제시한다.

[표 7-6] 변수변환 방법

원래의 관계	변수변환	단순회귀 관계
$y=a+b\sqrt{x}$	$x'=\sqrt{x}$	$y=a+bx'$
$y=ae^{bx}$	$y'=\ln y$	$y'=a'+bx$ 단 $a'=\ln a$
$y=ax^{b}$	$y'=\log y,\ x'=\log x$	$y'=a'+bx'$ 단 $a'=\log a$
$y=(a+bx)^2$	$y'=\sqrt{y}$	$y'=a+bx$
$y=ab^{x}$	$y'=\log y$	$y'=a'+b'x$ 단 $a'=\log a$ 단 $b'=\log b$

[그림 7-8]의 ①은 데이터들이 작은 값에 몰려 있는 경우로 원래의 데이터를 log 변환함으로써, ②는 y가 증가함에 따라 y의 변동도 동시에 증가하는 경우로 √ 변환을 함으로써 x와 y 간의 관계를 보다 명확히 할 수 있다.

예제 7-8

데이터 변환의 이해를 돕기 위해, 다음의 두 문제에서 데이터가 변환되기 전 및 후 각각에 대한 예측값을 구하시오.

- **예1: 예측 값 y (손실비용), x(클레임건수) = 20**

원래 데이터	변형된 데이터
y = −202.3+156.1(x) y = −202.3+(______) = (_____)	log(y) = 1.968 + 1.069 x log(x) log(y) = 1.968 + (____) = (____) y = (____)

- **예2 : 예측 값 y(1시간 안에 서비스 종료 고객수), x = 스탭수 20**

원래 데이터	변형된 데이터
y = −3.86 + 2.969x y = −3.86 +(______) = (_____)	SQRT(y) = 3.024 + 0.2088x SQRT(y) = 3.024 +(____)= (____) y = (____)

변환 전 및 후의 예측값은 다음과 같다. 변환 후의 예측값을 더 신뢰할 수 있는데 이는 **[그림 7-8]**에서 변환 후의 R^2값이 증가되는 것을 보아도 알 수 있다.

- **예1: 예측 값 y(손실비용), x(클레임건수)=20**

원래 데이터	변형된 데이터
y = −202.3+156.1(x) y = −202.3+(3 122) = (2 919.7)	log(y) = 1.968+1.069 x log(x) log(y) = 1.968+(1.3908)=(3.3588) y = (2 284.5)

- **예 2: 예측 값 y(1시간 안에 서비스 종료 고객수), x = 스탭수 20**

원래 데이터	변형된 데이터
y = −3.86 + 2.969x y = −3.86 +(59.38) = (55.52)	SQRT(y) = 3.024 + 0.2088x SQRT(y) = 3.024 + (4.176) = (7.2) y = (51.84)

① log 변환의 경우

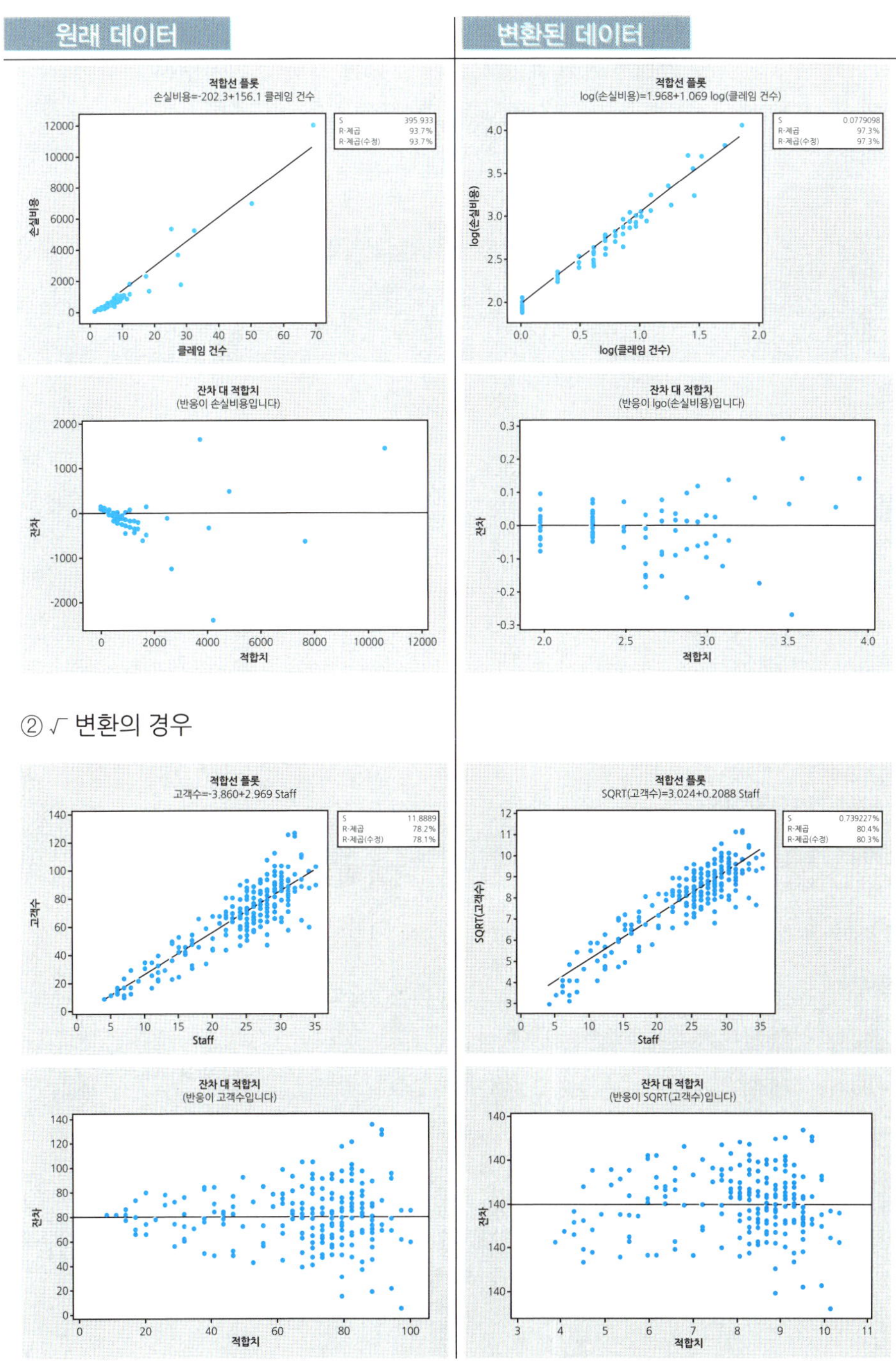

[그림 7-8] 회귀분석을 위한 데이터의 변환

예제 7-9

↓	C1 staff	C2 고객수
1	4	7
2	7	9
3	5	8
4	6	10
5	7	10
6	5	12
7	5	13
8	4	6
9	4	8
10	7	7
11	13	37
12	12	33
13	14	30
14	14	35
15	13	28
16	11	24
17	12	37
18	10	32
19	9	26
20	14	25

서비스 센터에서 직원수(staff)에 따라 1시간 안에 서비스를 완료하는 고객수에 대한 데이터를 다음과 같이 수집하였다.
이 경우 회귀분석을 한 후 유의성과 적합성 검토를 하시오.

'고객수' 파일을 연후 미니탭을 통해 회귀식을 작성하면 다음과 같다.

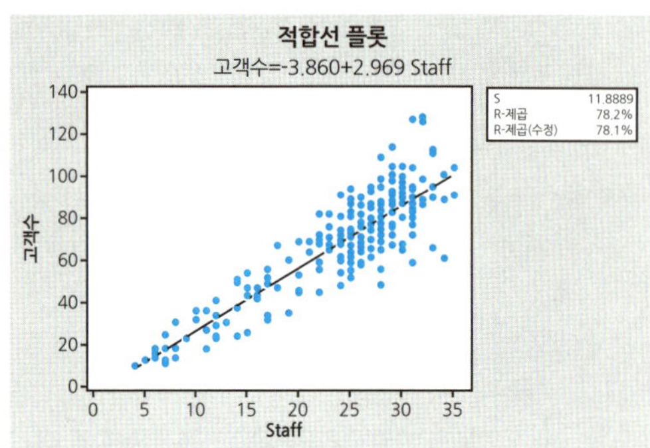

점들이 비교적 직선에 잘 적합이 되고 R^2 값이 어느 정도 크므로 일단 모델이 유의하다고 예측할 수 있다.

회귀 분석: 고객수 대 Staff

회귀 방정식은
고객수 = - 3.86 + 2.97 Staff

예측 변수	계수	SE 계수	T	P
상수	-3.860	2.834	-1.36	0.175
Staff	2.9692	0.1126	26.37	0.000

S = 11.8889 R-제곱 = 76.2% R-제곱(수정) = 76.1%

분산 분석

출처	DF	SS	MS	F	P
회귀	1	98324	98324	695.63	0.000
잔차 오차	217	30672	141		
전체	218	128996			

실제로 미니탭을 통해 다음과 같이 회귀분석을 할 경우 분산분석의 '회귀'의 확률값 또는 직선의 기울기 'staff'의 확률값 $p=0.000<0.05$이므로 모델이 유의하다고 할 수 있다.

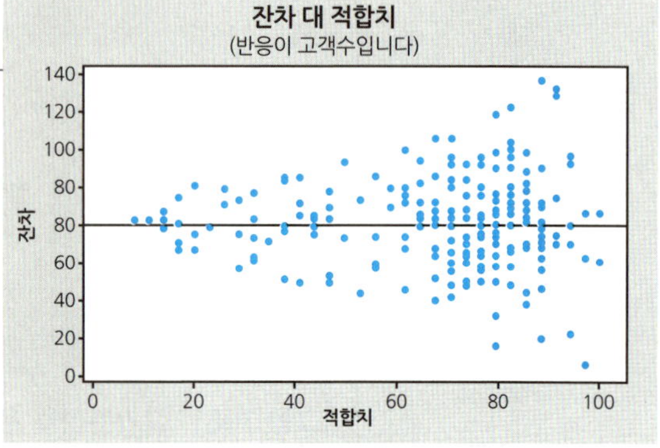

그러나 상기의 '잔차 대 적합치' 그래프에서 y가 증가함에 따라 y의 변동도 동시에 증가하는 것을 알 수 있다. 따라서 √ 변환을 할 필요가 있다.

계산 > 계산기를 클릭한 후 다음을 지정한다.

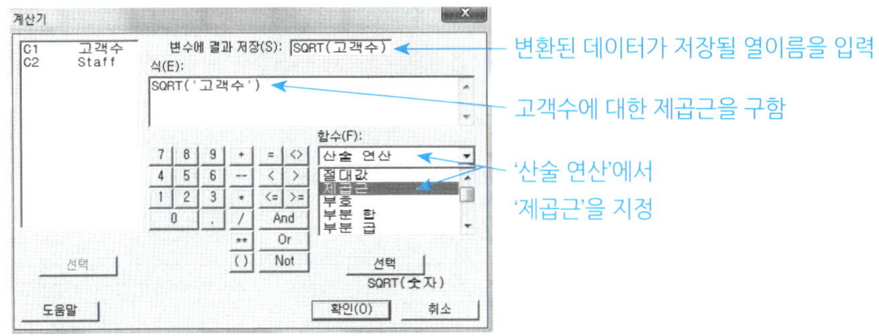

'확인'을 클릭하면 워크시트상에 변환된 데이터가 'SQRT(고객수)'열에 저장된다. 변환된 데이터로 회귀식을 작성하면 점들이 직선에 보다 더 잘 적합이 되어 R^2 값이 증대되고 또한 잔차의 상태도 많이 개선된 것을 알 수 있다.

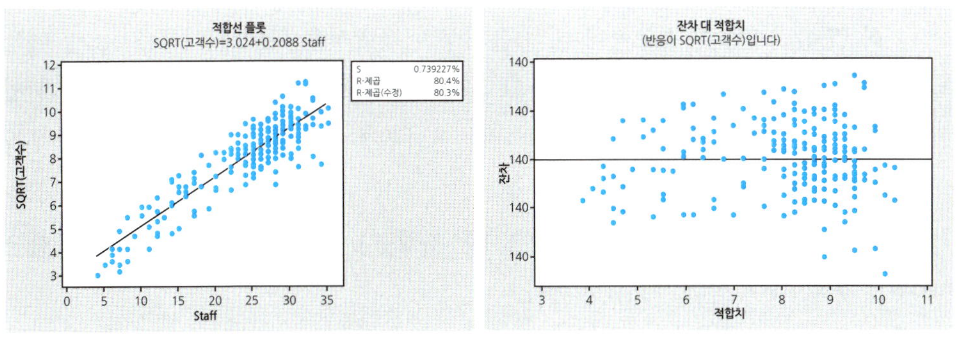

변환된 데이터에 대해 회귀분석을 할 경우 R^2이 증가된 상태에서 분산분석의 '회귀', 그리고 기울기인 'staff'의 확률값이 모두 0.0으로 유의한 것을 알 수 있다.

회귀 분석: SQRT(고객수) 대 Staff

회귀 방정식은
SQRT(고객수) = 3.02 + 0.209 Staff

예측 변수	계수	SE 계수	T	P
상수	3.0242	0.1762	17.16	0.000
Staff	0.208842	0.007000	29.84	0.000

S = 0.739227 R-제곱 = 80.4% R-제곱(수정) = 80.3%

분산 분석

출처	DF	SS	MS	F	P
회귀	1	486.42	486.42	890.14	0.000
잔차 오차	217	118.58	0.55		
전체	218	605.00			

이상에서 데이터 변환을 통해 적합성을 확보함으로써 보다 신뢰할 수 있는 예측값을 얻을 수 있다.

6) y의 평균 $E(y)$ 및 개별값 y_s에 대한 추론

식 (7.4)의 단순회귀모형에 대해 유의성과 적합성을 확인한 이후 $x=x_0$일 때의 $E(y)$의 점추정값인 $\hat{y}$뿐아니라 $E(y)$의 신뢰구간에 대해서도 관심이 있는 경우가 있다. 또한 y에 대한 개별 예측값 y_s에 대한 신뢰구간에 대해서도 관심이 있는 경우가 있다.

y의 기대값 $E(y)=a+bx=\mu$와 이에 대한 추정량 $\hat{y}=\hat{a}+\hat{b}x$를 포함한 다음의 확률변수는 자유도 $n-2$인 t 분포를 따른다.

$$T=\frac{\hat{y}-\mu}{\sqrt{V_E\left\{\frac{1}{n}+\frac{(x-\bar{x})^2}{S_{xx}}\right\}}}\sim t(n-2) \tag{7.8}$$

따라서 상기의 분포를 이용해서 $E(y)$에 대한 추정 및 검정을 할 수 있다.

식 (7.8)의 t 분포로부터 독립변수 $x=x_0$ 일 때의 $E(y)$의 $100(1-\alpha)$ %의 신뢰구간은 다음과 같다.

$$\hat{y} \pm t(n-2;\ \frac{\alpha}{2})\sqrt{V_E\left\{\frac{1}{n}+\frac{(x_0-\bar{x})}{S_{xx}}\right\}} \qquad (7.9)$$

그리고 독립변수 $x=x_0$일 때 $E(y)=\mu_0$의 값을 가질 수 있는지의 대한 검정은 다음과 같이 가설을 수립한 후

$$H_0 : E(y)=\mu_0 \quad \text{vs.} \quad H_1 : E(y)\neq\mu_0$$

만일 $|t_{\text{calc}}|>t(n-2;\ \frac{\alpha}{2})$일 경우 H_0을 기각하고 아니면 H_0을 채택한다.

y의 개별 예측값 y_s와 이에 대한 추정량 $\hat{y}_s=\hat{a}+\hat{b}x$를 포함한 다음의 확률변수는 자유도 $n-2$인 t 분포를 따른다.

$$T=\frac{\hat{y}_s-y_s}{\sqrt{V_E\left\{1+\frac{1}{n}+\frac{(x-\bar{x})^2}{S_{xx}}\right\}}}\sim t(n-2) \qquad (7.10)$$

따라서 상기의 분포를 이용해서 y_s에 대한 추정 및 검정을 할 수 있다.

식 (7.10)으로부터 독립변수 $x=x_0$일 때의 y_s의 $100(1-\alpha)$ %의 신뢰구간은 다음과 같다.

$$\hat{y}_s \pm t(n-2;\ \frac{\alpha}{2})\sqrt{V_E\left\{1+\frac{1}{n}+\frac{(x_0-\bar{x})}{S_{xx}}\right\}} \qquad (7.11)$$

그리고 독립변수 $x=x_0$일 때 y_{s0}의 값을 가질 수 있는지의 대한 검정은 앞에서 설명한 $E(y)$의 경우와 동일한 방법으로 하면 된다.

예제 7-10

'예제 7-3'에서 구한 회귀직선에 대해 $x=3$일 때 $E(y)$와 개별값 y_s에 대한 95 % 신뢰구간을 구하시오.

$\hat{y}=2.8+1.4x$이므로 $x=3$에서 $\hat{y}=7$이 된다. 따라서 $E(y)$에 대한 95 % 신뢰구간은 다음과 같다.

$$\widehat{Var}(\hat{y})=V_E\left\{\frac{1}{n}+\frac{(x_0-\bar{x})}{S_{xx}}\right\}$$

$$= 0.1333\left\{\frac{1}{5}+\frac{(3-3)}{10}\right\}=0.02666$$

이므로 식 (7.9)로부터

$$\hat{y} \pm t(3;\ 0.025)\sqrt{V_E\left\{\frac{1}{n}+\frac{(x_0-\bar{x})}{S_{xx}}\right\}}$$

$$= 7 \pm 3.18 \cdot \sqrt{0.02666}$$

$$= 7 \pm (0.519) = (6.5,\ 7.5)$$

가 된다. 개별값 y_s에 대한 95 %의 신뢰구간은 다음이 된다.

$$\widehat{Var}(\hat{y}_s) = V_E\left\{1+\frac{1}{n}+\frac{(x_0-\bar{x})}{S_{xx}}\right\}$$

$$= 0.1333\left\{1+\frac{1}{5}+\frac{(3-3)}{10}\right\}=0.16$$

이므로 식 (7.11)로부터

$$\hat{y}_s \pm t(3;\ 0.025)\sqrt{V_E\left\{1+\frac{1}{n}+\frac{(x_i-\bar{x})}{S_{xx}}\right\}}$$

$$= 7 \pm 3.18 \cdot \sqrt{0.16}$$

$$= 7 \pm (1.272) = (5.7,\ 8.3)$$

이 된다.

■ 미니탭으로 '**예제 7-10**'을 풀면 다음과 같다.

미니탭으로 회귀분석을 실시한 이후 **통계분석 > 회귀 분석 > 회귀 분석 > 예측**을 클릭한 후

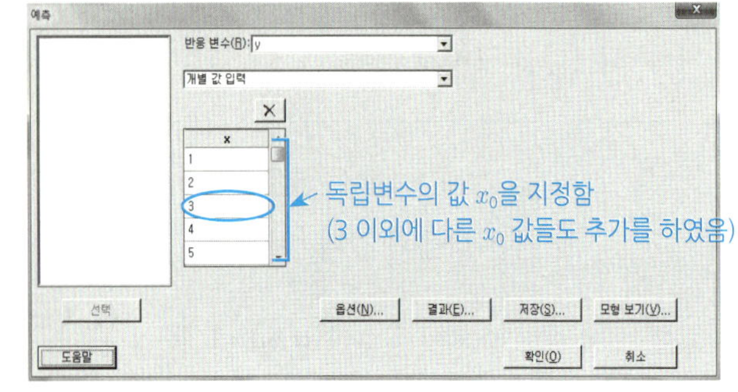

'확인'을 클릭하면 다음의 결과가 나타난다.

[표 7-7] '예제 7-10' 의 분석결과

```
y에 대한 예측

회귀 방정식
y = 2.800 + 1.400 x

변수 설정
x      1
적합치  SE 적합치        95% CI                 95% PI
  4.2   0.282843  (3.29987, 5.10013)  (2.73009, 5.66991)

변수 설정
x      2
적합치  SE 적합치        95% CI                 95% PI
  5.6     0.2     (4.96351, 6.23649)  (4.27504, 6.92496)

변수 설정
x      3
적합치  SE 적합치        95% CI                 95% PI
  7     0.163299  (6.48031, 7.51969)  (5.72702, 8.27298)

변수 설정
x      4
적합치  SE 적합치        95% CI                 95% PI
  8.4     0.2     (7.76351, 9.03649)  (7.07504, 9.72496)

변수 설정
x      5
적합치  SE 적합치        95% CI                 95% PI
  9.8   0.282843  (8.89987, 10.7001)  (8.33009, 11.2699)
```

$x = 3$에서 구한 $E(y)$의 95 % 신뢰구간(95 % CI)과 개별 y_s에 대한 95 % 신뢰구간(95 % PI)이 앞에서 손으로 구한 값과 일치됨을 알 수 있다.

x_i 값들에 대한 $E(y)$ 및 개별 y_s에 대한 신뢰구간을 그래프로 나타내기 위해 **통계분석 > 회귀 분석 > 적합선 그림**을 클릭한 후, '옵션'을 클릭하여

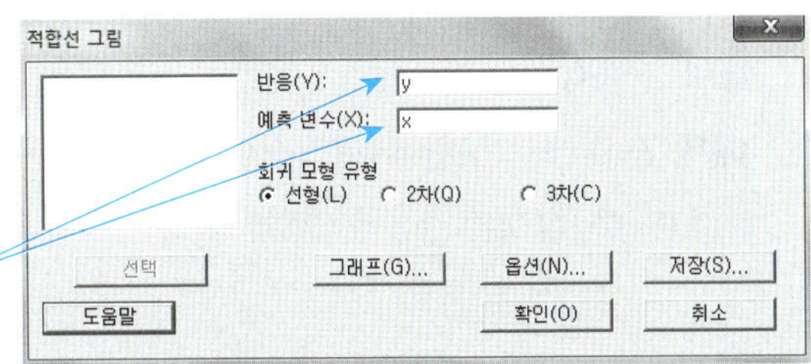

특성치명 및 요인명을 지정함

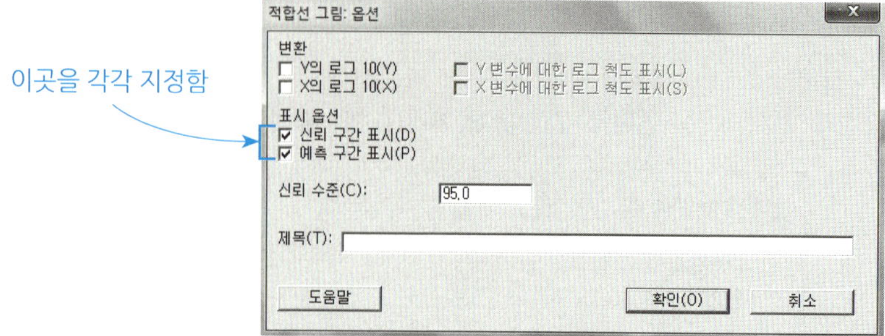

'확인'을 연속하여 클릭하면 다음의 그래프가 나타난다.

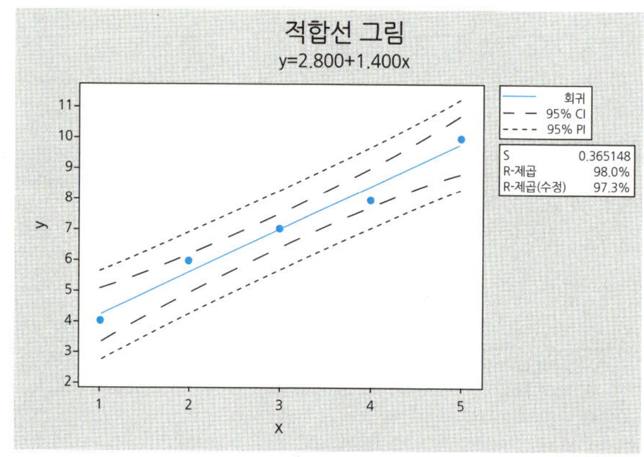

신뢰구간을 연결한 선을 신뢰대(confidence belt)라고 한다. 신뢰대의 폭 즉, 신뢰구간의 폭은 x_0이 $\bar{x}$에 가까울수록 작아지고, 멀어질수록 커지는 것을 알 수 있다. 이는 **[표 7-3]**에서 $x_0 = \bar{x}$일 때 $Var(\hat{y})$, $Var(\hat{y}_s)$의 값이 최소가 되기 때문이다.

만일 x_0이 예측의 범위를 벗어날 경우 회귀직선의 의미를 상실하므로 신뢰구간도 의미가 없어진다.

예제 7-11

'예제 7-3'에서 구한 회귀직선이 $x=5$일 때 $E(y)=12$인 값을 가질 수 있는지를 검정하시오. 단, 유의수준 $\alpha=0.05$로 한다.

$$H_0 : E(y) = 12 \quad \text{vs.} \quad H_1 : E(y) \neq 12$$

식 (7.8)을 사용하여

$$t_{calc} = \frac{2.8 + 1.4(5) - 12}{\sqrt{0.1333\left(\frac{1}{5} + \frac{(5-3)^2}{10}\right)}}$$

$$= \frac{-2.2}{\sqrt{0.1333(0.6)}} = -7.78$$

$t_{calc} = |7.78| > 3.18 = t_{critic}(3;\ 0.025)$이므로 귀무가설을 기각할 수 있다. 따라서 $x=5$일 때 $E(y)=12$값을 가질 수 없다. 물론 이는 **[표 7-7]**에서 $x=5$일 때 $E(y)$의 95 % 신뢰구간(95 % CI)값에 12가 포함되지 않는 것을 보아도 알 수 있다.

문제 7-2 클레임 건수와 손실비용 간에 상관관계를 파악하기 위해 데이터를 수집하였다. 다음의 질문에 답을 하시오. '손실비용' 파일을 연다.

① 산점도를 작성하시오.

② 상관계수를 구하시오.

③ 모델을 구하시오.

④ 모델이 유의한지 여부를 판정하시오.

⑤ 모델이 잘 접합되었다고 할 수 있는가?

⑥ 필요할 경우 데이터를 변환한 후 변환 전 후의 결과를 비교하시오.

지금까지의 단순회귀분석에 대한 절차를 요약하여 정리하면 다음과 같다.

단순회귀분석 절차

① X, Y 간에 관계를 예측하고 데이터를 수집한다.

② X대 Y의 산점도를 작성하여 대략의 관계를 파악한다.

③ 상관계수를 구하여 상관관계의 정도를 파악한다.

④ 회귀모델을 구한다.

⑤ 회귀모델이 유의한지 여부를 검정한다.

⑥ 잔차를 분석하여 적합성을 파악한다.

⑦ 독립변수를 통하여 종속변수를 예측한다.

7.2.2 중회귀분석

단순회귀분석을 통해 다수의 중요 인자를 선정했을 경우 이들을 중회귀분석을 통해 분석을한다. 다음과 같이 2개 이상의 독립변수와 종속변수와의 관계를 선형으로 가정하는 회귀모형을 중선회귀모형(multiple linear regression model) 또는 간단히 중회귀모형이라고 한다.

$$y_i = a + b_1 x_{1i} + b_2 x_{2i} + \cdots + b_k x_{ki} + e_i \qquad (7.12)$$

$$e_i \sim N(0, \sigma^2) \text{ 이고 서로 독립}$$

$$i = 1, 2, \cdots, n$$

1) 중회귀 적합

중회귀의 경우 교호작용이나 제곱항이 포함된다는 것 이외에는 모델을 구하는 원리는 단순회귀의 경우와 동일하다.

식 (7.12)를 행렬로 표현하면 다음과 같다.

$$\mathbf{y} = \mathbf{X}\mathbf{b} + \mathbf{e}$$

여기서

$$\mathbf{y}=\begin{bmatrix} y_1 \\ y_2 \\ \vdots \\ y_n \end{bmatrix} \qquad \mathbf{X}=\begin{bmatrix} 1 & x_{11} & x_{21} & \cdots & x_{k1} \\ 1 & x_{12} & x_{22} & \cdots & x_{k2} \\ \vdots & \vdots & & & \vdots \\ 1 & x_{1n} & x_{2n} & \cdots & x_{kn} \end{bmatrix} \qquad \mathbf{b}=\begin{bmatrix} a \\ b_1 \\ \vdots \\ b_k \end{bmatrix} \qquad \mathbf{e}=\begin{bmatrix} e_1 \\ e_1 \\ \vdots \\ e_n \end{bmatrix}$$

최소제곱법을 적용하기 위해 오차의 제곱합을 행렬로 표현하면 다음과 같다.

$$\begin{aligned} \mathbf{D}=\mathbf{e}'\mathbf{e} &= (\mathbf{y}-\mathbf{Xb})'(\mathbf{y}-\mathbf{Xb}) \\ &= \mathbf{y}'\mathbf{y}-2\mathbf{b}'\mathbf{X}'\mathbf{y}+\mathbf{b}'\mathbf{X}'\mathbf{Xb} \end{aligned}$$

상기의 식을 $\mathbf{b}$로 미분하여 0으로 놓으면 다음의 최소제곱추정치를 얻을 수 있다.

$$\mathbf{X}'\mathbf{X}\hat{\mathbf{b}}=\mathbf{X}'\mathbf{y} \qquad (7.13)$$

여기서 $\mathbf{X}'\mathbf{X}$와 $\mathbf{X}'\mathbf{y}$는 각각 다음과 같다.

$$\mathbf{X}'\mathbf{X}=\begin{bmatrix} n & \sum x_{1i} & \cdots & \sum x_{ki} \\ \sum x_{1i} & \sum x_{1i}^2 & \cdots & \sum x_{1i}x_{ki} \\ \vdots & \vdots & & \vdots \\ \sum x_{ki} & \sum x_{1i}x_{ki} & \cdots & \sum x_{ki}^2 \end{bmatrix} \qquad \mathbf{X}'\mathbf{y}=\begin{bmatrix} \sum y_i \\ \sum x_{1i}y_i \\ \vdots \\ \sum x_{ki}y_i \end{bmatrix}$$

식 (7.13)의 양변에 $(\mathbf{X}'\mathbf{X})^{-1}$을 곱하면 다음과 같이 오차의 제곱합을 최소로 하는 $\mathbf{b}$의 추정값을 얻을 수 있다.

$$\hat{\mathbf{b}}=\begin{bmatrix} \hat{a} \\ \hat{b}_1 \\ \hat{b}_2 \\ \vdots \\ \hat{b}_k \end{bmatrix}=(\mathbf{X}'\mathbf{X})^{-1}\mathbf{X}'\mathbf{y} \qquad (7.14)$$

따라서 추정식은 다음이 된다.

$$\hat{\mathbf{y}}=\mathbf{X}\hat{\mathbf{b}} \qquad (7.15)$$

2) 중회귀 분산분석

각각의 변동을 다음과 같이 구할 수 있다.

$$\text{총변동: } SST = \sum_{i=1}^{k}(y_i - \bar{y})^2 = \sum_{i=1}^{k} y_i^2 - n(\bar{y})^2 = \mathbf{y}'\mathbf{y} - \frac{T^2}{N}$$

$$\text{회귀변동: } SSR = \sum_{i=1}^{k}(\hat{y}_i - \bar{y})^2 = \sum_{i=1}^{k}(\hat{y}_i)^2 - n(\bar{y})^2 \quad (\textstyle\sum \hat{y}_i = \sum y_i = n\bar{y} \text{ 이므로}) = \hat{\mathbf{y}}'\hat{\mathbf{y}} - n(\bar{y})^2$$

이 되는데 여기서

$$\hat{\mathbf{y}} = \begin{bmatrix} \hat{y}_1 \\ \hat{y}_2 \\ \vdots \\ \hat{y}_n \end{bmatrix} = \begin{bmatrix} \hat{a} + \hat{b}_1 x_{11} + \cdots + \hat{b}_k x_{k1} \\ \hat{a} + \hat{b}_1 x_{12} + \cdots + \hat{b}_k x_{k2} \\ \vdots \quad \vdots \quad \quad \vdots \\ \hat{a} + \hat{b}_1 x_{1n} + \cdots + \hat{b}_k x_{kn} \end{bmatrix} = \begin{bmatrix} 1 & x_{11} & \cdots & x_{k1} \\ 1 & x_{12} & \cdots & x_{k2} \\ \vdots & \vdots & & \vdots \\ 1 & x_{1n} & \cdots & x_{kn} \end{bmatrix} \begin{bmatrix} \hat{a} \\ \hat{b}_1 \\ \vdots \\ \hat{b}_k \end{bmatrix} = \mathbf{X}\hat{\mathrm{b}}$$

이므로 결국 SSR은 다음과 같이 나타낼 수 있다.

$$SSR = \hat{\mathbf{b}}'\mathbf{X}'\mathbf{X}\hat{\mathbf{b}} - n(\bar{y})^2 = \hat{\mathbf{b}}'\mathbf{X}'\mathbf{y} - \frac{T^2}{N}$$

$$\text{잔차변동: } SSE = \sum_{i=1}^{k}(y_i - \hat{y})^2 = SST - SSR = \mathbf{y}'\mathbf{y} - \hat{\mathbf{b}}'\mathbf{X}'\mathbf{y}$$

따라서 분산분석표를 다음과 같이 작성할 수 있다.

[표 7-8] 중회귀 분산분석표

요인	SS	ϕ	V	F_{calc}	$F_{\text{critic}}(\alpha)$
회귀	$SSR=\hat{\mathbf{b}}'\mathbf{X}'\mathbf{y}-\frac{T^2}{N}$	k	MSR	$\frac{MSR}{MSE}$	$F_\alpha(k, n-k-1)$
잔차	$SSE=\mathbf{y}'\mathbf{y}-\hat{\mathbf{b}}'\mathbf{X}'\mathbf{y}$	$n-k-1$	MSE		
계(전체)	$SST=\mathbf{y}'\mathbf{y}-\frac{T^2}{N}$	$n-1$			

만일 $F_{\text{calc}}=\frac{MSR}{MSE}>F_{\text{critic}}(k,\ n-k-1\,;\alpha)$일 경우 유의수준 α에서 다음의 귀무가설을 기각할 수 있다.

$$H_0 : b_1=b_2=\cdots=b_k=0$$

따라서 이 경우 회귀식은 유의하다고 할 수 있다.

중회귀의 경우에도 결정계수 R^2을 구하는 방법은 단순회귀분석과 동일하다.

$$R^2=\frac{SSR}{SST}$$

또한 잔차 분석을 통해 적합성을 판정하는 방법과 유효성을 판정하는 방법도 단순회귀분석의 경우와 동일하다.

$\hat{a}$ 및 $\hat{b}_i$들 그리고 $\hat{y}$의 분산은 행렬을 통해서 다음과 같이 구할 수 있다.

우선 $\hat{a}$ 및 $\hat{b}_i$들의 분산과 이들 간의 공분산은 다음과 같이 행렬로 표현할 수 있다.

$$Var(\hat{\mathbf{b}})=Var\begin{bmatrix}\hat{a}\\ \hat{b}_1\\ \hat{b}_1\\ \vdots\\ \hat{b}_k\end{bmatrix}$$

$$=\begin{bmatrix}Var(\hat{a}) & Cov(\hat{a},\hat{b}_1) & Cov(\hat{a},\hat{b}_2) & \cdots Cov(\hat{a},\hat{b}_k)\\ & Var(\hat{b}_1) & Cov(\hat{b}_1,\hat{b}_2) & \cdots Cov(\hat{b}_1,\hat{b}_k)\\ & & Var(\hat{b}_2) & \cdots Cov(\hat{b}_2,\hat{b}_k)\\ & (\text{대칭}) & & \vdots\\ & & & Var(\hat{b}_k)\end{bmatrix}$$

$$=(\mathbf{X}'\mathbf{X})^{-1}\sigma^2 \qquad (7.16)$$

여기서 행렬 $(\mathbf{X}'\mathbf{X})^{-1}$의 원소를 $c_{ij}(i, j=0, 1, 2, \cdots k)$라고 하면

$$(\mathbf{X}'\mathbf{X})^{-1} = \begin{bmatrix} c_{00} & c_{01} & c_{02} & \cdots & c_{0k} \\ & c_{11} & c_{12} & \cdots & c_{1k} \\ & & c_{22} & \cdots & c_{2k} \\ & (\text{대칭}) & & & \vdots \\ & & & & c_{kk} \end{bmatrix}$$

$\hat{a}$ 및 $\hat{b}_i$들의 분산과 이들 간의 공분산은 다음과 같다.

$$Var(\hat{a}) = c_{00}\sigma^2$$
$$Var(\hat{b}_i) = c_{ii}\sigma^2 \quad (i \neq 0)$$
$$Cov(\hat{a}, \hat{b}_i) = c_{0i}\sigma^2$$
$$Cov(\hat{b}_i, \hat{b}_j) = c_{ij}\sigma^2 \quad (i \neq 0)$$

식 (7.15)로부터 $\hat{\mathbf{y}}$의 분산을 다음과 같이 구할 수 있다.

$$\begin{aligned} Var(\hat{\mathbf{y}}) &= Var(\mathbf{X}\hat{\mathbf{b}}) \\ &= \mathbf{x}'Var(\hat{\mathbf{b}})\mathbf{x} \qquad \text{식 (7.16)에서 } Var(\hat{\mathbf{b}}) = (\mathbf{X}'\mathbf{X})^{-1}\sigma^2 \text{ 이므로} \\ &= \mathbf{x}'(\mathbf{X}'\mathbf{X})^{-1}\mathbf{x}\sigma^2 \end{aligned} \tag{7.17}$$

식 (7.17)에서 σ^2 대신에 오차의 평균변동 V_E를 사용하면 다음과 같다.

$$Var(\hat{\mathbf{y}}) = \mathbf{x}'(\mathbf{X}'\mathbf{X})^{-1}\mathbf{x}(V_E) \tag{7.18}$$

중회귀 모델이 교호작용이나 제곱항을 포함할 경우 각각 다음의 형태를 갖는다.

① 중회귀 모델이 교호작용을 가질 경우

모델에 다음과 같이 교호작용이 포함될 경우에는 **[그림 7-9]**와 같이 평면의 양쪽 끝에 비틀림이 나타난다.

$$y = a + b_1x_1 + b_2x_2 + b_3x_1 \cdot x_2 \cdots$$

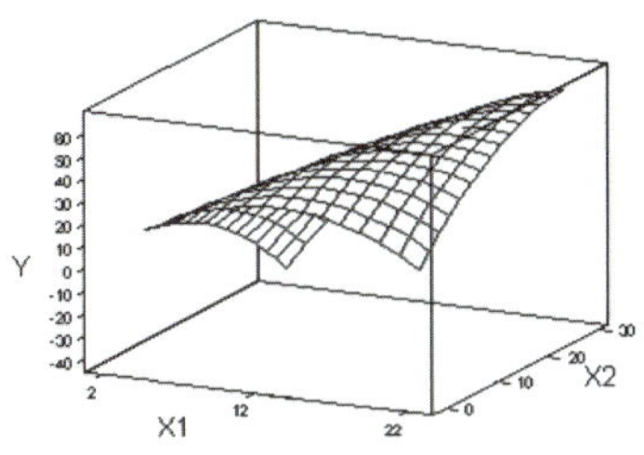

[그림 7-9] 중회귀 모델(교호작용이 있는 경우)

② 중회귀 모델이 제곱항을 가질 경우

만일 모델에 제곱항이 포함될 경우 **[그림 7-10]**과 같이 평면 자체가 굽어진다.

$$y = a + b_1x_1 + b_2x_2 + b_3{x_1}^2 + b_4{x_2}^2 \cdots$$

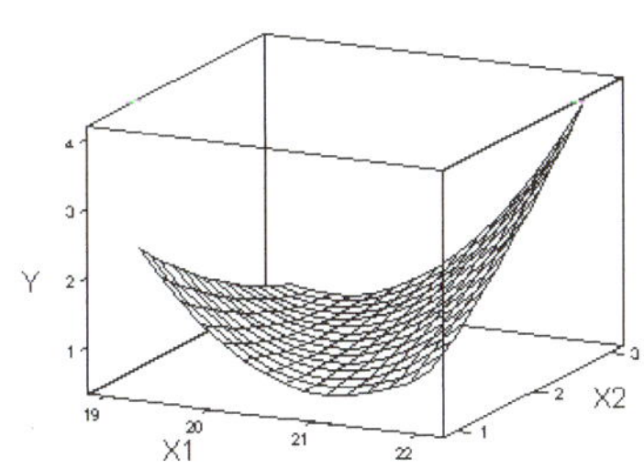

[그림 7-10] 중회귀 모델(제곱항이 있는 경우)

따라서 중회귀는 다음과 같은 절차에 따라 분석하는 것이 바람직하다.

중회귀 분석절차

1단계: 모든 (중요) X를 포함한 중회귀분석을 실시한다.

2단계: 비선형 효과와 교호작용과 같은 추가적인 잠재효과가 있는가를 파악한다.

3단계: 모든 잠재 비선형 효과를 추가함으로써 '최적' 모델을 만든다.

4단계: 잔차분석을 통해 모델의 적합성을 평가한다.

5단계: 만일 잔차에 이상점이 있다면 적절한 조치를 취한 후 최적 모델을 다시 만든다.

6단계: 모델의 유효성을 판정한다.

예제 7-12

점포의 매출액이 주변 인구의 소득수준, 인구, 점포의 크기, 광고비에 의해 영향을 받는 것으로 판단되어 다음과 같은 데이터를 수집하였다. 매출과의 관계를 중회귀분석을 통해 추정을 하시오. 다중회귀분석 파일을 연다.

y	income	population	storesize	advertise
60	11.5	21	37	1.1
66	15.0	28	43	3.1
28	6.2	36	27	2.1
20	5.7	28	34	2.6
46	5.2	17	25	1.6
44	10.2	21	37	1.1
74	13.9	15	32	1.6
12	4.8	68	41	3.6
28	10.9	49	13	1.6
12	4.7	29	22	0.6
68	10.9	19	37	3.1
56	10.6	20	23	2.1
32	3.3	31	32	4.1

⋮

중회귀분석을 위해서는, 우선 최량부분 집합(best subset)을 통해 일련의 인자들로 이루어진 모델을 순차적으로 검토함으로써, 가장 적합한 모델을 선정하는 것이 바람직하다.

통계분석 > 회귀 분석 > 회귀 분석 > 최량 부분 집합을 클릭하면 다음의 화면이 나타난다.

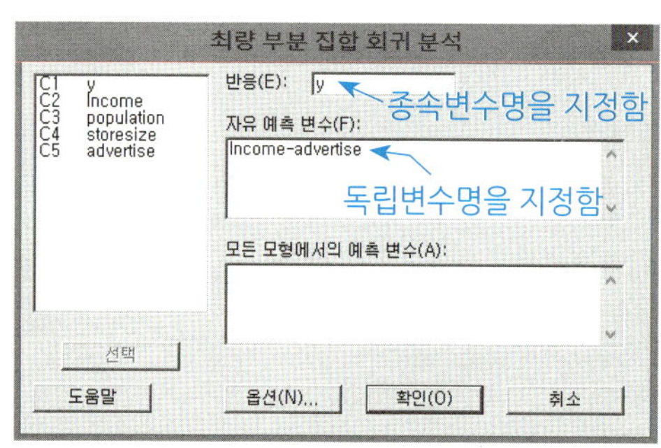

'확인'을 클릭하면 다음의 결과가 나타난다.

최량 부분 집합 회귀 분석: y 대 Income, population, storesize, advertise

반응은 y입니다.

변수	R-제곱	R-제곱(수정)	R-제곱(예측)	Mallows Cp	S	Income	population	storesize	advertise
1	67.4	65.7	60.0	8.3	11.901	X			
1	40.4	37.2	29.3	29.3	16.103		X		
2	77.5	75.0	68.7	2.5	10.159	X	X		
2	69.6	66.2	56.1	8.6	11.811	X		X	
3	79.2	75.5	66.2	3.2	10.055	X	X		X
3	78.8	75.0	66.1	3.5	10.160	X	X	X	
4	79.4	74.2	62.1	5.0	10.313	X	X	X	X

2인자 income과 population을 선정할 경우 R^2값 및 R^2_{adj}(수정)이 높고, C_p값이 작으며 인자의 수와 비슷하다.

따라서 두 인자만을 선정하여 중회귀 분석을 한다.

최량 부분 집합 분석 시 모델 선택 요령

인자의 수가 동일 할 경우 R^2이 큰 모델을 선정한다.

인자수가 서로 다를 경우 R^2_{adj}이 크고, C_p가 작으며 인자수와 동일한 값을 갖는 모델을 선정한다.

- C_p가 작은 값을 갖는다는 것은 예측한 모델이 작은 산포를 갖는다는 것을 의미한다.
- 현저한 적합성 결여(lack of fit)를 갖는 모델은 인자수 보다 큰 C_p 값을 갖는다.

1단계: 모든 (중요)X를 포함한 중회귀 분석을 실시한다.

다음의 추정값을 구하기 위해 우선 $\mathbf{X'X}$, $(\mathbf{X'X})^{-1}$를 먼저 구한다.

$$\hat{\mathbf{b}} = \begin{bmatrix} \hat{a} \\ \hat{b}_1 \\ \hat{b}_2 \\ \vdots \\ \hat{b}_k \end{bmatrix} = (\mathbf{X'X})^{-1}\mathbf{X'y}$$

$$\mathbf{X'X} = \begin{bmatrix} 21 & 178.2 & 651 \\ 178.2 & 1\,782.06 & 5\,064.3 \\ 651 & 5\,064.3 & 24\,559 \end{bmatrix} \text{ 이므로}$$

$$(\mathbf{X'X})^{-1} = \begin{bmatrix} 0.889341 & -0.05299 & -0.01265 \\ -0.05299 & 0.004513 & 0.000474 \\ -0.01265 & 0.000474 & 0.000278 \end{bmatrix} \text{ 이 된다.}$$

여기서

$$\mathbf{X}=\begin{bmatrix} 1 & 11.5 & 21 \\ 1 & 15 & 28 \\ 1 & 6.2 & 36 \\ 1 & 5.7 & 28 \\ 1 & 5.2 & 17 \\ 1 & 10.2 & 21 \\ 1 & 13.9 & 15 \\ 1 & 4.8 & 68 \\ 1 & 10.9 & 49 \\ 1 & 4.7 & 29 \\ 1 & 10.9 & 19 \\ 1 & 10.6 & 20 \\ 1 & 3.3 & 31 \\ 1 & 5.5 & 29 \\ 1 & 10.3 & 20 \\ 1 & 2.3 & 63 \\ 1 & 13.3 & 24 \\ 1 & 5.9 & 36 \\ 1 & 9.6 & 20 \\ 1 & 7.1 & 27 \\ 1 & 11.3 & 50 \end{bmatrix} \quad (\text{columns: } 1,\ x_1,\ x_2) \qquad \mathbf{y}=\begin{bmatrix} 60 \\ 66 \\ 28 \\ 20 \\ 46 \\ 44 \\ 74 \\ 12 \\ 28 \\ 12 \\ 68 \\ 56 \\ 32 \\ 20 \\ 56 \\ 6 \\ 42 \\ 20 \\ 52 \\ 40 \\ 56 \end{bmatrix}$$

$$\mathbf{X}'\mathbf{y}=\begin{bmatrix} 838 \\ 8\,337 \\ 22\,158 \end{bmatrix}$$

이상에서 다음의 추정치를 구할 수 있다.

$$\hat{\mathbf{b}}=(\mathbf{X}'\mathbf{X})^{-1}\mathbf{X}'\mathbf{y}=\begin{bmatrix} 23.25369 \\ 3.721615 \\ -0.4816 \end{bmatrix}$$

따라서 다음의 모델을 얻을 수 있다.

$$\hat{y}=23.25+3.72*\text{income}-0.48*\text{population}$$

각각의 변동을 구해 **[표 7-9]**의 분산분석표를 작성한다.

$$SST = \mathbf{y}'\mathbf{y} - \frac{T^2}{N}$$
$$= 41\ 700 - \frac{(838)^2}{21} = 8\ 259.8$$
$$SSR = \hat{\mathbf{b}}'\mathbf{X}'\mathbf{y} - \frac{T^2}{N}$$
$$= 39\ 842.48 - \frac{(838)^2}{21} = 6\ 402.3$$
$$SSE = SST - SSR = 8\ 259.8 - 6\ 402.3 = 1\ 857.52$$

[표 7-9] '예제 7-12'의 중회귀 분산분석표

요인	SS	ϕ	V	F_{calc}	$F_{critic}(\alpha)$
회귀	6 402.3	2	3 201.2	31.02	3.55
잔차	1 857.52	18	103.20		
계(전체)	8 259.8	20			

이 경우 $F_{calc} = 31.02 > 3.55 = F_{critic}(2,\ 18;\ 0.05)$이므로 다음의 귀무가설을 기각할 수 있다.

$$H_0 : b_1 = b_2 = 0$$

그러므로 모델은 유의하다고 할 수 있다.

결정계수는 77.51 %로 회귀식에 의해 설명되는 변동이 비교적 높은 편이라고 할 수 있다.

$$R^2 = \frac{SSR}{SST} = \frac{6\ 402.3}{8\ 259.8} = 0.7751$$

$\hat{a}$, $\hat{b}_1$, $\hat{b}_2$의 분산은 식 (7.16)로부터 다음과 같다.

$$Var(\hat{\mathbf{b}}) = (\mathbf{X}'\mathbf{X})^{-1}\sigma^2$$
$$= \begin{bmatrix} 0.889341 & -0.05299 & -0.01265 \\ -0.05299 & 0.004513 & 0.000474 \\ -0.01265 & 0.000474 & 0.000278 \end{bmatrix} \sigma^2$$

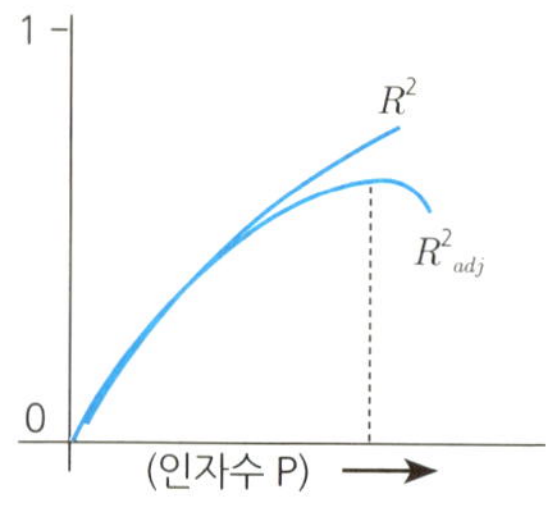

상기의 그림에서 R^2_{adj}의 값은 유의한 인자가 추가될 때까지는 증대되다가 이후 유의하지 않은 인자가 추가될 경우 감소된다. 따라서 R^2_{adj}값이 최대가 될 때 그 때까지의 인자를 중요인자로 선정한다.

2단계: 비선형 효과와 교호작용과 같은 추가적인 잠재 효과가 있는가를 파악한다.

통계분석 > 실험계획법 > 반응 표면 설계 > 사용자 반응 표면 설계 정의를 클릭하면 다음의 화면이 나타난다.

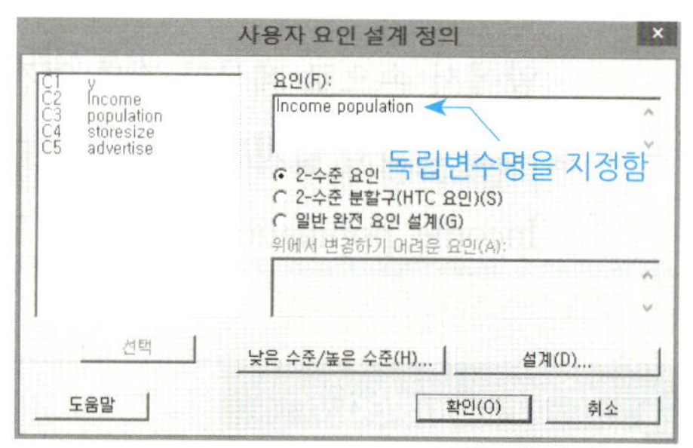

'낮은 수준/높은 수준'을 클릭한 후 최대값 및 최소값을 확인한다. '확인'을 연속하여 클릭하면 워크시트에 다음과 같이 나타난다.

↓	C1	C2	C3	C4	C5	C6	C7	C8	C9
	y	Income	population	storesize	advertise	표준 순서	런 순서	블럭	중앙점
1	60	11.5	21	37	1.1	1	1	1	1
2	66	15.0	28	43	3.1	2	2	1	1
3	28	6.2	36	27	2.1	3	3	1	1
4	20	5.7	28	34	2.6	4	4	1	1
5	46	5.2	17	25	1.6	5	5	1	1
6	44	10.2	21	37	1.1	6	6	1	1
7	74	13.9	15	32	1.6	7	7	1	1
8	12	4.8	68	41	3.6	8	8	1	1
9	28	10.9	49	13	1.6	9	9	1	1
10	12	4.7	29	22	0.6	10	10	1	1
11	68	10.9	19	37	3.1	11	11	1	1
12	56	10.6	20	23	2.1	12	12	1	1
13	32	3.3	31	32	4.1	13	13	1	1
14	20	5.5	29	24	3.1	14	14	1	1
15	56	10.3	20	42	2.1	15	15	1	1
16	6	2.3	63	21	1.1	16	16	1	1
17	42	13.3	24	17	1.1	17	17	1	1
18	20	5.9	36	48	4.1	18	18	1	1
19	52	9.6	20	23	1.6	19	19	1	1
20	40	7.1	27	33	1.6	20	20	1	1
21	56	11.3	50	23	2.6	21	21	1	1

'사용자 반응표면 설계 분석'을 할 준비가 되었음을 나타냄

통계분석 > 실험계획법 > 반응 표면 설계 > 반응 표면 설계 분석을 클릭하면 다음의 화면이 나타난다.

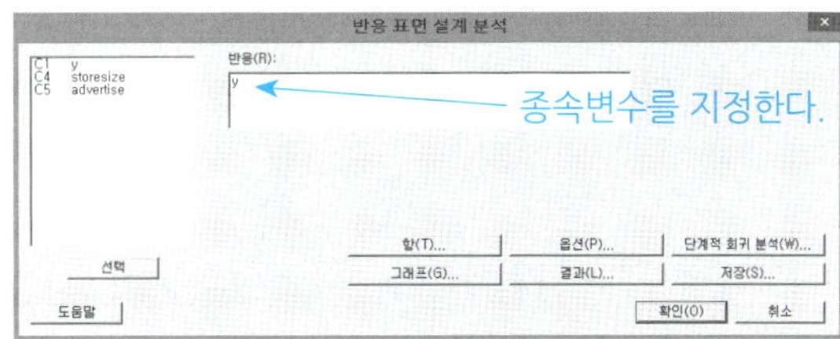

'확인'을 클릭하면 다음의 결과가 나타난다.

반응 표면 회귀: y 대 Income, population

분산 분석

출처	DF	Adj SS	Adj MS	F-값	P-값
모형	5	6822.12	1364.42	14.24	0.000
선형	2	5489.69	2744.84	28.64	0.000
Income	1	2172.71	2172.71	22.67	0.000
population	1	223.36	223.36	2.33	0.148
제곱	2	393.64	196.82	2.05	0.163
Income*Income	1	46.46	46.46	0.48	0.497
population*population	1	393.51	393.51	4.11	0.061
2차 교호작용	1	129.83	129.83	1.35	0.263
Income*population	1	129.83	129.83	1.35	0.263
오차	15	1437.69	95.85		
총계	20	8259.81			

교호작용 및 제곱항은 모두 유의하지 않음

모형 요약

S	R-제곱	R-제곱(수정)	R-제곱(예측)
9.79011	82.59%	76.79%	63.21%

코드화된 계수

항	효과	계수	SE 계수	T-값	P-값	VIF
상수	27.24	5.39	5.06	0.000		
Income	55.31	27.66	5.81	4.76	0.000	2.36
population	-16.76	-8.38	5.49	-1.53	0.148	1.96
Income*Income	12.78	6.39	9.18	0.70	0.497	1.56
population*population	42.5	21.2	10.5	2.03	0.061	2.21
Income*population	27.0	13.5	11.6	1.16	0.263	4.06

코드화되지 않은 단위의 회귀 방정식

y = 95.4 - 1.72 Income - 3.52 population + 0.159 Income*Income + 0.0302 population*population + 0.0802 Income*population

교호작용 및 제곱항의 방정식의 계수도 유의하지 않음

교호작용과 모든 제곱항은 유의하지 않음을 알 수 있다.

3단계: 모든 잠재 비선형 효과를 추가함으로써 '최적' 모델을 만든다.

비 선형 효과가 유의하지 않으므로 교호작용 및 제곱항을 풀링한 후 주효과만으로 다시 분석을 하면 다음과 같다.

[표 7-11] '예제 7-12'의 분석결과(반응표면 회귀)

반응 표면 회귀: y 대 Income, population

분산 분석

출처	DF	Adj SS	Adj MS	F-값	P-값
모형	2	6402.3	3201.1	31.02	0.000
선형	2	6402.3	3201.1	31.02	0.000
Income	1	3069.2	3069.2	29.74	0.000
population	1	833.7	833.7	8.08	0.011
오차	18	1857.5	103.2		
총계	20	8259.8			

모형 요약

S	R-제곱	R-제곱(수정)	R-제곱(예측)
10.1585	77.51%	75.01%	68.67%

코드화된 계수

계수값이 앞의 경우와 다른 것은 계수값이 코드화되었기 때문이다.

항	효과	계수	SE 계수	T-값	P-값	VIF
상수		35.46	2.87	12.34	0.000	
Income	47.26	23.63	4.33	5.45	0.000	1.22
population	-25.52	-12.76	4.49	-2.84	0.011	1.22

코드화되지 않은 단위의 회귀 방정식

y = 23.25 + 3.722 Income - 0.482 population

반응표면 회귀분석을 한 **[표 7-11]**의 결과는 앞에서 회귀분석을 한 **[표 7-10]**의 결과와 동일함을 알 수 있다.

코드화된 계수를 사용하여 모델을 다음과 같이 구할 수 있다.

$$\hat{y} = 35.46 + 23.63 * \text{income} - 12.76 * \text{population} \tag{7.19}$$

이 모델이 적합한지의 여부를 파악하기 위해 잔차분석을 한다.

4단계: 잔차 분석을 통해 모델의 적합성을 평가한다.

통계분석 > 실험계획법 > 반응 표면 설계 > 반응 표면 설계 분석을 클릭한 후 '그래프'를 클릭하고 '잔차그림'의 '네 개 모두'를 선택한다 .

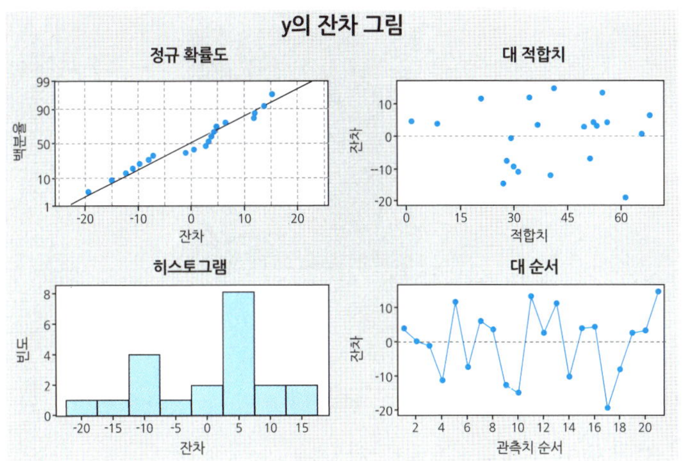

잔차의 분석결과 특이점이 보이지 않으므로 잔차가 정규분포를 따른다고 할 수 있다. 따라서 모델이 잘 적합이 되었다고 할 수 있다.

5단계: 만일 잔차에 이상점이 있다면 적절한 조치를 취한 후 최적 모델을 다시 만든다.

이 경우 잔차가 정규분포를 따르므로 다음 단계를 진행한다.

6단계: 모델의 유효성을 판정한다.

식 (7.19)의 모델을 통해 원하는 목표치를 달성할 수 있는지 여부를 확인한다. 만일 목표치를 달성할 가능성이 없는 경우에는 인자에 대한 검토를 다시 해야 한다.

모델을 통해 목표치를 달성할 수 있는 경우에는 독립변수의 값을 모델에 대입하여 종속변수 값을 예측할 수 있다.

'12.1. 몬테칼로 모의실험'에 중회귀를 통해 구한 모델을 사용하여 최적조건을 구하는 방법이 설명되어 있다.

등고선도와 표면도를 작성할 경우 모델에 대한 추가 정보를 얻을 수 있다.

통계분석 > 실험계획법 > 반응 표면 설계 > 등고선도를 클릭한 후 '확인'을 클릭하면 다음의 결과가 나타난다.

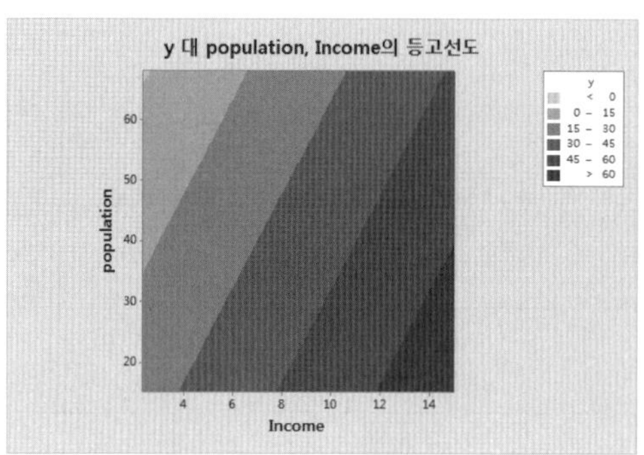

소득이 증가됨에 따라 매출이 증대됨을 알 수 있다. 이 경우 교호작용이나 제곱항이 없어 등고선이 직선으로 나타났다.

통계분석 > 실험계획법 > 반응 표면 설계 > 표면도를 클릭한 후 '확인'을 클릭하면 다음과 같이 표면도가 작성된다.

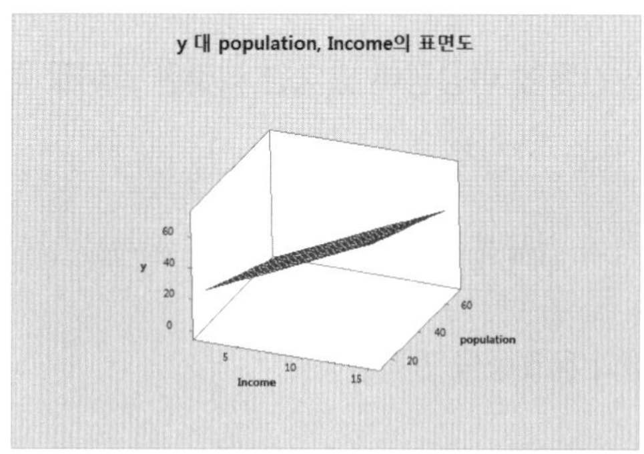

3차원 그래프를 통해 인자들의 변화에 따른 결과(매출)의 변화를 보다 쉽게 이해할 수 있다. 이 경우 비선형 효과(교호작용이나 제곱합)가 없으므로 표면도상에 어떠한 비틀림이나 굴곡이 보이지 않는다.

문제 7-3 stack loss를 최소화하기 위해 생산을 하면서 관련 데이터를 수집하였다. 다중회귀분석(문제) 파일을 열고 다음의 질문에 답을 하시오.

① 중요한 인자는 무엇인가?

② 비선형 효과 또는 교호작용이 존재하는가?

③ stack loss를 최소로 하는 조건은 무엇인가?

④ $\hat{a}$ 및 $\hat{b}_i$의 분산의 추정치를 구하시오.

⑤ '③'에서 $\hat{y}$의 분산에 대한 추정치를 구하시오.

7.2.3 곡선회귀분석

독립변수가 1개일 경우 x, y의 관계가 직선보다 곡선이 더 적절하다고 판단될 경우 $k(\geq 2)$차 곡선회귀모형(curvilinear regression model)을 적합시키는 것이 바람직하다.

$$y = a + b_1x + b_2x^2 + \cdots + b_kx^k + e \tag{7.20}$$

여기서 $e_i \sim N(0, \sigma^2)$이고 서로 독립

곡선회귀분석을 다음과 같이 중회귀모형으로 바꾸면

$$\begin{bmatrix} x = x_{1i} \\ x^2 = x_{2i} \\ \vdots \\ x^k = x_{ki} \end{bmatrix}$$

n개의 측정값에 대해서 식 (7.20)은 다음과 같이 변환되는데 이는 앞에서 설명한 중회귀모형과 동일하다.

$$y_i = a + b_1x_{1i} + b_1x_{2i} + \cdots + b_kx_{ki} + e_i$$

$e_i \sim N(0, \sigma^2)$이고 서로 독립이며

$i = 1, 2, \cdots, n$이다.

따라서 곡선회귀의 적합 및 분산분석은 중회귀분석의 경우와 동일하므로 구체적인 설명은 중회귀분석을 참조하기 바란다.

1) 곡선회귀의 적합

b의 추정값 $\hat{b}=(\hat{a}, \hat{b}_1, \cdots, \hat{b}_k)$는 중회귀분석과 동일하게 다음과 같이 구할 수 있다.

$$\hat{\mathbf{b}}=(\mathbf{X}'\mathbf{X})^{-1}\mathbf{X}'\mathbf{y} \tag{7.21}$$

$$\hat{\mathbf{b}}=\begin{bmatrix} \hat{a} \\ \hat{b}_1 \\ \hat{b}_2 \\ \vdots \\ \hat{b}_k \end{bmatrix}=\begin{bmatrix} n & \sum x_{1i} & \cdots \sum x_{ki} \\ \sum x_{1i} & \sum x_{1i}^{\ 2} & \cdots \sum x_{1i}x_{ki} \\ \vdots & \vdots & \vdots \\ \sum x_{ki} & \sum x_{1i}x_{ki} & \cdots \sum x_{ki}^{\ 2} \end{bmatrix}^{-1}\begin{bmatrix} \sum y_i \\ \sum x_{1i}y_i \\ \vdots \\ \sum x_{ki}y_i \end{bmatrix}$$

단, $\mathbf{X}$는 다음과 같다.

$$\mathbf{X}=\begin{bmatrix} 1 & x_{11} & x_{21} & \cdots & x_{k1} \\ 1 & x_{12} & x_{22} & \cdots & x_{k2} \\ \vdots & \vdots & & & \\ 1 & x_{1n} & x_{2n} & \cdots & x_{kn} \end{bmatrix}=\begin{bmatrix} 1 & x_1 & x_1^{\ 2} & \cdots & x_1^{\ k} \\ 1 & x_2 & x_2^{\ 2} & \cdots & x_2^{\ k} \\ \vdots & \vdots & & & \\ 1 & x_n & x_n^{\ 2} & \cdots & x_n^{\ k} \end{bmatrix}$$

2) 곡선회귀 분산분석

곡선회귀의 분산분석은 다음과 같이 중회귀의 경우와 동일하게 구할 수 있다.

총변동: $SST=\sum(y_i-\overline{y})^2$
$=\sum y_i^{\ 2}-n(\overline{y})^2$
$=\mathbf{y}'\mathbf{y}-\dfrac{T^2}{N}$

회귀변동: $SSR=\hat{\mathbf{y}}'\hat{\mathbf{y}}-n(\overline{y})^2$
$=\hat{\mathbf{b}}'\mathbf{X}'\mathbf{X}\hat{\mathbf{b}}-n(\overline{y})^2$
$=\hat{\mathbf{b}}'\mathbf{X}'\mathbf{y}-\dfrac{T^2}{N}$

잔차변동: $SSE=SST-SSR$
$=\sum(y_i-\hat{y}_i)^2=\mathbf{y}'\mathbf{y}-\hat{\mathbf{b}}'\mathbf{X}'\mathbf{y}$

[표 7-12] 곡선회귀 분산분석표

요인	SS	ϕ	V	F_{calc}	$F_{\text{critic}}(\alpha)$
회귀	$SSR=\hat{\mathbf{b}}'\mathbf{X}'\mathbf{y}-\frac{T^2}{N}$	k	MSR	$\frac{MSR}{MSE}$	$F_{\alpha}(k, n-k-1)$
잔차	$SSE=\mathbf{y}'\mathbf{y}-\hat{\mathbf{b}}'\mathbf{X}'\mathbf{y}$	$n-k-1$	MSE		
계(전체)	$SST=\mathbf{y}'\mathbf{y}-\frac{T^2}{N}$	$n-1$			

곡선회귀 모형에서는 k의 값을 결정하는 것이 중요하다.

만일 k값이 너무 크면 $\mathbf{X}$행렬의 행(column) 간의 상관관계가 커져서 $b_1, b_2, \cdots, b_k$를 추정할 때 정도가 나빠진다. 따라서 k값이 가능한 작으면서 회귀모형이 관측값을 적절히 설명할 수 있도록 k값을 결정해 주어야 한다.

일반적으로 다음과 같은 방법이 사용된다.

① 산점도를 작성하여 k값을 대략적으로 결정한다.
그러나 이 방법은 간편하나 객관성이 결여되기 쉽다.

② k값을 증가시키며 R^2값을 구한다. 이때 R^2값이 감소할 시점에서 바로 직전의 $k-1$의 값을 택한다.

③ k값을 증가시키며 MSE값을 구한다. 이때 MSE값이 제일 작거나 충분히 작아졌다고 판단될 경우 k값을 택한다.

예제 7-13

페인트의 점도에 대한 광택도를 측정하여 다음과 같은 데이터를 얻었다. 점도 X와 광택도 Y의 관계를 적절한 곡선회귀를 통해 적합시키시오.

[표 7-13] 점도에 따른 광택도의 변화

점도(X)	100	110	120	130	140
광택도(Y)	80.1	82.3	83.9	82.7	79.2
	80.7	81.9	83.2	81.8	79.7
	79.9	82.6	83.9	82.5	79.3
	80.4	82.7	84.1	81.9	80.1

[그림 7-11]과 같이 산점도를 작성하면 점도와 광택도는 명백히 2차 곡선의 관계를 나타냄을 알 수 있다.

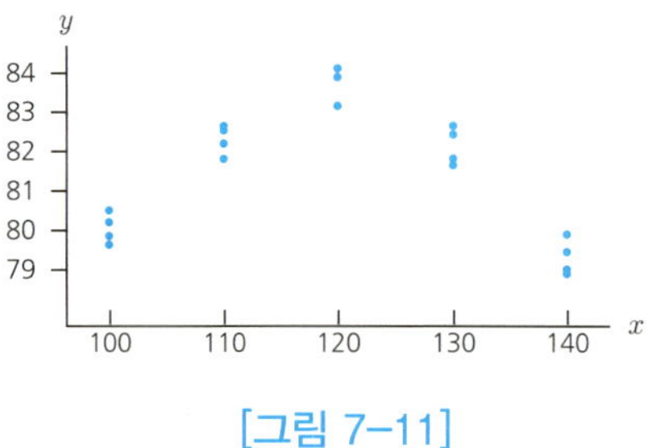

[그림 7-11]

따라서 2차 곡선회귀모형 $y = a + b_1 x + b_2 x^2 + e_i$에 적합시키기 위해 우선 다음과 같이 행렬 **x**, **y**, $\mathbf{X}'\mathbf{X}$, $(\mathbf{X}'\mathbf{X})^{-1}$, $\mathbf{X}'\mathbf{y}$를 구한다.

$$\mathbf{X} = \begin{bmatrix} 1 & 100 & 100^2 \\ 1 & 100 & 100^2 \\ 1 & 100 & 100^2 \\ 1 & 100 & 100^2 \\ 1 & 110 & 110^2 \\ 1 & 110 & 110^2 \\ 1 & 110 & 110^2 \\ 1 & 110 & 110^2 \\ 1 & 120 & 120^2 \\ 1 & 120 & 120^2 \\ 1 & 120 & 120^2 \\ 1 & 120 & 120^2 \\ 1 & 130 & 130^2 \\ 1 & 130 & 130^2 \\ 1 & 130 & 130^2 \\ 1 & 130 & 130^2 \\ 1 & 140 & 140^2 \\ 1 & 140 & 140^2 \\ 1 & 140 & 140^2 \\ 1 & 140 & 140^2 \end{bmatrix} \qquad \mathbf{y} = \begin{bmatrix} 80.1 \\ 80.7 \\ 79.9 \\ 80.4 \\ 82.3 \\ 81.9 \\ 82.6 \\ 82.7 \\ 83.9 \\ 83.2 \\ 83.9 \\ 84.1 \\ 82.7 \\ 81.8 \\ 82.5 \\ 81.9 \\ 79.2 \\ 79.7 \\ 79.3 \\ 80.1 \end{bmatrix}$$

$$\mathbf{X}'\mathbf{X} = \begin{bmatrix} 20 & 2\,400 & 292\,000 \\ 2\,400 & 292\,000 & 36\,000\,000 \\ 292\,000 & 36\,000\,000 & 4\,494\,160\,000 \end{bmatrix}$$

$$(\mathbf{X}'\mathbf{X})^{-1} = \begin{bmatrix} 363.721 & -6.116 & 0.025 \\ -6.116 & 0.103 & -0.00 \\ 0.025 & -0.00 & 0.00 \end{bmatrix}$$

$$\mathbf{X}'\mathbf{y} = \begin{bmatrix} 1\,632.9 \\ 195\,886 \\ 23\,820\,480 \end{bmatrix}$$

식 (7.21)에 의해 **b**값을 다음과 같이 추정할 수 있다.

$$\hat{\mathbf{b}} = \begin{bmatrix} \hat{a} \\ \hat{b}_1 \\ \hat{b}_2 \end{bmatrix} = (\mathbf{X}'\mathbf{X})^{-1}\mathbf{X}'\mathbf{y} = \begin{bmatrix} -42.7736 \\ 2.1188 \\ -0.0089 \end{bmatrix}$$

따라서 2차 곡선모델은 $\hat{y} = -42.78 + 2.12x - 0.0089x^2$이 된다.

적합된 회귀식이 유의한지의 여부를 판정하기 위해 우선 다음과 같이 각각의 변동을 구한다.

$$\frac{T^2}{N} = \left(\frac{1\,632.9}{20}\right)^2 = 133\,318.12$$

$$SST = \mathbf{y}'\mathbf{y} - \frac{T^2}{N}$$

$$= 133\,366.71 - 133\,318.12 = 48.59$$

$$SSR = \hat{\mathbf{b}}'\mathbf{X}'\mathbf{y} - \frac{T^2}{N}$$

$$= 133\,363.37 - 133\,318.12 = 45.25$$

$$SSE = SST - SSR = 3.34$$

상기의 변동을 토대로 하여 다음과 같은 분산분석표를 작성한다.

[표 7-14] '예제 7-13'의 분산분석표

요인	SS	ϕ	V	F_{calc}	$F_{critic}(\alpha)$
회귀	SSR=45.25	2	22.625	115.43	3.59
잔차	SSE=3.34	17	0.196		
계	SST=48.59	19			

상기의 분산분석표에서 $F_{calc} = 115.43 \geq 3.59 = F_{critic}(2,17;\ 0.05)$이므로 귀무가설 $H_0 : b_1 = b_2 = 0$을 기각할 수 있다. 따라서 앞에서 구한 회귀식이 유의하다고 할 수 있다.

■ **'예제 7-13'**을 미니탭을 사용하여 풀면 다음과 같다,

곡선회귀 파일을 연다.

우선 **[표 7-15]**와 같이 종속변수와 독립변수의 데이터를 각각 하나의 열에 쌓는다.

데이터 > 쌓기 > 열을 클릭한 후 다음을 실행한다.

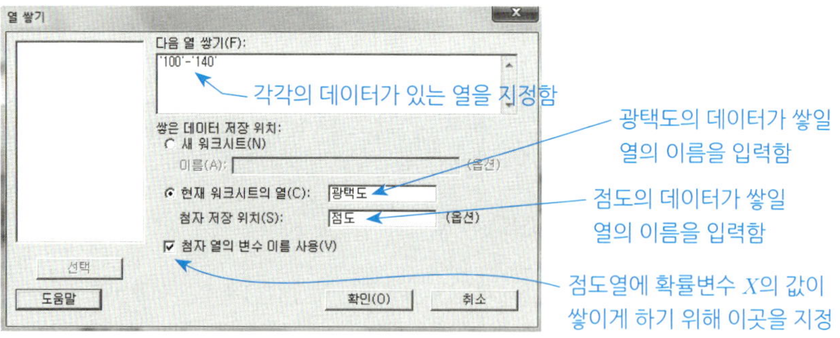

'확인'을 클릭하면 워크시트상에 광택도와 점도의 데이터가 다음과 같이 쌓인다.

[표 7-15] '예제 7-13' 데이터의 쌓기

→	C1	C2	C3	C4	C5	C6	C7-T
	100	110	120	130	140	광택도	점도
1	80.1	82.3	83.9	82.7	79.2	80.1	100
2	80.7	81.9	83.2	81.8	79.7	80.7	100
3	79.9	82.6	83.9	82.5	79.3	79.9	100
4	80.4	82.7	84.1	81.9	80.1	80.4	100
5						82.3	110
6						81.9	110
7						82.6	110
8						82.7	110
9						83.9	120
10						83.2	120
11						83.9	120
12						84.1	120

미니탭에서 문자열로 인식되었음으로 이를 숫자열로 바꾸어야 함

데이터 > 데이터 유형 변경 > 텍스트를 숫자로를 클릭하여

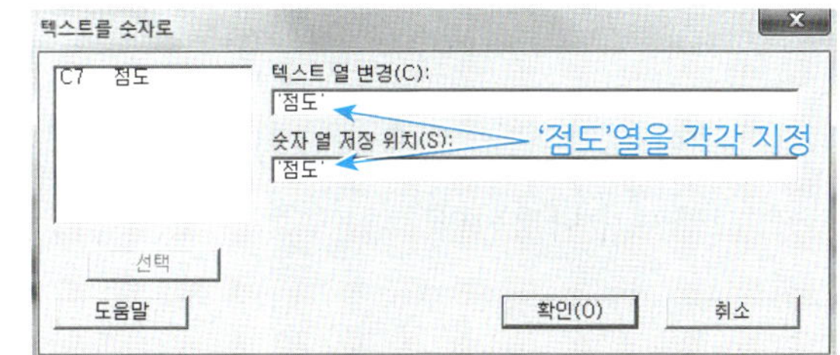

'확인'을 클릭하면 다음의 결과가 나타난다.

→	C1	C2	C3	C4	C5	C6	C7
	100	110	120	130	140	광택도	점도
1	80.1	82.3	83.9	82.7	79.2	80.1	100
2	80.7	81.9	83.2	81.8	79.7	80.7	100
3	79.9	82.6	83.9	82.5	79.3	79.9	100
4	80.4	82.7	84.1	81.9	80.1	80.4	100
5						82.3	110
6						81.9	110
7						82.6	110
8						82.7	110
9						83.9	120
10						83.2	120
11						83.9	120
12						84.1	120

문자열에서 숫자열로 바뀌었음을 알 수 있다.

산점도를 작성하기 위해 **그래프 > 산점도**를 클릭하면 다음의 화면이 나타난다.

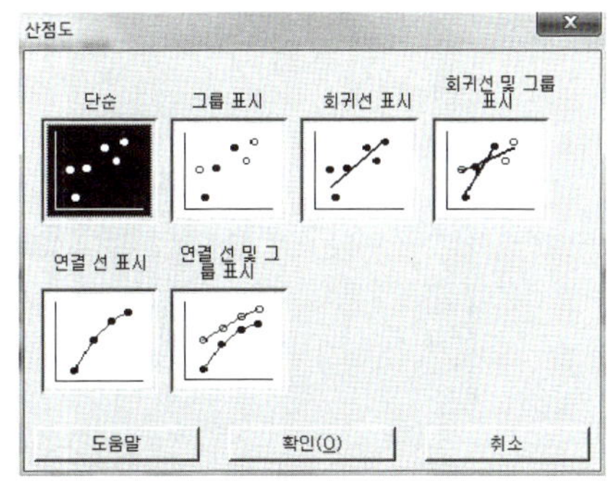

'단순'을 더블 클릭하면 다음의 화면이 나타난다.

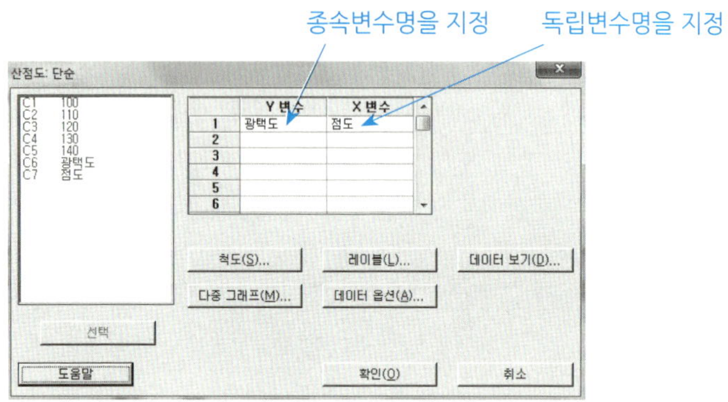

'확인'를 클릭하면 다음의 그래프가 나타난다.

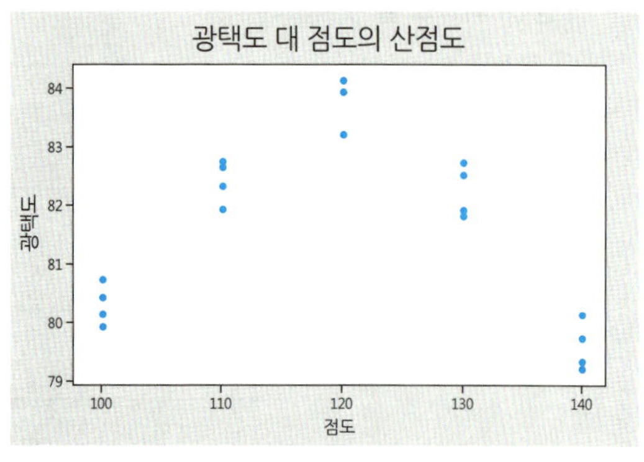

상기의 산점도상에 곡선회귀를 적합시키기 위해서는 2차항이 필요하다. 그런데 회귀식의 1차항과 2차항간에 독립성을 확보하기 위해서, 점도의 각각의 값을 평균으로 빼 중심화된 std점도 즉, 1차항을 구한 후 2차항(std점도)^{2}을 구한다.

우선 점도를 중심화하기 위해 **계산 > 표준화**를 클릭한 후 다음을 실행한다.

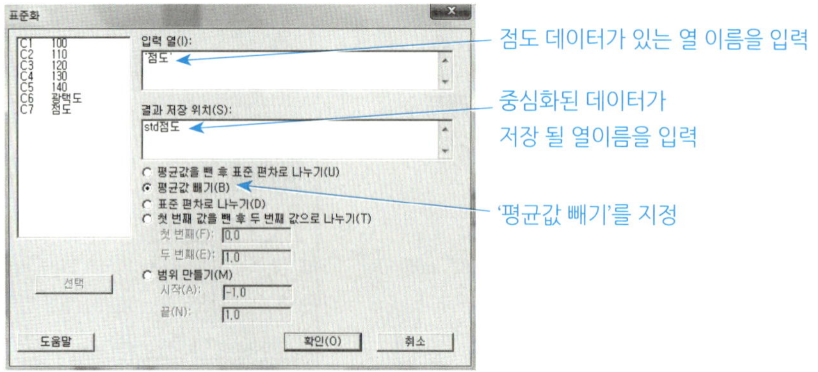

'확인'을 클릭하면 중심화된 'std점도' 값들이 **[표 7-15]**의 워크시트상의 C8열에 저장된다.

2차항인 (std점도)² 을 구하기 위해 **계산 > 계산기**를 클릭한 후 다음을 실행한다.

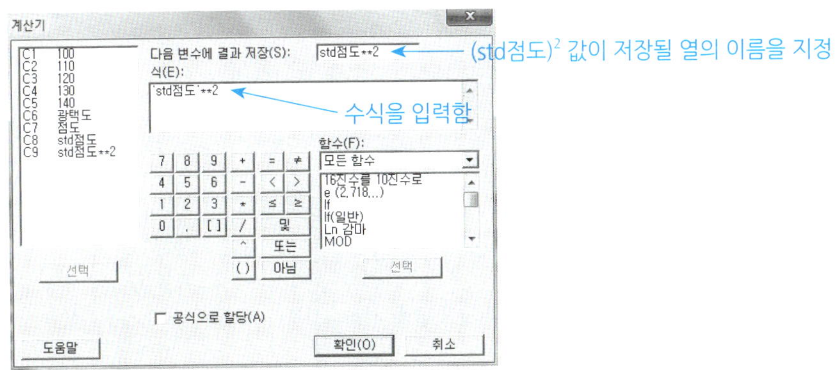

'확인'을 클릭하면 '(std점도)² ' 값들이 **[표 7-15]**의 워크시트상의 C9열에 저장된다.

이상의 결과들이 **[표 7-16]**에 나타나 있다.

[표 7-16] 곡선회귀에 적합을 위한 1차 및 2차항의 발생

→	C1	C2	C3	C4	C5	C6	C7	C8	C9
	100	110	120	130	140	광택도	점도	std점도	std점도**2
1	80.1	82.3	83.9	82.7	79.2	80.1	100	-20	400
2	80.7	81.9	83.2	81.8	79.7	80.7	100	-20	400
3	79.9	82.6	83.9	82.5	79.3	79.9	100	-20	400
4	80.4	82.7	84.1	81.9	80.1	80.4	100	-20	400
5						82.3	110	-10	100
6						81.9	110	-10	100
7						82.6	110	-10	100
8						82.7	110	-10	100
9						83.9	120	0	0
10						83.2	120	0	0
11						83.9	120	0	0
12						84.1	120	0	0

회귀식을 접합시키기 위해 **통계분석 > 회귀 분석 > 회귀 분석 > 적합 회귀 모형**을 클릭한 후 다음을 실행한다.

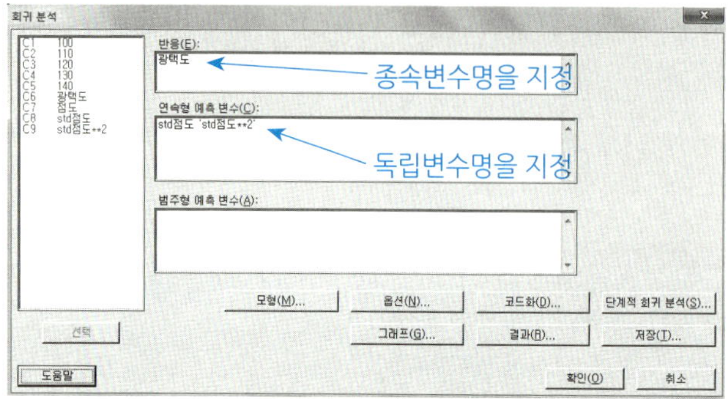

'그래프'를 클릭하면 다음의 화면이 나타난다.

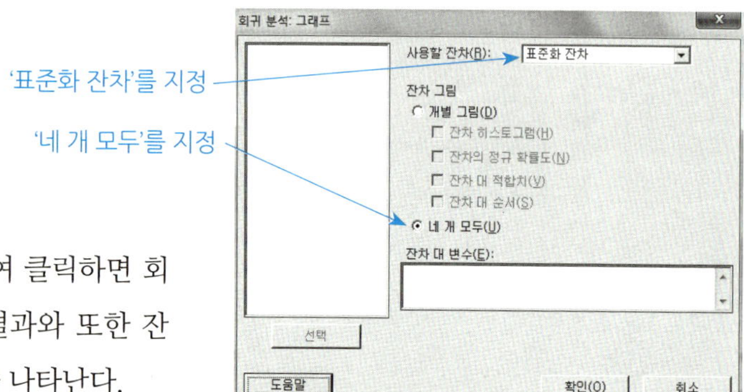

'확인'을 연속하여 클릭하면 회귀식에 대한 분석결과와 또한 잔차에 대한 그래프가 나타난다.

회귀 분석: 광택도 대 std점도, std점도**2
분산 분석

출처	DF	Adj SS	Adj MS	F-값	P-값
회귀	2	45.2474	22.6237	115.08	0.000
std점도	1	0.9610	0.9610	4.89	0.041
std점도**2	1	44.2864	44.2864	225.27	0.000
오차	17	3.3421	0.1966		
적합성 결여	2	1.0246	0.5123	3.32	0.064
순수 오차	15	2.3175	0.1545		
총계	19	48.5895			

모형 요약

S	R-제곱	R-제곱(수정)	R-제곱(예측)
0.443387	93.12%	92.31%	90.66%

계수

항	계수	SE 계수	T-값	P-값	VIF
상수	83.424	0.155	539.94	0.000	
std점도	-0.01550	0.00701	-2.21	0.041	1.00
std점도**2	-0.008893	0.000593	-15.01	0.000	1.00

회귀 방정식

광택도 = 83.424 - 0.01550 std점도 - 0.008893 std점도**2

모델이 광택도=83.424−0.0155*std점도−0.00889*(std점도)^{2}으로 앞에서의 모델과 차이가 나는 것은 독립변수의 각각의 값을 평균으로 빼 중심화했기 때문이다.

회귀의 확률값 $p=0.00<0.05$이므로 회귀식이 유의하다고 할 수 있다. 그리고 상수, std점도, (std점도)^{2}의 기울기에 대한 확률값이 모두 0.05보다 작으므로 회귀 모델의 1차, 2차항의 기울기 및 절편은 모두 유의하다고 할 수 있다.

결정계수 $R^2=93.12$ %로 전체변동 중 회귀식에 의해 설명되는 변동이 충분히 크므로 회귀식이 관측점을 잘 나타내고 있다고 할 수 있다.

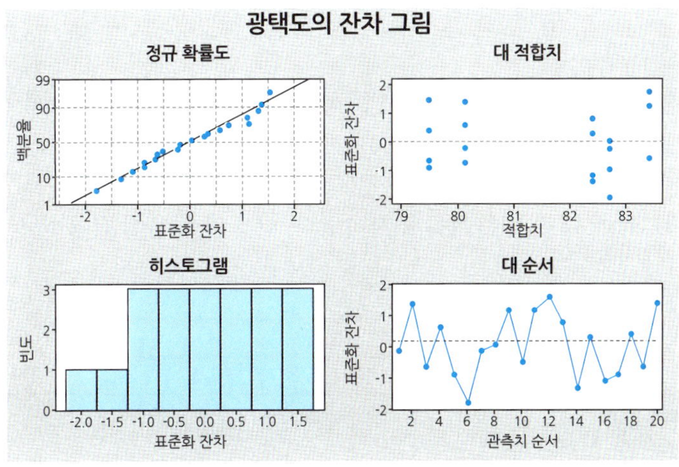

'정규 확률도'에서 점들이 직선의 형태를 나타내므로 잔차가 정규분포를 따른다고 할 수 있다.

'대 적합치'에서 표준화된 잔차들이 0을 중심으로 랜덤하게 흩어져 있고 '대 순서'에서 표준화된 잔차들이 특별한 형태를 나타내지 않으므로 오차항이 서로 독립이라고 할 수 있다.

단, '히스토그램'이 정규분포를 따르지 않는 것은 데이터수가 적기 때문이라고 할 수 있다.

이상에서 곡선회귀는 충분히 잘 적합되었다고 할 수 있다. 즉, 곡선회귀식이 관측값을 잘 대표한다고 할 수 있다.

7장

연습문제

1. 상관분석과 회귀분석의 차이를 간략하게 기술하시오.

2. 상관관계와 인과관계의 차이를 설명하시오.

3. 잔차가 정규분포를 따라야 하는 이유를 간략하게 기술하시오.

4. 상관 및 회귀분석을 할 때 데이터 수집 시 유의사항에 대해 간략하게 기술하시오.

5. 년도별 광고비에 대한 매출액을 조사하였다. 다음의 질문에 답을 하시오.

단위: 억원

광고비	1	2	3	4	5	6
매출액	8	12.2	16.8	20.4	30	34

1) 산점도를 작성하시오.

2) 상관관계를 구하시오.

3) 상관관계가 성립되는지에 대한 검정을 하시오. 단, 유의수준 $\alpha = 0.05$로 한다.

6. '**5번 문제**'에 대해 다음의 질문에 답을 하시오.

1) 최소제곱법에 의해 회귀직선을 구하시오.

2) 변동을 구하고 분산분석표를 작성하시오.

3) '1)'에서 구한 회귀직선이 유의하다고 할 수 있는가?

4) '1)'에서 구한 회귀직선이 잘 접합되었다고 할 수 있는가? 그 이유는?

5) 만일 회귀식이 유의할 경우 광고비가 4.5억 일 때 매출액은 얼마인가?

7. '**5번 문제**'에 대해 다음의 질문에 답을 하시오.

1) t 검정을 통해 '**문제 6번**'에서 구한 기울기가 유의한지 여부를 검정하시오.

2) t 검정을 통해 '**문제 6번**'에서 구한 절편 a가 유의한지 여부를 검정하시오.

3) 광고비가 4.5억일 때 매출액의 기대값의 95 % 신뢰구간을 구하시오.

4) 광고비가 4.5억일 때 개별 매출액의 95 % 신뢰구간을 구하시오.

8. 매출액에 따라 소요되는 재료비를 파악하기 위해 다음의 데이터를 수집하였다. 다음의 질문에 답을 하시오.

단위: 억원

매출액	75	45	52	81	103	70	113	103
재료비	27	21	24	31	36	27	38	34

1) 회귀직선을 구하시오.

2) 회귀직선이 유의한지 여부에 대한 가설을 세우고 이를 판정하시오.

3) 회귀직선이 잘 적합 되었다고 할 수 있는가? 그 이유를 설명하시오.

4) 매출액이 100억일 때 평균 재료비가 40억이 될 수 있는지를 유의수준 $\alpha = 0.05$로 판정하시오.

5) 매출액이 100억일 때 개별 재료비가 40억이 될 수 있는지를 유의수준 $\alpha = 0.05$로 판정하시오.

9. 다음의 두 문제에 대해 데이터가 변환되기 전 및 후 각각에 대해 예측값을 구하시오.

1) 예측 값 y(사고건수), x(운행대수)=12(운행대수: 백만)

원래 데이터	변형된 데이터
$y = -7.08+5.938x$	SQRT(y) =- 55.53 + 35.04x
$y = -7.08+($　　$) = ($　　$)$	SQRT(y) = 1.968 + (　　) = (　　)
	y = (　　)

2) 예측 값 y(손실비용: 백만), x = 클레임 건수 20

원래 데이터	변형된 데이터
$y = -215.7 + 166.31x$	log(y) = 1.97 + 1.0836 × log(x)
$y = -215.7 +($　　$) = ($　　$)$	log(y) = 1.97 + (____) = (________)
	y = (　　)

10. 자동차 운행대수에 따른 교통사고 건수이다. 다음의 질문에 답을 하시오. 교통사고 파일을 연다.

1) 회귀식을 구하시오.

2) 회귀식의 적합성 여부를 판정하고 그 이유를 설명하시오.

3) '2)'에서 만일 회귀식이 잘 적합되지 않았을 경우 데이터 변환을 하시오.

4) 만일 '3)'을 실행할 경우 데이터 변환 전 후의 결과를 비교하여 설명하시오.

11. 클레임 건수에 따른 손실비용비용을 집계하였다. 다음의 질문에 답을 하시오. 손실비용 파일을 연다.

1) 회귀식을 구하시오.

2) 회귀식의 적합성 여부를 판정하고 그 이유를 설명하시오.

3) '2)'에서 만일 회귀식이 잘 적합되지 않았을 경우 데이터 변환을 하시오.

4) 만일 '3)'을 실행할 경우 데이터 변환 전 후의 결과를 비교하여 설명하시오.

12. **[표 7–3]**에서 기울기 및 절편의 추정치 $\hat{b}$와 $\hat{a}$의 기대값과 분산을 각각 유도하시오.

13. **[표 7–3]**에서 종속변수 y에 대한 평균 및 개별 추정치 $\hat{y}$와 $\hat{y}_s$에 대한 기대값과 분산을 각각 유도하시오.

14. 결정계수 R^2과 함께 수정(adj) R^2을 고려해야 하는 이유는 무엇인가?

15. 필름의 두께가 원료의 농도와 필름의 장력에 의해 영향을 받는 것으로 알려져 다음과 같은 데이터를 수집하였다. 다음의 질문에 답을 하시오.

두께	원료의 농도	장력
3.1	90.9	209
3.1	91.0	212
2.9	90.8	192
2.9	90.8	197
3.1	91.0	201
2.89	90.7	195
3.1	91.0	203
3.0	91.0	202
3.3	91.2	219
2.9	90.7	192
3.0	91.0	199
2.9	90.8	192

1) 행렬식을 사용하여 중회귀에 적합을 시키시오.

2) 행렬식을 사용하여 각각의 변동을 구하고 분산분석표를 작성하시오.

3) 원료의 농도와 필름의 장력이 필름의 두께에 영향을 미치는 중요 요인이라고 할 수 있는가?

4) 원료의 농도 91, 필름의 장력 210에서 필름의 두께의 추정값 $\hat{y}$를 구하시오.

5) '4)'에서 $\hat{a}$, $\hat{b}_i$의 분산의 추정값을 구하시오.

6) '4)'에서 $\hat{y}$의 분산의 추정값을 구하시오.

7) '4)'에서 추정값 $\hat{y}$에 대한 95 % 신뢰구간을 구하시오.

16. 광어를 양식하기 위한 최적조건을 찾기 위해 일정수의 치어를 방사한 후 산소량, 온도, 면적, 먹이량을 조절한 후 성어까지 살아남은 수를 조사하였다.
다중회귀.파일을 열고 다음의 질문에 답을 하시오.

1) 중요한 인자는 무엇인가?

2) 비선형 효과와 같은 추가적인 잠재 효과가 있는지 여부를 파악하시오.

3) 회귀식을 구하시오.

4) 성어의 생존 수를 높이기 위한 방법은 무엇인가?

5) 산소량(20), 온도(7), 면적(30), 먹이량(2)일 경우 예측되는 성어의 평균 생존 수는 얼마인가?

17. 온도가 수율에 영향을 미친다고 판단이 되어 일정기간 동안 데이터를 수집하였다. 수율 파일을 열고 다음의 질문에 답을 하시오.

1) 온도는 수율에 영향을 주는 중요 요인이라고 할 수 있는가?

2) 만일 중요 요인일 경우 곡선회귀를 적합시키시오.

3) 2)'에서 구한 곡선회귀는 유의하다고 할 수 있는가?

18. 소재의 수율이 가공시간에 의해 영향을 받는 것으로 판단되어 다음과 같이 데이터를 수집하였다. 다음의 질문에 답을 하시오.

100분	120분	140분	160분	180분
90.2	92.3	93.9	92.7	89.2
90.6	91.9	93.2	91.8	89.7
89.8	92.6	93.9	92.5	89.3
90.4	92.7	94.1	91.9	90.1

1) 행렬을 사용하여 회귀선을 적합시키시오.

2) 분산분석표를 작성한 후 회귀식이 유의한지 여부를 판정하시오.

3) 적합성의 여부를 판정하시오.

4) 결정계수를 구하시오.

요인배치법

- 8.1 2^2 요인실험
- 8.2 2^3 요인실험
- 8.3 2^n 요인실험
- 8.4 3^2 요인실험

인자의 수가 n개이고 수준수가 k인 실험계획법을 k^n 요인배치법(k^n factorial design)이라고 하고 다음과 같이 나타낸다.

$$k^n$$

여기서 k: 수준 수

n: 인자 수

요인배치법에 의한 실험을 요인실험이라고 하는데 요인실험은 실험구조의 특성상 다음과 같은 장점이 있다.

- 적은 실험횟수로도 정도가 높은 실험 결과를 얻을 수 있다.
- 각 인자의 효과나 변동을 계산하기가 용이하므로 실험의 분석이 수월하다.

특히 2수준 요인실험은 가장 기본이 되는 실험으로 이를 일부만 실시할 경우 일부실시법이 된다. 또한 인자와 특성치 간에 모델을 손쉽게 구할 수 있으며, 요인실험 이후 중심점 설계를 통해 변곡점의 존재가 확인 될 경우 반응표면 실험으로 확장을 할 수가 있다. 따라서 요인실험은 가장 많이 사용되는 실험 중에 하나이다.

요인실험은 모든 수준에서 실험이 이루어지므로 반복이 없을 경우에도 k^n회 실험이 이루어진다. 따라서 인자의 수가 증가할 경우 실험의 횟수가 기하급수적으로 증대되는 단점이 있다. 이에 요인실험을 적용하기 이전에 인자 수를 충분히 줄임으로써 소수의 중요 요인(vital few Xs)만을 대상으로 실험을 할 필요가 있다.

8.1 2^2 요인실험

2^2 요인실험은 요인실험 중 가장 작은 형태로, 이원배치법에서 각 인자의 수준이 2인 경우에 해당되는데 이를 통해 요인실험의 특징을 설명하기로 한다.

1) 반복이 없는 경우

반복이 없는 2^2 요인실험의 배치표는 **[표 8-1]**과 같으며

[표 8-1] 2^2 요인실험(반복이 없는 경우)

순서	처리조합	A	B	y
1	(1)	-1	-1	y_{00}
2	a	1	-1	y_{10}
3	b	-1	1	y_{01}
4	ab	1	1	y_{11}
	합계)	0	0	

그림으로 나타내면 **[그림 8-1]**과 같다.

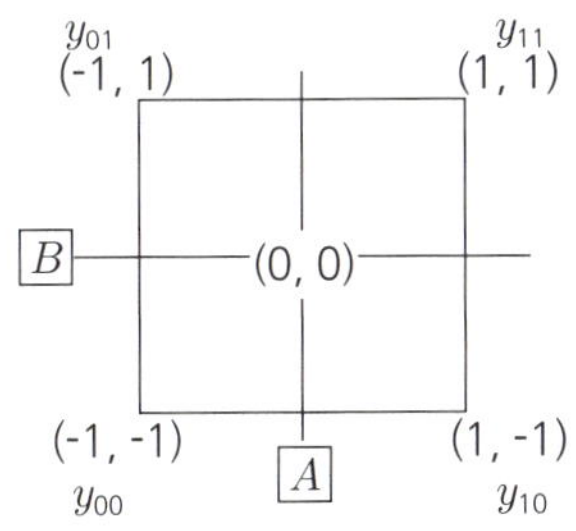

[그림 8-1] 2^2 요인실험의 구조도

2^2 요인실험은 4회 실험을 통해 두 개의 주효과와 한 개의 교호작용을 구할 수 있다(물론 반복이 없는 경우 교호작용과 오차가 교락되어 교호작용의 변동과 오차의 변동을 분리해 낼 수 없다).

요인실험에서 각 수준의 범위는 실행 가능한 범위 내에서 최대한 벌려서 실험을 하는데, 인자의 높은 수준을 '+1' 낮은 수준을 '−1'로 표현한다(그러나 경우에 따라서는 0, 1로 표현하기도 한다).

요인실험의 특징은 **[표 8-1]**에서 알 수 있듯이 각 열에서 인자의 합이 '0'이므로 균형성이 성립된다(즉, +1과 -1이 같은 수가 있다). 또한 두 인자의 곱의 합이 '0' 이므로 직교성이 성립된다. 따라서 균형성과 직교성이 만족되므로 독립성이 성립된다.

그러므로 적은 실험으로도 정도가 높은 결과를 얻을 수 있으며 또한 각 인자의 효과나 변동을 구하기가 용이하여 실험의 분석이 수월한 장점이 있다.

(1) 구조식

반복이 없는 경우 구조식을 다음과 같이 표현할 수 있다.

$$y_{ij} = \mu + a_i + b_j + (ab)_{ij} + e_{ij} \tag{8.1}$$

여기서 $i, j = 0, 1$

$e_{ij} \sim N(0, \sigma_E^{\ 2})$ 이고 서로 독립임

그러나 반복이 없는 경우에는 교호작용 $(ab)_{ij}$와 오차 e_{ij}가 서로 교락하므로 설명의 편의상 식 (8.1)을 다음과 같이 다시 표현하기로 한다.

$$y_{ij} = \mu + a_i + b_j + (ab)_{ij} \tag{8.2}$$

인자 a, b가 모두 모수인자일 경우 다음식이 성립된다.

$$\left.\begin{array}{ll} \sum_{i=0}^{1} a_i = \sum_{j=0}^{1} b_j = 0 & i, j = 0, 1 \\ \sum_{i=0}^{1} (ab)_{ij} = 0 & j = 0, 1 \\ \sum_{j=0}^{1} (ab)_{ij} = 0 & i = 0, 1 \end{array}\right\} \tag{8.3}$$

식 (8.2)에 $i, j = 0, 1$을 대입하여 풀어쓰면 다음과 같다.

$$\begin{aligned} y_{00} &= \mu + a_0 + b_0 + (ab)_{00} \\ y_{10} &= \mu + a_1 + b_0 + (ab)_{10} \\ y_{01} &= \mu + a_0 + b_1 + (ab)_{01} \\ y_{11} &= \mu + a_1 + b_1 + (ab)_{11} \end{aligned} \tag{8.4}$$

그리고 식 (8.3)의 제약식들을 풀어 쓴 후

$$a_0 + a_1 = 0$$
$$b_0 + b_1 = 0$$
$$(ab)_{00} + (ab)_{10} = 0$$
$$(ab)_{01} + (ab)_{11} = 0$$
$$(ab)_{00} + (ab)_{01} = 0$$
$$(ab)_{10} + (ab)_{11} = 0$$

이들 식으로부터 다음을 구하여

$$a_1 = -a_0 \quad (8.5)$$

$$b_1 = -b_0 \quad (8.6)$$

$$(ab)_{11} = -(ab)_{01} = -(ab)_{10} = (ab)_{00} \quad (8.7)$$

식 (8.4)에 대입하여 μ, a_0, b_0, $(ab)_{00}$을 y_{ij}의 함수로 나타내면

$$\mu = \frac{1}{4}(y_{00} + y_{01} + y_{10} + y_{11}) \quad (8.8)$$

$$a_0 = \frac{1}{4}(y_{00} + y_{01} - y_{10} - y_{11}) \quad (8.9)$$

$$b_0 = \frac{1}{4}(y_{00} + y_{10} - y_{01} - y_{11}) \quad (8.10)$$

$$(ab)_{00} = \frac{1}{4}(y_{00} + y_{11} - y_{01} - y_{10}) \quad (8.11)$$

이 된다.

인자 A의 주효과는 두 수준간의 차이로 다음과 같이 나타낼 수 있다.

A의 주효과 $= a_1 - a_0$ 　　식 (8.5)에서

$= -a_0 - a_0$

$= -2a_0$ 　　식 (8.9)에서

$$= \frac{1}{2}(y_{11} + y_{10} - y_{01} - y_{00}) \quad (8.12)$$

식 (8.12)의 A의 주효과는 다음과 같이 간편하게 표현할 수 있으며 나머지 인자 B의 주효과 및 교호작용 AB도 동일한 방법으로 구할 수 있다.

A의 주효과 = {(+수준의 평균) − (−수준의 평균)}

B의 주효과 = {(+수준의 평균) − (−수준의 평균)} 　　(8.13)

AB의 교호작용 = {(+수준의 평균) − (−수준의 평균)}

이들 각 인자의 주효과 및 교호작용을 구하는 식을 사용하여 각 인자의 기울기, 변동도 손쉽게 구할 수 있다. 이러한 특징은 2수준 요인실험을 분석하고 활용하는 데 많은 편리성을 제공해 준다.

(2) 주효과와 교호작용및 기울기의 계산

식 (8.13)에 의해 주효과 및 교호작용을 구하기 위해서는 **[그림 8-1]**을 사용하거나 **[표 8-2]**의 보조표를 사용하는 것이 편리하다.

[표 8-2] 2^2 요인실험의 데이터 배열(반복이 없는 경우)

	A_0	A_1	계
B_0	y_{00}	y_{10}	$T_{.0}$
B_1	y_{01}	y_{11}	$T_{.1}$
계	$T_{0.}$	$T_{1.}$	T

따라서 각 인자의 주효과와 교호작용은 다음과 같다.

$$
\begin{aligned}
A\text{의 주효과} &= \{(+\text{수준의 평균}) - (-\text{수준의 평균})\} \\
&= \frac{1}{2}\{(y_{11} + y_{10}) - (y_{01} + y_{00})\} \\
&= \frac{1}{2}(T_{1.} - T_{0.}) \qquad (8.14)
\end{aligned}
$$

교호작용의 정도

교호작용이 크면 클 수록 두 개의 직선은 서로 교차하는 정도가 더 커진다.

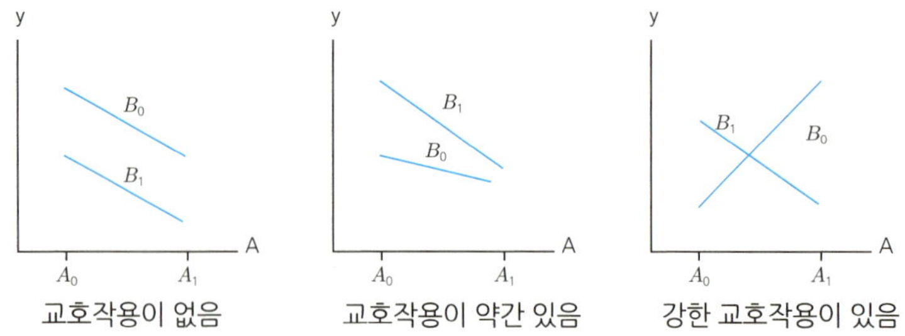

일반적으로 3인자 이상의 교호작용은 무시되므로 2인자 교호작용만이 고려 대상이 된다.

$$B\text{의 주효과} = \{(+\text{수준의 평균}) - (-\text{수준의 평균})\}$$
$$= \frac{1}{2}\{(y_{01} + y_{11}) - (y_{00} + y_{10})\}$$
$$= \frac{1}{2}(T_{.1} - T_{.0})$$

$$AB\text{의 교호작용} = \{(+\text{수준의 평균}) - (-\text{수준의 평균})\}$$
$$= \frac{1}{2}\{(y_{11} + y_{00}) - (y_{01} + y_{10})\}$$
$$= \frac{1}{2}\{(T_{11} + T_{00}) - (T_{01} + T_{10})\}$$

각 인자의 주효과 및 교호작용은 −1 수준에서 +1 수준으로 2단위를 변화시켜 얻은 특성치 y의 평균 변화량이다. 따라서 각 인자의 주효과 및 교호작용을 2로 나눌 경우 한 단위 변화시킬 때 y의 평균 변화량이 되므로 각각의 기울기를 나타낸다.

예를 들어 인자 A의 기울기를 **[그림 8-2]**와 같이 구할 수 있다.

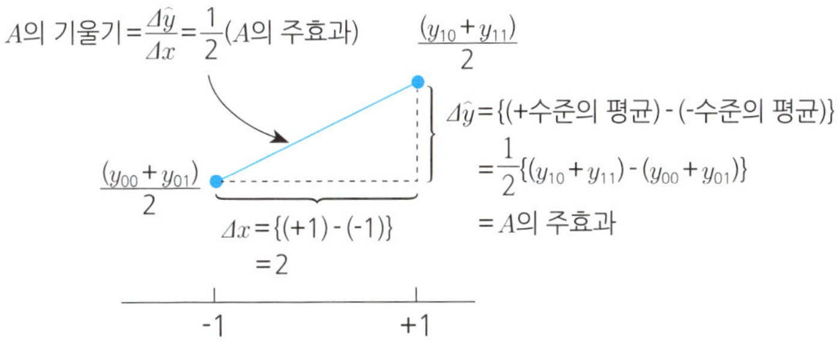

[그림 8-2] 인자 A의 기울기

인자 B와 교호작용 AB도 동일한 방법으로 구하면 각각의 기울기는 다음과 같다.

$$\text{주효과 } A\text{의 기울기} = \frac{1}{2}(A\text{의 주효과})$$
$$\text{주효과 } B\text{의 기울기} = \frac{1}{2}(B\text{의 주효과})$$
$$\text{교호작용 } AB\text{의 기울기} = \frac{1}{2}(AB\text{의 교호작용})$$

따라서 이들의 기울기를 사용하여 2^2 요인실험으로부터 다음의 모델을 구할 수 있다.

$$\hat{Y}=\bar{\bar{y}}+(A\text{의 기울기})*A+(B\text{의 기울기})*B+(AB\text{의 기울기})*AB \qquad (8.15)$$

여기서 $\bar{\bar{y}}$는 실험의 관측치 평균이다.

식 (8.15) 모델을 활용하여 실험의 목적을 달성하기 위해서는 분산분석표를 작성하여 유의성을 확인해야 하다. 이를 위해서는 우선 각 인자의 변동을 먼저 구해야 한다.

(3) 변동의 계산

총 변동의 계산은 일원 및 이원배치법의 경우와 동일하나 요인실험의 특성상 각 인자 및 교호작용의 변동을 다음과 같이 간편하게 구할 수 있다.

$$\text{총변동: } SST=\sum_{i=0}^{1}\sum_{j=0}^{1}{y_{ij}}^2-\frac{T^2}{4}$$

$$\text{인자 } A\text{의 변동: } SSA=\sum_{i=0}^{1}\frac{{T_{i.}}^2}{2}-\frac{T^2}{4}$$

$$=\frac{1}{2}({T_{0.}}^2+{T_{1.}}^2)-\frac{1}{4}(T_{0.}+T_{1.})^2$$

$$=\frac{1}{4}(T_{1.}-T_{0.})^2$$

$$=(A\text{의 주효과})^2$$

$$\text{인자 } B\text{의 변동: } SSB=(B\text{의 주효과})^2$$

$$\text{교호작용 } AB\text{의 변동: } SS(A\times B)=(AB\text{의 교호작용})^2$$

[표 8-3] 2^2 요인실험의 분산분석표(반복이 없는 경우)

요인	SS	ϕ	$MS(V)$
A	SSA	1	V_A
B	SSB	1	V_B
$A\times B$ 또는 (E)	$SS(A\times B)$ 또는 (SSE)	1	$V_{A\times B}$ 또는 (V_E)
계(전체)		3	

이상에서 [표 8-3]과 같이 분산분석표를 작성할 수 있는데 반복이 없는 경우 교호작용 AB와 오차가 교락되며 오차항에 자유도가 할당되지 않는다.

물론 이 경우 교호작용 AB와 오차의 변동이 주효과의 변동에 비해 매우 작을 경우 이들 모두를 오차로 취급함으로써 분석이 가능하다. 그러나 그렇지 않을 경우에는 추가 실험을 함으로써 교호작용과 오차의 변동을 분리해야 한다.

예제 8-1

다음의 2^2 요인실험의 경우 연비를 최대로 하는 연료의 종류와 속도의 조건을 구하시오.

연료종류	속도	km/L
L	60	14
T	60	24
L	80	16
T	80	10

각 인자의 주효과와 이에 대한 기울기를 다음과 같이 구할 수 있다.

연료 A의 주효과

$$= (+\text{수준의 평균}) - (-\text{수준의 평균})$$

$$= \frac{(10+24)}{2} - \frac{(16+14)}{2}$$

$$= 17 - 15 = 2$$

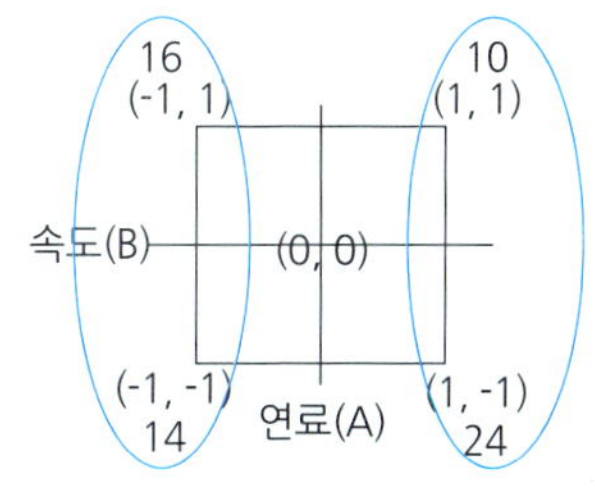

연료 A의 주효과 그래프와 기울기

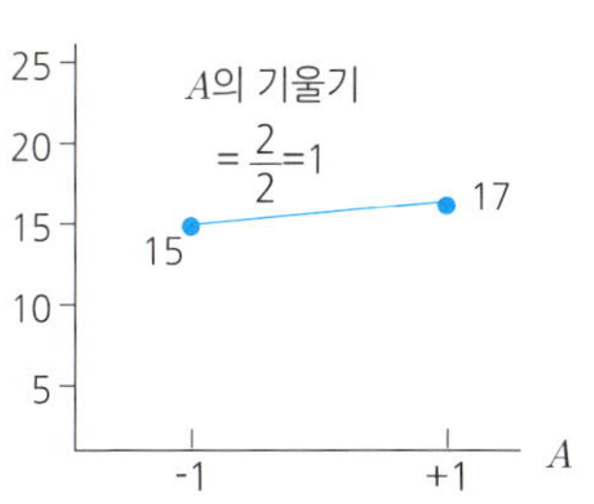

속도 B의 주효과

$$= (+\text{수준의 평균}) - (-\text{수준의 평균})$$

$$= \frac{(16+10)}{2} - \frac{(14+24)}{2}$$

$$= 13 - 19 = -6$$

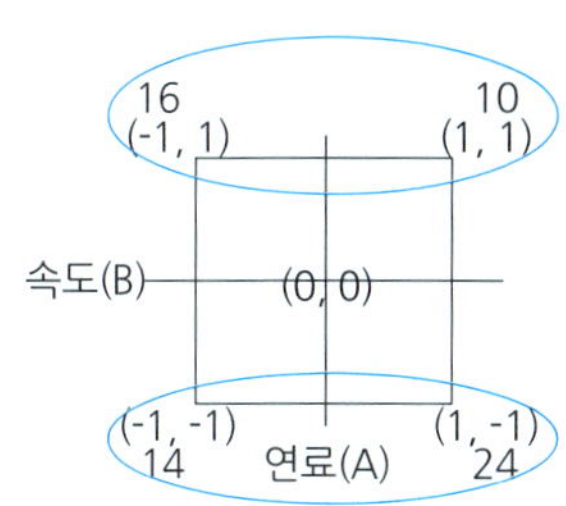

속도 B의 주효과 그래프와 기울기

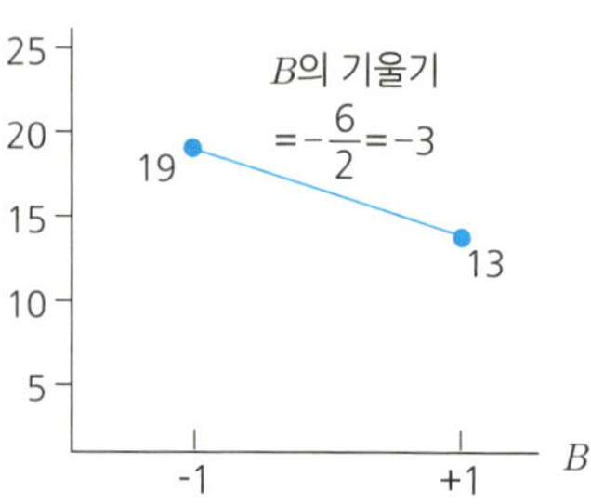

그리고 교호작용과 이에 대한 기울기는 다음과 같이 구할 수 있다.

연료와 속도의 교호작용 AB

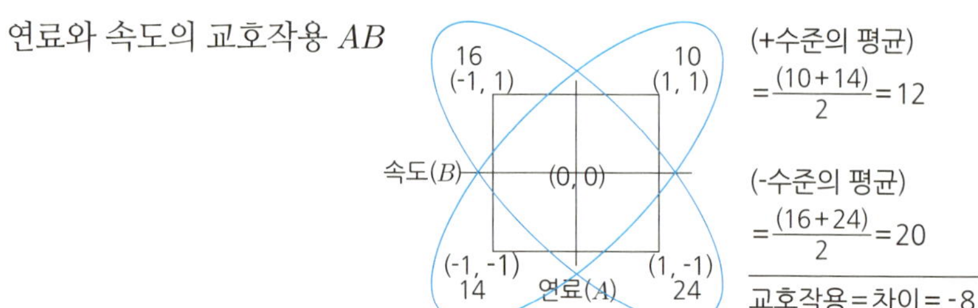

연료와 속도의 교호작용 AB의 그래프와 기울기

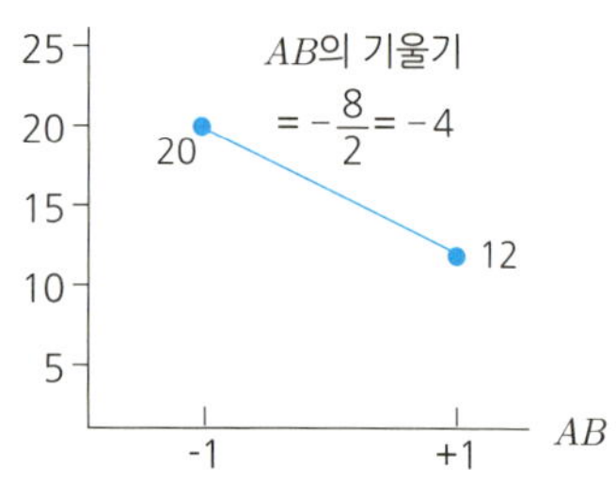

이상에서 각각의 주효과와 교호작용의 기울기를 구했으므로 다음과 같은 모델을 구할 수 있다. 여기서 상수 16은 실험 측정값의 평균이며 각 인자의 주효과 및 교호작용의 계수값은 앞에서 구한 기울기가 된다.

연료종류	속도	km/L
L	60	14
T	60	24
L	80	16
T	80	10
합계(T)		64
평균($\bar{\bar{y}}$)		16

$\hat{Y} = 16 + (1)*A + (-3)*B + (-4)*AB$

이 경우 모델이 유의한지 여부를 판정하기 위해 다음과 같이 분산분석표를 작성한다.

[표 8-4] '예제 8-1'의 분산분석표

요인	SS	자유도	V	F_{calc}	$F_{critic}(\alpha)$
A	4	1	4		
B	36	1	36		
$A\times B$	64	1	64		
E		0			
T	104	3			

여기서 각각의 변동은 다음과 같이 구할 수 있다.

$$총변동(SST)=\sum_{i=0}^{1}\sum_{j=0}^{1}{y_{ij}}^2-\frac{T^2}{N}$$

$$=(14^2+24^2+16^2+10^2)-\frac{64^2}{4}=104$$

$$인자\ A의\ 변동(SSA)=(A의\ 주효과)^2=(2)^2=4$$

$$인자\ B의\ 변동(SSB)=(B의\ 주효과)^2=(-6)^2=36$$

$$교호작용\ AB의\ 변동[SS(A\times B)]=(교호작용\ AB)^2=(-8)^2=64$$

$$오차변동(SSE)=SST-SSA-SSB-SS(A\times B)=0$$

[표 8-4]의 경우 자유도가 작아 즉, 실험의 횟수가 적어 오차항에 자유도가 할당되지 못하며, 교호작용의 변동과 오차의 변동이 교락되어 분리해 낼 수 없다. 따라서 이 경우 모델이 유의한지 여부를 판정하기 위해서는 추가 실험을 해야 한다.

■ 미니탭을 사용하여 **‘예제 8-1’**을 분석하면 다음과 같다.

통계분석 > 실험계획법 > 요인 > 요인 설계 생성을 클릭하면 다음의 화면이 나타난다.

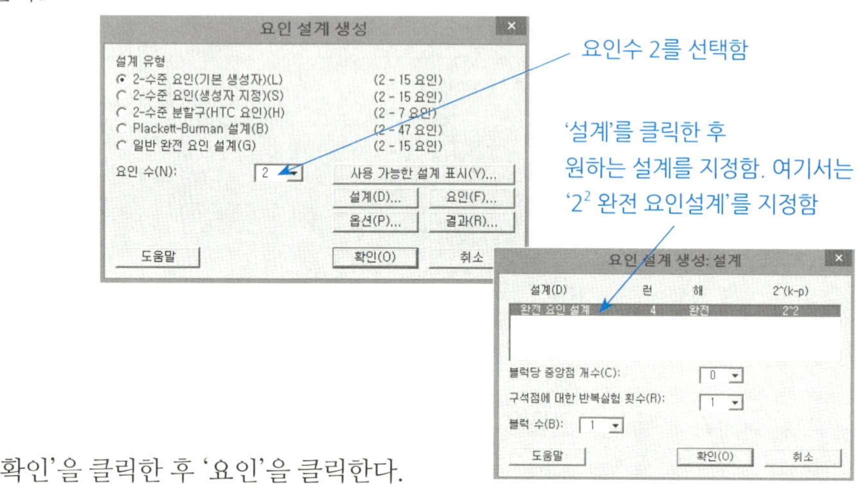

‘확인’을 클릭한 후 ‘요인’을 클릭한다.

‘이름’, ‘낮음’, ‘높음’에는 문자 또는 숫자가 모두 사용 가능하다. 문자일 경우 ‘유형’에 ‘텍스트’, 숫자일 경우 ‘숫자’를 지정함

각의 요인의 ‘이름’ 및 ‘수준’을 입력함

요인 설계 생성: 요인

요인	이름	유형	낮음	높음
A	연료	텍스트	L	T
B	속도	숫자	60	80

도움말 확인(O) 취소

‘확인’을 클릭하고 ‘옵션’을 클릭한다.

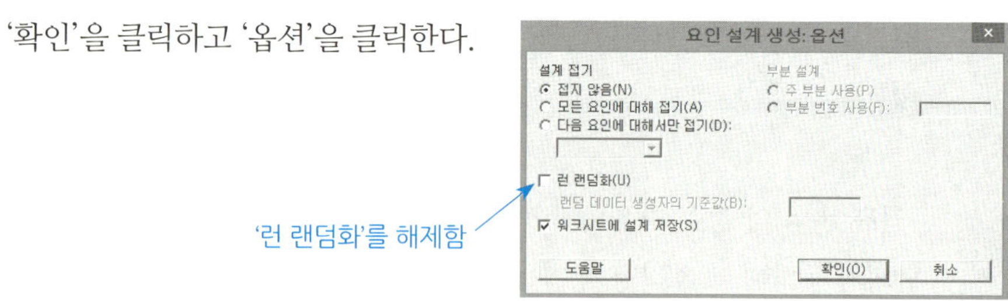

‘확인’을 연속하여 클릭하면 다음의 워크시트가 나타난다.

↓	C1	C2	C3	C4	C5-T	C6	C7
	표준 순서	런 순서	중앙점	블럭	연료	속도	
1	1	1	1	1	L	60	
2	2	2	1	1	T	60	
3	3	3	1	1	L	80	
4	4	4	1	1	T	80	

실험결과의 값을 워크시트상에 다음과 같이 입력한다.

↓	C1	C2	C3	C4	C5-T	C6	C7
	표준 순서	런 순서	중앙점	블럭	연료	속도	연비
1	1	1	1	1	L	60	14
2	2	2	1	1	T	60	24
3	3	3	1	1	L	80	16
4	4	4	1	1	T	80	10

요인실험을 분석하기 위해 **통계분석 > 실험계획법 > 요인 > 요인 설계 분석**을 클릭하면 다음의 화면이 나타난다.

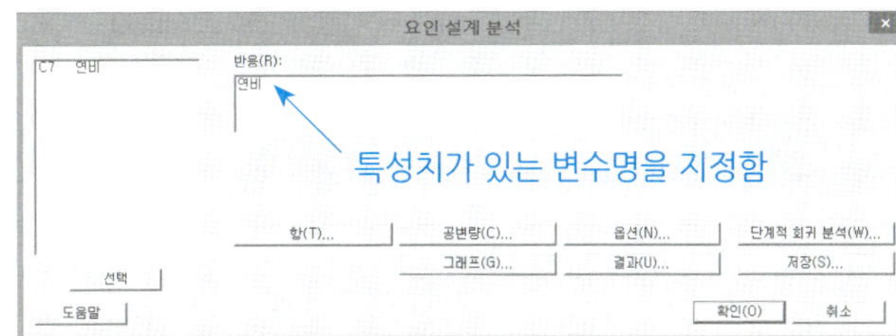

'그래프'를 클릭한 후

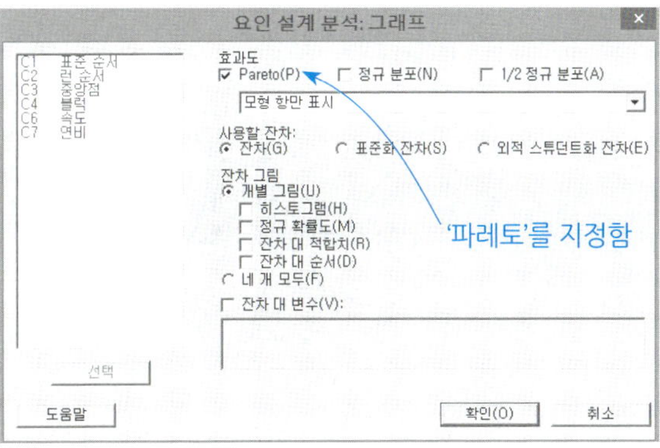

'확인'을 연속하여 클릭하면 다음의 결과들이 나타난다.

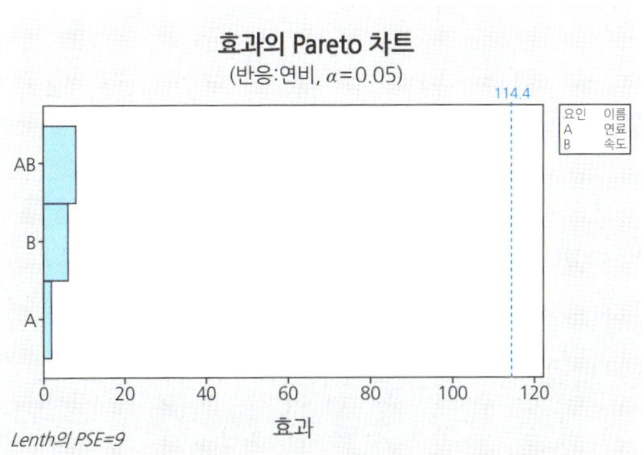

각 인자의 막대 그래프가 기각역을 나타내는 임계값보다 작으므로 그래프상에는 중요한 인자가 없는 것으로 나타났다. 그러나 이는 다음의 분석결과에 나타난 것처럼 실험횟수가 적어 오차항의 자유도가 할당되지 못하고, 교호작용의 변동과 오차변동이 교락되어 분리되지 못함으로써 발생되는 현상이다.

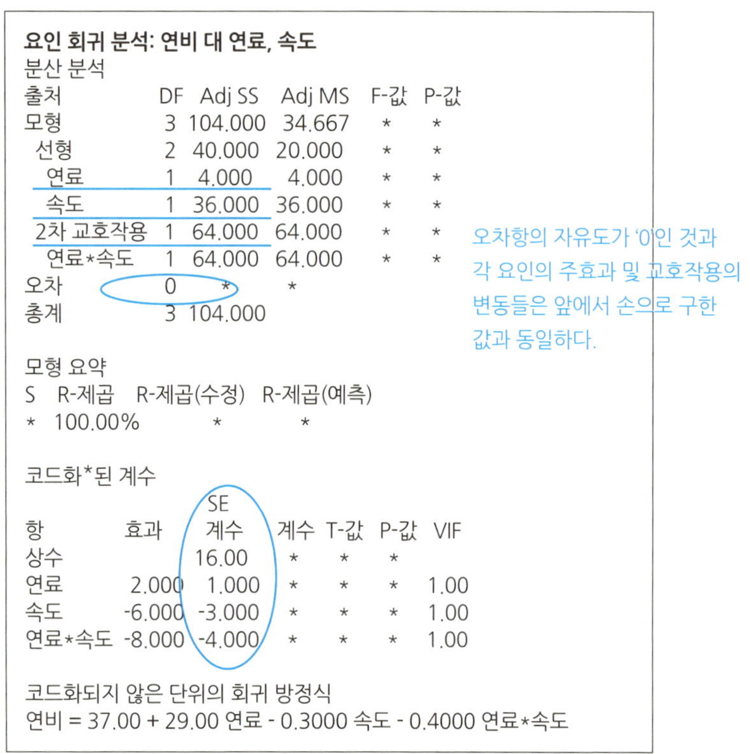

요인 회귀 분석: 연비 대 연료, 속도

분산 분석

출처	DF	Adj SS	Adj MS	F-값	P-값
모형	3	104.000	34.667	*	*
선형	2	40.000	20.000	*	*
연료	1	4.000	4.000	*	*
속도	1	36.000	36.000	*	*
2차 교호작용	1	64.000	64.000	*	*
연료*속도	1	64.000	64.000	*	*
오차	0	*	*		
총계	3	104.000			

모형 요약

S	R-제곱	R-제곱(수정)	R-제곱(예측)
*	100.00%	*	*

코드화*된 계수

항	효과	SE 계수	계수	T-값	P-값	VIF
상수		16.00	*	*	*	
연료	2.000	1.000	*	*	*	1.00
속도	-6.000	-3.000	*	*	*	1.00
연료*속도	-8.000	-4.000	*	*	*	1.00

코드화되지 않은 단위의 회귀 방정식

연비 = 37.00 + 29.00 연료 - 0.3000 속도 - 0.4000 연료*속도

이 경우 코드화된 계수로 다음의 모델을 구할 수 있다

$$\hat{Y} = 16 + (1) * A + (-3) * B + (-4) * AB$$

그러나 F값과 이에 대응되는 p값을 구할 수 없으므로 모델이 유의한지의 여부를 판정할 수 없다. 따라서 추가 실험을 통해 오차항에 자유도를 할당하고 교호작용의 변동과 오차의 변동을 분리해 내야 한다. 이상의 내용은 앞에서 손으로 구한 결과와 동일하다.

2) 반복(replication)이 있는 경우

2^2 요인실험에서 반복이 r회 있는 경우의 구조식은 다음과 같다.

$$y_{ijk} = \mu + a_i + b_j + (ab)_{ij} + e_{ijk} \quad (8.16)$$

여기서 $i, j = 0, 1$

$k = 1, 2, \cdots, r$

$e_{ij} \sim N(0, \sigma_E^2)$ 이고 서로 독립임

이 경우 교호작용과 오차를 분리하여 검출할 수 있다.

[표 8-5]와 같이 보조표를 작성할 경우 주효과와 교호작용을 보다 쉽게 구할 수 있다.

[표 8-5] 2^2 요인실험의 데이터 배열(반복이 있는 경우)

	A_0	A_1	계
B_0	y_{001}, y_{002}, …, y_{00r} } $T_{00.}$	y_{101}, y_{102}, …, y_{10r} } $T_{10.}$	$T_{.0.}$
B_1	y_{011}, y_{012}, …, y_{01r} } $T_{01.}$	y_{111}, y_{112}, …, y_{11r} } $T_{11.}$	$T_{.1.}$
계	$T_{0..}$	$T_{1..}$	T

A의 주효과의 경우 **[표 8-5]**의 인자의 각 수준에서 $T_{i..}$의 합을 구한 관측치의 수가 $2r$개이므로 식 (8.17)과 같이 각 수준의 합을 $2r$로 나눈다. 나머지 인자에 대해서도 동일한 방법으로 구할 경우 각각의 주효과와 교호작용은 다음과 같다.

$$A\text{의 주효과} = \{(+\text{수준의 평균}) - (-\text{수준의 평균})\}$$

$$= \frac{1}{2r}(T_{1..} - T_{0..}) \quad (8.17)$$

$$B\text{의 주효과} = \frac{1}{2r}(T_{.1.} - T_{.0.})$$

$$AB\text{의 교호작용} = \frac{1}{2r}\{(T_{00.} + T_{11.}) - (T_{10.} + T_{01.})\}$$

주효과와 교호작용과의 관계를 이용하여 각각의 변동을 다음과 같이 구할 수 있다.

$$\text{총변동: } SST = \sum_{i=0}^{1}\sum_{j=0}^{1}\sum_{k=1}^{r} y_{ijk}{}^2 - \frac{T^2}{4r}$$

$$\text{인자 } A\text{의 변동: } SSA = \sum_{i=0}^{1}\frac{T_{i..}{}^2}{2r} - \frac{T^2}{4r}$$

$$= \frac{1}{2r}(T_{0..}{}^2 + T_{1..}{}^2) - \frac{1}{4r}(T_{0..} + T_{1..})^2$$

$$= \frac{1}{4r}(T_{1..} - T_{0..})^2$$

$$= r(A\text{의 주효과})^2$$ 식 (8.17)을 제곱하므로 r을 곱해주어야 함

인자 B의 변동: $SSB = r(B\text{의 주효과})^2$

교호작용 AB의 변동: $SS(A\times B) = r(AB\text{의 교호작용})^2$

오차의 변동: $SSE = SST - SSA - SSB - SS(A\times B)$

따라서 **[표 8-6]**과 같이 분산분석표를 작성할 수 있는데, 교호작용 AB의 변동과 오차의 변동이 분리되며 오차항에 자유도가 할당되는 것을 알 수 있다.

[표 8-6] 2^2 요인실험의 분산분석표(반복이 있는 경우)

요인	SS	ϕ	V	F_{calc}
A	SSA	1	V_A	V_A/V_E
B	SSB	1	V_B	V_B/V_E
$A\times B$	$SS(A\times B)$	1	$V_{A\times B}$	$V_{A\times B}/V_E$
E	SSE	$4(r-1)$	V_E	
계(전체)	SST	$4r-1$		

이 경우 각 요인의 F값을 구할 수 있으므로 모델이 유의한지의 여부를 판정할 수 있다.

예제 8-2

'**예제 8-1**'에서 다음과 같이 추가 실험을 했을 경우, 연비를 최대로 하는 연료의 종류와 속도의 조건을 구하시오.

연료종류	속도	km/L
L	60	14
T	60	24
L	80	16
T	80	10

연료종류	속도	km/L
L	60	12
T	60	23
L	80	10
T	80	6

합계: $T = 115$

평균: $\bar{\bar{y}} = 14.375$

① 평균에 대한 계산

평균에 대해서 주효과와 교호작용을 구하면 다음과 같다.

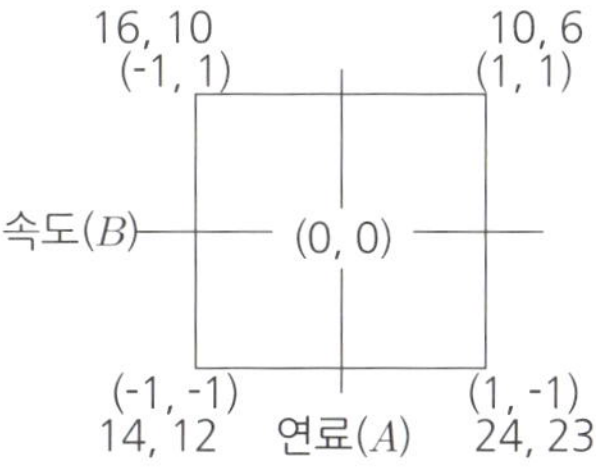

- 연료(A)의 주효과: (+수준의 평균) − (−수준의 평균)

$$= \frac{(10+6+24+23)}{4} - \frac{(16+10+14+12)}{4}$$

$$= 15.75 - 13 = 2.75$$

- 속도(B)의 주효과: (+수준의 평균) − (−수준의 평균)

$$= \frac{(16+10+10+6)}{4} - \frac{(14+12+24+23)}{4}$$

$$= 10.5 - 18.25 = -7.75$$

- 교호작용 AB: (+수준의 평균) − (−수준의 평균)

$$= \frac{(10+6+14+12)}{4} - \frac{(16+10+24+23)}{4}$$

$$= 10.5 - 18.25 = -7.75$$

평균에 대한 각각의 주효과, 교호작용의 그래프 및 기울기는 다음과 같다.

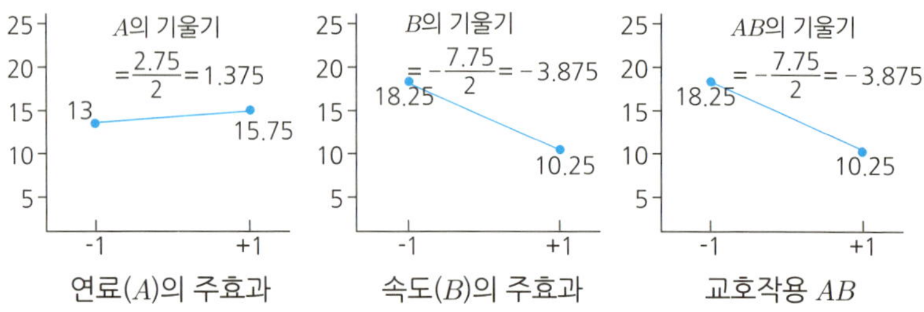

따라서 평균의 모델은 다음과 같다.

$$\hat{Y} = 14.375 + (1.375) * A + (-3.875) * B + (-3.875) * AB \qquad (8.18)$$

여기서 $\hat{Y}$의 절편인 14.375는 관측값의 평균이며, 각 인자의 계수는 해당 인자의 기울기이다.

모델이 유의한지 여부를 판정하기 위해 다음과 같이 분산분석표를 작성한다.

[표 8-7] '예제 8-2'의 분산분석표(평균)

요인	SS	자유도	V	F_{calc}	$F_{critic}(\alpha)$
A	15.13	1	15.13	2.12	7.71
B	120.13	1	120.13	16.87*	
$A \times B$	120.13	1	120.13	16.87*	
E	28.49	4	7.123		
T	283.88	7			

여기서 각각의 변동은 다음과 같이 구할 수 있다.

$$\text{총변동}(SST) = \sum_i \sum_j \sum_k {y_{ijk}}^2 - \frac{T^2}{N}$$

$$= (14^2 + 24^2 + \cdots + 6^2) - \frac{115^2}{8} = 283.88$$

$$\text{인자 } A\text{의 변동}(SSA) = \text{반복수}(r) \cdot (A\text{의 주효과})^2 = 2 \cdot (2.75)^2 = 15.13$$

$$\text{인자 } B\text{의 변동}(SSB) = r(B\text{의 주효과})^2 = 2 \cdot (-7.75)^2 = 120.13$$

교호작용 AB의 변동$\{SS(A \times B)\}$

$$= r\,(\text{교호작용 } AB)^2 = 2 \cdot (-7.75)^2 = 120.13$$

오차변동$(SSE) = SST - SSA - SSB - SS(A \times B) = 28.49$

[표 8-7]에서 오차(E)항에 자유도 4가 할당되며, 교호작용 AB의 변동과 오차변동을 분리해 낼 수 있다. 따라서 오차항을 포함하여 각 인자의 평균변동을 구할 수 있다.

두 분산의 비율은 F분포를 따르므로 각 인자의 검정통계량 값 F_{calc} = [각 인자의 평균변동/오차의 평균변동(V_E)]을 구할 수 있다. 임계값은 유의수준 $\alpha = 0.05$에서 $F_{\text{critic}}(1, 4) = 7.71$이 된다.

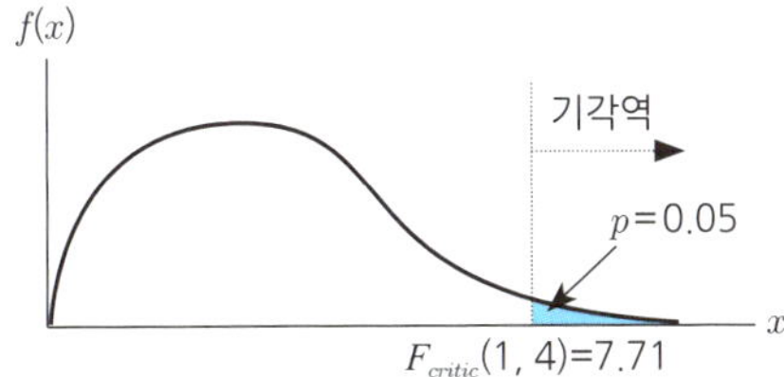

이 경우 인자 B와 교호작용 AB는 $F_{\text{calc}} = 16.87 > 7.71 = F_{\text{critic}}$이므로 유의하다고 할 수 있다. 따라서 식 (8.18)의 모델은 유의하다고 할 수 있다. 인자 A는 유의하지 않으므로 모델에서 제외되어야 하나 교호작용 AB가 유의하기 때문에 모델에 포함시킨다.

② 표준편차에 대한 계산

우선 각 처리조합에서 표준편차를 구하면 다음과 같다.

연료종류	속도	1차	2차	표준편차
L	60	14	12	1.41
T	60	24	23	0.71
L	80	16	10	4.24
T	80	10	6	2.83

$T = 9.19$

$\bar{s} = 2.298$

표준편차에 대한 인자의 주효과와 교호작용을 구하면 다음과 같다.

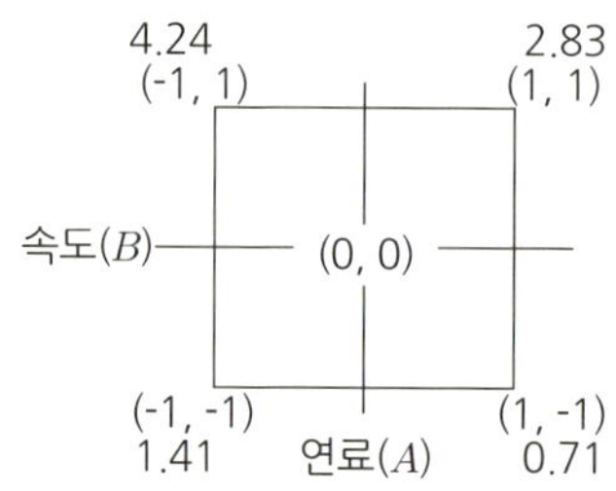

- 연료(A)의 주효과: (+수준의 평균) − (−수준의 평균)

$$= \frac{(2.83 + 0.71)}{2} - \frac{(4.24 + 1.41)}{2}$$

$$= 1.77 - 2.825 = -1.055$$

- 속도(B)의 주효과: (+수준의 평균) − (−수준의 평균)

$$= \frac{(4.24 + 2.83)}{2} - \frac{(1.41 + 0.71)}{2}$$

$$= 3.535 - 1.06 = 2.475$$

- 교호작용 AB: (+수준의 평균) − (−수준의 평균)

$$= \frac{(2.83 + 1.41)}{2} - \frac{(4.24 + 0.71)}{2}$$

$$= 2.12 - 2.475 = -0.355$$

표준편차에 대한 주효과, 교호작용의 그래프 및 기울기는 다음과 같다.

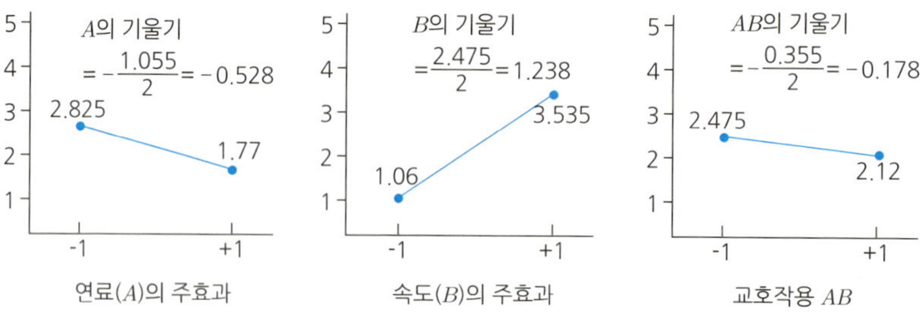

따라서 표준편차의 모델은 다음과 같다.

$$\hat{S} = 2.298 + (-0.528) * A + (1.238) * B + (-0.178) * AB \qquad (8.19)$$

모델이 유의한지 여부를 판정하기 위해 다음과 같이 분산분석표를 작성한다.

[표 8-8] '예제 8-2'의 분산분석표(표준편차)

요인	SS	자유도	V	F_{calc}	$F_{critic}(\alpha)$
A	1.113	1			
B	6.126	1			
AB	0.126	1			
E					
T	7.365	3			

여기서 각각의 변동은 다음과 같이 구할 수 있다.

$$총변동(SST) = \sum_i \sum_j y_{ij}^2 - \frac{T^2}{N}$$

$$= (1.41^2 + 0.71^2 + 4.24^2 + 2.83^2) - \frac{9.19^2}{4} = 7.365$$

$$요인\ A의\ 변동(SSA) = (A의\ 주효과)^2 = (-1.055)^2 = 1.113$$

$$요인\ B의\ 변동(SSA) = (B의\ 주효과)^2 = (2.475)^2 = 6.126$$

$$교호작용\ AB의\ 변동\{SS(A \times B)\}$$

$$= (AB의\ 교호작용)^2 = (-0.355)^2 = 0.126$$

$$오차변동(SSE) = SST - SSA - SSB - SS(A \times B) = 0$$

이 경우 실험횟수가 적으므로 오차항에 자유도가 할당되지 못하고 또한 교호작용의 변동과 오차의 변동이 교락되어 분리할 수 없다. 따라서 식 (8.19)의 모델이 유의한지 여부를 판정할 수 없다.
그러나 이 경우에도 평균과 함께 표준편차의 그래프와 모델을 사용하여 산포를 최소로 하면서 연비를 최대로 하는 조건을 설정할 수 있다. 이에 대한 내용은 이후 미니탭을 사용하여 분석을 하면서 설명하기로 한다.

실험계획은 다음과 같은 절차를 따라 추진하는 것이 바람직하다. 이때 평균뿐 아니라 산포(표준편차)에 대해서도 동일한 분석을 함으로써 평균과 산포를 동시에 고려하는 최적조건을 찾아야 한다.

실험계획 추진 절차

① 해결하고자 하는 문제를 정의한다.
② 인자의 종류와 수준을 결정한다.
③ 실험방법과 크기를 결정한다.
④ 실험순서를 결정한 후 실험을 실시한다.
⑤ 미니탭상에 데이터를 입력한다.
⑥ 그래프를 작성하여 중요한 인자가 존재하는지의 여부를 파악한다.
⑦ 모델을 구하고 유의한지 여부를 판정한다.
⑧ 잔차분석을 통하여 모델이 적합한지를 확인한다.
⑨ 개선효과를 예측하여 모델의 유효성을 파악한다.
⑩ 평균의 주효과 및 교호작용의 그래프를 작성한다.
(표준편차에 대해서도 ⑥~ ⑩을 동일하게 실행한다.)
⑪ 평균 및 표준편차의 모델과 그래프를 사용하여 최적조건을 설정한다.
⑫ 최적조건에서 반복실험을 통해 재현성을 확인한다.
⑬ 통계적 해결책을 실제 업무에 적용함으로써 개선을 한다.

■ 미니탭을 사용하여 '**예제 8-2**'를 분석하면 다음과 같다.

① 해결하고자 하는 문제를 정의한다.

연비를 최대로 하는 연료의 종류와 속도의 조건을 결정한다.

② 인자의 종류와 수준을 결정한다.

요인	-수준	+수준
연료의 종류	L	T
속도	60	80

③ 실험방법과 크기를 결정한다.

2^2 완전 요인실험의 2회 반복

④ 실험순서를 결정한 후 실험을 실시한다.

우선 미니탭으로 실험을 설계한다.

통계분석 > 실험계획법 > 요인 > 요인 설계 생성을 클릭하면 다음의 화면이 나타난다.

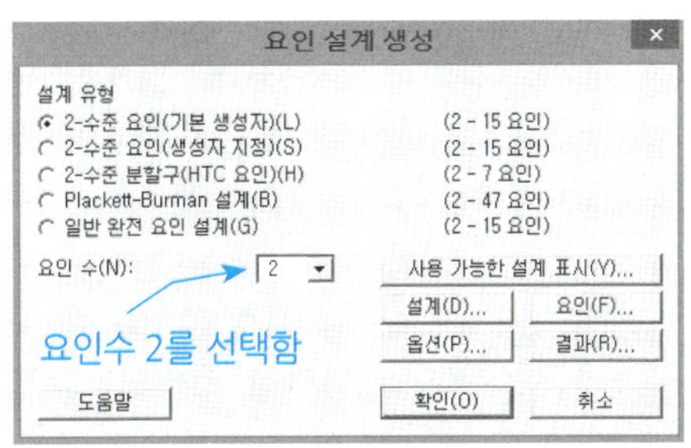

'설계'를 클릭하면 다음의 화면이 나타난다.

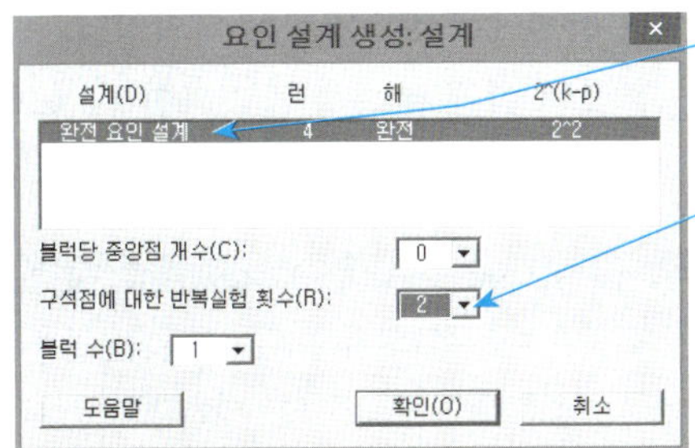

'확인'을 클릭한 후 '요인'을 클릭한다.

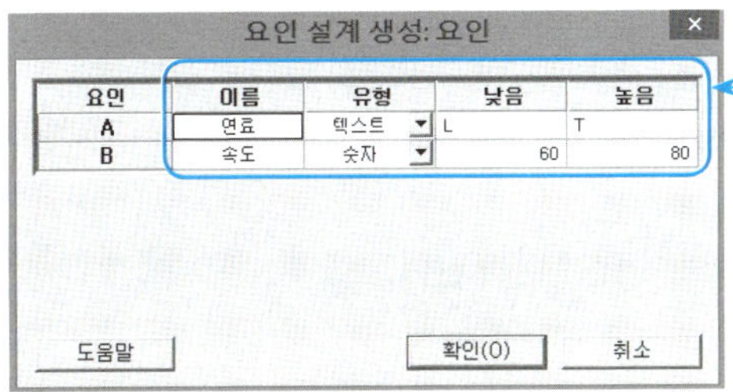

'확인'을 클릭하고 '옵션'을 클릭한다.

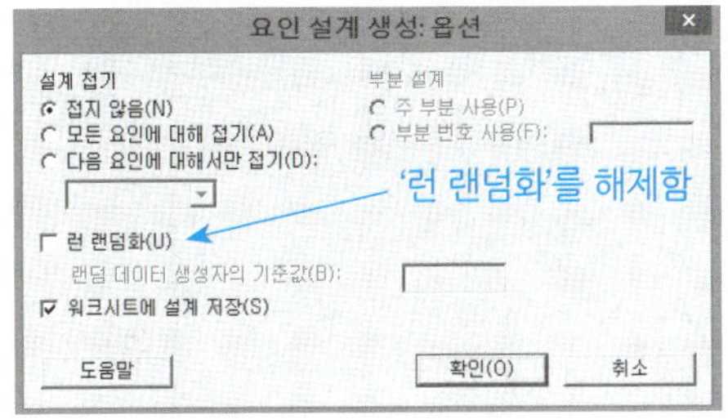

'확인'을 연속하여 클릭하면 다음의 워크시트가 나타난다.

워크시트상에는 '표준순서'대로 실험순서가 배열되어 있지만 실제 실험은 랜덤으로 실행한다.

↓	C1	C2	C3	C4	C5-T	C6	C7
	표준 순서	런 순서	중앙점	블럭	연료	속도	
1	1	1	1	1	L	60	
2	2	2	1	1	T	60	
3	3	3	1	1	L	80	
4	4	4	1	1	T	80	
5	5	5	1	1	L	60	
6	6	6	1	1	T	60	
7	7	7	1	1	L	80	
8	8	8	1	1	T	80	

⑤ **미니탭상에 데이터를 입력한다.**

↓	C1 표준 순서	C2 런 순서	C3 중앙점	C4 블럭	C5-T 연료	C6 속도	C7 연비
1	1	1	1	1	L	60	14
2	2	2	1	1	T	60	24
3	3	3	1	1	L	80	16
4	4	4	1	1	T	80	10
5	5	5	1	1	L	60	12
6	6	6	1	1	T	60	23
7	7	7	1	1	L	80	10
8	8	8	1	1	T	80	6

⑥ **그래프를 작성하여 중요한 인자가 존재하는지의 여부를 파악한다.**

통계분석 > 실험계획법 > 요인 > 요인 설계 분석을 클릭하면 다음의 화면이 나타난다.

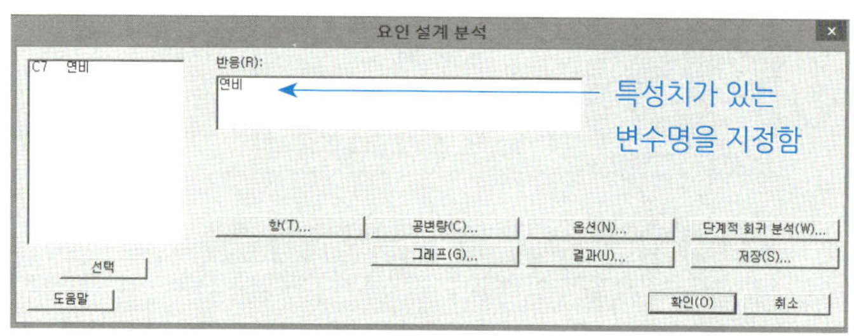

'그래프'를 클릭하면 다음의 화면이 나타난다.

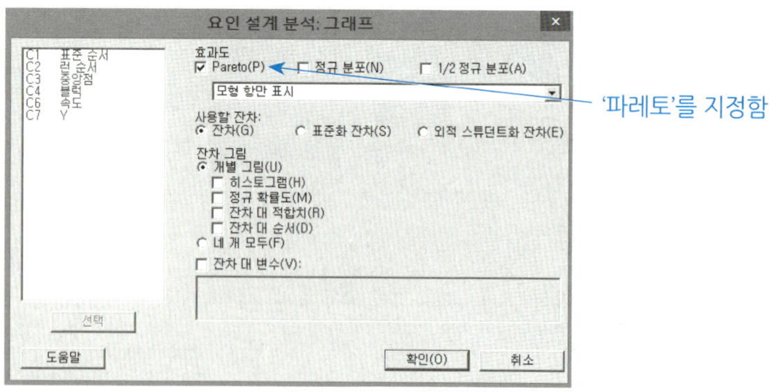

[그림 8-3] 파레토 및 잔차그림 분석을 위한 화면

'확인'을 연속하여 클릭하면 다음의 결과들이 나타난다.

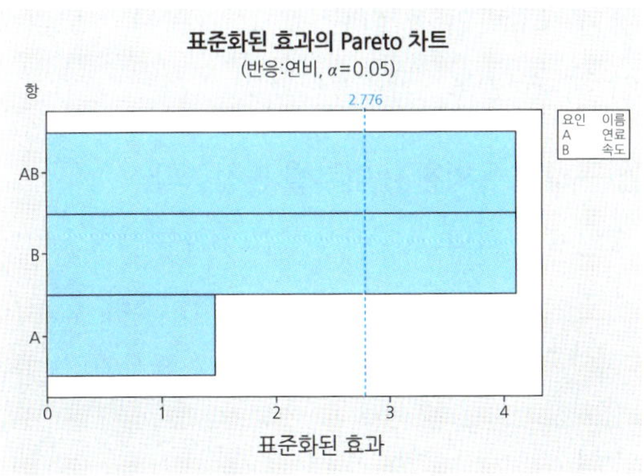

교호작용 AB와 주효과 B의 막대 그래프(검정통계량값인 t_{calc})가 임계값인 $t_{critic}=2.776$보다 크므로 중요한 인자라고 할 수 있다.*

요인 회귀 분석: 연비 대 연료, 속도

분산 분석

출처	DF	Adj SS	Adj MS	F-값	P-값
모형	3	255.37	85.125	11.95	0.018
선형	2	135.25	67.625	9.49	0.030
연료	1	15.13	15.125	2.12	0.219
속도	1	120.12	120.125	16.86	0.015
2차 교호작용	1	120.13	120.125	16.86	0.015
연료*속도	1	120.13	120.125	16.86	0.015
오차	4	28.50	7.125		
총계	7	283.87			

오차의 자유도=4이며, 교호작용의 변동과 오차변동이 분리되었다.

모형 요약

S	R-제곱	R-제곱(수정)	R-제곱(예측)
2.66927	89.96%	82.43%	59.84%

요인A(연료의 종류)만 $p=0.219>0.05$로 유의하지 않고 상수를 포함한 나머지 요인은 모두 $p<0.05$로 유의하다.

따라서 코드화*된계수에 의한 방정식은 유의하다고 할 수 있다.

코드화된 계수

항	효과	계수	SE 계수	T-값	P-값	VIF
상수		14.375	0.944	15.23	0.000	
연료	2.750	1.375	0.944	1.46	0.219	1.00
속도	-7.750	-3.875	0.944	-4.11	0.015	1.00
연료*속도	-7.750	-3.875	0.944	-4.11	0.015	1.00

코드화되지 않은 단위의 회귀 방정식

연비 = 14.375 + 1.375 연료 - 3.875 속도 - 3.875 연료*속도

코드화: 코드화란 분석대상이 되는 요인의 범위를 −1에서 +1로 나타내는 것으로 이를 통해 요인 X 간에 상관관계로 인해 발생할 수 있는 잠재적인 문제를 제거할 수 있다. 또한 코드화를 하는 이유는 실험의 진행을 빠르고 편리하게 할 수 있을 뿐 아니라 실험을 실행한 이후 모형을 만들어서 분석하고 이해하기 쉽기 때문이다.

연료의 주효과만이 유의하지 않고 나머지 속도의 주효과 및 교호작용이 유의한 것을 알 수 있다.

⑦ 모델을 구하고 유의한지 여부를 판정한다.

속도 B의 주효과와 교호작용 AB의 확률값이 $p=0.015<0.05$로 유의하므로 이들 인자만을 모델에 포함시켜야 한다. 그러나 교호작용 AB(연료*속도)가 유의하므로 연료 A의 주효과도 모델에 포함시킨다. 따라서 모델은 다음과 같다.

$$\hat{Y}=14.375+1.375*A+(-3.875)*B+(-3.875)*AB \qquad (8.20)$$

⑧ 잔차분석을 통하여 모델이 적합한지를 확인한다.

이 경우 $R^2=0.8996$으로 비교적 높은 편이므로 모델이 비교적 잘 적합되었다고 할 수 있다. 그러나 보다 정확한 판단을 위해서는 잔차분석을 하는 것이 바람직하다.

[그림 8-3]에서 다음과 같이 '잔차그림'의 '네 개 모두'를 지정한다.

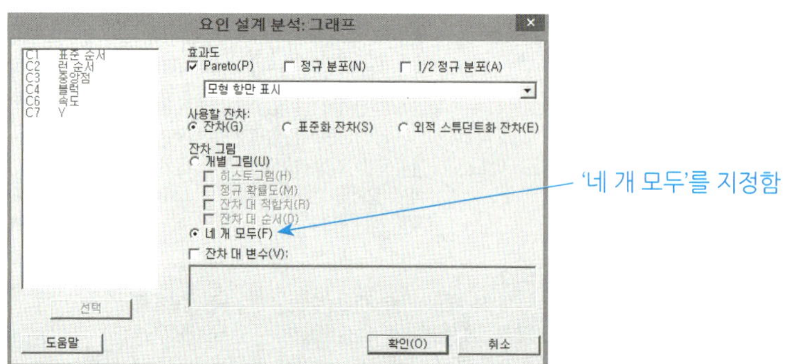

'확인'을 연속하여 클릭하면 다음의 결과가 나타난다.

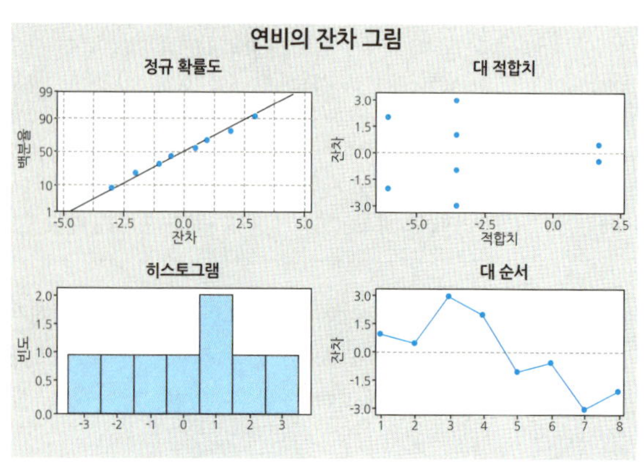

'정규 확률도'상에서 모든 점들이 정규선에 잘 적합되고, '대 적합치', '대 순서'에 모두 특이 사항이 없으므로 잔차가 정규분포를 따른다고 할 수 있다.

단, '히스토그램'이 정규분포를 따르지 않는 것으로 나타난 것은 데이터의 수가 적기 때문이다.

⑨ 개선효과를 예측하여 모델의 유효성을 파악한다.

모델을 통해 목표값을 달성할 수 있는지 여부를 예측한다. 이 경우 만일 예측값이 목표값 보다 작아 목표를 달성할 수 없는 경우에는 실험에 문제가 있는 경우로 '②인자의 종류와 수준을 결정한다.' 단계부터 재검토를 해야 한다.

식 (8.20)의 모델에서 연비($\hat{Y}$)를 최대로 하는 조건은 $A=+1$(연료 종류 T), $B=-1$(속도 60)임을 알 수 있다. 따라서 이를 식 (8.20)에 대입하면 다음과 같이 최대값을 예측할 수 있다.

$$\hat{Y}=14.375+1.375*A+(-3.875)*B+(-3.875)*AB$$
$$\hat{Y}=14.375+1.375*(1)+(-3.875)*(-1)+(-3.875)*(+1)(-1)=23.5$$

만일 실험의 목표가 평균연비 22 km/L 이상을 달성하는 것이라면, 이 경우 모델은 유효성이 있다고 할 수 있다. 따라서 다음 단계를 계속 진행한다.

⑩ 평균의 주효과 및 교호작용의 그래프를 작성한다.

통계분석 > 실험계획법 > 요인 > 요인 그림을 클릭하면 다음의 화면이 나타난다.

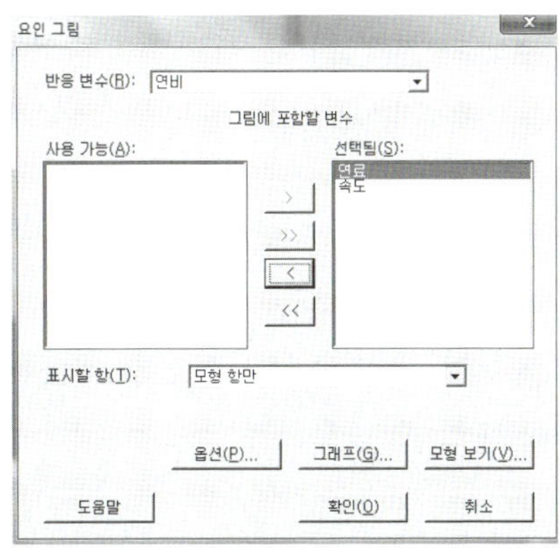

'확인'을 클릭하면 다음의 주효과 및 교호작용 그래프가 나타난다.

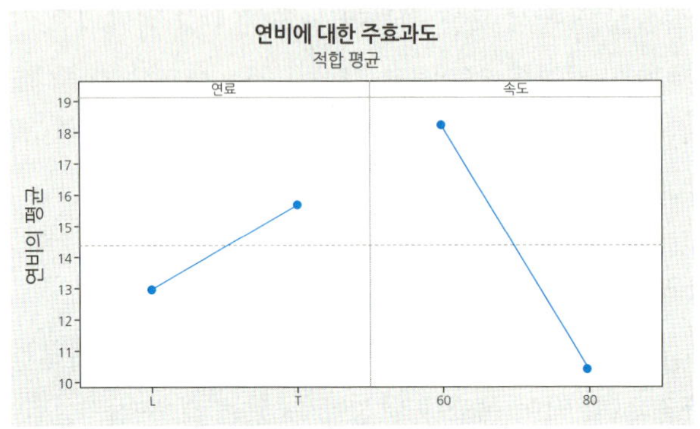

[그림 8-4] 주효과 그래프

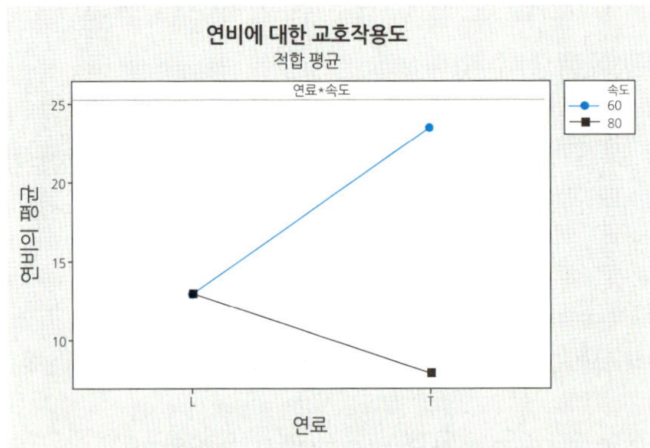

[그림 8-5] 교호작용 그래프

평균의 주효과와 교호작용 그래프는 표준편차의 그래프와 함께 최적조건을 결정하는데 유용하게 활용될 수 있다.

표준편차에 대해서도 ⑥~ ⑩을 동일하게 실행한다. 이를 위해서는 우선 다음과 같이 표준편차를 구한다.

통계분석 > 실험계획법 > 요인 > 변동성 분석을 위한 반응인자 사전 처리를 클릭하면 다음의 화면이 나타난다.

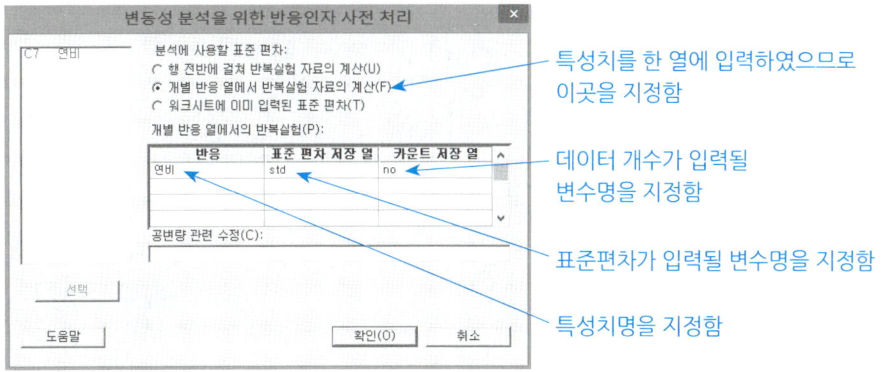

'확인'을 클릭하면 다음의 표준편차가 워크시트에 저장된다.

↓	C1	C2	C3	C4	C5-T	C6	C7	C8	C9
	표준 순서	런 순서	중앙점	블럭	연료	속도	연비	std	no
1	1	1	1	1	L	60	14	1.41421	2
2	2	2	1	1	T	60	24	0.70711	2
3	3	3	1	1	L	80	16	4.24264	2
4	4	4	1	1	T	80	10	2.82843	2
5	5	5	1	1	L	60	12	*	*
6	6	6	1	1	T	60	23	*	*
7	7	7	1	1	L	80	10	*	*
8	8	8	1	1	T	80	6	*	*

미니탭으로 표준편차 'std'에 대한 분석을 하면 다음의 결과들이 나타난다.

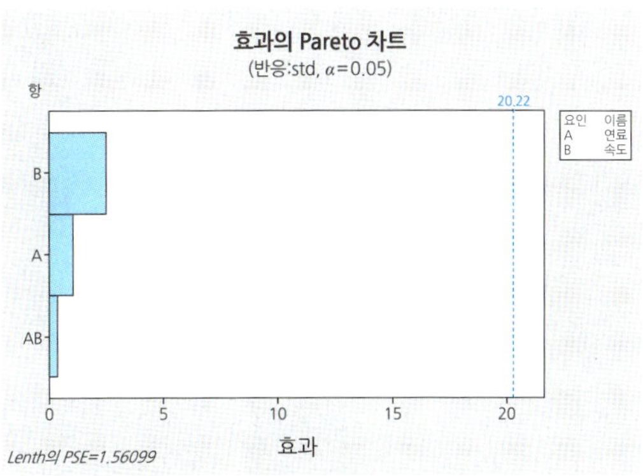

표준편차의 경우 마치 중요한 인자가 없는 것으로 나타났으나 이는 표준편차에 대한 관측수가 적기 때문이라고 예측할 수 있다.

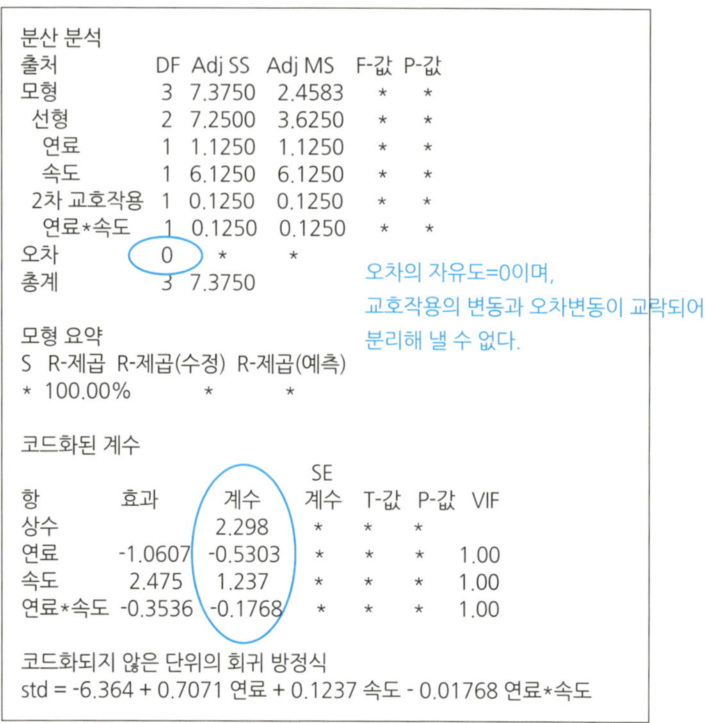

분산 분석

출처	DF	Adj SS	Adj MS	F-값	P-값
모형	3	7.3750	2.4583	*	*
선형	2	7.2500	3.6250	*	*
연료	1	1.1250	1.1250	*	*
속도	1	6.1250	6.1250	*	*
2차 교호작용	1	0.1250	0.1250	*	*
연료*속도	1	0.1250	0.1250	*	*
오차	0	*	*		
총계	3	7.3750			

오차의 자유도=0이며,
교호작용의 변동과 오차변동이 교락되어
분리해 낼 수 없다.

모형 요약

S	R-제곱	R-제곱(수정)	R-제곱(예측)
*	100.00%	*	*

코드화된 계수

항	효과	계수	SE 계수	T-값	P-값	VIF
상수		2.298	*	*	*	
연료	-1.0607	-0.5303	*	*	*	1.00
속도	2.475	1.237	*	*	*	1.00
연료*속도	-0.3536	-0.1768	*	*	*	1.00

코드화되지 않은 단위의 회귀 방정식

std = -6.364 + 0.7071 연료 + 0.1237 속도 - 0.01768 연료*속도

표준편차의 경우 코드화된 계수를 사용하여 다음과 같이 모델을 구할 수 있다. 그러나 F값과 이에 대응되는 p값을 구할 수 없으므로 유의한지 여부를 판정할 수 없다.

$$\hat{S} = 2.298 + (-0.5303) * A + (1.237) * B + (-0.1768) * AB \qquad (8.21)$$

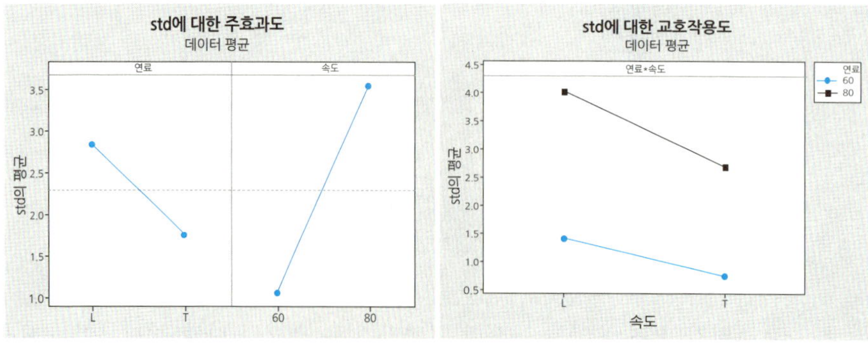

[그림 8-6] 주효과 및 교호작용의 그래프(표준편차)

그러나 표준편차의 주효과와 교호작용의 그래프를 **[그림 8-6]**과 같이 작성할 경우 산포를 최소로 하기 위한 유용한 정보를 얻을 수 있다.

⑪ 평균 및 표준편차의 모델과 그래프를 사용하여 최적조건을 설정한다.

평균과 표준편차의 모델과 주효과 및 교호작용의 그래프를 종합적으로 검토하여 산포를 최소화하면서 연비를 최대로 하는 조건을 구할 수 있다.

평균의 경우 교호작용이 유의하므로 **[그림 8-5]**에서 연비를 최대로 하는 조건을 찾으면 연료 +1 조건(T), 속도 – 1 조건(60)이다.

그런데 이들은 **[그림 8-6]**에서 산포를 최소로하는 조건이므로 결국 산포를 최소로 하면서 평균 연비를 최대로 하는 조건이 된다.

물론 식 (8. 20)의 평균의 모델과 식 (8.21)의 표준편차의 모델을 동시에 활용할 경우 산포를 최소로 하면서 연비를 최대로 하는 조건을 보다 쉽게 구할 수 있다.

이상에서 연료+1(T), 속도 – 1(60)에서 연비의 최대값 23.5 km/L를 구할 수 있다.

■ 미니탭을 통해 최적조건을 확인하면 다음과 같다.

통계분석 > 실험계획법 > 요인 > 반응 최적화 도구를 클릭하면 다음의 화면이 나타난다.

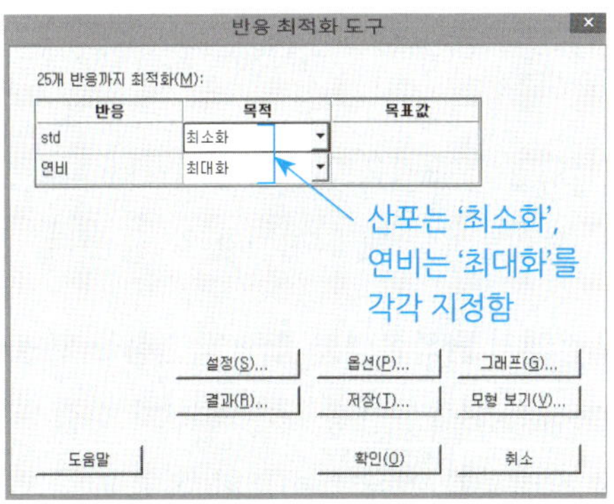

'설정'을 클릭하면 다음의 화면이 나타난다.

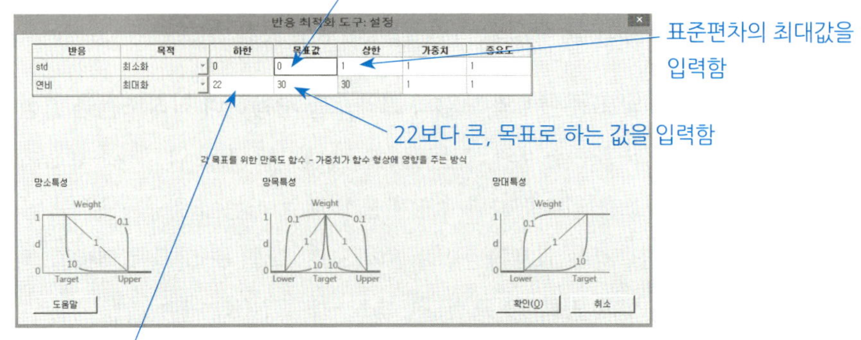

'확인'을 연속하여 클릭하면 다음의 결과가 나타난다.

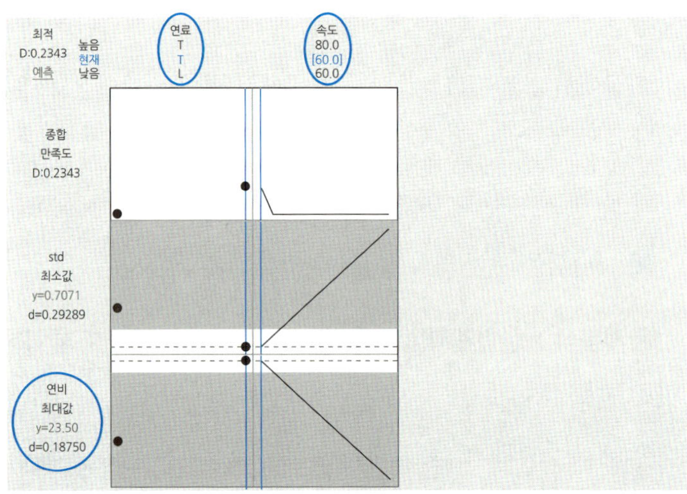

연료 +1(T), 속도-1(60)에서 연비 23.5 km/L를 구할 수 있다. 이 값은 앞에서 손으로 계산한 결과와 일치됨을 알 수 있다.

⑫ 최적조건에서 반복실험을 통해 재현성을 확인한다.

만일 최적조건에서 일정 횟수의 추가 실험을 실시하여 신뢰구간을 구한 후, 최적값이 신뢰구간 안에 들어오면 목표를 달성할 수 있다고 판단하고 실험을 종료한다.

⑬ 통계적 해결책을 실제 업무에 적용함으로써 개선을 한다.

이때 소규모로 적용하여 실험의 결과가 재현되면 단계적으로 확산 적용하는 것이 바람직하다.

문제 8-1 온도(A)와 압력(B)이 제품의 특성(y)에 중요한 영향을 미친다고 판단되어 다음과 같은 2^2 요인실험을 실시하였다. 특성치의 규격이 0 ± 10일 경우 최적조건을 구하시오.

	온도	압력	Y
첫번째 실험	80	40	-4
	100	40	2
	80	60	-3
	100	60	3
두번째 실험	80	40	-6
	100	40	-2
	80	60	-7
	100	60	2

8.2 2^3 요인 실험

1) 반복이 없는 경우

2^2 요인실험에서 인자 1개를 추가하면 2^3 요인실험이 된다. 이 경우 실험회수가 **[그림 8-7]**과 같이 8회로 증대된다.

2^3 요인실험을 통해 주효과 3개와 2인자 교호작용 3개를 얻을 수 있다. 일반적으로 3인자 이상의 교호작용은 무시되므로 이를 풀링함으로써 2^3 요인실험의 경우 반복없이 실험을 분석할 수 있다.

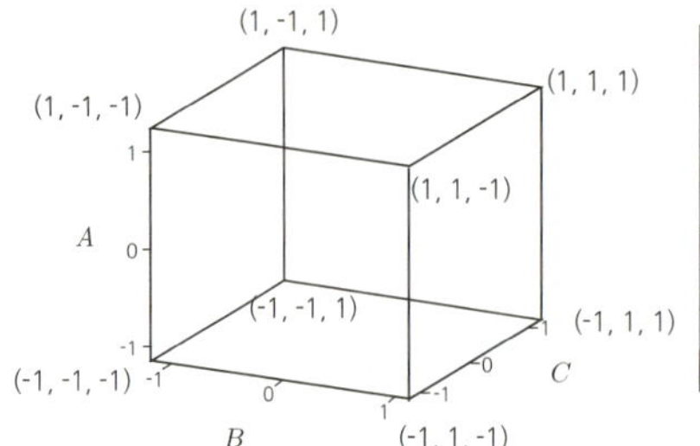

no	Yates 순서	A	B	$A \times B$	C	AC	BC	ABC	y
1	1	-1	-1	1	-1	1	1	-1	y_{000}
2	2	1	-1	-1	-1	-1	1	1	y_{100}
3	3	-1	1	-1	-1	1	-1	1	y_{010}
4	4	1	1	1	-1	-1	-1	-1	y_{110}
5	5	-1	-1	1	1	-1	-1	1	y_{001}
6	6	1	-1	-1	1	1	-1	-1	y_{101}
7	7	-1	1	-1	1	-1	1	-1	y_{001}
8	8	1	1	1	1	1	1	1	y_{111}

[그림 8-7] 2^3 요인실험(반복이 없는 경우)

구조식은 다음과 같다.

$$y_{ijk} = \mu + a_i + b_j + (ab)_{ij} + (ac)_{ik} + (bc)_{jk} + e_{ijk} \tag{8.22}$$

여기서 $i, j, k = 0, 1$

$e_{ijk} \sim N(0, \sigma_E^2)$ 이고 서로 독립임

[표 8-9]와 같이 인자 A, B에 대해 보조표를 작성할 경우 주효과 A, B와 교호작용 AB를 구하기가 용이하다.

[표 8-9] 2^3 요인실험에서 인자 A, B에 대한 이원표(반복이 있는 경우)

	A_0	A_1	계
B_0	y_{000}, y_{001} } $T_{00.}$	y_{101}, y_{102} } $T_{10.}$	$T_{.0.}$
B_1	y_{011}, y_{012} } $T_{01.}$	y_{111}, y_{112} } $T_{11.}$	$T_{.1.}$
계	$T_{0..}$	$T_{1..}$	T

$$A\text{의 주효과} = \{(+\text{수준의 평균}) - (-\text{수준의 평균})\}$$

$$= \frac{1}{4}(T_{1..} - T_{0..}) \quad \text{(각 수준에서 관측치가 4개이므로)} \tag{8.23}$$

$$B\text{의 주효과} = \frac{1}{4}(T_{.1.} - T_{.0.})$$

$$AB\text{의 교호작용} = \frac{1}{4}\{(T_{00.} + T_{11.}) - (T_{10.} + T_{01.})\}$$

나머지 인자들에 대해서도 동일한 방법으로 구하면 다음과 같다.

$$C\text{의 주효과} = \frac{1}{4}(T_{..1} - T_{..0})$$

$$AC\text{의 교호작용} = \frac{1}{4}\{(T_{0.0} + T_{1.1}) - (T_{1.0} + T_{0.1})\}$$

$$BC\text{의 교호작용} = \frac{1}{4}\{(T_{.00} + T_{.11}) - (T_{.01} + T_{.10})\}$$

주효과와 교호작용의 기울기를 구하는 방법은 2^2 요인실험의 경우와 동일하게 각각의 주효과나 교호작용을 2로 나누면 된다. 따라서 모델은 다음과 같다.

$$\begin{aligned}\hat{Y} = \bar{\bar{y}} &+ (A\text{의 기울기})*A + (B\text{의 기울기})*B + (C\text{의 기울기})*C \\ &+ (AB\text{의 기울기})*AB + (AC\text{의 기울기})*AC + (BC\text{의 기울기})*BC\end{aligned} \tag{8.24}$$

물론 이 경우에도 분산분석을 통해 유의한 인자만을 모델에 포함시켜야 한다.

각 인자의 변동을 다음과 같이 구할 수 있다.

$$\text{총변동: } SST = \sum_{i=0}^{1}\sum_{j=0}^{1}\sum_{k=0}^{1} {y_{ijk}}^2 - \frac{T^2}{8}$$

$$\begin{aligned}\text{인자 } A\text{의 변동: } SSA &= \sum_{i=0}^{1}\frac{{T_{i..}}^2}{4} - \frac{T^2}{8} \\ &= \frac{1}{4}({T_{0..}}^2 + {T_{1..}}^2) - \frac{1}{8}(T_{0..} + T_{1..})^2 \\ &= \frac{1}{8}(T_{1..} - T_{0..})^2 \\ &= 2(A\text{의 주효과})^2\end{aligned} \tag{8.25}$$

식 (8.23)을 제곱하므로 2를 곱해주어야 함

나머지 인자들의 변동도 인자 A의 경우와 동일한 방법으로 구하여 [표 8-10]의 분산분석표를 작성할 수 있다.

인자 B의 변동: $SSB = 2(B\text{의 주효과})^2$

인자 C의 변동: $SSC = 2(C\text{의 주효과})^2$

교호작용 AB의 변동: $SS(A \times B) = 2(AB\text{의 교호작용})^2$

교호작용 AC의 변동: $SS(A \times C) = 2(AC\text{의 교호작용})^2$

교호작용 BC의 변동: $SS(B \times C) = 2(BC\text{의 교호작용})^2$

오차의 변동: $SSE = SST - SSA - SSB - SSC$
$- SS(A\times B) - SS(A\times C) - SS(B\times C)$

[표 8-10] 2^3 요인실험의 분산분석표(반복이 없는 경우)

요인	SS	ϕ	V	F_{calc}
A	SSA	1	V_A	$\frac{V_A}{V_E}$
B	SSB	1	V_B	$\frac{V_B}{V_E}$
C	SSC	1	V_C	$\frac{V_C}{V_E}$
$A\times B$	$SS(A\times B)$	1	$V_{A\times B}$	$\frac{V_{A\times B}}{V_E}$
$A\times C$	$SS(A\times C)$	1	$V_{A\times c}$	$\frac{V_{A\times C}}{V_E}$
$B\times C$	$SS(B\times C)$	1	$V_{B\times C}$	$\frac{V_{B\times C}}{V_E}$
$A\times B\times C$(또는 E)	SSE	1	V_E	
계(전체)	SST	7		

3인자의 교호작용과 오차가 교락이 되는 것을 알 수 있다. 그러나 3인자 이상의 교호작용은 무시되므로 이를 오차로 취급함으로써 반복 없이도 실험을 분석할 수 있다.

예제 8-3

필름의 경도를 강화하기 위해 다음과 같이 2^3 완전 요인실험의 각 수준조합에서 연속 2회 반복측정하였다. 규격이 20±2일 경우 최적조건을 구하시오.

온도	압력	시간	경도1	경도2
150	80	3	4.0	3.9
180	80	3	5.1	5.0
150	120	3	15.5	15.3
180	120	3	18.8	18.9
150	80	5	4.0	5.5
180	80	5	3.0	5.9
150	120	5	23.0	25.0
180	120	5	25.0	22.0

① 해결하고자 하는 문제를 정의한다.

필름의 경도가 규격 20 ± 2를 만족시키도록 최적조건을 찾는다.

② 인자의 종류와 수준을 결정한다.

요인	-수준	+수준
온도	150 ℃	180 ℃
압력	80 psi	120 psi
시간	3 시간	5 시간

③ 실험방법과 크기를 결정한다.

2^3 요인실험의 각 수준조합에서 2회 반복

④ 실험순서를 결정한 후 실험을 실시한다.

워크시트상에는 '표준순서'로 배열되어 있으나 실제 실험은 랜덤으로 실행한다.

↓	C1	C2	C3	C4	C5	C6	C7	C8	C9
	표준 순서	런 순서	중앙점	블럭	온도	압력	시간		
1	1	1	1	1	150	80	3		
2	2	2	1	1	180	80	3		
3	3	3	1	1	150	120	3		
4	4	4	1	1	180	120	3		
5	5	5	1	1	150	80	5		
6	6	6	1	1	180	80	5		
7	7	7	1	1	150	120	5		
8	8	8	1	1	180	120	5		

⑤ 미니탭상에 데이터를 입력한다.

↓	C1	C2	C3	C4	C5	C6	C7	C8	C9
	표준 순서	런 순서	중앙점	블럭	온도	압력	시간	경도1	경도2
1	1	1	1	1	150	80	3	4.0	3.9
2	2	2	1	1	180	80	3	5.1	5.0
3	3	3	1	1	150	120	3	15.5	15.3
4	4	4	1	1	180	120	3	18.8	18.9
5	5	5	1	1	150	80	5	4.0	5.5
6	6	6	1	1	180	80	5	3.0	5.9
7	7	7	1	1	150	120	5	23.0	25.0
8	8	8	1	1	180	120	5	25.0	22.0

⑥ 그래프를 작성하여 중요한 인자가 존재하는지의 여부를 파악한다.

이 경우 분석을 하기 위해서는 우선 특성치의 평균과 표준편차를 구해야 한다.

실험계획법 > 요인 > 변동성 분석을 위한 반응인자 사전 처리를 클릭하면 다음의 화면이 나타난다.

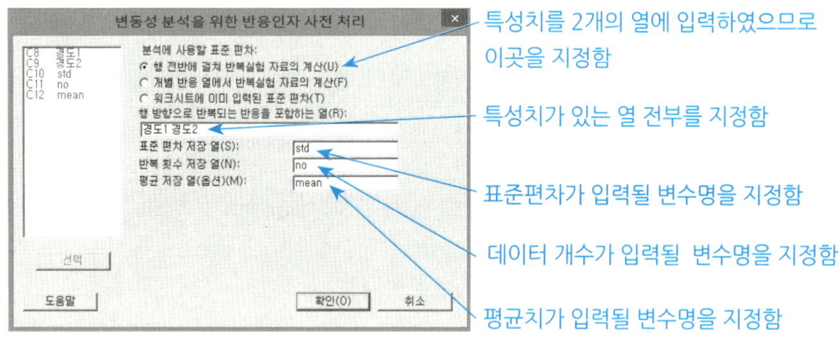

'확인'을 클릭하면 워크시트상에 다음과 같이 평균과 표준편차가 발생된다.

↓	C1	C2	C3	C4	C5	C6	C7	C8	C9	C10	C11	C12
	표준 순서	런 순서	중앙점	블럭	온도	압력	시간	경도1	경도2	std	no	mean
1	1	1	1	1	150	80	3	4.0	3.9	0.07071	2	3.95
2	2	2	1	1	180	80	3	5.1	5.0	0.07071	2	5.05
3	3	3	1	1	150	120	3	15.5	15.3	0.14142	2	15.40
4	4	4	1	1	180	120	3	18.8	18.9	0.07071	2	18.85
5	5	5	1	1	150	80	5	4.0	5.5	1.06066	2	4.75
6	6	6	1	1	180	80	5	3.0	5.9	2.05061	2	4.45
7	7	7	1	1	150	120	5	23.0	25.0	1.41421	2	24.00
8	8	8	1	1	180	120	5	25.0	22.0	2.12132	2	23.50

⑥ 평균에 대해 그래프를 작성하여 중요한 인자가 존재하는지의 여부를 파악한다.

3인자 이상의 교호작용은 무시할 수 있으므로 다음의 화면에서 '항'을 클릭한 후 풀링을 한다.

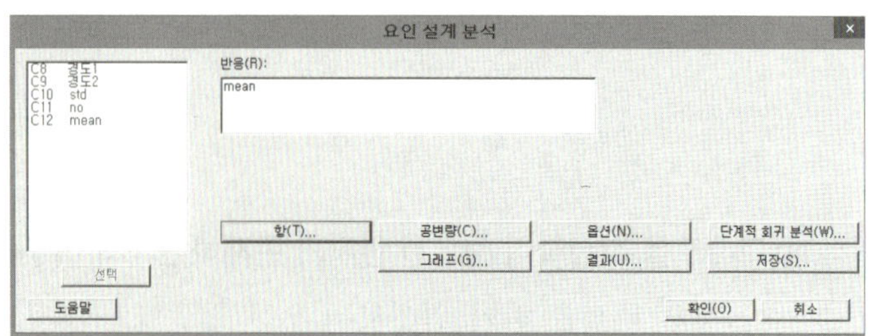

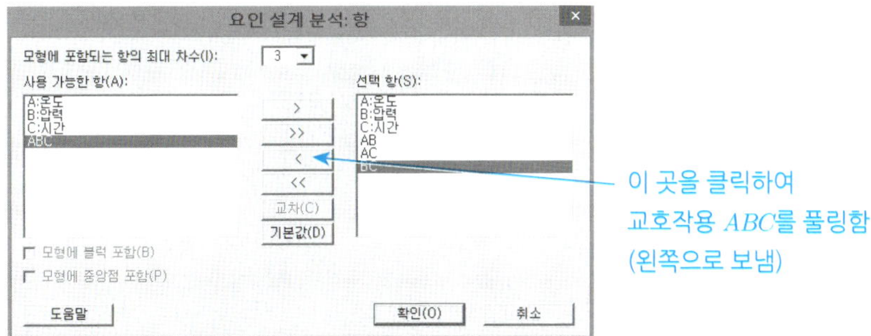

'확인'을 연속하여 클릭하면 다음의 그래프가 나타난다.

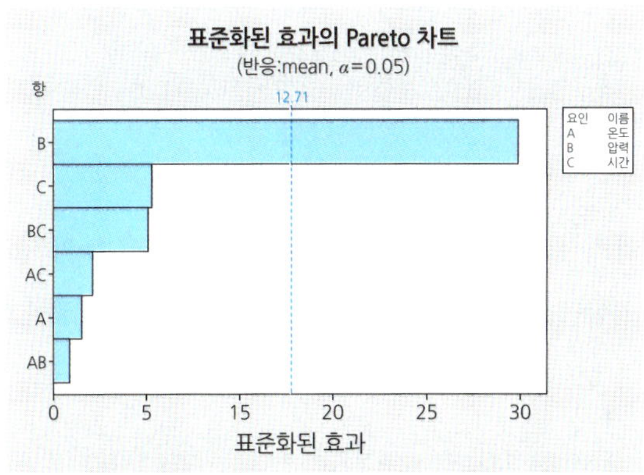

[그림 8-8] 효과의 파레토 차트(평균)

압력(B) 만이 평균에 영향을 미치는 중요 인자임을 알 수 있다.

⑦ 모델을 구하고 유의한지 여부를 판정한다.

중요하지 않은 인자에 대해서는 **[그림 8-8]**의 중요하지 않은 순서대로 풀링을 한 후 분석을 반복하면 다음의 결과가 나타난다.

요인 회귀 분석: mean 대 압력, 시간

분산 분석

출처	DF	Adj SS	Adj MS	F-값	P-값
모형	3	548.726	182.909	108.77	0.000
선형	2	527.438	263.719	156.83	0.000

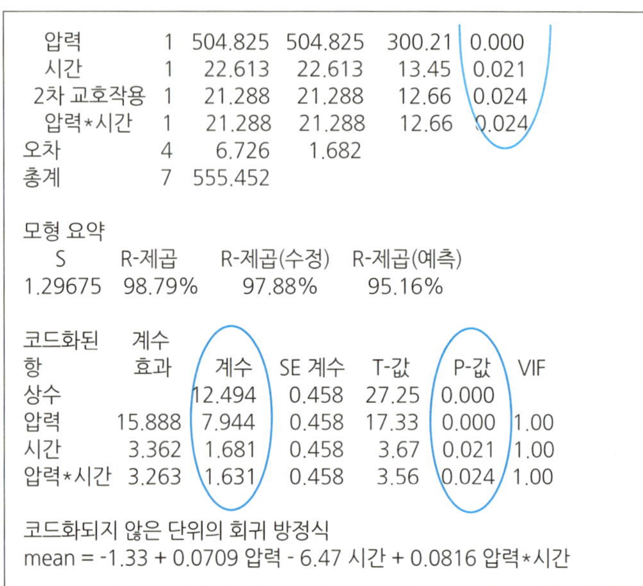

압력	1	504.825	504.825	300.21	0.000
시간	1	22.613	22.613	13.45	0.021
2차 교호작용	1	21.288	21.288	12.66	0.024
압력*시간	1	21.288	21.288	12.66	0.024
오차	4	6.726	1.682		
총계	7	555.452			

모형 요약

S	R-제곱	R-제곱(수정)	R-제곱(예측)
1.29675	98.79%	97.88%	95.16%

코드화된 항	계수 효과	계수	SE 계수	T-값	P-값	VIF
상수		12.494	0.458	27.25	0.000	
압력	15.888	7.944	0.458	17.33	0.000	1.00
시간	3.362	1.681	0.458	3.67	0.021	1.00
압력*시간	3.263	1.631	0.458	3.56	0.024	1.00

코드화되지 않은 단위의 회귀 방정식
mean = -1.33 + 0.0709 압력 - 6.47 시간 + 0.0816 압력*시간

주효과 압력 B, 시간 C 및 교호작용 압력*시간 BC의 p값이 0.05보다 작으므로 유의함을 알 수 있다. 따라서 평균의 모델은 '코드화된 계수'를 사용하여 다음과 같이 구할 수 있다.

$$\hat{Y} = 12.494 + 7.944 * B + 1.681 * C + 1.631 * BC \tag{8.26}$$

⑧ 잔차분석을 통하여 모델이 적합한지를 확인한다.

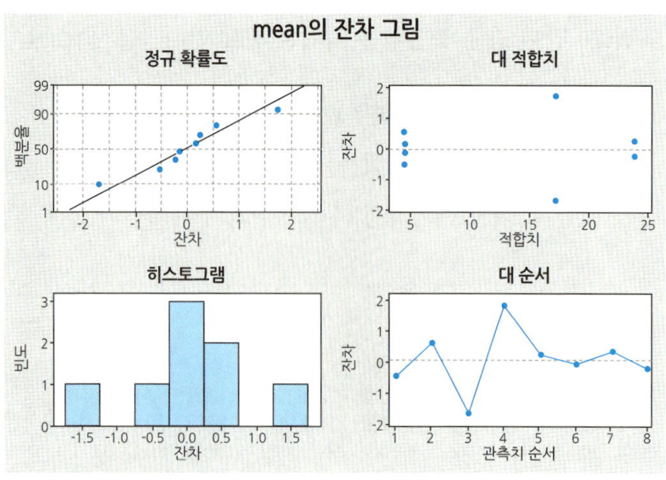

그래프상에 특이점이 없으므로 잔차는 정규분포를 따른다고 할 수 있다. 따라서 평균의 모델은 잘 적합되었다고 할 수 있다.

⑨ 개선효과를 예측하여 모델의 유효성을 파악한다.

식 (8.26)의 최대 예측값이 목표값에 미치지 못할 경우 인자를 다시 검토해야 한다.

그러나 다음과 같이 식 (8.26)에 $B=C=+1$을 대입할 경우 예측값이 목표값 20을 초과하므로 모델은 유효하다고 할 수 있다. 따라서 다음 단계를 계속하여 진행한다.

$$\hat{Y}=12.494+7.944*(1)+1.681*(1)+1.631*(1)(1)=23.75$$

⑩ 평균의 주효과 및 교호작용의 그래프를 작성한다.

평균의 주효과의 경우 압력 B, 시간 C 순으로 기울기가 급하고, 온도 A는 거의 영향을 주지 못하는 것을 알 수 있다.

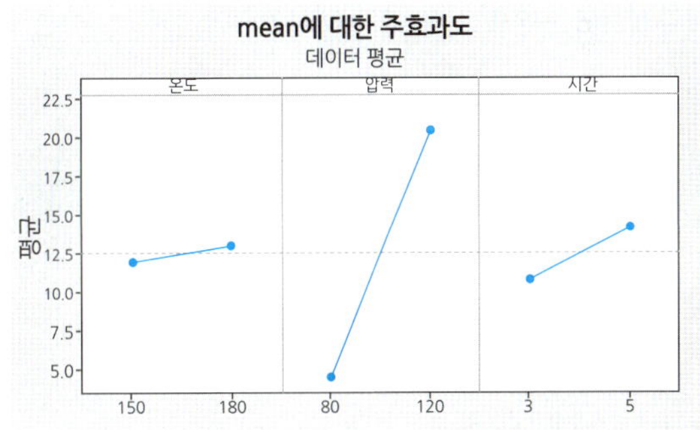

평균의 교호작용의 경우 압력*시간 BC가 유의하므로 우측의 교호작용 그래프에서 변이가 가장 큼을 알 수 있다.

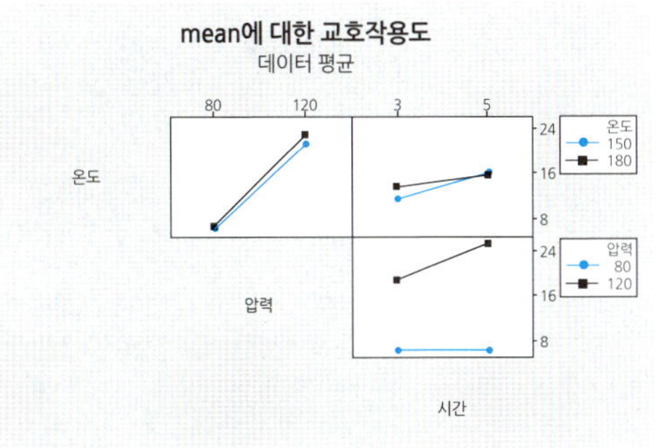

표준편차에 대해서도 ⑥~⑩을 동일하게 실행한다.

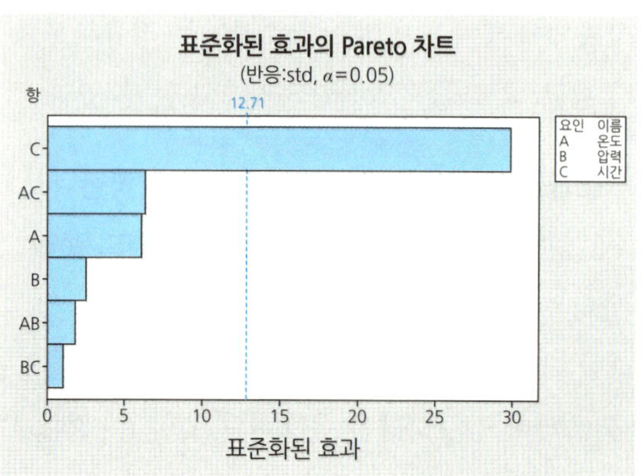

표준편차의 경우 주효과 시간 C, 교호작용 온도*시간 AC, 주효과 온도 A 순으로 영향을 미치는 것을 알 수 있다.

중요하지 않은 순서대로 인자를 단계적으로 풀링한 후 분석한 결과는 다음과 같다.

요인 회귀 분석: std 대 온도, 시간

분산 분석

출처	DF	Adj SS	Adj MS	F-값	P-값
모형	3	5.67188	1.89063	112.04	0.000
선형	2	5.28125	2.64063	156.48	0.000
온도	1	0.33062	0.33062	19.59	0.011
시간	1	4.95063	4.95063	293.37	0.000
2차 교호작용	1	0.39063	0.39063	23.15	0.009
온도*시간	1	0.39063	0.39063	23.15	0.009
오차	4	0.06750	0.01688		
총계	7	5.73938			

모형 요약

S	R-제곱	R-제곱(수정)	R-제곱(예측)
0.129904	98.82%	97.94%	95.30%

코드화된 계수

항	효과	계수	SE 계수	T-값	P-값	VIF
상수		0.8750	0.0459	19.05	0.000	
온도	0.4066	0.2033	0.0459	4.43	0.011	1.00
시간	1.5733	0.7867	0.0459	17.13	0.000	1.00
온도*시간	0.4419	0.2210	0.0459	4.81	0.009	1.00

코드화되지 않은 단위의 회귀 방정식

std = 5.21 - 0.0454 온도 - 1.644 시간 + 0.01473 온도*시간

주효과 온도 A, 시간 C, 교호작용 온도*시간 AC가 유의하므로 표준편차의 모델을 다음과 같이 설정할 수 있다.

$$\hat{S} = 0.875 + 0.2033 * A + 0.7867 * C + 0.221 * AC$$

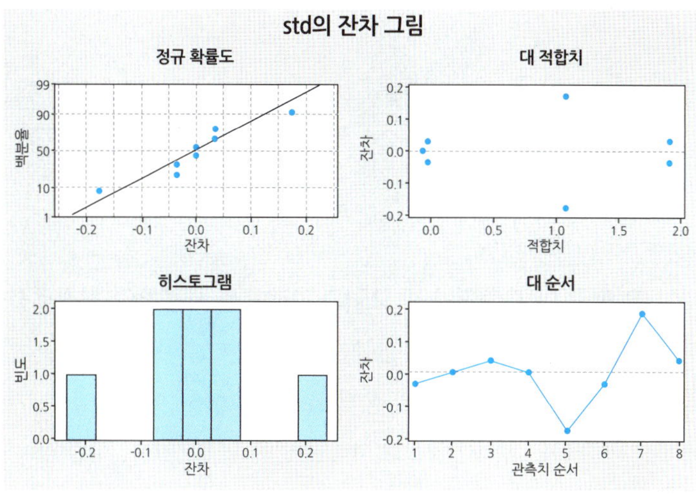

잔차에 특이점이 없으므로 표준편차의 모델은 잘 적합되었다고 할 수 있다.

표준편차의 주효과의 경우 시간 C의 기울기가 가장 급하고 그 다음이 온도 A 그리고 압력 B는 거의 영향을 주지 못하는 것을 알 수 있다.

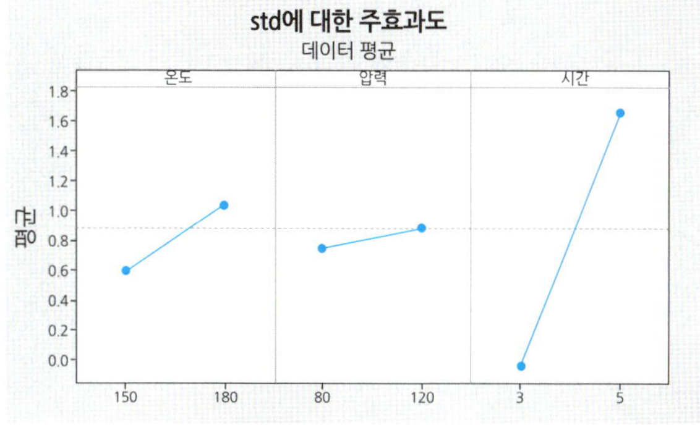

표준편차의 교호작용의 경우 온도*시간 AC가 유의하므로 다음의 교호작용 그래프에서 변이가 가장 큰 것으로 나타났다.

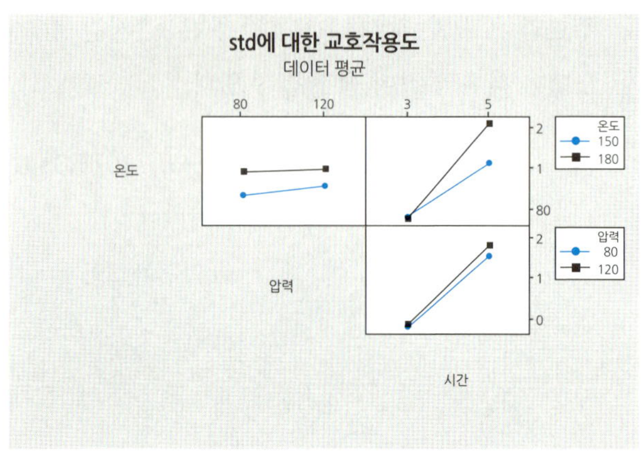

⑪ 평균 및 표준편차의 모델과 그래프를 사용하여 최적조건을 설정한다.

이상에서 압력 B는 평균을 조정하는 인자로 평균 조정인자(압력은 평균에만 유의한 것으로 나타남) 온도 A는 산포를 제어하는 산포 제어인자(온도는 표준편차에만 유의한 것으로 나타남)임을 알 수 있다. 시간 C는 평균과 표준편차에 동시에 유의한 것으로 나타났으나 산포에 크게 영향을 미치므로 산포제어인자로 사용하는 것이 바람직하다.

식 (8.26)에서 모델의 절편이 20보다 작으므로, 산포를 최소화 하면서 평균치를 목표값 20에 맞추기 위해서는 우선 압력 B를 +1로 하여 평균치를 최대로 크게 한다. 그리고 시간 C를 최소화하여 목표치 20을 맞출 경우 목표를 달성하면서 산포를 최소화 할 수 있다.
따라서 우선 식 (8.26)에 $B=+1$을 대입하면 다음과 같다.

$$\hat{Y} = 12.494 + 7.944*(1) + 1.681*C + 1.631*(1)C$$
$$= 20.438 + 3.312*C$$

목표치 20에 맞추기 위해 상기의 식에 $\hat{Y}=20$을 대입하면 다음과 같이 시간 C의 값을 얻을 수 있다.

$$20 = 20.438 + 3.312*C$$
$$C = -0.1322$$

이 값은 코드화 된 값이므로 이를 원래의 값으로 환산하면 다음과 같다.

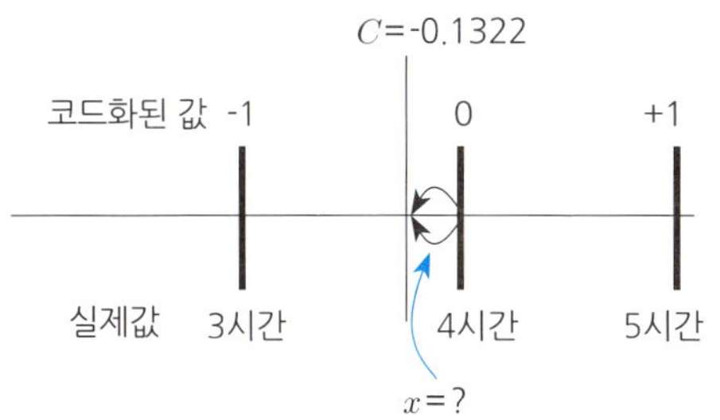

상기의 그림에서 코드화된 값 $C=-0.1322$에 대응되는 원래의 값 x를 다음과 같이 보간법으로 구하면 -0.1322가 된다.

$$\frac{(0-(-1))}{4-3}=\frac{1}{1}=\frac{-0.1322}{x}$$

$$x=-0.1322$$

그러므로 시간 C의 원래의 값은 다음과 같다.

$$4-0.1322=3.8678(\text{시간})$$

이상에서 압력 $B=+1$(120 psi), 시간 $C=-0.1322$(약 3시간 52분) 그리고 온도는 산포를 작게 하는 $A=-1$(150 ℃)일 경우 산포를 최소로 하면서 목표값 20을 달성할 수 있다.

■ 미니탭을 통해 이상의 내용을 확인하면 다음과 같다.

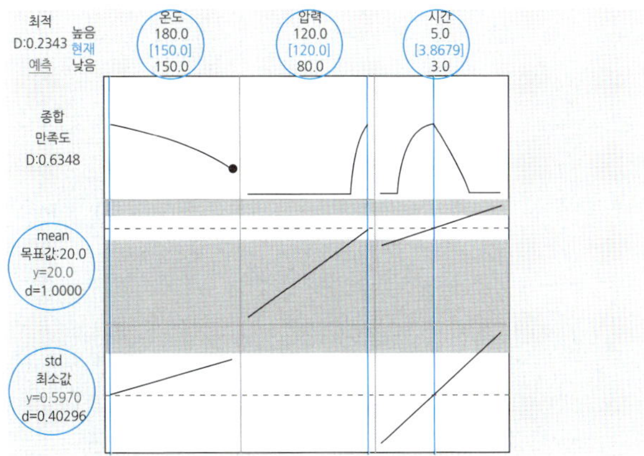

계산상의 약간의 차이가 있을 뿐 미니탭으로 구한 결과는 손으로 계산한 결과와 동일함을 알 수 있다.

실험의 결과를 오류 없이 분석하기 위해서는 이와 같이 먼저 그래프와 모델을 통해 계산한 결과를 미니탭을 통해 확인하는 것이 바람직하다.

문제 8-2 소재의 특성을 향상하기 위해 불순물의 함량을 최소화하고자 한다. 다음과 같이 2^3 요인실험을 각 수준조합에서 2회 반복하였을 경우 불순물의 함량이 최소가 되는 조건을 구하시오.

요인	-수준	+수준
온도	120 ℃	140 ℃
시간	80분	100분
첨가제	10 g	20 g

온도	시간	첨가제	y_1	y_2
120	80	10	6.5	7.1
140	80	10	10.5	11
120	100	10	7.8	10.2
140	100	10	9.5	11.8
120	80	20	2.2	2.5
140	80	20	4.4	5.1
120	100	20	2.4	3.2
140	100	20	4.8	5

2) 2회 반복하는 경우

2^3 요인실험을 반복하는 경우 실험의 배치는 다음과 같다.

no	Yates 순서	A	B	A×B	C	AC	BC	ABC	y
1	1	-1	-1	1	-1	1	1	-1	y_{0001}
2	2	1	-1	-1	-1	-1	1	1	y_{1001}
3	3	-1	1	-1	-1	1	-1	1	y_{0101}
4	4	1	1	1	-1	-1	-1	-1	y_{1101}
5	5	-1	-1	1	1	-1	-1	1	y_{0011}
6	6	1	-1	-1	1	1	-1	-1	y_{1011}
7	7	-1	1	-1	1	-1	1	-1	y_{0011}
8	8	1	1	1	1	1	1	1	y_{1111}
1	1	-1	-1	1	-1	1	1	-1	y_{0002}
2	2	1	-1	-1	-1	-1	1	1	y_{1002}
3	3	-1	1	-1	-1	1	-1	1	y_{0102}
4	4	1	1	1	-1	-1	-1	-1	y_{1102}
5	5	-1	-1	1	1	-1	-1	1	y_{0012}
6	6	1	-1	-1	1	1	-1	-1	y_{1012}
7	7	-1	1	-1	1	-1	1	-1	y_{0012}
8	8	1	1	1	1	1	1	1	y_{1112}

⋮

r회

이 경우 구조식은 다음과 같다.

$$y_{ijkm} = \mu + a_i + b_j + c_k + (ab)_{ij} + (ac)_{ik} + (bc)_{jk} + (abc)_{ijk} + e_{ijkm} \quad (8.27)$$

여기서 $i, j, k = 0, 1$

$m = 0, 1, \cdots, r$

$e_{ijkm} \sim N(0, \sigma_E^2)$ 이고 서로 독립임

r회 반복되므로 식 (8.23)의 분모가 r배가 되어 A의 주효과는 다음과 같다.

$$A\text{의 주효과} = \{(+\text{수준의 평균}) - (-\text{수준의 평균})\}$$
$$= \frac{1}{4r}(T_{1...} - T_{0...}) \quad (8.28)$$

나머지 주효과와 교호작용도 동일한 방법으로 구하면 다음과 같다.

$$B\text{의 주효과} = \frac{1}{4r}(T_{.1..} - T_{.0..})$$

$$C\text{의 주효과} = \frac{1}{4r}(T_{..1.} - T_{..0.})$$

$$AB\text{의 교호작용} = \frac{1}{4r}\{(T_{00..} + T_{11..}) - (T_{10..} + T_{01..})\}$$

$$AC\text{의 교호작용} = \frac{1}{4r}\{(T_{0.0.} + T_{1.1.}) - (T_{1.0.} + T_{0.1.})\}$$

$$BC\text{의 교호작용} = \frac{1}{4r}\{(T_{.00.} + T_{.11.}) - (T_{.01.} + T_{.10.})\}$$

주효과와 교호작용의 기울기를 구하는 방법은 2^2 요인실험이나 반복이 없는 2^3 요인실험의 경우와 동일하게 각각의 주효과나 교호작용을 2로 나누면 된다.

모델은 '**반복이 없는 2^3 요인실험**'의 식 (8.24)와 동일하게 구하면 된다

각 인자의 변동은 다음과 같이 구할 수 있다.

$$\text{총변동: } SST = \sum_i \sum_j \sum_k \sum_m y_{ijkm}^2 - \frac{T^2}{8r}$$

$$\text{인자 } A\text{의 변동: } SSA = \sum_{i=0}^{1} \frac{T_{i...}^2}{4r} - \frac{T^2}{8r}$$
$$= \frac{1}{4r}(T_{0...}^2 + T_{1...}^2) - \frac{1}{8r}(T_{0...} + T_{1...})^2$$

$$=\frac{1}{8r}(T_{1\ldots}-T_{0\ldots})^2$$

식 (8.28)을 제곱하므로 $2r$을 곱해주어야 함 $=2r(A\text{의 주효과})^2$ (8.29)

나머지 인자들의 변동도 인자 A의 경우와 동일한 방법으로 구하면 다음과 같다.

인자 B의 변동: $SSB=2r(B\text{의 주효과})^2$

인자 C의 변동: $SSB=2r(C\text{의 주효과})^2$

교호작용 AB의 변동: $SS(A\times B)=2r(AB\text{의 교호작용})^2$

교호작용 AC의 변동: $SS(A\times C)=2r(AC\text{의 교호작용})^2$

교호작용 BC의 변동: $SS(B\times C)=2r(BC\text{의 교호작용})^2$

오차의 변동: $SSE=SST-SSA-SSB-SSC$

$-SS(A\times B)-SS(A\times C)-SS(B\times C)$

[표 8-11] 2^3 요인실험의 분산분석표(반복이 있는 경우)

요인	SS	ϕ	V	F_{calc}
A	SSA	1	V_A	$\frac{V_A}{V_E}$
B	SSB	1	V_B	$\frac{V_B}{V_E}$
C	SSC	1	V_C	$\frac{V_C}{V_E}$
$A\times B$	$SS(A\times B)$	1	$V_{A\times B}$	$\frac{V_{A\times B}}{V_E}$
$A\times C$	$SS(A\times C)$	1	$V_{A\times c}$	$\frac{V_{A\times C}}{V_E}$
$B\times C$	$SS(B\times C)$	1	$V_{B\times C}$	$\frac{V_{B\times C}}{V_E}$
E	SSE	$8r-7$	V_E	
계(전체)	SST	$8r-1$		

반복이 있는 경우 3인자의 교호작용 ABC를 오차와 분리하여 구할 수 있으나, 3차 이상 고차의 교호작용은 분석 시 무시되므로 굳이 구할 필요가 없다. 따라서 분석분석표는 **[표 8-11]**과 같다. 이 경우 오차의 자유도가 증대되므로 실험의 검출력과 정도가 좋아진다.

8.3 2^n 요인실험

2^3 요인실험에 인자 1개를 추가하면 2^4 요인실험이 된다. 따라서 **[그림 8-9]**와 같이 최소한 16회의 실험을 해야 한다.

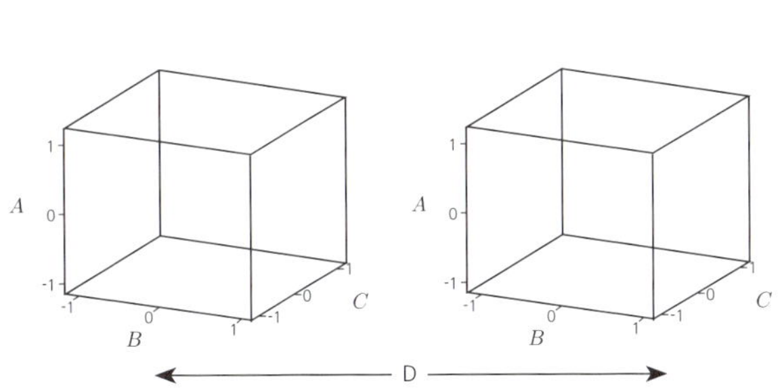

순서	A	B	C	D
1	-1	-1	-1	-1
2	1	-1	-1	-1
3	-1	1	-1	-1
4	1	1	-1	-1
5	-1	-1	1	-1
6	1	-1	1	-1
7	-1	1	1	-1
8	1	1	1	-1
9	-1	-1	-1	1
10	1	-1	-1	1
11	-1	1	-1	1
12	1	1	-1	1
13	-1	-1	1	1
14	1	-1	1	1
15	-1	1	1	1
16	1	1	1	1

[그림 8-9] 2^4 완전 요인실험

2^4 요인실험을 통해 모든 인자의 주효과와 2인자의 교호작용을 교락없이 파악할 수 있다.

그러나 요인실험의 단점은 인자가 추가됨에 따라 실험의 횟수가 기하급수적으로 증가된다는 것이다. 예를 들어 2^5 실험에서의 실험횟수는 32회, 2^6 실험에서는 64회가 된다.

따라서 2^5 이상의 실험은 실험의 시간 및 비용측면에서 실행하기가 매우 부담스럽다. 그러므로 이 중 일부만을 실험하는 일부 실시법을 실행하게 된다. 이에 대한 내용은 '**9.4 일부 실시법**'에 설명되어 있다.

요인실험을 확장하여 일반화할 경우 2^n 요인실험이 된다. 이 경우 요인실험의 구조적인 특징때문에 주효과 및 교호작용을 다음의 공식에 의해 간편하게 구할 수 있다.

$$\text{주효과(또는 교호작용)} = \frac{1}{2^{n-1} \cdot r}\{(\text{+수준의 합}) - (\text{−수준의 합})\}$$

예를 들어 $n=3$일 때 반복이 없는 경우 $r=1$이 되어 인자 A의 주효과는 식 (8.23)이 된다. 그리고 반복이 있는 경우 인자 A의 주효과는 식 (8.28)이 된다.

변동의 경우도 다음의 공식에 의해 간편하게 구할 수 있다.

$$\text{주효과(또는 교호작용)의 변동} = 2^{n-2} \cdot r\{\text{주효과(또는 교호작용)}\}^2$$

예를 들어 $n=3$일 때 반복이 없는 경우 $r=1$이 되어 인자 A의 변동은 식 (8.25)가 되며, 반복이 있는 경우 인자 A의 변동은 식 (8.29)가 된다.

분산분석표의 경우도 다음과 같이 일반화할 수 있다.

요인	SS	ϕ	
A	SSA	1	$\binom{n}{1}=n$개
B	SSB	1	
C	SSC	1	
⋮		⋮	
$A\times B$	$SS(A\times B)$	1	$\binom{n}{2}=\frac{n(n-1)}{2}$
$A\times C$	$SS(A\times C)$	1	
$B\times C$	$SS(B\times C)$	1	
⋮		⋮	
E	SSE	$2^n\cdot r-\frac{n^2+n+2}{2}$	
계(전체)	SST	$2^n r-1$	

이와 같이 간편하게 각 인자의 효과 및 변동을 구할 수 있는 것은 2수준 요인실험이 갖는 장점으로 최근 들어 다른 실험계획법에 비해 요인실험을 많이 사용하는 이유이다.

8.4 3^2 요인실험

두 개의 인자의 각 수준이 3개일 경우의 요인실험을 3^2 요인실험이라고 한다. 이 경우 총 실험횟수는 9회가 되며 만일 반복이 r회 있을 경우 총 실험횟수는 $9r$개가 된다.

1) 3^2 요인실험의 특징

반복이 없는 경우 데이터의 구조식은 다음과 같으며 이와 관련된 데이터들은 **[표 8-12]**와 같다.

$$y_{ij} = \mu + a_i + b_j + e_{ij}$$

여기서 $i, j = 0, 1$

$e_{ij} \sim N(0, \sigma_E^2)$ 이고 서로 독립임

[표 8-12] 3^2 요인실험의 데이터(반복이 없는 경우)

		인자 A			
		A_0	A_1	A_2	계
인자 B	B_0	y_{00}	y_{10}	y_{20}	$T_{.0}$
	B_1	y_{01}	y_{11}	y_{21}	$T_{.1}$
	B_2	y_{02}	y_{12}	y_{22}	$T_{.2}$
계		$T_{0.}$	$T_{1.}$	$T_{2.}$	T

[표 8-12]로부터 인자 A의 효과에 대한 그래프를 작성할 때 만일 **[그림 8-10]**과 같이 $T_{1.}$의 값이 $T_{0.}$과 $T_{2.}$를 연결하는 선상에서 벗어날 경우 2차 효과 즉, 곡면이 존재한다고 할 수 있다.

따라서 3수준의 요인실험은 2수준 요인실험에서 파악할 수 없는 곡면의 존재여부를 파악할 수 있는 장점이 있다.

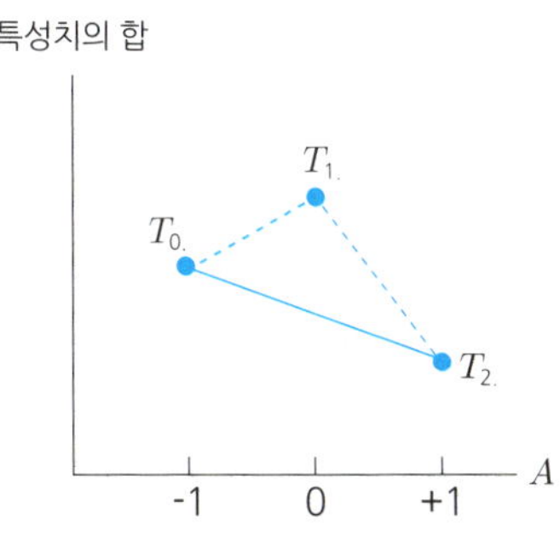

[그림 8-10] 3수준 요인실험의 그래프

그러나 이와 같은 장점에도 불구하고 3수준의 실험은 실험의 횟수가 너무 많아 현업에서는 거의 사용되지 않고 있다. 대신에 2수준의 요인실험을 한 후 곡면의 존재를 확인하기 위해서 '**10.1 중심점 설계**'를 사용하고 있다.

따라서 본서에서는 3수준의 요인실험에 대한 추가설명은 생략하기로 한다.

8장

연습문제

1. 요인실험의 특징과 이에 따른 장·단점을 간략하게 기술하시오.

2. 일반적으로 3수준 요인실험을 하지 않고 2수준 요인실험을 많이 하는 이유는 무엇인가?

3. '**문제 2**'의 경우에 발생할 수 있는 문제점을 극복할 수 있는 방법에 대해 간략하게 기술하시오.

4. 점도의 규격 40+/−2를 만족시키기 위해 다음과 같이 2^2 요인실험을 2회 반복하였다. 다음의 질문에 답을 하시오.

↓	C1 StdOrder	C2 RunOrder	C3 중심점	C4 블록	C5 온도	C6 압력	C7 점도
1	1	1	1	1	100	80	42.0
2	2	2	1	1	120	80	38.9
3	3	3	1	1	100	100	32.6
4	4	4	1	1	120	100	37.2
5	5	5	1	1	100	80	42.5
6	6	6	1	1	120	80	39.4
7	7	7	1	1	100	100	34.3
8	8	8	1	1	120	100	39.0

1) 평균에 대한 주효과 A(온도)를 구하시오(계산과정을 밝힐 것).

2) 평균에 대한 교호작용 AB를 구하시오(계산과정을 밝힐 것).

3) 평균에 대한 방정식(모델)을 구하시오.

4) 평균에 대한 인자 A의 변동을 구하시오(계산과정을 밝힐 것).

5) 평균에 대한 교호작용 AB의 변동을 구하시오(계산과정을 밝힐 것).

6) 분산분석을 통해 모델이 유의한지 여부를 판정하시오.

7) 모델이 적합한지를 판정하시오.

8) 평균에 대한 주효과 및 교호작용의 그래프를 작성하시오.

9) 표준편차에 대해서도 1) ~ 8)을 구하시오.

10) 모델이 유효하다고 할 수 있는가? 그 이유는?

11) 목표를 만족시키고 산포를 최소화하는 조건을 구하시오.

5. 온도(A)와 압력(B)이 제품의 특성(Y)에 중요한 영향을 미친다고 판단되어 다음과 같은 2^2 요인실험을 실시하였다. 특성치의 규격이 10±4 일 경우 최적조건을 구하시오.

	온도	압력	y
첫번째 실험	60	30	13
	80	30	12
	60	50	7
	80	50	6
두번째 실험	60	30	12
	80	30	8
	60	50	3
	80	50	4

1) 모델을 구하시오.

2) 모델이 유의하다고 할 수 있는가? 그 이유는?

3) 모델이 잘 접합되었는지 여부를 간략하게 기술하시오.

4) 모델이 유효하다고 할 수 있는가?

5) 규격을 만족시키는 조건을 구하고 이에 대응되는 특성치의 추정값을 구하시오.

6. 필름의 경도를 강화하기 위해 다음과 같이 2^3의 완전 요인실험을 각 수준조합에서 2회 반복하였다. 규격이 22±2일 경우 최적조건을 구하시오.

온도	압력	시간(분)	경도1	경도2
150	80	180	6	5.9
180	80	180	7.1	7
150	120	180	17.5	17.3
180	120	180	20.8	20.9
150	80	240	6	7.5
180	80	240	5	7.9
150	120	240	25	27
180	120	240	27	24

7. 공정시간을 단축하기 위해 소재의 침전 시간을 단축하고자 한다. 다음의 같이 2^3 요인 실험을 각 수준조합에서 2회 반복할 경우 침전 시간을 최소화하는 조건을 구하시오. 침전시간 파일을 연다.

요인	-수준	+수준
온도	120 ℃	140 ℃
첨가제의 양	10 %	20 %
압력	80 psi	100 psi

블록실험과 일부 실시법

요인실험에서 인자의 수가 증가할 수록 실험의 수는 기하급수적으로 증가하게 된다. 이 경우 실험의 횟수가 많을 경우 수일간에 걸쳐 실험을 해야 하거나 서로 다른 Lot를 사용해야만 한다. 따라서 동일한 조건하에서 실험을 하기가 곤란하여 완전 랜덤하게 실험을 할 수 없다. 그러므로 실험의 정도가 나빠져 오차분산이 크게되어 검출력이 낮아지거나, 추정의 폭이 커지게 된다.

이러한 문제를 해결하기 위해 블록실험이나 일부 실시법(부분 요인실험)을 하게 되는데 이를 위해서는 우선 교락(confounding)과 해상도(resolution)의 개념을 이해할 필요가 있다.

9.1 교락

교락이란 두 개 이상의 인자의 효과가 혼재(confounding)되어 있어 이들의 효과를 분리 할 수 없는 상태를 말한다.

2^3 요인실험의 경우 총 8회의 실험을 해야 하나 하루에 실험을 4개 밖에 할 수 없어서 **[그림 9-1]**과 같이 순차적으로 첫 날 4회의 실험을 하고 둘째 날 4회의 실험을 하였다.

이 경우 C의 주효과와 일간의 차이를 구분해 낼 수 없다. 즉, C의 주효과와 일간의 차이가 교락하게 된다.

실험번호	A	B	C	
1	-1	-1	-1	1일실험
2	1	-1	-1	
3	-1	1	-1	
4	1	1	-1	
5	-1	-1	1	2일실험
6	1	-1	1	
7	-1	1	1	
8	1	1	1	

[그림 9-1] 주효과 C와 일간의 차이가 교락

이 경우 잡음인자인 일간의 차이가 실험에 편중되게 영향을 미치는 것을 방지하기 위해 랜덤하게 실험을 실행함으로써 잡음이 미치는 영향을 실험전체에 분산시킬 수 있다.

그러나 잡음이 실험에 미치는 영향을 줄이는 보다 적극적인 방법은 블록을 만들어 잡음을 차단하는 것이다.

[그림 9–2]에서와 같이 최고차항인 ABC를 구하지 않고 이를 사용하여 블록을 만들어 첫째 날 블록 1에서 실험을 하고 둘째 날 블록 2에서 실험을 할 경우, 블록의 효과와 일간의 차이가 교락하게 되어 이들의 효과를 분리해 낼 수 없다.

그러나 블록효과와 3인자 이상의 교호작용은 관심의 대상이 아니다. 따라서 이들이 교락된 상태에서 분석대상에서 제외될 경우 나머지 인자들의 효과들(주효과 A, B, C 및 교호작용 AB, AC, BC)을 모두 온전하게 구할 수 있다.

즉, 실험을 랜덤화하기가 곤란한 경우 고차항의 교호작용 구하지 않고 블록과 교락시켜 블록실험을 함으로써 정도가 높은 실험을 할 수 있다. 이때 가능한 블록 내는 서로 동질하게, 블록 간은 서로 다르게 실험을 구성해야 한다.

[그림 9–2]에서 실험횟수를 줄이기 위해 이 중 일부 블록만을 선정하여 실험하는 것을 일부 실시법이라고 한다. 이 경우 요인의 모든 조합에서 실험을 하지 않고 부분적으로 실험을 하므로 요인들이 교락되는 정보의 손실을 입게된다.

실험 번호	Yates 순서	A	B	C	ABC
1	(1)	-1	-1	-1	-1
2	a	1	-1	-1	1
3	b	-1	1	-1	1
4	ab	1	1	-1	-1
5	c	-1	-1	1	1
6	ac	1	-1	1	-1
7	bc	-1	1	1	-1
8	abc	1	1	1	1

블록 1

ABC(+1)
a
b
c
abc

블록 2

ABC(-1)
(1)
ab
ac
bc

[그림 9–2] 2^3 완전 요인실험을 2개의 블록으로 나눈 경우

[그림 9-2]에서 블록 1(교호작용 ABC가 +1인 수준)만으로 다음과 같이 일부 실험을 할 경우

$$A : A_{-1} = 60,\ A_{+1} = 80$$
$$B : B_{-1} = 50,\ B_{+1} = 60$$
$$C : C_{-1} = 20,\ C_{+1} = 30$$

[표 9-1] $2^{(3-1)}$의 일부 실시법

실험번호	Yates 순서	1	2	3	실험조건	특성치(y)
		A	B	C		
2	a	1	-1	-1	$A_{+1}B_{-1}C_{-1}$	$y_1=5$
3	b	-1	1	-1	$A_{-1}B_{+1}C_{-1}$	$y_2=10$
5	c	-1	-1	1	$A_{-1}B_{-1}C_{+1}$	$y_3=8$
8	abc	1	1	1	$A_{+1}B_{+1}C_{+1}$	$y_4=4$
기본표시		a	b	ab		

[그림 9-3]과 같이 나타낼 수 있다.

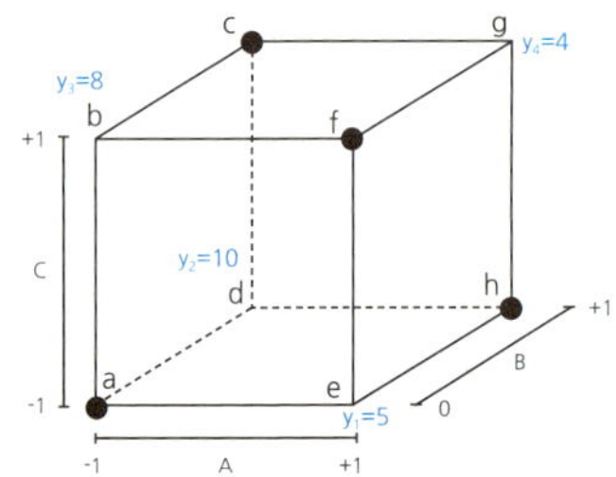

[그림 9-3] 3인자 2수준 실험

[그림 9-3]에서 인자 A가 특성치 y에 미치는 영향은 면 $abcd$에서 면 $efgh$로 변화할 때 특성치 y의 변화량으로 다음과 같이 나타낼 수 있다.

$$(y_1 + y_4) - (y_2 + y_3) = (5 + 4) - (10 + 8) = -9$$

그런데 각각의 면에 2개의 특성치가 있으므로 평균 변화량은

$$\frac{1}{2}\{(y_1 + y_4) - (y_2 + y_3)\} = -4.5$$

가 되는데 이것이 인자 A가 특성치 y에 영향을 미친 평균변화량 즉, 주효과이다.

인자 B 및 인자 C의 주효과도 동일한 방법으로 각각 다음과 같이 구할 수 있다.

$$B=\frac{1}{2}\{(y_2+y_4)-(y_1+y_3)\}=\frac{1}{2}\{(10+4)-(5+8)\}=0.5$$

$$C=\frac{1}{2}\{(y_3+y_4)-(y_1+y_2)=\frac{1}{2}\{(8+4)-(5+10)\}=-1.5 \qquad (9.1)$$

그리고 인자 A 및 B 간의 상호관계를 알아보기 위해 **[표 9–2]**와 같은 이원표를 작성하면, 인자 B가 수준 -1에 있을 때 A의 주효과는 $y_1-y_3=-3$이고 인자 B가 수준 1에 있을 때 A의 주효과는 $y_4-y_2=-6$이다.

[표 9–2] 인자 A와 B에 대한 이원표

		A: −1	A: +1
B	−1	$y_3=8$ ($C=+1$)	$y_1=5$ ($C=-1$)
	+1	$y_2=10$ ($C=-1$)	$y_4=4$ ($C=+1$)

인자 A, B간의 상호관계를 보다 쉽게 이해하기 위해 **[표 9–2]**를 **[그림 9–4]**와 같이 그래프를 작성하면, 특성치 y를 최대로 하는 각각의 인자의 조합은 인자 A의 수준이 A_{-1}일 때 인자 B의 수준은 B_1, 인자 A의 수준이 A_1일 때 인자 B의 수준은 B_{-1}임을 알 수 있다.

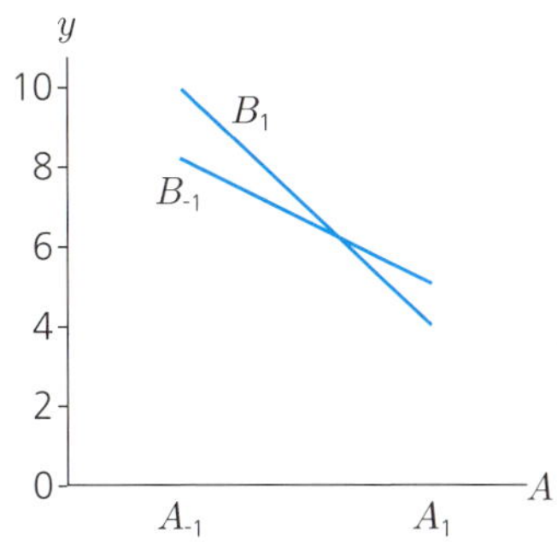

[그림 9–4] 교호작용 AB

이 경우 최적값을 결정하는데 인자 B 수준이 바뀜에 따라 인자 A의 수준이 바뀌므로 교호작용이 있다고 한다.

교호작용이 있는 경우 하나의 인자를 규격 내에서 잘 관리해도 다른 인자가 변동하면 특성치 y값이 변동하므로 공정을 안정되게 관리하기가 쉽지 않다.

인자 A, B의 교호작용의 효과는 이 두 개 인자의 효과차이로서 다음과 같이 계산된다.

$$
\begin{aligned}
AB &= \frac{1}{2}\{(y_4 - y_2) - (y_1 - y_3)\} \\
&= \frac{1}{2}\{(y_3 + y_4) - (y_1 + y_2)\} \\
&= \frac{1}{2}\{(8 + 4) - (5 + 10)\} \\
&= -1.5
\end{aligned}
$$

이때 상기의 교호작용의 효과는 식 (9.1)의 인자 C의 주효과와 수식과 크기가 일치하므로 다음의 식이 성립되는 것을 알 수 있다.

$$C = AB = -1.5$$

따라서 −1.5는 주효과 C의 효과인지 교호작용 AB의 효과인지 구별을 할 수 없는데, 이러한 상태를 C와 AB가 서로 교락되어 있다고 한다.

이와 같은 현상은 **[그림 9–3]**의 8개의 모든 점에서 실험을 하지 않고 4개의 점에서만 실험을 실시한 결과로 실험횟수를 적게하기 때문에 감수하여야 할 정보의 손실이다. 이때 주효과 C와 교호작용 AB는 계산식이 동일하므로 $C = AB$로 표현하면서 별명(alias)관계에 있다고 한다.

이상에서 블록실험과 일부 실시법은 교락의 원리를 활용하는 실험계획법으로, 특히 일부 실시법의 경우 블록을 형성한 후 이 중 일부 블록만을 실험하기 때문에 교락의 상태가 악화된다.

따라서 일부 실시법의 경우에는 주효과와 2인자 교호작용이 교락되지 않도록 교락의 상태를 살펴서 실험을 설계해야 한다. **[표 9–1]**의 $2^{(3-1)}$ 일부실시법의 경우 주효과와 2인자 교호작용이 교락되므로 특별한 경우를 제외하고는 당연히 실행을 하지 않는 것이 바람직하다.

9.2 해상도(resolution)

교락의 정도를 수치로 표현한 것을 해상도라고 하는데, 해상도의 정보를 이용하여 블록실험과 일부 실시법을 보다 효과적으로 설계할 수 있다.

[표 9-3]은 해상도의 정도를 나타내는데 해상도 III의 경우에는 주효과와 2인자 교호작용이 교락되므로 해상도 III인 실험은 피하는 것이 좋다.

해상도 IV의 경우는 주효과와 3인자 교호작용이 교락되므로 주효과는 모두 구할 수 있다(3인자 이상의 교호작용은 무시되기 때문). 그러나 2인자 교호작용끼리 교락이 되므로 해상도 IV인 실험은 사용에 주의를 해야 한다.

[표 9-3] 해상도의 정도

• 해상도 III:	3=1+ 2(주효과와 2인자 교호작용이 교락)
• 해상도 IV:	4=1+3(주효과와 3인자 교호작용이 교락 =2+2(2인자 교호작용들 간의 교락)
• 해상도 V:	5=1+4(주효과와 4인자 교호작용이 교락) =2+3(2인자 교호작용과 3인자 교호작용이 교락)

Note) 주효과의 해상도는 '1', 2인자 및 3인자 교호작용의 해상도는 각각 '2'와 '3'으로 나타낸다.

해상도 V인 실험의 경우는 주효과 및 2인자 교호작용 모두를 구할 수 있으므로 일부 실시법으로 가장 많이 사용된다.

미니탭에서는 인자의 수와 실험의 횟수에 따라 해상도를 표시해 놓았다.

통계분석 > 실험계획법 > 요인 > 요인 설계 생성을 클릭한 후 '사용 가능한 설계 표시'를 클릭하면 다음의 화면이 나타난다.

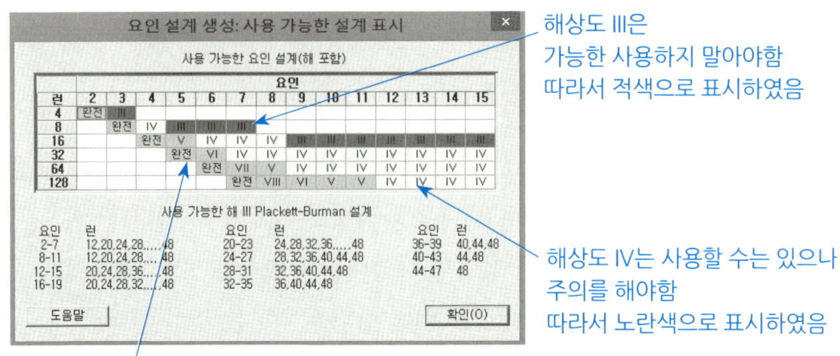

런	2	3	4	5	6	7	8	9	10	11	12	13	14	15
4	완전	III												
8		완전	IV	III	III	III								
16			완전	V	IV	IV	IV	III	III	III	III	III	III	III
32				완전	VI	IV	IV	IV	IV	IV	IV	IV	IV	IV
64					완전	VII	V	IV	IV	IV	IV	IV	IV	IV
128						완전	VIII	VI	V	V	IV	IV	IV	IV

요인	런	요인	런	요인	런
2-7	12,20,24,28,...,48	20-23	24,28,32,36,...,48	36-39	40,44,48
8-11	12,20,24,28,...,48	24-27	28,32,36,40,44,48	40-43	44,48
12-15	20,24,28,36,...,48	28-31	32,36,40,44,48	44-47	48
16-19	20,24,28,32,...,48	32-35	36,40,44,48		

[그림 9-5] 해상도에 따른 일부 실시법의 설계

[그림 9-5]에서 인자의 수가 같은 경우 실험횟수가 증가됨에 따라 해상도가 증대하는 것을 알 수 있다. 따라서 일단 인자의 수가 결정되면 해상도를 고려하여 몇 회의 실험을 할 것인가 즉 어떤 부분 요인실험을 할 것인가를 결정할 수 있다.

예를 들면 인자의 수가 5인 경우 완전 요인실험을 할 경우에는 $2^5=32$회 실험을 해야 한다. 그러나 실험을 1회 접어(반으로 나누어) 이 중 한 쪽만 실험을 하더라도 해상도가 V가 되므로 당연히 $2^{(5-1)}$의 부분 요인실험을 해야 한다.

9.3 블록실험

앞절에서 설명한 바와 같이 특정 인자를 기준으로 블록을 나눈 후 각각의 블록에서 실험을 하는 것을 블록실험이라고 한다. 블록을 나누는 방법은 인수분해법과 합동식을 이용하는 방법이 있다.

1) 인수분해를 사용하는 경우

(1) 블록을 2개로 나눌 경우

블록을 2개로 나눌 경우 최고차항을 구하지 않고 이를 기준으로 하여 블록을 나눈다. 따라서 2^3 요인실험을 2개의 블록으로 나눌 경우 다음의 식을 사용하여 최고차항인 ABC를 2개의 블록으로 나눌 수 있다.

$$ABC=\frac{1}{4}(a-1)(b-1)(c-1)^{*}$$
$$=\frac{1}{4}\{(a+b+c+abc)-((1)+ab+ac+bc)\} \quad (9.2)$$

블록 1에 +요인인(a, b, c, abc), 블록 2에 −요인인((1), ab, ac, bc)를 각각 배치할 경우 **[그림 9-2]**의 블록은 식 (9.2)를 통해 나누어진 것임을 알 수 있다.

(2) 블록을 4개로 나눌 경우

블록을 4개로 나누기 위해서는 2개의 인자가 필요하다. 따라서 2^3 요인실험을 4개의 블록으로 나눌 경우 다음의 두 개 인자 AB, BC를 사용하여 요인을 분류한 후

$$AB=\frac{1}{4}(a-1)(b-1)(c+1)$$
$$=\frac{1}{4}\{((1)+c+ab+abc)-(a+b+ac+bc)\}$$
$$BC=\frac{1}{4}(a+1)(b-1)(c-1)$$
$$=\frac{1}{4}\{((1)+a+bc+abc)-(b+c+ab+ac)\}$$

경우의 수를 조합하여 4개의 블록으로 나누면 된다.

요인	경우의 수			
AB	−	+	−	+
BC	−	−	+	+
블록번호	1	2	3	4

따라서 다음과 같이 4개의 블록을 구할 수 있다.

블록 1	블록 2	블록 3	블록 4
(−, −)인 경우	(+, −)인 경우	(−, +)인 경우	(+, +)인 경우
b ac	c ab	a bc	(1) abc

$ABC=\frac{1}{4}(a-1)(b-1)(c-1)$: 블록과 교락시키고 싶은 효과(인자)에는 '−'를 붙여 계산을 하여 인자를 '−군'과 '+군'으로 분리한다.

2) 합동식을 사용하는 경우

인자가 3개인 경우 이를 블록으로 나눌 경우 다음과 같이 표현하는 이를 정의대비(defining contrast)라고 한다.

$$I = ABC$$

따라서 정의대비란 어떤 인자가 블록과 교락되어 있는가를 나타낸다.

블록을 나누기 위해 우선 정의대비를 다음과 같은 선형식으로 표현한다.

$$L = x_1 + x_2 + x_3$$

여기서 x_i는 해당 인자의 수준을 나타내므로 0, 1 값만을 갖는다. 그리고 인자의 수준수가 2이므로 만일 L이 2보다 클 경우 2로 나눈 나머지 값을 갖는다. 따라서 L은 0 또는 1 값밖에 가질 수 없기 때문에 이들 값을 기준으로 블록을 2개로 나눌 수 있다.

(1) 블록을 2개로 나눌 경우

2^3 요인실험을 두 개의 블록으로 나눌 경우 최고차항을 기준으로 블록을 나누므로 정의대비 $I = ABC$가 된다. 따라서 선형식은 다음과 같다.

$$L = x_1 + x_2 + x_3 \ (\text{mod } 2)$$

[그림 9-2]에서의 Yates 순서에 따라 선형식의 값을 구할 경우 다음과 같이 $L = 0$ 또는 1의 값을 갖는다.

(1)의 경우	$L = x_1 + x_2 + x_3 = 0 + 0 + 0 = 0$
a의 경우	$L = x_1 + x_2 + x_3 = 1 + 0 + 0 = 1$
b의 경우	$L = x_1 + x_2 + x_3 = 0 + 1 + 0 = 1$
ab의 경우	$L = x_1 + x_2 + x_3 = 1 + 1 + 0 = 2 = 0$
c의 경우	$L = x_1 + x_2 + x_3 = 0 + 0 + 1 = 1$
ac의 경우	$L = x_1 + x_2 + x_3 = 1 + 0 + 1 = 2 = 0$
bc의 경우	$L = x_1 + x_2 + x_3 = 0 + 1 + 1 = 2 = 0$
abc의 경우	$L = x_1 + x_2 + x_3 = 1 + 1 + 1 = 3 = 1$

따라서 $L=0$인 ((1), ab, ac, bc)와 $L=1$인 (a, b, c, abc)로 구분하여 두 개의 블록으로 나눌 수 있다. 선형식에 사용된 인자가 앞의 인수분해 시 사용된 인자와 동일하므로 그 결과도 동일함을 알 수 있다.

(2) 블록을 4개로 나눌 경우

블록을 4개로 나눌 경우 2개의 정의대비가 필요하다. 따라서 2^3 요인실험을 4개의 블록으로 나눌 경우 식 (9.3)과 (9.4)를 사용할 수 있다. 이 경우 두 개의 인자의 곱인 $(AB\times BC=AB^2C=)AC^*$도 블록과 교락하게 되는데 이때 AC를 결합인자라고 한다.

$$I=AB \tag{9.3}$$

$$I=BC \tag{9.4}$$

$$I=AC \tag{9.5}$$

따라서 상기의 3가지 식 중에서 임의의 2개를 사용하여 선형식을 구함으로써 블록을 4개로 나눌 수 있다. 식 (9.3)과 (9.4)를 사용하여 선형식을 구할 경우

$$L_1=x_1+x_2$$

$$L_2=x_2+x_3$$

이 된다. 따라서 **[그림 9-2]**에서의 Yates의 순서에 따라 L_1, L_2의 값을 구하면 다음과 같다.

(1)의 경우 $L_1=0+0=0$

$L_2=0+0=0$

a의 경우 $L_1=1+0=1$

$L_2=0+0=0$

b의 경우 $L_1=0+1=1$

$L_2=1+0=1$

ab의 경우 $L_1=1+1=2=0$

$L_2=1+0=1$

$(AB\times BC=AB^2C=)AC$: 2^n형 실험에서는 인자가 제곱이 되었을 때 '1'로 간주한다. 즉, $A^2=B^2=C^2=1$이 된다.

c의 경우	$L_1 = 0 + 0 = 1$
	$L_2 = 0 + 1 = 1$
ac의 경우	$L_1 = 1 + 0 = 1$
	$L_2 = 0 + 1 = 1$
bc의 경우	$L_1 = 0 + 1 = 1$
	$L_2 = 1 + 1 = 2 = 0$
abc의 경우	$L_1 = 1 + 1 = 2 = 0$
	$L_2 = 1 + 1 = 2 = 0$

이상의 결과를 다음과 같이 조합하여 나눌 경우

선형식	경우의 수			
L_1	0	1	0	1
L_2	0	0	1	1
블록번호	1	2	3	4

[그림 9–6]과 같이 4개의 블록을 구할 수 있다.

블록 1	블록 2	블록 3	블록 4
(0,0)인 경우	(1,0)인 경우	(0,1)인 경우	(1,1)인 경우
(1) abc	a bc	c ab	b ac

[그림 9–6] AB, BC를 교락시켜 2^3 요인실험을 4개의 블록으로 나눈 경우

이 경우에도 선형식에 사용된 인자들이 앞에서 인수분해 시 사용된 인자들과 동일하므로 블록을 나눈 결과도 동일함을 알 수 있다.

[그림 9–6]의 실험에서 2인자 교호작용 AB, BC, AC는 블록과 서로 교락되므로 블록변동을 다음과 같이 구할 수 있다.

$$SS_{Block} = SS(A \times B) + SS(B \times C) + SS(A \times C)$$

일반적으로 블록을 4개로 나눌 경우 최고차항을 사용하지 않는다. 왜냐하면 최고차항(ABC)과 그 다음 최고차항(BC)을 교락시킬 경우 $ABC \times BC = A$가 되어 주효과와 블록효과가 교락됨으로써 주효과를 추정하기가 곤란하기 때문이다.

■ 미니탭을 사용하여 인자가 3개일 경우 블록실험을 설계하면 다음과 같다.

① 블록을 2개로 나눌 경우

통계분석 > 실험계획법 > 요인 > 요인 설계 생성을 클릭하면 다음의 화면이 나타난다.

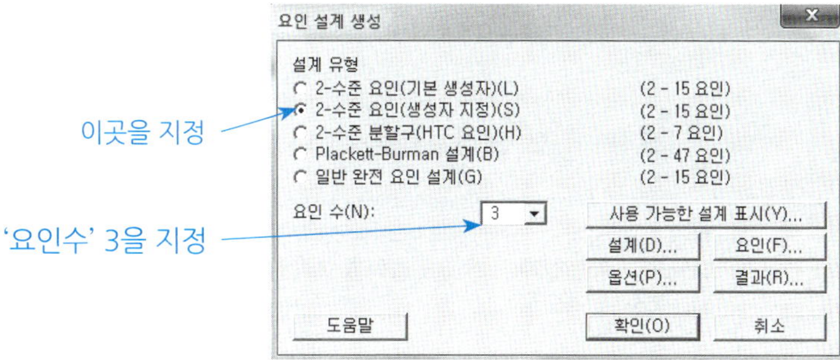

'설계'를 클릭한 후

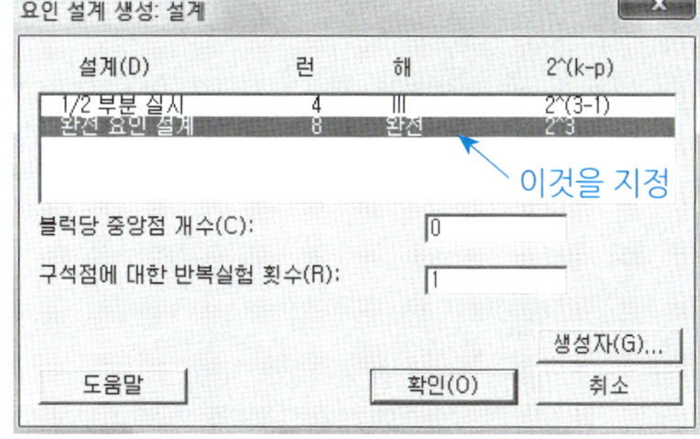

'생성자'를 클릭한 후

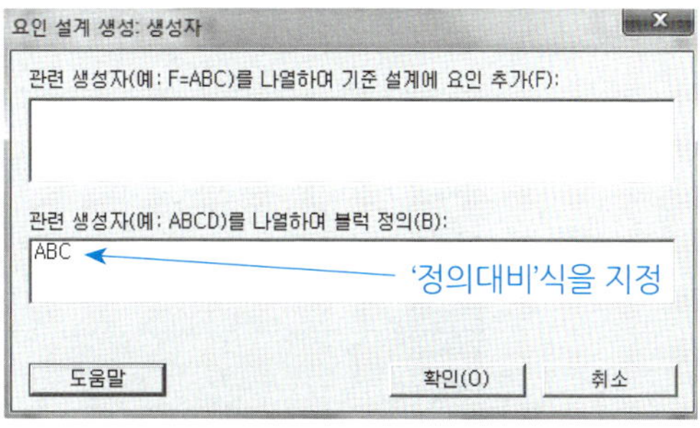

'확인'을 연속하여 클릭한 후 '요인'을 클릭하여 인자가 3개임을 확인한다.

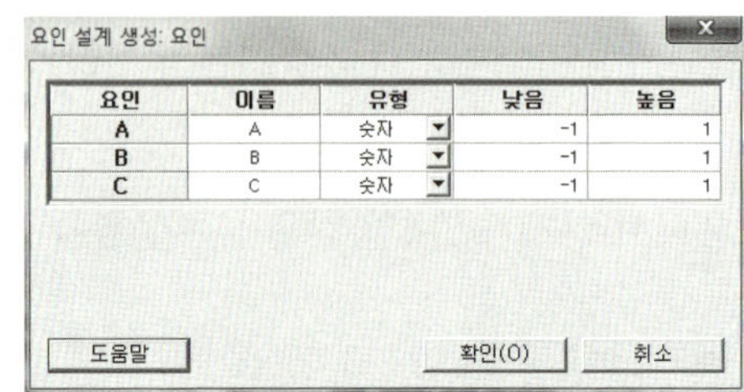
요인 설계 생성: 요인

요인	이름	유형	낮음	높음
A	A	숫자	-1	1
B	B	숫자	-1	1
C	C	숫자	-1	1

도움말 확인(O) 취소

'확인'을 클릭한 후 '옵션'을 클릭하여 '런 랜덤화'를 해제한다. '확인'을 연속하여 클릭하면 다음의 결과가 나타난다.

[표 9-4] 2^3 요인실험을 2개의 블록으로 나눈 경우

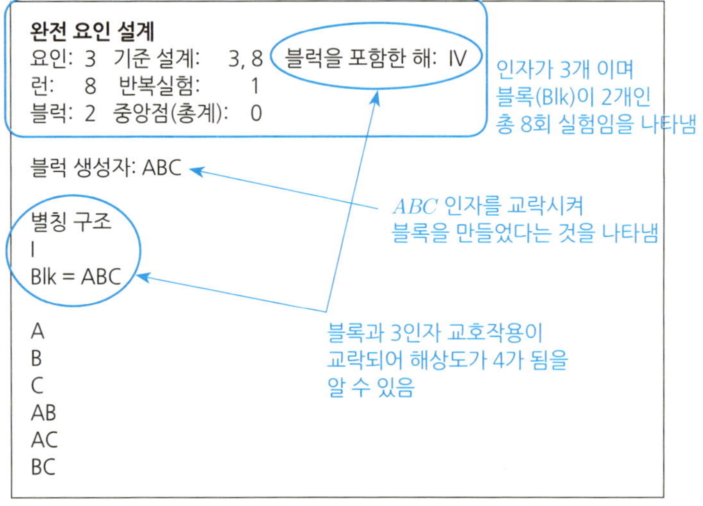
완전 요인 설계
요인: 3 기준 설계: 3, 8 블럭을 포함한 해: IV
런: 8 반복실험: 1
블럭: 2 중앙점(총계): 0

블럭 생성자: ABC

별칭 구조
I
Blk = ABC

A
B
C
AB
AC
BC

[그림 9-2]와 같이 2개의 블록이 생성된 것을 알 수 있다.

↓	C1	C2	C3	C4	C5	C6	C7	C8
	표준 순서	런 순서	중앙점	블럭	A	B	C	
1	1	1	1	1	-1	-1	-1	
2	2	2	1	1	1	1	-1	
3	3	3	1	1	1	-1	1	
4	4	4	1	1	-1	1	1	
5	5	5	1	2	1	-1	-1	
6	6	6	1	2	-1	1	-1	
7	7	7	1	2	-1	-1	1	
8	8	8	1	2	1	1	1	

이 경우 해상도가 4이나 3인자의 교호작용과 블록효과가 교락되므로 나머지 인자들의 효과들을 온전하게 구할 수 있다.

② 블록을 4개로 나눌 경우

'① 블록을 2개로 나눌 경우'와 동일하게 미니탭을 실행을 하다가 '생성자'를 클릭한 후

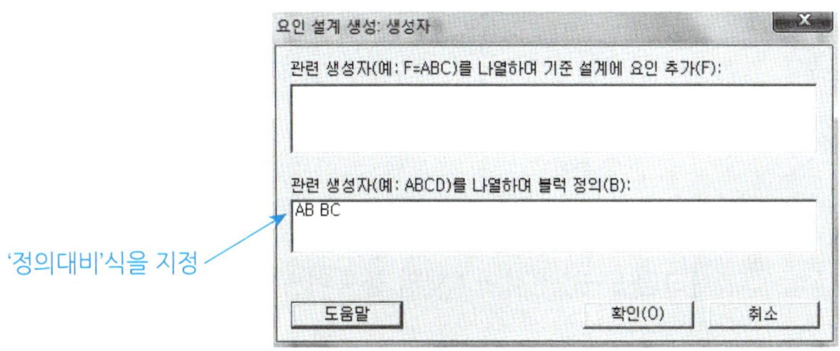

'확인'을 연속하여 클릭한 후 '옵션'을 클릭하여 '런 랜덤화'를 해제한다. '확인'을 연속하여 클릭하면 다음의 결과가 나타난다.

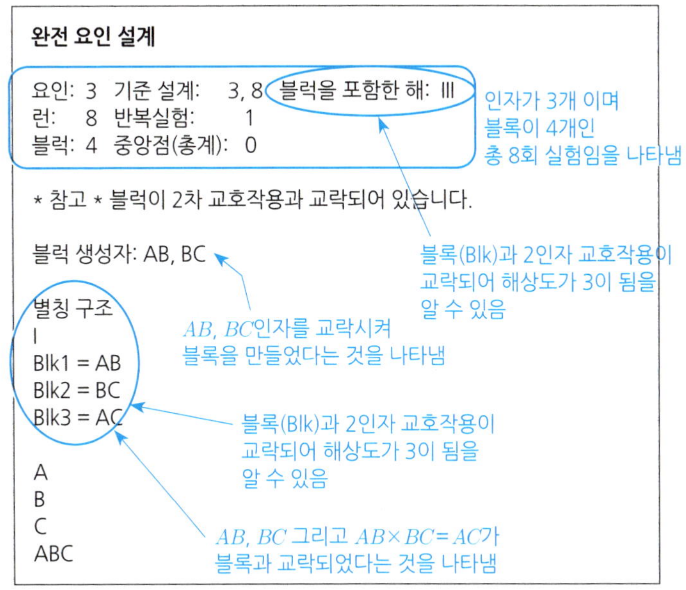

인자가 3개일 때 4개의 블록으로 나누는 실험계획법은 해상도가 3으로 모든 2인자 교호작용을 구할 수 없다. 따라서 단지 블록실험을 설명하기 위해 예시한 것일 뿐 특별한 경우를 제외하고는 사용하지 않는 것이 바람직하다.

↓	C1	C2	C3	C4	C5	C6	C7	C8
	표준 순서	런 순서	중앙점	블럭	A	B	C	
1	1	1	1	1	-1	1	-1	
2	2	2	1	1	1	-1	1	
3	3	3	1	2	1	1	-1	
4	4	4	1	2	-1	-1	1	
5	5	5	1	3	1	-1	-1	
6	6	6	1	3	-1	1	1	
7	7	7	1	4	-1	-1	-1	
8	8	8	1	4	1	1	1	

[그림 9-6]과 같이 4개의 블록이 생성된 것을 알 수 있다.

예제 9-1

2^4 요인실험을 랜덤하게 실험을 할 수 없어 ABC와 BCD를 블록과 교락시킴으로써 다음과 같이 4개의 블록으로 나누어 실험을 하였다. 중요 인자를 선정하고 방정식을 구하시오.

블록 1	블록 2	블록 3	블록 4
(−,−)인 경우	(+,−)인 경우	(−,+)인 경우	(+,+)인 경우
$(1)=60$	$a=70$	$ab=80$	$b=80$
$bc=69$	$abc=60$	$ac=73$	$c=60$
$abd=77$	$bd=65$	$d=65$	$ad=78$
$acd=65$	$cd=50$	$bcd=67$	$abcd=70$

통계분석 > 실험계획법 > 요인 > 요인 설계 생성을 클릭한 후 '2-수준 요인(생성자 지정)'을 지정하고 '요인 수' '4'를 지정한다.

'설계'를 클릭하여 '완전 요인 설계'를 지정한 후 '생성자'를 클릭하여 '블록의 정의'란에 '*ABC*','*BCD*'를 입력한다.

'확인'을 연속하여 클릭한 후 '옵션'을 클릭하고 '런 랜덤화'를 해제한다.

'확인'을 연속하여 클릭하면 블록이 4개인 다음의 워크시트가 생성된다.

↓	C1	C2	C3	C4	C5	C6	C7	C8	C9
	표준 순서	런 순서	중앙점	블럭	A	B	C	D	y
1	1	1	1	1	-1	-1	-1	-1	60
2	2	2	1	1	-1	1	1	-1	69
3	3	3	1	1	1	1	-1	1	77
4	4	4	1	1	1	-1	1	1	65
5	5	5	1	2	1	-1	-1	-1	70
6	6	6	1	2	1	1	1	-1	62
7	7	7	1	2	-1	1	-1	1	65
8	8	8	1	2	-1	-1	1	1	50
9	9	9	1	3	1	1	-1	-1	80
10	10	10	1	3	1	-1	1	-1	73
11	11	11	1	3	-1	-1	-1	1	65
12	12	12	1	3	-1	1	1	1	67
13	13	13	1	4	-1	1	-1	-1	80
14	14	14	1	4	-1	-1	1	-1	60
15	15	15	1	4	1	-1	-1	1	78
16	16	16	1	4	1	1	1	1	70

실험의 관측값을 입력한 후

통계분석 > 실험계획법 > 요인 > 요인 설계 분석을 클릭하여 다음을 구한다.

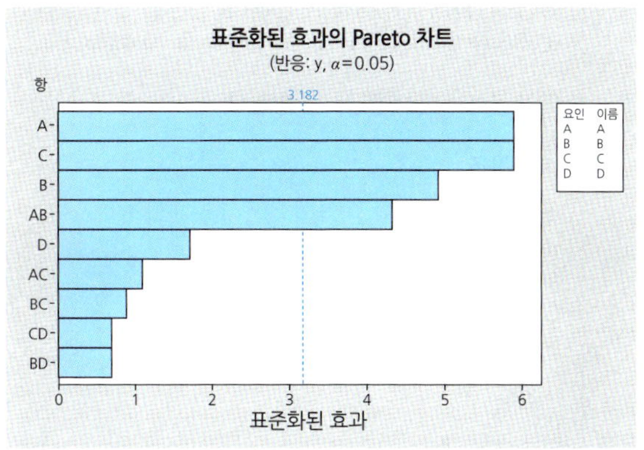

주효과 A, B, C 그리고 교호작용 AB가 중요함을 알 수 있다,

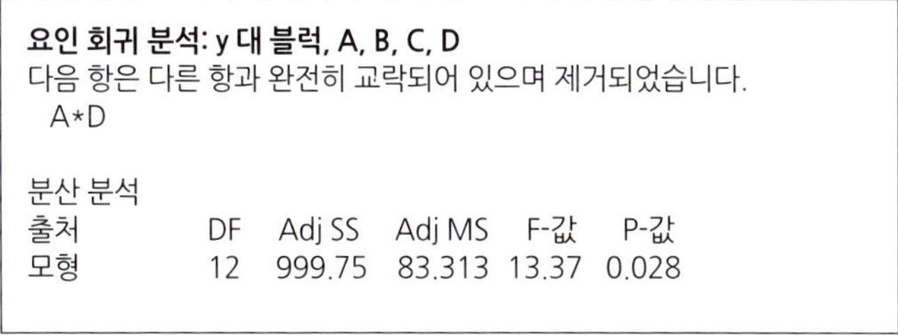

요인 회귀 분석: y 대 블럭, A, B, C, D

다음 항은 다른 항과 완전히 교락되어 있으며 제거되었습니다.
A*D

분산 분석

출처	DF	Adj SS	Adj MS	F-값	P-값
모형	12	999.75	83.313	13.37	0.028

블럭	3	262.19	87.396	14.03	0.029
선형	4	603.25	150.812	24.21	0.013
A	1	217.56	217.562	34.93	0.010
B	1	150.06	150.063	24.09	0.016
C	1	217.56	217.562	34.93	0.010
D	1	18.06	18.062	2.90	0.187
2차 교호작용	5	134.31	26.863	4.31	0.129
A*B	1	115.56	115.563	18.55	0.023
A*C	1	7.56	7.563	1.21	0.351
B*C	1	5.06	5.063	0.81	0.434
B*D	1	3.06	3.063	0.49	0.534
C*D	1	3.06	3.063	0.49	0.534
오차	3	18.69	6.229		
총계	15	1018.44			

중요하지 않은 순으로 풀링을 한다.

모형 요약

S	R-제곱	R-제곱(수정)	R-제곱(예측)
2.49583	98.17%	90.83%	47.81%

코드화되지 않은 단위의 회귀 방정식

y = 68.188 + 3.688 A + 3.063 B - 3.687 C - 1.063 D - 2.688 A*B - 0.688 A*C - 0.563 B*C - 0.438 B*D - 0.438 C*D

여러 블럭에 대해 평균화된 방정식.

별칭 구조

요인 이름
A A
B B
C C
D D

별칭
I
블럭 1 + AD - ABC - BCD
블럭 2 - AD + ABC - BCD
블럭 3 - AD - ABC + BCD
A
B
C
D
AB
AC
BC
BD
CD

ABC, *BCD*, *ABC*×*BCD*=*AD*가 블록과 교락되어 있음을 알 수 있다.

중요하지 않은 인자들을 순차적으로 풀링한 후 재분석을 하면 다음과 같다.

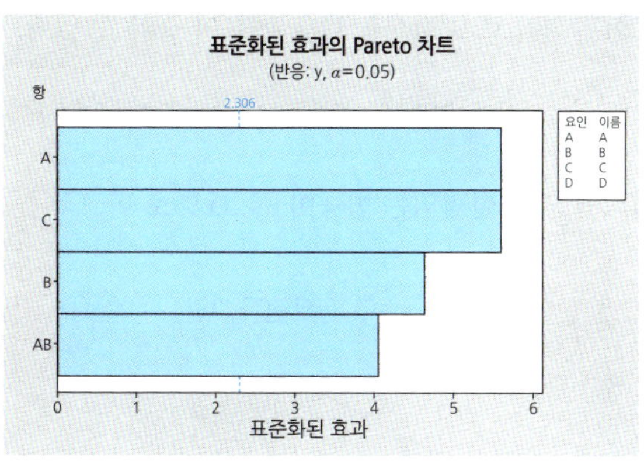

요인 회귀 분석: y 대 블럭, A, B, C

분산 분석

출처	DF	Adj SS	Adj MS	F-값	P-값
모형	7	962.94	137.563	19.83	0.000
블럭	3	262.19	87.396	12.60	0.002
선형	3	585.19	195.063	28.12	0.000
A	1	217.56	217.563	31.36	0.001
B	1	150.06	150.063	21.63	0.002
C	1	217.56	217.562	31.36	0.001
2차 교호작용	1	115.56	115.563	16.66	0.004
A*B	1	115.56	115.563	16.66	0.004
오차	8	55.50	6.938		
총계	15	1018.44			

주효과 A, B, C와 교호작용 AB가 유의함을 알 수 있다.

모형 요약

S	R-제곱	R-제곱(수정)	R-제곱(예측)
2.63391	94.55%	89.78%	78.20%

코드화된 계수

항	효과	계수	SE 계수	T-값	P-값	VIF
상수		68.188	0.658	103.55	0.000	
블럭						
1		-0.44	1.14	-0.38	0.711	1.50
2		-6.44	1.14	-5.64	0.000	1.50
3		3.06	1.14	2.69	0.028	1.50
A	7.375	3.688	0.658	5.60	0.001	1.00
B	6.125	3.063	0.658	4.65	0.002	1.00
C	-7.375	-3.687	0.658	-5.60	0.001	1.00
A*B	-5.375	-2.687	0.658	-4.08	0.004	1.00

코드화되지 않은 단위의 회귀 방정식

y = 68.188 + 3.688 A + 3.063 B - 3.687 C - 2.687 A*B

코드화된 계수로 방정식을 다음과 같이 구할 수 있다.

$$\hat{Y} = 68.188 + 3.688A + 3.063B - 3.687C - 2.687AB$$

회귀식에 의해 설명되는 변동이 94.55 %로 비교적 높은 편이다.

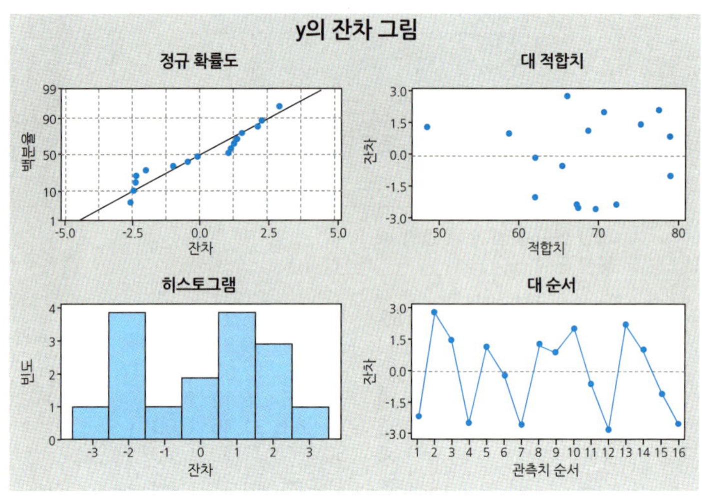

잔차도 비교적 정규분포를 따르므로 회귀식이 잘 적합되었다고 할 수 있다.

문제 9-1 인자가 4개일 경우 다음의 질문에 답을 하시오.

1) 인수분해 방법을 사용하여 블록을 2개로 나누시오.

2) 인수분해 방법을 사용하여 블록을 4개로 나누시오.

3) 합동식을 사용하여 블록을 2개로 나누시오.

4) 합동식을 사용하여 블록을 4개로 나누시오.

9.4 일부 실시법(fractional factorial design)

요인실험의 경우 요인의 수가 증가할 수록 실험의 수가 기하급수적으로 늘어나므로 이에 대한 문제점을 극복하고자 일부 실시법을 사용한다.

일부 실시법은 블록실험 중 일부만을 실행하는 것으로 다음과 같이 표현하는데 이를 부분 요인실험이라고도 한다.

$$2_R^{(k-p)}$$

$2^{(k-p)}$: 실험의 횟수

k : 요인의 수

p : 완전 요인실험을 몇 회 접었는가의 횟수를 나타냄

R : 해상도로 교락의 수준을 나타낸다.

예를 들어 **[그림 9-7]**의 $2^{(5-1)}$ 부분 요인실험은 2^5 완전 요인실험을 2개의 블록으로 나누어 이 중 한 개의 블록만을 실험하는 것으로, 2^5 요인실험을 1회 접어 한 쪽만을 실행하는 것이라고도 한다.

따라서 총 실험회수는 $\frac{2^5}{2}=16$회가 되며 해상도는 5가 된다.

$$2_V^{(5-1)}$$

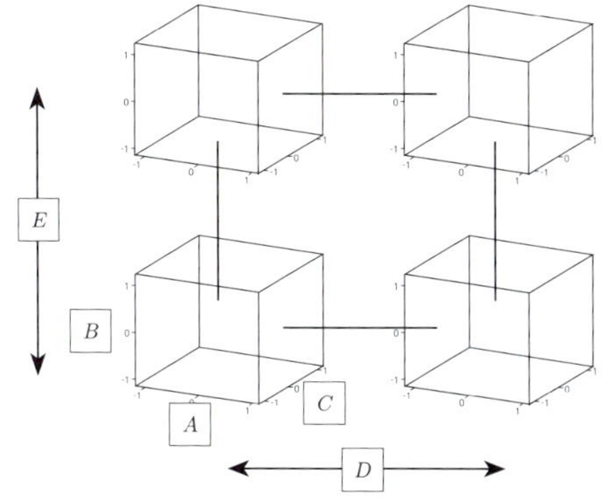

Run	A	B	C	D	$E=ABCD$
1	-1	-1	-1	-1	1
2	1	-1	-1	-1	-1
3	-1	1	-1	-1	-1
4	1	1	-1	-1	1
5	-1	-1	1	-1	-1
6	1	-1	1	-1	1
7	-1	1	1	-1	1
8	1	1	1	-1	-1
9	-1	-1	-1	1	-1
10	1	-1	-1	1	1
11	-1	1	-1	1	1
12	1	1	-1	1	-1
13	-1	-1	1	1	1
14	1	-1	1	1	-1
15	-1	1	1	1	-1
16	1	1	1	1	1

[그림 9-7] $2^{(5-1)}$ 부분 요인실험

이 경우 정의대비를 다음과 같이 나타낼 수 있으며

$$I = ABCDE$$

이를 통해 블록을 2개로 나눌 수 있다.

$$\begin{aligned} ABCDE &= \frac{1}{16}(a-1)(b-1)(c-1)(d-1)(e-1) \\ &= \frac{1}{16}\{(a+b+c+d+e+abc+abd+abe+acd+ace+ade \\ &\quad +bcd+bce+bde+cde+abcde) \\ &\quad -((1)+ab+ac+ad+ae+bc+bd+be+cd+ce+de \\ &\quad +abcd+abce+abde+acde+bcde)\} \end{aligned}$$

이때 다음과 같이 주효과와 4인자 교호작용이 교락되고, 2인자 교호작용과 3인자 교호작용이 교락되므로 해상도가 5가 됨을 알 수 있다.

$$A(ABCDE) = BCDE$$
$$B(ABCDE) = ACDE$$
$$C(ABCDE) = ABDE$$
$$D(ABCDE) = ABCE$$
$$E(ABCDE) = ABCD$$
$$AB(ABCDE) = CDE$$
$$AC(ABCDE) = BDE$$
$$AD(ABCDE) = BCE$$
$$AE(ABCDE) = BCD$$
$$BC(ABCDE) = ADE$$
$$BD(ABCDE) = ACE$$
$$BE(ABCDE) = ACD$$
$$CD(ABCDE) = ABE$$
$$CE(ABCDE) = ABD$$
$$DE(ABCDE) = ABC$$

3인자 이상의 고차 교호작용은 무시되므로 이 경우 주효과와 2인자 교호작용을 모두 구할 수 있다.

■ 미니탭을 사용하여 $2^{(5-1)}$의 부분 요인실험을 설계하면 다음과 같다.

통계분석 > 실험계획법 > 요인 > 요인 설계 생성을 클릭하면 다음의 화면이 나타난다.

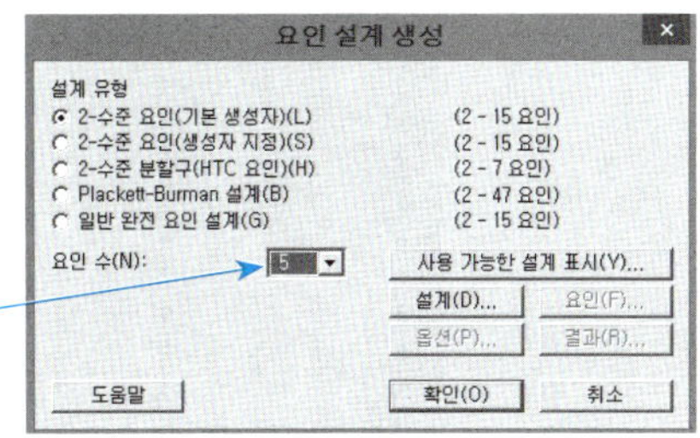

'설계'를 클릭한 후

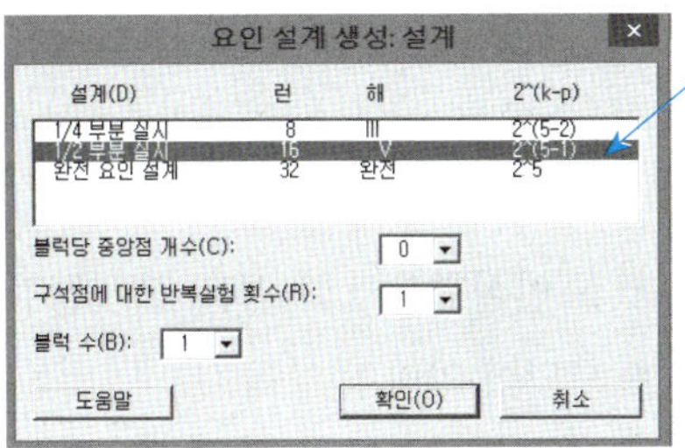

'확인'을 클릭하여 '옵션'에서 '런 랜덤화'를 해제한다.

그리고 '확인'을 연속하여 클릭하면 다음과 같이 $2^{(5-1)}$인 부분 요인실험이 설계된다.

[표 9-5]는 [그림 9-7]의 일부 실시법 배열표와 동일함을 알 수 있다.

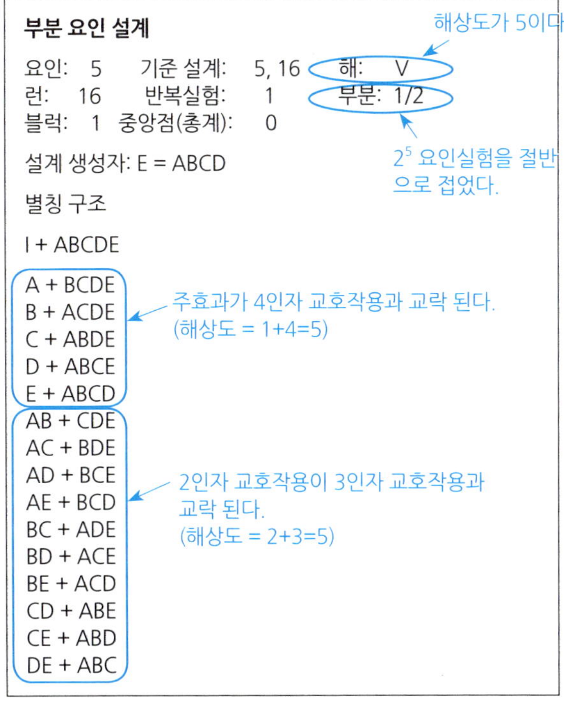
부분 요인 설계

요인: 5 기준 설계: 5, 16 해: V
런: 16 반복실험: 1 부분: 1/2
블럭: 1 중앙점(총계): 0

설계 생성자: E = ABCD

별칭 구조

I + ABCDE

A + BCDE
B + ACDE
C + ABDE
D + ABCE
E + ABCD
AB + CDE
AC + BDE
AD + BCE
AE + BCD
BC + ADE
BD + ACE
BE + ACD
CD + ABE
CE + ABD
DE + ABC

[표 9–5] $2^{(5-1)}$ 부분 요인실험

↓	C1 표준 순서	C2 런 순서	C3 중앙점	C4 블럭	C5 A	C6 B	C7 C	C8 D	C9 E	C10
1	1	1	1	1	-1	-1	-1	-1	1	
2	2	2	1	1	1	-1	-1	-1	-1	
3	3	3	1	1	-1	1	-1	-1	-1	
4	4	4	1	1	1	1	-1	-1	1	
5	5	5	1	1	-1	-1	1	-1	-1	
6	6	6	1	1	1	-1	1	-1	1	
7	7	7	1	1	-1	1	1	-1	1	
8	8	8	1	1	1	1	1	-1	-1	
9	9	9	1	1	-1	-1	-1	1	-1	
10	10	10	1	1	1	-1	-1	1	1	
11	11	11	1	1	-1	1	-1	1	1	
12	12	12	1	1	1	1	-1	1	-1	
13	13	13	1	1	-1	-1	1	1	1	
14	14	14	1	1	1	-1	1	1	-1	
15	15	15	1	1	-1	1	1	1	-1	
16	16	16	1	1	1	1	1	1	1	

[그림 9–5]에서 인자가 3개일 때 2^3 요인실험을 1회 접은 2^{3-1} 일부 실시법의 경우 해상도가 III이 되므로 적색으로 표시되어 있다.

■ 이 경우 미니탭을 사용하여 설계를 하면 다음과 같다.

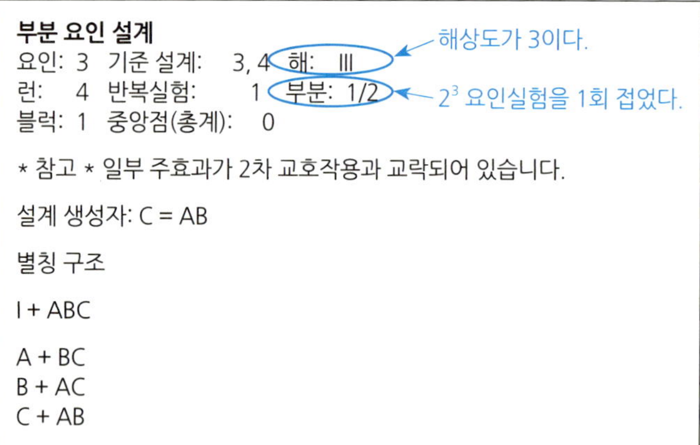
부분 요인 설계
요인: 3 기준 설계: 3, 4 해: III
런: 4 반복실험: 1 부분: 1/2
블럭: 1 중앙점(총계): 0

* 참고 * 일부 주효과가 2차 교호작용과 교락되어 있습니다.

설계 생성자: C = AB

별칭 구조

I + ABC

A + BC
B + AC
C + AB

2^3 요인실험을 2개의 블록으로 나눌 경우 **[표 9–4]**에서 해상도가 4이었으나 이의 일부 블록만을 실험하는 2^{3-1} 일부 실시법의 경우 해상도가 3으로 악화되는 것을 알 수 있다.

↓	C1 표준 순서	C2 런 순서	C3 중앙점	C4 블럭	C5 A	C6 B	C7 C
1	1	1	1	1	-1	-1	1
2	2	2	1	1	1	-1	-1
3	3	3	1	1	-1	1	-1
4	4	4	1	1	1	1	1

이는 앞에서도 설명한 바와 같이 실험을 적게함으로써 발생되는 정보의 손실이다. 따라서 실험의 규모가 일정 이상 즉, 요인의 수가 일정 이상이 되어야 일부 실시법을 적용할 수 있음을 알 수 있다.

[그림 9-5]에서 요인의 수가 5개가 되어야 실험을 1회 접어도 비로소 해상도가 5가 되는 것을 알 수 있다. 이것이 2^{5-1} 일부 실시법을 많이 사용하는 이유이다.

[그림 9-5]에서 인자가 6개일 때 2^6 요인실험을 3회 접을 경우 해상도가 III이 되므로 적색으로 표시되어 있다.

■ 이 경우 미니탭을 사용하여 설계를 하면 다음과 같다.

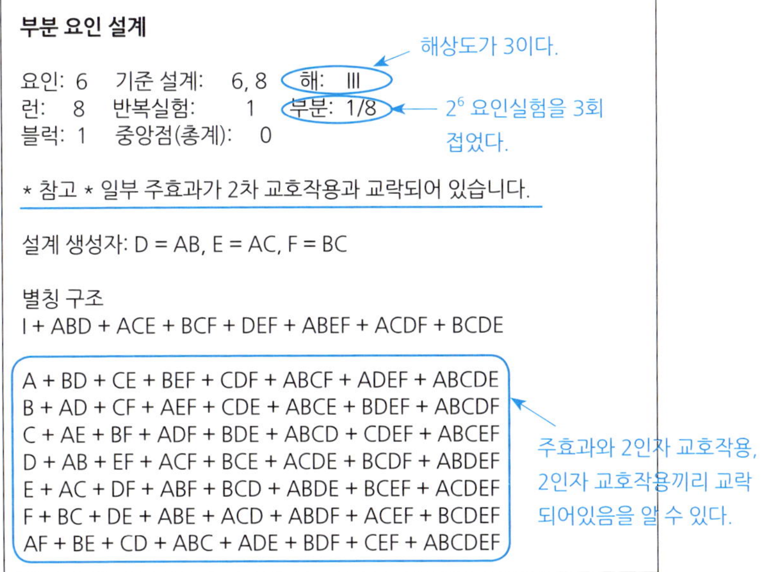
부분 요인 설계

요인: 6 기준 설계: 6, 8 해: III
런: 8 반복실험: 1 부분: 1/8
블럭: 1 중앙점(총계): 0

* 참고 * 일부 주효과가 2차 교호작용과 교락되어 있습니다.

설계 생성자: D = AB, E = AC, F = BC

별칭 구조
I + ABD + ACE + BCF + DEF + ABEF + ACDF + BCDE

A + BD + CE + BEF + CDF + ABCF + ADEF + ABCDE
B + AD + CF + AEF + CDE + ABCE + BDEF + ABCDF
C + AE + BF + ADF + BDE + ABCD + CDEF + ABCEF
D + AB + EF + ACF + BCE + ACDE + BCDF + ABDEF
E + AC + DF + ABF + BCD + ABDE + BCEF + ACDEF
F + BC + DE + ABE + ACD + ABDF + ACEF + BCDEF
AF + BE + CD + ABC + ADE + BDF + CEF + ABCDEF

↓	C1	C2	C3	C4	C5	C6	C7	C8	C9	C10	C11
	표준 순서	런 순서	중앙점	블럭	A	B	C	D	E	F	
1	1	1	1	1	-1	-1	-1	1	1	1	
2	2	2	1	1	1	-1	-1	-1	-1	1	
3	3	3	1	1	-1	1	-1	-1	1	-1	
4	4	4	1	1	1	1	-1	1	-1	-1	
5	5	5	1	1	-1	-1	1	1	-1	-1	
6	6	6	1	1	1	-1	1	-1	1	-1	
7	7	7	1	1	-1	1	1	-1	-1	1	
8	8	8	1	1	1	1	1	1	1	1	

이 경우 주효과와 2인자 교호작용이 교락되므로 $2^{(6-3)}$ 실험은 피하는 것이 바람직하다. 물론 실험에 어느 정도 숙달이 되고 공정에 대한 충분한 지식이 있을 때 실험 목적상 해상도 III인 실험을 하는 경우도 있다. 그러나 우선은 **[그림 9-5]**의 초록색에 해당되는 일부 실시법만을 실행하는 것이 바람직하다.

예제 9-2

헬리곱터의 비행시간을 최대로 하기 위해, Analyze 단계에서 선정한 중요 인자를 사용하여, 다음과 같이 2^{5-1} 요인실험을 전체 2회 반복 및 각 수준조합에서 2회 반복하였다. 비행시간을 최대로 하는 각 인자의 조건을 구하시오.

요인	-수준	+수준
클립수	1	2
날개길이	짧음	길음
본체폭	좁음	넓음
본체길이	짧음	길음
회전랩	없음	있음

↓	C1	C2	C3	C4	C5	C6-T	C7-T	C8-T	C9-T	C10	C11
	표준 순서	런 순서	중앙점	블럭	클립수	날개길이	본체폭	본체길이	회전탭	y1	y2
1	1	1	1	1	1	짧음	좁음	짧음	있음	1.83	1.61
2	2	2	1	1	2	짧음	좁음	짧음	없음	1.51	1.43
3	3	3	1	1	1	길음	좁음	짧음	없음	2.25	2.15
4	4	4	1	1	2	길음	좁음	짧음	있음	1.76	1.83
5	5	5	1	1	1	짧음	넓음	짧음	없음	1.46	1.33
6	6	6	1	1	2	짧음	넓음	짧음	있음	1.21	1.18
7	7	7	1	1	1	길음	넓음	짧음	있음	1.76	1.81
8	8	8	1	1	2	길음	넓음	짧음	없음	1.63	1.90
9	9	9	1	1	1	짧음	좁음	길음	없음	1.78	1.64
10	10	10	1	1	2	짧음	좁음	길음	있음	1.46	1.38
11	11	11	1	1	1	길음	좁음	길음	있음	2.13	2.15
12	12	12	1	1	2	길음	좁음	길음	없음	1.75	1.73
13	13	13	1	1	1	짧음	넓음	길음	있음	1.41	1.36
14	14	14	1	1	2	짧음	넓음	길음	없음	1.11	1.20
15	15	15	1	1	1	길음	넓음	길음	없음	1.65	1.66
16	16	16	1	1	2	길음	넓음	길음	있음	1.45	1.41
17	17	17	1	1	1	짧음	좁음	짧음	있음	1.30	1.28
18	18	18	1	1	2	짧음	좁음	짧음	없음	1.43	1.30
19	19	19	1	1	1	길음	좁음	짧음	없음	2.18	2.33
20	20	20	1	1	2	길음	좁음	짧음	있음	1.91	2.01

⋮

실험계획법의 추진절차에 따라 분석을 하면 다음과 같다.

⑤ 미니탭에 데이터를 입력한다.

2^{5-1} 부분 요인실험을 설계하고 데이터를 입력한 후 다음과 같이 평균과 표준편차를 구한다.

↓	C2	C3	C4	C5	C6-T	C7-T	C8-T	C9-T	C10	C11	C12	C13	C14
	런 순서	중앙점	블럭	클립수	날개길이	본체폭	본체길이	회전탭	y1	y2	std	no	mean
1	1	1	1	1	짧음	좁음	짧음	있음	1.83	1.61	0.155563	2	1.720
2	2	1	1	2	짧음	좁음	짧음	없음	1.51	1.43	0.056569	2	1.470
3	3	1	1	1	길음	좁음	짧음	없음	2.25	2.15	0.070711	2	2.200
4	4	1	1	2	길음	좁음	짧음	있음	1.76	1.83	0.049497	2	1.795
5	5	1	1	1	짧음	넓음	짧음	없음	1.46	1.33	0.091924	2	1.395
6	6	1	1	2	짧음	넓음	짧음	있음	1.21	1.18	0.021213	2	1.195
7	7	1	1	1	길음	넓음	짧음	있음	1.76	1.81	0.035355	2	1.785
8	8	1	1	2	길음	넓음	짧음	없음	1.63	1.90	0.190919	2	1.765
9	9	1	1	1	짧음	좁음	길음	없음	1.78	1.64	0.098995	2	1.710
10	10	1	1	2	짧음	좁음	길음	있음	1.46	1.38	0.056569	2	1.420
11	11	1	1	1	길음	좁음	길음	있음	2.13	2.15	0.014142	2	2.140
12	12	1	1	2	길음	좁음	길음	없음	1.75	1.73	0.014142	2	1.740
13	13	1	1	1	짧음	넓음	길음	있음	1.41	1.36	0.035355	2	1.385
14	14	1	1	2	짧음	넓음	길음	없음	1.11	1.20	0.063640	2	1.155
15	15	1	1	1	길음	넓음	길음	없음	1.65	1.66	0.007071	2	1.655
16	16	1	1	2	길음	넓음	길음	있음	1.45	1.41	0.028284	2	1.430
17	17	1	1	1	짧음	좁음	짧음	있음	1.30	1.28	0.014142	2	1.290
18	18	1	1	2	짧음	좁음	짧음	없음	1.43	1.30	0.091924	2	1.365
19	19	1	1	1	길음	좁음	짧음	없음	2.18	2.33	0.106066	2	2.255
20	20	1	1	2	길음	좁음	짧음	있음	1.91	2.01	0.070711	2	1.960

⋮

⑥ 그래프를 작성하여 중요한 요인이 존재하는지의 여부를 파악한다.

주효과 E 및 E를 포함한 어떠한 2인자 교호작용도 중요하지 않은 것을 알 수 있다.

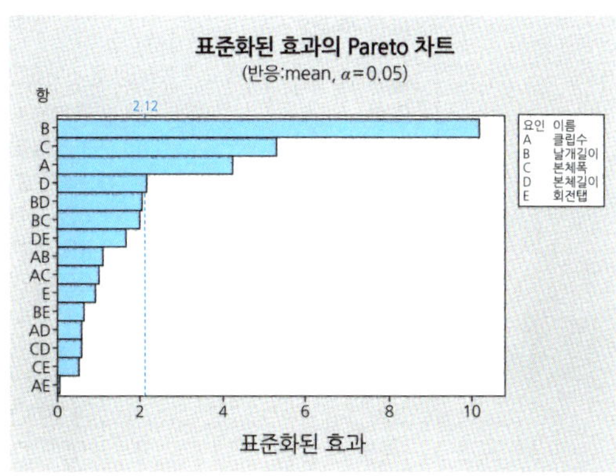

따라서 인자 E(회전탭)와 인자 E를 포함한 2인자 교호작용을 풀링할 경우 2^4 완전요인 실험이 된다.

2^4 완전요인 실험을 분석한 후

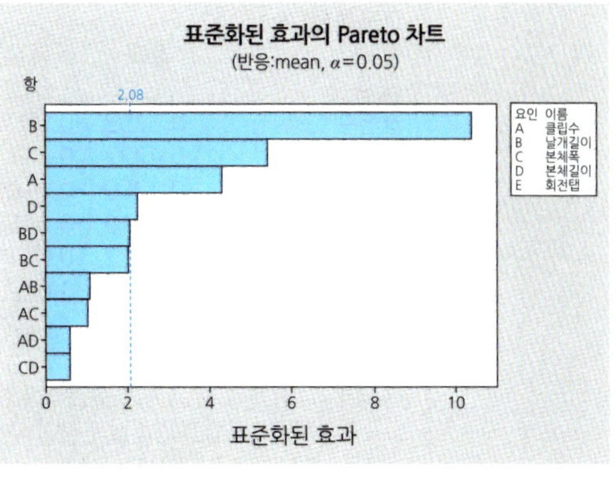

이 중 중요하지 않은 교호작용을 순차적으로 풀링하면 다음의 결과들이 나타난다.

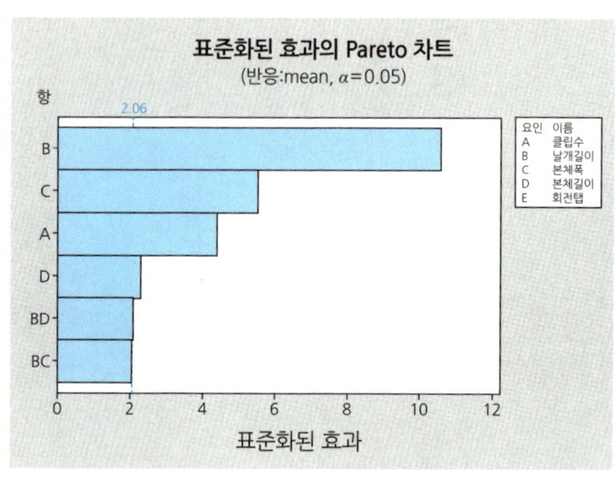

요인 회귀 분석: mean 대 클립수, 날개길이, 본체폭, 본체길이

분산 분석

출처	DF	Adj SS	Adj MS	F-값	P-값
모형	6	2.24163	0.37360	29.49	0.000
선형	4	2.12939	0.53235	42.02	0.000
클립수	1	0.24588	0.24588	19.41	0.000
날개길이	1	1.42594	1.42594	112.56	0.000
본체폭	1	0.39051	0.39051	30.82	0.000
본체길이	1	0.06707	0.06707	5.29	0.030
2차 교호작용	2	0.11224	0.05612	4.43	0.023
날개길이*본체폭	1	0.05486	0.05486	4.33	0.048
날개길이*본체길이	1	0.05738	0.05738	4.53	0.043
오차	25	0.31672	0.01267		
적합성 결여	9	0.09921	0.01102	0.81	0.614
순수 오차	16	0.21751	0.01359		
총계	31	2.55835			

모형 요약

S	R-제곱	R-제곱(수정)	R-제곱(예측)
0.112556	87.62%	84.65%	79.72%

코드화된 계수

항	효과	계수	SE 계수	T-값	P-값	VIF
상수		1.6127	0.0199	81.05	0.000	
클립수	-0.1753	-0.0877	0.0199	-4.41	0.000	1.00
날개길이	0.4222	0.2111	0.0199	10.61	0.000	1.00
본체폭	-0.2209	-0.1105	0.0199	-5.55	0.000	1.00
본체길이	-0.0916	-0.0458	0.0199	-2.30	0.030	1.00
날개길이*본체폭	-0.0828	-0.0414	0.0199	-2.08	0.048	1.00
날개길이*본체길이	-0.0847	-0.0423	0.0199	-2.13	0.043	1.00

코드화되지 않은 단위의 회귀 방정식

mean = 1.8756 - 0.1753 클립수 + 0.2111 날개길이 - 0.1105 본체폭 - 0.0458 본체길이 - 0.0414 날개길이*본체폭 - 0.0423 날개길이 *본체길이

주효과인 클립수(A), 날개길이(B), 본체폭(C), 본체길이(D) 교호작용인 날개길이*본체폭(BC), 날개길이*본체길이(BD)가 유의함을 알 수 있다.

⑦ 모델을 구하고 유의한지 여부를 판정한다.

유의한 인자들 만으로 코드화된 계수를 사용하여 평균의 모델을 구하면 다음과 같다.

$$\hat{Y} = 1.6127 - 0.0877 * A + 0.2111 * B - 0.1105 * C - 0.0458 * D - 0.0414 * BC - 0.0423 * BD \qquad (9.6)$$

⑧잔차분석을 통하여 모델이 적합한지를 확인한다.

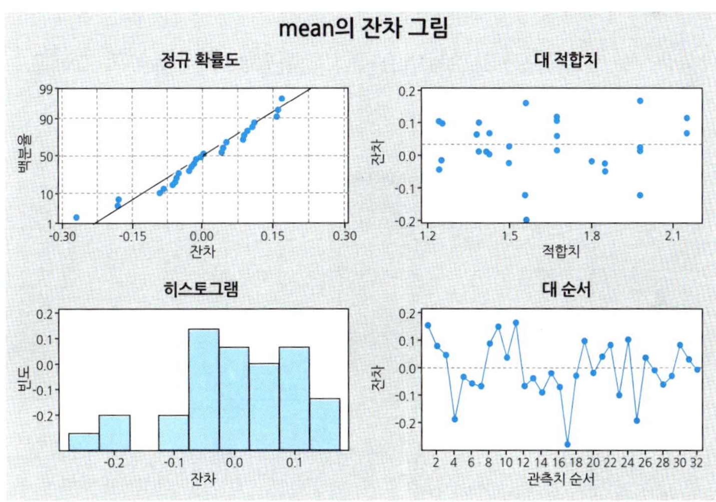

잔차가 정규분포를 따르므로 모델이 잘 적합 되었다고 할 수 잇다

⑨ 개선효과를 예측하여 방정식의 유효성을 파악한다.

만일 목표로 하는 최소 비행시간이 2초 일 경우, 식 (9.6)에 $A = -1$, $B = +1$, $C = -1$, $D = -1$을 대입함으로써 다음과 같이 최대 비행시간을 예측할 수 있다. 따라서 방정식은 유효하다고 할 수 있다.

$$\hat{Y} = 1.6127 - 0.0877 * A + 0.2111 * \mathrm{B} - 0.1105 * C - 0.0458 * D - 0.0414 * \mathrm{B}C - 0.0423 * BD$$

$$=1.6127-0.0877*(-1)+0.2111*(+1)-0.1105*(-1)-0.0458*(-1)$$
$$-0.0414*(+1)(-1)-0.0423*(+1)(-1)$$
$$=2.1515(\text{초})$$

⑩ 평균의 주효과와 교호작용의 그래프를 작성한다.

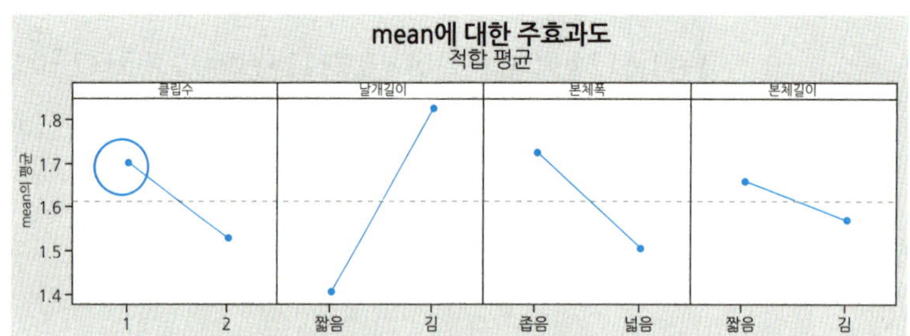

[그림 9-8] '예제 9-2'의 평균에 대한 주효과 그래프

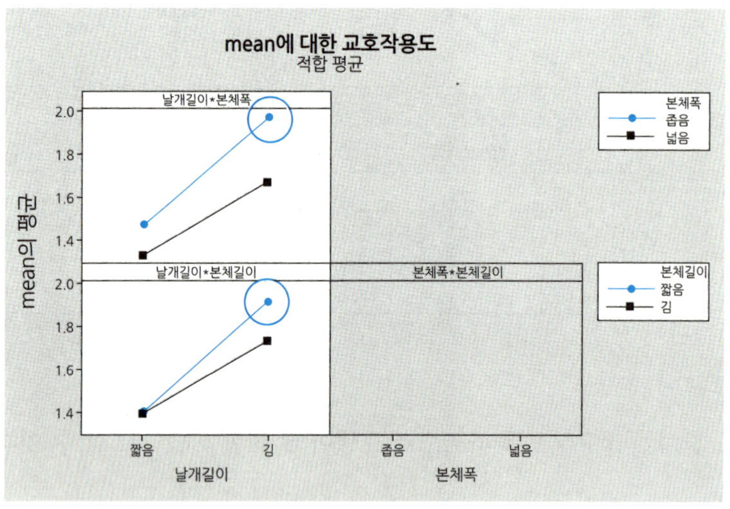

[그림 9-9] '예제 9-2'의 평균에 대한 교호작용 그래프

이 경우 날개길이*본체폭(BC), 날개길이*본체길이(BD)의 교호작용이 유의하므로 비행시간을 최대로하는 B, C, D의 수준의 값은 **[그림 9-9]**의 교호작용도에서 구해야 한다

표준편차에 대해서도 동일한 방식으로 다음을 구할 수 있다.

파레토도 작성 및 요인실험 분석 결과를 통해 표준편차에 영향을 미치는 유의한 인자가 없는 것을 알 수 있다.

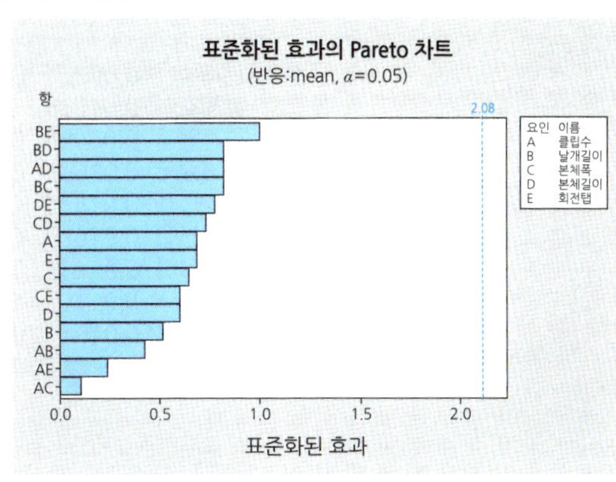

요인 회귀 분석: std 대 클립수, 날개길이, 본체폭, 본체길이, 회전탭

분산 분석

출처	DF	Adj SS	Adj MS	F-값	P-값
모형	15	0.021411	0.001427	0.46	0.932
선형	5	0.006283	0.001257	0.40	0.841
클립수	1	0.001502	0.001502	0.48	0.499
날개길이	1	0.000827	0.000827	0.26	0.615
본체폭	1	0.001314	0.001314	0.42	0.526
본체길이	1	0.001139	0.001139	0.36	0.555
회전탭	1	0.001502	0.001502	0.48	0.499
2차 교호작용	10	0.015128	0.001513	0.48	0.878
클립수*날개길이	1	0.000564	0.000564	0.18	0.677
클립수*본체폭	1	0.000039	0.000039	0.01	0.912
클립수*본체길이	1	0.002139	0.002139	0.68	0.421
클립수*회전탭	1	0.000189	0.000189	0.06	0.809
날개길이*본체폭	1	0.002139	0.002139	0.68	0.421
날개길이*본체길이	1	0.002139	0.002139	0.68	0.421
날개길이*회전탭	1	0.003164	0.003164	1.01	0.330
본체폭*본체길이	1	0.001702	0.001702	0.54	0.472
본체폭*회전탭	1	0.001139	0.001139	0.36	0.555
본체길이*회전탭	1	0.001914	0.001914	0.61	0.446
오차	16	0.050125	0.003133		
총계	31	0.071536			

모형 요약

S	R-제곱	R-제곱(수정)	R-제곱(예측)
0.0559715	29.93%	0.00%	0.00%

코드화된 계수

항	효과	계수	SE 계수	T-값	P-값	VIF
상수		0.05723	0.00989	5.78	0.000	
클립수	-0.01370	-0.00685	0.00989	-0.69	0.499	1.00
날개길이	-0.01016	-0.00508	0.00989	-0.51	0.615	1.00
본체폭	-0.01282	-0.00641	0.00989	-0.65	0.526	1.00
본체길이	-0.01193	-0.00597	0.00989	-0.60	0.555	1.00
회전탭	-0.01370	-0.00685	0.00989	-0.69	0.499	1.00
클립수*날개길이	0.00840	0.00420	0.00989	0.42	0.677	1.00

클립수*본체폭	0.00221	0.00110	0.00989	0.11	0.912	1.00
클립수*본체길이	-0.01635	-0.00818	0.00989	-0.83	0.421	1.00
클립수*회전탭	0.00486	0.00243	0.00989	0.25	0.809	1.00
날개길이*본체폭	0.01635	0.00818	0.00989	0.83	0.421	1.00
날개길이*본체길이	-0.01635	-0.00818	0.00989	-0.83	0.421	1.00
날개길이*회전탭	-0.01989	-0.00994	0.00989	-1.00	0.330	1.00
본체폭*본체길이	0.01458	0.00729	0.00989	0.74	0.472	1.00
본체폭*회전탭	-0.01193	-0.00597	0.00989	-0.60	0.555	1.00
본체길이*회전탭	0.01547	0.00773	0.00989	0.78	0.446	1.00

표준편차의 주효과 및 교호작용의 그래프는 다음과 같다.

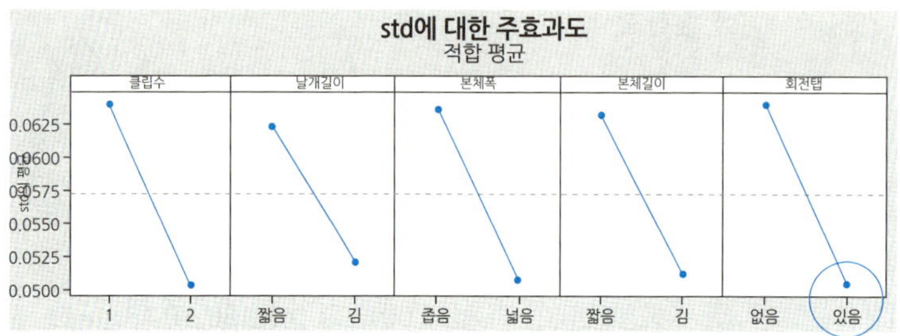

[그림 9-10] '예제 9-2'의 표준편차에 대한 주효과 그래프

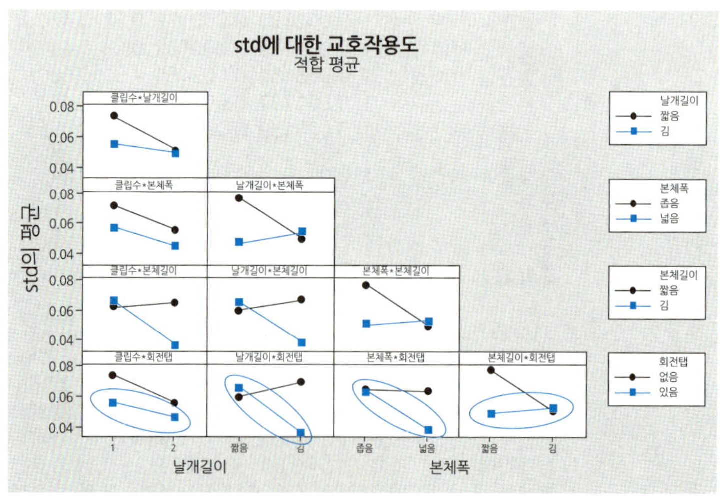

[그림 9-11] '예제 9-2'의 표준편차에 대한 교호작용 그래프

⑪ **평균 및 표준편차의 모델과 그래프를 이용하여 최적조건을 설정한다.**

이 경우 표준편차에 영향을 주는 유의한 인자가 없으므로 $A=-1$, $B=+1$, $C=-1$, $D=-1$ 수준에서 식 (9.6)의 평균의 모델을 최대로 하는 다음의 값을 구할 수 있다. 이 인자들의 수준 값은 **[그림 9-8]**, **[그림 9-9]**를 통해 쉽게 구할 수 있다.

$$\hat{Y}=1.6127-0.0877*(-1)+0.2111*(+1)-0.1105*(-1)-0.0458*(-1)$$
$$-0.0414*(+1)(-1)-0.0423*(+1)(-1)$$
$$=2.1515(\text{초})$$

물론 이 경우 표준편차에 영향을 주는 유의한 인자는 없으나 **[그림 9-10]**, **[그림 9-11]**에서 인자 E(회전탭)을 +1수준으로 설정함으로써 표준편차를 작게 할 가능성이 있다.

이상에서 비행시간을 최대로 하는 조건을 다음과 같이 설정할 수 있다.

요인	-수준	+수준	비고
클립수	1	2	A=-1
날개길이	짧음	길음	B=+1
본체폭	좁음	넓음	C=-1
본체길이	짧음	길음	D=-1
회전탭	없음	있음	E=+1

미니탭의 반응 최적화 도구를 사용할 경우 상기와 일치된 다음의 결과를 얻을 수 있다.

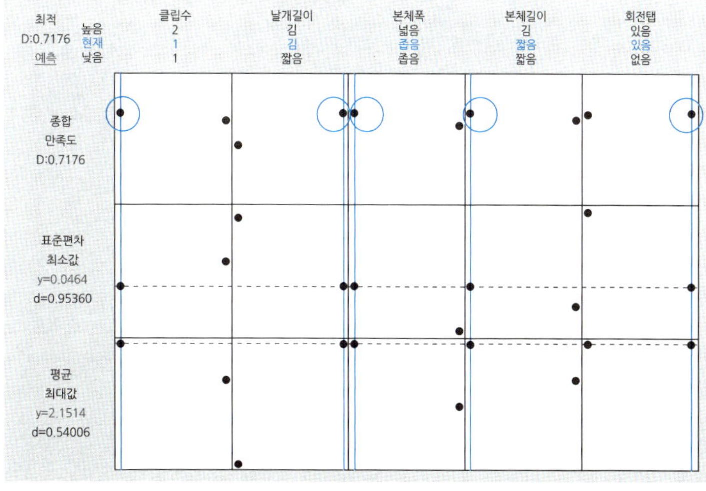

⑫ 최적조건에서 반복실험을 통해 재현성을 확인한다.

비행시간을 최대로 하는 조건에서 12회 추가실험을 한 후 95 % 신뢰구간을 구한 결과가 다음과 같다.

1-표본 T 검정: 추가실험

변수	N	평균	표준 편차	평균의 표준 오차	95% CI
추가실험	12	2.0892	0.1266	0.0365	(2.0087, 2.1696)

추정된 비행시간의 최대값 2.1515초가 신뢰구간에 포함되므로 재현성이 성립된다고 할 수 있다.

문제 9-2 다음과 같이 16회 실험을 하고자 한다. 하루에 실험을 8회 밖에 할 수 없을 경우 바람직한 실험방법을 설계하시오.

요인	-수준	+수준
연료	L	T
속도	60	80
노면상태	나쁨	좋음
날씨	흐림	맑음

↓	C1	C2	C3	C4	C5-T	C6	C7-T	C8-T
	표준 순서	런 순서	중앙점	블럭	연료	속도	노면상태	날씨
1	1	1	1	1	L	60	나쁨	흐림
2	2	2	1	1	T	60	나쁨	흐림
3	3	3	1	1	L	80	나쁨	흐림
4	4	4	1	1	T	80	나쁨	흐림
5	5	5	1	1	L	60	좋음	흐림
6	6	6	1	1	T	60	좋음	흐림
7	7	7	1	1	L	80	좋음	흐림
8	8	8	1	1	T	80	좋음	흐림
9	9	9	1	1	L	60	나쁨	맑음
10	10	10	1	1	T	60	나쁨	맑음
11	11	11	1	1	L	80	나쁨	맑음
12	12	12	1	1	T	80	나쁨	맑음
13	13	13	1	1	L	60	좋음	맑음
14	14	14	1	1	T	60	좋음	맑음
15	15	15	1	1	L	80	좋음	맑음
16	16	16	1	1	T	80	좋음	맑음

문제 9-3 **'문제 9-1'**에 대해 다음의 질문에 답을 하시오.

1) 블록을 2로 나눌 경우 별명관계를 전부 파악하고 해상도를 구하시오.
2) 블록을 4개로 나눌 경우 별명관계를 전부 파악하고 해상도를 구하시오.
3) '1)'에서 이 중 1개의 블록만을 선정하여 일부 실시법을 실행할 경우 해상도를 구하시오.

9장

연습문제

1. 랜덤화와 블록화의 차이가 무엇인지를 간략하게 기술하시오.

2. 어느 제품을 설계하는데 중요 인자로 5개가 선정되었다. 실험을 통해 최적조건을 구하고 허용차 설계를 하기로 하였다. 다음의 질문에 답을 하시오.

   1) 이 경우 어떤 실험을 추천하겠는가? 그리고 그 이유는 무엇인가를 설명하시오.

   2) 해상도란 무엇인가? 그리고 이 경우에 해상도는?

   3) 교락이란 어떤 상태를 말하는가?

   4) 잡음(noise)이 실험에 미치는 영향을 줄이기 위해서 어떤 방법을 사용할 수 있는가를 간략하게 기술하시오.

3. 인자가 5개일 경우 다음의 질문에 답을 하시오.

   1) 인수분해 방법을 사용하여 블록을 2개로 나누시오.

   2) 인수분해 방법을 사용하여 블록을 4개로 나누시오.

   3) 합동식을 사용하여 블록을 2개로 나누시오.

   4) 합동식을 사용하여 블록을 4개로 나누시오.

4. '**문제 3**'에 대해 다음의 질문에 답을 하시오.

   1) 블록을 2개로 나눌 경우 별명관계를 전부파악하고 해상도를 구하시오.

   2) 블록을 4개로 나눌 경우 별명관계를 전부파악하고 해상도를 구하시오.

   3) '1)'에서 1개의 블록만을 선정하여 일부 실시법을 실행할 경우 해상도를 구하시오.

4) '2)'에서 1개의 블록만을 선정하여 일부 실시법을 실행할 경우 해상도를 구하시오.

5. 2^4 요인실험을 랜덤하게 실험을 할 수 없어 *ABC*와 *BCD*를 블록과 교락시킴으로써 다음과 같이 4개의 블록으로 나누어 실험을 하였다. 중요 인자를 선정하고 방정식을 구하시오.

블록 1	블록 2	블록 3	블록 4
(−, −)인 경우	(+, −)인 경우	(−, +)인 경우	(+, +)인 경우
(1)=60	a=70	ab=80	b=80
bc=69	abc=60	ac=73	c=60
abd=77	bd=65	d=65	ad=78
acd=65	cd=55	bcd=67	$abcd$=70

6. 감기약을 복용하면 혈압이 올라간다는 주장이 있어 다음과 같이 10명에 대해 감기약을 복용하기 전 후로 혈압을 측정하였다. 이 경우 실제로 혈압이 올라간다고 할 수 있는가?

복용전	복용후
140	142
100	101
117	118
152	153
125	126
94	95
104	105
115	116
96	97
141	142

7. 헬리곱터의 비행시간을 최대로 하기 위해, Analyze 단계에서 선정한 중요 요인을 사용하여, 다음과 같이 2^{5-1} 요인실험을 전체 2회 반복 및 각 수준조합에서 2회 반복하였다. 비행시간을 최대로 하는 각 요인의 조건을 구하시오. 부분 요인실험 문제 파일을 연다.

요인	-수준	+수준
회전탭	있음	없음
날개길이	짧음	김
몸체길이	짧음	김
날개폭	좁음	넓음
본체폭	좁음	넓음

8. 2^{7-3}의 실험을 설계하고 다음의 질문에 답을 하시오.

1) 정의대비를 구하시오.

2) 모든 별명관계를 밝히시오.

3) 이 경우 해상도는 얼마나 되는가?

중심점 설계와 경사도법

만일 요인실험을 통해 목표를 달성할 수 있을 경우에는 그 이상의 추가 실험이 필요 없을 수도 있다. 그러나 목표를 달성할 수 없다든가 또는 더 많은 정보를 얻고자 할 경우에는 요인실험을 토대로 하여 추가실험을 할 수 있다.

10.1 중심점 설계

요인실험의 실시 과정에서 만일 곡면에 있을 것으로 의심되면 **[그림 10–1]**과 같이 요인실험을 토대로하여 약간의 중심점(center point)을 추가하여 실험을 함으로써 곡면의 존재 여부를 확인할 수 있다.

이때 만일 곡면이 존재하는 것으로 확인되면 반응표면실험으로의 확장을 통해 곡면의 상태를 조사할 수 있다. 그리고 곡면이 존재하지 않는 것으로 확인되면 최소점(협곡) 또는 최대점(고지)에서 벗어나 있는 상태이므로 경사도법(steepest ascent/descent)을 통해 빠르게 이들 점으로 접근할 수 있다.

예제 10–1

2^2 요인실험을 실행한 후 곡면이 존재하는지 여부를 파악하기 위해 다음과 같이 중심점에서 추가로 4회 실험을 하였다. 이 경우 곡면이 존재한다고 할 수 있는가?

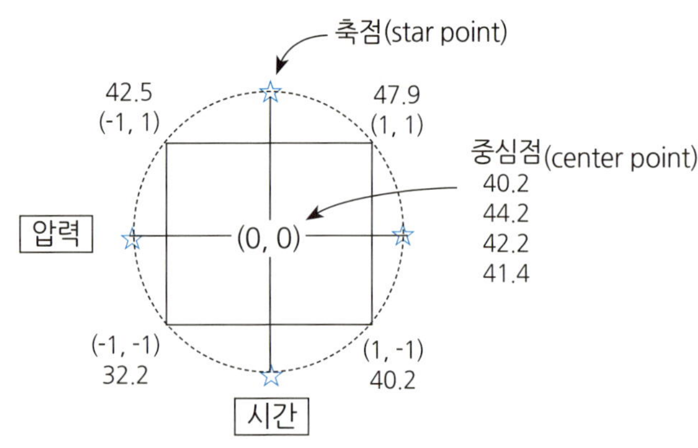

[그림 10–1] 중심점 설계

우선 미니탭을 통해 중심점 설계를 한다.

통계분석 > 실험계획법 > 요인 > 요인 설계 생성을 클릭한 후 '설계'를 클릭한다.

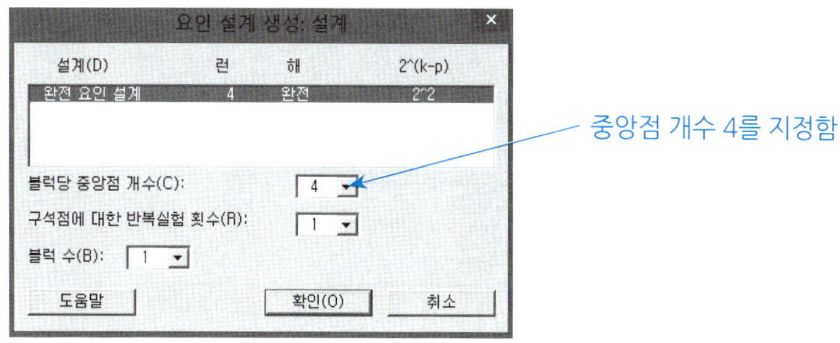

'확인'을 클릭한 후 '요인'을 클릭하여 '요인명'과 '+/- 수준'을 각각 입력한 뒤 '확인'을 클릭한다. '옵션'에서 '런 랜덤화'를 해제하고 '확인'을 연속하여 클릭하면 다음과 같이 중심점 설계가 된다.

↓	C1 StdOrder	C2 RunOrder	C3 중심점	C4 블록	C5 time	C6 pressure	C7 strength
1	1	1	1	1	60	120	32.2
2	2	2	1	1	80	120	40.2
3	3	3	1	1	60	140	42.5
4	4	4	1	1	80	140	47.9
5	5	5	0	1	70	130	40.2
6	6	6	0	1	70	130	44.2
7	7	7	0	1	70	130	42.2
8	8	8	0	1	70	130	41.4

기존의 요인실험의 데이터를 입력함

추가 실험을 한 중심점값을 입력함

통계분석 > 실험계획법 > 요인 > 요인 설계 분석을 클릭하여 '반응'에 strength를 지정한 후 '항'을 클릭하면 다음의 화면이 나타난다.

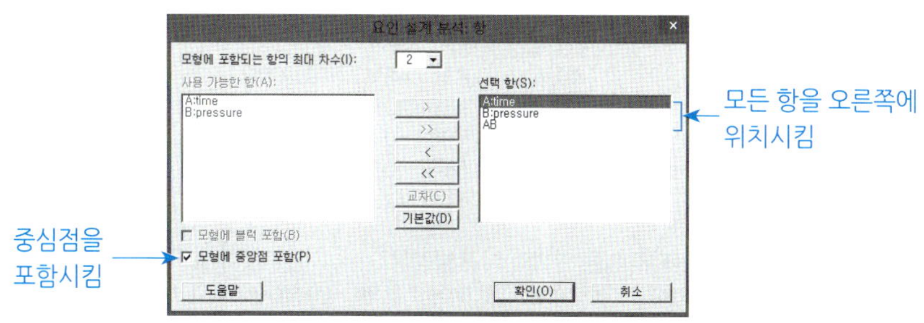

[그림 10-2] 요인설계 분석

'확인'을 연속하여 클릭하면 다음의 결과가 나타난다.

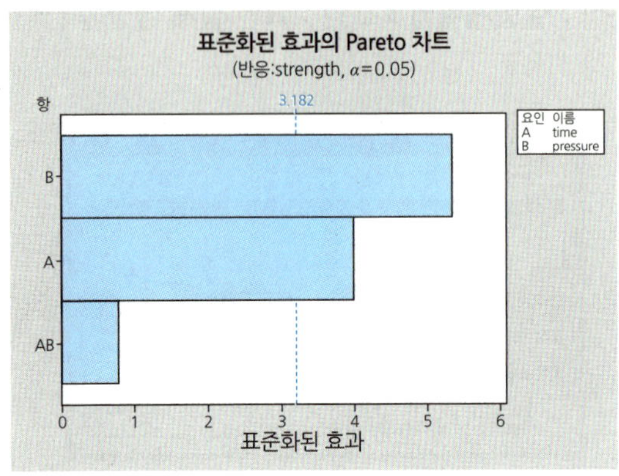

요인 B(압력), A(시간)만이 중요 요인으로 나타난다.

요인 회귀 분석: strength 대 time, pressure, 중앙점

분산 분석

출처	DF	Adj SS	Adj MS	F-값	P-값
모형	4	130.960	32.740	11.58	0.036
선형	2	125.890	62.945	22.27	0.016
time	1	44.890	44.890	15.88	0.028
pressure	1	81.000	81.000	28.66	0.013
2차 교호작용	1	1.690	1.690	0.60	0.496
time*pressure	1	1.690	1.690	0.60	0.496
곡면성	1	3.380	3.380	1.20	0.354
오차	3	8.480	2.827		
총계	7	139.440			

모형 요약

S	R-제곱	R-제곱(수정)	R-제곱(예측)
1.68127	93.92%	85.81%	*

코드화된 계수

항	효과	계수	SE 계수	T-값	P-값	VIF
상수		40.700	0.841	48.42	0.000	
time	6.700	3.350	0.841	3.99	0.028	1.00
pressure	9.000	4.500	0.841	5.35	0.013	1.00
time*pressure	-1.300	-0.650	0.841	-0.77	0.496	1.00
Ct Pt		1.30	1.19	1.09	0.354	1.00

코드화되지 않은 단위의 회귀 방정식

strength = -100.4 + 1.18 time + 0.905 pressure - 0.00650 time*pressure + 1.30 Ct Pt

곡면(Ct Pt)과 교호작용의 $p>0.05$ 이므로 유의하지 않다. 따라서 **[그림 10-2]**의 화면에서 '모형에 중앙점 포함'을 해제하고, 교호작용을 풀링한 후 재분석을 하면 다음과 같다.

시간과 압력의 주효과만이 유의함을 알 수 있다.

'적합성 결여'의 $p=0.496>0.05$ 이므로 현재의 모델이 타당함을 알 수 있다.

분산 분석

출처	DF	Adj SS	Adj MS	F-값	P-값
모형	2	125.890	62.945	23.23	0.003
선형	2	125.890	62.945	23.23	0.003
time	1	44.890	44.890	16.56	0.010
pressure	1	81.000	81.000	29.89	0.003
오차	5	13.550	2.710		
곡면성	1	3.380	3.380	1.33	0.313
적합성 결여	1	1.690	1.690	0.60	0.496
순수 오차	3	8.480	2.827		
총계	7	139.440			

모형 요약

S	R-제곱	R-제곱(수정)	R-제곱(예측)
1.64621	90.28%	86.40%	73.24%

코드화된 계수

항	효과	계수	SE 계수	T-값	P-값	VIF
상수		41.350	0.582	71.05	0.000	
time	6.700	3.350	0.823	4.07	0.010	1.00
pressure	9.000	4.500	0.823	5.47	0.003	1.00

코드화되지 않은 단위의 회귀 방정식

strength = -40.6 + 0.3350 time + 0.4500 pressure

통계분석 > 분산 분석 > 주효과도, **통계분석 > 분산 분석 > 교호작용도**를 각각 클릭한 후 '반응'과 '요인'을 지정하여 주효과와 교호작용의 그래프를 작성하면 다음과 같다.

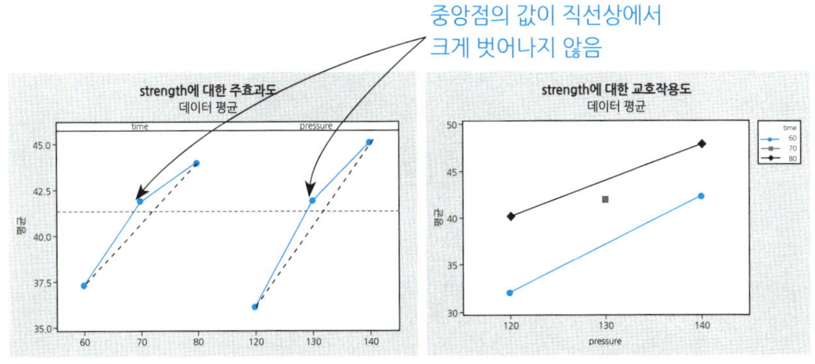

[그림 10-3] '예제 10-1'의 주효과 및 교호작용 그래프

주효과는 모두 유의하므로 기울기가 급하고 교호작용은 유의하지 않으므로 두 직선의 기울기가 거의 평행하다.
곡면 또한 유의하지 않으므로 중앙점의 값이 선상에서 크게 벗어나지 않음을 알 수 있다.

등고선도 및 표면도를 다음과 같이 작성할 수 있다.
통계분석 > 실험계획법 > 요인 > 등고선도를 클릭하면 다음의 화면이 나타난다.

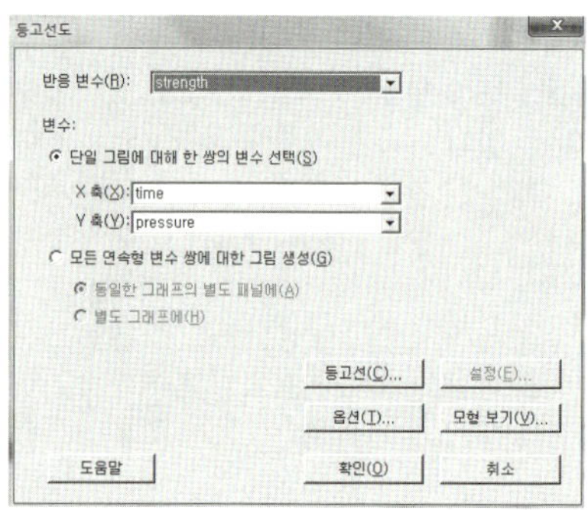

'확인'을 클릭하면 다음의 결과가 나타난다. 이때 필요할 경우 '등고선'을 클릭한 후 '개수'에 적정개수(예를 들면 7)를 입력하면 원하는 등고선의 수를 나타낼 수 있다.

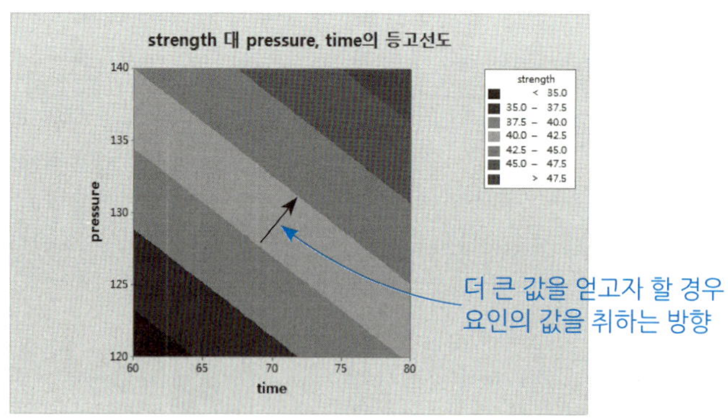

[그림 10-4] 등고선도

곡면이나 교호작용이 없으므로 등고선이 직선으로 나타난다. 이 경우 만일 현재의 실험범위 내에서 목표값을 달성할 수 있다면 추가 실험이 필요 없다. 그러나 만일 실험범위를 벗어나더라도, 더 큰 값을 얻고자 할 경우에는 **[그림 10-4]**의 등고선을 수직으로 올라가면 빠르게 더 큰 값을 얻을 수 있다. 또한 곡면을 얻고자 할 경우에는 **[그림 10-1]**의 축점에서 추가 실험을 할 수 있다.

[그림 10-4]의 결과를 입체적으로 보기 위해서는 표면도를 작성할 수 있다. **통계분석 > 실험계획법 > 요인 > 표면도**를 클릭하면 다음의 화면이 나타난다.

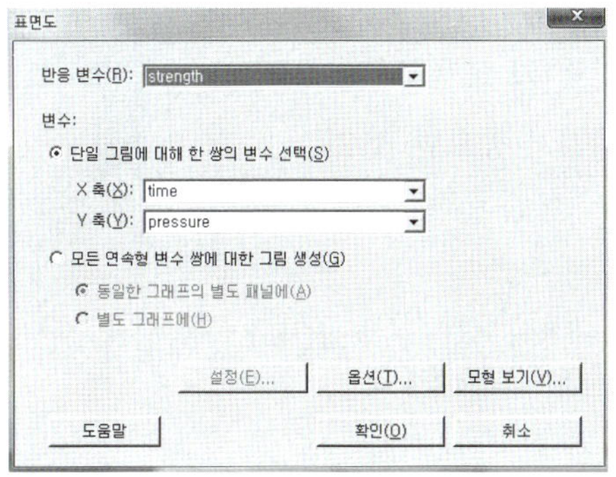

'확인'을 클릭하면 다음의 표면도가 나타난다.

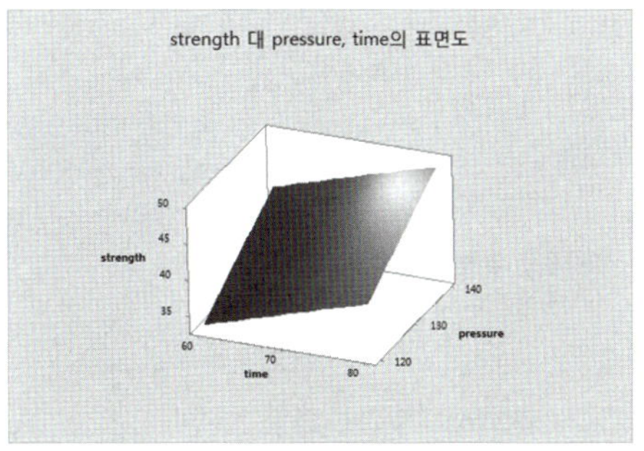

압력과 시간이 증가됨에 따라 강도가 증대되는 것을 보다 입체적으로 쉽게 파악할 수 있다.

예제 10-2

2^2 완전 요인실험을 2회 반복 실행한 후 곡면이 존재하는지 여부를 파악하기 위해 중심점에서 추가로 5회 실험을 하였다. 이 경우 곡면이 존재한다고 할 수 있는가? RSM 2 파일을 연다.

미니탭을 사용하면 다음의 결과들을 얻을 수 있다.

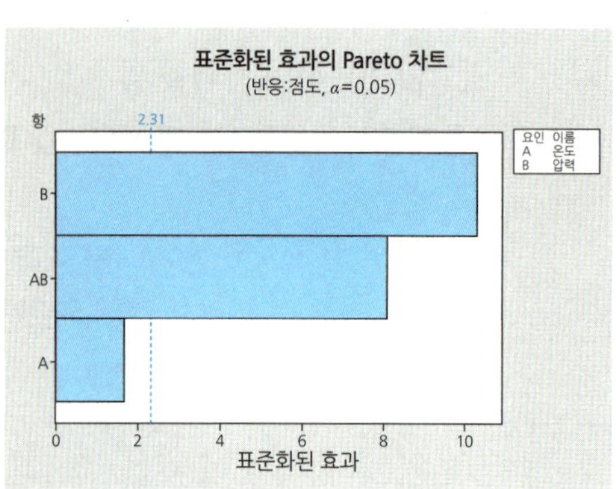

요인 B(압력)와 교호작용 AB(온도*압력)가 중요한 것으로 나타난다.

요인 회귀 분석: 점도 대 온도, 압력, 중심점

분산 분석

출처	DF	Adj SS	Adj MS	F-값	P-값
모형	4	132.081	33.0202	69.75	0.000
선형	2	50.863	25.4313	53.72	0.000
온도	1	1.361	1.3613	2.88	0.128
압력	1	49.501	49.5013	104.57	0.000
2차 교호작용	1	30.811	30.8112	65.09	0.000
온도*압력	1	30.811	30.8112	65.09	0.000
곡면성	1	50.407	50.4069	106.48	0.000
오차	8	3.787	0.4734		
총계	12	135.868			

온도 이외에 압력의 주효과 교호작용, 곡면이 모두 유의한 것을 알 수 있다.

모형 요약

S	R-제곱	R-제곱(수정)	R-제곱(예측)
0.688023	97.21%	95.82%	89.05%

코드화된 계수

항	효과	계수	SE 계수	T-값	P-값	VIF
상수		18.212	0.243	74.87	0.000	
온도	0.825	0.412	0.243	1.70	0.128	1.00
압력	-4.975	-2.487	0.243	-10.23	0.000	1.00
온도*압력	3.925	1.962	0.243	8.07	0.000	1.00
Ct Pt		4.048	0.392	10.32	0.000	1.00

코드화되지 않은 단위의 회귀 방정식

점도 = 87.05 - 0.4700 온도 - 0.7131 압력 + 0.004906 온도*압력 + 4.047 Ct Pt

Ct Pt 의 $p=0.0<0.05$ 이므로 곡면이 유의하다. 그러나 이 경우 단지 곡면이 존재한다는 것을 알 뿐 곡면이 어떤 상태인지는 알 수가 없다.

주효과 및 교호작용의 그래프를 작성하면 **[그림 10–5]**와 같다.

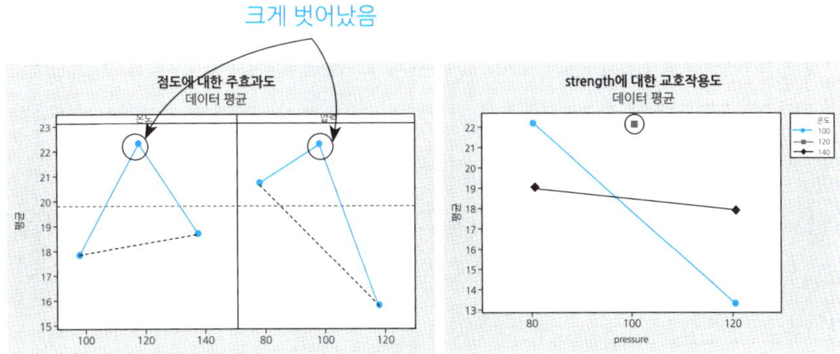

[그림 10–5] '예제 10–2'의 주효과 및 교호작용 그래프

인자 B(압력)의 주효과가 유의하므로 기울기가 급하다. 또한 교호작용이 유의하므로 두 직선이 교차 한다.

이 경우 곡면이 존재하므로 **[그림 10–3]**에 비해 중앙점의 값이 선상에서 크게 벗어나 있음을 알 수 있다.

이 경우 곡면에 대한 추가 정보를 얻기 위해서는 실험을 확장하여 반응표면실험을 해야 한다.

미니탭에서는 곡면이 유의할 경우 '등고선도'나 '표면도'를 작성할 수 없다. 이는 곡면이 유의할 경우 설계공간의 코너 이외의 정보는 정확하지 않기 때문이다.

문제 10–1 2^2 요인실험을 통해 선압이 광택도에 영향을 미치는 중요 요인이라는 것을 파악하였다. 이 후 곡면이 있는지 여부를 파악하기 위해 중심점에서 5회 추가 실험을 하였다. 이 경우 다음의 질문에 답을 하시오. 중심점 설계 파일을 연다.

① 곡면이 있다고 할 수 있는가?

② 주효과 및 교호작용 그래프를 작성하여 곡면이 존재하는지 여부를 확인하시오.

10.2 경사도법(Steepest Ascent)

최대점 또는 최소점(최적값)에서 대부분의 표면은 언덕이나 계곡의 형태를 나타낸다. 따라서 이들로부터 멀리 떨어져 있는 경우 표면은 평평하기(flat) 때문에 직선의 모델을 사용하여 빠르게 최적값으로 다가갈 수 있다.

즉, **[그림 10-6]**과 같이 곡면이나 교호작용이 없을 경우, 중심점에서 기울기를 계산하여 등고선에 수직인 선을 찾음으로써 보다 빠르게 최대 또는 최소값으로 접근할 수 있다.

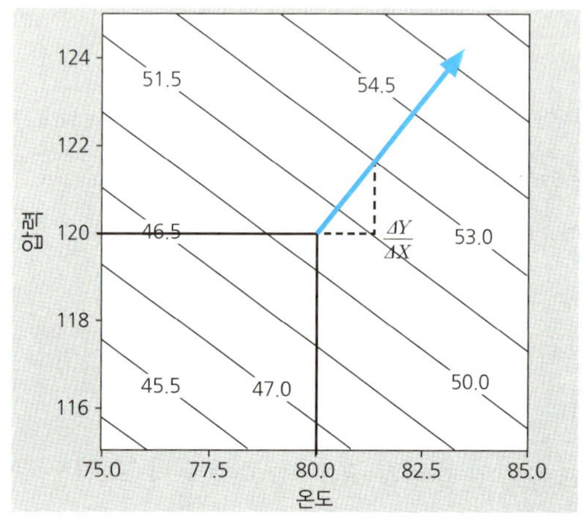

[그림 10-6] 경사도법에서 기울기(이동방향 찾기)

따라서 중심점설계를 실행한 후 그 결과에 따라 경사도법을 적용하는 것이 바람직하다.

① 만일 중요한 주효과만 있고 교호작용이나 곡면이 없을 경우 경사도법을 사용하여 경로를 탐구한다.

② 만일 교호작용이 있다면, 가장 최상값을 갖는 지점으로 다음의 중심점 실험을 이동한다.

③ 만일 곡면이 있을 경우, 축점을 추가하여 반응표면실험을 시행한다.

[그림 10-7]은 중심점 설계를 실행한 후 교호작용이나 곡면이 없어 경사도법을 통해 등고선에 수직인 방향으로 단계적으로 실험을 확장해 나간 것을 나타낸 것이다.

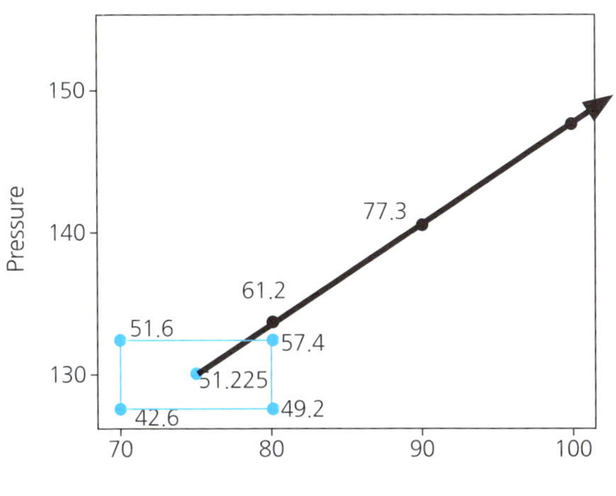

[그림 10-7] 경사도법의 개념도

1) 경사도법 추진절차

경사도법의 추진절차는 다음과 같다.

① 1차 회귀식의 회귀모델을 구한다.

$$\hat{y} = a + b_1 x_1 + b_2 x_2 + \cdots + b_k x_k$$

② 실험의 중심점을 찾는다(첫 번째 점은 모든 X가 0이 되는 곳이다.).

③ 프로세스의 한 변수(인자)에 대한 스텝의 크기를 정한다.

특성치를 가장 빠르게 증가시킬 수 있는 최대경사방향(path of steepest ascent)을 다음과 같이 구할 수 있다.

$$\frac{\partial \hat{y}}{\partial x_i} = \hat{b}_i, \quad i = 1, 2, \cdots, k$$

여기서 x_i의 변화는 $\hat{b}_i$에 비례한다. 이 경우 하나의 인자에 대한 스텝의 크기를 다음과 같이 설정할 수 있다.

$$\Delta x_{i'}$$

④ 다른 인자에 대한 스텝의 크기를 정한다.

이때 다른 인자들의 스텝의 크기는 다음과 같이 되는데

$$\Delta x_i = \frac{\hat{b}_i}{\hat{b}_{i'}} \cdot \Delta x_{i'} \tag{10.1}$$

여기서 $\frac{\hat{b}_i}{\hat{b}_{i'}}$는 선의 기울기 즉 이동방향을 나타낸다.

'①'에서 회귀모델을 구하기 전에 인자의 값 N_i를 다음과 같이 코드화 할 필요가 있다(물론 미니탭에서는 계량치의 경우 인자의 값으로 어떤 값을 입력하더라도 이를 코드화 하여 큰 값은 +1 작은 값은 -1로 인식한다.).

$$X_i = \frac{N_i - (N_{ilow} + N_{ihigh})/2}{(N_{ilow} - N_{ihigh})/2}$$

또는 $$X_i = \frac{N_i - (\text{원래의 중앙점})}{(\text{원래의 범위})/2}$$

여기서 X_i는 코드화된 인자, N_i는 원래 인자의 값을 나타낸다.

코드화를 하는 이유는 다음과 같다.

- 코드화는 연속적인 연구에서 조사하고 있는 공간의 올바른 수학적 소스를 제공하기 위해 필요하다.
- 인자 간에 상관관계로 인해 발생할 수 있는 잠재적인 문제를 제거한다.

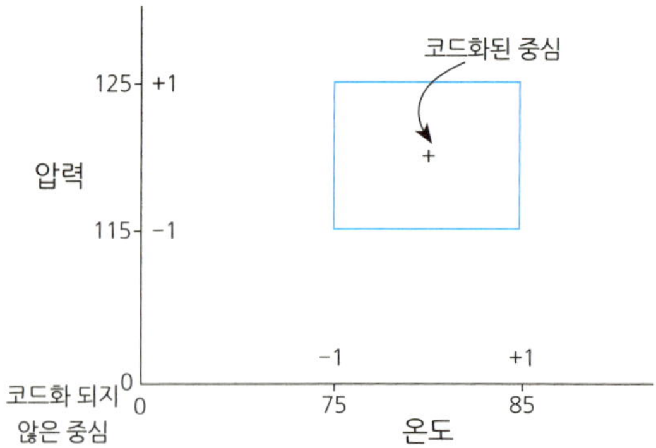

예제 10-3

전기적 특성을 최대로 하기 위한 온도와 압력의 최적조건을 설정하기 위해 실험을 실행하였다.

이 경우 현재 알려진 상태가 다음과 같으므로

온도: 80 ℃

압력: 120 psi

중심점을 포함한 2^2 완전 요인실험을 하였다.

경사도법1 파일을 연다.

요인	- 수준	+ 수준
온도	75 ℃	85 ℃
압력	115 psi	125 psi

실험을 분석하기 전에 우선 다음과 같이 인자의 값을 코드화 한다.

$$X_1 = \frac{N_1 - (\text{중앙점})}{(\text{범위})/2} = \frac{\text{온도} - (80)}{(10)/2}, \quad X_2 = \frac{\text{압력} - (120)}{(10)/2}$$

이 경우 코드화된 인자($X_1 = +1$)로부터 원래의 값을 구하는 방법은 다음과 같다.

$$\text{온도}(N_1) = \frac{\text{범위}}{2} \times (X_1) + \text{중앙점} = \frac{10}{2} \times (+1) + 80 = 5 \times 1 + 80 = 85$$

■ 미니탭을 사용하여 분석을 하면 다음과 같다.

통계분석 > 실험계획법 > 요인 > 요인 설계 분석을 클릭하면 다음의 화면이 나타난다.

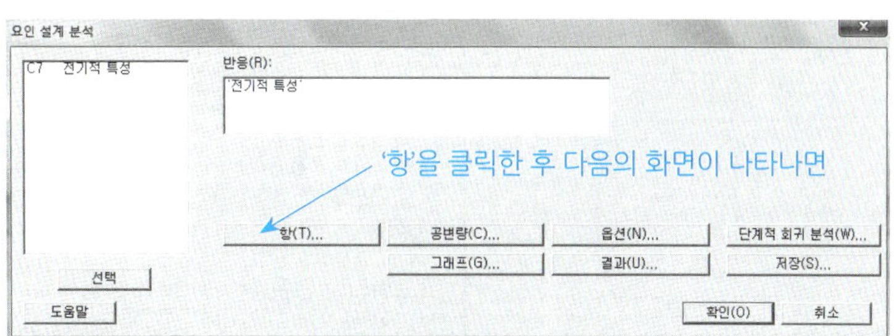

이곳을 지정함

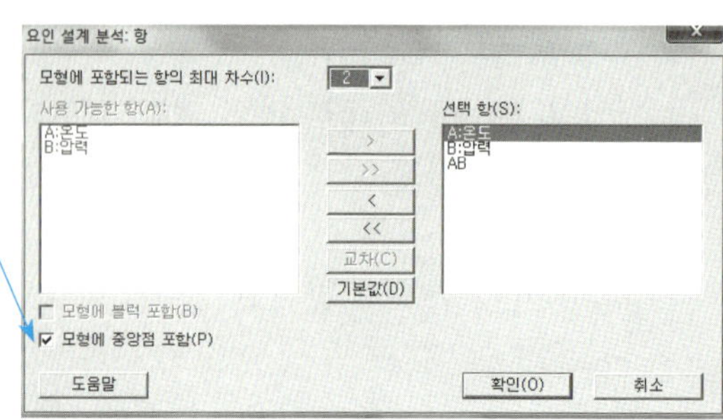

'확인'을 연속하여 클릭하면 다음의 결과가 나타난다.

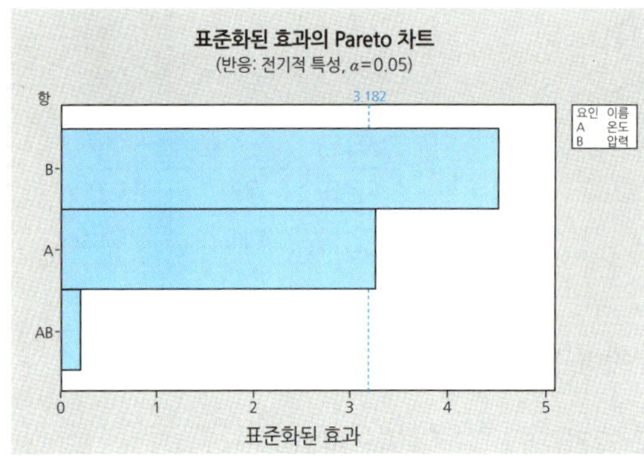

요인 회귀 분석: 전기적 특성 대 온도, 압력, 중심점
분산 분석

출처	DF	Adj SS	Adj MS	F-값	P-값
모형	4	114.661	28.6653	7.91	0.060
선형	2	112.400	56.2000	15.51	0.026
온도	1	38.440	38.4400	10.61	0.047
압력	1	73.960	73.9600	20.42	0.020
2차 교호작용	1	0.160	0.1600	0.04	0.847
온도*압력	1	0.160	0.1600	0.04	0.847
곡면성	1	2.101	2.1012	0.58	0.502
오차	3	10.868	3.6225		
총계	7	125.529			

모형 요약

S	R-제곱	R-제곱(수정)	R-제곱(예측)
1.90329	91.34%	79.80%	*

코드화된 계수

항	효과	계수	SE 계수	T-값	P-값	VIF
상수		50.200	0.952	52.75	0.000	
온도	6.200	3.100	0.952	3.26	0.047	1.00
압력	8.600	4.300	0.952	4.52	0.020	1.00
온도*압력	-0.400	-0.200	0.952	-0.21	0.847	1.00
Ct Pt		1.02	1.35	0.76	0.502	1.00

코드화되지 않은 단위의 회귀 방정식
전기적 특성 = -179 + 1.58 온도 + 1.50 압력 - 0.0080 온도*압력 + 1.02 Ct Pt

교호작용과 곡면(Ct Pt)은 중요하지 않다. 따라서 곡면과 교호작용을 제거함으로써 모델을 단순화한 후 등고선도를 작성한다.

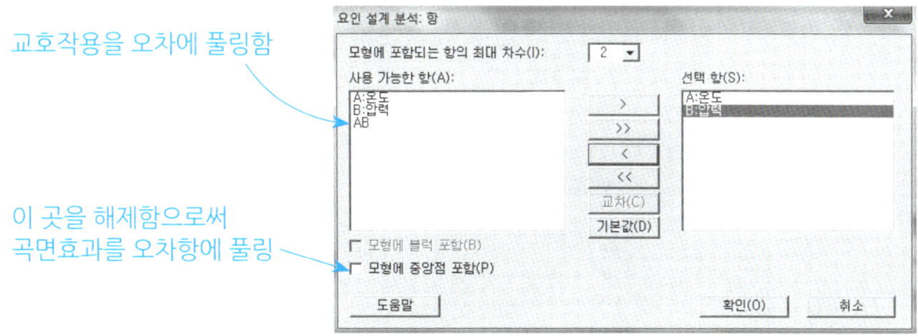

'확인'을 연속하여 클릭하면 다음의 결과가 나타난다.

[표 10-1] '예제 10-1' 요인실험 분석결과

요인 회귀 분석: 전기적 특성 대 온도, 압력
분산 분석

출처	DF	Adj SS	Adj MS	F-값	P-값
모형	2	112.400	56.2000	21.40	0.004
선형	2	112.400	56.2000	21.40	0.004
온도	1	38.440	38.4400	14.64	0.012
압력	1	73.960	73.9600	28.17	0.003
오차	5	13.129	2.6257		
곡면성	1	2.101	2.1012	0.76	0.432
적합성 결여	1	0.160	0.1600	0.04	0.847
순수 오차	3	10.867	3.6225		
총계	7	125.529			

모형 요약

S	R-제곱	R-제곱(수정)	R-제곱(예측)
1.62042	89.54%	85.36%	80.74%

코드화된 계수

항	효과	계수	SE 계수	T-값	P-값	VIF
상수		50.713	0.573	88.52	0.000	
온도	6.200	3.100	0.810	3.83	0.012	1.00
압력	8.600	4.300	0.810	5.31	0.003	1.00

코드화되지 않은 단위의 회귀 방정식
전기적 특성 = -102.1 + 0.620 온도 + 0.860 압력

이 경우 온도와 압력의 주효과만이 중요함을 알 수 있다.

등고선도를 작성하면 다음과 같다.

통계분석 > 실험계획법 > 요인 > 등고선도

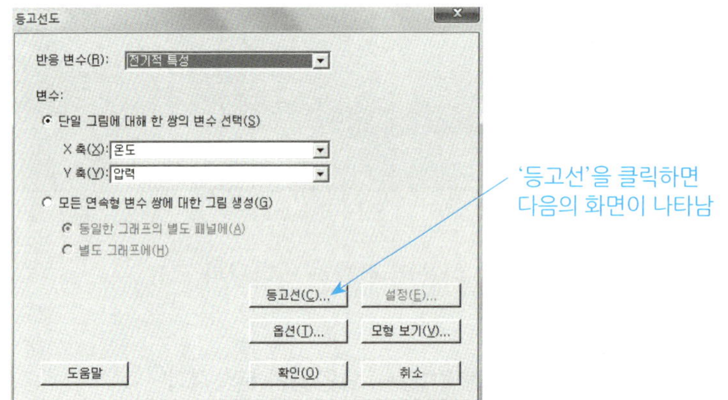

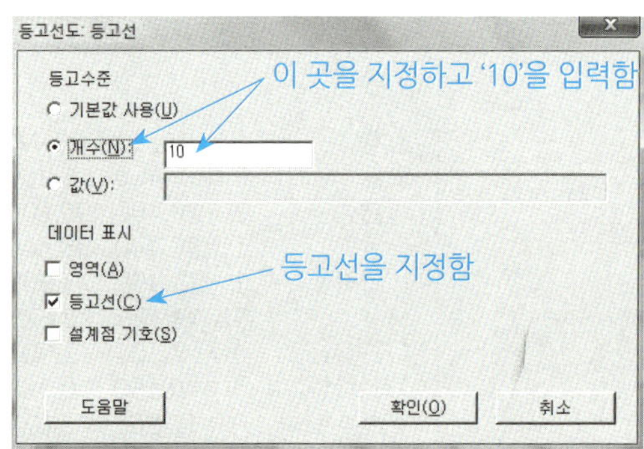

'확인'을 연속하여 클릭하면 다음의 결과가 나타난다.

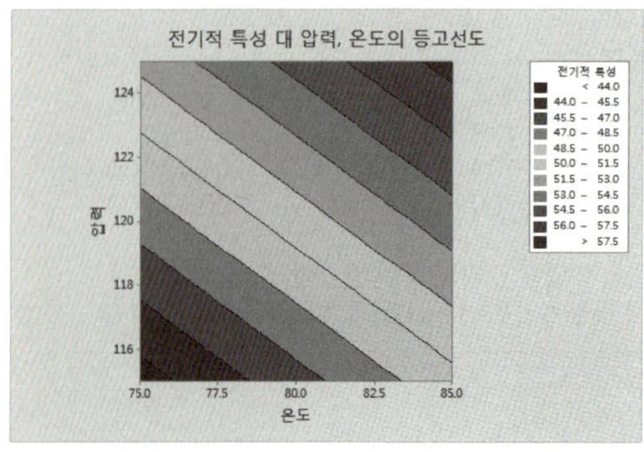

곡면이나 교호작용이 없으므로 등고선이 직선으로 나타남을 알 수 있다.

이 경우 입방체도를 다음과 같이 작성할 수 있다.

통계분석 > 실험계획법 > 요인 > 입방체도를 클릭한 후

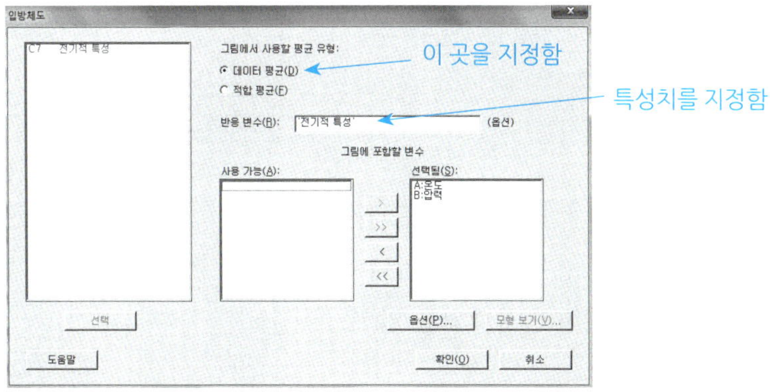

'확인'을 클릭하면 다음의 입방체도가 작성된다.

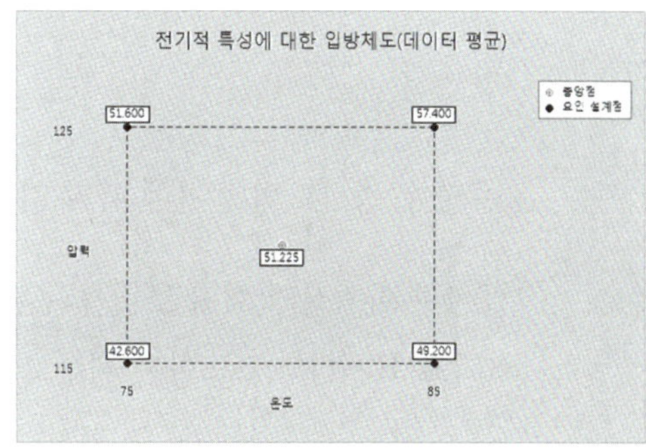

다음과 같이 표면도를 작성할 경우 보다 입체적으로 특성치의 변화를 이해할 수 있다.

통계분석 > 실험계획법 > 요인 > 표면도를 클릭한 후 다음의 화면이 나타나면

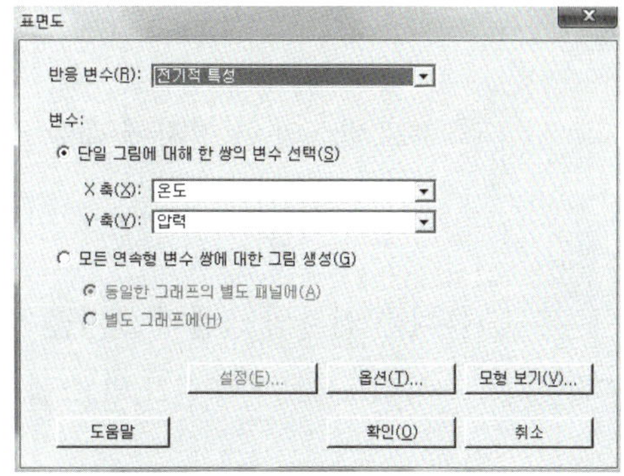

'확인'을 클릭하여 표면도를 작성한다. 이때 표면도상에서 왼 마우스를 연속하여 클릭하면 다음의 화면이 나타난다.

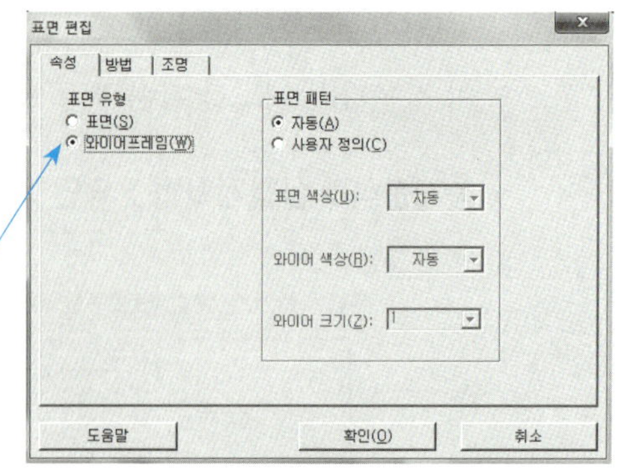

'와이어프레임'을 지정

'확인'을 클릭하면 다음의 결과가 나타난다. 이 경우 온도와 압력이 증가되면 특성치가 증대됨을 알 수 있다.

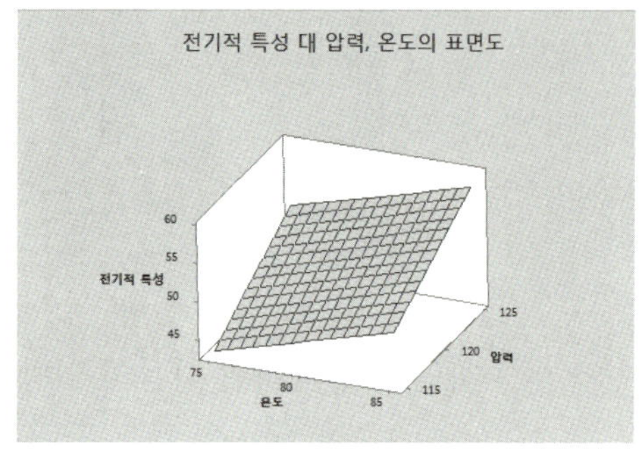

이 경우 경사도법 절차에 따라 최대값으로 빠르게 접근할 수 있다.

① 1차 회귀식의 회귀 모델을 구한다.

[표 10-1]의 코드화된 계수로부터 다음의 모델을 구할 수 있다.

$$\hat{y} = 50.713 + 3.1 * \text{온도} + 4.3 * \text{압력} \qquad (10.2)$$

② 실험의 중심점을 찾는다(첫 번째 점은 모든 X가 0이 되는 곳이다.).

$$x_1 = x_2 = 0$$

③ 프로세스의 한 인자에 대한 스텝의 크기를 정한다.

$\Delta x_1 = \Delta\text{온도} = 1.0$으로 정한다.

④ 다른 인자의 스텝의 크기를 정한다.

식 (10.1)로부터 온도의 스텝 크기에 대한 압력의 스텝 크기는 다음과 같다.

$$\Delta x_2 = \frac{\hat{b}_2}{\hat{b}_1} \cdot \Delta x_1 = \frac{4.3}{3.1} \cdot 1.0 = 1.39$$

여기서 $\frac{\hat{b}_2}{\hat{b}_1} = \frac{4.3}{3.1} = 1.39$는 모델의 기울기가 된다.

이와 같이 구한 코드화된 인자의 값들을 식 (10.2)의 모형에 대입하여 구한 '예측값'과, 이들 값에 대응되는 실제의 전기적 특성값 즉 '실제값'이 **[표 10–2]**에 나타나 있다.

[표 10–2] 코드화된 값에서 특성값의 예측 및 실제 값

steps	코드화된 온도	코드화된 압력	원래의 온도	원래의 압력	시행	전기적특성 (예측값)	전기적 특성 (실제값)
시작	0	0.00	80.0	120.0	9, 10, 11	50.713	51.225
시작+1Δ	1	1.39	85.0	126.9	12	59.778	61.2
시작+2Δ	2	2.77	90.0	133.9		68.842	
시작+3Δ	3	4.16	95.0	140.8	13	77.907	77.3
시작+4Δ	4	5.55	100.0	147.7		86.971	
시작+5Δ	5	6.94	105.0	154.7	14	96.036	70.4

[표 10–2]의 코드화된 값에 대응되는 특성치의 '실제값'을 타점하면 **[그림 10–8]**과 같다.

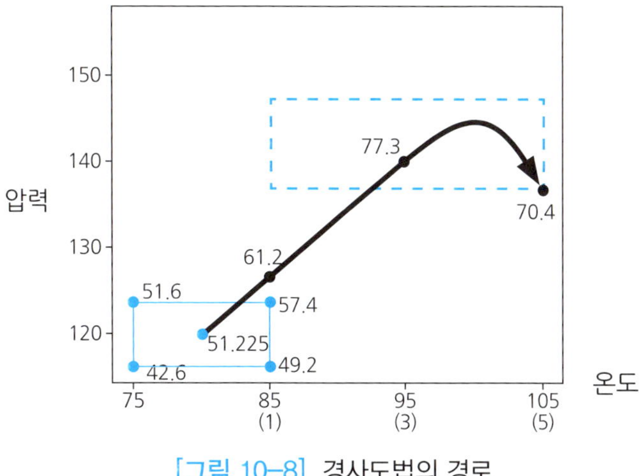

[그림 10–8] 경사도법의 경로

[그림 10-8]에서 알 수 있듯이 실제값이 설계 범위를 벗어나 있다는 것을 알 수 있다. 따라서 모델을 사용하여 최대값을 예측할 수 없다. 그러나 이 경우 경사도법의 경로를 따라 가는 수 밖에 없다.

[그림 10-8]에서 언제 실제값이 예측값을 벗어나기 시작하는지를 확인한다. 그리고 경사도법의 경로가 비선형임을 나타내는 지점에서 인자의 범위를 재설정하여 실험을 설계한다. 왜냐하면 이 곳에 정상점(stationary point)이 있을 가능성이 있기 때문이다.

중심점: 온도 =95 ℃, 압력 140 psi

요인	- 수준	+ 수준
온도	85 ℃	105 ℃
압력	135 psi	145 psi

경사도법2 파일을 연다.

새로운 실험의 분석 결과는 다음과 같다.

요인 회귀 분석: 전기적 특성 대 온도, 압력, 중심점

분산 분석

출처	DF	Adj SS	Adj MS	F-값	P-값
모형	4	111.153	27.788	3.15	0.397
선형	2	18.980	9.490	1.08	0.563
온도	1	13.690	13.690	1.55	0.431
압력	1	5.290	5.290	0.60	0.580
2차 교호작용	1	82.810	82.810	9.39	0.201
온도*압력	1	82.810	82.810	9.39	0.201
곡면성	1	9.363	9.363	1.06	0.490
오차	1	8.820	8.820		
총계	5	119.973			

모형 요약

S	R-제곱	R-제곱(수정)	R-제곱(예측)
2.96985	92.65%	63.24%	*

코드화된 계수

항	효과	계수	SE 계수	T-값	P-값	VIF
상수	70.65	1.48	47.58	0.013		
온도	-3.70	-1.85	1.48	-1.25	0.431	1.00
압력	2.30	1.15	1.48	0.77	0.580	1.00
온도*압력	-9.10	-4.55	1.48	-3.06	0.201	1.00
Ct Pt	2.65	2.57	1.03	0.490	1.00	

코드화되지 않은 단위의 회귀 방정식

전기적 특성 = -1154 + 12.56 온도 + 8.88 압력 - 0.0910 온도*압력 + 2.65 Ct Pt

여기서 유의한 인자는 아무 것도 없다. 그러나 이것은 정상점상에 있기 때문일지도 모른다.

유의한 2차 효과를 파악하고 실험영역을 확장할 수 있는 모형을 만들기 위해서 '축점'을 추가할 필요가 있다.

문제 10-2 경사도법3 파일을 열고 분석을 한 후 다음의 빈칸을 채우시오. 이 경우 분석결과를 토대로 어떤 조치를 취할 수 있는가?

steps	코드화된 시간	코드화된 온도	원래의 시간	원래의 온도	시행	전기적특성 (예측값)	전기적 특성 (실제값)
시작	0						31.2
시작+1Δ	1						33.5
시작+2Δ	2						
시작+3Δ	3						46.6
시작+4Δ	4						
시작+5Δ	5						38.7

10장

연습문제

1. 중심점 설계를 왜 하는지 그리고 언제 실시하는지를 간략하게 기술하시오.

2. 경사도법(steepest ascent/descent)을 왜 하는지 그리고 언제 실시하는가를 간략하게 기술하시오.

3. 2^2 요인실험을 실행한 후 곡면이 존재하는지 여부를 파악하기 위해 다음과 같이 중심점에서 추가로 5회 실험을 하였다. 중심점 설계를 분석한 후 다음의 질문에 답을 하시오.

A	B	특성치 y
-1	-1	27.9
1	-1	20.2
-1	1	22.5
1	1	12.2
0	0	20.2
0	0	23.2
0	0	20.4
0	0	23.1
0	0	22.0

1) 변곡점이 있다고 할 수 있는가?

2) 주효과 및 교호작용 그래프를 작성한 후 그래프상에서 변곡점을 확인하시오.

4. **'8장의 연습문제 4'**에서 변곡점이 있는지 여부를 파악하기 위해 중심점에서 다음과 같이 추가 실험을 하였다. 중심점 설계를 분석한 후 다음의 질문에 답을 하시오.

중심점		점도
110	90	48.1
110	90	48.3
110	90	48.1
110	90	48.3
110	90	48.5

1) 변곡점이 있다고 할 수 있는가?

2) 주효과 및 교호작용 그래프를 작성한 후 그래프상에서 변곡점을 확인하시오.

5. 온도와 압력에 따른 제품의 선도를 다음과 같이 측정하였다.

온도	압력	선도
80	60	12
100	60	16
80	70	17
100	70	22
90	65	13
90	65	17
90	65	16
90	65	17

1) 중요 요인을 선정하시오.

2) 온도와 압력의 첫번째 값을 코드화하시오(과정을 밝힐 것).

3) 온도를 기준으로 하여 온도와 압력에 대한 스텝의 크기(즉, 최대 경사방향)를 구하시오.

4) 다음의 빈칸을 채우시오. 이 경우 분석결과를 토대로 어떤 조치를 취할 수 있는가?

steps	코드화된 온도	코드화된 압력	원래의 온도	원래의 압력	시행	전기적특성 (예측값)	전기적 특성 (실제값)
시작	0						19.05
시작+1Δ	1						22.3
시작+2Δ	2						23.95
시작+3Δ	3						26.90
시작+4Δ	4						39.80
시작+5Δ	5						40.10

반응표면(Response Surface) 실험계획법

반응표면 실험계획법은 **[그림 1-5]**에서와 같이 가장 상위에 위치하는 실험계획법으로, 이에 의한 반응표면 실험을 통해 독립변수(인자)와 종속변수(특성치 y) 간에 모델을 설정하여 독립변수가 종속변수에 미치는 영향을 파악할 수 있다.

$$y = f(x)$$

반응표면 실험이 요인실험과 차이가 나는 것은 모델에 제곱항이 존재함으로써 특성치의 곡률효과를 파악할 수 있다는 것이다.

일반적으로 최적값 부근에서 대부분의 반응표면이 곡면을 나타내므로, 반응표면 실험을 통해 원하는 목표값을 얻기 위한 인자의 최적조건을 효과적으로 찾아낼 수 있다. 따라서 반응표면 실험은 신제품 및 신공정의 개발 또는 기존 제품 및 공정의 개선에 유용하게 활용될 수 있다.

그러나 반응표면 실험의 단점은 요인의 수가 증가됨에 따라 실험횟수가 급격하게 증가되는 단점이 있다.

따라서 실험의 초기단계부터 반응표면 실험을 사용할 것이 아니라 **[그림 1-5]**와 같이 실험을 단계적으로 확장하는 과정에서 필요에 따라 적용하는 것이 바람직하다.

만일 '**10.1 중심점설계**'를 통해 곡면이 존재하는 것으로 판명이 날 경우 반응표면 실험을 통해 곡면의 상태를 조사할 수 있다.

[그림 11-1]의 우측을 보다 입체적으로 나타내면 **[그림 11-2]**가 된다. 이 경우 반응표면 실험을 통해 최적값이 존재할 것으로 판단되는 곡면의 주변을 완벽하게 조사할 수 있다.

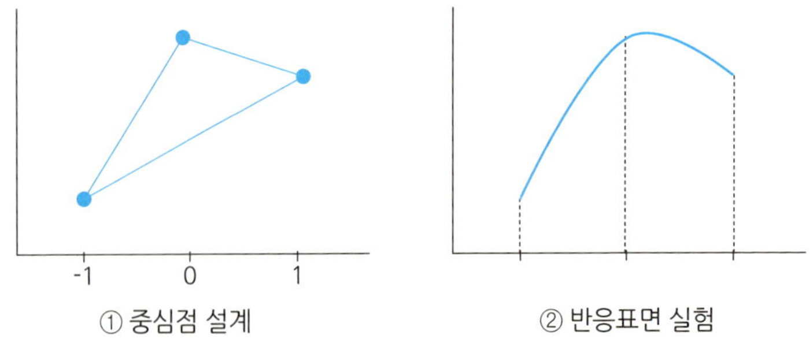

[그림 11-1] 변곡점(곡면)의 확인

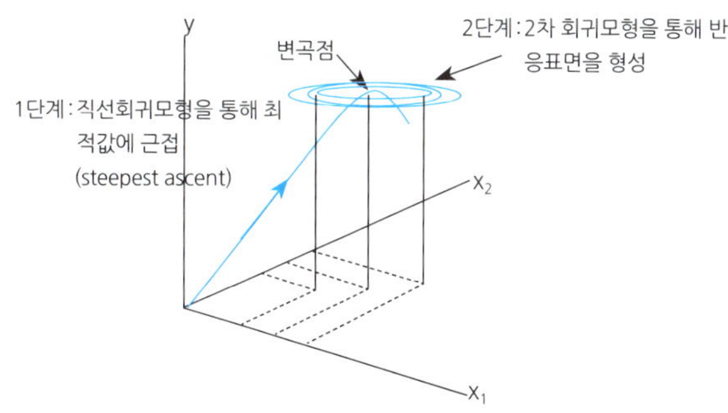

[그림 11–2] 반응표면 실험의 원리

11.1 반응표면 모형 및 정상점의 설정

반응표면이 곡면일 경우 3차 이상의 회귀모형을 고려할 수 있으나 통상 다음과 같이 2차 회귀모형을 사용한다.

$$
\begin{aligned}
y &= a + b_1x_1 + b_2x_2 + b_{11}{x_1}^2 + b_{22}{x_2}^2 + b_{12}x_1x_2 + \cdots + e \\
&= a + \sum_{i=1}^{k} b_ix_i + \sum_{i \le j}^{k} b_{ij}x_ix_j + e \qquad (11.1)
\end{aligned}
$$

여기서 $e \sim N(0, \sigma^2)$이고 서로 독립이다.

독립변수 즉, 인자의 수 $k=2$일 경우 식 (11.1)은 다음이 된다.

$$y = a + b_1x_1 + b_2x_2 + b_{11}{x_1}^2 + b_{22}{x_2}^2 + b_{12}x_1x_2 + e \qquad (11.2)$$

이 경우 n회에 걸쳐 다음과 같이 데이터를 수집하였을 경우

$$(x_1, x_2, y_i) \quad i = 1, 2, \cdots, n$$

최소제곱법에 의해 추정치를 구하면

$$\hat{\mathbf{b}} = \begin{bmatrix} \hat{a} \\ \hat{b}_1 \\ \hat{b}_2 \\ \hat{b}_{11} \\ \hat{b}_{22} \\ \hat{b}_{12} \end{bmatrix} = (\mathbf{X}'\mathbf{X})^{-1}\mathbf{X}'\mathbf{y} \tag{11.3}$$

이 된다. 여기서

$$\mathbf{X} = \begin{bmatrix} 1 & x_{11} & x_{21} & x_{11}^2 & x_{21}^2 & x_{11}x_{21} \\ 1 & x_{12} & x_{22} & x_{12}^2 & x_{22}^2 & x_{12}x_{22} \\ \vdots & \vdots & & & & \vdots \\ 1 & x_{1n} & x_{2n} & x_{1n}^2 & x_{2n}^2 & x_{1n}x_{2n} \end{bmatrix} \qquad \mathbf{y} = \begin{bmatrix} y_1 \\ y_2 \\ \vdots \\ y_n \end{bmatrix}$$

따라서 식 (11.2)를 다음과 같이 추정할 수 있다.

$$\hat{y} = \hat{a} + \hat{b}_1 x_1 + \hat{b}_2 x_2 + \hat{b}_{11} x_1^2 + \hat{b}_{22} x_2^2 + \hat{b}_{12} x_1 x_2 \tag{11.4}$$

식 (11.4)를 행렬로 표현하면

$$\hat{y} = \hat{a} + [x_1 \;\; x_2]\begin{bmatrix} \hat{b}_1 \\ \hat{b}_2 \end{bmatrix} + [x_1 \;\; x_2]\begin{bmatrix} \hat{b}_{11} & \hat{b}_{12}/2 \\ \hat{b}_{12}/2 & \hat{b}_{22} \end{bmatrix}\begin{bmatrix} x_1 \\ x_2 \end{bmatrix} \tag{11.5}$$

가 되므로 이를 일반화하면 다음과 같다.

$$\hat{y} = \hat{a} + \mathbf{x}'\mathbf{b} + \mathbf{x}'\mathbf{B}\mathbf{x} \tag{11.6}$$

여기서

$$\mathbf{x} = \begin{bmatrix} x_1 \\ x_2 \\ \vdots \\ x_k \end{bmatrix} \qquad \mathbf{b} = \begin{bmatrix} \hat{b}_1 \\ \hat{b}_2 \\ \vdots \\ \hat{b}_k \end{bmatrix} \qquad \mathbf{B} = \begin{bmatrix} \hat{b}_{11} & \hat{b}_{12}/2 & & \cdots & \hat{b}_{1k}/2 \\ & \hat{b}_{22} & \hat{b}_{23}/2 & \cdots & \hat{b}_{2k}/2 \\ & \text{(대칭)} & & & \vdots \\ & & & & \hat{b}_{kk} \end{bmatrix}$$

와 같다.

식 (11.6)의 모델이 유의한지 여부를 판정하기 위해서 다음과 같이 변동을 구하여 분산분석표를 작성한다.

$$총변동:\quad SST = \mathbf{y}'\mathbf{y} - \frac{T^2}{N}$$

$$회귀변동:\quad SSR = \hat{\mathbf{b}}'\mathbf{X}'\mathbf{y} - \frac{T^2}{N}$$

$$잔차변동:\quad SSE = SST - SSR$$

요인	SS	ϕ	V	F_{calc}	$F_{critic}(\alpha)$
회귀(R)	SSR	k	V_R	$\frac{V_R}{V_E}$	$F_\alpha(\phi_R, \phi_E)$
잔차(E)	SSE	$n-k-1$	V_E		
계(T)	SST	$n-1$			

이때 결정계수 R^2을 다음과 같이 구함으로써 전체 변동 중 모델에 의해 설명되는 변동이 몇 %가 되는지를 파악할 수 있다.

$$R^2 = \frac{SSR}{SST}$$

만일 모델이 유의하고 변동을 충분히 설명할 경우 $\hat{y}$을 최소화 또는 최대화시키는 $\mathbf{x}_0$의 값을 구하기 위해 $\hat{y}$을 $\mathbf{x}$로 편미분한 후 0으로 놓고 풀면

$$\begin{aligned}\frac{\partial \hat{y}}{\partial \mathbf{x}} &= \frac{\partial}{\partial \mathbf{x}}(\hat{a} + \mathbf{x}'\mathbf{b} + \mathbf{x}'\mathbf{B}\mathbf{x}) \\ &= \mathbf{b} + 2\mathbf{B}\mathbf{x} = 0 \end{aligned} \tag{11.7}$$

이므로 다음의 정상점(stationary point)을 구할 수 있다.

$$\mathbf{x}_0 = -\frac{1}{2}\mathbf{B}^{-1}\mathbf{b} \tag{11.8}$$

이 경우 정상점은 **[그림 11-3]**의 3가지 중 하나의 형태로 나타난다.

①은 고지의 형태로 최대값을 갖는다. 이 경우 x가 x_0으로부터 멀어질 수록 $\hat{y}$의 값이 작아진다.

②는 협곡의 형태로 최소값을 갖는다. 이 경우 ①의 경우와 반대로 x가 x_0으로부터 멀어질 수록 $\hat{y}$의 값은 커진다.

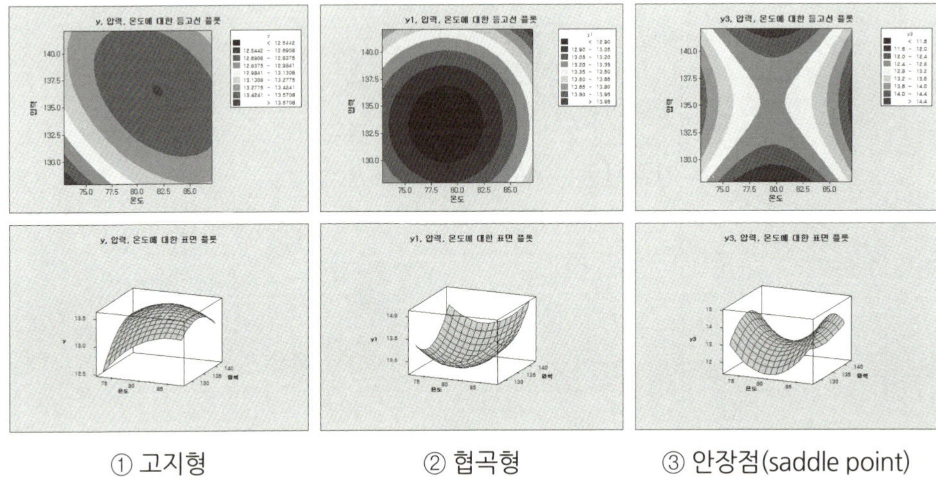

① 고지형 ② 협곡형 ③ 안장점(saddle point)

[그림 11-3] 반응표면의 형태

③은 일명 안장점(saddle point)의 형태로 다수의 최대값 또는 최소값을 가질 수 있다. 이 경우 x가 x_0 으로부터 멀어질 경우 방향에 따라 $\hat{y}$ 값이 커지거나 작아지게 된다.

반응표면 실험의 실험범위가 되는 흥미영역은 R의 형태로 **[그림 11-4]**를 많이 사용한다. 만일 흥미영역 내에 정상점 $\mathbf{x}_0$이 포함될 경우 등고선이 **[그림 11-3]**의 형태로 나타나지만 그렇지 않을 경우에는 다른 형태의 등고선이 나타날 것이다.

① $R=\{(x_1, x_2): -1 \le x_i \le 1,\ i=1, 2\}$ ② $R=\{(x_1, x_2): x_1^2+x_2^2 \le 1\}$

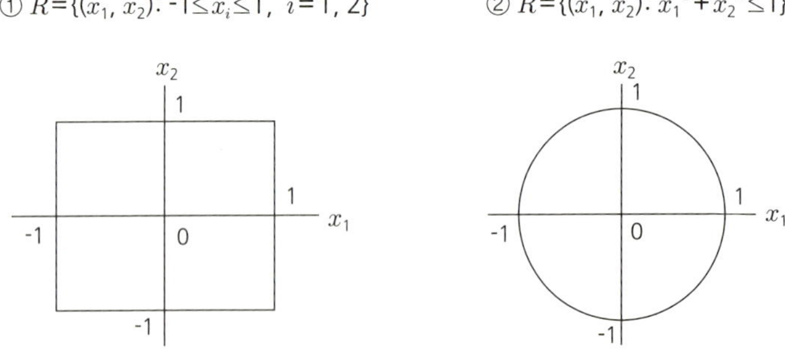

[그림 11-4] 흥미영역

예제 11-1

온도(A)와 압력(B)이 전기특성(y)에 미치는 영향을 완벽하게 파악하기 위해 다음과 같은 반응표면 실험을 하였다. 전기특성(y)을 최대로 하는 온도와 압력의 최적조건을 구하시오.

온도	압력	전기특성
100.000	60.0000	24.92
120.000	60.0000	25.38
100.000	80.0000	25.33
120.000	80.0000	25.42
95.858	70.0000	25.2
124.142	70.0000	25.48
110.000	55.8579	25.19
110.000	84.1421	25.47
110.000	70.0000	25.47
110.000	70.0000	25.5
110.000	70.0000	25.49
110.000	70.0000	25.35
110.000	70.0000	25.46

$100 \le$ 온도 ≤ 120
$60 \le$ 압력 ≤ 80

우선 코드화된 x_i의 값을 다음식에 의해 구하면

$$x_i = \frac{\text{요인값} - \text{요인의 중앙점}}{(\text{요인의 범위값})/2}$$

온도와 압력의 값은 다음과 같이 변환된다.

온도	압력
-1	-1
1	-1
-1	1
1	1
-1.41421	0
1.414214	0
0	-1.41421
0	1.414214
0	0
0	0
0	0
0	0
0	0

따라서 행렬 **X**와 벡터 **y**는 다음과 같다.

$$\mathbf{X}=\begin{bmatrix} 1 & -1 & -1 & 1 & 1 & 1 \\ 1 & 1 & -1 & 1 & 1 & -1 \\ 1 & -1 & 1 & 1 & 1 & -1 \\ 1 & 1 & 1 & 1 & 1 & 1 \\ 1 & -1.41421 & 0 & 2 & 0 & 0 \\ 1 & 1.414214 & 0 & 2 & 0 & 0 \\ 1 & 0 & -1.41421 & 0 & 2 & 0 \\ 1 & 0 & 1.414214 & 0 & 2 & 0 \\ 1 & 0 & 0 & 0 & 0 & 0 \\ 1 & 0 & 0 & 0 & 0 & 0 \\ 1 & 0 & 0 & 0 & 0 & 0 \\ 1 & 0 & 0 & 0 & 0 & 0 \\ 1 & 0 & 0 & 1 & 1 & 1 \end{bmatrix} \quad \mathbf{y}=\begin{bmatrix} 24.92 \\ 25.38 \\ 25.33 \\ 25.42 \\ 25.2 \\ 25.48 \\ 25.19 \\ 25.47 \\ 25.47 \\ 25.5 \\ 25.49 \\ 25.35 \\ 25.46 \end{bmatrix}$$

이 경우 회귀계수들의 추정치는 식 (11.3)에 의해

$$\hat{\mathrm{b}}=\begin{bmatrix} \hat{a} \\ \hat{b}_1 \\ \hat{b}_2 \\ \hat{b}_3 \\ \hat{b}_4 \\ \hat{b}_5 \end{bmatrix}=(\mathbf{X}'\mathbf{X})^{-1}\mathbf{X}'\mathbf{y}=\begin{bmatrix} 25.454 \\ 0.118247 \\ 0.105747 \\ -0.07512 \\ -0.08012 \\ -0.0925 \end{bmatrix}$$

가 된다.

따라서 모델은 식 (11.4)에 의해 다음과 같다.

$$\hat{y}=25.454+0.1182x_1+0.1057x_2-0.0751x_1^{\,2}-0.0801x_2^{\,2}-0.0925x_1x_2 \tag{11.9}$$

식 (11.9)의 방정식이 유의한지의 여부를 파악하기 위해 분산분석표를 작성하면 다음과 같다.

$$SST = \mathbf{y}'\mathbf{y} - \frac{T^2}{N} = (24.92^2 + 25.38^2 + \cdots + 25.46^2) - \frac{329.66^2}{13} = 0.338$$

$$SSR = \hat{\mathbf{b}}'\mathbf{X}'\mathbf{y} - \frac{T^2}{N} = 8\ 359.982 - \frac{329.66^2}{13} = 0.309$$

$$SSE = SST - SSR = 0.338 - 0.312 = 0.029$$

요인	SS	ϕ	V	F_{calc}	$F_{\text{critic}}(\alpha)$
회귀(R)	0.309	5	0.0618	16.86	3.97
잔차(E)	0.029	7	0.0041		
계(T)	0.338	12			

$F_{\text{calc}} = 16.86 > 3.97 = F_{\text{critic}}$이므로 방정식은 유의하다고 할 수 있다. 또한 결정계수가 비교적 높은 편으로 모델이 변동을 잘설명하고 있다고 할 수 있다.

$$R^2 = \frac{SSR}{SST} = \frac{0.309}{0.338} = 0.91$$

식 (11.9)에서 벡터 **b**와 행렬 **B**는 다음과 같다.

$$\mathbf{b} = \begin{bmatrix} \hat{b}_1 \\ \hat{b}_2 \end{bmatrix} = \begin{bmatrix} 0.1182 \\ 0.1057 \end{bmatrix}, \quad \mathbf{B} = \begin{bmatrix} \hat{b}_{11} & \hat{b}_{12}/2 \\ \hat{b}_{12}/2 & \hat{b}_{22} \end{bmatrix} = \begin{bmatrix} -0.075 & -0.046 \\ -0.046 & -0.080 \end{bmatrix}$$

따라서 행렬 **B**의 역행렬을 구하여 식 (11.8)에 의해 정상점을 구할 수 있다.

$$\mathbf{x}_0 = -\frac{1}{2}\mathbf{B}^{-1}\mathbf{b} = -\frac{1}{2}\begin{bmatrix} -20.597 & 11.843 \\ 11.843 & -19.310 \end{bmatrix}\begin{bmatrix} 0.118 \\ 0.106 \end{bmatrix} \tag{11.10}$$

$$= \begin{bmatrix} 0.588 \\ 0.325 \end{bmatrix}$$

11.2 정준분석(canonical analysis)

정준분석(canonical analysis)을 통해 적합된 2차 방정식을 보다 쉽게 이해할 수 있는 형태로 변환시킬 수 있다. 이는 축을 회전하여 모든 교호작용(cross product)의 항을 제거함으로써(A형의 정준형태) 또는 축을 회전함과 동시에 실험점을 정상점으로 이동하여 모든 교호작용과 일차항을 제거함으로써(B형 정준형태) 가능하다.

1) A형 정준형태

식 (11.6)에서 $\lambda_1, \lambda_2, \cdots, \lambda_k$이 행렬 $\mathbf{B}$의 고유값이고 $\mathbf{p}_1, \mathbf{p}_2, \cdots, \mathbf{p}_k$가 이에 대응되는 고유벡터일 경우 고유값 분해에 의해 $\mathbf{P}'\mathbf{B}\mathbf{P}=\mathbf{\Lambda}$이고, $\mathbf{P}'\mathbf{P}=1$이므로 식 (11.6)은 다음이 된다.

$$\begin{aligned}\hat{y}&=\hat{a}+(\mathbf{x}'\mathbf{P})\mathbf{P}'\mathbf{b}+(\mathbf{x}'\mathbf{P})\mathbf{P}'\mathbf{B}\mathbf{P}(\mathbf{P}'\mathbf{x})\\&=\hat{a}+(\mathbf{x}'\mathbf{P})\mathbf{P}'\mathbf{b}+(\mathbf{x}'\mathbf{P})\mathbf{\Lambda}(\mathbf{P}'\mathbf{x})\end{aligned} \qquad (11.11)$$

식 (11.11)에 $\mathbf{w}=\mathbf{P}'\mathbf{x}$, $\boldsymbol{\theta}=\mathbf{P}'\mathbf{b}$를 대입하여 직교변환을 하면 다음이 되는데

$$\hat{y}=\hat{a}+\mathbf{w}'\boldsymbol{\theta}+\mathbf{w}'\mathbf{\Lambda}\mathbf{w} \qquad (11.12)$$

이를 풀어 쓰면

$$\hat{y}=\hat{a}+\theta_1 w_1+\cdots+\theta_k w_k+\lambda_1 w_1^2+\cdots+\lambda_k w_k^2 \qquad (11.13)$$

이 된다.

식 (11.13)를 A형 정준형태라고 하는데, 식 (11.4)와 비교해 보면 축을 회전함으로써 교호작용(cross product)의 항이 제거된 것을 알 수 있다.

식 (11.13)을 w_i에 대해서 편미분을 하여 0으로 놓고 풀면 회전된 축에 대한 정상점의 좌표를 구할 수 있다.

$$w_{i0}=\frac{-\theta_i}{2\lambda_i} \qquad (11.14)$$

식 (11.14)로부터 유용한 다음의 정보를 얻을 수 있다.

① λ_i : 부호와 크기는 적합시킨 2차 표면의 형태를 결정한다.

- λ_i가 모두 음수이면 최대값, λ_i가 모두 양수이면 최소값을 갖는다. λ_i의 부호가 서로 다르면 **[그림 11-5]**와 같이 안장점을 갖는다. **[그림 11-5]**는 $\lambda_1>0$, $\lambda_2<0$ 일 경우, w_1축으로는 $\hat{y}$값이 증가되고 w_2축으로는 $\hat{y}$값이 감소하게 되는 등고선도를 나타낸 것이다.
- $|\lambda_i|$가 클수록 타원은 w_i방향으로 더 급한 경사를 갖는다.

② θ_i : 설계중심 $\mathbf{x}=0$에서부터 회전된 $w_1, w_2,\cdots, w_k$의 좌표 방향으로 표면의 기울기를 결정한다.

③ w_{i0} : 설계중심으로부터 정상점이 얼마나 떨어져 있는가를 알 수 있다.

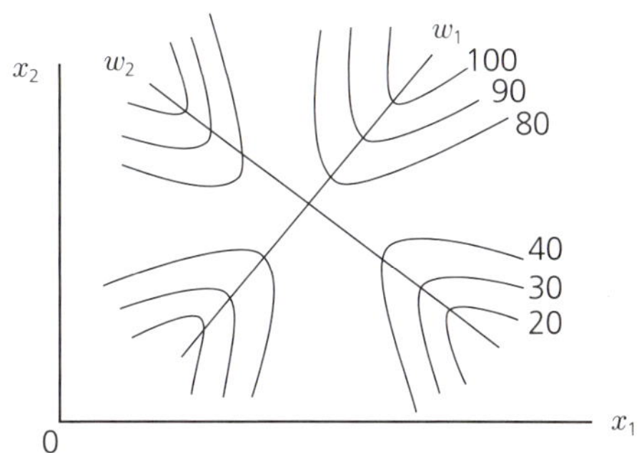

[그림 11-5] $\lambda_1>0$, $\lambda_2<0$ 일 경우 등고선도

이상에서 A형 정준형태를 구하고 이를 해석하는 방법을 요약하면 다음과 같다.

A형 정준형태를 구하고 해석하는 방법

① 식 (11.3)으로부터 식 (11.6)의 모델을 구한다.

② 행렬 $\mathbf{B}$의 고유값 λ_i를 구한다.

③ 다음의 방정식을 풀어 고유벡터 $\mathbf{P}$를 구한다.

$$(\mathbf{B}-\lambda\mathbf{I})\mathbf{p}_i=0$$

$$\mathbf{p}_i{}'\mathbf{p}_i=1$$

④ $\boldsymbol{\theta}=\mathbf{P}'\mathbf{b}$로부터 $\boldsymbol{\theta}$를 구한다.

⑤ λ_i 및 $\boldsymbol{\theta}$값을 사용하여 식(11.13)의 A형 정준모델을 구한다.

⑥ 식 (11.14)로부터 정상점 w_{i0}을 구한다.

정상점을 해석하여 반응표면도를 작성함으로써 반응표면의 특성을 파악한다.

- λ_i 의 부호: 정상점의 형태가 결정된다(최대값, 최소값, 안장점).
- $|\lambda_i|$값의 크기: 클수록 타원은 w_i 방향으로 급한 경사를 갖는다.
- 회전축의 축방향: $\mathbf{w}=\mathbf{P}'\mathbf{x}$에서 $\mathbf{w}$와 $\mathbf{x}$의 관계로부터 w_i의 방향이 결정된다.
- 설계의 중심으로부터의 경사: θ_i의 크기가 클수록 설계의 중심에서 w_i방향으로 급한 경사를 갖는다.

⑦ '⑤' 에서 구한 모델에 정상점값 w_{i0}을 대입하여 특성값 $\hat{y}_0$을 구한다.

⑧ w_{i0}값을 $\mathbf{w}=\mathbf{P}'\mathbf{x}$에 대입하여 x축 상에서의 x_{i0}값들을 구한다.

⑨ 다음의 관계식을 통해 코드화된 w_{i0}값을 원래의 값으로 환원한다.

$$x_{i0}=\frac{N_{i0}-\text{중앙점}}{(\text{범위값}/2)}$$

식 (11.9)를 A형 정준형태로 변화하기 위해서는 우선 행렬 $\mathbf{B}$의 고유값 λ_i와 고유벡터 $\mathbf{P}$를 구해야 한다.

행렬 $\mathbf{B}$의 고유값은 다음의 식으로부터 구할 수 있다.

$$\det(\mathbf{B}-\lambda\mathbf{I})=\begin{vmatrix}-0.075-\lambda & -0.046\\ -0.046 & -0.080-\lambda\end{vmatrix}=0 \tag{11 .15}$$

에서 $\lambda_1=-0.124$, $\lambda_2=-0.031$이므로 대각행렬은 다음과 같다.

$$\mathbf{\Lambda}=\begin{bmatrix}-0.124 & 0\\ 0 & -0.031\end{bmatrix}$$

고유벡터 $\mathbf{P}=(\mathbf{p}_1, \mathbf{p}_2, \cdots, \mathbf{p}_k)$는 다음의 두 식으로부터 구할 수 있다.

$$(\mathbf{B}-\lambda\mathbf{I})\mathbf{p}_i=0 \tag{11 .16}$$

$$\mathbf{p}_i{}'\mathbf{p}_i=1 \tag{11 .17}$$

$\lambda_1 = -0.124$일 경우 식 (11.16)은

$$\left(\begin{bmatrix} -0.075 & -0.046 \\ -0.046 & -0.080 \end{bmatrix} - \begin{bmatrix} -0.124 & 0 \\ 0 & -0.124 \end{bmatrix}\right)\begin{bmatrix} p_{11} \\ p_{12} \end{bmatrix} = 0$$

$$= \begin{bmatrix} 0.049 & -0.046 \\ -0.046 & 0.044 \end{bmatrix}\begin{bmatrix} p_{11} \\ p_{12} \end{bmatrix} = 0$$

이 되어

$$0.049p_{11} - 0.046p_{12} = 0 \tag{11.18}$$

$$-0.046p_{11} + 0.044p_{12} = 0 \tag{11.19}$$

이 된다. 식 (11.17)은

$$p_{11}^{\ 2} + p_{12}^{\ 2} = 1 \tag{11.20}$$

이다.

따라서 식 (11.18)과 (11.19) 중 하나와 식 (11.20)을 연립하여 풀면 p_{11}과 p_{12}를 구할 수 있으므로 유일한 해는 존재하지 않는다.

이 경우 해를 구하는 가장 간편한 방법은 식 (11.18) 또는 (11.19)중 하나의 식을 선택하여(두 식은 사실상 동일한 식으로 어떤 식을 선택해도 결국 동일한 결과를 얻을 수 있음) p_{11}이나 p_{12} 중 하나에 임의의 값을 부여하여 식을 푼 다음 구해진 해를 정규화(normalization)를 하는 것이다.

식 (11.18)에 대해 $p_{11}^{\ *} = 1$로 하면 $p_{12}^{\ *} = 1.065$가 된다. 이들 값을 다음과 같이 $\sqrt{1 + 1.065^2} = 1.461$로 나눌 경우

$$p_{11} = \frac{1}{1.461} = 0.684 \qquad p_{12} = \frac{1.065}{1.461} = 0.729$$

이 된다.

따라서 $\mathbf{p}_1$값은 다음과 같다.

$$\mathbf{p}_1 = \begin{bmatrix} p_{11} \\ p_{12} \end{bmatrix} = \begin{bmatrix} 0.684 \\ 0.729 \end{bmatrix}$$

$\lambda_2 = -0.031$일 경우에도

$$\left(\begin{bmatrix} -0.075 & -0.046 \\ -0.046 & -0.080 \end{bmatrix} - \begin{bmatrix} -0.031 & 0 \\ 0 & -0.031 \end{bmatrix}\right)\begin{bmatrix} p_{21} \\ p_{22} \end{bmatrix}$$

$$= \begin{bmatrix} 0.044 & -0.046 \\ -0.046 & -0.049 \end{bmatrix}\begin{bmatrix} p_{21} \\ p_{22} \end{bmatrix} = 0$$

으로부터 방정식을 선정하여 동일한 방법으로 다음의 두 식을 풀면

$$-0.044p_{21} - 0.046p_{22} = 0$$

$$p_{21}{}^2 + p_{22}{}^2 = 1$$

$$\mathbf{p}_2 = \begin{bmatrix} p_{21} \\ p_{22} \end{bmatrix} = \begin{bmatrix} 0.723 \\ -0.691 \end{bmatrix}$$

을 구할 수 있다.

이상에서 고유벡터 **P**는 다음과 같다.

$$\mathbf{P} = \begin{bmatrix} 0.684 & 0.723 \\ 0.729 & -0.691 \end{bmatrix}$$

■ 미니탭으로 행렬 **B**의 고유값과 고유벡터를 구하면 다음과 같다.

우선 '워크시트'에 다음과 같이 행렬 **B**를 입력한 후 입력된 데이터를 행렬로 인식시키기 위해 다음을 실행한다.

↓	C1	C2
1	-0.07510	-0.04625
2	-0.04625	-0.08010

데이터 〉 복사 〉 열을 행렬로를 클릭하면 다음의 화면이 나타난다.

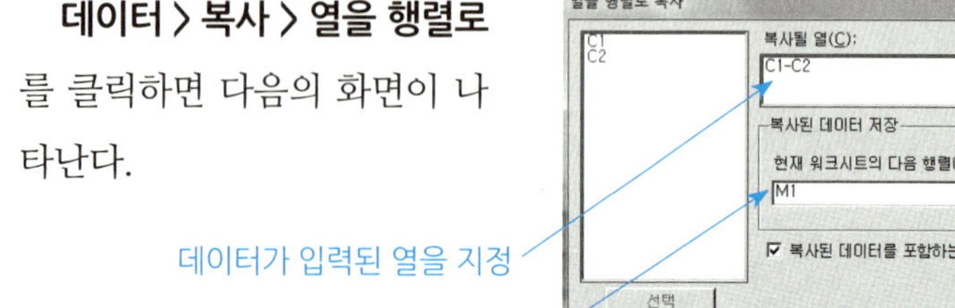

데이터 표시

C1
C2
M1 복사

표시할 열, 상수 및 행렬(C):

'복사'

행렬명을 지정

선택

도움말 확인(O) 취소

'확인을 클릭한 후

데이터 > 데이터 표시를 클릭한 후

'확인'을 클릭하면 '세션'창에 다음이 나타난다. 이를 통해 입력된 데이터가 행렬로 인식된 것을 확인할 수 있다.

데이터 표시
행렬 복사

-0.07510 -0.04625
-0.04625 -0.08010

계산 > 행렬 > 고유분석을 클릭하면 다음의 화면이 나타난다.

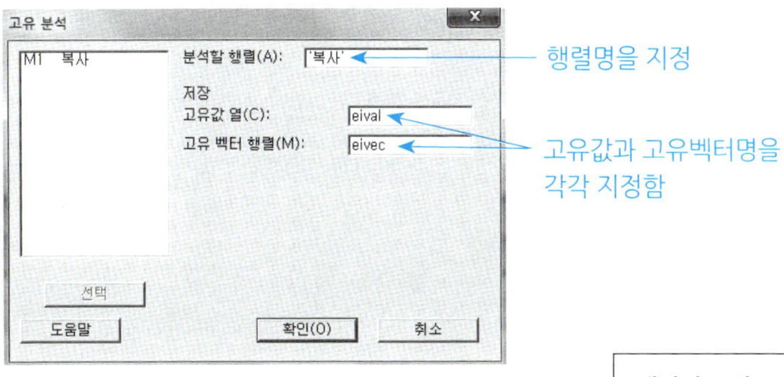

'확인'을 클릭한 후

데이터 > 데이터 표시를 클릭하여 'eival'과 'eivec'을 각각 지정한다. '확인'을 클릭하면 '세션'창에 고유값과 고유벡터가 나타난다.

데이터 표시
행렬 eivec

0.687759 0.725939
0.725939 -0.687759

eival

-0.123918 -0.031282

상기의 값들은 앞에서 손으로 구한 값들과 약간의 차이가 있으나 이는 계산상의 오차일뿐 동일한 값이라고 할 수 있다.

고유벡터 $\mathbf{P} = \begin{bmatrix} 0.688 & 0.726 \\ 0.726 & -0.688 \end{bmatrix}$ 이므로 다음과 같이 구한 $\boldsymbol{\theta}$값과

$$\boldsymbol{\theta} = \mathbf{P}'\mathbf{b} = \begin{bmatrix} 0.688 & 0.726 \\ 0.726 & -0.688 \end{bmatrix} \begin{bmatrix} 0.118 \\ 0.106 \end{bmatrix} = \begin{bmatrix} 0.158 \\ 0.013 \end{bmatrix}$$

앞에서 구한 λ_i값을 사용하여 식 (11.9)를 식 (11.13)의 정준형태로 변환하면 다음과 같다.

$$\hat{y} = 25.454 + 0.158w_1 + 0.013w_2 - 0.124w_1^2 - 0.031w_2^2 \qquad (11.21)$$

식 (11.14)로부터 다음의 정상점을 구할 수 있으며

$$w_{10} = \frac{-\theta_1}{2\lambda_1} = \frac{-0.158}{2(-0.124)} = 0.637$$

$$w_{20} = \frac{-\theta_2}{2\lambda_2} = \frac{-0.013}{2(-0.031)} = 0.21$$

정상점을 식 (11.21)에 대입함으로써 적합된 특성치의 최대값 25.506을 구할 수 있다.

$$\begin{aligned} \hat{y} &= 25.454 + 0.158(0.637) + 0.013(0.21) - 0.124(0.637)^2 - 0.031(0.21)^2 \\ &= 25.506 \end{aligned}$$

회전된 축의 방향은 $\mathbf{w} = \mathbf{P}'\mathbf{x}$로부터

$$w_1 = 0.688x_1 + 0.726x_2 \qquad (11.22)$$

$$w_2 = 0.726x_1 - 0.688x_2 \qquad (11.23)$$

를 구하여 x_i와 w_i관계로부터 파악할 수 있다. 식 (11.22)에서 w_1축의 방향은 x_1, x_2의 계수가 모두 양수이므로 **[그림 11-6]**에서 x_1 및 x_2의 양의 방향이다. 즉, $\Delta x_2 = \frac{0.726}{0.688}\Delta x_1$이므로 w_1축은 $(x_1 : x_2) = \left(1 : \frac{0.726}{0.688}\right)$의 방향으로 x_2축에 더 기울어지는 것을 알 수 있다.

w_2축의 방향은 식 (11.23)에서 x_1의 계수가 양수, x_2의 계수가 음수이므로 **[그림 11-6]**에서 x_1의 양의 방향, x_2의 음의 방향이 된다. 즉, $\Delta x_2 = -\frac{0.688}{0.726}\Delta x_1$이므로 w_2축은 $(x_1 : x_2) = \left(1 : -\frac{0.688}{0.726}\right)$의 방향으로 x_1축에 더 기울어지는 것을 알 수 있다.

이상에서 얻은 정보를 토대로 **[그림 11-6]**의 반응표면도를 작성할 수 있다.

- 고유값 λ_i가 모두 음수를 가지므로 모델은 최대값을 갖는다.
- 타원의 주축의 길이는 $|\lambda_i|^{-\frac{1}{2}}$에 비례한다. 즉, λ_i의 절대값이 클수록 해당 축의 방향으로 타원의 등고선의 폭은 좁아진다.
- 회전된 축의 방향은 식 (11.22), (11.23)의 관계로부터 알 수 있다.
- θ_i값이 클수록 원점에서부터 회전된 축 w_i의 방향으로 표면의 경사가 급한 것을 알 수 있다.
- 정상점은 설계의 중심점으로부터 멀지 않음을 알 수 있다.

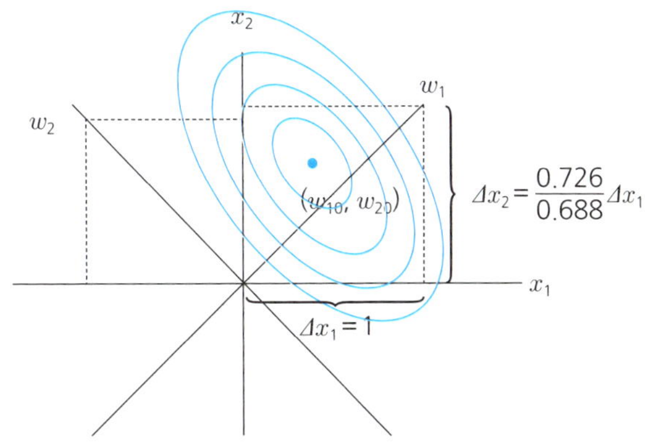

[그림 11-6] 정준형태에 의한 축의 회전

정상점 (0.637, 0.21)을 식 (11.22), (11.23)에 대입한 후

$$0.637 = 0.688x_1 + 0.726x_2$$
$$0.21 = 0.726x_1 - 0.688x_2$$

상기의 방정식을 연립하여 풀면 w_{i0}에 대응하는 다음의 x_{i0}값을 구할 수 있다.

$$x_{10} = 0.590 \qquad x_{20} = 0.318$$

x_{i0}값을 원래의 값으로 환원하면 다음과 같다.

$$0.590 = \frac{N_{10} - 110}{10} \text{으로부터} \quad N_{10} = 10(0.590) + 110$$
$$= 115.90$$
$$0.318 = \frac{N_{20} - 70}{10} \text{으로부터} \quad N_{20} = 10(0.318) + 70$$
$$= 73.18$$

즉, 온도 115.90, 압력 73.18에서 전기특성의 최대값 25.506을 갖는다.

2) B형 정준형태

식 (11.8)로부터 정상점 $\mathbf{x}_0$을 구한 후 이를 식 (11.6)에 대입함으로써 정상점에서 접합된 다음의 특성값을 구할 수 있다.

$$\hat{y}_0 = \hat{a} + \mathbf{x}'_0\mathbf{b} + \mathbf{x}'_0\mathbf{B}\mathbf{x}_0 \tag{11.24}$$
$$= \hat{a} + \mathbf{x}'_0\mathbf{b} + \mathbf{x}'_0\mathbf{B}\left(-\frac{1}{2}\mathbf{B}^{-1}\mathbf{b}\right)$$
$$= \hat{a} + \frac{1}{2}\mathbf{x}'_0\mathbf{b} \tag{11.25}$$

상기의 특성값의 성격을 파악하기 위해서는 식 (11.6)을 정준형태로 변환해야 한다. 이에 필요한 행렬 $\mathbf{B}$의 고유값 λ_i와 고유벡터 $\mathbf{P}$를 '1) A형 정준형태'에서 설명한 동일한 방법으로 구할 수 있다.

식 (11.6)을 정준형태로 바꾸기 위해 우선 다음을 대입함으로써

$$\mathbf{z} = \mathbf{x} - \mathbf{x}_0$$

설계의 중심점을 정상점으로 이동시킨다.

$$\hat{y} = \hat{a} + \mathbf{x}'\mathbf{b} + \mathbf{x}'\mathbf{B}\mathbf{x}$$
$$= \hat{a} + (\mathbf{z}' + \mathbf{x}'_0)\mathbf{b} + (\mathbf{z}' + \mathbf{x}'_0)\mathbf{B}(\mathbf{z} + \mathbf{x}_0)$$
$$= (\hat{a} + \mathbf{x}'_0\mathbf{b} + \mathbf{x}'_0\mathbf{B}\mathbf{x}_0) + \mathbf{z}'\mathbf{b} + 2\mathbf{z}'\mathbf{B}\mathbf{x}_0 + \mathbf{z}'\mathbf{B}\mathbf{z} \quad \text{[식 (11.24)로부터]}$$
$$= \hat{y}_0 + \mathbf{z}'(\mathbf{b} + 2\mathbf{B}\mathbf{x}_0) + \mathbf{z}'\mathbf{B}\mathbf{z} \quad \text{[식 (11.7)로부터]}$$
$$= \hat{y}_0 + \mathbf{z}'\mathbf{B}\mathbf{z} \tag{11.26}$$

그리고 $\mathbf{P}'\mathbf{P}=1$, $\mathbf{P}'\mathbf{BP}=\mathbf{\Lambda}$이므로 $\mathbf{w}=\mathbf{P}'\mathbf{z}$를 대입하여 식 (11.26)을 직교변환함으로써 다음과 같이 정준형태로 변환할 수 있다.

$$\begin{aligned}\hat{y}&=\hat{y}_0+(\mathbf{z}'\mathbf{P})\mathbf{P}'\mathbf{BP}(\mathbf{P}'\mathbf{z})\\&=\hat{y}_0+\mathbf{w}'\mathbf{\Lambda}\mathbf{w}\end{aligned} \tag{11.27}$$

상기의 식을 풀어 쓰면

$$\hat{y}=\hat{y}_0+\lambda_1 w_1^2+\cdots+\lambda_k w_k^2 \tag{11.28}$$

이 되는데 식 (11.4)와 비교하면 교호작용과 1차항이 제거된 것을 확인할 수 있다.

이상에서 식 (11.27)은 식 (11.6)의 축(설계의 중심)을 정상점으로 이동시키고, 원래의 x축에 평행하게 회전을 시킨 상태이다. 여기서 회전 방향은 $\mathbf{w}=\mathbf{P}'\mathbf{z}=\mathbf{P}'(\mathbf{x}-\mathbf{x}_0)$에서 x와 w의 관계로부터 파악할 수 있다.

식 (11.28)에서 λ_i의 부호와 크기는 적합시킨 2차 표면의 형태를 결정한다.

- λ_i가 모두 음수이면 최대값, λ_i가 모두 양수이면 최소값, λ_i의 부호가 서로 다르면 안장점을 갖는다.
- $|\lambda_i|$가 클수록 타원은 w_i방향으로 급한 경사를 갖는다.

B형 정준형태를 구하고 이에 대한 해석방법을 요약하면 다음과 같다.

B형 정준형태를 구하고 해석하는 방법

① 식 (11.8)로부터 정상점 x_0을 구해 식 (11.6)에 대입함으로써 특성값 $\hat{y}_0$을 구한다.

② 행렬 $\mathbf{B}$의 고유값 λ_i를 구한다.

③ 다음의 방정식을 풀어 고유벡터 $\mathbf{P}$를 구한다.

$$(\mathbf{B}-\lambda\mathbf{I})\mathbf{p}_i=0$$

$$\mathbf{p}_i'\mathbf{p}_i=1$$

④ $\hat{y}_0$과 λ_i값을 사용하여 식 (11.28)로부터 B형 정준모델을 구한다.

⑤ '④'에서 구한 정준모델을 해석하여 표면도를 작성함으로써 반응표면의 특성을 파악한다.

– 정상점의 형태: λ_i의 부호에 의해 결정된다(최대값, 최소값, 안장점).

– 회전축 의 축방향: $\mathbf{w}=\mathbf{P}'\mathbf{z}=\mathbf{P}'(\mathbf{x}-\mathbf{x}_0)$ 에서 $\mathbf{w}$와 $\mathbf{x}$의 관계로부터 w_i의 방향이 결정된다.

– 타원의 경사: $|\lambda_i|$가 클수록 타원은 w_i방향으로 급한 경사를 갖는다.

⑦ 관계식을 통해 코드화된 정상점의 x_{i0}값들을 원래의 값으로 환원한다.

식 (11.9)의 모델을 B형 정준형태로 변환하기 위해서는 우선 식 (11.10)으로부터 구한 정상점 $(x_{10}, x_{20})=(0.588, 0.325)$을 식 (11.25)에 대입하여 적합된 특성치의 값을 구한다.

$$\begin{aligned}\hat{y}_0 &= \hat{a}+\frac{1}{2}\mathbf{x}'_0\mathbf{b} \\ &= 25.454+\frac{1}{2}[0.588,\ 0.325]\begin{bmatrix}0.118\\0.106\end{bmatrix} \\ &= 25.506\end{aligned}$$

'1) A형 정준형태'에서 구한 고유값 λ_i와 고유벡터 $\mathbf{P}$를 사용하여 식 (11.28)로부터 다음의 B형 정준형태를 구할 수 있으며

$$\hat{y}=25.506-0.124w_1^2-0.031w_2^2 \tag{11.29}$$

$\mathbf{w}=\mathbf{P}'\mathbf{z}$로부터 다음의 w_i와 x_i의 관계를 구할 수 있다.

$$\mathbf{w}=\mathbf{P}'\mathbf{z}=\begin{bmatrix}0.688 & 0.726\\0.726 & -0.688\end{bmatrix}\begin{bmatrix}x_1-x_{10}\\x_2-x_{20}\end{bmatrix}$$

이므로

$$w_1=0.688(x_1-0.588)+0.726(x_2-0.325) \tag{11.30}$$

$$w_2=0.726(x_1-0.588)-0.688(x_2-0.325) \tag{11.31}$$

이상에 얻은 정보를 통해 **[그림 11-7]**과 같은 등고선도를 작성할 수 있다.

- 설계의 중심점(축의 중심)은 정상점$(x_{10}, x_{20}) = (0.588, 0.325)$가 된다.

- 식 (11.29)에서 고유값 λ_1, λ_2가 모두 음수를 가지므로 적합시킨 표면은 정상점(0.588, 0.325)에서 최대값 25.506을 갖는 것을 알 수 있다.

- 식 (11.30), (11.31)로부터 회전된 축 w_1, w_2의 방향을 알 수 있다.

  즉, w_1축의 방향은 식 (11.30)에서 x_1, x_2의 계수가 모두 양수이므로 **[그림 11-7]**에서 x_1 및 x_2의 양의 방향이다. 즉, $\Delta x_2 = \frac{0.726}{0.688}\Delta x_1$이므로 $(x_1 : x_2) = \left(1 : \frac{0.726}{0.688}\right)$의 방향으로 x_2축에 더 치우친 것을 알 수 있다.

  w_2축의 방향은 식 (11.31)에서 x_1의 계수는 양수, x_2의 계수는 음수이므로 **[그림 11-7]**에서 x_1의 양의 방향, x_2의 음의 방향이 된다. 즉, $\Delta x_2 = -\frac{0.688}{0.726}\Delta x_1$이므로 $(x_1 : x_2) = \left(1 : -\frac{0.688}{0.726}\right)$의 방향으로 x_1축에 더 치우친 것을 알 수 있다.

- $|\lambda_1| > |\lambda_2|$이므로 타원은 w_1 방향으로 경사가 급함을 알 수 있다. 따라서 w_1 방향의 타원의 폭이 w_2 방향에 비해 더 좁게 나타난다.

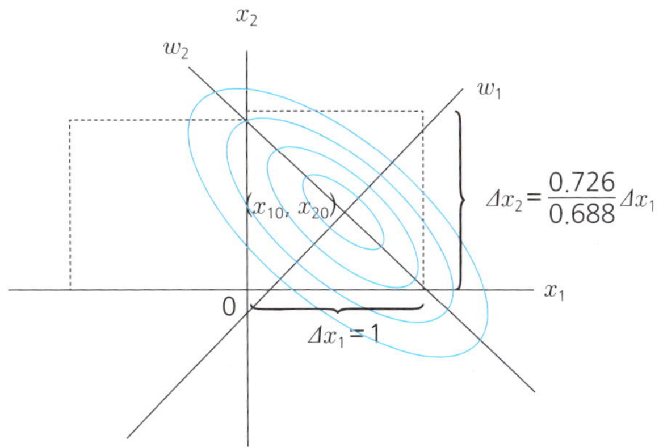

[그림 11-7] 정준형태에 의한 축의 회전과 중심점의 이동

[그림 11-7]에서 설계의 중심이 정상점으로 이동되고, 원래의 축으로부터 평행하게 회전된 것을 알 수 있다.

정상점의 값을 원래의 값으로 환원하면 다음과 같다.

$$0.588 = \frac{N_{10} - 110}{10} \text{으로부터} \quad N_{10} = 10(0.588) + 110 = 115.88$$

$$0.325 = \frac{N_{20} - 70}{10} \text{으로부터} \quad N_{20} = 10(0.325) + 70 = 73.25$$

A형 정준형태와 B형 정준형태 중 어느 것을 사용하는가는 설계의 중심에서부터 정상점까지의 거리가 얼마나 떨어져 있는가에 의해 결정된다. 즉, 다음과 같이 거리 D를 계산하여, 만일 $D > 1$일 경우는 A형, $D \le 1$일 경우에는 보다 단순한 B형을 사용한다.

$$D = \sqrt{\mathbf{x}'\mathbf{x}}$$

'예제 11-1'의 경우는 다음과 같이 $D < 1$ 이므로 B형 정준형태를 사용할 수 있다.

$$D = \sqrt{\mathbf{x}'\mathbf{x}} = \sqrt{(0.588)^2 + (0.325)^2} = 0.67 < 1$$

11.3 반응표면 실험계획법의 종류

반응표면 실험계획법에는 다음과 같이 다수의 종류가 있다.

① 1차 회귀모형(first order regression model)
  - 2^k 요인배치법
  - 2수준계 일부 실시법
  - 심플렉스 계획법(simplex design)

② 2차 회귀모형(second order regression model)
  - 3^k 요인배치법
  - 3수준계 일부 실시법

- 회전계획(rotatable design)
- 중심합성계획법(CCD: Central Composite design)
- 박스 벤컨(Box-Behnken)계획법

이 중 1차 모형은 생략하고 2차모형 중에서도 가장 많이 사용되는 회전계획법, CCD, 박스 벤컨계획법만을 설명하기로 한다

11.3.1 회전계획법

만일 반응의 예측값의 분산이 요인의 어느 수준에 대해서도 오직 설계의 중심에서부터 관측점까지의 거리에만 의존할 경우, 방향에 상관없이 회전가능(rotatable)하다고 한다.

이는 설계의 중심에서부터 같은 거리에 있는 모든 좌표에서 추정된 반응치의 분산의 크기를 일정하게 하므로 예측의 정도를 향상할 수 있다.

이 경우 임의의 점을 $\mathbf{x}_p$라고 하면 예측된 반응값의 분산은 다음과 같다.

$$V(\hat{y}_p) = \sigma^2 \mathbf{x}'_p (\mathbf{X}'\mathbf{X})^{-1} \mathbf{x}'_p$$

따라서 실험자는 최적 조건을 찾기 위해 어떤 방향을 선택하든 동일한 정밀도로 반응값을 추정할 수 있기 때문에, 최적점의 위치에 대한 사전정보를 가질 필요가 없게 된다. **[그림 11-8]**은 CCD에서 요인이 두 개일 경우 회전성이 성립될 때를 형상화한 것이다.

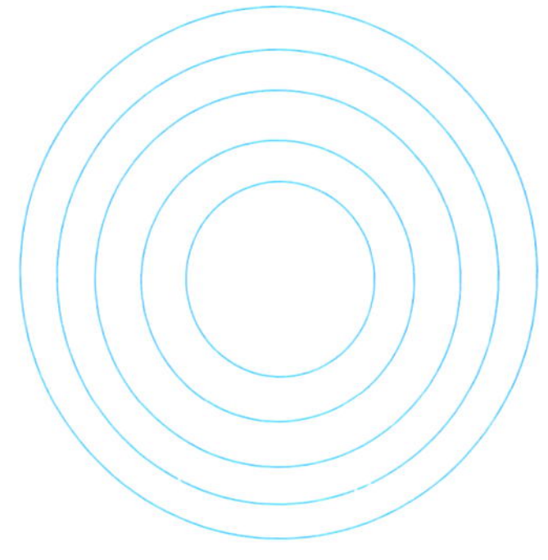

[그림 11-8] CCD에서 요인이 2개 일 경우 회전성이 성립될 때의 등고선

요인이 2개일 때 반지름이 α 인 원상에 관측점을 등간격으로 배치하고 중심점을 배치할 경우 **[그림 11-9]**와 같다.

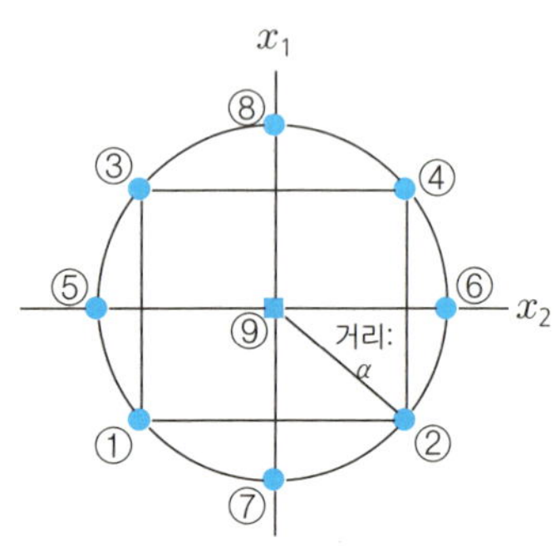

[그림 11-9] 중심으로부터 등거리 관측점

[그림 11-9]의 관측점을 **[표 11-1]**과 같이 행렬 $\mathbf{D}$로 나타낼 경우

[표 11-1] 중심으로부터 등거리 관측점에 대응되는 행렬

	x_1	x_2	
①	−1	−1	2^k요인실험
②	+1	−1	
③	−1	+1	
④	+1	+1	
⑤	$-\alpha$	0	축점 $2k$
⑥	α	0	
⑦	0	$-\alpha$	
⑧	0	α	
⑨	0	0	← 중심점 n_0

2차 모형을 적합시키기 위한 행렬 $\mathbf{X}$는 다음과 같다.

$$
\begin{array}{c} \\ \mathbf{X} = \end{array}
\begin{array}{c}
\quad\quad\;\; x_1 \quad\; x_2 \quad\; {x_1}^2 \quad {x_2}^2 \quad x_1x_2 \\
\begin{bmatrix}
1 & -1 & -1 & 1 & 1 & 1 \\
1 & +1 & -1 & 1 & 1 & -1 \\
1 & -1 & +1 & 1 & 1 & -1 \\
1 & +1 & +1 & 1 & 1 & 1 \\
1 & -\alpha & 0 & \alpha^2 & 0 & 0 \\
1 & \alpha & 0 & \alpha^2 & 0 & 0 \\
1 & 0 & -\alpha & 0 & \alpha^2 & 0 \\
1 & 0 & \alpha & 0 & \alpha^2 & 0 \\
1 & 0 & 0 & 0 & 0 & 0
\end{bmatrix}
\end{array}
$$

따라서 행렬 $\mathbf{X}'\mathbf{X}$는

$$
\begin{bmatrix}
1 & 1 & 1 & 1 & 1 & 1 & 1 & 1 & 1 \\
-1 & 1 & -1 & 1 & -\alpha & \alpha & 0 & 0 & 0 \\
-1 & -1 & 1 & 1 & 0 & 0 & -\alpha & \alpha & 0 \\
1 & 1 & 1 & 1 & \alpha^2 & \alpha^2 & 0 & 0 & 0 \\
1 & 1 & 1 & 1 & 0 & 0 & \alpha^2 & \alpha^2 & 0 \\
1 & -1 & -1 & 1 & 0 & 0 & 0 & 0 & 0
\end{bmatrix}
\begin{bmatrix}
1 & -1 & -1 & 1 & 1 & 1 \\
1 & +1 & -1 & 1 & 1 & -1 \\
1 & -1 & +1 & 1 & 1 & -1 \\
1 & +1 & +1 & 1 & 1 & 1 \\
1 & -\alpha & 0 & \alpha^2 & 0 & 0 \\
1 & \alpha & 0 & \alpha^2 & 0 & 0 \\
1 & 0 & -\alpha & 0 & \alpha^2 & 0 \\
1 & 0 & \alpha & 0 & \alpha^2 & 0 \\
1 & 0 & 0 & 0 & 0 & 0
\end{bmatrix}
$$

$$
= \begin{bmatrix}
n & \sum x_{1u} & \sum x_{2u} & \sum {x_{1u}}^2 & \sum {x_{2u}}^2 & \sum x_{1u}x_{2u} \\
 & \sum {x_{1u}}^2 & \sum x_{1u}x_{2u} & \sum {x_{1u}}^3 & \sum x_{1u}{x_{2u}}^2 & \sum {x_{1u}}^2 x_{2u} \\
 & & \sum {x_{2u}}^2 & \sum {x_{1u}}^2 x_{2u} & \sum {x_{2u}}^3 & \sum x_{1u}{x_{2u}}^2 \\
 & & & \sum {x_{1u}}^4 & \sum {x_{1u}}^2 {x_{2u}}^2 & \sum {x_{1u}}^3 x_{2u} \\
 & & \text{(대칭)} & & \sum {x_{2u}}^4 & \sum x_{1u}{x_{2u}}^3 \\
 & & & & & \sum {x_{1u}}^2 {x_{2u}}^2
\end{bmatrix}
$$

$$
= \begin{bmatrix}
9 & 0 & 0 & 2^2 + 2\alpha^2 & 2^2 + 2\alpha^2 & 0 \\
 & 2^2 + 2\alpha^2 & 0 & 0 & 0 & 0 \\
 & & 2 + 2\alpha^2 & 0 & 0 & 0 \\
 & & & 2^2 + 2\alpha^4 & 2^2 & 0 \\
 & \text{(대칭)} & & & 2^2 + 2\alpha^4 & 0 \\
 & & & & & 2^2
\end{bmatrix}
$$

이 된다.

이 경우 모든 홀수차 적률은 0으로 식 (11.34)를 만족시키는 것을 알 수 있다. 짝수차 적률은 다음과 같은데,

$$\sum_{u=1}^{n} x_{iu}{}^{4} = 2^2 + 2\alpha^4 \tag{11.32}$$

$$\sum_{u=1}^{n} x_{iu}{}^{2} x_{ju}{}^{2} = 2^2 \tag{11.33}$$

상기의 식 간에 짝수차 적률 관계식인 식 (11.35)가 성립될 경우

$2^2 + 2\alpha^4 = 3 \cdot 2^2$ 에서 $\alpha = \sqrt{2}$가 된다.

따라서 $\alpha = \sqrt{2}$일 경우 **[그림 11-9]**는 회전계획이 됨을 알 수 있다.

회전성을 갖기 위한 필요 충분조건

Box와 Hunter는 회전성을 갖기 위한 필요충분조건을 다음과 같이 증명하였다.

– 모든 홀수차 적률(odd order moment)은 0이어야 한다.

$$\sum_{u=1}^{n} x_{iu}{}^{l} x_{ju}{}^{m} = 0, \quad i \neq j \quad \text{여기서 } i \text{ 또는 } j\text{가 홀수 일때} \tag{11.34}$$

– 짝수차 적률(even order moment) 간에는 다음의 관계식이 성립되어야 한다.

$$\sum_{u=1}^{n} x_{iu}{}^{4} = 3\sum_{u=1}^{n} x_{iu}{}^{2} x_{ju}{}^{2}, \quad i \neq j \tag{11.35}$$

따라서 상기의 두 조건을 만족시키는 모든 실험계획을 회전계획이라고 한다.

[그림 11-9]의 원상에 등간격으로 점이 5개 있을 경우 5각형 계획(pentagonal design), 6개 있으면 6각형 계획(hexagonal design), 7개 있으면 7각형 계획(heptagonal design)이라고 한다. **[그림 11-9]**는 8각형 계획(octagonal design)에 해당된다.

11.3.2 중심합성계획법

중심합성계획법(CCD)은 1951년 Box와 Wilson에 의해 고안되어 지금까지 반응표면실험으로 가장 널리 사용되고 있다. CCD는 보다 적은 실험으로 곡면을 추정하기 위해 요인실험을 기반으로 하여 축점(star point)과 중심점(center point)을 추가한 실험이다.

[그림 11-10]은 요인이 각각 $k=2$일 때와 3일 때의 CCD의 구조도를 나타낸 것이다.

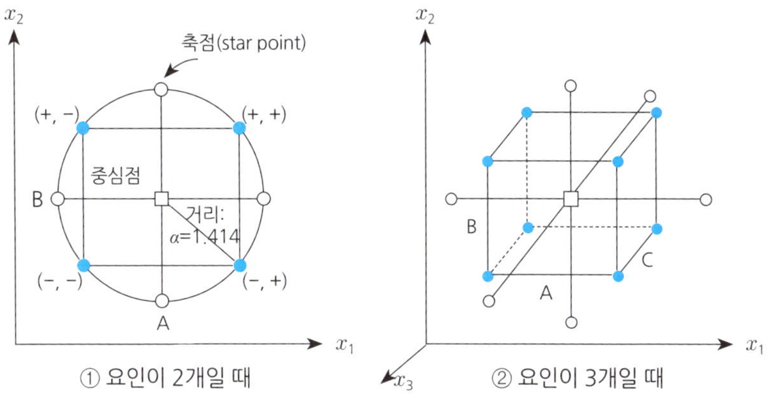

[그림 11-10] CCD의 구조도

[그림 11-10]을 **[표 11-2]**와 같이 실험배치표로 나타내면 CCD의 구조를 보다 쉽게 이해할 수 있다.

요인이 2개 일 경우에는 2^2 요인실험점, 중심점으로부터 α거리 만큼 떨어진 곳에 $2\times2=4$ 개의 축점 그리고 n_0개의 중심점으로 구성되어 있다.

요인이 3개일 경우에는 2^3 요인실험점, 중심점으로부터 α거리 만큼 떨어진 $2\times3=6$개의 축점 그리고 n_0개의 중심점으로 구성된 것을 알 수 있다.

따라서 CCD는 요인실험으로부터 단계적으로 확장할 수 있다는 것을 알 수 있으며 총실험횟수는 다음이 된다.

$$n=2^k+2k+n_0$$

[표 11–2] CCD의 배치표

① 요인이 2개일 때

	A	B
요인실험 ([그림 11-10]의 ①에서 ●점)	-1	-1
	1	-1
	-1	1
	1	1
축점 ([그림 11-10]의 ①에서 ○점)	$-\alpha$	0
	α	0
	0	$-\alpha$
	0	α
중심점 ([그림 11-10]의 ①에서 □점)	0	0

② 요인이 3개일 때

	A	B	C
요인실험 ([그림 11-10]의 ②에서 ●점)	-1	-1	-1
	1	-1	-1
	-1	1	-1
	1	1	-1
	-1	-1	1
	1	-1	1
	-1	1	1
	1	1	1
축점 ([그림 11-10]의 ②에서 ○점)	$-\alpha$	0	0
	α	0	0
	0	$-\alpha$	0
	0	α	0
	0	0	$-\alpha$
	0	0	α
중심점 ([그림 11-10]의 ②에서 □점)	0	0	0

CCD는 다음과 같은 특징이 있어 널리 사용되고 있다.

① 직교 블록화(orthogonal bloking): **[표 11–2]**에서 알 수 있듯이 각각의 블록이 직교한다. 따라서 모든 항들과 블록효과들을 독립적으로 추정할 수 있으며 추정된 계수들의 변동을 최소화 할 수 있다.

② 회전성(rotatability): **[그림 11–9]**는 회전계획 중 $k=2$인 CCD이다. 따라서 **[표 11–1]**에서 요인이 k인 경우로 일반화하여 CCD의 행렬 $\mathbf{X}$ 중에서 2차항을 다음과 같이 나타낼 수 있다.

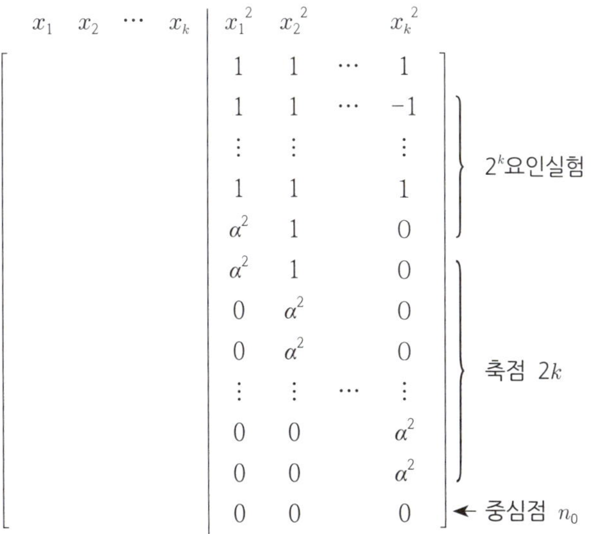

이 경우 모든 홀수차 적률은 0으로 식(11.34)를 만족시키는 것을 알 수 있다. 그리고 짝수차 적률의 식(11.32)와 (11.33)은 각각 식 (11.36), (11.37)과 같이 일반화하여 나타낼 수 있다.

$$\sum_{\mu=1}^{n} x_{iu}^{\ 4} = 2^k + 2\alpha^4 \tag{11.36}$$

$$\sum_{\mu=1}^{n} x_{iu}^{\ 2} x_{ju}^{\ 2} = 2^k \tag{11.37}$$

따라서 회전성을 갖기 위해서는 식 (11.35)에 의해 다음이 성립되어야 한다.

$$2^k + 2\alpha^4 = 3 \cdot 2^k \text{ 에서 } \alpha = (2^k)^{\frac{1}{4}} = (F)^{\frac{1}{4}} \tag{11.38}$$

여기서 F는 요인의 수가 k일 때 요인실험의 횟수이다.

이상에서 CCD는 요인의 수에 따라 α가 다음의 값을 가질 때 중심점을 축으로 회전할 수 있는 회전성을 갖는 것을 알 수 있다.

$k=2$일때 $\alpha = (2^2)^{\frac{1}{4}} = \sqrt{2} = 1.414$

$k=3$일때 $\alpha = (2^3)^{\frac{1}{4}} = 1.682$

$k=4$일때 $\alpha = (2^4)^{\frac{1}{4}} = 2$

⋮

이를 정리하면 **[표 11-3]**과 같다.

[표 11-3] CCD에서 요인수 k에 따라 회전성을 갖기 위한 α값

k	F	n	α
2	4	$8+n_0$	1.414
3	8	$14+n_0$	1.682
4	16	$24+n_0$	2
5	32	$42+n_0$	2.378
5(1/2 실험)	16	$26+n_0$	2
6	64	$76+n_0$	2.828
6(1/2 실험)	32	$44+n_0$	2.378
7	128	$142+n_0$	3.364
7(1/2 실험)	64	$78+n_0$	2.826

▶ 회전성과 직교성과의 관계

회전성을 갖는다고 해서 실험영역 전체에서 산포가 작은 안정성(stability)를 갖는 것은 아니다. 왜냐하면 만일 직교하지 않은 상태에서 회전할 경우 회전체가 불균형(unbalance)하기 때문에 산포가 그만큼 커지기 때문이다.

따라서 CCD는 직교성과 회전성을 동시에 가질 필요가 있다. 직교성을 갖기 위한 조건은 식 (11.39)와 같다.

$$\alpha = \left[\frac{\{\sqrt{F(F+2k+n_0)} - F\}}{2}\right]^{\frac{1}{2}} \tag{11.39}$$

따라서 식 (11.38)과 식 (11.39)를 연립하여 풀면 CCD가 회전성과 직교성을 동시에 만족하기 위한 다음의 다음의 조건을 구할 수 있다.

$$n_0 = 4(1+\sqrt{F}) - 2k \tag{11.40}$$

식 (11.40)에서 직교성과 회전성은 중심점의 수 n_0에 의해 영향을 받는 것을 알 수 있다. **[그림 11-11]**에서 $k=2$, $\alpha=\sqrt{2}$로 동일하지만 $n_0=1$에서 5로 증가되면서 실험의 중심점에서 산포가 3.5배 작아지는 것을 확인할 수 있다.

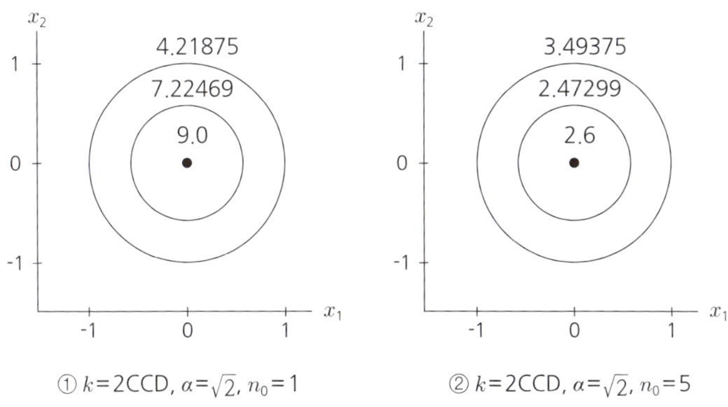

[그림 11-11] 중심점 수에 따른 산포의 비교

(출처: Raymond H. Myers, Douglas C. Montgomery, Response Surface Methodology, WILEY INTER·SCIENCE, 1995)

식 (11.40)을 사용하여 직교성과 회전성을 동시에 갖는 CCD를 구하면 **[표 11-4]**와 같다.

[표 11-4] 직교성과 회전성을 동시에 갖는 CCD

(k, F)	(2, 4)	(3, 8)	(4, 16)	(5, 32)	(5, 16)	(6, 64)
n_0	8	9.3137	12	16.62627	10	24
존재여부	O	X	O	X	O	O
α	1.4142		2		2	2.8284

(k, F)	(6, 32)	(7, 128)	(7, 64)	(8, 256)	(8, 128)	(8, 64)
n_0	14.6274	32.2548	22	52	33.2548	20
존재여부	X	X	O	O	X	O
α			2.8284	4		2.8284

(출처: 김혁주, 박성현, 제2종의 중심합성계획의 몇 가지 성질, 한국통계학회, 2004)

그런데 n_0은 중심점의 수이므로 **[표 11-4]**에서 계산된 n_0이 정수가 아닐 경우에는 직교성과 회전성을 동시에 만족하는 CCD는 존재하지 않는다. 따라서 이를 보완하기 위해 직교성과 회전성을 동시에 만족하는, 축점이 α_1, α_2에 의해 결정이 되는 새로운 형태의 CCD2를 고안해 내었다.

그러나 구면체(또는 거의 구면체)의 경우 중심점의 수가 3~5개일 경우 설계 영역에서 심각한 불균형은 피할 수 있는 것으로 알려져 있다.

따라서 완전한 직교성과 회전성을 가질 필요가 없으므로 실무에서는 **[표 11-3]**에서 회전성을 만족시키는 α값 하에서 중심점수가 3 ~ 5개인 CCD를 사용하고 있다.

③ 축차실험(sequential experiment): CCD는 완전 요인실험으로부터 단계적으로 연속실험이 가능하다. 즉, 완전 요인실험을 실행한 후 곡면에 관심이 있을 경우 중심점 설계를 통해 곡면을 확인할 수 있다. 만일 곡면이 존재할 경우 축점을 추가함으로써 단계적으로 반응표면실험으로 확장할 수 있다.

CCD는 축점이 요인실험의 범위를 벗어나므로 위험성이 있다. 또한 요인수 k가 증가할 경우 요인실험의 횟수가 기하급수적으로 증대되어 전체 실험 횟수가 급격히 증대되는 단점이 있다. 그러나 곡면의 효과를 완벽하게 파악 할 수 있으며, 요인실험으로부터 확장을 할 수 있다는 장점 때문에 박스 벤컨계획법에 비해 널리 사용되고 있다.

11.3.3 박스 벤컨계획법

박스 벤컨은 1960년에 Box와 Behnken에 의해 발표된 반응표면 실험으로, 요인실험의 높은 수준(+1)점과 낮은 수준(−1)점에서 실험을 할 수 없을 경우 사용될 수 있다.

박스 벤컨계획법은 요인이 3개 이상일 경우 3수준의 실험을 실행한다. **[그림 11-**

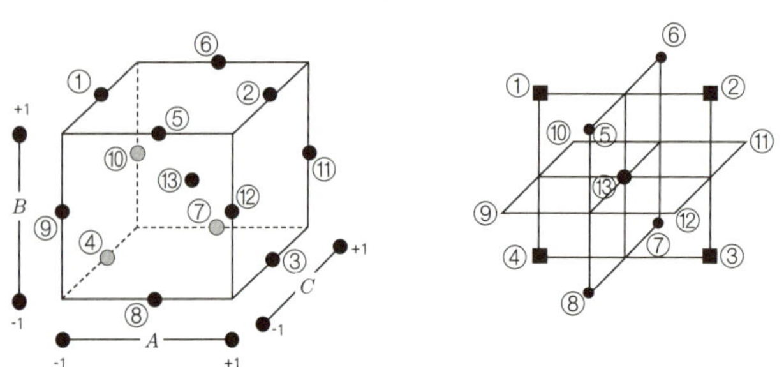

[그림 11-12] 박스 벤컨 반응표면 실험의 구조도

12]는 요인이 3개일 경우 박스 벤컨 반응표면 실험의 구조도를 나타내는데, 왼쪽 그림에서와 같이 완전 요인실험의 중앙점과 전체 입방체의 중심점으로 구성되어 있다. 이들 점은 우측의 그림과 같이 중앙점으로 구성된 2^2 완전 요인실험 3개를 겹쳐놓은 것과 중심점으로 구성이 된 것을 알 수 있다.

[그림 11-12]에서 알 수 있듯이 각 실험점은 중심점으로부터 동일한 거리인 $\sqrt{2}$ 인 구의 표면상에 존재하는 값이다. 그러나 요인 실험의 높은 수준점(+1), 낮은 수준점(−1) 및 축점이 포함이 되지 않는다.

[그림 11-12]를 실험계획 배치표(**[표 11-5]**)로 나타내면 3개의 부문과 1개의 중심점으로 구성이 되어 있고, 각 부분은 2^2 요인실험과 중심점으로 구성된 것을 보다 쉽게 알 수 있다.

[표 11-5] 요인이 3개일 경우 박스 벤컨 반응표면 실험 배치표

	A	*B*	*C*
④	-1	-1	0
③	1	-1	0
①	-1	1	0
②	1	1	0
⑨	-1	0	-1
⑫	1	0	-1
⑩	-1	0	1
⑪	1	0	1
⑧	0	-1	-1
⑤	0	1	-1
⑦	0	-1	1
⑥	0	1	1
	0	0	0

박스 벤컨계획법은 CCD에 비해 실험횟수가 적고, 실험의 범위를 벗어나는 문제로 인해 CCD로 실험을 할 수 없는 경우 안정된 범위 내에서 실험을 할 수 있는 장점이 있다. 그러나 요인실험의 높은 수준점 (+1)과 낮은 수준점(−1)을 포함할 수 없고, 축점을 포함할 수 없어 반응표면을 파악할 수 있는 범위가 제한적이다. 또한 요인실험으로부터 단계적으로 확장할 수 없는 단점이 있다.

■ **'예제 11-1'**을 미니탭을 사용하여 풀면 다음과 같다.

통계분석 > 실험계획법 > 반응 표면 설계 > 반응 표면 설계 생성을 클릭하면 다음의 화면이 나타난다.

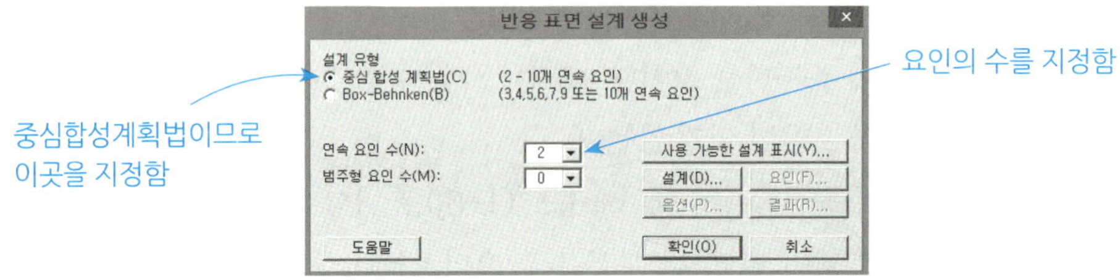

'설계'를 클릭하여

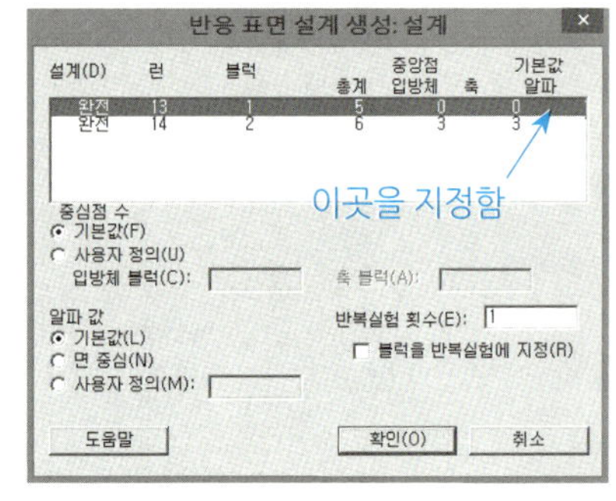

'확인'을 클릭한 후 '요인'을 클릭하면 다음의 화면이 나타난다.

반응 표면 설계 생성: 요인

수준 정의
꼭지점(C)
축 점(A)

요인	이름	낮음	높음
A	온도	100	120
B	압력	60	80

도움말 확인(O) 취소

'요인명'과 '수준의 값'을 각각 입력함

'확인'을 클릭한 후 '옵션'에서 '런 랜덤화'를 해제한다. '확인'을 연속하여 클릭하면 다음이 나타난다.

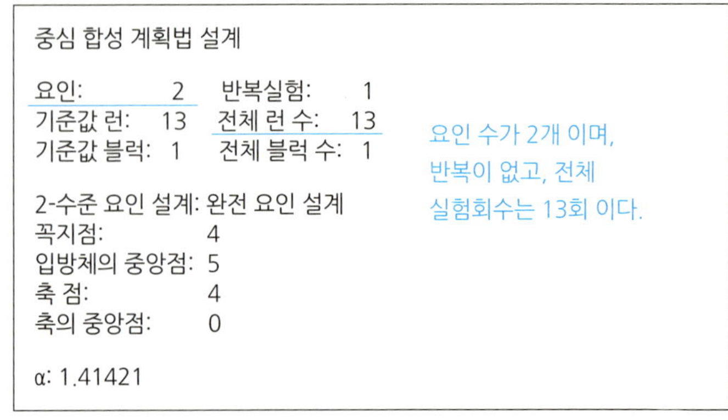
중심 합성 계획법 설계

요인: 2 반복실험: 1
기준값 런: 13 전체 런 수: 13
기준값 블럭: 1 전체 블럭 수: 1

2-수준 요인 설계: 완전 요인 설계
꼭지점: 4
입방체의 중앙점: 5
축 점: 4
축의 중앙점: 0

α: 1.41421

↓	C1 표준 순서	C2 런 순서	C3 점 유형	C4 블럭	C5 온도	C6 압력	C7 전기특성
1	1	1	1	1	100.000	60.0000	24.92
2	2	2	1	1	120.000	60.0000	25.38
3	3	3	1	1	100.000	80.0000	25.33
4	4	4	1	1	120.000	80.0000	25.42
5	5	5	-1	1	95.858	70.0000	25.20
6	6	6	-1	1	124.142	70.0000	25.48
7	7	7	-1	1	110.000	55.8579	25.19
8	8	8	-1	1	110.000	84.1421	25.47
9	9	9	0	1	110.000	70.0000	25.47
10	10	10	0	1	110.000	70.0000	25.50
11	11	11	0	1	110.000	70.0000	25.49
12	12	12	0	1	110.000	70.0000	25.35
13	13	13	0	1	110.000	70.0000	25.46

실험의 결과값을 입력함

반응표면실험을 분석하기 위해 다음을 실행한다.

통계분석 > 실험계획법 > 반응 표면 설계 > 반응 표면 설계 분석을 클릭하면 다음의 화면이 나타난다.

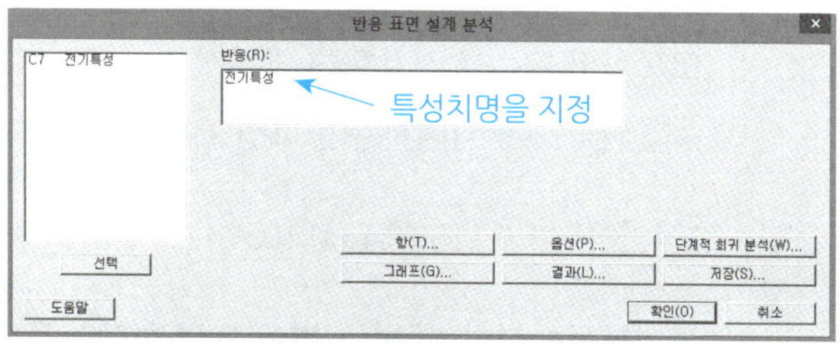

'확인'을 클릭하면 다음의 결과가 나타난다.

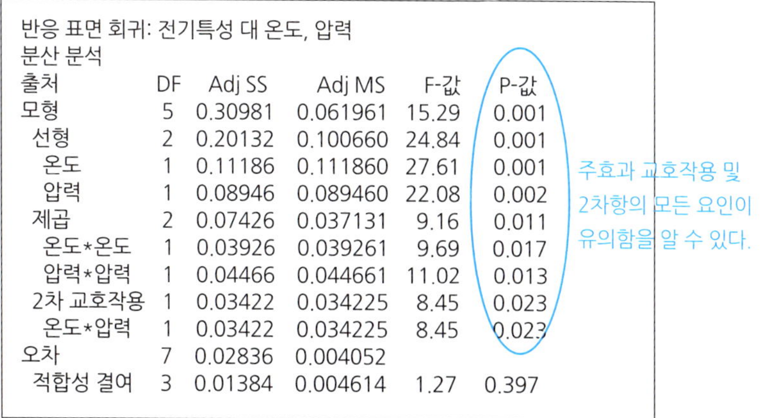

반응 표면 회귀: 전기특성 대 온도, 압력

분산 분석

출처	DF	Adj SS	Adj MS	F-값	P-값
모형	5	0.30981	0.061961	15.29	0.001
선형	2	0.20132	0.100660	24.84	0.001
온도	1	0.11186	0.111860	27.61	0.001
압력	1	0.08946	0.089460	22.08	0.002
제곱	2	0.07426	0.037131	9.16	0.011
온도*온도	1	0.03926	0.039261	9.69	0.017
압력*압력	1	0.04466	0.044661	11.02	0.013
2차 교호작용	1	0.03422	0.034225	8.45	0.023
온도*압력	1	0.03422	0.034225	8.45	0.023
오차	7	0.02836	0.004052		
적합성 결여	3	0.01384	0.004614	1.27	0.397

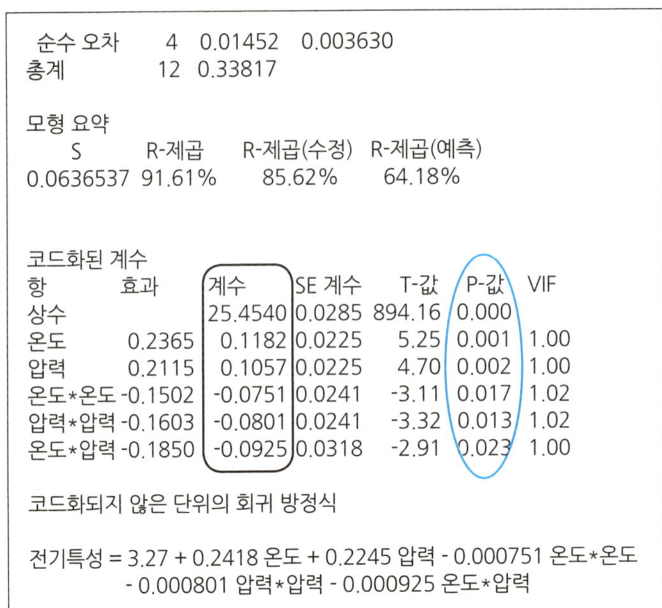

순수 오차	4	0.01452	0.003630
총계	12	0.33817	

모형 요약

S	R-제곱	R-제곱(수정)	R-제곱(예측)
0.0636537	91.61%	85.62%	64.18%

코드화된 계수

항	효과	계수	SE 계수	T-값	P-값	VIF
상수		25.4540	0.0285	894.16	0.000	
온도	0.2365	0.1182	0.0225	5.25	0.001	1.00
압력	0.2115	0.1057	0.0225	4.70	0.002	1.00
온도*온도	-0.1502	-0.0751	0.0241	-3.11	0.017	1.02
압력*압력	-0.1603	-0.0801	0.0241	-3.32	0.013	1.02
온도*압력	-0.1850	-0.0925	0.0318	-2.91	0.023	1.00

코드화되지 않은 단위의 회귀 방정식

전기특성 = 3.27 + 0.2418 온도 + 0.2245 압력 - 0.000751 온도*온도
- 0.000801 압력*압력 - 0.000925 온도*압력

코드화된 계수를 사용하여 방정식을 다음과 같이 구할 수 있다. 이 경우 곡면의 모습을 파악하기 위해서는 등고선도을 작성하는 것이 바람직하다.

$$\hat{Y} = 25.454 + 0.1182 * A + 0.1057 * B - 0.0751 A^2 - 0.0801 * B^2 - 0.0925 * AB$$

통계분석 > 실험계획법 > 반응 표면 설계 > 등고선도를 클릭하면 다음의 화면이 나타난다.

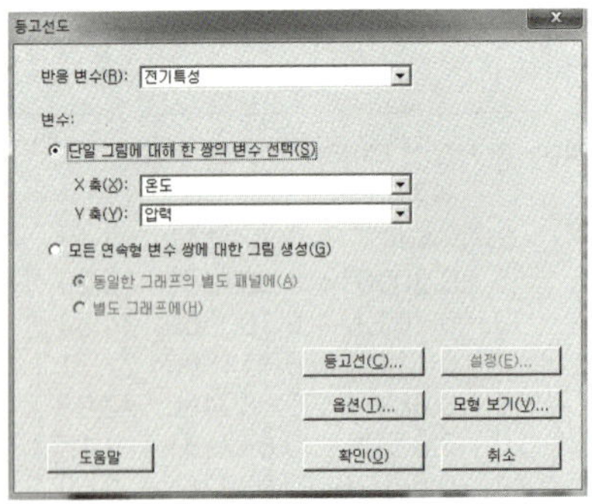

필요할 경우 '등고선'을 클릭한 후 '개수'에 적정개수(예를 들면 7)를 입력한다. '확인'을 연속하여 클릭하면 다음의 결과가 나타난다.

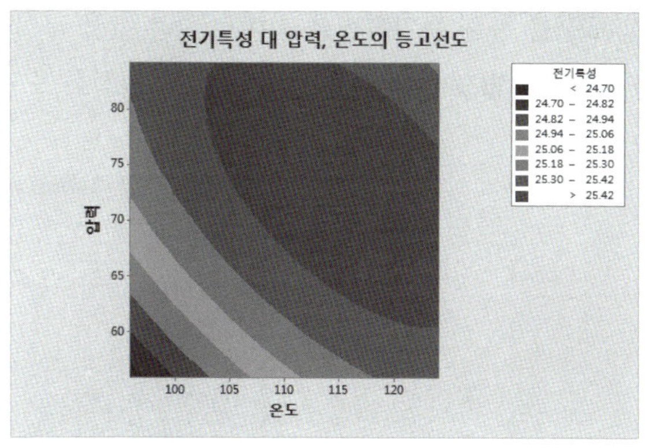

[그림 11-13] 등고선을 통한 최적화

정상점이 실험의 중심점의 우측 상단에 나타나므로 앞에서 손으로 구한 결과와 일치됨을 알 수 있다.

곡면의 상태를 보다 더 잘 이해하기 위해서는 다음과 같이 표면도를 작성할 필요가 있다.

통계분석 > 실험계획법 > 반응 표면 설계 > 표면도를 클릭하면 다음의 화면이 나타난다.

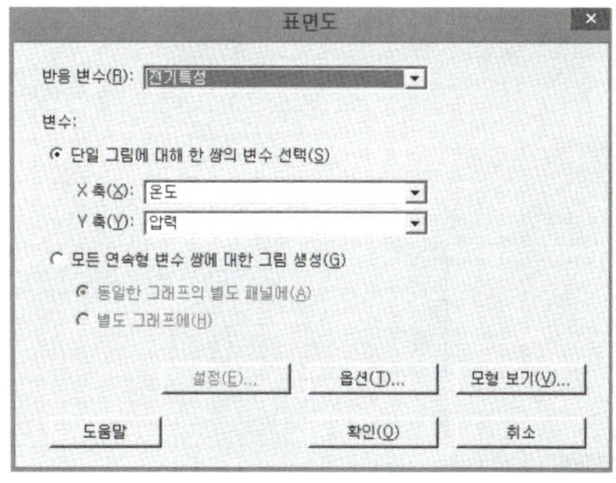

'확인'을 클릭하면 다음의 표면도가 나타난다. 등고선도에 비해 곡면의 전체 모습을 보다 입체적으로 이해 할 수 있다.

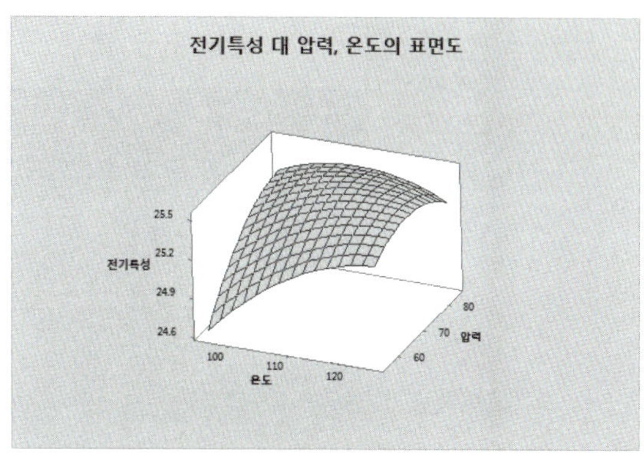

반응 최적화 도구를 통해 전기특성을 최대로 하는 값을 구할 수 있다.

통계분석 > 실험계획법 > 반응 표면 설계 > 반응 최적화 도구를 클릭하면 다음의 화면이 나타난다.

반응 최적화 도구

25개 반응까지 최적화(M):

반응	목적	목표값
전기특성	최대화	

최대화를 지정함

설정(S)... 옵션(P)... 그래프(G)... 결과(R)... 저장(T)... 모형 보기(V)... 도움말 확인(O) 취소

'설정'을 클릭하면 다음의 화면이 나타난다.

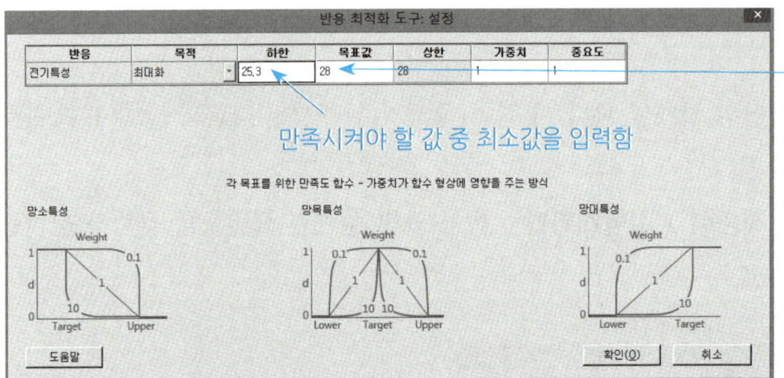

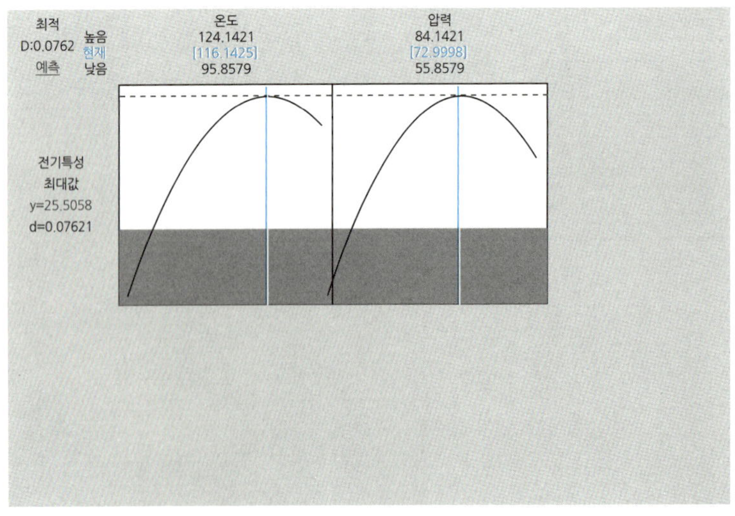

전기특성을 최대로 하는 온도와 압력의 조건을 구할 수 있는데, 이는 앞에서 정준형태를 통해 구한 값과 거의 일치되는 것을 알 수 있다.

상기의 화면에서 '적색의 수직 바'를 좌우로 이동시키면 요인의 수준을 변화시키면서 이에 따른 특성치의 변화를 파악할 수 있다.

문제 11-1 **'문제 10-1'**에서 곡면의 형태를 파악하여 최적조건을 구하기 위해 다음과 같이 추가 실험을 하였다. 광택도를 최대로 하는 최적조건을 구하시오.

선압	온도	광택도
115.858	170.000	47.9
144.142	170.000	53.1
130.000	155.858	50.1
130.000	184.142	53.4

11장

연습문제

1. 반응표면실험을 언제 실시하는가를 간략하게 기술하시오.

2. CCD와 박스 벤컨 반응표면실험의 장·단점을 간략하게 기술 하시오.

3. CCD가 회전성과 직교성을 동시에 갖기 위한 조건을 유도하시오.

4. 온도와 시간에 따른 경도에 대한 영향을 파악하기 위해 다음과 같은 반응표면 실험을 하였다. 다음의 질문에 답을 하시오.

온도	시간	경도
100	80	25.5
120	80	30.3
100	100	27.2
120	100	30.9
95.85786	90	25.9
124.1421	90	31.1
110	75.85786	28.1
110	104.1421	31.4
110	90	30.7
110	90	30.9
110	90	29.3
110	90	29.5
110	90	30.2

1) 행렬을 사용하여 2차 회귀모형에 적합하시오.

2) 행열 **B**의 고유값을 구하시오.

3) 행렬 $\mathbf{B}$의 고유벡터 $\mathbf{P}$를 구하시오.

4) A형 정준모형을 구하시오.

5) 정상점을 구하고 반응표면을 해석한 후 등고선도를 작성하시오.

6) 정상점에서 특성값 $\hat{y}_0$을 구하시오.

7) 경도를 최대로 하는 조건을 구하시오.

5. '**문제 4**'에 대해 B형 정준형태를 구하여 등고선도를 작성한 후 A형 정준모형과의 차이를 간략하게 기술하시오.

6. '**8장의 연습문제 4**'와 '**10장의 연습문제 4**'에 이어서 다음과 같은 축점(star point)에서 추가 실험을 하였다. 이들 데이터를 활용하여 반응표면실험을 분석한 후 다음의 질문에 답을 하시오.

star point		점도
95.858	90	38
124.142	90	39.2
110	75.858	42.6
110	104.142	35.4

1) 모델을 구하시오.

2) 행렬 $\mathbf{B}$를 구하고 고유값을 구하시오.

3) 등고선도와 표면도를 작성하시오.

4) 점도를 최대로 하기 위한 온도와 압력의 조건을 설정하시오.

12

허용차 설계

모델(전달함수)을 설정한 후 입력변수에 따라 출력변수(특성치)에 미치는 영향을 파악함으로써 인자들을 최적화하고 허용차를 결정하는 데에는 다음과 같이 몇 가지 방법이 있다.

- 몬테칼로 모의실험
- worst case
- RSS(Root Sum of Square)
- 민감도 분석(sensitivity analysis)

이들은 각기 고유의 적용분야가 있으므로 상황에 따라 적합한 방법을 사용하면 된다.

12.1 몬테칼로 모의실험

몬테칼로 모의실험을 통해 **[그림 12-1]**과 같이 입력변수(인자: X)의 분포를 모델에 대입함으로써 출력변수(특성치: Y) 값의 분포를 구할 수 있다.

이때 만일 모의 output인 특성치의 분포가 주어진 규격을 만족할 경우 모의실험을 중지한다.

그러나 규격을 만족시키지 못할 경우에는 인자들의 분포를 반복적으로 조정함으로써, 결국 규격을 만족시키는 인자들의 조건 즉, 허용차를 설정한다.

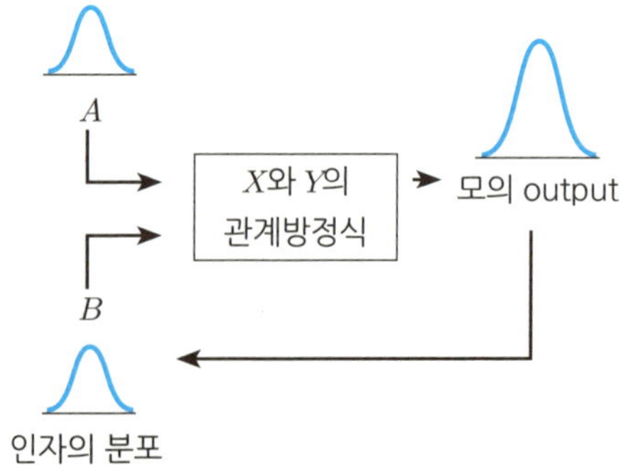

[그림 12-1] 몬테칼로 모의실험

몬테칼로 모의실험은 인자 X가 어떠한 분포를 갖더라도 사용할 수 있는 장점이 있다. 그러나 어떤 인자가 특성치에 큰 영향을 갖는지를 파악하기가 곤란하며, 만족스러운 결과를 얻기 위해서는 매번 재실행을 해야 하는 번거로움이 있다.

몬테칼로 모의실험의 실행절차는 다음과 같다.

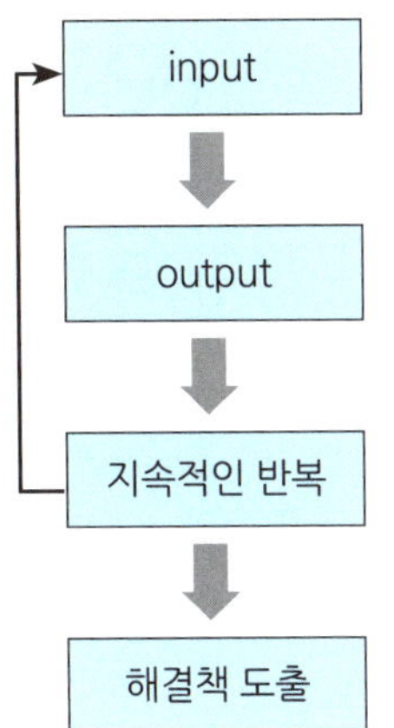

- 중회귀 분석을 통해 모델을 구한다.
- 인자들의 분포를 각각 지정한다.
- 모의 실험횟수를 정한다

- 인자들의 분포 및 방정식에 의해 컴퓨터가 모의 결과를 산출한다.

- 모의실험의 결과가 주어진 규격을 만족시킬 때까지 요인들의 분포(평균과 산포)를 변경한다.

- 규격을 만족시키는 요인들의 범위를 결정한다

예제 12-1

중회귀 분석을 통해 중요 인자 A, B에 대한 관계방정식 $Y = A - 3*B$를 구하였다. 몬테칼로 모의실험을 통해 인자 A 및 B에 대한 최적조건을 구하시오.
단, 인자 A 및 B는 각각 정규분포 $N(40, 4)$, $N(8, 2)$을 따르고 Y의 규격은 10 ± 4 이다.

우선 모델에 입력할 각 인자들의 데이터를 발생시킨다.

▶계산 > 랜덤 데이터 > 정규분포

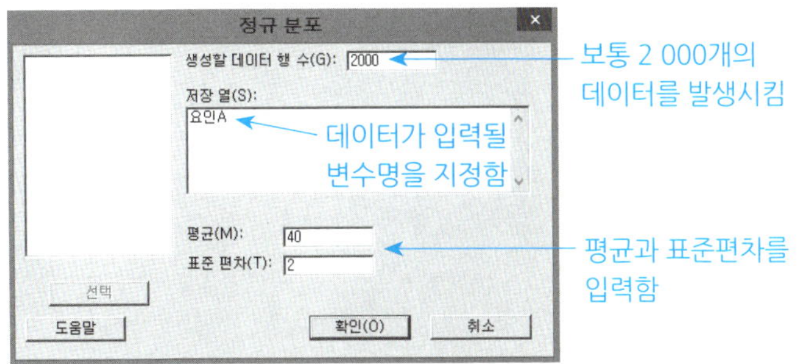

'확인'을 클릭하면 2 000개의 데이터가 워크시트에 발생된다. 인자 *B*에 대해서도 동일하게 적용하면 다음과 같은 데이터를 얻을 수 있다.

↓	C1 요인A	C2 요인B
1	42.0523	7.6763
2	39.7279	7.0219
3	41.9549	5.3093
4	40.6359	7.7118
5	39.0942	7.4379
6	38.7969	9.0818
7	39.4272	7.2646
8	40.3166	7.0579
9	39.3111	5.8001
10	38.8279	7.9768
11	42.6554	7.4253
12	37.8382	7.5471
13	37.8459	6.7281
14	39.4377	9.5543
15	39.2766	7.1236
16	38.5448	6.4322
17	39.5034	9.3089
18	35.9503	7.5494
19	42.2774	7.8863
20	39.2692	8.9406

⋮

발생된 인자의 데이터를 모델에 대입시킨다.

계산 > 계산기를 클릭하면 다음의 화면이 나타난다.

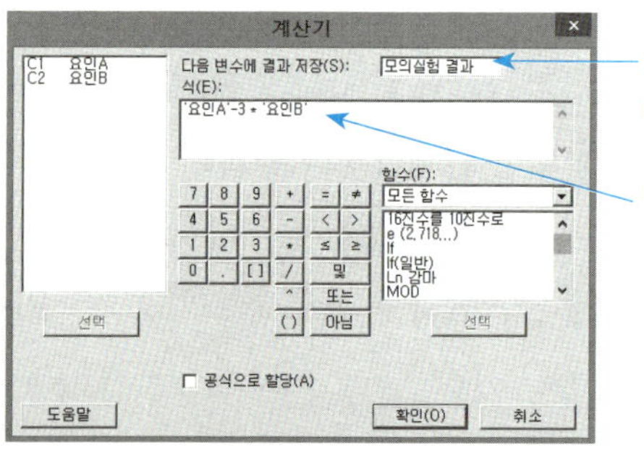

'확인'을 클릭하면 다음과 같이 계산 결과가 워크시트에 저장된다.

↓	C1 요인A	C2 요인B	C3 모의실험 결과
1	42.0523	7.6763	19.0235
2	39.7279	7.0219	18.6623
3	41.9549	5.3093	26.0271
4	40.6359	7.7118	17.5006
5	39.0942	7.4379	16.7804
6	38.7969	9.0818	11.5517
7	39.4272	7.2646	17.6336
8	40.3166	7.0579	19.1428
9	39.3111	5.8001	21.9107
10	38.8279	7.9768	14.8974
11	42.6554	7.4253	20.3795
12	37.8382	7.5471	15.1968
13	37.8459	6.7281	17.6617
14	39.4377	9.5543	10.7748
15	39.2766	7.1236	17.9057
16	38.5448	6.4322	19.2483
17	39.5034	9.3089	11.5766
18	35.9503	7.5494	13.3021
19	42.2774	7.8863	18.6185
20	39.2692	8.9406	12.4475

⋮

규격이 10±4 이므로 공정능력 분석을 하면 다음과 같다.

통계분석 > 품질 도구 > 공정 능력 분석 > 정규 분포를 클릭하면 다음의 화면이 나타난다.

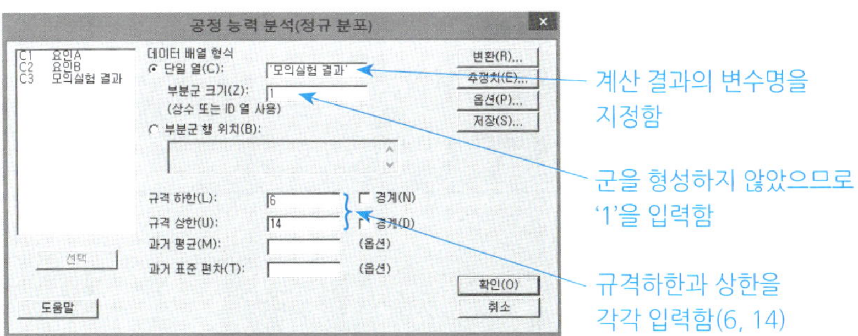

'확인'을 클릭하면 다음과 같은 결과가 나타난다.

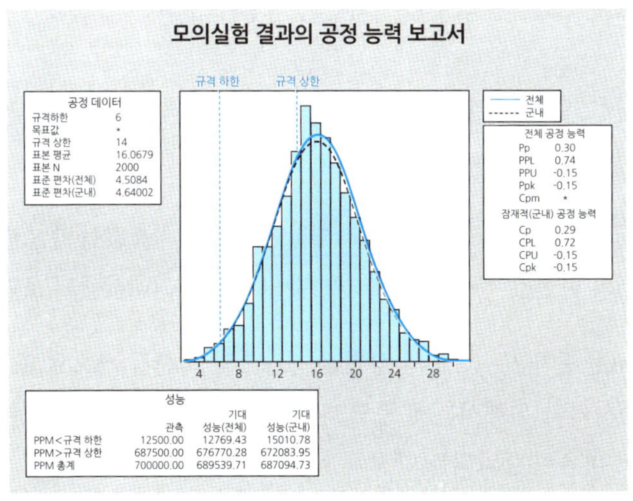

중심이탈과 산포의 문제로 인해 모의실험 결과가 규격을 훨씬 벗어나므로 인자들의 분포를 다시 조정해야 한다. 이때 평균을 조정하기 용이한 인자와 산포를 제어하기 용이한 인자를 구분하여 조정하는 것이 바람직하다.

이 과정을 반복할 경우 규격을 만족시키는 인자 A 및 B의 허용범위를 정할 수 있다.

문제 12-1 '**문제 7-3**'에서 구한 모델을 이용하여 stack loss가 25 이하가 되기 위한 각 인자의 조건을 구하시오. 단 각 인자는 다음과 같은 정규분포를 따른다고 한다.

유속 ~ $N(60, 9)$
온도 ~ $N(21, 3)$
산도 ~ $N(86, 5)$

12.2 worst case

worst case는 모든 인자 X들이 최악의 상황에 있다는 가정하에 특성치 Y를 계산한다.

예를 들어 **[그림 12-2]**와 같이 부품을 주어진 간격 L에 조립할 경우에 다음과 같이 최악의 상황을 가정한다.

- Gap의 상한값 = 규격(L)의 최대값-(부품의 최소값들의 조립)
- Gap의 하한값 = 규격(L)의 최소값-(부품의 최대값들의 조립)

이 경우 표준편차 S=(Gap의 상한값 − Gap의 하한값)/6으로 추정되므로 주어진 규격을 만족시키기 위해서는 부품의 허용차를 최소화하는 과잉 설계를 할 수 밖에 없다. 따라서 비용이 증가되는 단점이 있다.

예제 12-2

다음과 같은 규격이 주어진 상태에서 3개의 부품을 조립할 경우 worst case 분석을 통해 조립간격(Gap)에 대한 시그마값을 구하시오.

CTQ(Y)=조립 간격(Gap)의 허용범위: $LSL=0$, $USL=0.5$

$L = 5 \pm 0.1$

$P_1 = 1.4 \pm 0.02$

$P_2 = 1.6 \pm 0.06$

$P_3 = 1.8 \pm 0.08$

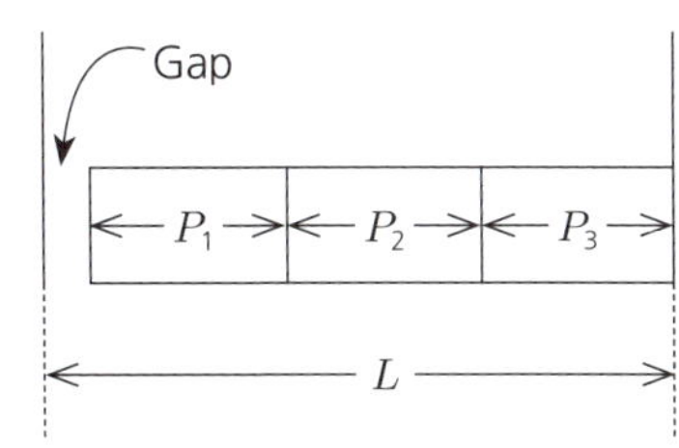

[그림 12-2] 부품 조립에 따른 Gap 발생

이 경우 전달함수는

$\text{Gap} = L - (P_1 + P_2 + P_3)$ 이 되며

worst case를 통해 분석을 할 경우 다음과 같이 최악의 상황이 고려된다.

$$\text{명목값} = 5 - (1.4 + 1.6 + 1.8) = 0.2$$
$$\text{상한값} = 5.1 - (1.38 + 1.54 + 1.72) = 0.46$$
$$\text{하한값} = 4.9 - (1.42 + 1.66 + 1.88) = -0.06$$

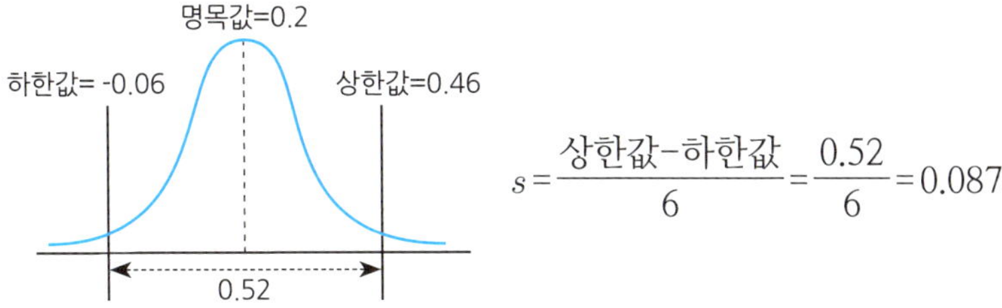

$$s = \frac{\text{상한값} - \text{하한값}}{6} = \frac{0.52}{6} = 0.087$$

따라서 표준편차가 과대 추정되므로 품질수준이 낮게 평가될 수 밖에 없다.

$$Z_{LT} = \frac{\text{공정중심에서부터 가까운 규격까지의 거리}}{\text{표준편차}} = \frac{0.2}{0.087} = 2.3(\sigma)$$

$$Z_{ST} = Z_{LT} + 1.5 = 2.3 + 1.5 = 3.8(\sigma)$$

따라서 일정 수준 이상의 품질을 확보하기 위해서는 부품의 허용차를 최소화하는 과잉설계를 하지 않을 수 없다.

12.3 RSS

RSS는 공차(tolerance)들의 제곱합의 제곱근을 구함으로써 모든 인자가 동시에 극한값을 갖지 않는다는 사실을 이용할 수 있다.

$$\mathrm{Tol}_{\mathrm{Gap}} = \pm\sqrt{\mathrm{Tol}_L{}^2 + \mathrm{Tol}_{P_1}{}^2 + \mathrm{Tol}_{P_2}{}^2 + \mathrm{Tol}_{P_3}{}^2}$$

따라서 주어진 공차(tolerance) 범위 내에서 확률분포를 가지고 있다고 가정하고 다음과 같이 각 인자의 공차로부터 표준편차를 구할 수 있다.

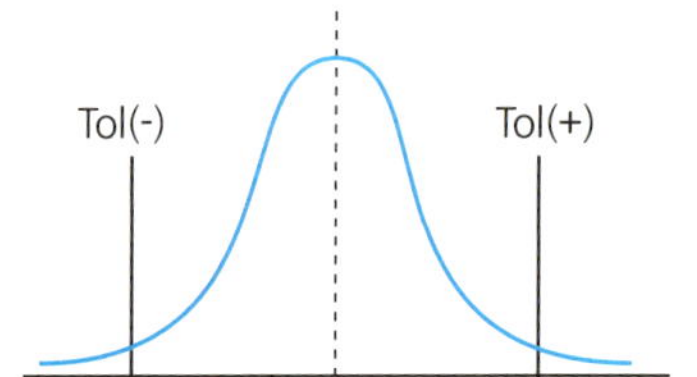

$$s = \frac{\mathrm{Tol}(+) - \mathrm{Tol}(-)}{6}$$

그리고 이들의 제곱합의 제곱근으로부터 다음과 같이 전체 표준편차를 추정한다.

$$S_{\mathrm{Gap}} = \sqrt{S_L{}^2 + S_{P_1}{}^2 + S_{P_2}{}^2 + S_{P_3}{}^2}$$

RSS는 전달함수가 선형일 경우 간단한 계산을 통해 허용차 설계를 할 수 있고, 모든 부품들이 동시에 극한값을 가지지 않는다는 장점이 있다. 그러나 전달함수가 비선형일 경우에는 적용할 수 없는 단점이 있다.

예제 12-3

'예제 12-2'의 경우 RSS를 통해 설계를 할 때 조립간격에 대한 시그마값을 구하시오.

각각의 허용차로부터 표준편차를 다음과 같이 구한다.

$$L = 5 \pm 0.1 \qquad S_L = \frac{\text{Tol}(+) - \text{Tol}(-)}{6} = \frac{0.2}{6} = 0.0333$$

$$P_1 = 1.4 \pm 0.02 \qquad S_{P_1} = \frac{0.04}{6} = 0.0067$$

$$P_2 = 1.6 \pm 0.06 \qquad S_{P_2} = \frac{0.12}{6} = 0.02$$

$$P_3 = 1.8 \pm 0.08 \qquad S_{P_3} = \frac{0.16}{6} = 0.0267$$

따라서

$$S_{\text{Gap}} = \sqrt{0.0333^2 + 0.0067^2 + 0.02^2 + 0.0267^2} = 0.0476$$

이므로

$$Z_{LT} = \frac{0.2}{0.0476} = 4.2(\sigma)$$

$$Z_{ST} = 4.2 + 1.5 = 5.7(\sigma)$$

이 된다.

이상에서 worse case에 의한 설계는 RSS에 비해 매우 보수적인 것을 알 수 있다.

12.4 민감도 분석

만일 전달함수가 다음과 같을 경우

$$y = f(x_1, x_2, \cdots, x_n)$$

전달함수를 x_i에 대해 편미분을 함으로써 다음과 같이 분산을 추정할 수 있다.

$$\hat{S}_y = \left(\frac{\partial y}{\partial x_1}\right)^2 {\sigma_{x_1}}^2 + \left(\frac{\partial y}{\partial x_2}\right)^2 {\sigma_{x_2}}^2 + \cdots + \left(\frac{\partial y}{\partial x_n}\right)^2 {\sigma_{x_n}}^2$$

민감도 분석은 전달함수가 비선형일 경우에도 사용할 수 있으며, 어떤 인자(X)가 특성치에 큰 영향을 주는지를 파악할 수 있는 장점이 있다. 그러나 정규 또는 균일 분포에만 적용될 수 있으며 또한 분석 도구 없이는 편미분의 계산이 어렵다는 단점이 있다.

예제 12-4

두 개의 부품을 조립하여 조립품을 만들 경우 조립품의 품질수준을 평가하시오. 단, 조립 특성의 규격과 전달함수는 다음과 같다.

- $USL = 5$, $LSL = -5$
- 전달함수: $y = x_1 + 3x_2 + x_1x_2$

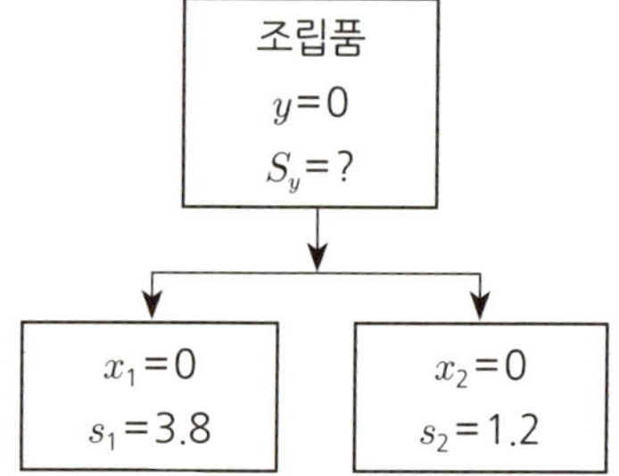

전달함수를 x_1과 x_2에 대해 편미분을 한 후 각각의 x_i, s_i값을 대입하면

$$\begin{aligned} \hat{s}_y^{\,2} &= (1+x_2)^2 {\sigma_{x_1}}^2 + (3+x_1)^2 {\sigma_{x_2}}^2 \\ &= {\sigma_{x_1}}^2 + 9{\sigma_{x_2}}^2 \quad (x_1 = x_2 = 0\text{이므로}) \qquad (12.1) \\ &= 3.8^2 + 9(1.2)^2 \\ &= 27.4 \\ \hat{s}_y &= 5.23 \end{aligned}$$

이 된다. 따라서

$$Z_{LT} = \frac{5}{5.23} = 0.95(\sigma)$$

$$Z_{ST} = 0.95 + 1.5 = 2.45(\sigma)$$

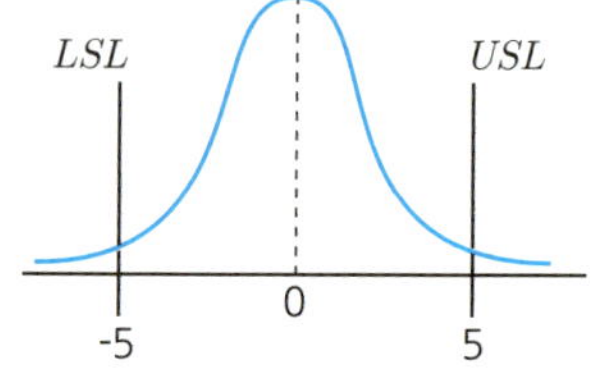

가 된다.

식 (12.1)에서 ${\sigma_{x_2}}^2$의 계수가 ${\sigma_{x_1}}^2$의 계수에 비해 더 크므로 인자 x_2가 산포에 더 영향을 미치는 것을 알 수 있다. 따라서 이 정보를 활용함으로써 산포를 보다 효과적으로 통제할 수 있다.

이상에서 각 기법의 가정과 장·단점을 요약하여 비교하면 **[표 12-1]**과 같다.

[표 12-1] 최적화를 위한 기법들의 비교

툴	가정	장점	단점
worst case	• 실제 한계값을 알고 있음	• 빠르고, 쉬움 • 매우 보수적임	• 실제 공정능력을 고려하지 않음 • 인자(X)값들이 극한값을 가짐 (과잉설계) • 이로 인해 비용이 증가됨
RSS	• 인자값들이 독립 • 전달함수가 선형 • 공차 = ± $3S$	• 계산이 빠르고, 쉬움	• 항상 실제 공정능력을 고려 하지 않음 • 1차원 전달함수에만 적용 가능
민감도 분석	• 인자값들이 독립 • 전달함수가 미분가능 • 인자에 불연속점이 없음	• 비선형 전달함수에도 적용 가능 • 어떤 인자들이 큰 영향을 갖는지 결정 가능	• 편미분 계산이 어려움 • 정규 또는 균일분포에만 적용가능
몬테칼로 모의실험	• 인자값들이 무작위 변수임	• 모든 형태의 분포에 적용 가능	• 어떤 인자들이 큰 영향을 갖는지 결정하기 어려움 • 매회 재실행이 필요함

12장

연습문제

1. 다음과 같은 3개의 power supply를 직렬로 연결하여 24±2 Amps를 유지하고 싶다. 이 경우 규격을 만족시키는지 여부를 worst case를 통해 평가하시오.

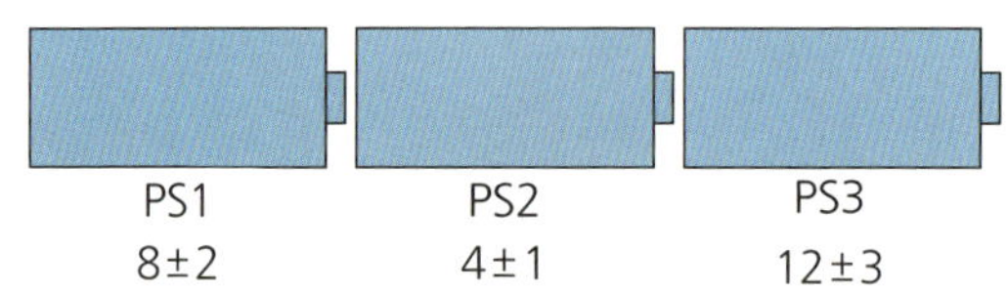

2. '**문제 1**'을 RSS를 통해 평가를 하시오. 그리고 그 결과를 '**문제 1**'의 결과와 비교하여 설명하시오.

3. 두 개의 부품을 조립하여 조립품을 만들 경우 조립품의 품질수준을 평가 하시오. 단, 조립 특성의 규격과 전달함수는 다음과 같다.

   - $USL=20$
   - 목표값=10
   - 전달함수: $y=2x_1+x_2+0.8x_1x_2$

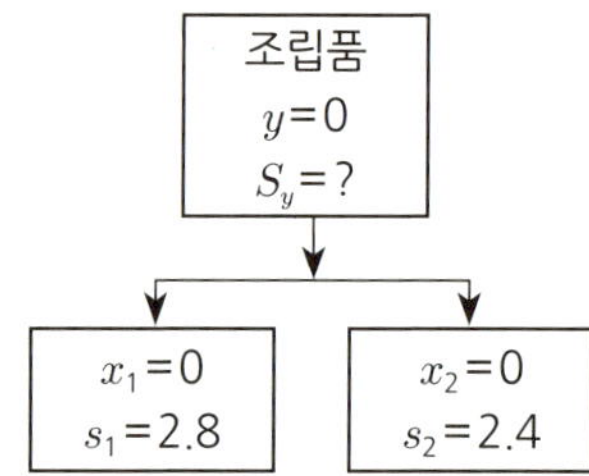

4. 다중회귀 분석을 통해 $Y=A+3B$의 방정식을 얻었다. 요인 A는 $N(10, 4)$, 요인 B는 $N(8, 2)$의 분포를 따를 경우 품질 수준이 6σ가 되도록 요인 A와 B의 조건을 설정하시오. 단 특성치 Y의 규격은 26±8 이라고 한다.

5. worst case, RSS, 민감도 분석, 몬테칼로 모의실험의 장·단점을 비교하여 설명하시오.

6. 다음의 경우 '**문제 5번**'의 기법 중 어떤 것을 사용해야 하는지 답을 하시오.

1) 전송지연이 정규분포를 따르는 경우 시스템의 지연시간 예측

2) 공정처리 시간이 $T=t_1+t_2+t_3$ 일 경우 처리시간의 산포 예측

3) 전달함수가 다음과 같을 경우 특성치의 설계

$$G=30\log(R_1-R_2/R_1)$$

4) 중요 인자의 산포가 왜도일 경우 시스템의 요구사항 설계

5) 고장이 나면 치명적인 불량이나 인명사고로 연결되는 제어 메커니즘의 설계

13 혼합물 실험계획법

대부분의 실험계획법들은 특성치 Y에 유의한 인자를 파악하여 원하는 특성치의 값을 얻기 위해 인자를 최적화하는데 그 목적이 있다. 이러한 실험계획법에서는 각 인자들을 독립적으로 변화 시킬 수 있다.

그러나 제품의 특성치가 인자(변수)들의 양이 아니라 상대적인 혼합비율에 의해 결정되는 경우가 있다. 예를 들면 잉크나 페인트 또는 빵을 만들기 위한 원료의 배합은 여러 개의 성분으로 혼합되어 있다. 이 경우 성분의 혼합비율에 의해 특성치가 결정되므로, 어떤 성분을 어느 정도의 비율로 혼합해야 원하는 최적값을 얻을 수 있는가를 찾아야 하는데 이에 대한 실험계획법을 혼합물 실험계획법(mixture design)이라 한다.

혼합불 실험계획법에 의한 혼합물 실험에서 k개의 성분을 혼합할 경우 x_i를 i번째 성분의 혼합비율이라고 하면 다음의 식을 만족시켜야 한다.

$$\sum_{i=1}^{k} x_i = 1, \quad 0 \le x_i \le 1 \tag{13.1}$$

상기의 제약 비율 때문에 하나의 인자의 비율을 바꿀 경우 적어도 다른 하나의 인자의 비율을 바꾸어야 한다. 따라서 하나의 인자를 다른 $k-1$의 구성 인자로 나타낼 경우 다음과 같이 정의할 수 있다.

$$x_j = 1 - \sum_{i=1,\, i \neq j}^{k} x_i \tag{13.2}$$

식 (13.2)에서도 알 수 있듯이 혼합물 실험에서는 인자를 독립적으로 변화시킬 수 없기 때문에 전통적인 실험계획법을 사용할 수 없다.

13.1 심플렉스 설계공간

[그림 13-1]과 같이 혼합물이 k개의 인자로 구성될 경우 설계공간을 다음과 같이 제약한다.

① $k=2$일 경우: (0,1)과 (1,0) 사이를 지나는 선

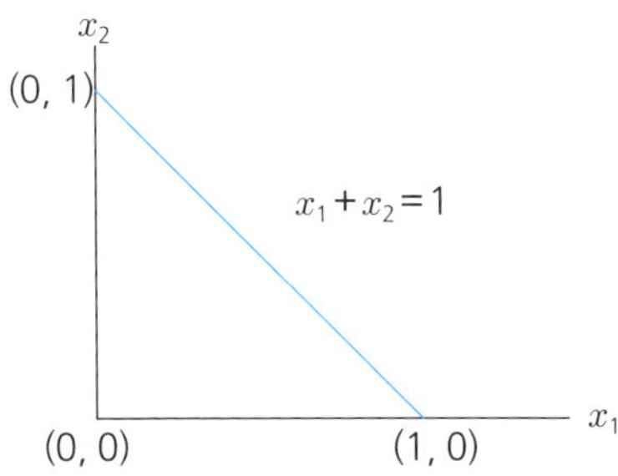

② $k=3$일 경우: (1, 0, 0), (0, 1,0) 그리고 (0, 0, 1)을 꼭지점으로 하는 정삼각형

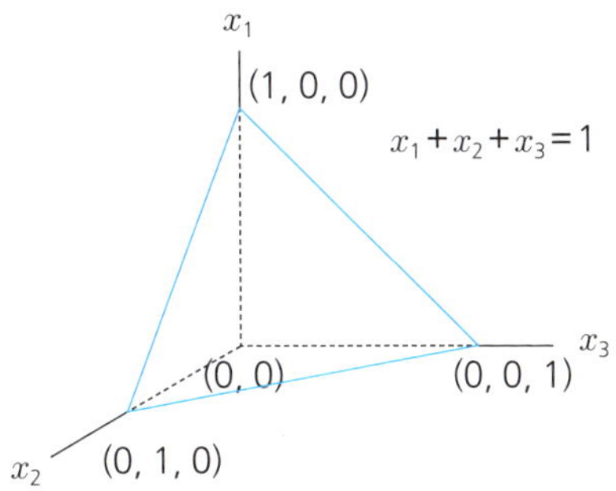

③ $k=4$일 경우: (1, 0, 0, 0), (0, 1,0, 0), (0, 0, 1, 0)
그리고 (0, 0, 0, 1)을 꼭지점으로 하는 정사면체

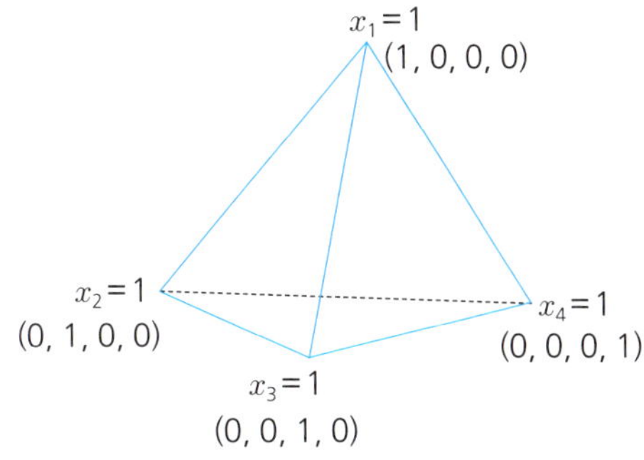

[그림 13-1] 인자 수 k에 따른 심플렉스 설계공간

각각의 경우 설계공간은 인자의 수보다 1차원이 작은데 이 공간을 심플렉스(simplex)라고 한다.

심플렉스상에서 실험점을 어떻게 선정하느냐에 따라 혼합물 실험방법이 달라지는데 이는 '**13.3 혼합물 실험계획법의 종류**'에 설명되어 있다.

$k=3$일 경우 각 인자의 혼합비율을 나타내면 다음과 같다.

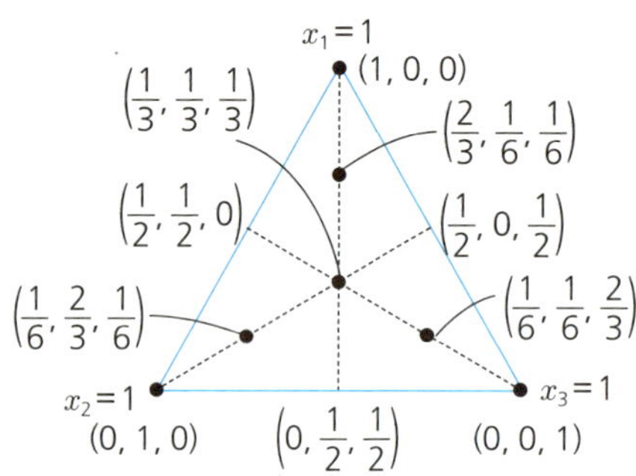

13.2 구조모형

혼합물 실험은 반응표면 실험에서 설계 영역상에 제약을 받으므로 반응표면 실험과 비교하여 설계 영역뿐 아니라 모형에서도 다르다.

예를 들어 인자의 수 $k=3$일 경우 반응표면 실험의 2차 모형은 다음과 같다.

$$y=b_0+b_1x_1+b_2x_2+b_3x_3+b_{11}x_1^2+b_{22}x_2^2+b_{33}x_3^2+b_{12}x_1x_2+b_{13}x_1x_3+b_{23}x_2x_3+e \tag{13.3}$$

식 (13.3)에 혼합물 실험의 제약조건 $\sum_{i=1}^{3}x_i=1$을 대입하면

$$b_0=b_0(x_1+x_2+x_3)$$
$$x_1^2=x_1(1-x_2-x_3)=x_1-x_1x_2-x_1x_3$$
$$x_2^2=x_2-x_1x_2-x_2x_3$$
$$x_3^2=x_3-x_1x_3-x_2x_3$$

가 되어 절편항과 2차항이 없어진다. 따라서 인자가 k개일 때 혼합물의 2차 모형의 데이터 구조식을 다음과 같이 일반화하여 나타낼 수 있다.

$$y=\sum_{i=1}^{k}b_ix_i+\sum_{i=1}^{k}\sum_{i<j}^{k}b_{ij}x_ix_j+e_i \quad (13.4)$$
$$e_i \sim N(0,\ \sigma^2)$$
$$Cov(e_i,\ e_j)=0,\ \ i \neq j$$
$$i,\ j=1,\ 2,\ \cdots,\ k$$

상기의 같은 표현을 Scheffe의 정준형태(canonical form)라고 한다.

이와 같이 제약조건을 대입할 경우 인자의 수 k에 따라 혼합물 실험의 Sheffe의 정준형태 구조모형은 **[표 13-1]**과 같다.

[표 13-1] 차수에 따른 모형의 구조식

차수(k)	모형	구조식
1	일차 모형	$E(y)=\sum_{i=1}^{k}b_ix_i$
2	이차 모형	$E(y)=\sum_{i=1}^{k}b_ix_i+\sum_{i=1}^{k}\sum_{i<j}^{k}b_{ij}x_ix_j$
3	특별 3차 모형	$E(y)=\sum_{i=1}^{k}b_ix_i+\sum_{i=1}^{k}\sum_{i<j}^{k}b_{ij}x_ix_j+\sum\sum_{i<j<l}^{k}\sum b_{ijl}x_ix_jx_l$
3	3차 모형	$E(y)=\sum_{i=1}^{k}b_ix_i+\sum_{i=1}^{k}\sum_{i<j}^{k}b_{ij}x_ix_j+\sum\sum_{i<j<l}^{k}\sum b_{ijl}x_ix_jx_l+\sum_{i=1}^{k}\sum_{i<j}^{k}\delta_{ij}x_ix_j(x_i-x_j)$

구조식에서 각 차수의 항목들은 다음과 같이 해석된다.

$\sum_{i=1}^{k}b_ix_i$: 선형혼합을 나타낸다. 즉, 구성인자의 혼합이 순수한 가법성(additive)을 나타낼 경우 1차식으로 충분하다. $x_i=1,\ x_j=0(i \neq j)$일 경우 i번째 심플렉스 상의 꼭지점을 나타낸다.

$\sum_{i<j}^{k}b_{ij}x_ix_j$: 곡면을 나타낸다. 두 개의 인자 성분을 혼합했을 경우 상승작용을 하거나 또는 이와 반대인 하강작용을 할 경우 선형 혼합의 면으로부터 벗어난다. 이 경우 2차 모형이 적합하다.

b_{ijl}, δ_{ij} 등의 고차항은 일차 또는 2차 항으로 나타낼 수 없으며 해석하기가 곤란하다.

[그림 13-2]에서

- 만일 $b_{12}=0$일 경우 곡면은 없으며 직선으로 나타난다.
- $b_{12}>0$일 경우 직선 위에 곡면으로 나타난다. 이 경우 두 개 인자가 상승작용을 하는 경우이다.
- $b_{12}<0$일 경우 직선 아래 곡면으로 나타난다. 이 경우 두 개 인자가 하강작용을 하는 경우이다.

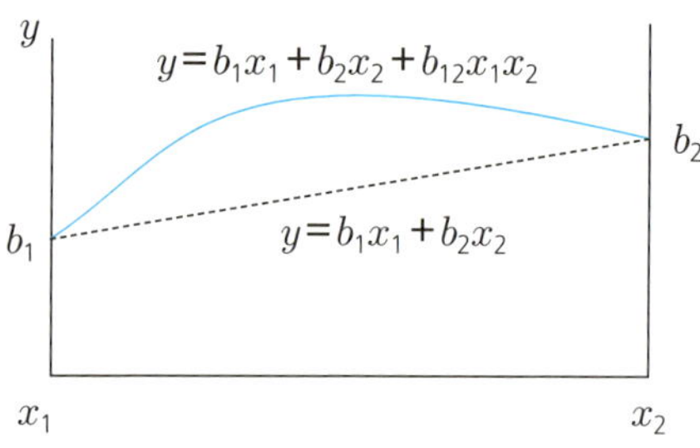

[그림 13-2] 인자 수가 2인 경우 혼합물실험에서 항의 역할

심플렉스상에 점들은 위치에 따라 다음의 상태를 나타낸다.

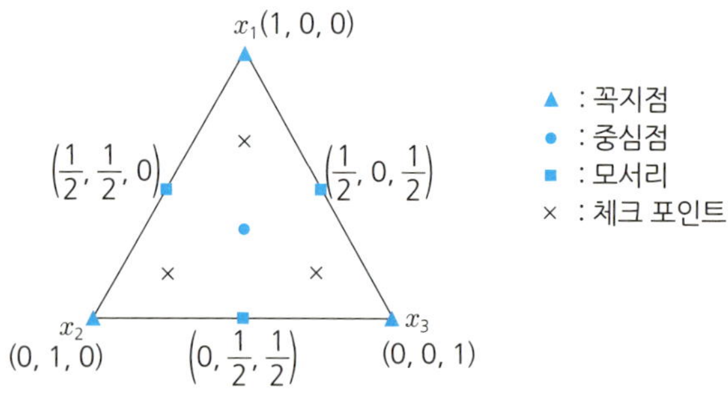

- 심플렉스상의 꼭지점: 혼합 성분 없이 특정 주성분으로 만 구성됨
- 심플렉스상의 모서리: 두 개의 인자의 성분 비율이 혼합됨
- 심플렉스상의 중심점: 3개의 인자의 성분 비율이 혼합됨
- 심플렉스상의 내부: 상기의 상태를 확인할 수 있으므로 이를 체크 포인트라고 한다.

$k=3$일 경우 중회귀 분석의 최소제곱법에 의해 b의 추정치를 구하면 다음과 같다.

$$\hat{\mathbf{b}} = \begin{bmatrix} \hat{b}_1 \\ \hat{b}_2 \\ \hat{b}_3 \\ \hat{b}_{12} \\ \hat{b}_{13} \\ \hat{b}_{23} \end{bmatrix} = (\mathbf{X}'\mathbf{X})^{-1}\mathbf{X}'\mathbf{y}$$

여기서 $\mathbf{X}$와 $\mathbf{y}$는 다음과 같다.

$$\mathbf{X} = \begin{bmatrix} x_{11} & x_{21} & x_{31} & x_{11}x_{21} & x_{11}x_{31} & x_{21}x_{31} \\ x_{12} & x_{22} & x_{32} & x_{12}x_{22} & x_{12}x_{32} & x_{22}x_{32} \\ \vdots & \vdots & & & & \vdots \\ x_{1n} & x_{2n} & x_{3n} & x_{1n}x_{2n} & x_{1n}x_{3n} & x_{2n}x_{3n} \end{bmatrix} \qquad \mathbf{y} = \begin{bmatrix} y_1 \\ y_2 \\ \vdots \\ y_n \end{bmatrix}$$

따라서 임의의 점 (x_1, x_2, x_3)에서 $E(y)$의 추정식은 다음과 같다.

$$\hat{y} = \hat{b}_1 x_1 + \hat{b}_2 x_2 + \hat{b}_3 x_3 + \hat{b}_{12} x_1 x_2 + \hat{b}_{13} x_1 x_3 + \hat{b}_{23} x_2 x_3$$

중회귀분석에 의한 총제곱합(SST), 회귀제곱합(SSR), 잔차제곱합(SSE)을 구하여

$$SST = \sum_{i=1}^{k} (y_i - \bar{y})^2 = \mathbf{y}'\mathbf{y} - \frac{T^2}{N}$$

$$SSR = \sum_{i=1}^{k} (\hat{y}_i - \bar{y})^2 = \hat{\mathbf{b}}'\mathbf{X}'\mathbf{y} - \frac{T^2}{N}$$

$$SSE = SST - SSR$$

분산분석표를 다음과 같이 작성할 수 있다.

요인	변동합(SS)	자유도(ϕ)	평균변동(V)	F_{calc}	$F_{\text{critic}}(\alpha)$
회귀	$SSR = \hat{\mathbf{b}}'\mathbf{X}'\mathbf{y} - \frac{T^2}{N}$	5	MSR	$\frac{MSR}{MSE}$	$F_\alpha(5, n-6)$
잔차	$SSE = SST - SSR$	$n-6$	MSE		
계	$SST = \mathbf{y}'\mathbf{y} - \frac{T^2}{N}$	$n-1$			

따라서 다음과 같이 귀무가설을 수립한 후

$$H_0: b_1 = b_2 = b_3 = b_{12} = b_{13} = b_{23}$$

$F_{\text{calc}} = \dfrac{MSR}{MSE} > F_{\text{critic}}(5, n-6; \alpha)$일 경우 귀무가설을 기각할 수 있다.

예제 13-1

3가지 원료를 배합하여 점도가 가장 높은 조건을 찾고자 한다. 단, 심플렉스 중심배열 이용하고 실험의 회수는 10회로 한다.

번호	원료	보조원료	첨가제	점도
1	1	0	0	23
2	0	1	0	33
3	0	0	1	18
4	1/2	1/2	0	48
5	1/2	0	1/2	20
6	0	1/2	1/2	38
7	1/3	1/3	1/3	50
8	2/3	1/6	1/6	39
9	1/6	2/3	1/6	50
10	1/6	1/6	2/3	36

다음의 계수를 구하기 위하여 우선 $\mathbf{X}'\mathbf{X}$, $(\mathbf{X}'\mathbf{X})^{-1}$를 구한다.

$$\hat{\mathbf{b}} = \begin{bmatrix} \hat{b}_1 \\ \hat{b}_2 \\ \hat{b}_3 \\ \hat{b}_{12} \\ \hat{b}_{13} \\ \hat{b}_{23} \end{bmatrix} = (\mathbf{X}'\mathbf{X})^{-1}\mathbf{X}'\mathbf{y}$$

$$(\mathbf{X}'\mathbf{X}) = \begin{bmatrix} 2.1111 & 0.6111 & 0.6111 & 0.2593 & 0.2593 & 0.0926 \\ 0.6111 & 2.1111 & 0.6111 & 0.2593 & 0.0926 & 0.2593 \\ 0.6111 & 0.6111 & 2.1111 & 0.0926 & 0.2593 & 0.2593 \\ 0.2593 & 0.2593 & 0.0926 & 0.1003 & 0.0309 & 0.0309 \\ 0.2593 & 0.0926 & 0.2593 & 0.0309 & 0.1003 & 0.0309 \\ 0.0926 & 0.2593 & 0.2593 & 0.0309 & 0.0309 & 0.1003 \end{bmatrix}$$

$$(\mathbf{X}'\mathbf{X})^{-1} = \begin{bmatrix} 0.9301 & 0.0210 & 0.0210 & -1.9495 & -1.9495 & 0.2323 \\ 0.0210 & 0.9301 & 0.0210 & -1.9495 & 0.2323 & -1.9495 \\ 0.0210 & 0.0210 & 0.9301 & 0.2323 & -1.9495 & -1.9495 \\ -1.9495 & -1.9495 & 0.2323 & 19.7576 & 0.1212 & 0.1212 \\ -1.9495 & 0.2323 & -1.9495 & 0.1212 & 19.7576 & 0.1212 \\ 0.2323 & -1.9495 & -1.9495 & 0.1212 & 0.1212 & 19.7576 \end{bmatrix}$$

여기서

$$\mathbf{X} = \begin{bmatrix} 1 & 0 & 0 & 0 & 0 & 0 \\ 0 & 1 & 0 & 0 & 0 & 0 \\ 0 & 0 & 1 & 0 & 0 & 0 \\ 1/2 & 1/2 & 0 & 1/4 & 0 & 0 \\ 1/2 & 0 & 1/2 & 0 & 1/4 & 0 \\ 0 & 1/2 & 1/2 & 0 & 0 & 1/4 \\ 1/3 & 1/3 & 1/3 & 1/9 & 1/9 & 1/9 \\ 2/3 & 1/6 & 1/6 & 1/9 & 1/9 & 1/36 \\ 1/6 & 2/3 & 1/6 & 1/9 & 1/36 & 1/9 \\ 1/6 & 1/6 & 2/3 & 1/36 & 1/9 & 1/9 \end{bmatrix} \quad \mathbf{y} = \begin{bmatrix} 23 \\ 33 \\ 18 \\ 48 \\ 20 \\ 38 \\ 50 \\ 39 \\ 50 \\ 36 \end{bmatrix}$$

이다.

$$\mathbf{X}'\mathbf{y} = \begin{bmatrix} 114.0000 \\ 138.5000 \\ 102.5000 \\ 28.4444 \\ 20.2778 \\ 25.6944 \end{bmatrix} \text{이므로}$$

모델의 계수를 다음과 같이 구할 수 있다.

$$\hat{\mathbf{b}} = \begin{bmatrix} \hat{b}_1 \\ \hat{b}_2 \\ \hat{b}_3 \\ \hat{b}_{12} \\ \hat{b}_{13} \\ \hat{b}_{23} \end{bmatrix} = (\mathbf{X}'\mathbf{X})^{-1}\mathbf{X}'\mathbf{y} = \begin{bmatrix} 22.1 \\ 32.5 \\ 17.6 \\ 99.1 \\ 17.3 \\ 70.2 \end{bmatrix}$$

따라서 임의의 점 (x_1, x_2, x_3)에서 $E(y)$의 추정식은 다음과 같다.

$$\hat{y} = 22.1x_1 + 32.5x_2 + 17.6x_3 + 99.1x_1x_2 + 17.3x_1x_3 + 70.2x_2x_3 \qquad (13.5)$$

이때 점도가 가장 높은 혼합비를 구하기 위해서는 $1 - x_1 - x_2$를 식 (13.5)에 대입한 후 x_1과 x_2로 편미분하여 0으로 놓고 풀면 된다. 그리고 x_3는 $x_1 + x_2 + x_3 = 1$로부터 구할 수 있다. 이 경우 반드시 각각의 x_i는 0에서 1사이의 값을 가져야 한다.

13.3 혼합물 실험계획법의 종류

본서에서는 일반적으로 가장 많이 사용되는 다음을 중심으로 설명하기로 한다.

- 격자형 배열법(simplex lattice design)
- 중심 배열법(simplex centroid design)
- Lambrakis 실험계획법
- 선별계획법(screening design)
- 꼭지점 배열법(extreme vertices design)

13.3.1 격자형 배열법

심플렉스의 모든 영역에 실험점을 균일하게 배치하는 방법으로 (k, m) 심플렉스 격자형 배열법이라고 한다.

여기서 k: 인자의 수

m: 격자를 짜는 차수(각 인자를 m개의 등 간격으로 나눔)이다.

인자가 k이고 격자가 m인 경우 (k, m) 심플렉스 격자형 실험은 다음의 규칙에 따라 실험점이 구성된다.

$$x_i \in \left\{0, \frac{1}{m}, \frac{2}{m}, \cdots, \frac{m-1}{m}, 1\right\}$$

예를 들어 **[그림 13-3]**의 '① (3, 2) 격자'의 경우 $k=3$, $m=2$이므로 $x_i \in \left\{0, \frac{1}{2}, 1\right\}$로 실험점이 구성되며 총실험수는 다음과 같이 6회가 된다.

$$(x_1, x_2, x_3) \in \left\{(1, 0, 0), (0, 1, 0), (0, 0, 1), \left(\frac{1}{2}, \frac{1}{2}, 0\right), \left(\frac{1}{2}, 0, \frac{1}{2}\right), \left(0, \frac{1}{2}, \frac{1}{2}\right)\right\}$$

'② (3,3)의 격자'의 경우 $k=3$, $m=3$이므로 $x_i \in \left\{0, \frac{1}{3}, \frac{2}{3}, 1\right\}$로 실험점이 구성되며 총실험회수는 다음과 같이 10회가 된다.

$$(x_1, x_2, x_3) \in \left\{(1, 0, 0), (0, 1, 0), (0, 0, 1), \left(\frac{2}{3}, \frac{1}{3}, 0\right), \left(\frac{2}{3}, 0, \frac{1}{3}\right), \left(\frac{1}{3}, \frac{2}{3}, 0\right), \left(\frac{1}{3}, 0, \frac{2}{3}\right), \left(0, \frac{2}{3}, \frac{1}{3}\right), \left(0, \frac{1}{3}, \frac{2}{3}\right), \left(\frac{1}{3}, \frac{1}{3}, \frac{1}{3}\right)\right\}$$

따라서 (k, m)격자의 경우 총실험수는 $\binom{m+k-1}{m}$개가 된다. **[그림 13-3]**에 (k, m) 심플렉스 격자형 배치법 중 일부가 소개되어 있다.

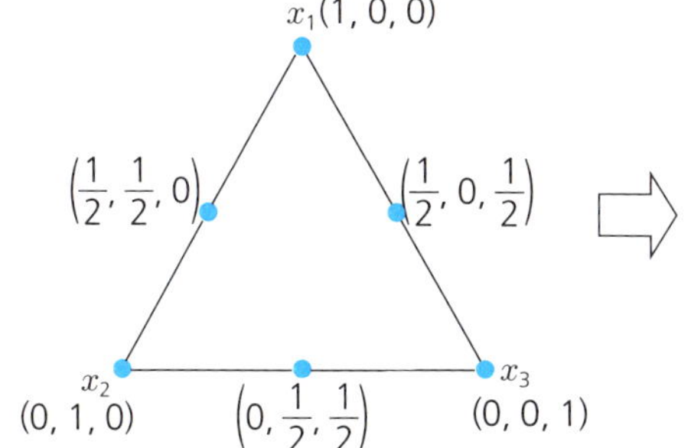

no	x_1	x_2	x_3
1	1	0	0
2	0	1	0
3	0	0	1
4	1/2	1/2	0
5	1/2	0	1/2
6	0	1/2	1/2

① (3, 2) 격자

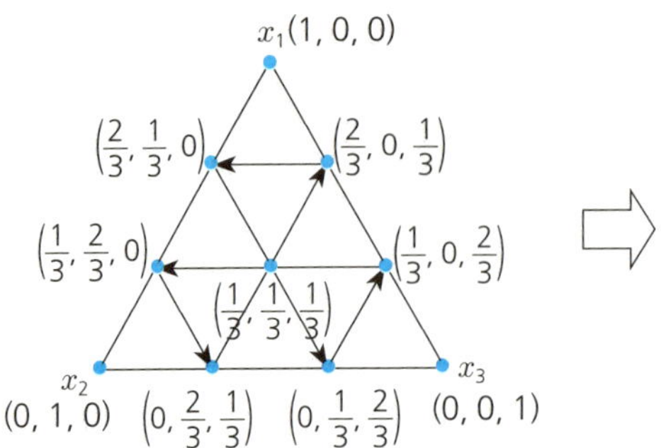

no	x_1	x_2	x_3
1	1	0	0
2	0	1	0
3	0	0	1
4	0	1/3	2/3
5	0	2/3	1/3
6	1/3	0	2/3
7	1/3	2/3	0
8	2/3	0	1/3
9	2/3	1/3	0
10	1/3	1/3	1/3

② (3, 3)의 격자

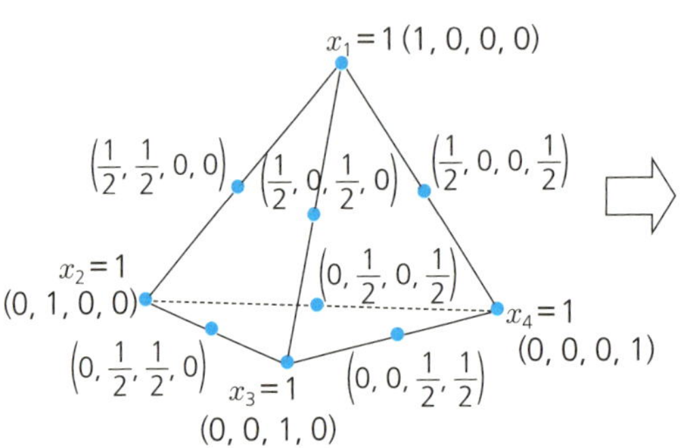

no	x_1	x_2	x_3	x_4
1	1	0	0	0
2	0	1	0	0
3	0	0	1	0
4	0	0	0	1
5	1/2	1/2	0	0
6	1/2	0	1/2	0
7	1/2	0	0	1/2
8	0	1/2	1/2	0
9	0	0	1/2	1/2
10	0	1/2	0	1/2

③ (4, 2)의 격자

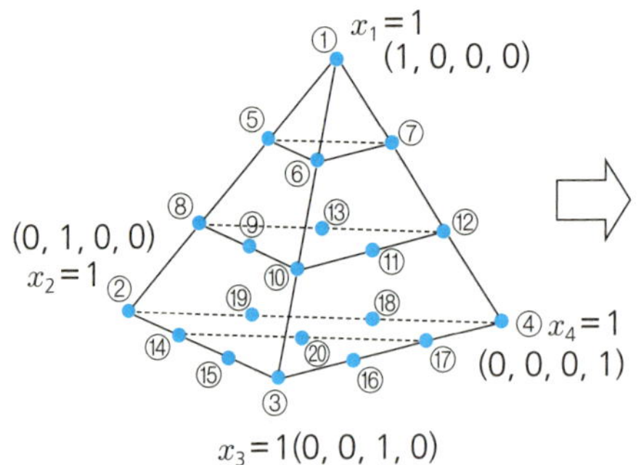

no	x_1	x_2	x_3	x_4	no	x_1	x_2	x_3	x_4
1	1	0	0	0	11	1/3	0	1/3	1/3
2	0	1	0	0	12	1/3	0	0	2/3
3	0	0	1	0	13	1/3	1/3	0	1/3
4	0	0	0	1	14	0	2/3	1/3	0
5	2/3	1/3	0	0	15	0	1/3	2/3	0
6	2/3	0	1/3	0	16	0	0	2/3	1/3
7	2/3	0	0	1/3	17	0	0	1/3	2/3
8	1/3	2/3	0	0	18	0	1/3	0	2/3
9	1/3	1/3	1/3	0	19	0	2/3	0	1/3
10	1/3	0	2/3	0	20	0	1/3	1/3	1/3

④ (4, 3)의 격자

[그림 13-3] (k, m) 심플렉스 격자형 배치법

$(k, 2)$격자 배열법의 경우 k차원 심플렉스상에 내부점을 포함하지 않기 때문에 내부점을 추가할 필요가 있다. 예를 들어 **[그림 13-3]**에서 '① (3, 2) 격자'의 경우 중심점(1/3, 1/3, 1/3)이 추가될 수 있다.

일반적으로 $(k, 2)$격자 배열법에 2차원의 면의 중심점이 보강된 것을 특수 3차 심플렉스 격자형 배열법(special cubic simplex design)이라고 한다.

특수 3차 심플렉스 격자형 배열법은 $\binom{k+1}{2}+\binom{k}{3}$의 실험점으로 구성된다.

다음은 특수 3차 심플렉스 격자형 배열법을 포함한 (k, m) 심플렉스 격자형 배열법의 크기를 요약한 것이다.

		인자의 수(k)					
모델	m	3	4	5	6	7	8
1차	1	3	4	5	6	7	8
2차	2	6	10	15	21	28	36
3차(특수)	3	7	14	25	41	63	92
3차	3	10	20	35	56	84	120
4차	4	15	35	70	126	210	330

특수 3차의 경우 인자의 수 $k=3$일 때 $\binom{3+1}{2}+\binom{3}{3}=\frac{4!}{2!2!}+1=6+1=7$, $k=4$일 때 $\binom{4+1}{2}+\binom{4}{3}=\frac{5!}{3!2!}+\frac{4!}{3!}=10+4=14$개의 실험점으로 구성됨을 알 수 있다.

13.3.2 중심 배열법

심플렉스 격자형 배열법을 1963년 Scheffe가 보완하여 만든 것으로 인자의 수가 k개 있을 때 **[표 13-2]**와 같은 실험점으로 구성된다.

예를 들어 **[그림 13-4]**의 '① $k=3$ 중심배열법'의 경우 $k=3$이므로 꼭지점 $k=3$개, 변중심점 ${}_3C_2=3$개, 면(또는 전체)중심점 ${}_3C_3=1$개로 총 7개의 실험점을 갖는다. 따라서 총 ${}_kC_1+{}_kC_2+\cdots+{}_kC_k=\sum_{i=1}^{k}\binom{k}{i}=2^k-1$개의 실험점을 가지게 된다.

중심배열법은 격자배열법에 중심점을 추가한 것으로, **[그림 13-4]**의 '① $k=3$ 중심배열법'과 '② $k=4$ 중심배열법'은 **[그림 13-3]**의 '① (3, 2)의 격자배열법'과 '③ (4, 2) 격자배열법' 각각에 중심점이 추가된 것임을 알 수 있다.

[표 13-2] 인자가 k개일 경우 실험점의 구성

구분	개수	좌표
꼭지점	k	k개의 꼭지점의 수(1, 0, ⋯,0)
변 중심	${}_kC_2$	두 성분이 1/2씩 있음(1/2, 1/2, 0, ⋯, 0)
면 중심	${}_kC_3$	세 성분이 1/3씩 있음(1/3, 1/3, 1/3, 0, ⋯ , 0)
전체 중심	${}_kC_k$	k개의 성분이 1/k개씩 있음(1/k, ⋯ , 1/k)

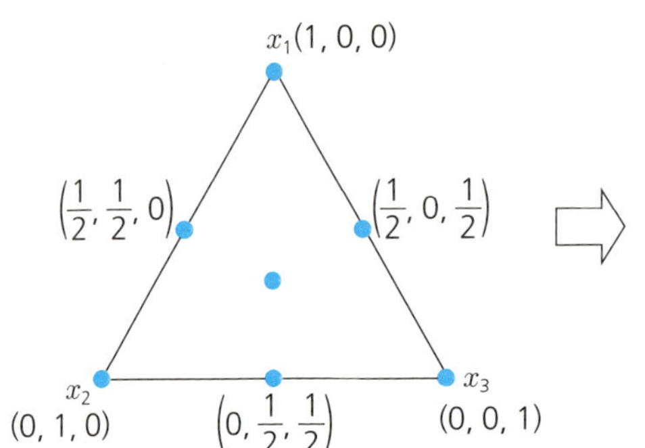

no	x_1	x_2	x_3	
1	1	0	0	꼭지점(k=3개)
2	0	1	0	
3	0	0	1	
4	1/2	1/2	0	변중심(${}_3C_2$=3개)
5	1/2	0	1/2	
6	0	1/2	1/2	
7	1/3	1/3	1/3	면/전체중심(${}_3C_3$=1개)

① k=3 중심배열법

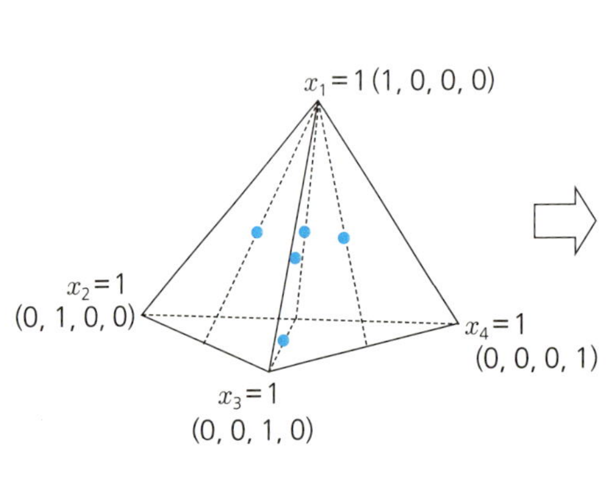

no	x_1	x_2	x_3	x_4	
1	1	0	0	0	꼭지점(k=4개)
2	0	1	0	0	
3	0	0	1	0	
4	0	0	0	1	
5	1/2	1/2	0	0	변중심(${}_4C_2=\frac{4!}{2!2!}$=6개)
6	1/2	0	1/2	0	
7	1/2	0	0	1/2	
8	0	1/2	1/2	0	
9	0	1/2	0	1/2	
10	0	0	1/2	1/2	
11	1/3	1/3	1/3	0	면중심(${}_4C_3$=4개)
12	1/3	1/3	0	1/3	
13	1/3	0	1/3	1/3	
14	0	1/3	1/3	1/3	
15	1/4	1/4	1/4	1/4	전체중심(${}_4C_4$=1개)

② k=4 중심배열법

[그림 13-4] k=3, 4일 경우 중심배열법

13.3.3 Lambrakis 실험계획법

Lambrakis는 격자형 배열법을 수정하여 다음과 같이 제안을 하였다.

$$(0, \frac{1}{k-1}, \frac{1}{k-1}, \cdots, \frac{1}{k-1})$$
$$(\frac{1}{k-1}, 0, \frac{1}{k-1}, \cdots, \frac{1}{k-1})$$
$$\vdots$$
$$(\frac{1}{k-1}, \frac{1}{k-1}, \cdots, \frac{1}{k-1}, 0)$$

이는 격자형 배열법에서 k개의 꼭지점 대신에 변의 중심점을 사용한 것이다. **[그림 13-5]**는 **[그림 13-3]**의 '② (3,3)의 격자'형 배열법을 Lambrakis의 실험계획법으로 변환한 상태를 나타낸다.

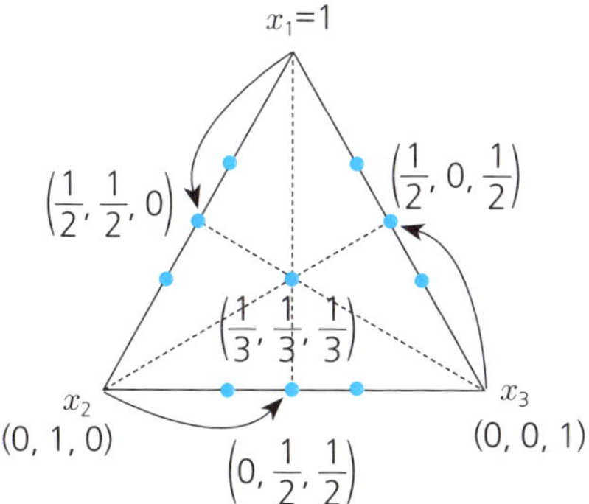

[그림 13-5] (3,3)의 경우 Lambrakis의 실험계획법

13.3.4 선별계획법(screening design)

Snee와 Marquart에 의해 제안된 방법으로 인자의 수가 많을 경우 중요 인자를 선별하고자 할 경우 사용한다. 선별계획법은 **[표 13-3]**과 같이 인자의 수가 k개 일 경우 $3k+1$개의 실험점으로 구성된다.

[표 13-3] 심플렉스 선별계획법의 실험점

모델	개수	좌표
꼭지점	k	$x_i=1,\ x_j=0,\ j\neq i$
내부점(축점)	k	$\begin{cases} x_i=\frac{k+1}{2k} \\ x_i=\frac{1}{2k},\ j\neq i \end{cases}$
중심점	1	$x_i=\frac{1}{k},\ i=1, 2, \cdots, k$
변점	k	$\begin{cases} x_i=0 \\ x_j=\frac{1}{k-1},\ j\neq i \end{cases}$
계	$3k+1$	

[그림 13-6]은 $k=3$ 경우 선별계획법을 나타내는데 $k=3$개의 꼭지점(▲), $k=3$개의 축점(✖), 1개의 중심점(●), $k=3$개의 변점(■)으로 총 3(3)+1=10개로 구성된 것을 알 수 있다.

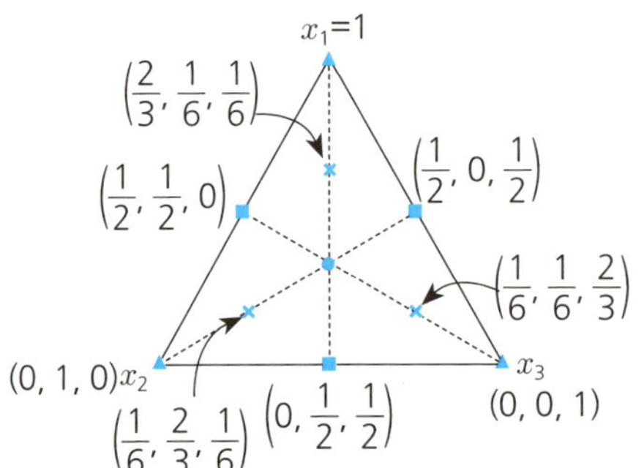

[그림 13-6] k=3 경우 선별계획법

이를 표로 나타내면 다음과 같다.

분류	x_1	x_2	x_3
꼭지점 (▲)	1 0 0	0 1 0	0 0 1
내부점(축점) (✖)	2/3 1/6 1/6	1/6 2/3 1/6	1/6 1/6 2/3
중심점(●)	1/3	1/3	1/3
변점 (■)	0 1/2 1/2	1/2 0 1/2	1/2 1/2 0

13.3.5 추가(Augmented)설계

Simplex 기본 설계에 **[그림 13-7]**과 같이 내점(축점 또는 중심점)을 추가한다. 이들 추가된 내점들에 의해 각각의 모든 성분이 존재하기 때문에 완전 혼합이라고 한다. 내점들을 통해 반응표면 내부의 정보를 알 수 있을 뿐 아니라, 보다 복잡한 곡면(고차원)의 모델링을 할 수 있다.

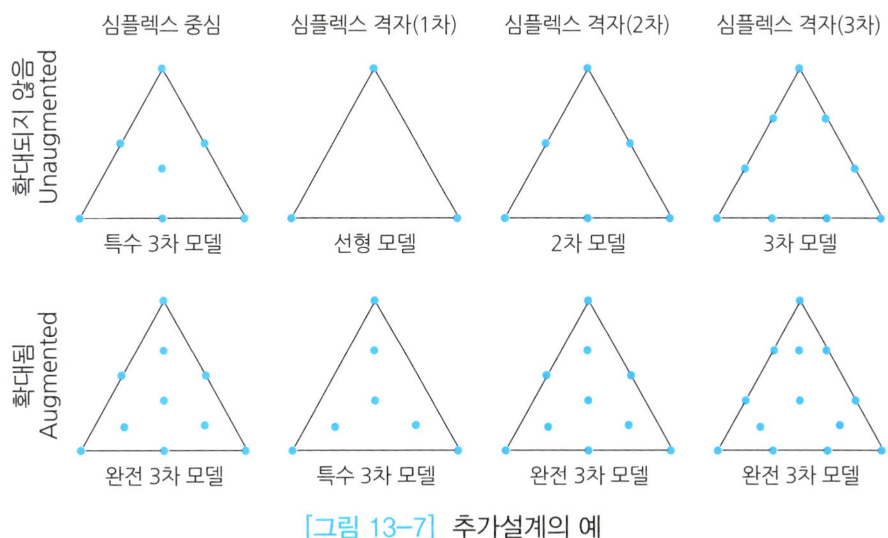

[그림 13-7] 추가설계의 예

13.3.6 설계의 단계별 확장

요인실험으로부터 시작하여 단계적으로 반응표면실험으로 확장해 가듯이, 혼합물 실험의 경우도 단계적으로 실험점을 확대해 가면서 반응표면이 변화하는 것을 추적할 필요가 있다.

[그림 13-8]은 단계적으로 실험점을 추가한 사례를 예시한 것이다. 이 경우 단계적으로 1차항의 계수와 2차항의 계수를 구할 수 있다.

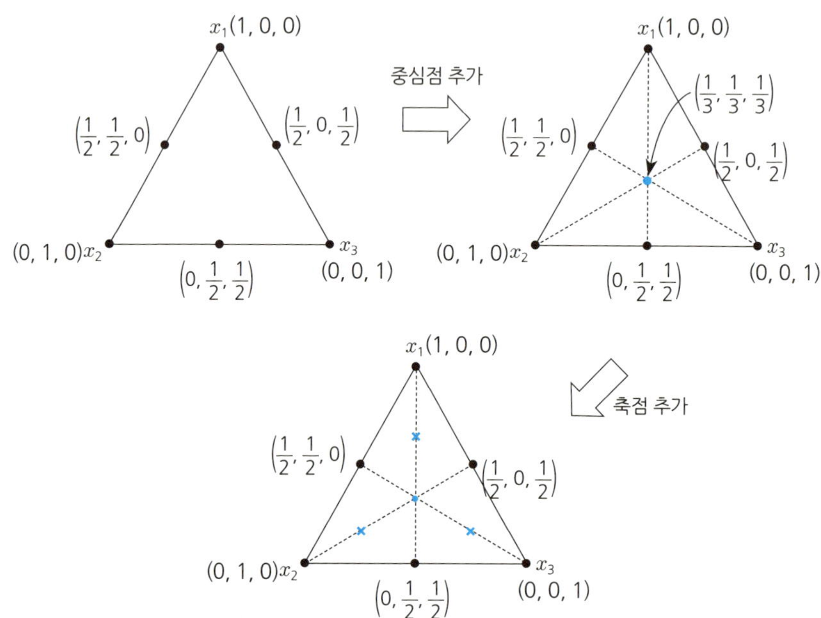

[그림 13-8] k=3인 경우 축차 실험

'예제 13-1'이 상기와 같은 방법으로 실험을 실행한 경우이다.

미니탭에서는 인자들의 성분비뿐 아니라 혼합물의 총량 또는 공정조건까지도 고려하여 혼합물 실험을 할 수 있게 되어있다. **[표 13-4]**에 이에 대한 내용이 요약되어 있다.

[표 13-4] 미니탭에서 지원되는 혼합물 실험

형태	설명	예
혼합물 (mixture)	인자들의 성분비만을 알고자 할 때	레모네이드 맛은 레몬원액과 설탕 및 물의 비율에 의해 결정된다.
혼합물-양 (mixture-amount)	인자들의 성분비와 혼합물의 총량을 알고자 할 때	농산물의 산출량은 농약의 성분비와 농약의 총량에 의해 영향을 받는다.
공정변수 (mixture-process variable)	인자들의 성분비와 혼합물 특성에 영향을 주는 공정변수를 알고자 할 때	과자의 맛은 성분비와 굽는 시간 및 굽는 온도에 의해 영향을 받는다.

■ **'예제 13-1'**을 미니탭을 사용하여 풀면 다음과 같다.

통계분석 > 실험계획법 > 혼합물 설계 > 혼합물 설계 생성을 클릭한다.

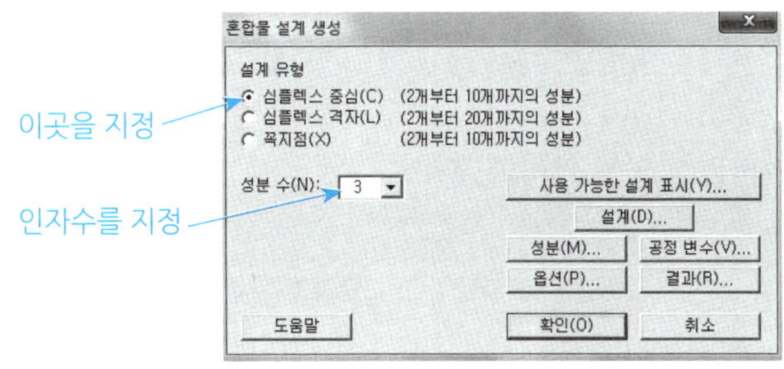

'설계'를 클릭하면 다음의 화면이 나타난다.

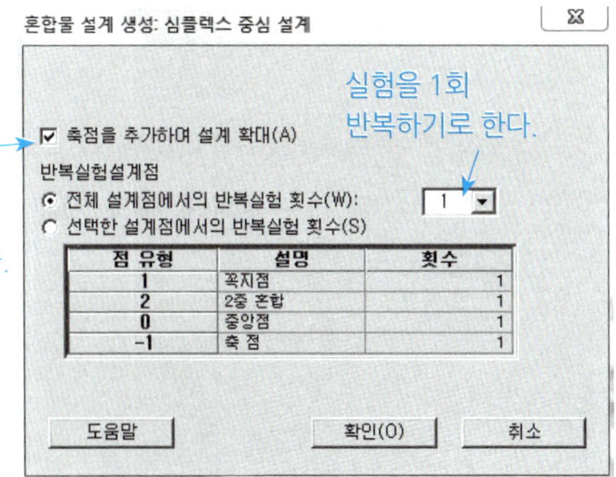

'확인'을 클릭한 후 '성분'을 클릭한다.

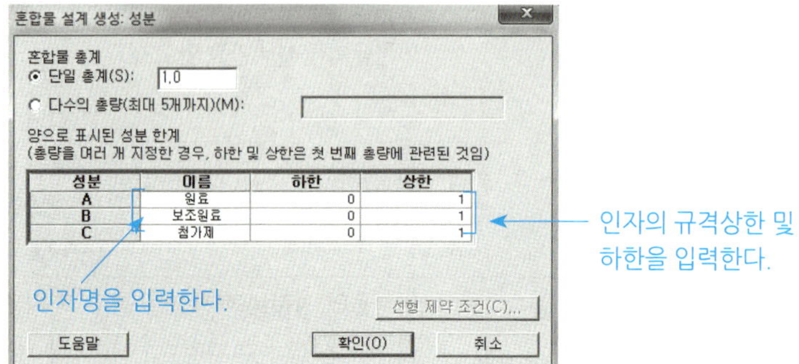

'확인'을 클릭한 후 '옵션'을 클릭한다.

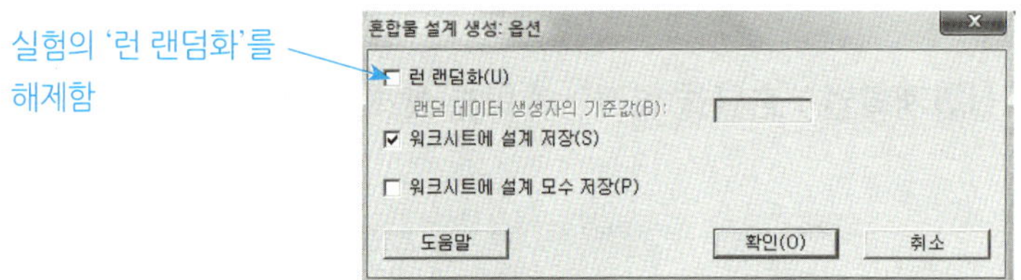

'확인'에 이어 '결과'를 클릭한 후

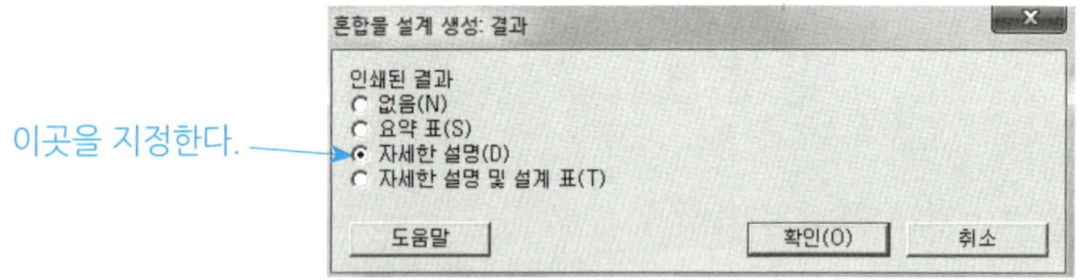

'확인'을 연속하여 클릭하면 다음의 결과가 나타난다.

'세션'창에 실험설계에 대한 정보와 각 인자의 성분비가 명시된 '워크시트'가 나타난다.

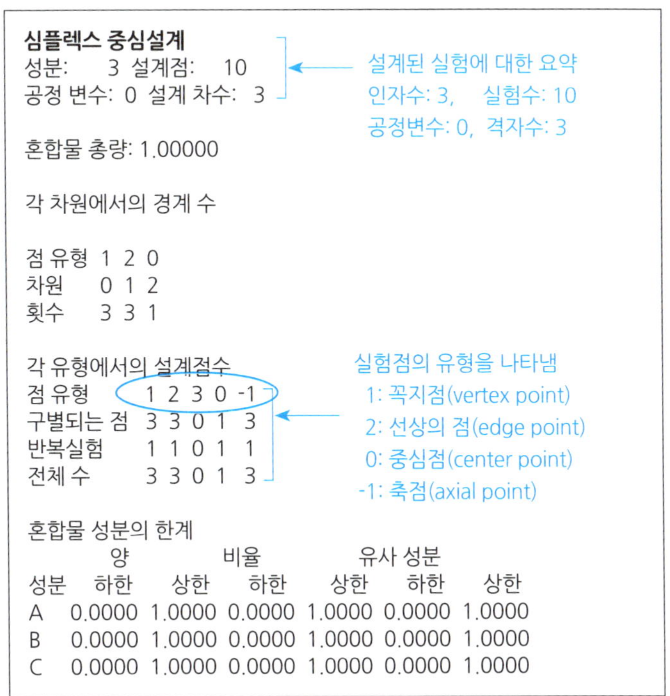

심플렉스 중심설계
성분: 3 설계점: 10
공정 변수: 0 설계 차수: 3

설계된 실험에 대한 요약
인자수: 3, 실험수: 10
공정변수: 0, 격자수: 3

혼합물 총량: 1.00000

각 차원에서의 경계 수

점 유형	1	2	0
차원	0	1	2
횟수	3	3	1

각 유형에서의 설계점수

점 유형	1	2	3	0	-1
구별되는 점	3	3	0	1	3
반복실험	1	1	0	1	1
전체 수	3	3	0	1	3

실험점의 유형을 나타냄
1: 꼭지점(vertex point)
2: 선상의 점(edge point)
0: 중심점(center point)
-1: 축점(axial point)

혼합물 성분의 한계

	양		비율		유사 성분	
성분	하한	상한	하한	상한	하한	상한
A	0.0000	1.0000	0.0000	1.0000	0.0000	1.0000
B	0.0000	1.0000	0.0000	1.0000	0.0000	1.0000
C	0.0000	1.0000	0.0000	1.0000	0.0000	1.0000

↓	C1	C2	C3	C4	C5	C6	C7	C8
	표준 순서	런 순서	점 유형	블럭	원료	보조원료	첨가제	
1	1	1	1	1	1.00000	0.00000	0.00000	
2	2	2	1	1	0.00000	1.00000	0.00000	
3	3	3	1	1	0.00000	0.00000	1.00000	
4	4	4	2	1	0.50000	0.50000	0.00000	
5	5	5	2	1	0.50000	0.00000	0.50000	
6	6	6	2	1	0.00000	0.50000	0.50000	
7	7	7	0	1	0.33333	0.33333	0.33333	
8	8	8	-1	1	0.66667	0.16667	0.16667	
9	9	9	-1	1	0.16667	0.66667	0.16667	
10	10	10	-1	1	0.16667	0.16667	0.66667	

실험점을 보기 위해 다음을 실행한다.

통계분석 > 실험계획법 > 혼합물 설계 > 심플렉스 설계도를 클릭하면 다음의 화면이 나타난다.

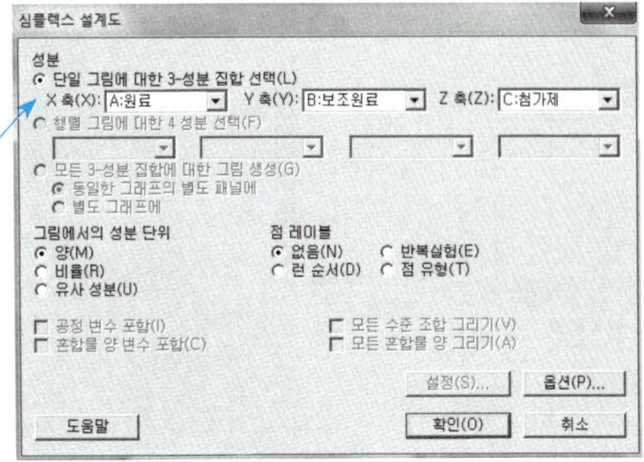

각각의 축을 확인하고

'확인'을 클릭하면 '심플렉스 중심'설계의 실험점이 나타난다.

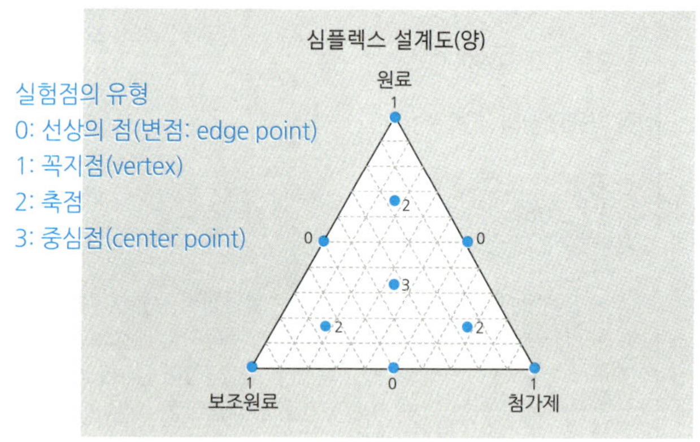

분석을 위해 '워크시트'상에 데이터를 입력한다.

↓	C1 표준 순서	C2 런 순서	C3 점 유형	C4 블럭	C5 원료	C6 보조원료	C7 첨가제	C8 점도
1	1	1	1	1	1.00000	0.00000	0.00000	23
2	2	2	1	1	0.00000	1.00000	0.00000	33
3	3	3	1	1	0.00000	0.00000	1.00000	18
4	4	4	2	1	0.50000	0.50000	0.00000	48
5	5	5	2	1	0.50000	0.00000	0.50000	20
6	6	6	2	1	0.00000	0.50000	0.50000	38
7	7	7	0	1	0.33333	0.33333	0.33333	50
8	8	8	-1	1	0.66667	0.16667	0.16667	39
9	9	9	-1	1	0.16667	0.66667	0.16667	50
10	10	10	-1	1	0.16667	0.16667	0.66667	36

실험을 분석하기 위해

통계분석 > 실험계획법 > 혼합물 설계 > 혼합물 설계 분석을 클릭한다.

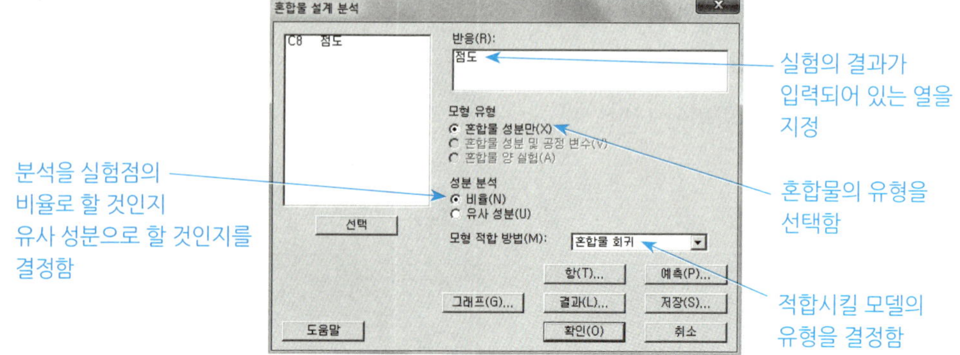

'항'을 클릭한 후

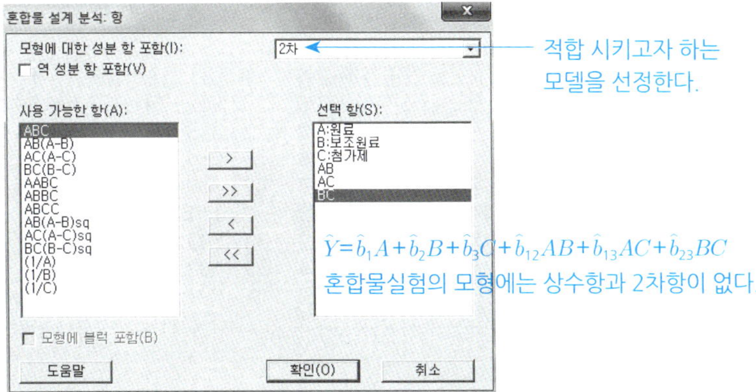

'확인'에 이어 '그래프'를 클릭한 후

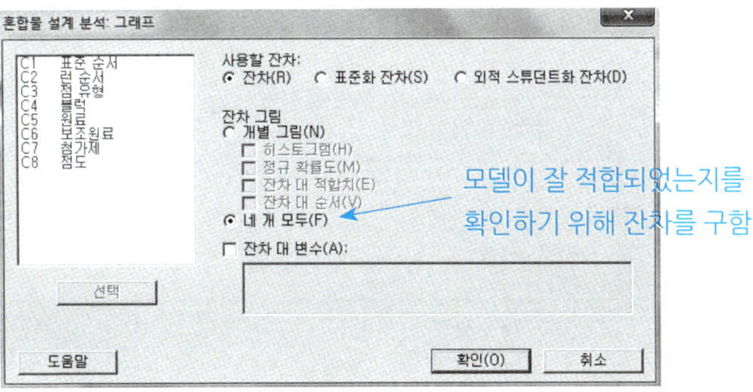

'확인'을 연속하여 클릭하면 다음의 결과가 나타난다.

혼합물에 대한 회귀 분석: 점도 대 원료, 보조원료, 첨가제
점도(성분 비율)에 대한 추정된 회귀 계수

항	계수	SE 계수	T	P	VIF
원료	22.09	4.765	*	*	1.964
보조원료	32.55	4.765	*	*	1.964
첨가제	17.64	4.765	*	*	1.964
원료*보조원료	99.13	21.961	4.51	0.011	1.982
원료*첨가제	17.31	21.961	0.79	0.475	1.982
보조원료*첨가제	70.22	21.961	3.20	0.033	1.982

S = 4.94060　　PRESS = 1111.46
R-제곱 = 92.52%　R-제곱(예측) = 14.80%　R-제곱(수정) = 83.16%

점도에 대한 분산 분석(성분 비율)

출처	DF	Seq SS	Adj SS	Adj MS	F	P
회귀 분석	5	1206.86	1206.862	241.372	9.89	0.023
선형	2	450.78	128.855	64.427	2.64	0.186
2차	3	756.08	756.084	252.028	10.32	0.024
원료*보조원료	1	492.07	497.380	497.380	20.38	0.011
원료*첨가제	1	14.43	15.171	15.171	0.62	0.475
보조원료*첨가제	1	249.58	249.583	249.583	10.22	0.033
잔차 오차	4	97.64	97.638	24.410		
총계	9	1304.50				

점도에 영향을 주는 것은 보조원료>원료>첨가제 순임을 알 수 있다. 원료*보조원료, 보조원료*첨가제가 유의하므로 각각의 경우 두 성분의 혼합은 점도를 증가시키는 효과가 있다(계수값이 양수이기 때문).

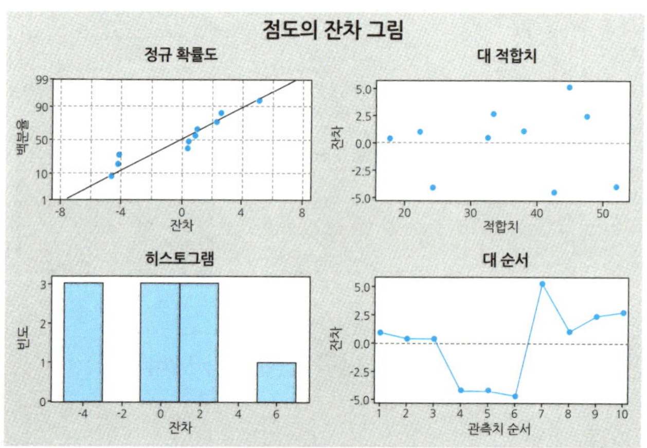

잔차의 경우 특이점은 없으므로 모델은 잘 적합되었다고 할 수 있다.

최적 혼합비율을 구하기 위해 다음을 실행한다.

통계분석 > 실험계획법 > 혼합물 설계 > 반응 최적화 도구를 클릭한 후

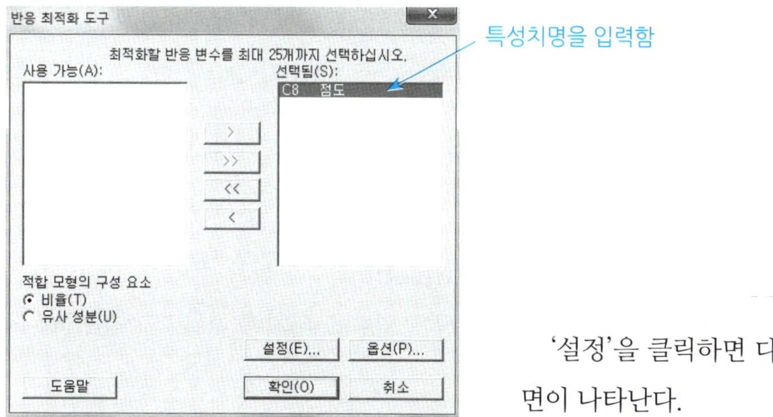

'설정'을 클릭하면 다음의 화면이 나타난다.

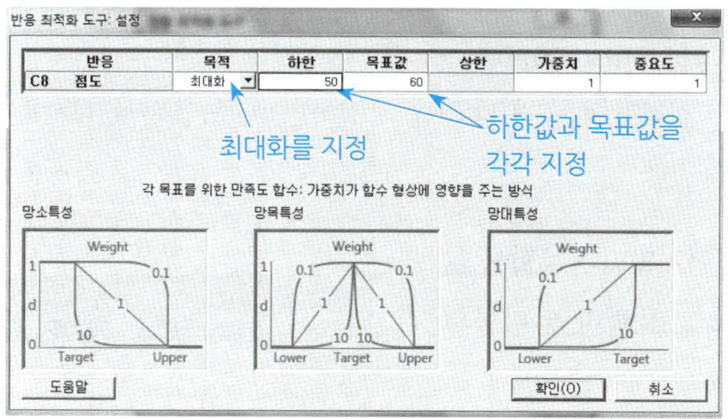

'확인'을 연속하여 클릭하면 다음의 화면이 나타난다.

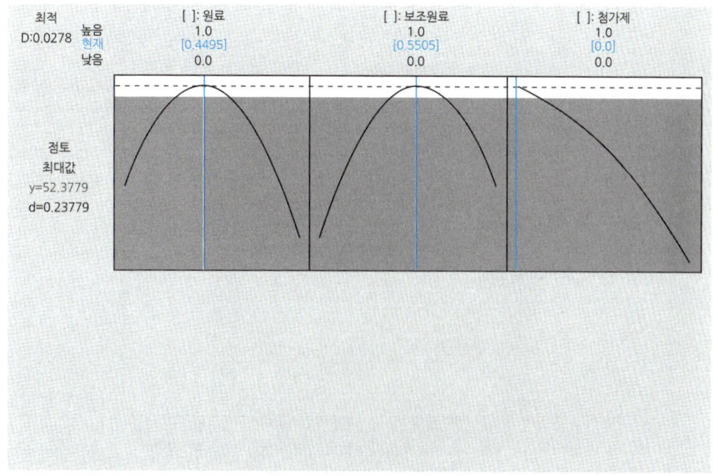

이상에서 원료 44.95 %, 보조원료 55.05 %에서 점도가 최대가 되는 것을 알 수 있다.

다음의 그래프를 통해 실험의 결과를 시각적으로 봄으로써 실험에 대한 해석을 보다 용이하게 할 수 있다.

- **반응궤적도(response trace plot)**
  각각의 인자가 결과에 어떻게 영향을 미치는 지를 기준혼합(reference blend)과 상대적으로 비교한다.
- **등고선/표면도(contour plot/surface(wireframe) plot)**
  인자와 결과값의 관계를 평면 또는 입체로 나타낸다.
- **중첩등고선도(overlaid contour plot)**
  얻고자하는 결과값의 규격(범위)을 지정하면 이를 만족시키는 범위를 시각적으로 나타낸다.

통계분석 > 실험계획법 > 혼합물 설계 > 반응궤적도를 클릭하면 다음의 화면이 나타난다.

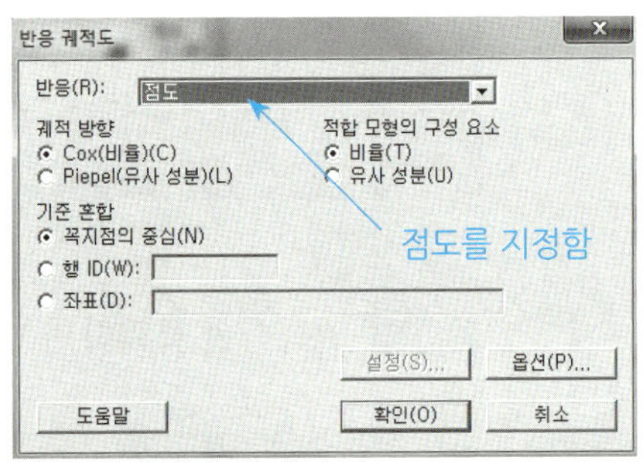

'확인'을 클릭하면 다음의 그래프가 나타난다.

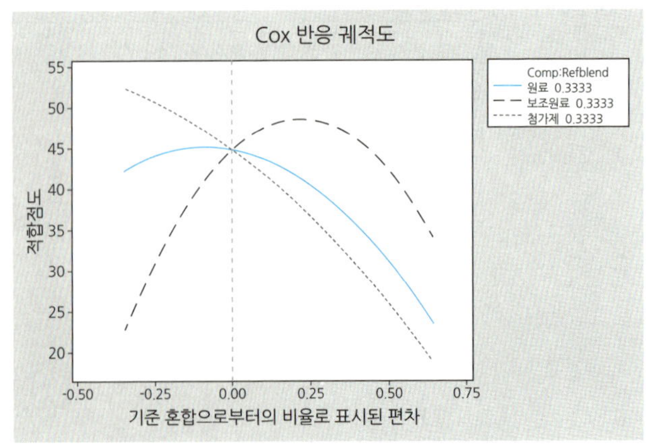

예상 대로 '첨가제'는 기울기의 변화가 거의 없는 것으로 나타났다. 첨가제에 비해서 보조원료, 원료의 순으로 기울기의 변화가 큼을 알 수 있다.

통계분석 > 실험계획법 > 혼합물 설계 > 등고선/표면도를 클릭하면 다음의 화면이 나타난다.

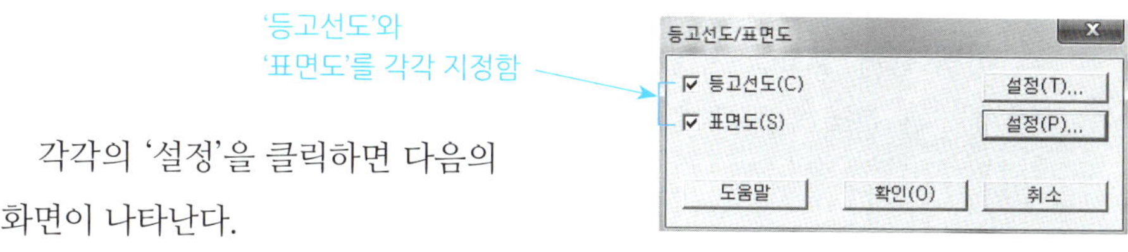

각각의 '설정'을 클릭하면 다음의 화면이 나타난다.

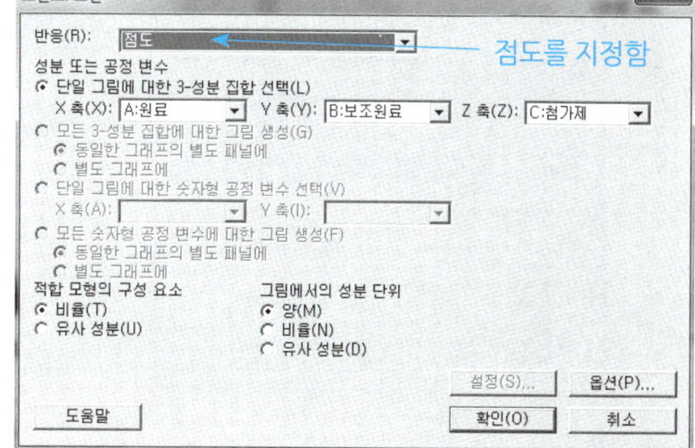

'확인'을 클릭하면 다음의 그래프들이 나타난다.

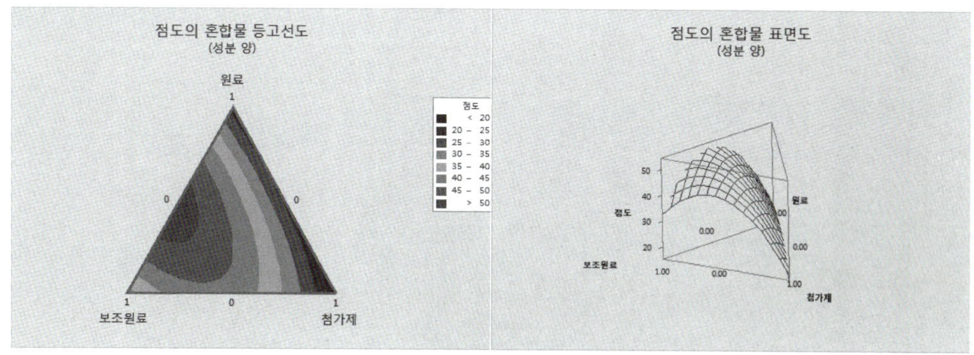

[그림 13–9] 등고선도와 표면도

이 경우 최대점이 원료와 보조원료의 모서리 부분에 형성되므로 두 개의 인자의 성분 비율이 혼합됨을 알 수 있다.

통계분석 > 실험계획법 > 혼합물 설계 > 중첩 등고선도를 클릭하면 다음의 화면이 나타난다.

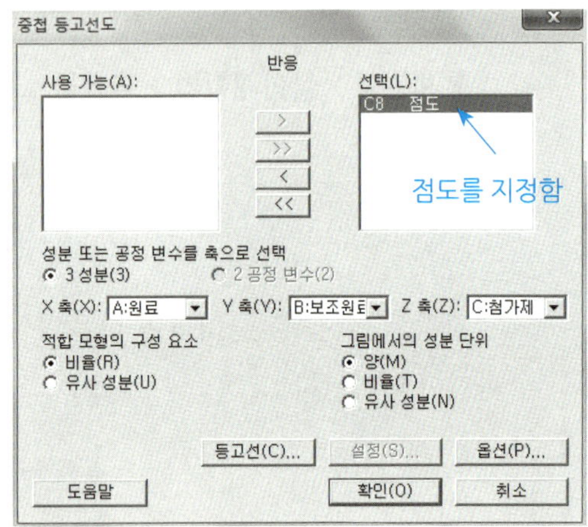

'선택'란에 점도를 지정하고 '등고선'을 클릭하면 다음의 화면이 나타난다.

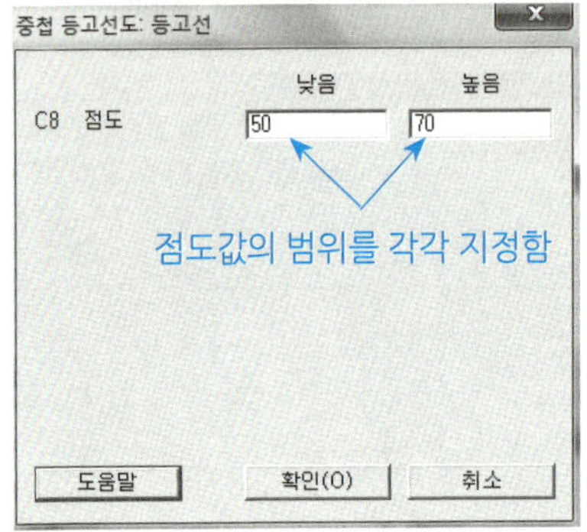

'확인'을 연속하여 클릭하면 다음의 화면이 나타난다.

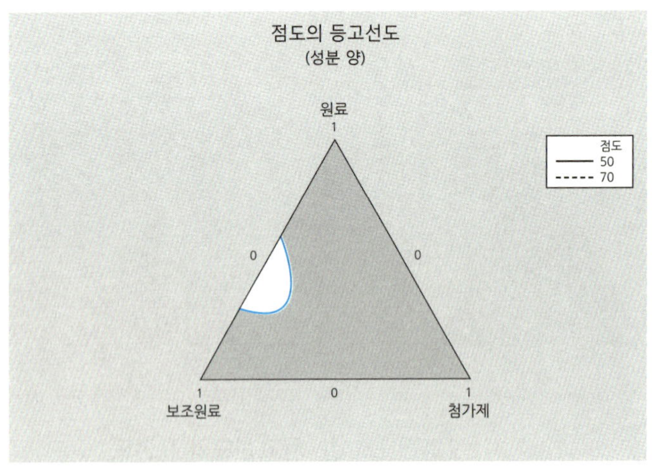

상기의 그림은 **[그림 13-9]**와 유사하나 만족시키는 범위를 대비시킴으로써 시각적으로 극명하게 나타낸다.

13.3.7 꼭지점 배열법

1966년 Anderson과 MaLean에 의해 소개된 혼합물 실험방법이다. 경제적 이유나 또는 실험 전에 이미 인자에 대한 정보를 상당히 알고있는 경우, 심플렉스의 일부 제한된 영역에서 실험을 하고자 할 때 사용한다.

이 경우 제한된 영역의 모든 꼭지점과 이 꼭지점들의 선형조합으로 이루어지는 점을 적절히 선택하여 실험을 실시한다.

1) 제약식의 형태

꼭지점 배열법에서 제약식은 다음의 3가지 형태로 나타난다.

① 제약식의 하한이 주어지는 경우

혼합물 실험에서 각 구성요소들이 일정 양 이상 혼합되어야 원하는 결과를 얻을 수 있는 경우로 다음과 같이 규격하한이 설정된다.

$$L_i \leq x_i \leq 1 \quad \text{여기서 } L_i > 0$$

예를 들어 케익을 만들 경우 각각 일정량 이상의 밀가루와 지방 및 설탕이 들어가야 하는 경우이다. 이 경우 제약조건이 혼합물의 영역을 축소시키나 원래의 모습을 변화시키지 않는다.

즉, 원래 심플렉스의 서브 심플렉스와 같이 보인다.

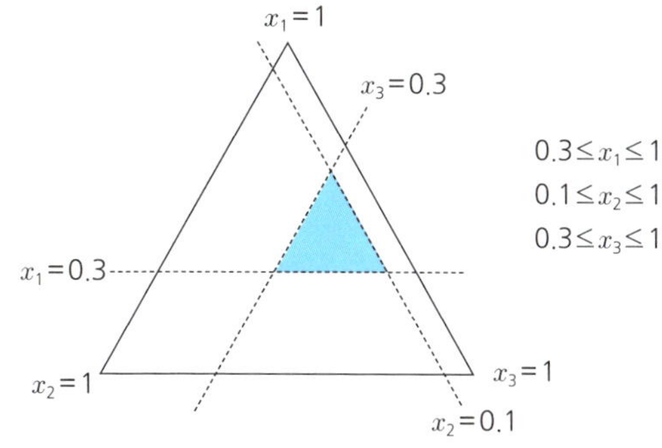

[그림 13-10] 제약식의 하한이 주어지는 경우

② 제약식의 상한이 주어지는 경우

특정 성분이 일정 비율 이상 포함되는 것이 규제되는 경우로 다음과 같이 규격 상한이 설정된다.

$$0 \le x_i \le U_i \quad \text{여기서 } U_i < 1$$

이 경우 상한선에 의해 정점 주변의 영역이 배제되므로 혼합물의 설계 영역의 형태가 변화된다.

[그림 13-11]에서 x_2의 규격상한에 의해 꼭지점이 잘려나간 것을 확인할 수 있다.

③ 제약식의 상한 및 하한이 주어지는 경우

혼합물의 제약에 상한 및 하한이 주어지는 경우 다음과 같이 규격상한 및 하한이 설정된다.

$$L_i \le x_i \le U_i \quad \text{여기서} \quad 0 \le L_i < U_i \le 1$$

이 경우 각 꼭지점에서 실험점이 설정이 되는데, 만일 규격 상한에 의해 잘려나간 부분에서 두 꼭지점 간에 거리가 멀지 않을 경우 하나의 실험점을 설정할 수 있다.

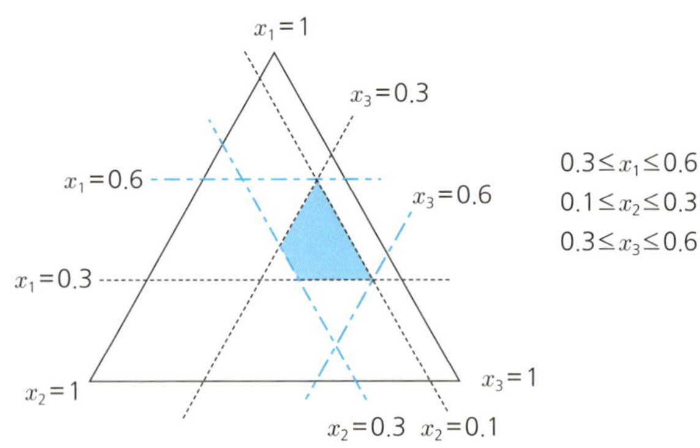

[그림 13-11] 제약식의 상한 및 하한이 주어지는 경우

2) 하한 제약조건을 이용한 유사성분의 계산

제약조건이 있을 경우 실험영역은 심플렉스의 일부 영역에 한정된다. 이때 실험점으로 원래의 성분비율을 사용하면 실험분석이 용이하지 않고 관리가 번거롭다. 따라서 이 경우 유사성분(pseudo component)을 도입함으로써 제약이 없는 경우와 같은 상태를 만들 필요가 있다.

3개의 성분에 대한 혼합실험을 할 때 다음과 같이 상한 및 하한의 조건이 있을 경우

$$x_1 + x_2 + x_3 = 1$$
$$L_1 \leq x_1 \leq U_1$$
$$L_2 \leq x_2 \leq U_2$$
$$L_3 \leq x_3 \leq U_3$$

새로운 실험영역에 대한 유사성분 x'_i는 하한 제약조건(L_i)을 사용하여 다음과 같이 구할 수 있다.

$$x'_i = \frac{x_i - L_i}{1 - L} \qquad (13.6)$$

여기서 L: 하한 제약조건의 합

L_i: 성분 x_i의 하한 제약조건

x_i : 원래의 성분비율

이 경우 유사성분 x'_i는 다음과 같이 제약조건이 없는 실험의 경우와 같게 된다.

$$x'_1 + x'_2 + x'_3 = 1$$
$$0 \leq x'_1 \leq 1$$
$$0 \leq x'_2 \leq 1$$
$$0 \leq x'_3 \leq 1$$

[표 13-5]는 좌측의 '원래의 성분'에 다음과 같은 제약이 있는 경우

$$0.3 \leq x_1 \leq 0.6$$
$$0.1 \leq x_2 \leq 0.3$$
$$0.3 \leq x_3 \leq 0.6$$

[표 13-5] 유사성분의 계산

	원래의 성분			유사성분			
	x_1	x_2	x_3	x'_1	x'_2	x'_3	y
1	0.3	0.1	0.6	0	0	1	3.8
2	0.3	0.3	0.4	0	2/3	1/3	6.5
3	0.6	0.1	0.3	1	0	0	5.4
4	0.4	0.3	0.3	1/3	2/3	0	6.2
5	0.3	0.2	0.5	0	1/3	2/3	3.8
6	0.45	0.1	0.45	1/2	0	1/2	3.6
7	0.5	0.2	0.3	2/3	1/3	0	3.2
8	0.35	0.3	0.35	1/6	2/3	1/6	6.8

식 (13.6)을 사용하여 우측의 '유사성분'으로 변환한 사례이다.

$$x_1=0.3\text{일 경우 } x'_1=\frac{x_1-L_1}{1-L}=\frac{0.3-0.3}{1-0.7}=0$$

$$x_1=0.6\text{일 경우 } x'_1=\frac{x_1-L_1}{1-L}=\frac{0.6-0.3}{1-0.7}=1$$

$$x_2=0.1\text{일 경우 } x'_2=\frac{x_2-L_2}{1-L}=\frac{0.1-0.1}{1-0.7}=0$$

$$x_2=0.3\text{일 경우 } x'_2=\frac{x_2-L_2}{1-L}=\frac{0.3-0.1}{1-0.7}=\frac{2}{3}$$

$$x_3=0.6\text{일 경우 } x'_3=\frac{x_3-L_3}{1-L}=\frac{0.6-0.3}{1-0.7}=1$$

$$x_3=0.4\text{일 경우 } x'_3=\frac{x_3-L_3}{1-L}=\frac{0.4-0.3}{1-0.7}=\frac{1}{3}$$

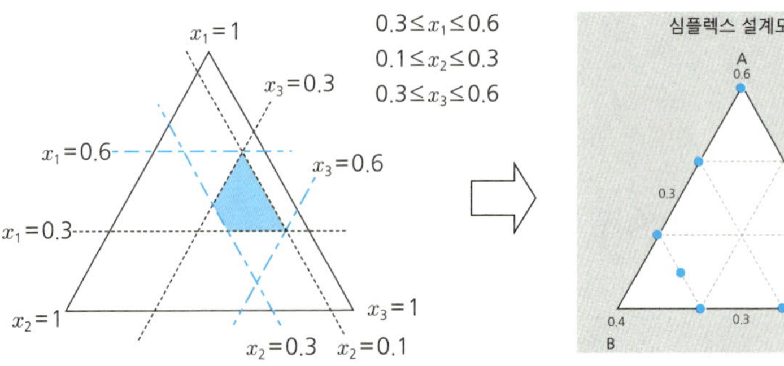

[그림 13-12] 유사성분의 계산을 통한 실험영역의 표준화

이 경우 **[그림 13-12]**와 같이 축소된 영역이 유사성분으로의 변환을 통해 원래의 표준화된 영역으로 확장된 것을 알 수 있다.

예제 13-2

밀가루, 설탕 및 지방을 혼합하여 당분의 함유량이 가장 적은 케익을 만들고자 한다. 각각의 성분이 다음의 조건을 만족시켜야 할 경우 최적 조건을 구하시오.

밀가루: $0.3 \le x_1 \le 0.6$

설탕: $0.1 \le x_2 \le 0.3$

지방: $0.3 \le x_3 \le 0.6$

통계분석> 실험계획법> 혼합물 설계> 혼합물 설계 생성을 클릭한다.

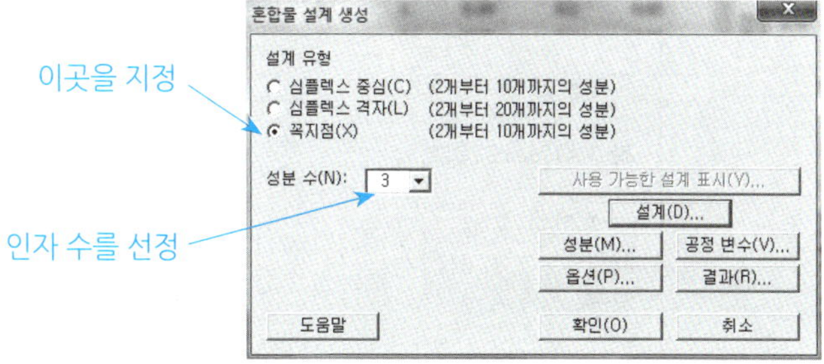

'설계'를 클릭한 후

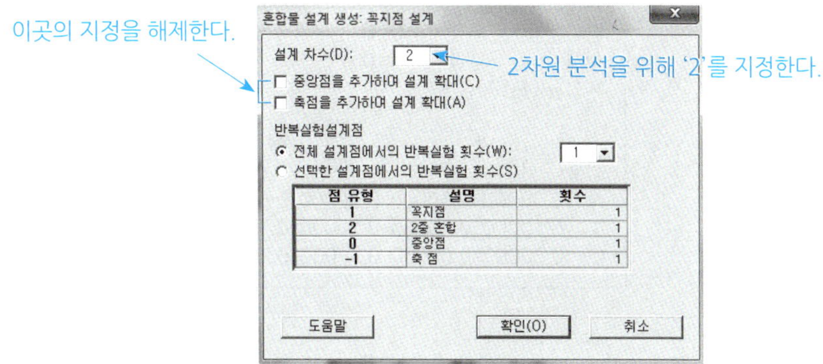

'확인'을 클릭한 후 '성분'을 지정한다.

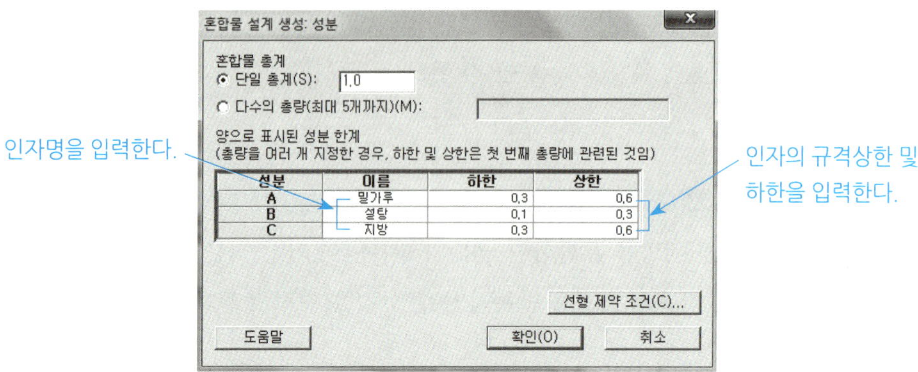

'확인'을 클릭한 후 '옵션'을 선택한 후 '런 랜덤화'를 해제한다. '확인'을 연속하여 클릭하면 다음의 결과들이 나타난다.

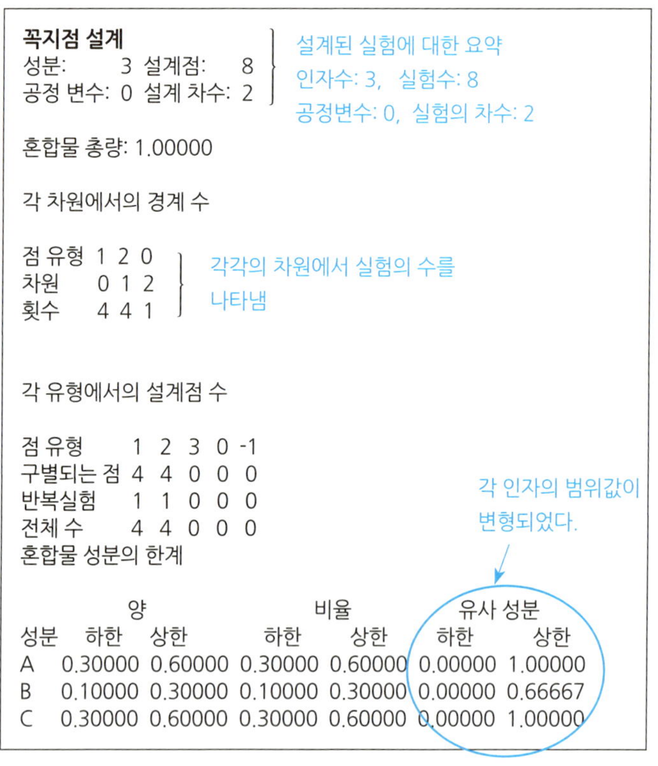

꼭지점 설계

성분: 3 설계점: 8
공정 변수: 0 설계 차수: 2

혼합물 총량: 1.00000

각 차원에서의 경계 수

점 유형	1	2	0
차원	0	1	2
횟수	4	4	1

각 유형에서의 설계점 수

점 유형	1	2	3	0	-1
구별되는 점	4	4	0	0	0
반복실험	1	1	0	0	0
전체 수	4	4	0	0	0

혼합물 성분의 한계

	양		비율		유사 성분	
성분	하한	상한	하한	상한	하한	상한
A	0.30000	0.60000	0.30000	0.60000	0.00000	1.00000
B	0.10000	0.30000	0.10000	0.30000	0.00000	0.66667
C	0.30000	0.60000	0.30000	0.60000	0.00000	1.00000

워크시트에 실험결과를 다음과 같이 입력한다.

↓	C1	C2	C3	C4	C5	C6	C7	C8
	표준 순서	런 순서	점 유형	블럭	밀가루	설탕	지방	당분
1	1	1	1	1	0.30	0.1	0.60	3.8
2	2	2	1	1	0.30	0.3	0.40	6.5
3	3	3	1	1	0.60	0.1	0.30	5.4
4	4	4	1	1	0.40	0.3	0.30	6.2
5	5	5	2	1	0.30	0.2	0.50	3.8
6	6	6	2	1	0.45	0.1	0.45	3.6
7	7	7	2	1	0.50	0.2	0.30	3.2
8	8	8	2	1	0.35	0.3	0.35	6.8

통계분석 > 실험계획법 > 혼합물 설계 > 혼합물 설계 분석을 클릭한 후 '반응'에 '당분'을 지정한다. '확인'을 클릭하면 '세션'창에 다음의 결과가 나타난다.

혼합물에 대한 회귀 분석: 당분 대 밀가루, 설탕, 지방
당분(성분 비율)에 대한 추정된 회귀 계수

항	계수	SE 계수	T	P	VIF
밀가루	23.9	5.936	*	*	258.7
설탕	139.2	22.585	*	*	1042.6
지방	13.1	5.936	*	*	258.7
밀가루*설탕	-235.3	38.795	-6.07	0.026	434.3
밀가루*지방	-41.7	23.326	-1.79	0.216	569.6
설탕*지방	-176.1	38.795	-4.54	0.045	434.3

S = 0.431168　　PRESS = 39.9337
R-제곱 = 97.54%　R-제곱(예측) = 0.00%　R-제곱(수정) = 91.39%

당분에 대한 분산 분석(성분 비율)

출처	DF	Seq SS	Adj SS	Adj MS	F	P
회귀 분석	5	14.7369	14.73694	2.94739	15.85	0.060
선형	2	7.8706	7.28461	3.64231	19.59	0.049
2차	3	6.8663	6.86634	2.28878	12.31	0.076
밀가루*설탕	1	2.9516	6.83979	6.83979	36.79	0.026
밀가루*지방	1	0.0840	0.59433	0.59433	3.20	0.216
설탕*지방	1	3.8308	3.83077	3.83077	20.61	0.045
잔차 오차	2	0.3718	0.37181	0.18591		
총계	7	15.1088				

당분에 대한 비정상적 관측치

관측	표준 순서	당분	적합치	SE 적합치	잔차	표준화 잔차
6	6	3.600	3.641	0.429	-0.041	-1.06 X

X는 X 값이 큰 레버리지를 제공하는 관측치를 나타냅니다.

당분에 영향을 주는 순서는 설탕>밀가루>지방 순임을 알 수 있다. 밀가루*설탕, 설탕*지방이 유의하고 계수값이 모두 음수이므로 각각의 경우 두 성분

의 혼합은 당분을 떨어뜨리는 효과가 있다.

결정계수 $R^2 = 97.54\ \%$로 매우 높음을 알 수 있다.

등고선도를 작성하면 당분을 낮추기 위해서는 설탕의 비율을 줄이고 밀가루나 지방의 비율을 높여야 함을 알 수 있다.

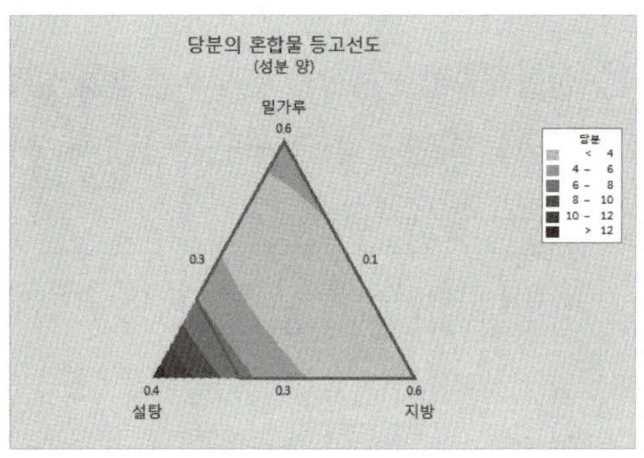

반응 궤적도를 작성하면 설탕이 당분에 가장 영향을 미치고 그 다음이 밀가루, 지방 순임을 알 수 있다.

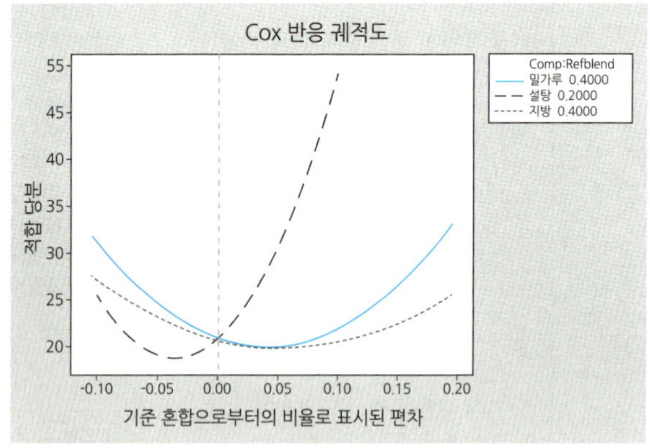

통계분석 > 실험계획법 > 혼합물 설계 > 반응 최적화 도구를 클릭하여 '당분'을 지정한 후'설정'을 클릭한다. '최소화'를 지정하고, '목표값'에 '3', '상한값'에 '5'를 입력한 후 '확인'을 연속하여 클릭하면 다음의 결과가 나타난다.

```
반응 최적화
모수
       목적     하한  목표값  상한  가중치  중요도
당분  최소값    3      3       5      1       1

글로벌 솔루션

성분

밀가루  = 0.404508
설탕    = 0.162158
지방    = 0.433333

예측 반응

당분  =  2.82595 ,  만족도 =  1.000000

종합 만족도 = 1.000000
```

최적 혼합비율은 밀가루 40.5 %, 설탕 16.2 %, 지방 43.3 % 임을 알 수 있다.

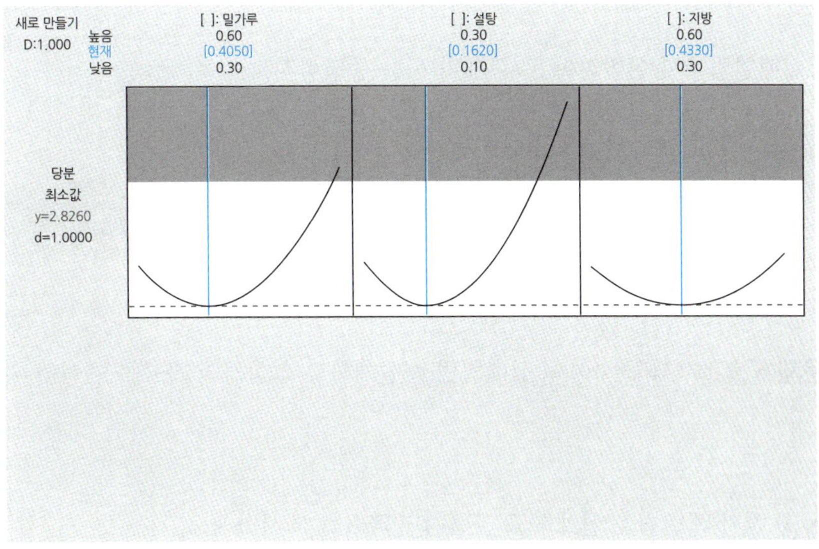

13장

연습문제

1. 혼합물 실험계획법과 일반 실험계획법과의 차이를 간략하게 기술하시오.

2. 격자형 배열법과 중심 배열법의 차이를 기술하시오.

3. 격자형 배열법과 Lambrakis 실험계획법과의 차이를 간략하게 기술하시오.

4. (k, m) 격자 배열법에서 실험점이 $\binom{m+k-1}{m}$개가 됨을 증명하시오.

5. 중심배열법에서 실험점이 2^k-1개가 됨을 증명하시오.

6. (4, 2) 격자 배열법을 설계하고 실험점의 좌표를 제시하시오.

7. **'문제 6'**으로부터 $k=4$인 중심배열법을 설계하고 실험점의 좌표를 제시하시오.

8. (4, 3) 격자 배열법을 설계하고 실험점의 좌표를 제시하시오.

9. **'문제 8'**로부터 Lambrakis 실험계획법을 설계하고 실험점의 좌표를 제시하시오.

10. $k=4$일 경우 선별계획법을 설계하고 실험점의 좌표를 제시하시오.

11. 수율을 향상시키고자 3개의 인자에 대해 다음과 같은 실험을 하였다. 다음의 질문에 답을 하시오.

번호	A	B	C	y
1	1	0	0	81
2	2/3	1/3	0	89
3	2/3	0	1/3	95
4	1/3	2/3	0	83
5	1/3	1/3	1/3	89
6	1/3	0	2/3	93
7	0	1	0	77
8	0	2/3	1/3	75
9	0	1/3	2/3	72
10	0	0	1	67

1) 어떤 종류의 혼합물 실험인지를 밝히시오.

2) 행렬을 사용하여 2차 모델로 적합시키시오.

3) 수율이 최대로 되는 조건을 구하시오.

12. 새로운 원료를 개발하기 위해 다음과 같은 제약조건하에서 3가지 요소를 혼합하는 실험을 하였다. 특성치가 클수록 바람직할 경우 다음의 질문에 답을 하시오.

$$0.2 \leq x_1 \leq 0.8$$
$$0.1 \leq x_2 \leq 0.5$$
$$0.1 \leq x_3 \leq 0.5$$

번호	x_1	x_2	x_3	y
1	0.2	0.5	0.3	8
2	0.2	0.3	0.5	6
3	0.4	0.1	0.5	8
4	0.8	0.1	0.1	4
5	0.4	0.5	0.1	18
6	0.2	0.4	0.4	6
7	0.6	0.1	0.3	8
8	0.6	0.3	0.1	16
9	0.3	0.5	0.2	14
10	0.3	0.2	0.5	8

1) 실험영역을 도시하고 실험점을 표시하시오.

2) '1)'에서 중심점을 추가하면 실험점이 몇 개가 되는가?

3) '1)'에서에서 축점을 추가하면 실험점이 몇 개가 되는가?

4) 특성치를 최대로 하는 조건을 구하시오.

14 분할법

분할법(split plot design)은 실험 전체를 랜덤하게 하기 곤란한 경우 랜덤화를 하기 쉬운 정도를 고려하여 인자를 단계별로 나누어 배치함으로써 실험을 단계별로 랜덤화하는 실험계획법이다.

[그림 14-1]과 같이 일차, 이차단위 2단계로 나누어 하는 실험을 단일분할법, **[그림 14-5]**와 같이 일차, 이차, 삼차단위 3단계로 나누어 하는 실험을 이단분할법이라고 한다. 그리고 일차단위에 요인이 한 개 배치될 경우 일원배치, 일차단위에 요인이 2개가 배치될 경우 이원배치라고 한다.

분할법은 다음과 같은 특징을 가지고 있다.

① 수준의 변경이 곤란한 인자를 우선적으로 배치한다. 즉, 랜덤화가 곤란한 인자를 일차단위에 배치하고 랜덤화가 용이한 인자를 2차단위에 배치한다.

② 일차단위에 배치된 인자 A와 이차단위에 배치된 인자 B의 교호작용 AB는 이차단위에 나타난다.

③ 일차단위에 배치된 인자의 주효과와 일차단위의 구획 차이가 교락한다. 따라서 관심이 있는 인자는 일차단위에 배치하지 않고 이차단위에 배치해야 한다.

④ 각 단위마다 실험오차가 분할되어 나타나는데 일차단위의 오차의 기대치는 이차단위의 오차의 기대치보다 크며, 자유도는 작다.

⑤ 실험오차가 분할되기 때문에 추·검정 시 다원배치법에 비해 더 복잡하나, 만일 일차단위의 오차를 무시할 수 있어 이차단위에 풀링할 경우 다원배치와 동일하게 된다.

14.1 단일분할법(일차단위가 일원배치)

단일분할법은 분할(split)이 한번만 일어나는데 **[그림 14-1]**과 같이 일차단위에 요인이 한 개가 배치되는 실험이다.

1) 데이터 구조

반복이 없는 경우 구조식은 다음과 같다.

$$y_{ij} = \mu + a_i + e_{(1)i} + b_j + e_{(2)ij} \qquad (14.1)$$

여기서 $i = 1, 2, \cdots, l$

$j = 1, 2, \cdots, m$

$e_{(1)i} \sim N(0, \sigma^2_{E_1})$, $e_{(2)ij} \sim N(0, \sigma^2_{E_2})$이고 각각 및 서로 간에 독립임

이 경우 A의 주효과 a_i와 일차오차 $e_{(1)i}$가 교락되어 분리해낼 수 없으며, 교호작용 $(ab)_{ij}$가 이차오차 $e_{(2)ij}$와 교락되어 분리해낼 수 없다. 따라서 반복이 없는 두 인자의 단일분할법은 사용하지 않는 것이 바람직하다.

따라서 단일분할법의 경우 **[그림 14-2]**와 같이 반복실험을 한다.

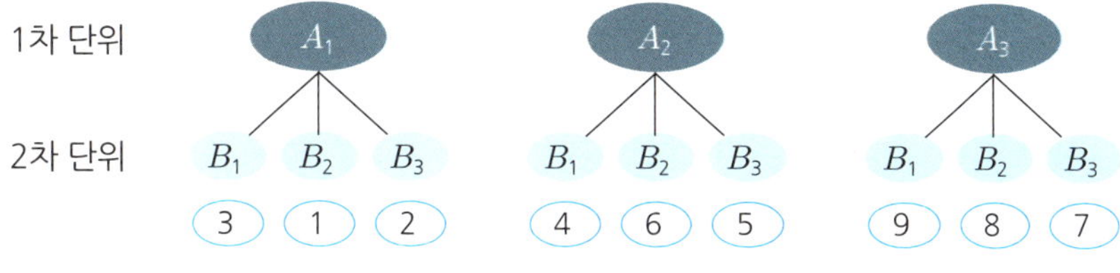

[그림 14-1] 단일 분할법(반복이 없는 경우)

이 경우 실험은 반복인자 R과 A 인자에 의해 제약을 받는다. 즉, 먼저 R_1에서 요인 A_i를 랜덤하게 선정하고 여기에 속한 요인 B_j에 대해서 랜덤하게 실험을 한다. 이어 나머지 A_i에 대해서도 동일한 방법으로 실험을 진행한다. 그리고 R_2에 대해서도 동일한 방법으로 실험을 진행한다.

따라서 실험전체가 완전 랜덤하게 실행되는 것이 아니라 A_i는 R_k가 정해진 상태에서 그리고 B_j는 A_i가 정해진 상태에서 즉, 제한된 범위 내에서 부분적으로 랜덤하게 진행된다. **[그림 14-2]**의 '실험순서'에 이에 따른 실험순서가 예시되어 있다.

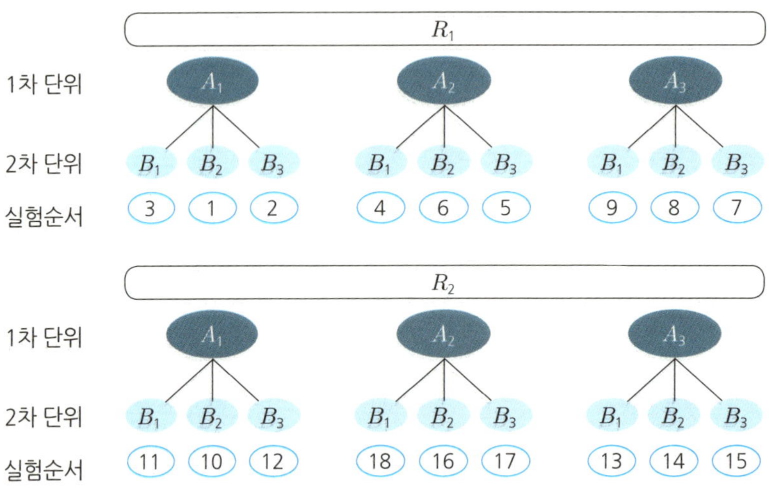

[그림 14-2] 단일 분할법(반복이 있는 경우)

반복이 있는 경우 단일분할법은 일차단위에 배치되는 반복요인 R과 요인 A에 의해 제약을 받으므로 구조식은 다음과 같다.

$$y_{ijk} = \mu + \underbrace{a_i + r_k + e_{(1)ik}}_{\text{일차단위}} + \underbrace{b_j + (ab)_{ij} + e_{(2)ijk}}_{\text{이차단위}} \tag{14.2}$$

단, $i = 1, 2, \cdots, l$

$j = 1, 2, \cdots, m$

$k = 1, 2, \cdots, r$

$r_k \sim N(0, \sigma^2_R)$, $e_{(1)ik} \sim N(0, \sigma^2_{E_1})$, $e_{(2)ijk} \sim N(0, \sigma^2_{E_2})$

이고 각각 및 서로 간에 독립임

여기서 r_k는 반복을 나타내는 변량인자이며, $e_{(1)ik}$를 일차단위 오차(whole plot error), $e_{(2)ijk}$를 이차단위 오차(split split error)라고 한다.

식 (14.2)는 전체 실험을 랜덤으로 하는 식 (14.3)의 삼원배치법과는 다르다.

$$y_{ijk} = \mu + a_i + r_k + (ar)_{ik} + b_j + (ab)_{ij} + (br)_{jk} + e_{ijk} \tag{14.3}$$

식 (14.2)와 (14.3)을 비교하면 교호작용 AR은 일차단위 오차 $e_{(1)ik}$와 교락이 되며 교호작용 BR 및 ABR은 이차단위 오차 $e_{(2)ijk}$와 교락되는 것을 알 수 있다.

2) 분산분석표 작성

다른 요인들의 변동을 구하는 방법은 반복이 없는 삼원배치법과 동일하므로 SSE_1과 SSE_2를 구해보기로 한다.

일차단위 오차변동 SSE_1은 $SS(A\times R)$과 구하는 방법이 동일하므로

$SSE_1 = SS(A\times R) = SSAR - SSA - SSR$ 이 된다.

여기서 $$SSAR = \sum_{i=1}^{l}\sum_{k=1}^{r}\frac{T_{i.k}^{\ 2}}{m} - \frac{T^2}{lmr}$$

$$SSA = \sum_{i=1}^{l}\frac{T_{i..}^{\ 2}}{mr} - \frac{T^2}{lmr}$$

$$SSR = \sum_{k=1}^{r}\frac{T_{..k}^{\ 2}}{lm} - \frac{T^2}{lmr}$$

이다.

이차단위의 오차변동 SSE_2는 다음과 같다.

$$SSE_2 = SST - [SSA + SSR + SSE_1 + SSB + SS(A\times B)]$$

각 요인의 변동을 구하여 단일분할법의 분산분석표를 작성하면 **[표 14-1]**과 같다.

[표 14-1] 단일 분할법의 분산분석표(반복이 있는 경우)

요인	SS	ϕ	V	$E(V)$	F_{calc}
A	SSA	$l-1$	V_A	$\sigma_{E_2}^{\ 2} + m\sigma_{E_1}^{\ 2} + mr\sigma_A^{\ 2}$	V_A/V_{E_1}
R	SSR	$r-1$	V_R	$\sigma_{E_2}^{\ 2} + m\sigma_{E_1}^{\ 2} + lm\sigma_R^{\ 2}$	V_R/V_{E_1}
E_1	SSE_1	$(l-1)(r-1)$	V_{E_1}	$\sigma_{E_2}^{\ 2} + m\sigma_{E_1}^{\ 2}$	V_{E_1}/V_{E_2}
B	SSB	$m-1$	V_B	$\sigma_{E_2}^{\ 2} + lr\sigma_B^{\ 2}$	V_B/V_{E_2}
$A\times B$	$SS(A\times B)$	$(l-1)(m-1)$	$V_{A\times B}$	$\sigma_{E_2}^{\ 2} + r\sigma_{A\times B}^{\ 2}$	$V_{A\times B}/V_{E_2}$
E_2	SSE_2	$l(m-1)(r-1)$	V_{E_2}	$\sigma_{E_2}^{\ 2}$	
T	SST	$lmr-1$			

3) 평균변동의 기대값 계산

식 (14.2)로부터

$$\bar{y}_{i..} = \mu + a_i + \bar{r} + \bar{e}_{(1)i.} + \bar{e}_{(2)i..} \quad (14.4)$$

$$\bar{\bar{y}} = \mu + \bar{r} + \bar{e}_{(1)..} + \bar{e}_{(2)...} \quad (14.5)$$

이므로 $E(SSA)$를 다음과 같이 구할 수 있다.

$$\begin{aligned} E(SSA) &= E[mr\sum_{i=1}^{l}(\bar{y}_{i..} - \bar{\bar{y}})^2] \\ &= E[mr\sum_{i=1}^{l}\{(a_i + (\bar{e}_{(1)i.} - \bar{e}_{(1)..}) + (\bar{e}_{(2)i..} - \bar{e}_{(2)...})\}^2] \\ &= mr\sum_{i=1}^{l}a_i^{\ 2} + E[mr\sum_{i=1}^{l}(\bar{e}_{(1)i.} - \bar{e}_{(1)..})^2] + E[mr\sum_{i=1}^{l}(\bar{e}_{(2)i..} - \bar{e}_{(2)...})^2] \\ &= mr(l-1)\sigma_A^{\ 2} + m(l-1)\sigma_{E_1}^{\ 2} + (l-1)\sigma_{E_2}^{\ 2} \end{aligned}$$

따라서 $E(V_A) = \dfrac{E(SSA)}{l-1} = \sigma_{E_2}^{\ 2} + m\sigma_{E_1}^{\ 2} + mr\sigma_A^{\ 2}$이 된다.

다른 인자들의 평균변동의 기대값도 동일한 방법으로 구할 수 있다. 이들에 대한 값들이 **[표 14-1]**의 '$E(V)$'란에 나타나 있다.

4) 분산분석 후에 추정

(1) 각 인자의 모평균의 추정

다음의 식에서 $\mu(A_i)$의 불편추정량은 $\bar{y}_{i..}$임을 알 수 있다.

$$E(\bar{y}_{i..}) = \mu + a_i = \mu_i \qquad \text{식 (14.4)로 부터}$$

$\bar{y}_{i..}$의 분산은

$$\begin{aligned} Var(\bar{y}_{i..}) &= Var[\mu + a_i + \bar{r} + \bar{e}_{(1)i.} + \bar{e}_{(2)i..}] \\ &= Var(\bar{r}) + Var(\bar{e}_{(1)i.}) + Var(\bar{e}_{(2)i..}) \\ &= \frac{\sigma_R^{\ 2}}{r} + \frac{\sigma_{E_1}^{\ 2}}{r} + \frac{\sigma_{E_2}^{\ 2}}{mr} \end{aligned} \quad (14.6)$$

이므로 **[표 14-1]**로부터 다음을 구하여

$$\hat{\sigma}_R^{\ 2} = \frac{V_R - V_{E_1}}{lm} \tag{14.7}$$

$$\hat{\sigma}_{E_1}^{\ 2} = \frac{V_{E_1} - V_{E_2}}{m} \tag{14.8}$$

$$\hat{\sigma}_{E_2}^{\ 2} = V_{E_2} \tag{14.9}$$

이들을 식 (14.6)에 대입할 경우 다음을 구할 수 있다.

$$\begin{aligned} Var(\bar{y}_{i..}) &= \frac{1}{r}\left(\frac{V_R - V_{E_1}}{lm}\right) + \frac{1}{r}\left(\frac{V_{E_1} - V_{E_2}}{m}\right) + \frac{V_{E_2}}{mr} \\ &= \frac{1}{lmr}\left[(V_R - V_{E_1}) + l(V_{E_1} - V_{E_2}) + lV_{E_2}\right] \\ &= \frac{1}{lmr}\left[V_R + (l-1)V_{E_1}\right] \end{aligned} \tag{14.10}$$

따라서 $\mu(A_i)$의 $100(1-\alpha)$ % 신뢰구간은 다음과 같다.

$$\bar{y}_{i..} \pm t\left(\phi^*;\ \frac{\alpha}{2}\right)\sqrt{\frac{V_R + (l-1)V_{E_1}}{lmr}}$$

여기서 Satterthwaite의 자유도 ϕ^*는

$$\phi^* = \frac{\left[V_R + (l-1)V_{E_1}\right]^2}{\dfrac{(V_R)^2}{\phi_R} + \dfrac{\left[(l-1)V_{E_1}\right]^2}{\phi_{E_1}}}$$

이다.

동일한 방법으로 인자 B에 대한 $\mu(B_j)$의 $100(1-\alpha)$ % 신뢰구간을 구하면 다음과 같다.

$$\bar{y}_{.j.} \pm t\left(\phi^*;\ \frac{\alpha}{2}\right)\sqrt{\frac{V_R + (m-1)V_{E_2}}{lmr}}$$

여기서 자유도는

$$\phi^* = \frac{\left[V_R + (m-1)V_{E_2}\right]^2}{\dfrac{(V_R)^2}{\phi_R} + \dfrac{\left[(m-1)V_{E_2}\right]^2}{\phi_{E_2}}}$$

이다.

(2) A_iB_j 수준조합에서의 모평균의 추정

교호작용 AB가 유의할 경우 다음이 되므로 $\bar{y}_{ij.}$가 $\mu(A_iB_j)$의 불편추정량이 된다.

$$E(\bar{y}_{ij.}) = \mu + a_i + b_j + (ab)_{ij}$$

$\bar{y}_{ij.}$의 분산은

$$\begin{aligned} Var(\bar{y}_{ij.}) &= Var[\mu + a_i + \bar{r} + \bar{e}_{(1)i.} + b_j + (ab)_{ij} + \bar{e}_{(2)ij.}] \\ &= Var(\bar{r}) + Var(\bar{e}_{(1)i.}) + Var(\bar{e}_{(2)ij.}) \\ &= \frac{{\sigma_R}^2}{r} + \frac{{\sigma_{E_1}}^2}{r} + \frac{{\sigma_{E_2}}^2}{r} \end{aligned} \qquad (14.11)$$

이 되므로

식 (14.11)에 식 (14.7), (14.8), (14.9)를 대입하면 $Var(\bar{y}_{i..})$는 다음과 같다.

$$\begin{aligned} Var(\bar{y}_{i..}) &= \frac{1}{r}\left(\frac{V_R - V_{E_1}}{lm}\right) + \frac{1}{r}\left(\frac{V_{E_1} - V_{E_2}}{m}\right) + \frac{V_{E_2}}{r} \\ &= \frac{[(V_R + (l-1)V_{E_1} + l(m-1)V_{E_2}]}{lmr} \end{aligned}$$

따라서 $\mu(A_iB_j)$의 $100(1-\alpha)$ % 신뢰구간은 다음과 같다.

$$\bar{y}_{ij.} \pm t\left(\phi^*;\ \frac{\alpha}{2}\right)\sqrt{\frac{V_R + (l-1)V_{E_1} + l(m-1)V_{E_2}}{lmr}}$$

여기서 자유도는

$$\phi^* = \frac{[V_R + (l-1)V_{E_1} + l(m-1)V_{E_2}]^2}{\dfrac{(V_R)^2}{\phi_R} + \dfrac{[(l-1)V_{E_1}]^2}{\phi_{E_1}} + \dfrac{[l(m-1)V_{E_2}]^2}{\phi_{E_2}}}$$

가 된다.

예제 14-1

3개의 협력사로부터 중간재(A_1, A_2, A_3)를 납품받아 로(furnace)에서 열처리를 하여 제품을 생산하고 있다. 이 경우 로의 용량의 제약으로 인해 한 번에 열처리를 3회(B_1, B_2, B_3) 밖에 할 수 없어서 **[그림 14-2]**와 같이 실험을 하였다. 실험을 분석하고 해석하시오.

[표 14-2] '예제 14-1'의 데이터

블록(R)	A	B	전기적특성	실험순서	블록(R)	A	B	전기적특성	실험순서
1	1	1	25.91	3	2	1	1	28.36	11
1	1	2	32.09	1	2	1	2	32.09	10
1	1	3	29.9	2	2	1	3	29.6	12
1	2	1	24.73	4	2	2	1	28.93	13
1	2	2	32.42	6	2	2	2	32.56	14
1	2	3	27.1	5	2	2	3	34.6	15
1	3	1	25.68	9	2	3	1	28.96	18
1	3	2	31.69	8	2	3	2	33.11	16
1	3	3	34.6	7	2	3	3	29.2	17

이 경우 실험순서가 일차단위에 배치되는 블록 R과 요인 A에 영향을 받는 단일분할법 2회 반복실험이므로 이에 대한 분석을 한다.

$$
\begin{aligned}
SST &= \sum_i \sum_j \sum_k {y_{ijk}}^2 - \frac{T^2}{N} \\
&= (25.91^2 + 32.09^2 + \cdots + 29.2^2) - \frac{541.53^2}{18} \\
&= 16\,445.094 - 16\,291.93 \\
&= 153.164
\end{aligned}
$$

인자 A, B의 변동을 구하기 위해 A, B에 대한 보조표를 다음과 같이 구한다.

		A_1	A_2	A_3	$T_{.j.}$	$\bar{y}_{.j.}$
B_1	R_1	25.91	24.73	25.68	162.57	27.095
	R_2	28.36	28.93	28.96		
B_2	R_1	32.09	32.43	31.69	193.96	32.327
	R_2	32.09	32.56	33.11		
B_3	R_1	29.9	27.1	34.6	185	30.833
	R_2	29.6	34.6	29.2		
	$T_{i..}$	177.95	180.34	183.24	T=541.53	$\bar{\bar{y}}$=30.085
	$\bar{y}_{i..}$	29.658	30.057	30.54		

$$
SSA = \sum_i \frac{{T_{i..}}^2}{mr} - \frac{T^2}{N} = \frac{177.95^2 + 180.34^2 + 183.24^2}{6} - \frac{541.53^2}{18}
$$

$$= 16\,294.269 - 16\,291.93$$

$$= 2.339$$

$$SSB = \sum_j \frac{T_{.j.}^{\;2}}{lr} - \frac{T^2}{N} = \frac{162.57^2 + 193.96^2 + 185^2}{6} - \frac{541.53^2}{18}$$

$$= 16\,379.081 - 16\,291.93$$

$$= 87.151$$

$SSAR$을 구하기 위해 R_kA_i에 대한 보조표를 작성한다.

	A_1	A_2	A_3
R_1	87.9	84.25	91.97
R_2	90.05	96.09	91.27

$$SSAR = \sum_i \sum_k \frac{T_{i.k}^{\;2}}{m} - \frac{T^2}{N} = \frac{87.9^2 + 84.25^2 + \cdots + 91.27^2}{3} - \frac{541.53^2}{18}$$

$$= 16\,318.486 - 16\,291.93$$

$$= 26.556$$

SSR을 구하기 위해 R_k에 대한 보조표를 작성한다.

	R_1	R_2
$T_{..k}$	264.12	277.41

$$SSR = \sum_k \frac{T_{..k}^{\;2}}{lm} - \frac{T^2}{N} = \frac{264.12^2 + 16291.93^2}{9} - \frac{541.53^2}{18}$$

$$= 16\,301.743 - 16\,291.93$$

$$= 9.813$$

SSE_1을 다음과 같이 구할 수 있다.

$$SSE_1 = SSAR - SSA - SSR$$

$$= 26.556 - 2.339 - 9.813$$

$$= 14.404$$

$SSAB$을 구하기 위해 A_iB_j에 대한 보조표를 작성한다.

		A_1	A_2	A_3
$T_{ij.}$	B_1	54.270	53.660	54.640
	B_2	64.180	64.980	64.800
	B_3	59.500	61.700	63.800

$$SSAB = \sum_i \sum_j \frac{T_{ij.}{}^2}{r} - \frac{T^2}{N} = \frac{54.27^2 + 64.18^2 + \cdots + 63.8^2}{2} - \frac{541.53^2}{18}$$

$$= 16\,384.125 - 16\,291.93$$

$$= 92.195$$

$$SS(A \times B) = SSAB - SSA - SSB$$

$$= 92.195 - 2.339 - 87.151$$

$$= 2.705$$

SSE_2를 다음과 같이 구할 수 있으므로

$$SSE_2 = SST - [SSA + SSR + SSE_1 + SSB + SS(A \times B)]$$

$$= 153.164 - (2.339 + 9.813 + 14.404 + 87.151 + 2.705)$$

$$= 36.752$$

이상에서 **[표 14-3]**과 같은 분산분석표를 작성할 수 있다.

[표 14-3] '예제 14-1'에 대한 분산분석표

요인	SS	ϕ	V	F_{calc}	p
블록	9.813	1	9.813	1.36	0.363
A	2.339	2	1.170	0.16	0.86
블록*$A(E_1)$	14.404	2	7.202	1.18	0.371
B	87.151	2	43.576	7.11	0.026
$A*B$	2.705	4	0.676	0.11	0.974
오차(E_2)	36.752	6	6.125		
총계	153.164	17			

일차단위인 블록과 인자 A는 일차단위 오차[블록* $A(E_1)$]의 평균변동 7.202를 사용하여 F 검정을 하고, 이차단위인 인자 B와 교호작용 AB는 이차단위 오차의 평균변동 6.125를 사용하여 F 검정을 한다.

이 경우 인자 B만이 유의하므로 나머지 인자들을 중요도 순으로 순차적으로 풀링할 수 있다.

■ 미니탭에 의해 '**예제 14-1**'을 분석하면 다음과 같다.

통계분석 > 분산분석 > 일반 선형 모형 > 일반 선형 모형 적합을 클릭하여

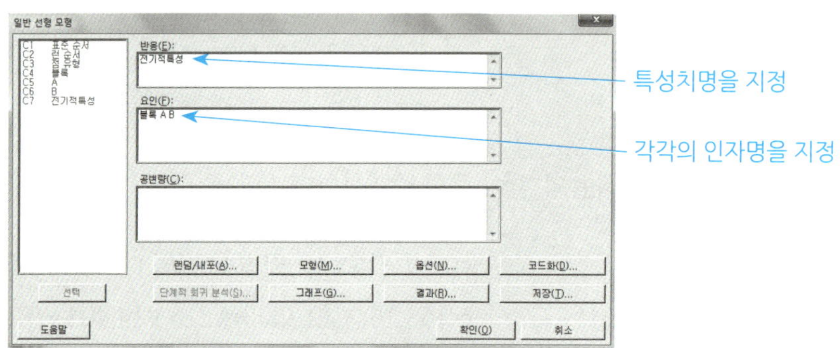

[그림 14-3] 일반 선형 모협 적합

'랜덤/내포'를 클릭한 후 '요인 유형'에서 '블록'을 '랜덤'으로 지정한 후 '확인'을 클릭한다.

'모형'을 클릭한 후

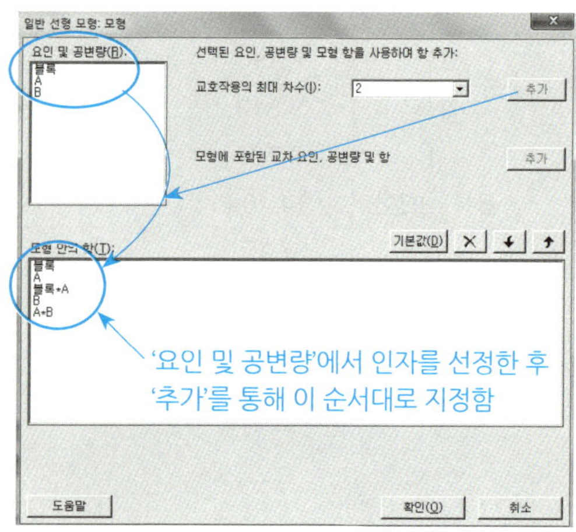

'확인'을 연속하여 클릭하면 다음의 결과가 나타난다.

일반 선형 모형: 전기적특성 대 블록(R), A, B
방법
요인 코딩 (-1, 0, +1)

요인 정보

요인	유형	수준	값
블록(R)	랜덤	2	1, 2
A	고정	3	1, 2, 3
B	고정	3	1, 2, 3

분산 분석

출처	DF	Adj SS	Adj MS	F-값	P-값
블록(R)	1	9.812	9.8125	1.36	0.363
A	2	2.339	1.1696	0.16	0.860
블록(R)*A	2	14.404	7.2020	1.18	0.371
B	2	87.151	43.5755	7.11	0.026
A*B	4	2.705	0.6763	0.11	0.974
오차	6	36.752	6.1254		
총계	17	153.164			

모형 요약

S	R-제곱	R-제곱(수정)	R-제곱(예측)
2.47494	76.00%	32.01%	0.00%

인자 B만이 유의함을 알 수 있다. 따라서 나머지 중요하지 않은 요인을 풀링하면 다음이 된다.

일반 선형 모형: 전기적특성 대 B
방법
요인 코딩 (-1, 0, +1)

요인 정보

요인	유형	수준	값
B	고정	3	1, 2, 3

분산 분석

출처	DF	Adj SS	Adj MS	F-값	P-값
B	2	87.15	43.576	9.90	0.002
오차	15	66.01	4.401		
총계	17	153.16			

모형 요약

S	R-제곱	R-제곱(수정)	R-제곱(예측)
2.09782	56.90%	51.15%	37.94%

R^2값이 높은 편은 아니나 어느 정도는 변동을 설명하고 있다. 따라서 인자 B에 대한 추론만을 하면 된다.

[그림 14-3]에서 '그래프'를 클릭한 후 '4개모두'를 클릭한 후 '확인'을 연속하여 클릭하면 다음의 '잔차 그림'이 나타난다.

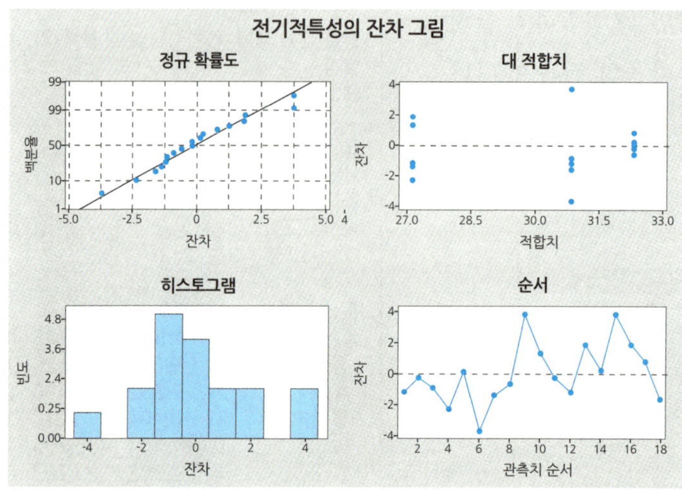

이 경우 잔차에 특이한 점이 없으므로 비교적 잘 적합되었다고 할 수 있다.

14.2 단일분할법(일차단위가 이원배치)

인자가 3개인 경우 A, B인자는 랜덤화가 곤란하고 C인자가 용이할 경우 **[그림 14-4]**와 같이 일차단위에 인자 A, B를 이차단위에 인자 C를 배치할 수 있다.

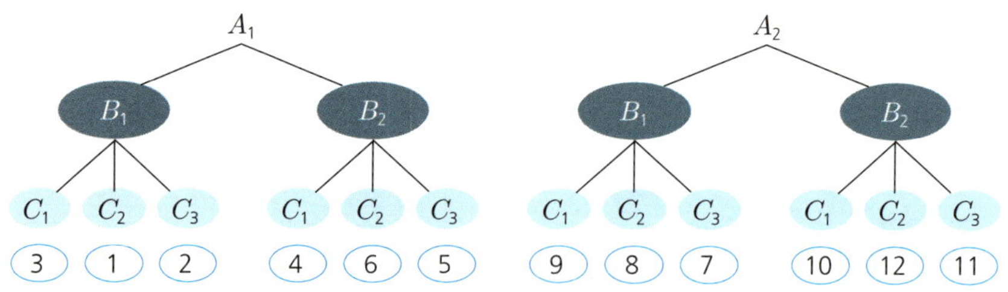

[그림 14-4] 단일분할법(일차단위가 이원배치)

이 경우 구조식은 다음과 같다.

$$y_{ijk} = \mu + a_i + b_j + e_{(1)ij} + c_k + (ac)_{ik} + (bc)_{jk} + e_{(2)ijk} \tag{14.11}$$

여기서 $i=1, 2, \cdots, l$

$j=1, 2, \cdots, m$

$k=1, 2, \cdots, n$

$e_{(1)ij} \sim N(0, \sigma_{E_1}^2)$, $e_{(2)ijk} \sim N(0, \sigma_{E_2}^2)$이고 각각 및 서로 간에 독립임

여기서 교호작용 $(ab)_{ij}$는 $e_{(1)ij}$와 교락되고, $(abc)_{ijk}$는 $e_{(2)ijk}$와 교락된다.

나머지 인자들에 대한 변동의 계산은 반복이 없는 삼원배치법과 동일하며 SSE_1과 SSE_2는 다음과 같다.

$$SSE_1 = SS(A \times B) = SSAB - SSA - SSB$$
$$SSE_2 = SS(A \times B \times C)$$
$$= SST - \{SSA + SSB + SSE_1 + SSC + SS(A \times C) + SS(B \times C)\}$$

분산분석표를 작성하면 **[표 14-4]**와 같다.

[표 14-4] 단일분할법의 분산분석(일차단위가 이원배치)

요인	SS	ϕ	V	$E(V)$	F_{calc}
A	SSA	$l-1$	V_A	$\sigma_{E_2}^2 + n\sigma_{E_1}^2 + mn\sigma_A^2$	V_A/V_{E_1}
B	SSB	$m-1$	V_B	$\sigma_{E_2}^2 + n\sigma_{E_1}^2 + ln\sigma_B^2$	V_B/V_{E_1}
E_1	SSE_1	$(l-1)(m-1)$	V_{E_1}	$\sigma_{E_2}^2 + n\sigma_{E_1}^2$	V_{E_1}/V_{E_2}
C	SSC	$n-1$	V_C	$\sigma_{E_2}^2 + lm\sigma_C^2$	V_C/V_{E_2}
$A \times C$	$SS(A \times B)$	$(l-1)(n-1)$	$V_{A\times C}$	$\sigma_{E_2}^2 + m\sigma_{A\times C}^2$	$V_{A\times C}/V_{E_2}$
$B \times C$	$SS(B \times C)$	$(m-1)(n-1)$	$V_{B\times C}$	$\sigma_{E_2}^2 + l\sigma_{B\times C}^2$	$V_{B\times C}/V_{E_2}$
E_2	SSE_2	$(l-1)(m-1)(n-1)$	V_{E_2}	$\sigma_{E_2}^2$	
T	SST	$lmn-1$			

분산분석후의 추정은 '**14.1 단일분할법**'과 유사하므로 생략하기로 한다.

예제 14-2

[그림 14-4]와 같은 방법으로 2종류의 원자재(A_1, A_2)를 2가지 방법(B_1, B_2)으로 코팅처리 한 후 3가지 방법으로 열처리(C_1, C_2, C_3)를 하여 광택도를 2일에 걸쳐 측정하였다. 실험을 분석하시오.

		R_1			R_2		
		C_1	C_2	C_3	C_1	C_2	C_3
A_1	B_1	35	32	28	34	35	29
	B_2	38	33	30	37	34	28
A_2	B_1	35	39	34	39	40	35
	B_2	39	38	35	38	38	35

일차단위가 이원배치인 경우 미니탭으로 분석을 할 수 없다. 따라서 우선 미니탭으로 다음과 같이 분석을 한다.

미니탭으로 '**예제 14-2**'를 분석하면 다음과 같다.

통계분석 > 분산분석 > 일반 선형 모형 > 일반 선형 모형 적합을 클릭하여 '반응'란에 특성치명(광택도), '요인'란에 '블록', 'A', 'B', 'C'를 입력한다.

'랜덤/내포'를 클릭한 후 '블록'에 대해 '랜덤'을 지정한 후 '확인'을 클릭한다.

'모형'을 클릭한 후

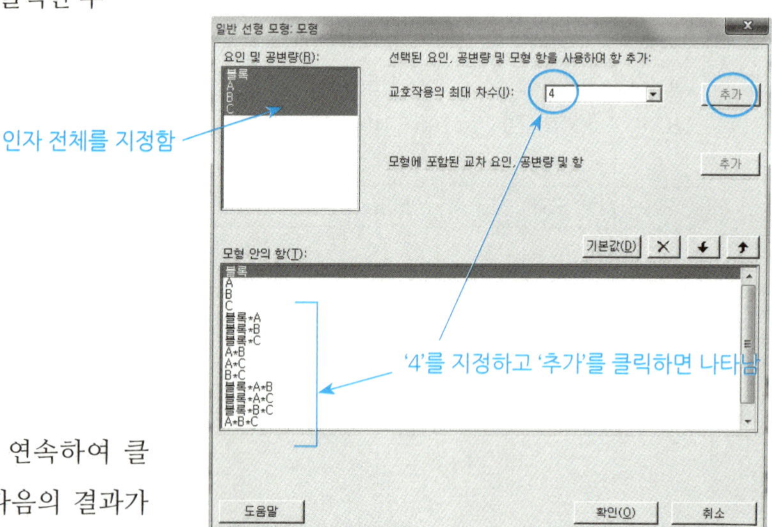

'확인'을 연속하여 클릭하면 다음의 결과가 나타난다.

[표 14-5] 미니탭을 사용한 '예제 14-2'의 분석

```
일반 선형 모형: 광택도 대 블록, A, B, C
방법
요인 코딩 (-1, 0, +1)

요인 정보
요인 유형 수준 값
블록 랜덤   2 1, 2
A    고정   2 1, 2
B    고정   2 1, 2
C    고정   3 1, 2, 3

분산 분석
출처            DF    Adj SS    Adj MS    F-값    P-값
 블록            1     1.500     1.500    0.21   0.713 x
 A               1   112.667   112.667  169.00   0.049
 B               1     2.667     2.667    0.44   0.626
 C               2   122.583    61.292   70.05   0.014
 블록*A          1     0.667     0.667    1.60   0.892 x
 블록*B          1     6.000     6.000      *       *  x
 블록*C          2     1.750     0.875    2.33   0.912 x
 A*B             1     1.500     1.500    9.78   0.205
 A*C             2    20.583    10.292    5.04   0.166
 B*C             2     9.083     4.754   36.33   0.027
 블록*A*B        1     0.167     0.167    0.09   0.789
 블록*A*C        2     4.083     2.042    1.14   0.467
 블록*B*C        2     0.250     0.125    0.07   0.935
 A*B*C           2     0.750     0.375    0.21   0.827
 블록*A*B*C      2     3.583     1.792      *       *
오차             0       *         *
총계            23   287.833

x 정확한 F-검정이 아님

모형 요약
S  R-제곱  R-제곱(수정)  R-제곱(예측)
*  100.00%
```

[표 14-5]에서 일차단위의 오차 E_1의 변동은 블록*A, 블록*B, A*B, 블록*A*B의 변동의 합으로

$$SSE_1 = 0.667 + 6.0 + 1.5 + 0.167 = 8.334$$

가 되며 자유도는 1+1+1+1=4가 된다.

따라서 일차단위 오차의 평균변동 $V_{E1} = \dfrac{8.334}{4} = 2.08$이 된다.

이차단위의 오차 E_2의 변동은 블록*C, 블록*A*C, 블록*B*C, A*B*C 및 블록*A*B*C의 변동의 합으로

$$SSE_2 = 1.75 + 4.083 + 0.25 + 0.75 + 3.583 = 10.416$$

이 되며 자유도는 $2+2+2+2+2=10$이다. 따라서 이차단위 오차의 평균변동 $V_{E_2} = \frac{10.416}{10} = 1.04$가 된다.

이상의 결과를 토대로 **[표 14-6]**의 분산분석표를 작성할 수 있다.

[표 14-6] '예제 14-2'의 분산분석표(일차단위가 이원배치인 단일분할법)

요인	SS	ϕ	V	F_{calc}	F_{critic}
블록	1.5	1	1.5	0.72	7.71
A	112.667	1	112.67	54.17	
B	2.667	1	2.67	1.28	
E_1	8.334	4	2.08		
C	122.583	2	61.29	58.93	4.10
$A*C$	20.583	2	10.29	9.90	
$B*C$	9.083	2	4.54	4.37	
E_2	10.416	10	1.04		
	287.833	23			

유의하지 않은 인자를 단계적으로 풀링하면 다음과 같이 된다. 따라서 결국 인자가 두 개인 반복이 있는 이원배치법이 됨을 알 수 있다.

일반 선형 모형: 광택도 대 A, C
방법
요인 코딩 (-1, 0, +1)

요인 정보

요인	유형	수준	값
A	고정	2	1, 2
C	고정	3	1, 2, 3

분산 분석

출처	DF	Adj SS	Adj MS	F-값	P-값
A	1	112.67	112.667	63.37	0.000
C	2	122.58	61.292	34.48	0.000
A*C	2	20.58	10.292	5.79	0.011
오차	18	32.00	1.778		
총계	23	287.83			

모형 요약

S	R-제곱	R-제곱(수정)	R-제곱(예측)
1.33333	88.88%	85.79%	80.24%

R^2의 값도 비교적 높은 편이며 잔차도 정규분포를 따르므로 잘 적합된 것을 알 수 있다.

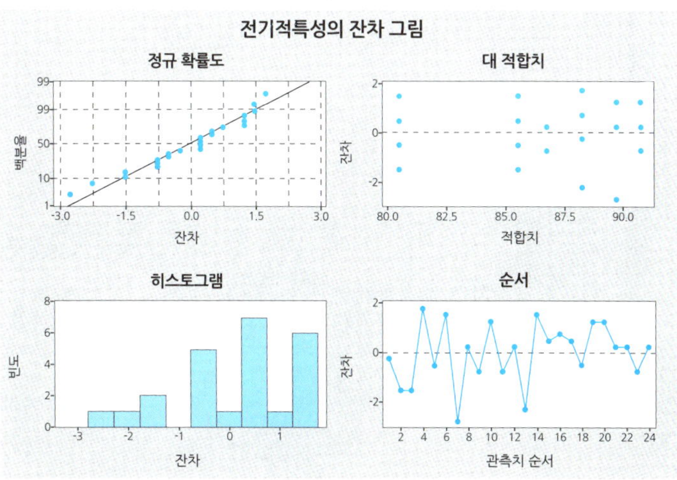

통계분석 > 분산분석 > 일반 선형 모형 > 요인 그림을 클릭하여 다음의 그래프를 작성한다.

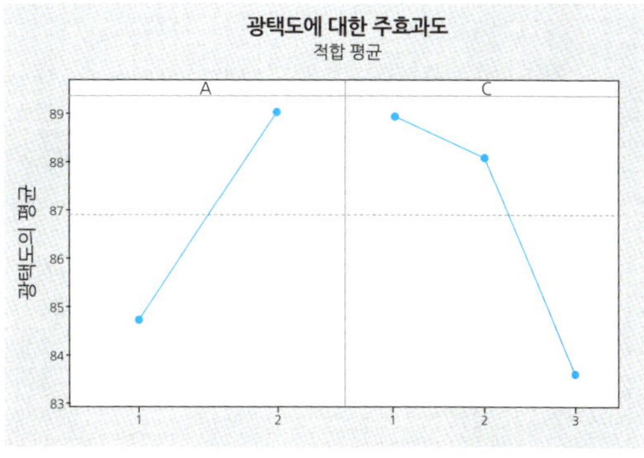

교호작용 AC가 유의하므로 교호작용도상에서 최적조건을 찾는다. A_2C_2에서 광택도가 가장 큰 값을 갖는 것을 알 수 있다.

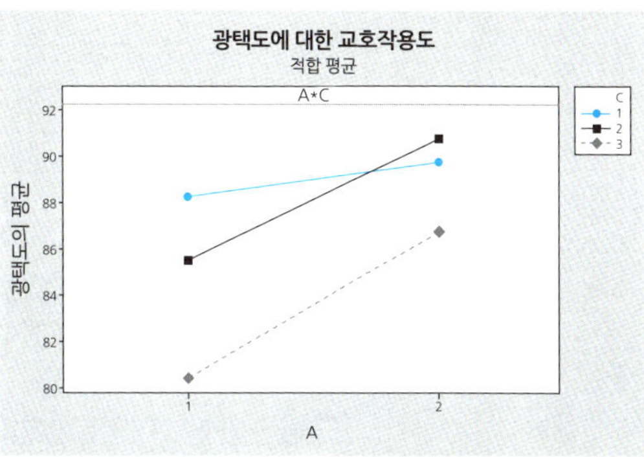

통계분석 > 분산분석 > 일반 선형 모형 > 예측을 클릭한 후 인자 A와 C에서 각각 '2수준'을 클릭하면 A_2C_2에서의 점 추정치와 95 % 신뢰구간이 나타난다.

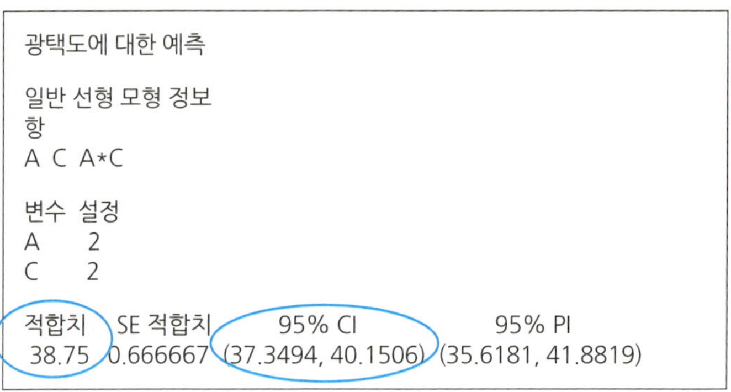

광택도에 대한 예측

일반 선형 모형 정보
항
A C A*C

변수 설정
A 2
C 2

적합치	SE 적합치	95% CI	95% PI
38.75	0.666667	(37.3494, 40.1506)	(35.6181, 41.8819)

14.3 이단분할법

랜덤화하기 어려운 순서에 따라 인자 A를 일차단위, 인자 B를 이차단위 그리고 인자 C를 삼차단위에 배치하여 분할실험을 할 경우 이단분할법(split split plot design)이 된다.

만일 인자가 4개 일 경우 인자 A와 B를 일차단위에 C와 D를 각각 이차 및 삼차단위에 배치할 경우 일차단위가 이원배치이고 이차 및 삼차단위가 일원배치인 이단분할법이 된다.

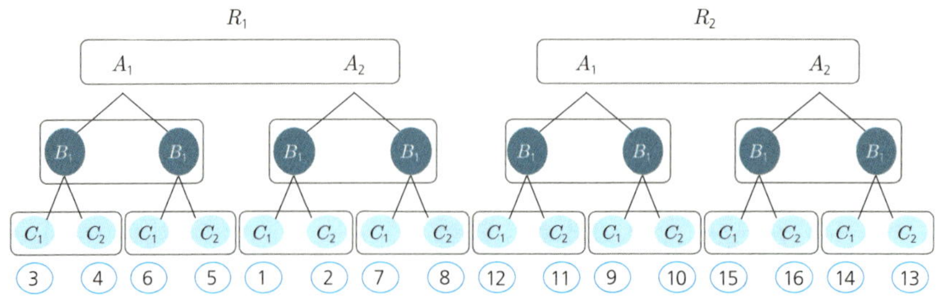

[그림 14-5] 이단분할법(일차단위가 일원배치)

실험방법은 R_1에서 A_i 중에서 하나를 랜덤하게 뽑고 여기에 속하는 B_j 중에서 다시 하나를 랜덤하게 뽑는다. 그리고 뽑힌 B_j에 속하는 C_k에 대해서 랜덤하게 실험을 한다. 이러한 식으로 나머지 실험을 진행하여 R_1이 전부 끝나면 R_2에 대해서도 동일한 방법으로 실험을 진행하면 된다. 이런 방법으로 실행한 순서가 **[그림 14-5]**에 예시되어 있다.

구조식은 다음과 같다.

$$y_{ijkp} = \mu + \underbrace{a_i + r_p + e_{(1)ip}}_{\text{일차단위}} + \underbrace{b_j + (ab)_{ij} + e_{(2)ijp}}_{\text{이차단위}} + \underbrace{c_k + (ac)_{ik} + (bc)_{jk} + (abc)_{ijk} + e_{(3)ijkp}}_{\text{삼차단위}} \tag{14.12}$$

여기서, $i = 1, 2, \cdots, l \qquad j = 1, 2, \cdots, m$

$k = 1, 2, \cdots, n \qquad p = 1, 2, \cdots, r$

$$\left.\begin{array}{l} e_{(1)ip} \sim N(0, {\sigma_{E_1}}^2) \\ e_{(2)ijp} \sim N(0, {\sigma_{E_2}}^2) \\ e_{(3)ijkp} \sim N(0, {\sigma_{E_3}}^2) \end{array}\right\} \text{이고 각각 그리고 서로 간에 독립임}$$

오차의 변동을 구하는 방법은 반복이 없는 다원배치법과 동일하다.

분산분석표를 작성하면 다음과 같다.

[표 14-7] 이단분할법의 분산분석표

요인	SS	ϕ	V	$E(V)$	F_{calc}
A	SSA	$l-1$	V_A	${\sigma_{E_3}}^2 + n{\sigma_{E_2}}^2 + mn{\sigma_{E_1}}^2 + mnr{\sigma_A}^2$	
R	SSR	$r-1$	V_R	${\sigma_{E_3}}^2 + n{\sigma_{E_2}}^2 + mn{\sigma_{E_1}}^2 + lmn{\sigma_R}^2$	
E_1	SSE_1	$(l-1)(r-1)$	V_{E_1}	${\sigma_{E_3}}^2 + n{\sigma_{E_2}}^2 + mn{\sigma_{E_1}}^2$	
B	SSB	$m-1$	V_B	${\sigma_{E_3}}^2 + n{\sigma_{E_2}}^2 + lnr{\sigma_B}^2$	
$A\times B$	$SS(A\times B)$	$(l-1)(m-1)$	$V_{A\times B}$	${\sigma_{E_3}}^2 + n{\sigma_{E_2}}^2 + nr{\sigma_{A\times B}}^2$	
E_2	SSE_2	$l(m-1)(r-1)$	V_{E_2}	${\sigma_{E_3}}^2 + n{\sigma_{E_2}}^2$	
C	SSC	$n-1$	V_C	${\sigma_{E_3}}^2 + lmr{\sigma_C}^2$	
$A\times C$	$SS(A\times C)$	$(l-1)(n-1)$	$V_{A\times C}$	${\sigma_{E_3}}^2 + mr{\sigma_{A\times C}}^2$	
$B\times C$	$SS(B\times C)$	$(m-1)(n-1)$	$V_{B\times C}$	${\sigma_{E_3}}^2 + lr{\sigma_{B\times C}}^2$	
$A\times B\times C$	$SS(A\times B\times C)$	$(l-1)(m-1)(n-1)$	$V_{A\times B\times C}$	${\sigma_{E_3}}^2 + r{\sigma_{A\times B\times C}}^2$	
E_3	SSE_3	$lm(n-1)(r-1)$	V_{E_3}	${\sigma_{E_3}}^2$	
T	SST	$lmnr-1$			

14.4 인자가 분할이 안되는 경우

경우에 따라서는 인자가 분할이 되지 않는 경우가 있다. 그러나 이 경우에도 분할법의 개념을 사용할 수가 있다.

예를 들어 다음과 같이 3개의 납품업체로부터 원자재를 납품 받아 3가지 방법으로 사전처리를 한 후 2회 연속해서 랜덤으로 특성을 측정할 경우, 실제로 실험은 분할되지 않은 상태에서 실행이 되었으나 랜덤화의 방법이 분할법과 같으므로 분할법을 사용하여 분석을 할 수가 있다.

이 경우 실험순서는 A_iB_j의 9가지 중 랜덤하게 하나를 선택하여 랜덤으로 2회를 반복 측정한다. 그리고 이미 측정한 수준조합을 제외한 나머지 A_iB_j에 대해서도 동일하게 측정을 한다. 이와 같은 방법으로 모든 A_iB_j에 대해 측정을 한다.

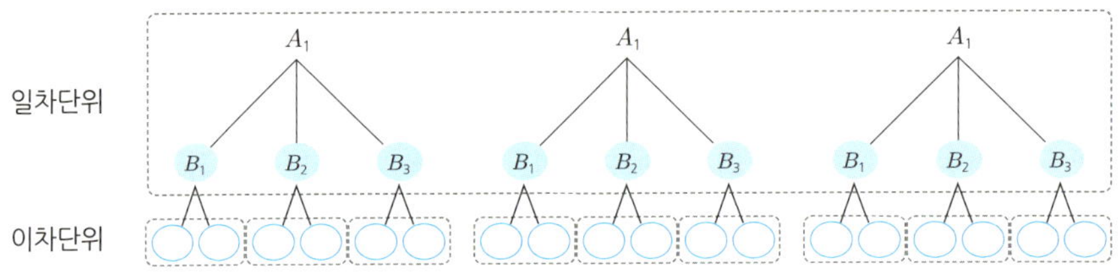

[그림 14-6] 인자가 분할이 안되는 경우

이 경우 구조식은 다음과 같다.

$$y_{ijk} = \mu + a_i + b_j + e_{(1)ij} + e_{(2)ijk} \tag{14.13}$$

여기서, $i = 1, 2, \cdots, l$

$j = 1, 2, \cdots, m$

$k = 1, 2, \cdots, r$

$e_{(1)ij} \sim N(0, \sigma_{E_1}^{\ 2})$, $e_{(2)ijk} \sim N(0, \sigma_{E_2}^{\ 2})$이고 각각 및 서로 간에 독립임

여기서 $(ab)_{ij}$와 $e_{(1)ij}$는 교락되어 있다.

각각의 변동은 다음과 같다.

$$SST=\sum_{i=1}^{l}\sum_{j=1}^{m}\sum_{k=1}^{r}y_{ijk}{}^2-\frac{T^2}{N}$$

$$SSA=\sum_{i=1}^{l}\frac{T_{i..}}{mr}-\frac{T^2}{N}$$

$$SSB=\sum_{j=1}^{m}\frac{T_{.j.}}{lr}-\frac{T^2}{N}$$

$$SSAB=\sum_{i=1}^{l}\sum_{j=1}^{m}\frac{T_{ij.}}{r}-\frac{T^2}{N}$$

$$SSE_1=SSAB-SSA-SSB$$

$$SSE_2=SST-SSAB$$

예제 14-3

3종류의 원자재(A_1, A_2, A_3)를 납품 받아 3가지 방법으로 사전처리(B_1, B_2, B_3)를 한 후 **[그림 14-6]**과 같은 방법으로 A_iB_j의 각 조건에서 2회 연속해서 랜덤으로 특성(내경치수)을 측정하였다. 실험을 분석하시오.

	A_1	A_2	A_3
B_1	41.1 40.2	44.1 43.2	43.0 43.1
B_2	43.2 42.7	46.2 45.4	45.1 45.2
B_3	41.4 41.9	43.2 44.2	43.2 42.1

$$SST=\sum_{i}\sum_{j}\sum_{k}y_{ijk}{}^2-\frac{T^2}{N}=(41.4^2+40.2^2+\cdots+42.1^2)-\frac{778.5^2}{18}$$

$$=33\ 713.19-33\ 670.13$$

$$=43.06$$

각 인자의 변동을 구하기 위해 인자 A 및 B에 대해 다음과 같이 보조표를 작성한다.

	A_1	A_2	A_3	$T_{.j.}$	$\bar{y}_{.j.}$
B_1	41.1 40.2	44.1 43.2	43.0 43.1	254.7	42.45
B_2	43.2 42.7	46.2 45.4	45.1 45.2	267.8	44.63
B_3	41.4 41.9	43.2 44.2	43.2 42.1	256	42.67
$T_{i..}$ $\bar{y}_{i..}$	250.5 41.75	266.3 44.38	261.7 43.62	T=778.5	$\bar{\bar{y}}$=43.25

$$SSA = \sum_i \frac{T_{i..}^2}{mr} - \frac{T^2}{N} = \frac{250.5^2 + 266.3^2 + 261.7^2}{6} - \frac{778.5^2}{18}$$

$$= 33\,692.14 - 33\,670.13 = 22.01$$

$$SSB = \sum_j \frac{T_{.j.}^2}{lr} - \frac{T^2}{N} = \frac{254.7^2 + 267.8^2 + 256^2}{6} - \frac{778.5^2}{18}$$

$$= 33\,687.49 - 33\,670.13 = 17.36$$

$SSAB$를 구하기 위해 A_iB_j에 대한 보조표를 작성한다.

		A_1	A_2	A_3
$T_{ij.}$	B_1	81.3	87.3	86.1
	B_2	85.9	91.6	90.3
	B_3	83.3	87.4	85.3

$$SSAB = \sum_i \sum_j \frac{T_{ij.}^2}{r} - \frac{T^2}{N} = \frac{81.3^2 + 85.9^2 + \cdots + 85.3^2}{2} - \frac{778.5^2}{18}$$

$$= 33\,710.70 - 33\,670.13 = 40.57$$

$$SSE_1 = SS(A \times B) = SSAB - (SSA + SSB)$$

$$= 40.57 - (22.01 + 17.36) = 1.2$$

$$SSE_2 = SST - \{SSA + SSB + SS(A \times B)\}$$

$$= 43.06 - (22.01 + 17.36 + 1.2) = 2.49$$

이상의 결과를 토대로 **[표 14-8]**의 분산분석표를 작성할 수 있다.

[표 14-8] '예제 14-3'의 분산분석표(인자가 분할이 안되는 경우)

요인	SS	ϕ	V	F_{calc}	F_{critic}
A	22.01	2	11.01	36.70*	6.94
B	17.36	2	8.68	28.93*	
$A \times B(E_1)$	1.2	4	0.3	1.07	3.63
E_2	2.49	9	0.28		
T	43.06	17			

이 경우 일차단위 오차 E_1이 유의하지 않으므로 이차단위 오차 E_2에 풀링할 수 있다. 따라서 마치 이원배치법에서 교호작용이 유의하지 않아서 오차에 풀링된 경우와 동일하게 된다.

■ 미니탭으로 '**예제 14-3**'을 분석하면 다음과 같다.

통계분석 > 분산 분석 > 일반 선형 모형 > 일반 선형 모형 적합을 클릭하여 '반응'란에 특성치명(내경치수), '요인'란에 'A', 'B'를 입력한다.

'랜덤/내포'를 클릭한 후 인자 B에 대해 '랜덤'을 지정함

- 이 경우 오차를 일차 및 이차오차로 구분하기 위해 B를 변량인자로 지정하는 것일 뿐 다른 의미는 없다.

'확인'을 클릭한 후 '모형'을 클릭하여 우측의 화면에서 요인을 순서대로 지정한다.

'확인'을 연속하여 클릭하면 다음의 결과가 나타난다.

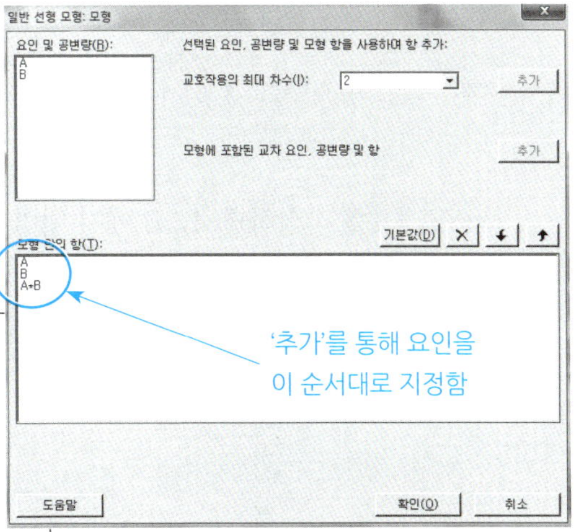

일반 선형 모형: 모형

요인 및 공변량(B):
A
B

선택된 요인, 공변량 및 모형 항을 사용하여 항 추가:

교호작용의 최대 차수(I): 2 추가

모형에 포함된 교차 요인, 공변량 및 항 추가

모형 안의 항(T): 기본값(D) × ↓ ↑

A
B
A*B

'추가'를 통해 요인을 이 순서대로 지정함

도움말 확인(O) 취소

일반 선형 모형: 내경치수 대 A, B

방법

요인 코딩 (-1, 0, +1)

요인 정보

요인	유형	수준	값
A	고정	3	1, 2, 3
B	랜덤	3	1, 2, 3

분산 분석

출처	DF	Adj SS	Adj MS	F-값	P-값
A	2	22.013	11.0067	36.89	0.003
B	2	17.363	8.6817	29.10	0.004
A*B	4	1.193	0.2983	1.08	0.423
오차	9	2.495	0.2772		
총계	17	43.065			

모형 요약

S	R-제곱	R-제곱(수정)	R-제곱(예측)
0.526519	94.21%	89.06%	76.83%

주효과만이 유의하고 교호작용은 유의하지 않으므로 교호작용을 이차단위 오차에 풀링을 하면 다음과 같다.

일반 선형 모형: 내경치수 대 A, B
방법
요인 코딩 (-1, 0, +1)

요인 정보

요인	유형	수준	값
A	고정	3	1, 2, 3
B	랜덤	3	1, 2, 3

분산 분석

출처	DF	Adj SS	Adj MS	F-값	P-값
A	2	22.013	11.0067	38.79	0.000
B	2	17.363	8.6817	30.60	0.000
오차	13	3.688	0.2837		
적합성 결여	4	1.193	0.2983	1.08	0.423
순수 오차	9	2.495	0.2772		
총계	17	43.065			

모형 요약

S	R-제곱	R-제곱(수정)	R-제곱(예측)
0.532652	91.44%	88.80%	83.58%

그래프를 작성하면 A_2, B_2에서 내경치수가 최대가 됨을 알 수 있다.

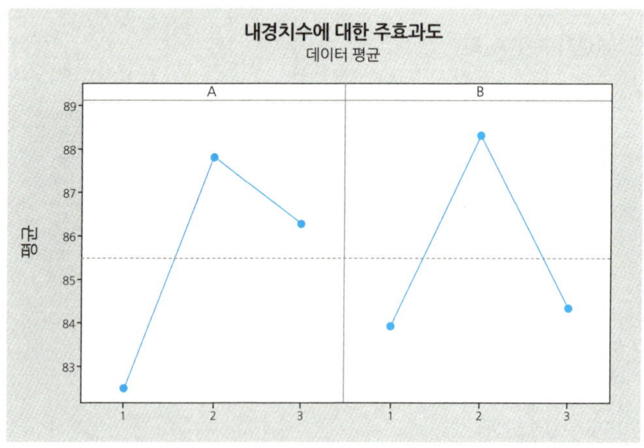

만일 인자가 3개일 경우에도 이들 인자를 모두 일차단위에 위치시키고 반복을 이차단위에 위치시킬 경우 구조식은 다음과 같다.

$$y_{ijkp}=\mu+a_i+b_j+c_k+(ab)_{ij}+(ac)_{ik}+(bc)_{jk}+e_{(1)ijk}+e_{(2)ijkp}$$

여기서, $i=1, 2, \cdots, l$

$j=1, 2, \cdots, m$

$k=1, 2, \cdots, n$

$p=1, 2, \cdots, r$

$e_{(1)ijk} \sim N(0, \sigma_{E_1}^2)$, $e_{(2)ijkp} \sim N(0, \sigma_{E_2}^2)$이고 각각 및 서로 간에 독립임

이 경우 분산분석 방법은 인자가 2개일 경우와 동일하므로 생략하기로 한다.

14.6 지분실험법

지분실험법(nested design)은 로트간 또는 로트내, 설비간, 작업자 간의 산포 등 샘플링 또는 측정의 정도를 추정함으로써 샘플링 방식 또는 측정방법을 설계하거나 검토하기 위해 사용된다.

일반적으로 지분실험법은 다음과 같은 특징을 가지고 있다.

① 주로 변량인자들을 대상으로 사용된다.

② A인자의 수준이 결정된 이후 B인자의 수준이 결정되기 때문에 B인자가 A인자로부터 지분(nested)되었다고 한다.

③ 이 경우 인자 A 및 B가 변량인자이므로, A_1에 속하는 B_1과 A_2에 속하는 B_1은

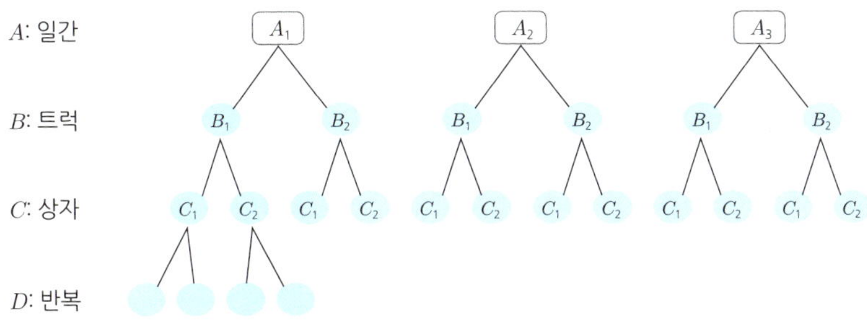

[그림 14-7] 지분실험법

동일한 것이 아니므로, 각각의 효과를 $b_{1(1)}$, $b_{1(2)}$와 같이 구분해서 표현한다. 또한 교호작용 AB를 구하는 것도 의미가 없다.

예를 들어 납품되는 트럭에서 일정 기간 동안 부품 상자를 랜덤하게 추출하여 반복 측정을 하는 경우 **[그림 14-7]**과 같은 지분실험의 형태가 된다.

여기서 요인 A, B, C, D 모두는 변량인자이며 수준수를 l, m, n 및 반복수를 r이라고 한다. 이 경우 요인 A는 블록인자로 각 수준에서 mnr회 실험을 하면된다.

따라서 선택된 날자 A_i는 mnr회에 걸쳐 공통된 영향을 주므로 대응이 있는 변량인자가 된다. 그러나 A_1에서 지분된 B_1과 A_2에서 지분된 B_1 간에는 어떠한 공통적인 의미를 가지고 있지 않다. 따라서 인자 B는 대응이 없는 변량인자이다. C와 D의 경우에도 마찬가지이다.

따라서 대응이 없는 변량인자의 경우 평균을 추정하거나 교호작용을 구하는 것은 의미가 없다. 단지 의미가 있는 것은 산포로, **[그림 14-7]**에서 트럭 간의 산포 또는 트럭 내에서 상자 간의 산포이다.

이 경우 트럭 B의 변동은 $SSB+SS(A\times B)$가 되고 $SSB(A)$ 형태로 표현된다. 상자 C의 변동은 $SSC(AB)$라고 표현되는데 이는 각각의 상위 수준이 주어진 상태에서의 변동을 의미한다.

데이터의 구조식은 다음과 같다.

$$y_{ijkp}=\mu+a_i+b_{j(i)}+c_{k(ij)}+e_{p(ijk)} \tag{14.14}$$

여기서, $i=1, 2, \cdots, l$

$j=1, 2, \cdots, m$

$k=1, 2, \cdots, n$

$p=1, 2, \cdots, r$

$e_{p(ijk)}\sim N(0, \sigma_E{}^2)$, $a_i\sim N(0, \sigma_A{}^2)$, $b_{j(i)}\sim N(0, \sigma_{B(A)}{}^2)$,

$c_{k(ij)}\sim N(0, \sigma_{C(AB)}{}^2)$ 이고 각각 및 서로 간에 독립임

변동은 다음과 같다.

$$SST=\sum_{i=1}^{l}\sum_{j=1}^{m}\sum_{k=1}^{n}\sum_{p=1}^{r}y_{ijkp}{}^2-\frac{T^2}{N}$$

$$SSA=\sum_{i=1}^{l}\frac{T_{i...}^{2}}{mnr}-\frac{T^2}{N}$$

$$SSAB=\sum_{i=1}^{l}\sum_{j=1}^{m}\frac{T_{ij..}^{2}}{nr}-\frac{T^2}{N}$$

$$SSB(A)=SSAB-SSA$$

$$SSABC=\sum_{i=1}^{l}\sum_{j=1}^{m}\sum_{k=1}^{n}\frac{T_{ijk.}^{2}}{r}-\frac{T^2}{N}$$

$$SSC(AB)=SSABC-SSAB$$

$$SSE=SST-SSABC$$

분산분석표를 작성하면 **[표 14–9]**와 같다.

[표 14–9] 지분실험법의 분산분석표

요인	SS	ϕ	V	$E(V)$	F_{calc}
A	SSA	$l-1$	V_A	$\sigma_E^2+r\sigma_{C(AB)}^2+nr\sigma_{B(A)}^2+mnr\sigma_A^2$	$V_A/V_{B(A)}$
$B(A)$	$SSB(A)$	$l(m-1)$	$V_{B(A)}$	$\sigma_E^2+r\sigma_{C(AB)}^2+nr\sigma_{B(A)}^2$	$V_{B(A)}/V_{C(AB)}$
$C(AB)$	$SSC(AB)$	$lm(n-1)$	$V_{C(AB)}$	$\sigma_E^2+r\sigma_{C(AB)}^2$	$V_{C(AB)}/V_E$
E	SSE	$lmn(r-1)$	V_E	σ_E^2	
T	SST	$lmnr-1$			

[표 14–9]로부터 분산성분을 다음과 같이 추정할 수 있다.

$$\hat{\sigma}_E^2=V_E$$

$$\hat{\sigma}_{C(AB)}^2=\frac{V_{C(AB)}-V_E}{r}$$

$$\hat{\sigma}_{B(A)}^2=\frac{V_{B(A)}-V_{C(AB)}}{nr}$$

$$\hat{\sigma}_A^2=\frac{V_A-V_{B(A)}}{mnr}$$

예제 14-4

[그림 14-7]과 같이 3일간(A_1, A_2, A_3)에 걸쳐 매일 2대의 트럭(B_1, B_2)에서 2개의 상자(C_1, C_2)를 랜덤으로 추출한 후 2개의 제품에 대해 랜덤으로 단중을 측정한 결과 다음과 같다. 분석을 실행한 후 해석을 하시오.

		A_1	A_2	A_3
B_1	C_1	30.55	30.89	30.35
		30.66	30.98	30.39
	C_2	30.63	31.20	30.59
		30.75	31.12	30.53
B_2	C_1	30.04	30.56	30.10
		30.10	30.54	30.06
	C_2	30.22	30.76	30.29
		30.20	30.84	30.34

요인 A, B, C는 모두 변량인자로 B는 A에서 지분이 되었으며 C는 B에서 지분이 되었다.

SST와 SSA를 구하기 위해 다음의 보조표를 작성한다.

		A_1	A_2	A_3	$T_{.j..}$	$\bar{y}_{.j..}$
B_1	C_1	30.55 30.66	30.89 30.98	30.35 30.39	183.82	30.637
	C_2	30.63 30.75	31.20 31.12	30.59 30.53	184.82	30.803
B_2	C_1	30.04 30.10	30.56 30.54	30.10 30.06	181.4	30.233
	C_2	30.22 30.20	30.76 30.84	30.29 30.34	182.65	30.442
	$T_{i...}$ $\bar{y}_{i...}$	243.15 30.394	246.89 30.861	242.65 30.331	T=732.69	$\bar{\bar{y}}$=30.529

$$SST=\sum_{i=1}^{l}\sum_{j=1}^{m}\sum_{k=1}^{n}\sum_{p=1}^{r}y_{ijkp}{}^2-\frac{T^2}{N}=30.05^2+30.66^2+\cdots+30.34^2-\frac{732.69^2}{24}$$
$$=23\,370.65-23\,368.11=2.54$$

$$SSA=\sum_{i=1}^{l}\frac{T_{i...}{}^2}{mnr}-\frac{T^2}{N}=\frac{243.15^2+246.89^2+242.65^2}{8}-\frac{732.69^2}{24}$$
$$=23\,369.452-23\,368.11=1.342$$

$SSAB$를 구하기 위해 A_iB_j에 대한 보조표를 작성한다.

		A_1	A_2	A_3
$T_{ij..}$	B_1	122.59	124.19	121.86
	B_2	120.56	122.7	120.79

$$SSAB = \sum_{i=1}^{l}\sum_{j=1}^{m}\frac{T_{ij..}^{\ 2}}{nr} - \frac{T^2}{N}$$

$$= \frac{122.59^2 + 120.56^2 + \cdots + 120.79^2}{4} - \frac{732.69^2}{24}$$

$$= 22\ 370.452 - 23\ 368.11 = 2.278$$

$$SSB(A) = SSAB - SSA = 2.278 - 1.342 = 0.936$$

$SSABC$를 구하기 위해 $A_iB_jC_k$에 대한 보조표를 작성한다.

			A_1	A_2	A_3
$T_{ijk.}$	C_1	B_1	61.21	61.87	60.74
		B_2	61.38	62.32	61.12
	C_2	B_1	60.14	61.1	60.16
		B_2	60.42	61.6	60.63

$$SSABC = \sum_{i=1}^{l}\sum_{j=1}^{m}\sum_{k=1}^{n}\frac{T_{ijk.}^{\ 2}}{r} - \frac{T^2}{N}$$

$$= \frac{61.21^2 + 61.38^2 + \cdots + 60.63^2}{2} - \frac{732.69^2}{24}$$

$$= 23\ 370.62 - 23\ 368.11 = 2.51$$

$$SSC(AB) = SSABC - SSAB = 2.51 - 2.278 = 0.232$$

$$SSE = SST - SSABC = 2.54 - 2.51 = 0.03$$

이상의 내용을 토대로 다음의 분산분석표를 작성할 수 있다.

[표 14-10] '예제 14-4'의 분산분석표(지분실험법)

요인	SS	ϕ	V	F_{calc}	F_{critic}
A	1.342	2	0.671	2.15	16
$B(A)$	0.936	3	0.312	8.07*	6.6
$C(AB)$	0.232	6	0.03867	15.42*	3.73
E	0.03	12	0.0025		
T	2.54	23			

■ 미니탭으로 '**예제 14-4**'를 분석하면 다음과 같다.

통계분석 > 분산 분석 > 일반 선형 모형 > 일반 선형 모형 적합을 클릭하여 '반응'란에 특성치명(단중), '요인'란에 'A', 'B', 'C'를 입력한다.

'랜덤/내포'를 클릭한 후

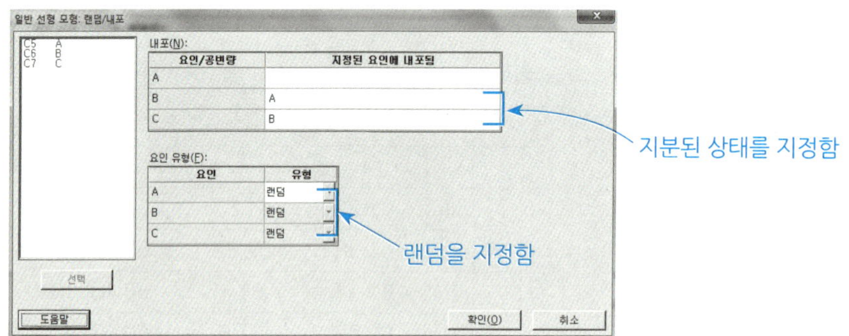

'확인'을 연속하여 클릭하면 다음의 결과가 나타난다.

일반 선형 모형: 단중 대 A, B, C
방법
요인 코딩 (-1, 0, +1)

요인 정보

요인	유형	수준	값
A	랜덤	3	1, 2, 3
B(A)	랜덤	6	1(1), 2(1), 1(2), 2(2), 1(3), 2(3)
C(A, B)	랜덤	12	1(1, 1), 2(1, 1), 1(1, 2), 2(1, 2), 1(2, 1), 2(2, 1), 1(2, 2), 2(2, 2), 1(3, 1), 2(3, 1), 1(3, 2), 2(3, 2)

분산 분석

출처	DF	Adj SS	Adj MS	F-값	P-값
A	2	1.34230	0.671150	2.15	0.263
B(A)	3	0.93574	0.311913	8.09	0.016
C(AB)	6	0.23127	0.038546	15.14	0.000
오차	12	0.03055	0.002546		
총계	23	2.53986			

모형 요약

S	R-제곱	R-제곱(수정)	R-제곱(예측)
0.0504563	98.80%	97.69%	95.19%

인자 A가 유의하지 않으므로 일간의 차이가 있다고 할 수 없다. 그러나 $B(A)$, $C(AB)$는 유의하므로 트럭간 및 상자 간에 단중에 차이가 있다고 할 수 있다. 따라서

더 많은 트럭 그리고 트럭 내에서 더 많은 상자를 샘플링할 필요가 있다.

트럭과 상자에 대한 분산을 추정하면 다음과 같다.

$$\hat{\sigma}_E^2 = V_E = 0.002546$$

$$\hat{\sigma}_{B(A)}^2 = \frac{V_{B(A)} - V_{C(AB)}}{nr} = \frac{0.311913 - 0.038546}{4} = 0.0683$$

$$\hat{\sigma}_{C(AB)}^2 = \frac{V_{C(AB)} - V_E}{r} = \frac{0.038456 - 0.002546}{2} = 0.018$$

EXERCISE

14장

연습문제

1. 분할법(split plot design)과 일반 실험계획법과의 차이를 간략하게 기술하시오.

2. 단일분할법과 이단분할법에 대해 간략하게 기술하시오.

3. 분할법의 특징을 간략하게 기술하시오.

4. 2개의 서로 다른 로트로부터 이전 공정에서 생산된 소재(A_1, A_2, A_3)에 대해 도금처리(B_1, B_2, B_3)를 한 후 열전도율을 다음과 같이 측정하였다. 이 경우 도금처리를 한번에 3회 밖에 할 수가 없어 각각의 소재에 대해서만 랜덤으로 도금처리를 하였다.

블록(R)	A	B	열전도율	실험순서	블록(R)	A	B	열전도율	실험순서
1	1	1	35.91	3	2	1	1	38.36	12
1	1	2	30.09	1	2	1	2	30.09	10
1	1	3	39.9	2	2	1	3	39.6	11
1	2	1	32.73	5	2	2	1	34.93	13
1	2	2	31.42	6	2	2	2	32.56	15
1	2	3	31.1	4	2	2	3	32.6	14
1	3	1	35.68	7	2	3	1	38.96	16
1	3	2	30.69	8	2	3	2	33.11	18
1	3	3	44.6	9	2	3	3	39.2	17

1) 구조식을 밝히시오.

2) 실험을 분석한 후 결과를 해석하시오.

5. 부품의 종류와 코팅처리방법을 1차 단위에 배치하고 열처리방법을 2차 단위에 배치한 후 다음과 같은 방법으로 실험을 하였다.

2종류의 부품 (A_1, A_2) 중 임의로 하나를 선택하고 다시 2가지 코팅처리 방법(B_1, B_2) 중 임의로 하나를 선택한 후 3수준(C_1, C_2, C_3)인 열처리 방법을 랜덤하게 적용하여 실험을 하였다. 이와 같은 방식으로 선택되지 않은 나머지에 대해서 실험을 반복하였다. 이후 R_1에 대한 실험이 종료되면 R_2에 대해서도 동일 방법으로 실험을 반복하여 다음과 같은 데이터를 얻었다. 이 경우 열전도율에 차이가 있다고 할 수 있는가?

		R_1			R_2		
		C_1	C_2	C_3	C_1	C_2	C_3
A_1	B_1	40	42	41	40	41	39
	B_2	45	46	43	45	43	44
A_2	B_1	50	49	46	46	47	50
	B_2	49	52	52	50	49	54

1) 구조식을 밝히시오.

2) 분산분석표를 작성하시오.

3) 중요 인자를 선정한 후 다원배치법과의 차이를 기술하시오.

6. 3종류의 원자재(A_1, A_2, A_3)와 3종류의 작업방법(B_1, B_2, B_3)으로 이루어진 9개 조합 중 하나를 랜덤하게 선정한 후 2회에 걸쳐 연속적으로 작업시간을 측정하였다. 그리고 나머지 실행되지 않은 조합에 대해서도 동일한 방법으로 실험을 반복한 결과가 다음과 같다. 다음의 질문에 답을 하시오.

	A_1	A_2	A_3
B_1	21.2	23.2	25.2
	21.4	23.2	24.2
B_2	24.2	26.1	28.2
	20.1	23.1	24.2
B_3	21.9	22.1	25.2
	23.7	26.2	27.4

1) 구조식을 밝히시오. 그리고 이원배치법과의 차이를 간략하게 기술하시오.

2) 분산분석표를 작성하고 작업시간에 영향을 미치는 중요 인자를 선정하시오.

7. 공정검사에 대한 문제점을 개선하기 위해 일정기간 동안 랜덤하게 배치(A_1, A_2, A_3)를 선정한 후 이 중 랜덤하게 2개의 로트(B_1, B_2)를 선정하였다. 그리고 로트내 2개 부품(C_1, C_2)을 랜덤하게 추출하여 다음과 같이 특성을 측정하였다. 다음의 질문에 답을 하시오.

		A_1	A_2	A_3
B_1	C_1	50	50.6	50.1
		50.1	50.5	50.1
	C_2	50.2	50.8	50.3
		50.2	50.8	50.3
B_2	C_1	50.6	50.9	50.4
		50.7	51	50.4
	C_2	50.6	51.2	50.6
		50.6	51.2	50.5

1) 구조식을 밝히시오.

2) 분산분석표를 작성하시오.

3) 분산분석표를 해석한 후 어떤 의사결정을 할 수 있는지를 간략하게 기술하시오.

15
라틴방격법

15.1 라틴방격법 개념의 이해

난괴법의 경우 한 방향으로 블록을 형성하나, 라틴방격법(latin square design)은 양 방향으로 모두 블록을 형성함으로써 실험에 포함되지 않는 요인이 실험에 미치는 영향을 차단하고자 하는데 사용된다.

라틴방격법은 같은 수의 열과 행을 갖는다. 따라서 인자의 수준수가 k개일 경우 $k \times k$ 라틴방격법이라고 하고 k^2개의 실험횟수를 갖는다. 이 경우 분산분석표는 **[표 15-4]**와 같다.

[표 15-4]에서 오차의 자유도는 0보다 커야하므로 $(k-1)(k-2)>0$이 되어 라틴방격법에서는 반복이 없는 경우 인자의 수준수 k= 3이상이 되어야 함을 알 수 있다.

따라서 두 개의 인자(A, B)가 3수준인 이원배치법 형태에 3수준인 인자 C를 배치할 경우 (이때 수준을 나타내는 첨자는 열과 행에 단 1회만 나타나야 한다.) 실험횟수가 최소인 3×3 라틴방격법이 된다.

[표 15-1] 3×3 라틴방격법

	A_1	A_2	A_3
B_1	C_1	C_2	C_3
B_2	C_2	C_3	C_1
B_3	C_3	C_1	C_2

[표 15-1]의 처리조합은 **[표 15-2]**와 같은데 이때 실험은 랜덤으로 실행되어야 한다.

[표 15-2] 3×3 라틴방격법의 처리조합

실험번호	실험조건
1	$A_1B_1C_1$
2	$A_1B_2C_2$
3	$A_1B_3C_3$
4	$A_2B_1C_2$
5	$A_2B_2C_3$
6	$A_2B_3C_1$
7	$A_3B_1C_3$
8	$A_3B_2C_1$
9	$A_3B_3C_2$

[표 15-1]의 3×3 라틴방격법은 **[그림 15-1]**의 삼원배치법의 27개 실험 중에서 일부인 1/3만을 실험한 것이다.

		A_1	A_2	A_3
B_1	C_1	○		
	C_2		○	
	C_3			○
B_2	C_1			○
	C_2	○		
	C_3		○	
B_3	C_1		○	
	C_2			○
	C_3	○		

[그림 15-1] 삼원배치법과의 관계

따라서 실험횟수를 줄일 수 있는 장점은 있지만 교호작용을 파악할 수 없는 단점이 있다. 이에 라틴방격법은 교호작용이 무시될 수 있는 경우 간편한 실험으로 주효과만을 파악하고자 할 때 사용된다.

수준수 k에 따라 표준이 되는 표준라틴방격법*을 설계하는 방법은 다음과 같다.

① 상단에 인자 A를 배치한다.
② 좌측에 인자 B를 배치한다.
　이 경우 인자 A, B는 변량인자에 해당된다,

표준라틴방격법: 제 1행과 제 1열이 자연수 순서대로 나열되어 있는 라틴방격법을 표준라틴방격법이라고 한다.

예를 들어 3×3 라틴방격법에는 표준라틴방격법이 1개 있으며

1	2	3
2	3	1
3	1	2

4×4 라틴방격법에는 표준라틴방격법이 4개 있다.

1	2	3	4
2	3	4	1
3	4	1	2
4	1	2	3

1	2	3	4
2	4	1	3
3	1	4	2
4	3	2	1

1	2	3	4
2	1	4	2
3	4	1	2
4	3	2	1

1	2	3	4
2	1	4	3
3	4	2	1
4	3	1	2

③ **[그림 15-2]**에서의 숫자를 인자 C의 수준으로 하여 인자 C를 배치한다. 물론 이 경우 실험을 랜덤하게 실행한다.

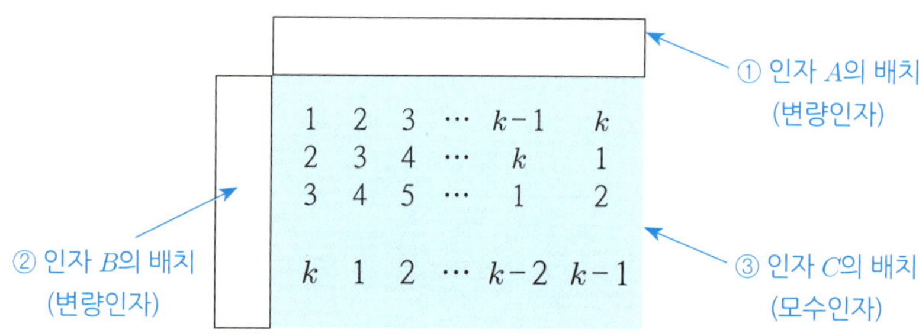

[그림 15-2] 표준라틴방격법 설계방법

수준수 k에 따른 표준라틴방격법 수 및 라틴방격법 총수는 다음과 같다.

[표 15-3] 크기에 따른 표준라틴방격법 수 및 라틴방격법 총수

크기	3×3	4×4	5×5	6×6	$k \times k$
표준라틴방격법 수	1	4	56	9408	
라틴방격법 총수	12	576	161 280	818 851 200	$n \times k!(k-1)!$

Note) n: 표준라틴방격법 수

1) 구조모형 및 분산분석

라틴방격법의 데이터 구조식은 다음과 같다.

$$y_{ijl} = \mu + a_i + b_j + c_l + e_{ijl} \tag{15.1}$$

여기서 $i, j, l = 1, 2, \cdots, k$

$e_{ijl} \sim N(0, \sigma_E^2)$

$a_i \sim N(0, \sigma_A^2)$

$b_j \sim N(0, \sigma_B^2)$ 각각 및 서로 간에 독립임

식 (15.1)로부터 하나의 데이터 y_{ijl}과 총평균 $\bar{\bar{y}}$를 다음과 같이 분리할 수 있다.

$$y_{ijl} - \bar{\bar{y}} = (\bar{y}_{i..} - \bar{\bar{y}}) + (\bar{y}_{.j.} - \bar{\bar{y}}) + (\bar{y}_{..l} - \bar{\bar{y}}) + (y_{ijl} - \bar{y}_{i..} - \bar{y}_{.j.} - \bar{y}_{..l} + 2\bar{\bar{y}}) \qquad (15.2)$$

따라서 식 (15.2)로부터 다음의 변동을 구하여 **[표 15-4]**의 분산분석표를 작성할 수 있다.

$$SST = \sum_i \sum_j \sum_l y_{ijl}{}^2 - \frac{T^2}{N}$$

$$SSA = \sum_i \frac{T_{i..}{}^2}{k} - \frac{T^2}{N}$$

$$SSB = \sum_j \frac{T_{.j.}{}^2}{k} - \frac{T^2}{N}$$

$$SSC = \sum_l \frac{T_{..l}{}^2}{k} - \frac{T^2}{N}$$

$$SSE = SST - (SSA + SSB + SSC)$$

여기서 인자 A, B, C의 자유도는 모두 $k-1$이 되므로 오차의 자유도는 다음과 같다.

$$\begin{aligned} \phi_E &= \phi_T - (\phi_A + \phi_B + \phi_C) \\ &= (k^2 - 1) - 3(k-1) \\ &= (k-1)(k-2) \end{aligned}$$

[표 15-4] 라틴방격법의 분산분석표

요인	SS	ϕ	V	F_{calc}	F_{critic}
A	SSA	$k-1$	V_A	V_A/V_E	
B	SSB	$k-1$	V_B	V_B/V_E	
C	SSC	$k-1$	V_C	V_C/V_E	
E	SSE	$(k-1)(k-2)$	V_E		
T	SST	k^2-1			

라틴방격법은 인자가 모두 모수인자의 경우에도 적용될 수 있다. 그러나 인자가 모두 모수인자인 경우에는 직교배열표 등의 다른 실험계획법을 사용하는 것이 보다 효율적이다.

라틴방격법에서 '평균변동의 기대값 계산'과 '분산분석 이후의 추정'은 변량인자가 유의할 경우와 유의하지 않을 경우에 차이가 있다. 이들 내용은 **'4.2 난괴법'**, **'5.2**

혼합모형'에서 이미 설명을 하였으므로 이를 참조하기 바란다.

단, 본 장에서는 인자가 모두 모수인자인 경우 또는 변량인자가 유의하지 않은 경우로 한정하여 '평균변동의 기대값 계산'과 '분산분석 이후의 추정'을 설명하기로 한다.

2) 평균변동의 기대값 계산

인자가 모두 모수인자이거나 변량인자가 유의하지 않은 경우로 한정한다.

식 (15.1)로부터 다음을 구할 수 있다.

$$\bar{y}_{i..} = \mu + a_i + \bar{e}_{i..} \tag{15.3}$$

$$\bar{\bar{y}} = \mu + \bar{\bar{e}} \tag{15.4}$$

따라서 $E(V_A)$를 다음과 같이 구할 수 있다.

$$\begin{aligned} E(SSA) &= E\Big[k\sum_{i=1}^{k}(\bar{y}_{i..} - \bar{\bar{y}})^2\Big] \\ &= E\Big[k\sum_{i=1}^{k}\{(\mu + a_i + \bar{e}_{i..}) - (\mu + \bar{\bar{e}})\}^2\Big] \quad \text{식 (15.3), (15.4)로부터} \\ &= kE\Big[\sum_{i=1}^{k}\{a_i + (\bar{e}_{i..} - \bar{\bar{e}})\}^2\Big] \\ &= k\sum_{i=1}^{k}a_i^{\,2} + kE\Big[\sum_{i=1}^{k}(\bar{e}_{i..} - \bar{\bar{e}})^2\Big] \quad \sigma_A^{\,2} = \frac{\sum_{i=1}^{k}a_i}{k-1},\ \ \sigma_E^{\,2} = E\Big[\frac{k}{k-1}\sum_{i=1}^{k}(\bar{e}_{i..} - \bar{\bar{e}})^2\Big]\text{로부터} \\ &= (k-1)(k\sigma_A^{\,2} + \sigma_E^{\,2}) \end{aligned}$$

가 되므로

$$E(V_A) = \frac{E(SSA)}{k-1} = \sigma_E^{\,2} + k\sigma_A^{\,2}$$

이 된다.

$E(V_B)$, $E(V_C)$, $E(V_E)$에 대해서도 동일한 방법으로 구할 수 있다. 라틴방격법에서도 F 검정을 하는 방법은 평균을 검정하는 다른 실험계획법의 경우와 동일하다.

인자 A의 경우 귀무가설을 다음과 같이 설정하고

$$H_0 : \mu_1 = \mu_2 = \cdots = \mu_k = 0$$

또는 $$H_0 : a_1 = a_2 = \cdots = a_k = 0$$

또는 $$H_0 : \sigma_A^{\,2} = 0$$

만일 $F_{\text{calc}} = V_A / V_E \geq F_{\text{critic}}(\phi_A, \phi_E ; \alpha)$일 경우 귀무가설을 기각하면 된다. 물론 다른 인자의 경우도 동일한 방법을 적용하면 된다.

3) 분산분석 이후의 추정

인자가 모두 모수인자이거나 변량인자가 유의하지 않은 경우로 한정한다.

(1) 각 인자에 대한 모평균의 추정

만일 인자 A가 유의할 경우의 i수준에서 모평균 $\mu(A_i)$의 점추정 값은 다음과 같다.

$$\hat{\mu}(A_i) = \mu + a_i = \bar{y}_{i..}$$

그리고 $\bar{y}_{i..}$에 대한 분산은

$$\begin{aligned} Var(\bar{y}_{i..}) &= Var(\mu + a_i + \bar{e}_{i..}) \\ &= Var(\bar{e}_{i..}) \\ &= \frac{\sigma_E^2}{k} \end{aligned}$$

이므로 $\mu(A_i)$의 $100(1-\alpha)$ %의 신뢰구간은 다음과 같다.

$$\bar{y}_{i..} \pm t\left(\phi_E ; \frac{\alpha}{2}\right)\sqrt{\frac{V_E}{k}}$$

나머지 인자에 대해서도 동일한 방법으로 구하면 다음과 같다.

$$\bar{y}_{.j.} \pm t\left(\phi_E ; \frac{\alpha}{2}\right)\sqrt{\frac{V_E}{k}}$$

$$\bar{y}_{..l} \pm t\left(\phi_E ; \frac{\alpha}{2}\right)\sqrt{\frac{V_E}{k}}$$

(2) 두 인자의 조합조건에서의 모평균의 추정

인자 A와 B만 유의할 경우 인자 A의 i수준, 인자 B의 j수준에서 모평균의 점추정값은 다음과 같다.

$$\begin{aligned}\hat{\mu}(A_iB_j) &= \widehat{\mu+a_i+b_j} \\ &= \widehat{\mu+a_i}+\widehat{\mu+b_j}-\hat{\mu} \\ &= \bar{y}_{i..}+\bar{y}_{.j.}-\bar{\bar{y}} \end{aligned} \tag{15.5}$$

$\bar{y}_{i..}+\bar{y}_{.j.}-\bar{\bar{y}}$에 대한 분산은

$$Var(\bar{y}_{i..}+\bar{y}_{.j.}-\bar{\bar{y}})=\frac{\sigma_E^{\ 2}}{n_e} \tag{15.6}$$

이므로 $\mu(A_iB_j)$의 $100(1-\alpha)$ %의 신뢰구간은

$$(\bar{y}_{i..}+\bar{y}_{.j.}-\bar{\bar{y}})\pm t\left(\phi_E;\ \frac{\alpha}{2}\right)\sqrt{\frac{V_E}{n_e}} \tag{15.7}$$

이 된다. 여기서 유효반복수 n_e는 다음과 같다.

$$\frac{1}{n_e}=\frac{1}{k}+\frac{1}{k}-\frac{1}{k^2}=\frac{2k-1}{k^2}$$

이므로

$$n_e=\frac{k^2}{2k-1}$$

이 된다.

나머지 A, C 및 B, C의 인자의 조합조건에서 모평균의 추정도 동일한 방법으로 구하면 된다.

(3) 세 인자의 조합조건에서의 모평균의 추정

인자 A의 i수준, 인자 B의 j수준, 인자 C의 l수준에서 모평균 $\mu(A_iB_jC_l)$의 점 추정값은 다음과 같다.

$$\begin{aligned}\hat{\mu}(A_iB_jC_l) &= \widehat{\mu+a_i+b_j+c_l} \\ &= \widehat{\mu+a_i}+\widehat{\mu+b_j}+\widehat{\mu+c_l}-2\hat{\mu} \\ &= \bar{y}_{i..}+\bar{y}_{.j.}+\bar{y}_{..l}-2\bar{\bar{y}} \end{aligned}$$

$\bar{y}_{i..}+\bar{y}_{.j.}+\bar{y}_{..l}-2\bar{\bar{y}}$에 대한 분산은

$$Var(\bar{y}_{i..}+\bar{y}_{.j.}+\bar{y}_{..l}-2\bar{\bar{y}})=\frac{\sigma_E^{\ 2}}{n_e} \tag{15.8}$$

이고 유효반복수 n_e는

$$\begin{aligned}\frac{1}{n_e}&=\frac{1}{k}+\frac{1}{k}+\frac{1}{k}-\frac{2}{k^2}\\&=\frac{3k-2}{k^2}\end{aligned}$$

이므로 $\mu(A_iB_jC_l)$의 $100(1-\alpha)$ %의 신뢰구간은

$$(\bar{y}_{i..}+\bar{y}_{.j.}+\bar{y}_{..l}-2\bar{\bar{y}})\pm t\left(\phi_E;\ \frac{\alpha}{2}\right)\sqrt{\frac{(3k-2)V_E}{k^2}} \tag{15.9}$$

가 된다.

예제 15-1

배합비에 따라 빵맛이 달라지는 것을 확인하기 위해 4명의 제빵사가 4개의 로트부터의 원료를 추출한 후 배합비를 달리하여 빵을 만들었다. 평가는 전문가가 1~10점의 점수를 부여하였다. 이 경우 배합비에 따라 빵맛이 다르다고 할 수 있는가?

제빵사(A_1, A_2, A_3, A_4)
로트(B_1, B_2, B_3, B_4)
배합비(C_1, C_2, C_3, C_4)

	A_1	A_2	A_3	A_4
B_1	$C_1=4$	$C_2=3$	$C_3=3$	$C_4=7$
B_2	$C_2=1$	$C_3=5$	$C_4=5$	$C_1=7$
B_3	$C_3=6$	$C_4=10$	$C_1=4$	$C_2=4$
B_4	$C_4=4$	$C_1=8$	$C_2=1$	$C_3=8$

변동을 구하기 위해 보조표를 작성하면 다음과 같다.

AB 보조표

	A_1	A_2	A_3	A_4	$T_{.j.}$
B_1	$C_1=4$	$C_2=3$	$C_3=3$	$C_4=7$	17
B_2	$C_2=1$	$C_3=5$	$C_4=5$	$C_1=7$	18
B_3	$C_3=6$	$C_4=10$	$C_1=4$	$C_2=4$	24
B_4	$C_4=4$	$C_1=8$	$C_2=1$	$C_3=8$	21
$T_{i..}$	15	26	13	26	$T=80$

C 보조표

	C_1	C_2	C_3	C_4
B_1	4	1	6	4
B_2	8	3	5	10
B_3	4	1	3	5
B_4	7	4	8	7
$T_{..l}$	23	9	22	26
$y_{..l}$	5.75	2.25	5.5	6.5

각각의 변동과 이에 의한 분석분석표는 다음과 같다.

$$SST=\sum_i\sum_j\sum_l y_{ijl}^{\ 2}-\frac{T^2}{N}=(4^2+1^2+\cdots+8^2)-\frac{80^2}{16}=96$$

$$SSA=\sum_i\frac{T_{i..}^{\ 2}}{k}-\frac{T^2}{N}=\frac{(15^2+26^2+13^2+26^2)}{4}-\frac{80^2}{16}=36.5$$

$$SSB=\sum_j\frac{T_{.j.}^{\ 2}}{k}-\frac{T^2}{N}=\frac{(17^2+18^2+24^2+21^2)}{4}-\frac{80^2}{16}=7.5$$

$$SSC=\sum_l\frac{T_{..l}^{\ 2}}{k}-\frac{T^2}{N}=\frac{(23^2+9^2+22^2+26^2)}{4}-\frac{80^2}{16}=42.5$$

$$SSE=SST-(SSA+SSB+SSC)=9.5$$

요인	SS	ϕ	V	F_{calc}	F_{critic}
A	36.5	3	12.17	7.70*	
B	7.5	3	2.50	1.58	4.76
C	42.5	3	14.17	8.97*	
E	9.5	6	1.58		
T	96	15			

배합비(C)의 차이가 유의한 것을 알 수 있다. 따라서 배합비는 빵맛에 영향을 준다고 할 수 있다.

그래프를 작성하면 C_4에서 빵맛이 가장 좋은 것을 확인할 수 있다.

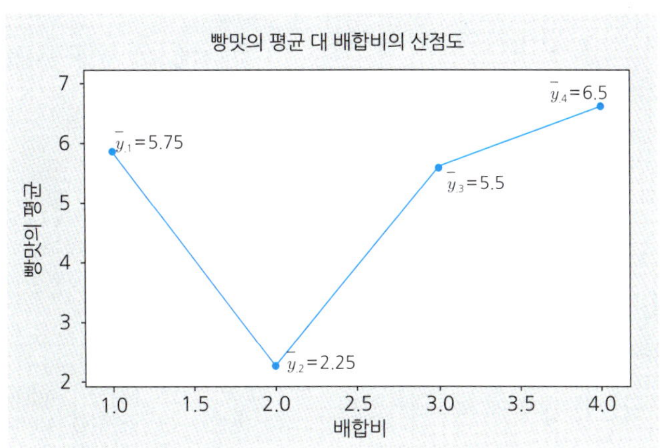

변량인자 중 제빵사(A)의 차이는 유의하나 로트(B)의 차이는 유의하지 않으므로, 유의하지 않은 로트(B)를 풀링할 경우 하나의 변량인자와 하나의 모수인자로 구성된 난괴법이 된다.

이 경우 제빵사(A)는 변량인자이므로 평균에 대한 추정은 의미가 없다. 배합비(C)의 각 수준에서의 평균에 대한 추정은 '**4.2 난괴법**'에서 설명한 것과 동일한 방법을 적용하면 된다.

■ '**예제 15-1**'을 미니탭을 사용하여 풀면 다음과 같다.

↓	C1	C2	C3	C4
	제빵사	로트	배합비	빵맛
1	1	1	1	4
2	1	2	2	1
3	1	3	3	6
4	1	4	4	4
5	2	1	2	3
6	2	2	3	5
7	2	3	4	10
8	2	4	1	8
9	3	1	3	3
10	3	2	4	5
11	3	3	1	4
12	3	4	2	1
13	4	1	4	7
14	4	2	1	7
15	4	3	2	4
16	4	4	3	8

우선 워크시트에 데이터를 다음과 같이 입력한다.

통계분석 > 분산 분석 > 일반 선형 모형 > 일반 선형 모형 적합을 클릭한 후 '반응'에 '빵맛', '요인'에 '제빵사', '로트', '배합비'를 각각 지정한 후 '랜덤/내포'를 클릭하여 '요인 유형'에서 '제빵사', '로트'에 대해 각각 '랜덤'을 지정한다.

'확인'을 연속하여 클릭하면 다음의 결과가 나타난다.

일반 선형 모형: 빵맛 대 제빵사, 로트, 배합비
방법
요인 코딩 (-1, 0, +1)

요인 정보

요인	유형	수준	값
제빵사	랜덤	4	1, 2, 3, 4
로트	랜덤	4	1, 2, 3, 4
배합비	고정	4	1, 2, 3, 4

분산 분석

출처	DF	Adj SS	Adj MS	F-값	P-값
제빵사	3	36.500	12.167	7.68	0.018
로트	3	7.500	2.500	1.58	0.290
배합비	3	42.500	14.167	8.95	0.012
오차	6	9.500	1.583		
총계	15	96.000			

모형 요약

S	R-제곱	R-제곱(수정)	R-제곱(예측)
1.25831	90.10%	75.26%	29.63%

제빵사 및 배합비의 $p<0.05$이므로 이들은 빵맛에 유의한 영향을 미치는 인자이다.

상기의 결과는 앞의 결과와 동일함을 알 수 있다.

빵맛을 최대로 하는 조건을 구하기 위해 **통계분석 > 분산 분석 > 일반 선형 모형 > 요인 그림**을 클릭하여 다음의 그래프를 작성한다.

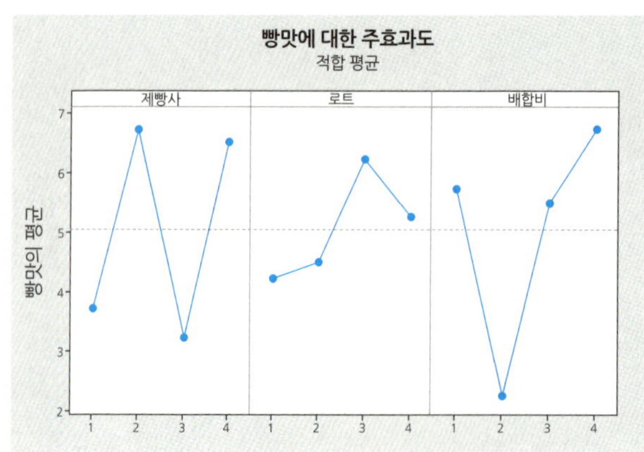

로트 간의 차이는 크지 않으며 제빵사 및 배합비에 따라 빵맛에 차이가 큼을 확인할 수 있다.

배합비 C_4에서 빵맛이 최대로 됨을 알 수 있다.

15.2 그레코라틴방격법

라틴방격법에서는 인자를 3개 밖에 배치할 수 없다. 따라서 인자가 4개 이상인 경우에는 라틴방격법을 사용할 수 없다. 이에 인자가 4개일 경우에는 그레코라틴방격법(Craeco-Latin square design)이 사용된다.

[표 15-5] 3×3 라틴방격

(1)

1	2	3
2	3	1
3	2	1

(2)

1	3	2
2	1	3
3	2	1

(3)

1	3	2
2	1	3
3	1	2

[표 15-5]에서 '(1)'과 '(2)' 를 겹치면 다음의 조합을 얻게 된다. 이 경우 2개의 숫자의 집합들 중에 같은 것이 한 개도 없다. 이 경우 두 개의 라틴방격은 직교한다고 한다.

[표 15-6] 두 개의 3×3 라틴방격이 직교할 경우

11	23	32
22	31	13
33	12	21

[표 15-5]에서 '(1)'과 '(3)'을 겹치면 다음과 같은 조합을 얻는다. 이 경우 11과 22는 동일한 조합이 2회 반복된 것을 알 수 있다. 따라서 이 경우 두 개의 라틴방격은 직교한다고 할 수 없다.

[표 15-7] 두 개의 3×3 라틴방격이 직교하지 않을 경우

11	23	32
22	31	13
33	11	22

이 경우 **[표 15-8]**과 같이 인자 A, B의 이원배치형태에, **[표 15-6]**의 2개의 숫자를 인자 C, D의 수준으로 하여 배치할 경우 인자가 4개이며 수준수가 3인 다음의 배열을 만들 수 있다.

[표 15-8] 3×3 그레코라틴방격법

	A_1	A_2	A_3
B_1	C_1D_1	C_2D_3	C_3D_2
B_2	C_2D_2	C_3D_1	C_1D_3
B_3	C_3D_3	C_1D_2	C_2D_1

이와 같이 2개의 직교하는 라틴방격법을 사용하여 만들어지는 실험계획법을 그레코라틴방격법이라고 한다.

이 경우 인자가 4개이므로 분산분석표는 **[표 15-9]**와 같다.

[표 15-9]에서 오차의 자유도 $(k-1)(k-3)>0$이므로 그레코라틴방격법에서 반복이 없는 경우 인자의 수준수 $k=4$ 이상이 되어야 함을 알 수 있다.

1) 구조모형 및 분산분석

그레코라틴방격법의 데이터 구조식은 다음과 같다.

$$y_{ijlm} = \mu + a_i + b_j + c_l + d_m + e_{ijlm} \quad (15.10)$$

여기서 $i, j, l, m = 1, 2, \cdots, k$

$e_{ijlm} \sim N(0, \sigma_E^2)$

$a_i \sim N(0, \sigma_A^2)$

$b_j \sim N(0, \sigma_B^2)$ 각각 및 서로 간에 독립임

각각의 변동과 분산분석표는 다음과 같다.

$$SST = \sum_i \sum_j \sum_l \sum_m y_{ijlm}^2 - \frac{T^2}{N}$$

$$SSA = \sum_i \frac{T_{i...}^2}{k} - \frac{T^2}{N}$$

$$SSB = \sum_j \frac{T_{.j..}^2}{k} - \frac{T^2}{N}$$

$$SSC = \sum_l \frac{T_{..l.}^2}{k} - \frac{T^2}{N}$$

$$SSD = \sum_m \frac{T_{...m}^{\ 2}}{k} - \frac{T^2}{N}$$

$$SSE = SST - (SSA + SSB + SSC + SSD)$$

[표 15-9] 그레코라틴방격법의 분산분석표

요인	SS	ϕ	V_E	F_{calc}	$F_{\text{critic}}(\alpha)$
A	SSA	$k-1$	V_A	V_A/V_E	
B	SSB	$k-1$	V_B	V_B/V_E	
C	SSC	$k-1$	V_C	V_C/V_E	
D	SSD	$k-1$	V_D	V_D/V_E	
E	SSE	$(k-1)(k-3)$	V_E		
T	SST	k^2-1			

2) 분산분석 이후의 추정

이 경우에도 인자가 모두 모수인자이거나 변량인자가 유의하지 않을 경우로 한정한다.

(1) 각 인자에 대한 모평균의 추정

인자 A의 i수준에서 모평균 $\mu(A_i)$의 점추정 값은 다음과 같다.

$$\hat{\mu}(A_i) = \widehat{\mu + a_i} = \bar{y}_{i...}$$

그리고 $\bar{y}_{i...}$에 대한 분산은

$$\begin{aligned} Var(\bar{y}_{i...}) &= Var(\mu + a_i + \bar{e}_{i...}) \\ &= Var(\bar{e}_{i...}) \\ &= \frac{\sigma_E^{\ 2}}{k} \end{aligned}$$

이므로 $\mu(A_i)$의 $100(1-\alpha)$ %의 신뢰구간은 다음과 같다.

$$\bar{y}_{i...} \pm t\left(\phi_E;\ \frac{\alpha}{2}\right)\sqrt{\frac{V_E}{k}} \tag{15.11}$$

나머지 인자에 대해서도 동일한 방법으로 구하면 된다.

(2) 두 인자의 조합조건에서의 모평균의 추정

A_iB_j에서의 모평균 $\mu(A_iB_j)$의 점추정값은 다음과 같다.

$$\hat{\mu}(A_iB_j) = \widehat{\mu + a_i + b_j}$$
$$= \widehat{\mu + a_i} + \widehat{\mu + b_j} - \hat{\mu}$$
$$= \bar{y}_{i...} + \bar{y}_{.j..} - \bar{\bar{y}}$$

$\bar{y}_{i...} + \bar{y}_{.j..} - \bar{\bar{y}}$에 대한 분산은

$$Var(\bar{y}_{i...} + \bar{y}_{.j..} - \bar{\bar{y}}) = \frac{\sigma_E^2}{n_e}$$

이므로 $\mu(A_iB_j)$의 $100(1-\alpha)$ %의 신뢰구간은

$$(\bar{y}_{i...} + \bar{y}_{.j..} - \bar{\bar{y}}) \pm t\left(\phi_E ; \frac{\alpha}{2}\right)\sqrt{\frac{V_E}{n_e}} \qquad (15.12)$$

이 된다.

여기서 유효반복수 n_e는 다음과 같다.

$$\frac{1}{n_e} = \frac{1}{k} + \frac{1}{k} - \frac{1}{k^2}$$
$$= \frac{2k-1}{k^2}$$

이므로

$$n_e = \frac{k^2}{2k-1} \qquad (15.13)$$

이 된다.

나머지 두 인자의 조합조건에서 모평균의 추정도 동일한 방법으로 구하면 된다.

(3) 세 인자의 조합조건에서의 모평균의 추정

$A_iB_jC_l$에서 모평균 $\mu(A_iB_jC_l)$의 점추정값은 다음과 같다.

$$\hat{\mu}(A_iB_jC_l) = \widehat{\mu + a_i + b_j + c_l}$$
$$= \widehat{\mu + a_i} + \widehat{\mu + b_j} + \widehat{\mu + c_l} - 2\hat{\mu}$$
$$= \bar{y}_{i...} + \bar{y}_{.j..} + \bar{y}_{..l.} - 2\bar{\bar{y}}$$

$\bar{y}_{i...}+\bar{y}_{.j..}+\bar{y}_{..l.}-2\bar{\bar{y}}$에 대한 분산은

$$Var(\bar{y}_{i...}+\bar{y}_{.j..}+\bar{y}_{..l.}-2\bar{\bar{y}})=\frac{\sigma_E^{\ 2}}{n_e}$$

이고 유효반복수 유효반복수 n_e는

$$\frac{1}{n_e}=\frac{1}{k}+\frac{1}{k}+\frac{1}{k}-\frac{2}{k^2}$$
$$=\frac{3k-2}{k^2}$$

이므로 $\mu(A_iB_j)$의 $100(1-\alpha)$ %의 신뢰구간은

$$(\bar{y}_{i...}+\bar{y}_{.j..}+\bar{y}_{..l.}-2\bar{\bar{y}})\pm t\left(\phi_E;\ \frac{\alpha}{2}\right)\sqrt{\frac{(3k-2)V_E}{k^2}}$$ 가 된다.

예제 15-2

원재료(C_1, C_2, C_3, C_4) 및 작업방법(D_1, D_2, D_3, D_4)이 수율에 영향을 미치는지 여부를 파악하기 위해 4대의 압축기(A_1, A_2, A_3, A_4)와 4개의 배치(B_1, B_2, B_3, B_4)를 사용하여 다음과 같은 실험을 하였다. 이 경우 원재료와 작업방법에 따라 수율의 차이가 있다고 할 수 있는가?

	A_1	A_2	A_3	A_4
B_1	$C_1D_1=88$	$C_2D_3=87$	$C_3D_4=85$	$C_4D_2=83$
B_2	$C_2D_2=87$	$C_1D_4=85$	$C_4D_3=85$	$C_3D_1=91$
B_3	$C_3D_3=84$	$C_4D_1=89$	$C_1D_2=82$	$C_2D_4=90$
B_4	$C_4D_4=84$	$C_3D_2=83$	$C_2D_1=95$	$C_1D_3=81$

우선 다음과 같은 보조표를 작성한다.

AB 보조표

	A_1	A_2	A_3	A_4	$T_{.j..}$
B_1	88	87	85	83	343
B_2	87	85	85	91	348
B_3	84	89	82	90	345
B_4	84	83	95	81	343
$T_{i...}$	343	344	347	345	$T=1\ 379$

	C 보조표				
	C_1	C_2	C_3	C_4	
	88	87	84	84	
	85	87	83	89	
	82	95	85	85	
	81	90	91	83	
$T_{..l.}$	336	359	343	341	T=1 379
$\bar{y}_{..l.}$	84.00	89.75	85.75	82.25	$\bar{\bar{y}}$=86.19

	D 보조표				
	D_1	D_2	D_3	D_4	
	88	87	84	84	
	89	83	87	85	
	95	82	85	85	
	91	83	81	90	
$T_{...m}$	363	335	337	344	T=1 379
$\bar{y}_{...m}$	84.00	89.75	85.75	82.25	$\bar{\bar{y}}$=86.19

각각의 변동과 이에 의한 분석분석표는 다음과 같다.

$$SST=\sum_i\sum_j\sum_l\sum_m y_{ijlm}{}^2-\frac{T^2}{N}=(88^2+87^2+\cdots+81^2)-\frac{1\,379^2}{16}=206.44$$

$$SSA=\sum_i\frac{T_{i...}{}^2}{k}-\frac{T^2}{N}=\frac{(343^2+344^2+347^2+345^2)}{4}-\frac{1\,379^2}{16}=2.19$$

$$SSB=\sum_j\frac{T_{.j..}{}^2}{k}-\frac{T^2}{N}=\frac{(343^2+348^2+345^2+343^2)}{4}-\frac{1\,379^2}{16}=4.19$$

$$SSC=\sum_l\frac{T_{..l.}{}^2}{k}-\frac{T^2}{N}=\frac{(336^2+359^2+343^2+341^2)}{4}-\frac{1\,379^2}{16}=74.19$$

$$SSD=\sum_m\frac{T_{...m}{}^2}{k}-\frac{T^2}{N}=\frac{(363^2+335^2+337^2+344^2)}{4}-\frac{1\,379^2}{16}=122.19$$

$$SSE=SST-(SSA+SSB+SSC+SSD)=3.68$$

요인	SS	ϕ	V	F_{calc}	F_{critic}
A	2.19	3	0.73	0.59	
B	4.19	3	1.4	1.13	9.28
C	74.19	3	24.73	20.11*	
D	122.19	3	40.73	33.11*	
E	3.68	3	1.23		
SST	206.44	15			

이 경우 원재료(C) 및 작업방법(D)만이 유의함을 알 수 있다. 따라서 나머지 요인을 풀링한 후 분산분석표를 작성하면 다음과 같다.

요인	SS	ϕ	V	F_{calc}	F_{critic}
C	74.19	3	24.73	20.08*	3.86
D	122.19	3	40.73	36.37*	
E	10.06	9	1.12		
SST	206.44	15			

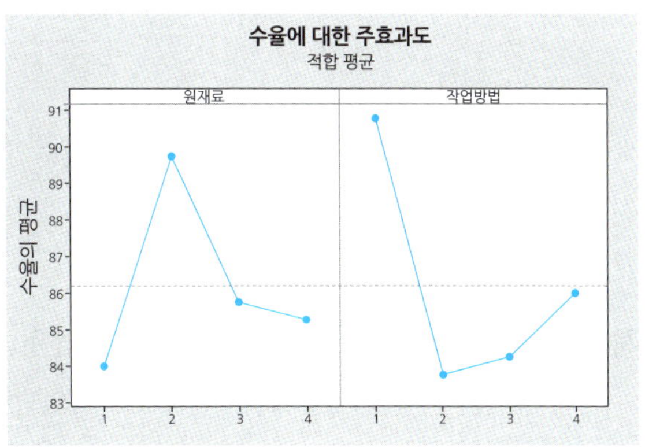

C_2, D_1에서 최대가 됨을 그래프를 작성하면 쉽게 알 수 있다.

$\mu(C_2D_1)$에서의 95 %의 신뢰구간은

식 (15.12)와 동일한 방법으로

$$(\bar{y}_{..2.} + \bar{y}_{...1} - \bar{\bar{y}}) \pm t(9;\ 0.025)\sqrt{\frac{V_E}{n_e}}$$

$$= (89.75 + 90.75 - 86.19) \pm 2.26\sqrt{\frac{1.12}{2.29}}$$

$$= (94.51 \pm 1.58) = (92.73,\ 95.89)$$

이 된다. 여기서 n_e는 식 (15.13)으로부터

$$n_e = \frac{k^2}{2k-1} = \frac{4^2}{2 \cdot 4 - 1} = 2.29$$

이다.

■ **'예제 15-2'**를 미니탭을 사용하여 풀면 다음과 같다.

우선 워크시트에 데이터를 다음과 같이 입력한다.

↓	C1 압축기	C2 배치	C3 원재료	C4 작업방법	C5 수율
1	1	1	1	1	88
2	1	2	2	2	87
3	1	3	3	3	84
4	1	4	4	4	84
5	2	1	2	3	87
6	2	2	1	4	85
7	2	3	4	1	89
8	2	4	3	2	83
9	3	1	3	4	85
10	3	2	4	3	85
11	3	3	1	2	82
12	3	4	2	1	95
13	4	1	4	2	83
14	4	2	3	1	91
15	4	3	2	4	90
16	4	4	1	3	81

통계분석 > 분산 분석 > 일반 선형 모형 > 일반 선형 모형 적합을 클릭한 후 '반응'에 '수율', '요인'에 '압축기', '배치, '원재료', '작업방법'을 각각 지정한 후

'랜덤/내포'를 클릭하여 '요인 유형'에서 '압축기', '배치'에 대해 각각 '랜덤'을 지정한다.

'확인'을 연속하여 클릭하면 다음의 결과가 나타난다.

일반 선형 모형: 수율 대 압축기, 배치, 원재료, 작업방법

방법

요인 코딩 (-1, 0, +1)

요인 정보

요인	유형	수준	값
압축기	랜덤	4	1, 2, 3, 4
배치	랜덤	4	1, 2, 3, 4
원재료	고정	4	1, 2, 3, 4
작업방법	고정	4	1, 2, 3, 4

분산 분석

출처	DF	Adj SS	Adj MS	F-값	P-값
압축기	3	2.187	0.7292	0.59	0.661
배치	3	4.187	1.3958	1.14	0.460
원재료	3	74.188	24.7292	20.12	0.017
작업방법	3	122.188	40.7292	33.14	0.008
오차	3	3.687	1.2292		
총계	15	206.438			

모형 요약

S	R-제곱	R-제곱(수정)	R-제곱(예측)
1.10868	98.21%	91.07%	49.19%

원재료(C), 작업방법(D)만이 수율에 유의한 영향을 미치는 인자이다. 이는 앞에서 분석한 결과와 동일함을 알 수 있다.

방법
요인 코딩 (-1, 0, +1)

요인 정보

요인	유형	수준	값
원재료	고정	4	1, 2, 3, 4
작업방법	고정	4	1, 2, 3, 4

분산 분석

출처	DF	Adj SS	Adj MS	F-값	P-값
원재료	3	74.19	24.729	22.12	0.000
작업방법	3	122.19	40.729	36.43	0.000
오차	9	10.06	1.118		
총계	15	206.44			

모형 요약

S	R-제곱	R-제곱(수정)	R-제곱(예측)
1.05738	95.13%	91.88%	84.59%

중요하지 않은 인자 압축기(A), 배치(B)를 풀링한 후 재분석을 하면 다음과 같다.

통계분석 > 분산 분석 > 일반 선형 모형 > 요인 그림을 클릭하여 다음의 그래프를 작성한다.

C_2, D_1에서 최대가 됨을 알 수 있다.

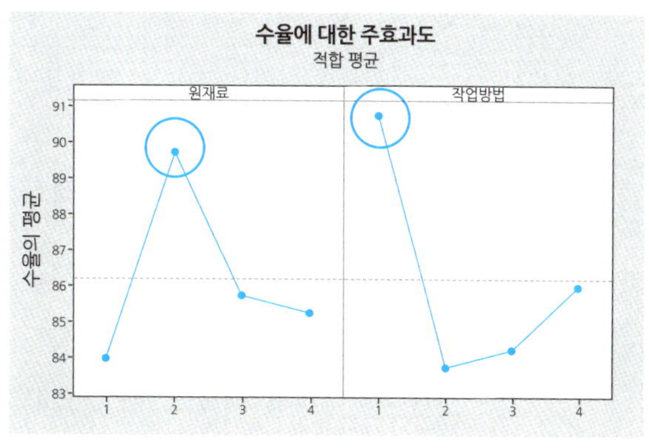

통계분석 > 분산 분석 > 일반 선형 모형 > 예측을 클릭한 후 '원재료'에 '2', '작업방법'에 '1' 수준을 지정한 후 '확인'을 클릭하면 다음의 결과가 나타난다.

수율에 대한 예측
일반 선형 모형 정보

항
원재료 작업방법

변수	설정
원재료	2
작업방법	1

적합치	SE 적합치	95% CI	95% PI
94.3125	0.699392	(92.7304, 95.8946)	(91.4446, 97.1804)

우측의 결과는 앞에서 계산한 결과와 동일함을 알 수 있다.

15.3 초그레코라틴방격법

서로 직교하는 라틴방격 3개를 조합하여 만든 방격실험을 초그레코라틴방격법(hyper Graeco-Latin square design)이라고 한다.

다음의 3개의 서로 직교하는 라틴방격을 조합하여 하나의 초그레코라틴방격법([표 15-10])을 설계할 수 있다.

(1)

1	2	3	4
2	1	4	3
3	4	1	2
4	3	2	1

(2)

1	3	4	2
2	4	3	1
3	1	2	4
4	2	1	3

(3)

1	4	2	3
2	3	1	4
3	2	4	1
4	1	3	2

[표 15-10] 초그레코라틴방격법

111	234	342	423
222	143	431	314
333	412	124	241
444	321	213	132

[표 15-11] 초그레코라틴방격법의 분산분석표

요인	SS	ϕ	V	F_{calc}	$F_{critic}(\alpha)$
A	SSA	$k-1$	V_A	V_A/V_E	
B	SSB	$k-1$	V_B	V_B/V_E	
C	SSC	$k-1$	V_C	V_C/V_E	
D	SSD	$k-1$	V_D	V_D/V_E	
F	SSF	$k-1$	V_F	V_F/V_E	
E	SSE	$(k-1)(k-4)$	V_E		
T	SST	k^2-1			

[표 15-10]의 상단에 4수준의 인자 A, 좌측에 4수준의 인자 B를 배치 시킨 후 3개의 숫자를 각각 C, D, E 인자의 수준으로 설정할 경우 4 수준인 5인자의 초그레코라틴방격법을 설계할 수 있다.

[표 15-11]의 분산분석표에서 오차의 자유도 $(k-1)(k-4)>0$ 이므로 초그레코라틴방격법에서는 반복이 없을 경우 수준수가 최소한 5 이상이 되어야 함을 알 수 있다.

15장

연습문제

1. 4개의 타이어 회사에서 제작한 타이어(A_1, A_2, A_3, A_4)를 4명의 운전자(B_1, B_2, B_3, B_4)가 지정된 코스의 일정거리를 주행한 후 타이어 마모량을 다음과 같이 측정하였다.

	A_1	A_2	A_3	A_4
B_1	2.7	2.6	3.3	2.8
B_2	3.0	3.2	3.5	3.4
B_3	3.3	3.2	3.4	3.1
B_4	3.1	3.1	3.4	2.9

1) 구조식을 밝히시오

2) 타이어 회사 간에 마모량에 차이가 있다고 할 수 있는가?

2. '**문제 1**'과 동일한 상황에서 지정된 코스가 아니라 환경이 서로 다른 4개의 코스(C_1, C_2, C_3, C_4)의 일정거리를 주행한 후 타이어 마모량을 다음과 같은 측정을 하였다.

	C_1	C_2	C_3	C_4
B_1	$A_1=2.7$	$A_2=2.6$	$A_3=3.3$	$A_4=2.8$
B_2	$A_2=3.0$	$A_3=3.2$	$A_4=3.5$	$A_1=3.4$
B_3	$A_3=3.3$	$A_4=3.2$	$A_1=3.4$	$A_2=3.1$
B_4	$A_4=3.1$	$A_1=3.1$	$A_2=3.4$	$A_3=2.9$

1) 구조식을 밝히시오

2) 타이어 회사 간에 마모량에 차이가 있다고 할 수 있는가?

3. '**문제 2**'와 동일한 상황에서 자동차의 종류(D_1, D_2, D_3, D_4)에 따라 마모량에 차이가 있는지에 대한 관심이 있어 다음과 같은 실험을 하였다.

	C_1	C_2	C_3	C_4
B_1	$A_1D_1=2.7$	$A_2D_3=3.2$	$A_3D_4=3.4$	$A_4D_2=2.9$
B_2	$A_2D_2=3.0$	$A_1D_4=2.6$	$A_4D_3=3.4$	$A_3D_1=3.1$
B_3	$A_3D_3=3.3$	$A_4D_1=3.1$	$A_1D_2=3.3$	$A_2D_4=3.4$
B_4	$A_4D_4=3.1$	$A_3D_2=3.2$	$A_2D_1=3.5$	$A_1D_3=2.8$

1) 구조식을 밝히시오

2) 타이어 회사, 자동차 종류에 따라 마모량에 차이가 있다고 할 수 있는가?

4. 촉매(C_1, C_2, C_3, C_4, C_5) 에 따른 분해시간의 영향을 파악하기 위해 5개의 배치(A_1, A_2, A_3, A_4, A_5) 로부터 원료를 추출하여 실험을 하였다. 이 경우 5일(B_1, B_2, B_3, B_4, B_5)에 걸쳐 실험을 했을 경우 다음의 질문에 답을 하시오.

	A_1	A_2	A_3	A_4	A_5
B_1	$C_1=22$	$C_2=27$	$C_3=31$	$C_4=28$	$C_5=33$
B_2	$C_2=31$	$C_3=33$	$C_4=30$	$C_5=37$	$C_1=25$
B_3	$C_3=34$	$C_4=23$	$C_5=34$	$C_1=23$	$C_2=25$
B_4	$C_4=27$	$C_5=36$	$C_1=28$	$C_2=26$	$C_3=29$
B_5	$C_5=37$	$C_1=36$	$C_2=29$	$C_3=29$	$C_4=26$

1) 중요 요인을 파악하시오.

2) 분해시간이 최소가 되는 조건을 설정하시오.

3) '2)'에서의 95 % 신뢰구간을 구하시오.

5. 조명의 밝기(C_1, C_2, C_3, C_4, C_5)와 작업방법(D_1, D_2, D_3, D_4)에 따라 생산량의 차이가 있는지 파악하기 위해 4명의 작업자(A_1, A_2, A_3, A_4)에 대해 4일간(B_1, B_2, B_3, B_4)에 걸쳐 다음과 같은 실험을 하였다.

	A_1	A_2	A_3	A_4
B_1	$C_1D_1=34$	$C_2D_3=62$	$C_3D_4=34$	$C_4D_2=51$
B_2	$C_2D_2=31$	$C_1D_4=51$	$C_4D_3=57$	$C_3D_1=51$
B_3	$C_3D_3=58$	$C_4D_1=2$	$C_1D_2=32$	$C_2D_4=48$
B_4	$C_4D_4=40$	$C_3D_2=52$	$C_2D_1=47$	$C_1D_3=67$

1) 중요 요인을 파악하시오.

2) 생산량이 최대가 되는 조건을 설정하시오.

3) 생산량이 최대가 되는 조건에서 모평균의 95 % 신뢰구간을 구하시오.

6. '**예제 15-1**'에서 다음과 같이 결측치가 발생하였다고 할 경우 다음의 질문에 답을 하시오.

	A_1	A_2	A_3	A_4
B_1	C_1=4	C_2=3	C_3=3	C_4=7
B_2	C_2=1	C_1=y	C_4=5	C_3=7
B_3	C_3=6	C_4=10	C_1=4	C_2=4
B_4	C_4=4	C_3=8	C_2=1	C_1=8

1) 결측치를 추정하시오.

2) 분산분석표를 작성하고 결과를 해석하시오.

3) '**예제 15-1**'의 분석결과와 차이가 있다고 할 수 있는가?

EVOP(Evolutionary Operation)

EVOP는 최초에 Box에 의해 소개되었으며 1969년 Box와 Draper에 의해 EVOP에 관한 단행본이 발행되면서 널리 보급되기 시작하였다.

EVOP는 정상적인 조업을 하면서 공정의 최적조건을 설정하기 위해 실행되는 실험으로 다음과 같은 특징이 있다.

- 실험실 또는 파일럿 라인이 아니라 생산공정에서 정상적인 조업 중에 실행된다.
- 불량이 나지 않도록 공정을 약간씩 변화시켜 가면서 공정의 성능을 최적화하기 위해 사용되어진다.
- 중심점에서 2^2 완전 요인실험 또는 2^3 완전 요인실험을 사용한다(이를 1 사이클이라고 한다.).
- 한 사이클에서 결론을 내지 않고 충분한 증거가 있을 때까지 사이클을 반복한다.
- 권한을 위임 받은 현장 작업자들로 팀을 구성하여 실행한다.
- 모든 교대자의 참여가 필요하기 때문에 각 사이클 종료 시마다 결과가 요약되어 게시되어져야 한다.

16.1 실험의 설계

1) 2요인 실험설계

(1) EVOP 사이클

2요인의 EVOP 실험은 **[그림 16-1]**과 같이 2^2 완전 요인실험에 중심점을 포함한 5개의 점으로 구성이 된다. 따라서 교호작용뿐 아니라 곡면도 파악할 수 있다.

일반적으로 실험의 출발점(수준의 조합)은 공정에서 이미 경험된 수준 내에서 설정되는데, 각 수준의 범위는 불량이 나지 않도록 보수적으로 설정한다.

[그림 16-1]에서 5개의 점에서의 실험을 1사이클이라고 하는데 공정의 방해를 최소화하기 위해 보통 순차적으로 진행한다. 예를 들면 한 사이클은 다음과 같은 순서로 진행된다.

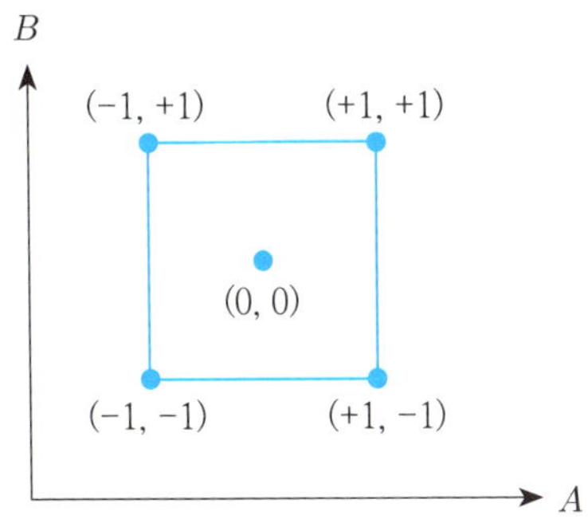

[그림 16-1] 2요인 EVOP 실험계획

$$(0, 0) \rightarrow (+1, +1) \rightarrow (-1, +1) \rightarrow (-1, -1) \rightarrow (+1, -1)$$

이때 특성치의 변화에 대한 충분한 증거가 확보될 때까지 사이클은 반복되어 지속된다. 따라서 요인의 수준의 폭을 작게할 수록 더 많은 사이클이 소요될 수 밖에 없다.

(2) EVOP의 단계

만일 일련의 사이클을 통해 변화에 대한 충분한 증거가 확보되면 새로운 중심점에서 추가적인 EVOP 실험이 실행된다. 이 경우 하나의 EVOP단계가 마무리되고 새로운 단계가 시작이 된다. 이러한 EVOP단계를 최적조건이 설정되거나 또는 의견의 일치를 볼 때까지 반복한다.

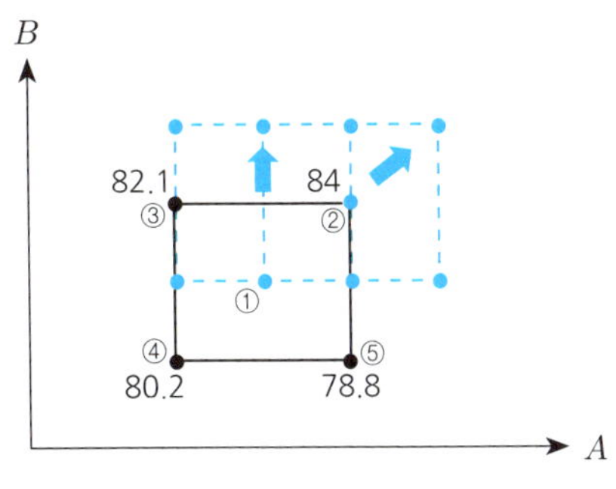

[그림 16-2] EVOP 단계

[그림 16–2]에서 특성치가 클수록 좋은 경우 만일 인자 B가 유의할 때 특성치의 값이 커지는 ②, ③의 방향으로 실험점을 이동한다. 인자 A의 경우도 동일한 방법이 적용된다.

만일 교호작용이 유의할 때 교호작용의 효과가 양이면 ②, ①, ④의 대각선의 방향에서 특성치가 커지는 쪽으로, 교호작용의 효과가 음이면 ③, ①, ⑤의 대각선 방향에서 특성치가 커지는 쪽으로 실험점을 이동하면 된다.

(3) EVOP 정보의 공유

각 사이클 종료 시마다 다음의 결과치들을 업데이트하고 게시해야 한다.

- 현재 결과와 이전의 단계의 결과 게시
- 가능한 다음의 통계치가 보고되어져야 함
  - 설계의 각 점에서의 평균과 표준편차
  - 주효과와 교호작용
  - 주효과와 교호작용의 표준오차(2*SE 계수)
  - 단순 그래프 요약

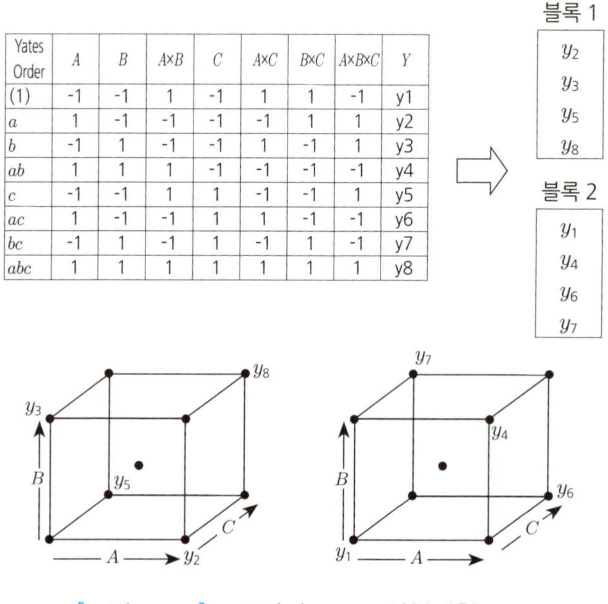

Yates Order	A	B	A×B	C	A×C	B×C	A×B×C	Y
(1)	-1	-1	1	-1	1	1	-1	y1
a	1	-1	-1	-1	-1	1	1	y2
b	-1	1	-1	-1	1	-1	1	y3
ab	1	1	1	-1	-1	-1	-1	y4
c	-1	-1	1	1	-1	-1	1	y5
ac	1	-1	-1	1	1	-1	-1	y6
bc	-1	1	-1	1	-1	1	-1	y7
abc	1	1	1	1	1	1	1	y8

[그림 16–3] 3요인의 EVOP 실험계획

2) 3요인 실험설계

3요인 실험설계는 2^3 완전 요인실험을 2개의 블록으로 나누어 **[그림 16-3]**의 각각의 정육면체에 배치하고 각 정육면체에 중심점을 추가하면 된다.

2개의 블록으로 나누어 실험을 하는 것은 2요인의 경우와 같이 해석을 하기 위한 것도 있지만, 실험 환경을 균일하게 하여 예상치 않은 상황에서 실험에 포함되지 않은 다른 요인이 실험에 미치는 영향을 배제하기 위한 것도 있다.

[그림 16-4]는 EVOP의 개념도로 특성치가 커지는 방향으로 실험점이 점진적으로 이동하는 것을 타나낸다.

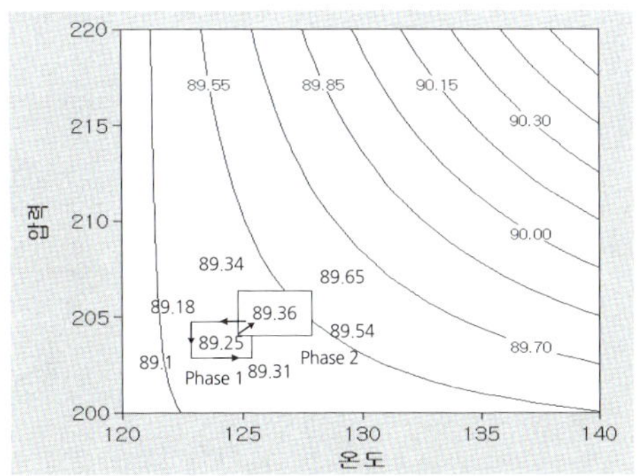

[그림 16-4] EVOP 개념도

[표 16-1]에 EVOP의 장·단점이 나열되어 있다.

[표 16-1] EVOP의 장 · 단점

장점	단점
• 단순한 공정 최적화 도구 • 보수적인 조건의 설정으로 불량이 발생되는 문제를 피할 수 있음 • 실험에 포함되지 않은 기타 요인의 영향을 최소화하기 위해 블로킹을 사용할 수 있음 • 실험비용이 많이 소요되지 않음 • 지속적인 개선의 철학 • 권한을 위임 받은 현장 작업자들로 팀을 구성함으로써 참여의식 증대	• 설정할 수 있는 요인의 수가 제한됨 • 실험영역이 제한적임 따라서 확실한 결론이 나기까지 많은 수의 반복실험(사이클)이 필요함 • 많은 시간이 소요됨

지금까지 설명한 EVOP의 추진절차와 중요 내용들을 요약하면 **[그림 16-5]**와 같다.

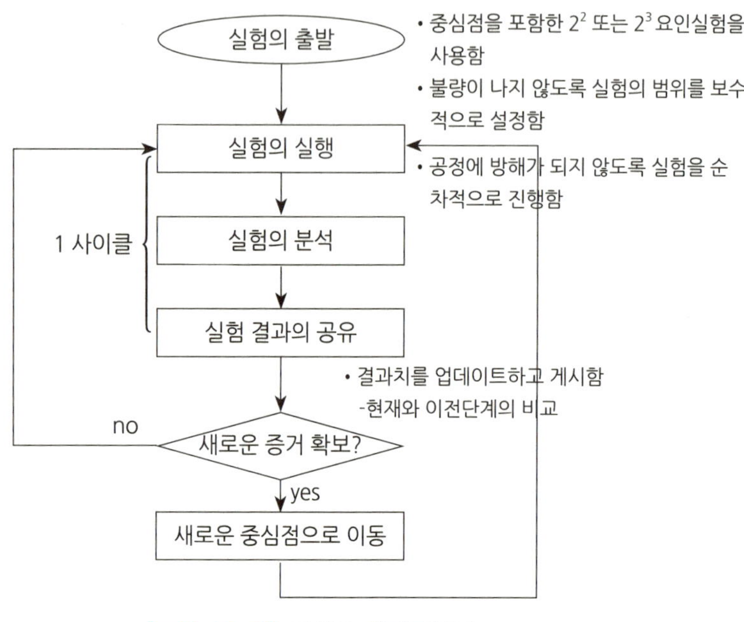

[그림 16-5] EVOP 추진절차도

예제 16-1

수율을 증대하기 위해 생산 현장 사원들을 중심으로 팀을 이루어 EVOP 실험계획을 실행하기로 하고 다음과 같이 3회에 걸쳐 실험을 하였다. 실험을 분석하시오.

요인	-수준	+수준
온도	120 ℃	140 ℃
압력	200 psi	220 psi

EVOP1 파일을 연다.

통계분석 > 실험계획법 > 요인 > 요인 설계 분석을 클릭한다.

'항'을 클릭한 후 '모형에 중심점 포함'을 지정한 후 분석을 하면 다음과 같다.

요인 회귀 분석: Yield 대 온도, 압력, 중심점

분산 분석

출처	DF	Adj SS	Adj MS	F-값	P-값
모형	4	0.080000	0.020000	*	*
선형	2	0.040000	0.020000	*	*
온도	1	0.000000	0.000000	*	*
압력	1	0.040000	0.040000	*	*
2차 교호작용	1	0.040000	0.040000	*	*
온도*압력	1	0.040000	0.040000	*	*
곡면성	1	0.000000	0.000000	*	*
오차	0	*	*		
총계	4	0.080000			

모형 요약

S	R-제곱	R-제곱(수정)	R-제곱(예측)
	100.00%	*	*

코드화된 계수

항	효과	계수	SE 계수	T-값	P-값	VIF
상수		89.50	*	*	*	
온도	0.000000	0.000000	*	*	*	1.00
압력	0.2000	0.1000	*	*	*	1.00
온도*압력	0.2000	0.1000	*	*	*	1.00
Ct Pt		0.000000	*	*	*	1.00

코드화되지 않은 단위의 회귀 방정식

Yield = 114.7 - 0.2100 온도 - 0.1200 압력 + 0.001000 온도*압력 - 0.000000 Ct Pt

곡면성(Ct Pt) 및 교호작용 온도*압력의 변동이 0이거나 미미하므로 중심점과 교호작용을 풀링하여 재분석을 한다.

요인 회귀 분석: Yield 대 온도, 압력

분산 분석

출처	DF	Adj SS	Adj MS	F-값	P-값
모형	2	0.040000	0.020000	1.00	0.500
선형	2	0.040000	0.020000	1.00	0.500
온도	1	0.000000	0.000000	0.00	1.000
압력	1	0.040000	0.040000	2.00	0.293
오차	2	0.040000	0.020000		
곡면성	1	0.000000	0.000000	0.00	1.000
적합성 결여	1	0.040000	0.040000	*	*
총계	4	0.080000			

```
모형 요약
       S     R-제곱       R-제곱(수정)  R-제곱(예측)
0.141421  50.00%       0.00%        0.00%

코드화된 계수
항     효과          계수    SE 계수       T-값    P-값    VIF
상수              89.5000  0.0632  1415.12  0.000
온도  0.0000    0.0000  0.0707       0.00  1.000  1.00
압력  0.2000    0.1000  0.0707       1.41  0.293  1.00

코드화되지 않은 단위의 회귀 방정식
Yield = 87.40 + 0.00000 온도 + 0.01000 압력
```

이 경우 어떠한 요인도 유의하지 않음을 알 수 있다.

통계분석 > 실험계획법 > 요인 > 입방체도를 클릭하면 다음의 화면이 나타난다.

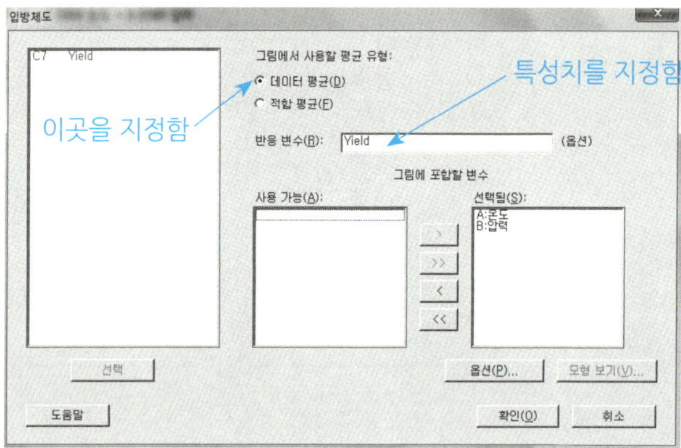

확인을 클릭하면 다음의 결과가 나타난다.

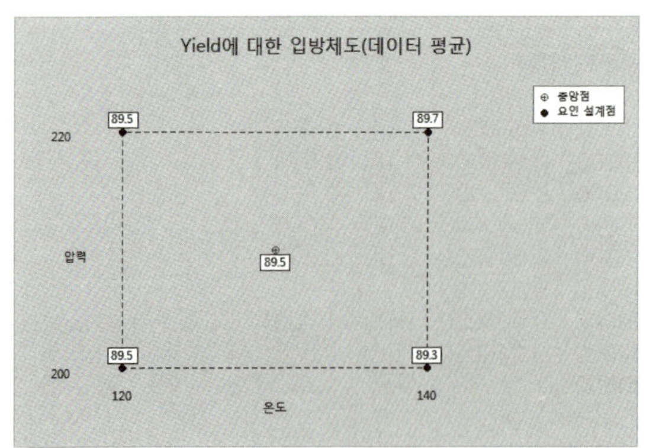

온도+1 압력 +1일 경우 수율이 89.7(%)로 가장 높으나, 이들 정보만으로는 어떠한 결론도 내릴 수 없다. 따라서 추가로 1사이클의 실험을 하기로 하였다.

EVOP12 파일을 연다.

1 및 2 사이클에 걸쳐 실험한 데이터에 대해 '항'을 클릭한 후 '모형에 블록 포함', '모형에 중앙점 포함'을 지정한 후 분석을 한다.

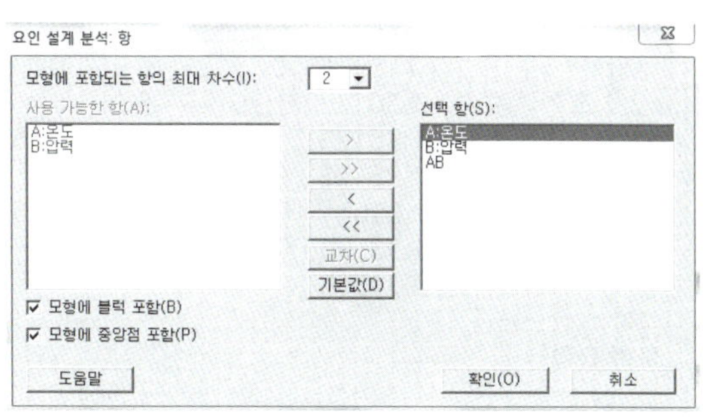

요인 회귀 분석: Yield 대 블록, 온도, 압력, 중심점

분산 분석

출처	DF	Adj SS	Adj MS	F-값	P-값
모형	5	2.04500	0.40900	1.26	0.424
블럭	1	0.02500	0.02500	0.08	0.795
선형	2	0.60250	0.30125	0.93	0.467
온도	1	0.45125	0.45125	1.39	0.304
압력	1	0.15125	0.15125	0.47	0.533
2차 교호작용	1	1.36125	1.36125	4.19	0.110
온도*압력	1	1.36125	1.36125	4.19	0.110
곡면성	1	0.05625	0.05625	0.17	0.699
오차	4	1.30000	0.32500		
총계	9	3.34500			

모형 요약

S	R-제곱	R-제곱(수정)	R-제곱(예측)
0.570088	61.14%	12.56%	0.00%

코드화된 계수

항	효과	계수	SE 계수	T-값	P-값	VIF
상수		89.512	0.202	444.11	0.000	
블럭						
1		-0.050	0.180	-0.28	0.795	1.00
온도	0.475	0.238	0.202	1.18	0.304	1.00
압력	0.275	0.138	0.202	0.68	0.533	1.00
온도*압력	0.825	0.413	0.202	2.05	0.110	1.00
Ct Pt		0.188	0.451	0.42	0.699	1.00

코드화되지 않은 단위의 회귀 방정식

Yield = 196.2 - 0.843 온도 - 0.523 압력 + 0.00413 온도*압력 + 0.188 Ct Pt

이 경우 블록효과와 곡면효과가 모두 유의하지 않으므로 오차항에 풀링을 한 후 재분석을 하면 다음과 같다.

요인 회귀 분석: Yield 대 온도, 압력

분산 분석

출처	DF	Adj SS	Adj MS	F-값	P-값
모형	3	1.96375	0.65458	2.84	0.128
선형	2	0.60250	0.30125	1.31	0.338
온도	1	0.45125	0.45125	1.96	0.211
압력	1	0.15125	0.15125	0.66	0.449
2차 교호작용	1	1.36125	1.36125	5.91	0.051
온도*압력	1	1.36125	1.36125	5.91	0.051
오차	6	1.38125	0.23021		
곡면성	1	0.05625	0.05625	0.21	0.664
순수 오차	5	1.32500	0.26500		
총계	9	3.34500			

모형 요약

S	R-제곱	R-제곱(수정)	R-제곱(예측)
0.479800	58.71%	38.06%	0.00%

코드화된 계수

항	효과	계수	SE 계수	T-값	P-값	VIF
상수		89.550	0.152	590.21	0.000	
온도	0.475	0.238	0.170	1.40	0.211	1.00
압력	0.275	0.138	0.170	0.81	0.449	1.00
온도*압력	0.825	0.413	0.170	2.43	0.051	1.00

코드화되지 않은 단위의 회귀 방정식

Yield = 196.2 - 0.843 온도 - 0.522 압력 + 0.00413 온도*압력

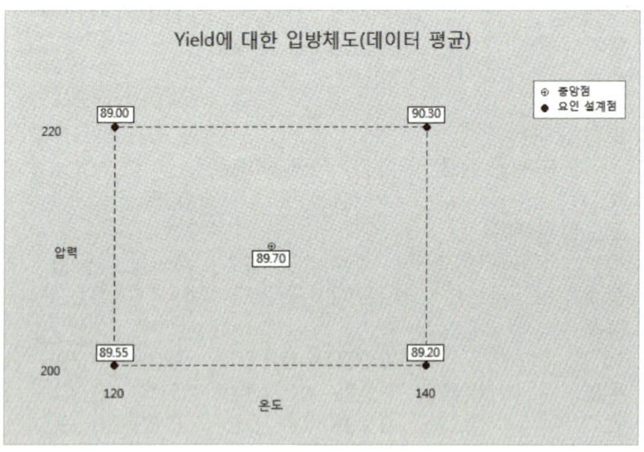

교호작용이 중요한 것으로 나타났으나 보다 확실한 결론을 내리기 위해 추가 실험을 다시 하기로 하였다. EVOP123 파일을 연다.

요인 회귀 분석: Yield 대 온도, 압력

분산 분석

출처	DF	Adj SS	Adj MS	F-값	P-값
모형	3	4.08667	1.36222	3.81	0.043
선형	2	2.88333	1.44167	4.03	0.049
온도	1	1.92000	1.92000	5.37	0.041
압력	1	0.96333	0.96333	2.70	0.129
2차 교호작용	1	1.20333	1.20333	3.37	0.094
온도*압력	1	1.20333	1.20333	3.37	0.094
오차	11	3.93067	0.35733		
곡면성	1	0.01067	0.01067	0.03	0.872
순수 오차	10	3.92000	0.39200		
총계	14	8.01733			

모형 요약

S	R-제곱	R-제곱(수정)	R-제곱(예측)
0.597774	50.97%	37.60%	0.00%

코드화된 계수

항	효과	계수	SE 계수	T-값	P-값	VIF
상수		89.747	0.154	581.47	0.000	
온도	0.800	0.400	0.173	2.32	0.041	1.00
압력	0.567	0.283	0.173	1.64	0.129	1.00
온도*압력	0.633	0.317	0.173	1.84	0.094	1.00

코드화되지 않은 단위의 회귀 방정식

Yield = 165.0 - 0.625 온도 - 0.383 압력 + 0.00317 온도*압력

상기의 결과는 블록효과와 곡면효과가 중요하지 않아 오차항에 풀링을 한 후 다시 분석을 한 경우이다.

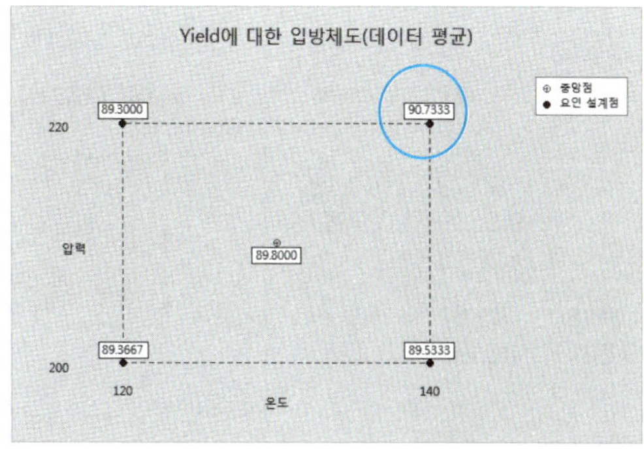

이 경우 온도가 유의함을 알 수 있다. 실제로 상기의 그림에서 온도가 +1의 값을 가질 때 수율이 높게 나타난 것을 알 수 있다.

그런데 교호작용이 $\alpha = 0.1$에서 유의하고 양의 계수값을 가지므로 수율이 가장 높은 (+1, +1)지점을 중심점으로 하여 또 다른 단계의 실험을 할 수 있다.

통계분석 > 표 > 기술 통계량을 클릭하여

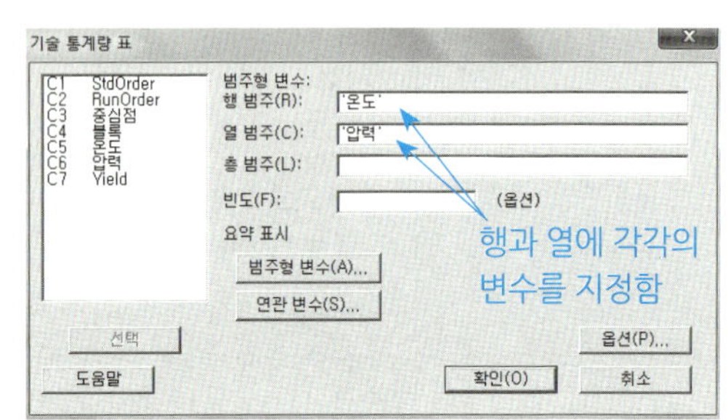

'연관 변수'를 클릭한 후

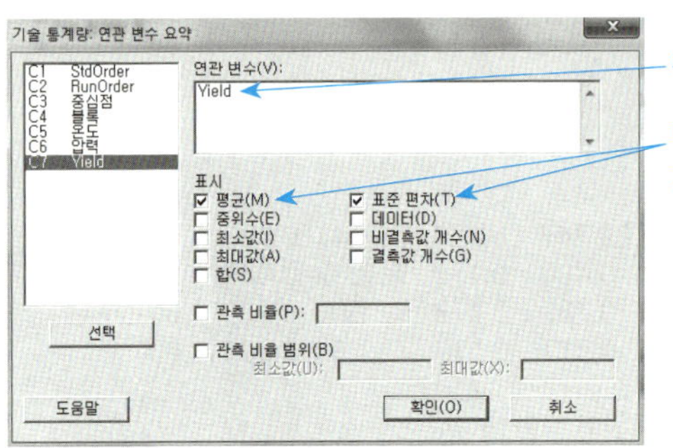

'확인'을 연속하여 클릭하면 다음의 결과가 나타난다.

제표 통계량: 온도, 압력
행: 온도   열: 압력

	200	210	220	모두
120	89.37	*	89.30	89.33
	0.3215	*	0.7211	0.5007
	3	0	3	6
130	*	89.80	*	89.80
	*	0.2646	*	0.2646
	0	3	0	3
140	89.53	*	90.73	90.13
	0.5859	*	0.9609	0.9688
	3	0	3	6
모두	89.45	89.80	90.02	89.75
	0.4324	0.2646	1.0926	0.7567
	6	3	6	15

셀 내용: Yield : 평균
Yield : 표준 편차
카운트

온도 140(+1), 압력 220(+1)에서 특성치의 평균이 90.73으로 가장 높은 것을 알 수 있다. 그러나 이 조건에서 표준편차가 가장 크므로 향후 추가 실험 시 이에 대해 예의 주시를 할 필요가 있다.

16장

연습문제

1. EVOP와 일반 실험계획법과의 차이를 간략하게 기술하시오.

2. EVOP의 장·단점을 간략하게 기술하시오.

3. 점도는 제품특성에 영향을 미치는 중요한 공정특성으로 알려져 있다. 따라서 이를 증가시키기 위해 생산현장에서 생산을 하면서 온도(A_1, A_2,)와 압력 (B_1, B_2)을 약간씩 변화시키며 다음과 같은 데이터를 얻었다. 다음의 질문을 하시오.

공정조건		점도(공정특성)		
온도	압력	1사이클	2사이클	3사이클
220	160	49.5	49.6	49.0
230	160	50.0	49.5	51.0
220	170	49.3	49.1	50.2
230	170	49.7	50.9	51.6
240	165	49.5	49.9	50.0

1) 데이터를 분석하고 결과를 해석하시오.

2) '1)'의 결과를 토대로 향후 어떤 의사결정을 해야 하는지를 간략하게 기술하시오,

4. 온도와 압력 및 첨가제의 양에 따른 합성량을 증대하기 위해 생산현장에서 다음과 같이 4회에 걸쳐 데이터를 측정하였다. 다음의 질문에 답을 하시오.

블록		1회	2회	3회	4회
1	(1)	6.3	6.3	6.2	6.1
	ab	6.4	6.5	6.4	6.3
	ac	6.4	6.5	6.6	6.3
	bc	6.7	6.6	6.8	6.5
	0	6.1	6.3	6.5	6.3
2	a	5.8	5.7	5.8	6
	b	6	6.1	6.2	6.2
	c	6.2	6.3	6.4	6.4
	abc	6	6.2	6.5	6.5
	0	6.2	5.8	6.4	6.4

1) 이 경우 블록으로 나누어 실험을 실시하는 이유를 간략하게 기술하시오.

2) 데이터를 분석하고 결과를 해석하시오.

3) 분석의 결과를 토대로 향후 어떤 의사결정을 해야 하는지를 간략하게 기술하시오.

17

직교배열표

17.1 직교배열표의 이해

17.2 2수준계의 직계배열표

17.3 3수준계의 직교배열표

17.4 특수한 직교배열표

직교배열표(table of orthogonal array)는 인자의 수가 다수인 경우 주효과와 일부의 교호작용을 파악하여 중요인자를 선정하기 위해 사용된다. 이 중 L_{12} 등의 특수한 직교배열표는 교호작용에 상관없이 주효과를 파악하여 중요 인자를 선정할 수 있으므로 가장 많이 사용된다.

특히 직교배열표는 설계단계에서 다꾸찌 품질공학을 적용하기 위해 많이 사용되는데, 이는 실험횟수를 혁신적으로 줄일수 있다는 장점이외에 직교배열표가 갖는 독립성, 가법성, 재현성 때문이다. 이에 대한 자세한 내용은 '**18. 품질 공학**'에서 설명하기로 한다.

17.1 직교배열표의 이해

직교배열표의 경우도 인자의 모든 조합에서 실험을 하는 것이 아니라 부분적으로 실험을 한다. 따라서 '**9.1 교락**'에서 설명한 것과 같이 인자 간에 교락을 하게 된다.

그러므로 직교배열표는 특성치에 영향을 미치는 인자의 수가 많아 인자의 모든 조합에서 실험을 하기가 곤란할 경우 주효과와 선택된 교호작용에 대한 정보를 얻기 위해 사용된다.

[표 17–1]에서 직교배열표에 의한 실험은 많은 인자가 있는 경우 요인실험에 비해 실험횟수를 혁신적으로 줄일 수 있음을 알 수 있다.

[표 17–1] 직교배열과 완전 요인실험(complete factorial design)의 실험횟수 비교

2수준			3수준		
인자수	직교배열	요인실험	인자수	직교배열	요인실험
3	4	8	4	9	81
7	8	128	13	27	1 594 323
11	12	2 048	40	81	∞
15	16	32 768			
19	20	524 288			

그러나 선택된 소수의 교호작용 정보만을 얻을 수 있는 상태에서, 교호작용을 고려하지 않고 인자를 배치할 경우 주효과와 교호작용이 교락되어 주효과와 교호작용을 구분할 수 없게 된다.

이에 직교배열표에서는 주효과와 교호작용 간의 교락현상을 피하기 위해 직교배열에 기본표시를 해놓았다.

[표 17-2]의 $L_4(2^3)$형 직교배열표에서 기본표시 ab란에 인자 C를 배치할 경우 인자 C의 주효과와 교호작용 AB가 교락됨을 알 수 있다. 따라서 A, B, C 모든 인자의 주효과가 교호작용과 교락되지 않는 실험을 하기 위해서는 실험횟수가 보다 많은 다른 실험을 해야 한다.

17.2 2수준계의 직계배열표

2수준계의 직교배열에서는 각 인자의 수준은 2이고, 하나의 열은 하나의 자유도를 갖는다. 즉, 하나의 열은 하나의 효과(주효과 또는 교호작용)에 해당된다.

그리고 교호작용이 없는 경우 **[표 17-1]**에서와 같이 n회의 실험으로 최대 $n-1$개의 인자에 대한 분석이 가능하다.

2수준계의 직교배열표를 다음과 같이 표현할 수 있는데

$$L_{2^m}2^{2^m-1}$$

여기서 m : 2이상의 정수

2^m : 실험의 크기(횟수)

2 : 2수준계를 나타내는 숫자

2^m-1 : 열의 수를 나타낸다.

[표 17-2]는 2수준계에서 가장 작은 $m=2$일때에 $L_4(2^3)$형 직교배열표로 다음과 같은 특징이 있다.

① 실험횟수는 $2^2=4$회이고, 열의 수는 $2^2-1=3$개이다. 따라서 최대 3개의 인자를 단 4회 실험을 통해 분석할 수 있다. 그러나 3열에 나타난 것과 같이 주효과와 교호작용이 교락되므로 정보의 손실을 감수해야 한다.

② 0을 −1로, 1을 +1로 한 후 임의의 2열을 곱하여 합을 구하면 0이 된다. 따라서 모든 열은 서로 직교(orthogonal)한다.

③ 어느 열이나 0의 수와 1의 수가 반반씩 나타나 있다.

④ 1군은 1열, 2군은 2, 3열이다. 이것은 1군의 1열에 인자 A를 배치하고 2군인 2열에 인자 B를 배치하면 인자 A와 B의 교호작용이 2군의 나머지 열인 3열에 나타난다는 의미이다.

⑤ 하나의 열은 하나의 자유도를 갖는다. 따라서 총자유도의 수는 열의 수와 같게 된다. 따라서 2수준에서는 인자의 자유도가 1이므로 2수준계의 직교배열표에서는 열의 수만큼 인자를 배치할 수 있다.

[표 17-2] $L_4(2^3)$형 직교배열표

실험번호	3수준		
	1	2	3
1	0	0	0
2	0	1	1
3	1	0	1
4	1	1	0
기본표시	a	b	ab
군	1	2	

[표 17-3]은 2수준계에서 $m=3$일때에 $L_8(2^7)$형 직교배열표로 실험횟수는 8회이며 최대 7개의 인자를 배치할 수 있다.

그런데 이들 7개의 인자를 임의로 배치할 경우 주효과와 교호작용이 교락되어 우리가 원하는 중요한 정보를 얻을 수 없다. 따라서 이를 방지하기 위하여 '기본표시' 행에 효과들 간에 교락관계를 표시하여 놓았다.

따라서 이들 기본표시를 고려하여 우리가 얻고자 하는 주효과와 교호작용이 서로 교락되지 않게 배치해야 한다.

예를 들어 **[표 17-3]**의 배치 1의 경우 주효과 C와 교호작용 AB가 교락되어 주효과 C와 교호작용 AB를 분리할 수 없으므로 원하는 정보를 얻을 수 없다.

이 경우 주효과와 교호작용이 서로 교락되지 않게 하기 위해서는 인자 C를 기본표시 c에 배치하고 인자 D는 7열에 배치해야 한다.

[표 17-3] $L_8(2^7)$형 직교배열표

실험번호	열번호							데이터
	1	2	3	4	5	6	7	
1	0	0	0	0	0	0	0	
2	0	0	0	1	1	1	1	
3	0	1	1	0	0	1	1	
4	0	1	1	1	1	0	0	
5	1	0	1	0	1	0	1	
6	1	0	1	1	0	1	0	
7	1	1	0	0	1	1	0	
8	1	1	0	1	0	0	1	
기본표시	a	b	a b	c	a c	b c	a b c	합계
군	1	2		3				
배치1	A	B	C	D				

1) 교호작용이 없는 경우 2수준의 실험

교호작용이 없는 5개의 인자를 배치할 경우 자유도가 5로 $L_{2^m}2^{2^m-1}$에서 $2^m-1\geq5$를 만족하는 최소의 $m=3$이기 때문에 **[표 17-4]**와 같은 $L_8(2^7)$ 직교배열표를 사용한다.

주효과는 다음과 같은 식에 의해 구할 수 있는데 이들의 계산 결과는 **[표 17-4]**의 주효과란에 있다.

$$\text{주효과 } A=(1/\text{각 수준의 반복수})\{(\text{수준1의 데이터의 합})-(\text{수준 0의 데이터의 합})\} \quad (17.1)$$

$$=\frac{1}{4}\{(6+8+12+14)-(2+3+10+8)\}$$

$$=\frac{1}{4}\{(40)-(23)\}$$

$$=4.25$$

$$\text{주효과 } B=\frac{1}{4}\{(10+8+12+14)-(2+3+6+8)\}=6.25$$

$$주효과\ C=\frac{1}{4}\{(10+8+6+8)-(2+3+12+14)\}=0.25$$

$$주효과\ D=\frac{1}{4}\{(3+8+8+14)-(2+10+6+12)\}=0.75$$

$$주효과\ F=\frac{1}{4}\{(3+8+6+12)-(2+10+8+14)\}=-1.25$$

변동은 다음과 같이 주효과의 계산결과를 이용하면 보다 용이하게 구할 수 있다. 이들 변동의 계산결과도 **[표 17–4]**의 '변동'란에 있다.

$$SSA=1/(전체\ 실험횟수)\times\{(수준1의\ 데이터의\ 합)-(수준\ 0의\ 데이터의\ 합)\}^2 \qquad (17.2)$$

[표 17–4] $L_8(2^7)$상에 5인자의 배치

실험번호	열번호 1	2	3	4	5	6	7	데이터	y
1	0	0	0	0	0	0	0	$A_0B_0C_0D_0E_0$	2
2	0	0	0	1	1	1	1	$A_0B_0C_0D_1E_1$	3
3	0	1	1	0	0	1	1	$A_0B_1C_1D_0E_0$	10
4	0	1	1	1	1	0	0	$A_0B_1C_1D_1E_1$	8
5	1	0	1	0	1	0	1	$A_1B_0C_1D_0E_1$	6
6	1	0	1	1	0	1	0	$A_1B_0C_1D_1E_0$	8
7	1	1	0	0	1	1	0	$A_1B_1C_0D_0E_1$	12
8	1	1	0	1	0	0	1	$A_1B_1C_0D_1E_0$	14
0수준의 합 ① / 1수준의 합②	23 / 40	19 / 44	31 / 32	30 / 33	34 / 29	30 / 33	30 / 33	$T=63$	
수준의 합	63	63	63	63	63	63	63		
수준의 차 (②-①)	17	25	1	3	-5	3	3		
주효과 (②-①)/4	4.25	6.25	0.25	0.75	-1.25	0.75	0.75		
변동	36.125	78.125	0.125	1.125	3.125	1.125	1.125		
기본표시	a	b	a b	c	a c	b c	a b c		
군	1	2		3					
배치1	A	B	C	D	F	e	e		

$$= \frac{1}{8} \times \{(\text{수준 1의 데이터의 합}) - (\text{수준 0의 데이터의 합})\}^2$$

$$= 2 \times (\text{주효과 A})^2$$

$$= 36.125$$

$$SSB = 2(6.25)^2 = 78.125$$

$$SSC = 2(0.25)^2 = 0.125$$

$$SSD = 2(0.75)^2 = 1.125$$

$$SSF = 2(-1.25)^2 = 3.125$$

총변동은 다음과 같이 구할 수 있다.

$$SST = \sum y_i^2 - \frac{T^2}{N}$$

$$= (2^2 + 3^2 + \cdots + 14^2) - \frac{63^2}{8} = 120.875$$

여기서 오차변동은 **[표 17-4]**에서 인자가 배치되지 않은 6열과 7열의 변동의 합 또는 $SSE = SST - (SSA + SSB + SSC + SSD + SSF) = 2.25$로 구할 수 있다.

변동의 결과를 분산분석표에 정리하면 다음과 같다.

[표 17-5] 분산분석표

요인	SS	ϕ	V	F_{calc}	$F_{critic}(1, 2;0.05)$
A	36.125	1	36.125	32.11*	
B	78.125	1	78.125	69.44*	
C	0.125	1	0.125	0.11	18.5
D	1.125	1	1.125	1	
F	3.125	1	3.125	2.78	
오차	2.25	2	1.125		
T	120.875	7			

상기의 분산분석표에서 C, D 및 F 인자는 유의하지 않으므로 오차항에 풀링하면 다음과 같다.

[표 17-6] 풀링 후의 분산분석표

요인	SS	ϕ	V	F_{calc}	$F_{critic}(1, 5;0.05)$
A	36.125	1	36.125	27.26*	6.61
B	78.125	1	78.125	58.96*	
오차	6.625	5	1.325		
T	120.875	7			

인자 A, B가 유의하므로 결국 인자 A 및 B만이 중요한 인자임을 알 수 있다.

■ 미니탭을 사용하여 분석을 하면 다음과 같다.

통계분석 > 실험계획법 > Taguchi 설계 > Taguchi 설계 생성을 클릭하면 다음의 화면이 나타난다.

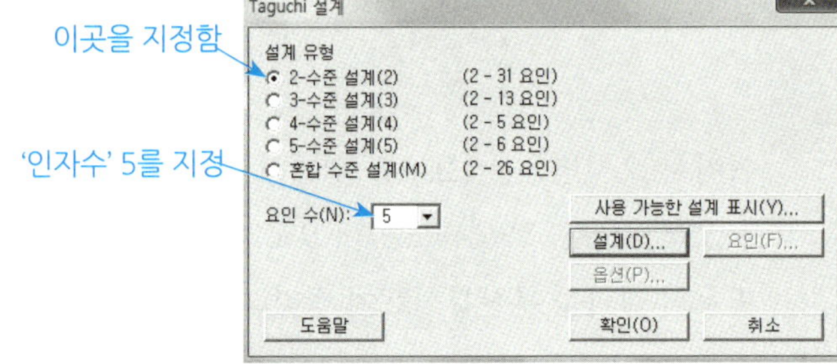

'설계'를 클릭한 후

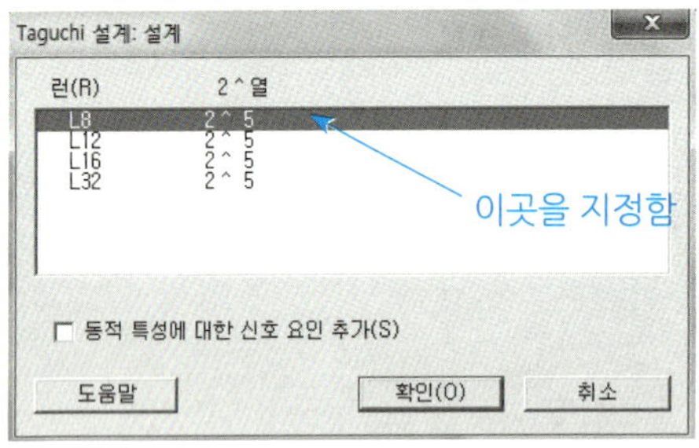

Taguchi 설계: 요인

요인 지정

배열의 열에 아래 지정된 대로(C) ← 이곳을 지정함

선택한 교호작용에 대한 추정 허용(E) 교호작용(I)...

인자의 이름을 입력함 →

요인	이름	수준 값	열	수준
A	A	1 2	1	2
B	B	1 2	2	2
C	C	1 2	3	2
D	D	1 2	4	2
E	F	1 2	5	2

'열'을 지정함

도움말 확인(O) 취소

'확인'을 연속하여 클릭하면 다음의 워크시트가 나타난다.

↓	C1	C2	C3	C4	C5	C6
	A	B	C	D	F	y
1	1	1	1	1	1	2
2	1	1	1	2	2	3
3	1	2	2	1	1	10
4	1	2	2	2	2	8
5	2	1	2	1	2	6
6	2	1	2	2	1	8
7	2	2	1	1	2	12
8	2	2	1	2	1	14

실험의 관측값을 입력함

통계분석 > 분산 분석 > 일반 선형 모형 >일반 선형 모형 적합을 클릭한 후 '반응'에 y를 지정하고 '요인'에 인자 A, B, C, D, F를 지정함

'확인'을 연속하여 클릭하면 다음의 결과가 나타난다.

일반 선형 모형: y 대 A, B, C, D, F
다음 항은 추정될 수 없어서 제거되었습니다:

방법
요인 코딩 (-1, 0, +1)

요인 정보

요인	유형	수준	값
A	고정	2	1, 2
B	고정	2	1, 2
C	고정	2	1, 2
D	고정	2	1, 2
F	고정	2	1, 2

분산 분석

출처	DF	Adj SS	Adj MS	F-값	P-값
A	1	36.125	36.1250	32.11	0.030
B	1	78.125	78.1250	69.44	0.014
C	1	0.125	0.1250	0.11	0.771
D	1	1.125	1.1250	1.00	0.423
F	1	3.125	3.1250	2.78	0.238
오차	2	2.250	1.1250		
총계	7	120.875			

C, D 및 F 인자를 풀링하여 재분석을 하면 다음과 같다.

일반 선형 모형: y 대 A, B
분산 분석

출처	DF	Adj SS	Adj MS	F-값	P-값
A	1	36.125	36.1250	27.26	0.003
B	1	78.125	78.1250	58.96	0.001
오차	5	6.625	1.3250		
적합성 결여	1	0.125	0.1250	0.08	0.795
순수 오차	4	6.500	1.6250		
총계	7	120.875			

이상의 분석결과는 앞에서 손으로 계산한 결과와 동일함을 알 수 있다.

2) 교호작용이 있는 경우 2수준의 실험

일부 인자 간에 교호작용이 있으리라고 판단되고, 이 교호작용이 어느 정도 큰 가를 알고 싶은 경우 교호작용이 있는 2수준 실험을 한다.

예를 들어 2수준 4인자 A, B, C, D에 대한 주효과와 교호작용 중 AB, BC의 효과만을 파악하고자 한다. 이 경우 총자유도는 6으로 $2^m-1 \geq 6$을 만족하는 최소의 $m=3$이므로 다음과 같은 $L_8(2^7)$ 직교배열표를 사용한다.

이때 주효과와 교호작용이 교락되지 않도록 기본표시를 고려하여 인자를 배치해야 한다.

[표 17-7] $L_8(2^7)$상에 4인자 배치

실험번호	열번호							실험조건
	1	2	3	4	5	6	7	
1	0	0	0	0	0	0	0	$A_0B_0C_0D_0E_0$
2	0	0	0	1	1	1	1	$A_0B_0C_0D_1E_1$
3	0	1	1	0	0	1	1	$A_0B_1C_1D_0E_0$
4	0	1	1	1	1	0	0	$A_0B_1C_1D_1E_1$
5	1	0	1	0	1	0	1	$A_1B_0C_1D_0E_1$
6	1	0	1	1	0	1	0	$A_1B_0C_1D_1E_0$
7	1	1	0	0	1	1	0	$A_1B_1C_0D_0E_1$
8	1	1	0	1	0	0	1	$A_1B_1C_0D_1E_0$
기본표시	a	b	a b	c	a c	b c	a b c	
배치1	A	B	$A \times B$	C	e	$B \times C$	D	

분산분석과 변동의 계산은 교호작용이 없는 경우의 2수준의 실험의 경우와 동일하다.

주효과 및 교호작용은

주효과 A = (1/각 수준의 반복수){(수준 1의 데이터의 합) − (수준 0의 데이터의 합)}

교호작용 AB = (1/각 수준의 반복수){(수준 1의 데이터의 합) − (수준 0의 데이터의 합)}

으로 구할 수 있으며 변동은 주효과 및 교호작용을 이용하여 다음과 같이 구할 수 있다.

A의 변동 SSA = (1/전체 실험횟수){(수준 1의 데이터의 합) − (수준 0의 데이터의 합)}^{2}
= 2×(주효과 A)^2

교호작용 AB의 변동

$SS(A\times B)$ = (1/전체 실험횟수){(수준 1의 데이터의 합) − (수준 0의 데이터의 합)}^{2}
= 2×(교호작용 AB)^2

으로 구할 수 있다.

최적조건을 설정하는 방법은 유의한 교호작용이 있을 경우 우선 교호작용을 구성하는 두 개의 인자로 2원표를 작성한다. 그리고 이들 두 개의 인자의 조합에서 2인자의 최적조건을 구한다. 기타 유의한 다른 인자가 있으면 이들 인자에 대해서는 1원표를 작성하여 최적조건을 구한다.

예제 17-1

성형공정에서 특성치 Y는 클수록 좋은데 다음의 인자에 의해 영향을 받는 것으로 생각되어 이를 확인하기 하기 위해 다음과 같이 직교배열표에 의한 실험을 하기로 하였다.

인자 ; A : 원료의 점도(A_0, A_1)
B : 인젝션 스피드(B_0, B_1)
C : 압력(C_0, C_1)
D : 몰드온도(D_0, D_1)
F : 인젝션 압력(E_0, E_1)
G : 냉각시간(F_0, F_1)
교호작용 : AC, CD

분산분석을 하고, 특성치를 가장 크게하는 최적 수준조합을 찾으시오.

인자의 총 자유도는 8로 $2^m-1 \geq 8$을 만족하는 최소의 $m=4$ 이다. 따라서 $L_{16}(2^{15})$ 직교배열표를 사용한다.

[표 17-8] $L_{16}(2^{15})$형 직교배열표

실험번호	열번호															특성치(y)
	1	2	3	4	5	6	7	8	9	10	11	12	13	14	15	
1	0	0	0	0	0	0	0	0	0	0	0	0	0	0	0	12
2	0	0	0	0	0	0	0	1	1	1	1	1	1	1	1	10
3	0	0	0	1	1	1	1	0	0	0	0	1	1	1	1	2
4	0	0	0	1	1	1	1	1	1	1	1	0	0	0	0	3
5	0	1	1	0	0	1	1	0	0	1	1	0	0	1	1	12
6	0	1	1	0	0	1	1	1	1	0	0	1	1	0	0	9
7	0	1	1	1	1	0	0	0	0	1	1	1	1	0	0	4
8	0	1	1	1	1	0	0	1	1	0	0	0	0	1	1	3
9	1	0	1	0	1	0	1	0	1	0	1	0	1	0	1	2
10	1	0	1	0	1	0	1	1	0	1	0	1	0	1	0	9
11	1	0	1	1	0	1	0	0	1	0	1	1	0	1	0	14
12	1	0	1	1	0	1	0	1	0	1	0	0	1	0	1	8
13	1	1	0	0	1	1	0	0	1	1	0	0	1	1	0	10
14	1	1	0	0	1	1	0	1	0	0	1	1	0	0	1	8
15	1	1	0	1	0	0	1	0	1	1	0	1	0	0	1	15
16	1	1	0	1	0	0	1	1	0	0	1	0	1	1	0	9
기본표시	a	b	a b	c	a c	b c	a b c	d	a d	b d	a b d	c d	a c d	b c d	a b c d	T=130
배치1	A	B	e	C	$A \times C$	e	e	D	e	e	e	$C \times D$	F	e	G	

각각의 인자의 주효과와 교호작용은 다음과 같다.

$$\begin{aligned}
\text{주효과 } A &= (1/\text{각 수준의 반복수})\{(\text{수준 1의 데이터의 합}) \\
&\qquad -(\text{수준 0의 데이터의 합})\} \\
&= (1/8)\{(2+9+14+8+10+8+15+9) \\
&\qquad -(12+10+2+3+12+9+4+3)\} \\
&= (1/8)(75-55) = 2.5
\end{aligned}$$

주효과 $B=(1/8)(70-60)=1.25$

주효과 $C=(1/8)(58-72)=-1.75$

주효과 $D=(1/8)(59-71)=-1.5$

주효과 $F=(1/8)(54-76)=-2.75$

주효과 $G=(1/8(60-70)=1.25$

교호작용 $AC=(1/8)(41-89)=-6$

교호작용 $CD=(1/8)(71-59)=1.5$ 이며

변동은 주효과 및 교호작용을 이용하여 구하면

$$SSA=4\times(\text{주효과 } A)^2$$
$$=4\times(2.5)^2=25$$
$$SSB=4\times(1.25)^2=6.25$$
$$SSC=4\times(-1.75)^2=12.25$$
$$SSD=4\times(-1.5)^2=9$$
$$SSF=4\times(-2.75)^2=30.25$$
$$SSG=4\times(1.25)^2=6.25$$
$$SS(\mathrm{A}\times C)=4\times(-6)^2=144$$
$$SS(\mathrm{C}\times D)=4\times(1.25)^2=9$$

가 된다.

총변동 및 오차는

$$SST=\sum y_i^2-\frac{T^2}{N}=(12^2+10^2+\cdots+9^2)-\frac{130^2}{16}=265.75$$

$$SSE=SST-(SSA+SSB+SSC+SSD+SSF+SSG+SS(A\times C)+SS(C\times D))$$
$$=23.75$$

이다.

이들의 결과를 분산분석표로 작성하면 다음의 **[표 17–9]**와 같다.

[표 17-9] 분산분석표

요인	SS	ϕ	V	F_{calc}	$F_{critic}(1, 7;0.05)$
A	25	1	25	7.37*	
B	6.25	1	6.25	1.84	
C	12.25	1	12.25	3.61	
D	9	1	9	2.65	5.59
F	30.25	1	30.25	8.92*	
G	6.25	1	6.25	1.84	
$A\times C$	144	1	144	42.44*	
$C\times D$	9	1	9	2.65	
오차	23.75	7	3.39		
T	265.75	15			

인자 A, F 및 교호작용 AC가 유의하다. 따라서 최적조건을 구하기 위해서는 우선 2원표를 작성하여 인자 A와 C의 조합에서 특성치 Y값을 최대로 하는 조합을 찾은 후, 나머지 인자 F에 대해서 특성치 Y값을 최대로하는 조건을 찾으면 된다.

[표 17-10] AC 2원표

	A_0	A_1	계
C_0	12+10+12+9=43	2+9+10+8=29	72
C_1	2+3+4+3=12	14+8+15+9=**46**	58
계	55	75	130

[표 17-11] F 일원표

F_0	F_1	계
76	54	130

[표 17-10] 및 **[표 17-11]**에서 $A_1C_1F_0$에서 최대값을 가짐을 알 수 있다. 이때의 최대값은

$$\hat{\mu}(A_1C_1F_0) = \widehat{\mu + a_1c_1} + \widehat{\mu + f_0} - \hat{\mu}$$
$$= \frac{46}{4} + \frac{76}{8} - \frac{130}{16} = 12.875$$

이 된다.

■ 미니탭을 사용하여 '**예제 17-1**'을 분석하면 다음과 같다.

통계분석 > 실험계획법 > Taguchi 설계 > Taguchi 설계 생성을 클릭하면 다음의 화면이 나타난다.

'2-수준 설계'를 지정, '요인 수'에 '6'을 지정
'설계'를 클릭한 후, '$L_{16}2^6$'를 지정함.
'확인'을 클릭한 후, '요인'을 클릭하여

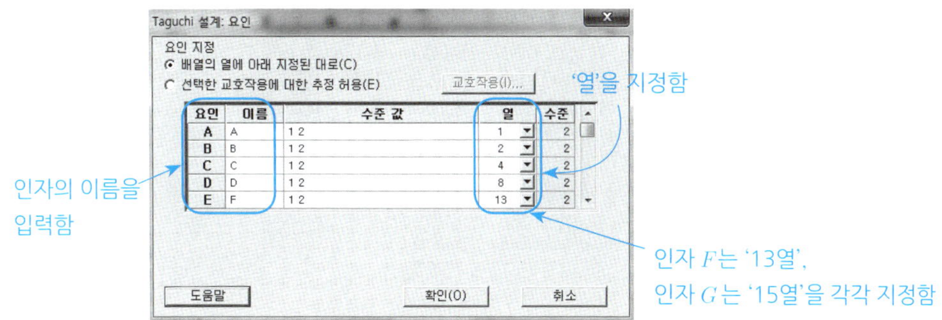

↓	C1	C2	C3	C4	C5	C6	C7
	A	B	C	D	F	G	y
1	1	1	1	1	1	1	12
2	1	1	1	2	2	2	10
3	1	1	2	1	2	2	2
4	1	1	2	2	1	1	3
5	1	2	1	1	1	2	12
6	1	2	1	2	2	1	9
7	1	2	2	1	2	1	4
8	1	2	2	2	1	2	3
9	2	1	1	1	2	2	2
10	2	1	1	2	1	1	9
11	2	1	2	1	1	1	14
12	2	1	2	2	2	2	8
13	2	2	1	1	2	1	10
14	2	2	1	2	1	2	8
15	2	2	2	1	1	2	15
16	2	2	2	2	2	1	9

'확인'을 연속하여 클릭하면 다음의 '워크시트'가 생성된다.

실험의 관측값을 입력함

통계분석> 분산 분석> 일반 선형 모형>일반 선형 모형 적합을 클릭한 후

'반응'에 y를 지정하고, '요인'에 인자 A, B, C, D, F, G를 지정함
'모형'을 클릭하고 교호작용 $A \times C$, $C \times D$를 지정함
'확인'을 연속하여 클릭하면 다음의 결과가 나타난다.

일반 선형 모형: y 대 A, B, C, D, F, G

방법

요인 코딩 (-1, 0, +1)

요인 정보

요인	유형	수준	값
A	고정	2	1, 2
B	고정	2	1, 2
C	고정	2	1, 2
D	고정	2	1, 2
F	고정	2	1, 2
G	고정	2	1, 2

분산 분석

출처	DF	Adj SS	Adj MS	F-값	P-값
A	1	25.000	25.000	7.37	0.030
B	1	6.250	6.250	1.84	0.217
C	1	12.250	12.250	3.61	0.099
D	1	9.000	9.000	2.65	0.147
F	1	30.250	30.250	8.92	0.020
G	1	6.250	6.250	1.84	0.217
A*C	1	144.000	144.000	42.44	0.000
C*D	1	9.000	9.000	2.65	0.147
오차	7	23.750	3.393		
총계	15	265.750			

모형 요약

S	R-제곱	R-제곱(수정)	R-제곱(예측)
1.84197	91.06%	80.85%	53.31%

주효과 A, F 교호작용 AC가 유의함을 알 수 있다.

통계분석 > 분산 분석 > 일반 선형 모형 > 요인 그림을 클릭하여 그래프를 작성하면 다음과 같다.

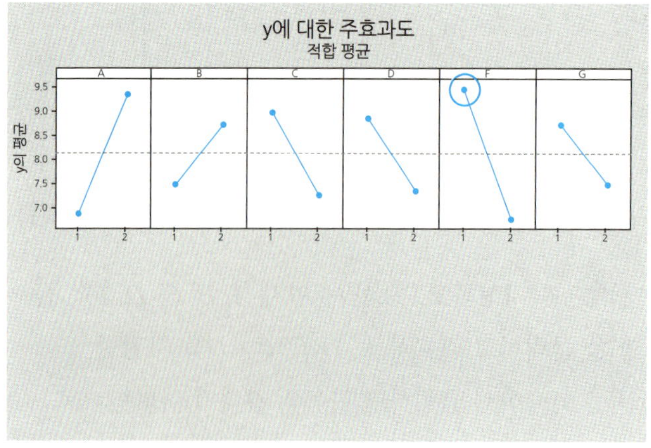

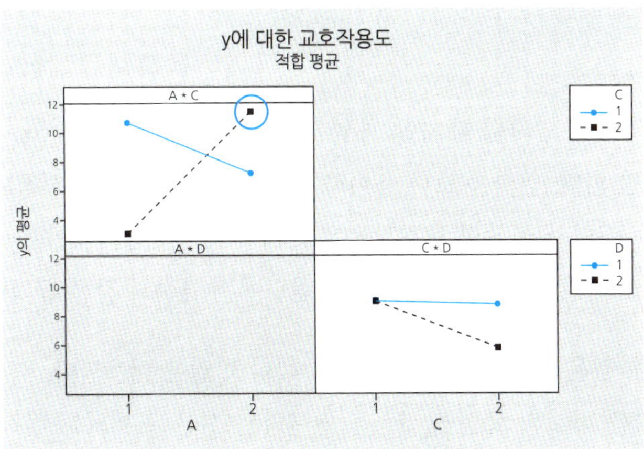

$A_2C_2F_1$에서 특성치가 가장 커지는 것을 알 수 있다.

중요하지 않은 요인을 풀링하여 인자 A, C, F 및 교호작용 AC만을 남긴 상태에서 '일반 선형모형' 분석을 한 후

통계분석 > 분산분석 > 일반 선형 모형 > 예측을 클릭하여 A_2, C_2 및 F_1을 지정한 후 '확인'을 클릭하면 다음의 결과가 나타난다.

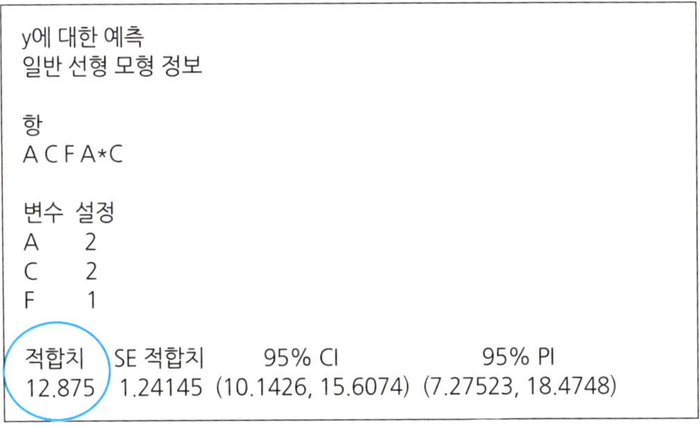

y에 대한 예측
일반 선형 모형 정보

항
A C F A*C

변수	설정
A	2
C	2
F	1

적합치	SE 적합치	95% CI	95% PI
12.875	1.24145	(10.1426, 15.6074)	(7.27523, 18.4748)

'적합치' 12.875는 앞에서 구한 값과 동일함을 알 수 있다.

3) 2수준계에서의 선점도에 의한 배치법

직교배열표에 인자를 배치할 경우 직교배열표에 있는 기본표시를 고려하여 인자를 배치하면 되나, 인자를 보다 용이하게 배치하기 위해서는 선점도를 작성하면된다.

선점도는 3인자 이상의 교호작용은 무시하고 주효과와 2인자 교호작용과의 관계를 그림으로 나타낸 것으로 2수준계 선점도에는 다음과 같은 규칙이 적용된다.

① 선, 점은 각각 자유도 1을 갖고, 하나의 열에 대응한다.

② 점은 하나의 요인을, 2점을 연결하는 선은 관계되는 점간의 교호작용을 나타낸다.

다음의 **[그림 17-1]**은 2수준계 선점도의 종류를 나타낸다.

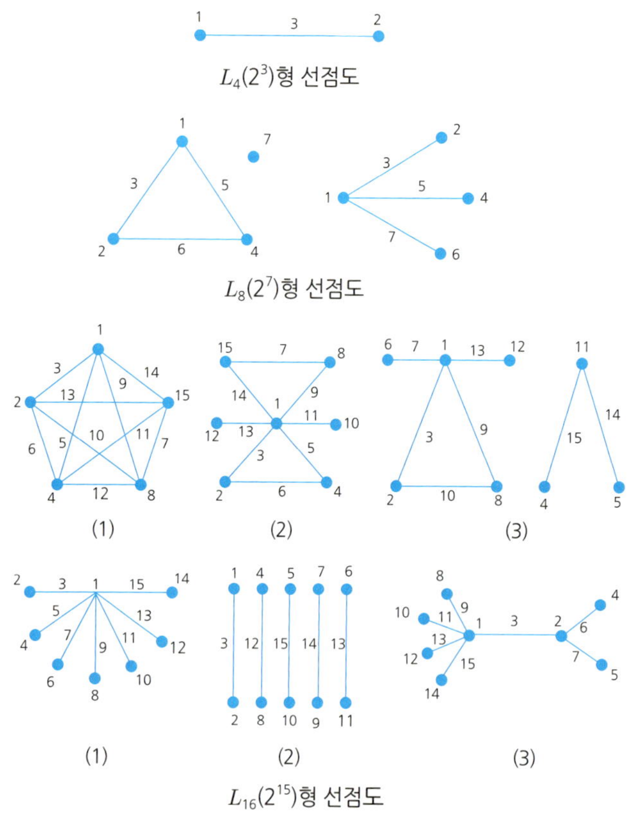

[그림 17-1] 2수준계 선점도

문제 17-1 선점도를 사용하여 2수준의 4인자 A, B, C, D와 교호작용 AB, AC, AD를 직교배열표에 배치를 하시오.

문제 17-2 선점도를 사용하여 2수준의 3인자 A, B, C가 있다. 주효과와 교호작용 AB, AC를 고려하여 실험배치를 하시오.

17.3 3수준계의 직교배열표

3수준계 직교배열표에서는, 각 인자의 수준수는 3이고 1개의 열은 2개의 자유도를 갖는다. 따라서 2인자 교호작용은 자유도가 $2\times2=4$이므로 2개의 열에 걸쳐 배치된다.

3수준계의 직교배열표는 다음과 같이 표현할 수 있는데

$$L_{3^m}3^{(3^m-1)/2}$$

여기서 m : 2이상의 정수, 3^m : 실험의 크기

$(3^m-1)/2$: 직교배열표의 열의 수이다.

다음은 $m=2$일 때 3수준계 직교배열표에서 가장 작은 $L_9(3^4)$형 직교배열표이다.

[표 17-12] $L_9(3^4)$형 직교배열표

실험번호	열번호				데이터
	1	2	3	4	
1	0	0	0	0	
2	0	1	1	1	
3	0	2	2	2	
4	1	0	1	2	
5	1	1	2	0	
6	1	2	0	1	
7	2	0	2	1	
8	2	1	0	2	
9	2	2	1	0	
기본표시	a	b	a b	a b^2	
군	1	2			
배치1					

[표 17-13] $L_{27}(3^{13})$형 직교배열표

실험번호	열번호 1	2	3	4	5	6	7	8	9	10	11	12	13	데이터
1	0	0	0	0	0	0	0	0	0	0	0	0	0	
2	0	0	0	0	1	1	1	1	1	1	1	1	1	
3	0	0	0	0	2	2	2	2	2	2	2	2	2	
4	0	1	1	1	0	0	0	1	1	1	2	2	2	
5	0	1	1	1	1	1	1	2	2	2	0	0	0	
6	0	1	1	1	2	2	2	0	0	0	1	1	1	
7	0	2	2	2	0	0	0	2	2	2	1	1	1	
8	0	2	2	2	1	1	1	0	0	0	2	2	2	
9	0	2	2	2	2	2	2	1	1	1	0	0	0	
10	1	0	1	2	0	1	2	0	1	2	0	1	2	
11	1	0	1	2	1	2	0	1	2	0	1	2	0	
12	1	0	1	2	2	0	1	2	0	1	2	0	1	
13	1	1	2	0	0	1	2	1	2	0	2	0	1	
14	1	1	2	0	1	2	0	2	0	1	0	1	2	
15	1	1	2	0	2	0	1	0	1	2	1	2	0	
16	1	2	0	1	0	1	2	2	0	1	1	2	0	
17	1	2	0	1	1	2	0	0	1	2	2	0	1	
18	1	2	0	1	2	0	1	1	2	0	0	1	2	
19	2	0	2	1	0	2	1	0	2	1	0	1	1	
20	2	0	2	1	1	0	2	1	0	2	1	2	2	
21	2	0	2	1	2	1	0	2	1	0	2	0	0	
22	2	1	0	2	0	2	1	1	0	2	2	0	0	
23	2	1	0	2	1	0	2	2	1	0	0	1	1	
24	2	1	0	2	2	1	0	0	2	1	1	2	2	
25	2	2	1	0	0	2	1	2	1	0	1	2	2	
26	2	2	1	0	1	0	2	0	2	1	2	0	0	
27	2	2	1	0	2	1	0	1	0	2	0	1	1	
기본표시	a	b	a b	a b^2	c	a c	a c^2	b c	a b c	a b^2 c^2	b c^2	a b^2 c	a b c^2	
군	1	2			3									
배치1														

$L_9(3^4)$형 직교배열표의 특징은 다음과 같다.

① 실험횟수는 9이고 열의 수는 $(3^m-1)/2=(3^2-1)/2=4$이며 각 열은 자유도가 2이다.

따라서 만일 교호작용이 없다면 4개의 인자까지 배치할 수 있다.

② 기본표시에는 a, b, ab, ab^2가 있는데 만일 인자 A, B를 기본표시 a, b에 배치하였다면, 교호작용 AB는 기본표시 ab, ab^2 두 열에 걸쳐 나타나므로 이 두 열을 더하여 교호작용 AB를 구할 수 있다.

③ 직교배열표의 숫자 0, 1, 2 는 각각 수준을 표시하는데 3열은 1열과 2열의 수준을 합하여 mod 3(3으로 나눈 나머지 값)을 통하여 구한 값이다. 예를 들면 실험번호 9에서 3열의 값은 $2+2=4(\text{mod } 3)=1$이 된다.

④ 4열은 1열을 2배하고 2열을 더한 후 mod 3을 통해 구한 것이다. 따라서 기본표시는 a^2b로 나타낼 수 있으나 기본표시에서는 다음과 같이 제곱한 것도 같은 것으로 간주하여 4열의 기본표시를 ab^2로 나타낸다.

$$a^2b=(a^2b)^2=a^4b^2=a^3ab^2=ab^2$$

여기서 $a^3=b^3=c^3=\cdots=1$이다.

[표 17-13]은 $m=3$ 일 경우에 $L_{27}(3^{13})$형 직교배열표로 교호작용이 없는 경우 최대 13개의 인자를 27회의 실험으로 분석할 수 있다.

1) 교호작용이 없는 경우 3수준의 실험

예제 17-2

3개의 인자 A, B, C에 대해 직교배열표에 의한 3수준 실험을 하고자 한다. 교호작용이 없는 경우 특성치 Y값을 최대로 하는 최적조건과 이 때의 최적값을 구한 후 95 % 의 신뢰구간을 구하시오.

총 자유도가 (인자수)×(자유도)$=3\times2=6$이고 3 수준계에서는 하나의 열은 자유도가 2이므로 $[2\times(3^m-1)/2]\geq6$을 만족시키는 최소의 $m=2$ 이다.
따라서 **[표 17-14]**와 같은 $L_9(3^4)$형 직교배열표를 사용할 수 있다.

수정항 $CT=T^2/9=(71)^2/9=560.11$이므로 각각의 변동을 다음과 같이 구할 수 있다.

$$SSA=\sum_{i=0}^{2}\frac{T_{i..}^{\ 2}}{3}-CT$$

$$=\frac{1}{3}\{(0\text{ 수준의 합})^2+(1\text{ 수준의 합})^2+(2\text{ 수준의 합})^2\}-\frac{71^2}{9}$$

$$=\frac{1}{3}\{(5+2+12)^2+(4+2+10)^2+(13+9+14)^2\}-\frac{71^2}{9}$$

$$=77.56$$

$$SSB=\frac{1}{3}\{(5+4+13)^2+(2+2+9)^2+(13+9+14)^2\}-\frac{71^2}{9}=89.55$$

$$SSC=\frac{1}{3}\{(5+2+14)^2+(2+10+13)^2+(12+4+9)^2\}-\frac{71^2}{9}=3.56$$

$$SST=\sum y_i^{\ 2}-\frac{T^2}{N}$$

$$=(5^2+2^2+\cdots+14^2)-\frac{71^2}{9}=178.89$$

$$SSE=SST-(SSA+SSB+SSC)=8.21$$

물론 오차변동 SSE는 **[표 17-14]**에서 3열의 변동값을 구해도 동일하다.

[표 17-14] $L_9(3^4)$형 직교배열표

실험번호	열번호				실험조건	데이터
	1	2	3	4		
1	0	0	0	0	$A_0B_0C_0=(0, 0, 0)$	$y_{000}=5$
2	0	1	1	1	$A_0B_1C_1=(0, 1, 1)$	$y_{011}=2$
3	0	2	2	2	$A_0B_2C_2=(0, 2, 2)$	$y_{022}=12$
4	1	0	1	2	$A_1B_0C_2=(1, 0, 2)$	$y_{102}=4$
5	1	1	2	0	$A_1B_1C_0=(1, 1, 0)$	$y_{110}=2$
6	1	2	0	1	$A_1B_2C_1=(1, 2, 1)$	$y_{121}=10$
7	2	0	2	1	$A_2B_0C_1=(2, 0, 1)$	$y_{201}=13$
8	2	1	0	2	$A_2B_1C_2=(2, 1, 2)$	$y_{212}=9$
9	2	2	1	0	$A_2B_2C_0=(2, 2, 0)$	$y_{220}=14$
기본표시	a	b	a b	a b^2		$T=71$
배치1	A	B	e	C		

이상의 내용을 분산분석표에 정리하면 다음과 같다.

[표 17-15] '예제 17-2'의 분산분석표

요인	SS	ϕ	V	F_{calc}
A	77.56	2	38.78	9.44
B	89.56	2	44.78	10.90
C	3.56	2	1.78	0.43
오차(E)	8.21	2	4.11	
T	178.89	8		

상기의 분산분석표에서 인자 C의 F_{calc}의 값이 매우 작으므로 이를 오차항에 풀링시킨 후 다음과 같이 분산분석표를 다시 작성한다.

[표 17-16] '예제 17-2'의 풀링 후 분산분석표

요인	SS	ϕ	V	F_{calc}	$F_{critic}(2, 4; 0.05)$
A	77.56	2	38.78	13.19*	6.94
B	89.56	2	44.78	15.23*	
오차(E)	11.77	4	2.94		
T	178.89	8			

인자 A, B가 유의하고 교호작용이 없으므로 다음과 같이 인자 A, B의 각각의 수준에서 특성치의 값을 최대로 하는 조건을 찾는다.

[표 17-17] 인자 A, B 일원표 작성

A_0	A_1	A_2
$T_{0..}=19$	$T_{1..}=16$	$T_{2..}=36$

A 일원표

B_0	B_1	B_2
$T_{.0.}=22$	$T_{.1.}=13$	$T_{.2.}=36$

B 일원표

[표 17-17]에서 A_2와 B_2에서 특성치의 값이 가장크다. 따라서 최적조건은 A_2B_2로, 이 조건에서 특성치의 모평균을 점추정하면 다음과 같다.

$$\hat{\mu}(A_2B_2) = \widehat{\mu + a_2 + b_2}$$
$$= \widehat{\mu + a_2} + \widehat{\mu + b_2} - \hat{\mu}$$

$$=\frac{36}{3}+\frac{36}{3}-7.89$$
$$=16.11$$

A_2B_2에서의 모평균의 95 % 신뢰구간은

$$\hat{\mu}(A_2B_2)\pm t\left(\phi_E;\frac{\alpha}{2}\right)\sqrt{\frac{V_E}{n_e}}$$
$$=16.11\pm t(4;0.025)\sqrt{\frac{2.94}{1.8}}$$
$$=16.11\pm 2.776\times 1.28=(12.56,\ 19.66)$$

이 된다. 여기서 n_e는

$$\frac{1}{n_e}=\frac{1}{3}+\frac{1}{3}-\frac{1}{9}=\frac{5}{9}$$

이므로 $n_e=1.8$ 이다.

■ 미니탭을 사용하여 **'예제 17–2'**를 분석하면 다음과 같다.

통계분석 > 실험계획법 > Taguchi 설계 > Taguchi 설계 생성을 클릭한 후

'3-수준 설계'를 지정, '요인 수'에 '3'을 지정

'설계'를 클릭한 후, '$L_9 3^3$'을 지정한 후 '확인'을 클릭한다.

'요인'을 클릭한 후, 인자의 이름을 입력하고, '열'을 지정한다(인자 A: 1열, B: 2열, C: 4열).

'확인'을 연속하여 클릭하면 다음의 '워크시트'가 생성된다.

↓	C1	C2	C3	C4
	A	B	C	y
1	1	1	1	5
2	1	2	2	2
3	1	3	3	12
4	2	1	3	4
5	2	2	1	2
6	2	3	2	10
7	3	1	2	13
8	3	2	3	9
9	3	3	1	14

← 실험의 관측값을 입력함

통계분석 > 분산 분석 > 일반 선형 모형 >일반 선형 모형 적합을 클릭한 후
'반응'에 y를 지정하고, '요인'에 인자 A, B, C를 지정함
'확인'을 클릭하면 다음의 결과가 나타난다.

일반 선형 모형: y 대 A, B, C
방법
요인 코딩 (-1, 0, +1)
요인 정보

요인	유형	수준	값
A	고정	3	1, 2, 3
B	고정	3	1, 2, 3
C	고정	3	1, 2, 3

분산 분석

출처	DF	Adj SS	Adj MS	F-값	P-값
A	2	77.556	38.778	9.43	0.096
B	2	89.556	44.778	10.89	0.084
C	2	3.556	1.778	0.43	0.698
오차	2	8.222	4.111		
총계	8	178.889			

요인 C를 풀링한 후 재분석을 하면 다음과 같다.

일반 선형 모형: y 대 A, B
분산 분석

출처	DF	Adj SS	Adj MS	F-값	P-값
A	2	77.56	38.778	13.17	0.017
B	2	89.56	44.778	15.21	0.014
오차	4	11.78	2.944		
총계	8	178.89			

통계분석 > 분산 분석> 일반 선형 모형 > 요인 그림을 클릭하여 그래프를 작성하면 A_3B_3에서 특성치값이 최대임을 알 수 있다.

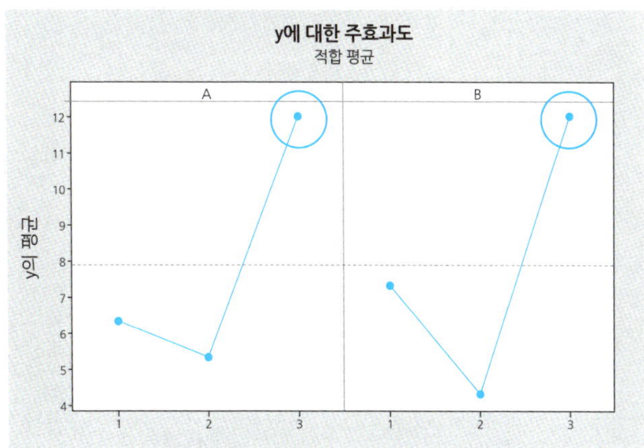

통계분석 > 분산 분석 > 일반 선형 모형> 예측을 클릭한 후 A_3B_3를 지정하면 점추정값과 구간추정값을 구할 수 있다.

```
y에 대한 예측
일반 선형 모형 정보

항
A B

변수 설정
A    3
B    3

적합치   SE 적합치        95% CI                95% PI
16.1111   1.27898   (12.5601, 19.6621)   (10.1691, 22.0531)
```

이상의 미니탭으로 분석한 결과는 앞에서 손으로 분석한 결과와 일치됨을 알 수 있다.

2) 교호작용이 있는 경우 3수준의 실험

교호작용을 고려하여 교호작용이 없는 경우의 3수준의 실험과 동일한 방법으로 분석한다.

일반적으로 $L_{27}(3^{13})$형 직교배열표가 가장 많이 사용된다. 그러나 실무에서는 교호작용을 고려한 3수준의 실험은 거의 사용되지 않는다.

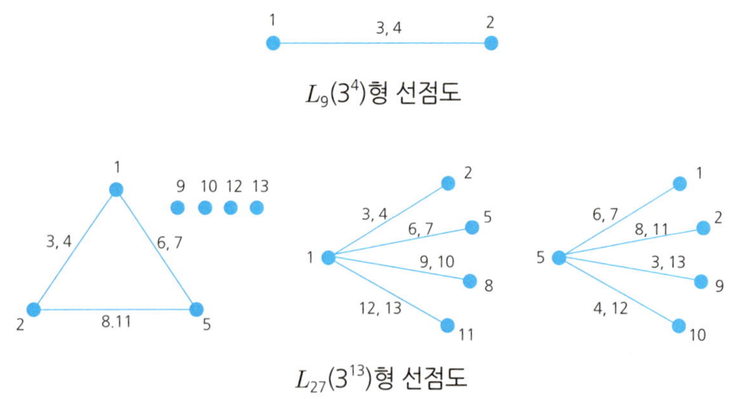

[그림 17-2] 3수준계 선점도

3) 3수준계에서의 선점도에 의한 배치법

[그림 17-2]의 3수준계 선점도 사용방법은 2수준계와 동일하다. 단, 3수준계 선점도상에 점은 자유도 2를 갖고 하나의 열에 대응되나 교호작용을 나타내는 선은 자유도를 4개 갖기 때문에 2개의 열에 대응된다.

문제 17-3	3수준의 인자 A, B, C, D, E와 교호작용 AB, BC를 직교배열표를 통해 분석하고자 한다. 선점도를 사용하여 실험배치를 하시오.

17.4 특수한 직교배열표

직교배열표는 실험횟수가 적은 반면 주효과와 교호작용이 교락되므로 교호작용에 대한 확신이 없는한 그 사용이 제한적일 수 밖에 없다.

그러나 **[표 17-18]**의 2수준계 직교배열표, **[표 17-19]**의 혼합수준계 직교배열표 등은 교호작용이 여러 열에 걸쳐 분산되어 나타나는 특수한 직교배열표이다. 따라서 교호작용에 관계없이 인자를 임의의 열에 배치한 후 그 열의 인자의 변동값이 오차변동에 비해 크면 그 인자를 중요한 인자라고 할 수 있다.

이들 특수한 직교배열표는 교호작용에 영향을 받지 않고 주효과의 크기를 파악할 수 있으므로 널리 사용되고 있다.

[표 17-18]의 L_{12}는 인자의 교호작용을 구할 수 없으며 단지 주효과만을 구할 수 있다. 따라서 주로 인자의 중요도에 따른 우선순위를 설정하는 데 사용되는데 최대 11까지의 인자를 배치할 수 있으며 반드시 12회 실험을 해야 한다.

문제 17-4	전자부품을 생산하는 공정에서 특성치 Y는 원료의 온도(A), 원료의 점도(B), 원료의 양(C), 러버의 표면상태(D), 설비압력(E), 설비속도(F)에 영향을 받는다고 판단되어 각각의 인자를 2수준으로 하여 다음과 같은 실험을 하였다. 분산분석을 통해 중요한 인자를 선정하시오.

[표 17-18] L_{12} 직교배열표

실험번호	A	B	C	D	E	F	e	e	e	e	e	특성치(y)
1	+	+	+	+	+	+	+	+	+	+	+	10
2	−	+	−	+	+	+	−	−	−	+	−	1
3	−	−	+	−	+	+	+	−	−	−	+	2
4	+	−	−	+	−	+	+	+	−	−	−	3
5	−	+	−	−	+	−	+	+	+	−	−	2
6	−	−	+	−	−	+	−	+	+	+	−	7
7	−	−	−	+	−	−	+	−	+	+	+	1
8	+	−	−	−	+	−	−	+	−	+	+	3
9	+	+	−	−	−	+	−	−	+	−	+	7
10	+	+	+	−	−	−	+	−	−	+	−	10
11	−	+	+	+	−	−	−	+	−	−	+	8
12	+	−	+	+	+	−	−	−	+	−	−	8
+합계(①)												
−합계(②)												
총계(①+②)												
+합계와 −합계의 차이(③)												
효과(③/6)												

L_{18}은 특히 다꾸찌 품질공학에서 많이 사용되는데 2수준인 1열을 이외에는 모든 열이 3수준이며, 1열과 2열의 교호작용만을 파악할 수 있는 특징이 있다.

[표 17-19] L_{18} 직교배열표

	x_1	x_2	x_3	x_4	x_5	x_6	x_7	x_8
1	−1	−1	−1	−1	−1	−1	−1	−1
2	−1	−1	0	0	1	0	0	0
3	−1	−1	1	1	0	1	1	1
4	−1	0	−1	0	0	0	1	−1
5	−1	0	0	1	−1	1	−1	0
6	−1	0	1	−1	1	−1	0	1
7	−1	1	−1	1	1	0	−1	1
8	−1	1	0	−1	0	1	0	−1
9	−1	1	1	0	−1	−1	1	0
10	1	−1	−1	1	0	−1	0	0
11	1	−1	0	−1	−1	0	1	1
12	1	−1	1	0	1	1	−1	−1
13	1	0	−1	1	1	1	1	0
14	1	0	0	0	0	−1	−1	1
15	1	0	1	1	−1	0	0	−1
16	1	1	−1	0	−1	1	0	1
17	1	1	0	1	1	−1	1	−1
18	1	1	1	−1	0	0	−1	0

17장

연습문제

1. 다꾸찌가 실험계획법을 위해 직교배열표를 사용한 이유와 그 한계에 대해 간략하게 기술하시오.

2. 2수준의 3인자 A, B, C의 주효과와 교호작용 AB, BC를 고려하여 직교배열표에 실험배치를 하시오.

3. 2수준의 3인자 A, B, C의 주효과와 교호작용 AB, AC, BC를 고려하여 직교배열표에 실험배치를 하시오.

4. 3수준의 3인자 A, B, C 의 주효과와 교호작용 AB, AC를 고려하여 직교배열표에 실험배치를 하시오.

5. 직교배열표 중에서 L_{12}, L_{18}을 많이 사용하는 이유를 간략하게 기술하시오.

6. 다음의 $L_8 2^7$ 직교배열상에 4개의 주효과 A, B, C, D와 2개의 교호작용 AB, AC를 배치하시오.

실험번호	열번호						
	1	2	3	4	5	6	7
1	0	0	0	0	0	0	0
2	0	0	0	0	0	0	0
3	0	0	0	1	1	1	1
4	0	0	0	1	1	1	1
5	0	1	1	0	0	1	1
6	0	1	1	0	0	1	1
7	0	1	1	1	1	0	0
8	0	1	1	1	1	0	0
기본표시	a	b	a b	c	a c	b c	a b c
배치							

7. **'문제 6'**에서 실험을 통해 다음과 같이 데이터를 구하였다. 다음의 질문에 답을 하시오.

실험번호	1	2	3	4	5	6	7	8
관측값	8	10	14	16	28	26	18	20

1) 인자 A의 주효과를 구하시오.

2) 인자 A의 변동을 구하시오.

3) 분산분석표를 작성하시오.

4) 관측값을 최대로하는 조건을 구하시오.

5) 관측값을 최대로하는 조건에서 모평균의 95 % 신뢰구간을 구하시오.

8. 탄성계수를 크게 하기 위해 6개의 인자의 주효과와 교호작용 AB, AC를 고려하여 다음과 같이 $L_{16}2^{15}$ 직교배열표의 실험을 하였다. 다음의 질문에 답을 하시오.

A: 온도, B: 시간, C: 압력, D: 원료의 종류, F: 첨가제, G: 냉각속도

열번호	1	2	3	4	5	6	7	8	9	10	11	12	13	14	15	
기본표시	a	b	a b	c	a c	b c	a b c	d	a d	b d	a b d	c d	a c d	b c d	a b c d	T=130
배치1	A	B	$A \times B$	C	$A \times C$	e	F	D	e	e	G	e	e	e	e	

실험번호	1	2	3	4	5	6	7	8	9	10	11	12	13	14	15	16
탄성계수	8.1	9.2	10.3	12.5	11.7	9.0	14.1	16.5	22.0	24.5	18.0	20.4	24.1	28.4	20.7	22.0

1) 분산분석표를 작성하시오.

2) 유의한 인자를 선정하시오.

3) 주효과와 교호작용의 그래프를 작성하시오.

4) 탄성계수를 최대로하는 조건을 구하시오.

5) 탄성계수를 최대로하는 조건에서 모평균의 95 % 신뢰구간을 구하시오.

9. 인자 A, B, C의 주효과만으로 다음과 같이 $L_9 3^4$의 실험을 하였다. 다음의 질문에 답을 하시오.

기본표시	a	b	a b	a b^2
배치	A	B	e	C

열번호	1	2	3	4	5	6	7	8	9
y	5.2	6	10.8	8	18.6	8	22.4	16	16.2

1) 분산분석표를 작성하시오.

2) 유의한 인자를 선정하시오.

3) 주효과의 그래프를 작성하시오.

4) 관측값을 최대로하는 조건을 구하시오.

5) 관측값을 최대로하는 조건에서 모평균의 95 % 신뢰구간을 구하시오.

18 품질공학

다꾸찌 품질공학은 강건설계의 개념을 설계단계에서 적용할 수 있기 때문에 주로 설계단계에 사용하는 것이 바람직하다.

일반적으로 제조단계에서는 잡음의 요인을 통제하여 수준을 결정하기 어렵고 또한 실험횟수가 증대되기 때문에 경우에 따라 선별적으로 적용하는 것이 바람직하다.

18.1 품질공학의 개념

다꾸찌 품질공학의 특징은 품질을 '제품이 출하되어 사회에 끼치는 손실'로 정의하고, 이 손실을 최소로 하기 위해서 설계단계에서부터 제품의 품질특성이 잡음에 둔감하도록 강건하게 설계하는 것이다.

이러한 그의 전략은 품질의 중요성을 인식시키고 또한 품질을 효과적으로 개선할 수 있는 방법론을 제시함으로써 품질을 원류단계에서 확보할 수 있게 하였다.

다꾸찌 품질공학의 특징을 정리하면 다음과 같다.

① 설계 이후에는 제품의 고유품질 수준을 향상시키기 어렵기 때문에 품질관리는 늦어도 설계과정인 공정설계 단계에서 이루어져야 한다.

② 손실함수를 정의하여 품질문제를 정량화함으로써 품질을 객관적, 공학적 문제로 다룰 수 있다.

③ 품질특성을 향상하기 위해서는 잡음을 제거 또는 제어할 것이 아니라 제품이나 공정이 잡음에 둔감하도록 강건하게 설계해야 한다.

다꾸찌는 상기의 목적을 실현하기 위한 실험도구로 직교배열표를 사용하는데 이는 실험횟수가 적다는 것 이외에 다음의 3가지 특징이 있기 때문이다.

① 독립성

직교배열표상에서 0수준을 −1, 1수준을 +1로 하여 임의의 두 열을 곱한 후 더하면 항상 '0'이 되어 직교함을 알 수 있다.

이는 각각의 열이 서로 독립적인 관계를 갖는다는 의미로 각 열에 할당된 인자들은 다른 인자들로부터의 영향을 받지 않는다.

[표 18-1]에서 각 인자의 수준수를 나타내는 0과 1은 항상 동일한 수로 나타나므로 모든 열은 서로 조화를 이루어 똑같은 비중을 갖는 것을 알 수 있다. 따라서 직교배열표상의 모든 열은 다른 열과 균형이 맞추어져 있기 때문에 각 열에 배치된 인자의 영향을 공평하게 비교할 수 있다.

즉, 인자 A의 수준값을 변화시켜 얻은 특성치 y값은 다른 인자 B 및 인자 C가 공평하게 변화한 상태에서 구한 값이므로 어느 한쪽에 치우치지 않는다.

이는 매우 중요한 특성으로 데이터의 신뢰성(즉, 재현성)을 보증하는 중요한 역할을 한다.

[표 18-1] $L_4 2^3$형 직교배열표

실험번호	1	2	3	실험조건
	A	B	C	
1	0	0	0	$a_0 b_0 c_0$
2	0	1	1	$a_0 b_1 c_1$
3	1	0	1	$a_1 b_0 c_1$
4	1	1	0	$a_1 b_1 c_0$
기본표시	a	b	ab	

② 가법성

인자의 주효과 A 및 주효과 B를 각각 구하여 얻은 특성치 $y_A + y_B$의 값이 인자 A 및 인자 B를 동시에 고려하여 구한 y_{A+B}값과 동일할 때 가법성이 성립된다고 한다.

따라서 교호작용의 효과가 없거나 무시할 수 있을 정도로 작을 때 가법성이 성립된다고 할 수 있는데, 직교배열표에서는 가법성을 이용하여 가능한 주효과만으로 실험을 배치한다.

③ 재현성

상기의 독립성 및 가법성에 의해 실험의 재현성을 확보할 수 있다. 그러나 만일 주효과만으로 설정된 최적조건하에서 실험이 재현되지 않을 경우 주효과 보다 큰 교호작용이 있는가를 파악해야 한다.

다꾸찌의 이러한 접근방식이 효과적인 것은 일반적으로 교호작용은 많은 경우 존재하지 않으며 만일 존재하더라도 그 효과가 크지 않기 때문이다. 또한 교호작용을 고려하여 최적조건을 설정하더라도 교호작용이 있을 경우 재현성이 떨어지기 때문이다.

따라서 가능한 주효과만으로 잡음에 둔감한 강건설계를 통해 최적조건을 설정하고 만일 재현성이 없으면 그때가서 교호작용을 고려하자는 것이 다꾸찌의 의도이다.

18.2 잡음과 손실

품질특성에 유해한 영향을 주는 잡음(noise)에 의해 품질특성이 변동하는데 이 변동 때문에 손실비용이 발생된다. 따라서 제어인자로 잡음에 둔감한 강건설계를 함으로써 품질변동을 최소화하여 품질비용의 발생을 방지해야 한다.

1) 손실의 원인인 잡음

잡음이란 환경의 변화, 부품의 노후화, 불완전한 제조 등으로 이들은 제품을 생산하는 공정상에 그리고 출하 이후 제품을 사용하는 과정에 존재하여 품질특성의 변동을 초래함으로써 품질비용을 발생시킨다.

그런데 기존에는 잡음을 직접적으로 제거 또는 제어함으로써 품질특성의 변동을 최소화하기 위한 노력을 하였다. 그러나 다꾸찌는 이들 잡음을 인정하고 제어하기

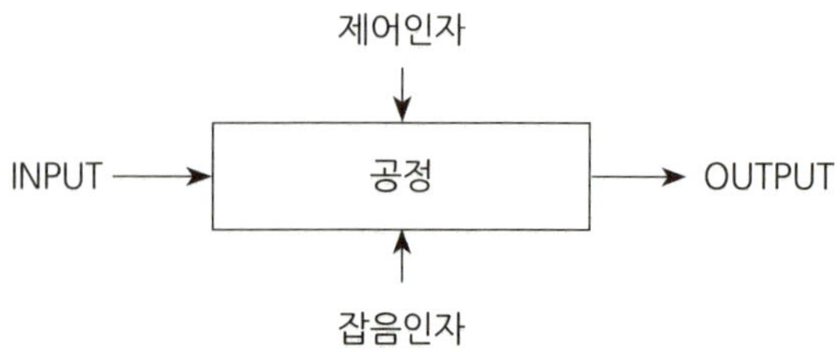

[그림 18-1] 품질공학의 원리

용이한 제어인자로 잡음에 둔감한 강건설계를 함으로써, 보다 적은 비용으로 효과적으로 품질을 만들어 내는 방법을 제시하여 기존의 방법과 차별화하였다.

다꾸찌는 잡음을 다음과 같이 분류하였다.

① 외부잡음(external noise): 외부 사용환경조건의 변화에 의한 잡음
예) 사용온도, 습도, 압력 등의 변화

② 내부잡음(internal noise): 사용하면서 발생되는 내부마모나 열화에 의한 잡음
예) 노후화에 의한 부품의 성능 저하 등

③ 제품 간의 잡음(between-products noise): 불완전한 제조에 의하여 발생되는 제품 간 성능 특성치의 산포로 인한 잡음.
예) 작업자간 숙련도 차이, 기계간 변동, 자재의 산포 등

2) 손실함수

다꾸찌는 잡음으로 인해 품질특성이 변동하여 발생되는 손실을 품질특성의 종류에 따라 손실함수를 통해 정의함으로써 품질비용을 정량화 하였다.

2.1) 품질특성의 종류

다꾸찌는 품질특성을 다음과 같이 3가지로 정의 하였다.

① 망목특성(nominal-is-best characteristics): 특정한 목표치가 있는 경우로 대개 양쪽 규격이 주어진다.
예) 치수, 중량 등과 같이 지정된 목표치 m이 있는 경우

② 망소특성(smaller-is-better characteristics): 작을수록 좋은 경우로 대개 규격의 상한이 주어진다.
예) 마모, 진동, 불량률 등과 같이 작을수록 좋은 경우

③ 망대특성(larger-is-better characteristics): 클수록 좋은 경우로 대개 규격의 하한이 주어진다.
예) 강도, 수명, 연료효율 등과 같이 클수록 좋은 경우

2.2) 손실함수의 정의

품질특성의 종류에 따라 품질특성치 y가 목표치 m을 벗어났을 경우 소비자에게 발생되는 손실의 양 $L(y)$를 함수로 나타낼 수 있다.

(1) 망목특성의 경우

테일러급수에서 3차이상의 항을 무시하면 다음과 같이 2차식을 얻을 수 있다.

$$L(y) = L(m) + L'(m)(y-m) + \frac{L''(m)}{2}(y-m)^2 + \cdots \tag{18.1}$$

식 (18.1)의 2차식은 **[그림 18-2]**에서 품질특성치 y가 목표치 m과 일치할 경우 손실이 0이 되므로 식 (18.2)가 성립된다. 또한 2차 함수에서는 변곡점이 0이므로 식 (18.3)이 성립된다.

$$L(m) = 0 \tag{18.2}$$

$$L'(m) = 0 \tag{18.3}$$

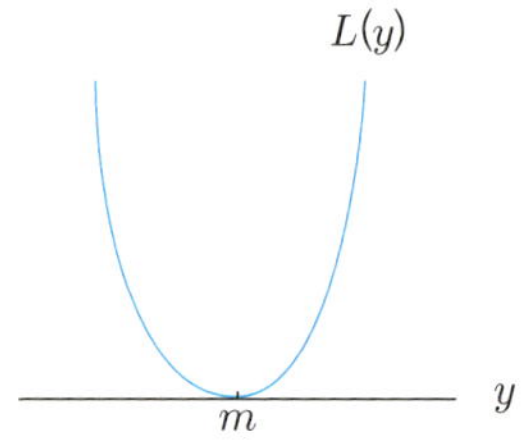

[그림 18-2] 다꾸찌 손실함수

따라서 식 (18.1)은 다음의 식으로 간편하게 나타낼 수 있는데

$$L(y) = \frac{L''(m)}{2}(y-m)^2$$

여기서 $k = \frac{L''(m)}{2}$이라고 하면 최종적으로 식 (18.4)와 같은 손실함수를 얻을 수 있다.

$$L(y) = k(y-m)^2 \tag{18.4}$$

상기의 식에서 품질특성치 y가 목표값을 Δ만큼 벗어난 $m \pm \Delta$에서 소비자의 손실이 A원이라면 다음의 관계가 성립됨을 알 수 있다.

$$k = \frac{A}{\Delta^2}$$

평균 기대손실을 알아보기 위해 식 (18.4)에 기대값을 취하면 다음과 같다.

$$\begin{aligned} E(L) &= E\{k(y-m)^2\} \\ &= kE(y-m)^2 \\ &= kE[\{y-E(y)\} + \{E(y)-m\}]^2 \quad \text{여기서 } E(y)=\mu,\ Var(y)=\sigma^2\text{이므로} \\ &= k\{\sigma^2 + (\mu-m)^2\} \qquad (18.5) \end{aligned}$$

상기의 식에서 품질특성의 산포 σ^2이크고 품질특성의 평균 μ가 목표치 m을 벗어날수록 평균 기대손실 $E(L)$은 커지는 것을 알 수 있다.

따라서 손실비용을 줄이기 위해서는 품질특성의 평균(공정의 평균)을 목표치에 일치시키고 산포를 지속적으로 줄여야 한다. 결국 이는 품질을 향상하기 위해서는 중심이탈과 산포의 문제를 해결해야 한다는 품질의 개념과 일치되는 것이다.

사례 18-1

생활용품을 생산하는 회사에서 플라스틱 용기의 찌그러짐 불량으로 인해 대리점에서 반품이 날로 증가되어 이에 대한 대책을 수립하기로 하였다.

수입검사를 통해 용기의 중량을 측정한 결과 모든 제품이 규격을 만족시켜 합격이 되었지만 중심이탈의 문제가 존재하는 것으로 판명되었다.

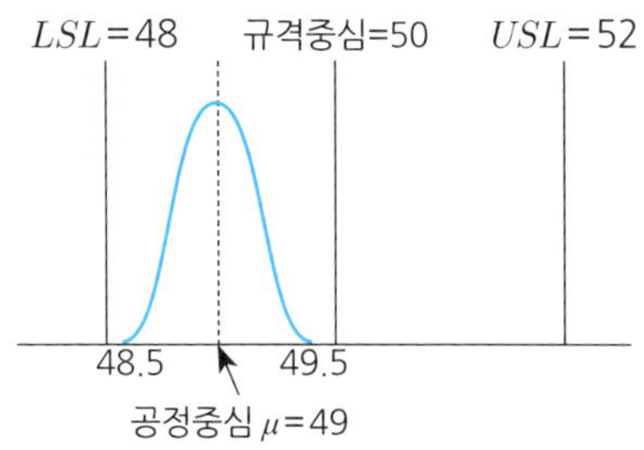

[그림 18-3] 수입검사를 통한 공정능력조사

[그림 18-3]에서의 기대손실을 구하면

$6\sigma = (49.5 - 48.5)$에서 $\sigma = 0.17$이므로

$$E(L) = k\{\sigma^2 + (\mu - m)^2\}$$
$$= k\{0.17^2 + (49 - 50)^2\} = 1.0289k$$

가 된다.

만일 중심이탈의 문제를 해결할 경우 기대손실은 다음과 같다.

$$E(L) = k(\sigma^2 + 0^2) = k(0.17^2) = 0.0289k$$

이 경우 협력업체는 공정능력이 있으나 원료절감을 위해 고의로 중심이탈의 문제를 야기한 것으로 판명되었는데 이를 조치할 경우 97 %의 비용을 절감할 수 있음을 알 수 있다.

사례 18-2

다음은 1979년 일본 아사히 신문에서 소니의 일본공장에서 생산된 칼러 TV와 미국 산디아고 공장에서 생산된 칼러 TV를 비교 분석한 기사를 요약한 내용이다.

> '일본에서 생산된 제품은 불량이 있고, 미국에서 생산된 제품은 불량이 없음에도 불구하고 일본에서 생산된 제품의 칼라가 선명하기 때문에 소비자들은 일본에서 생산된 칼라 TV를 선호한다.'

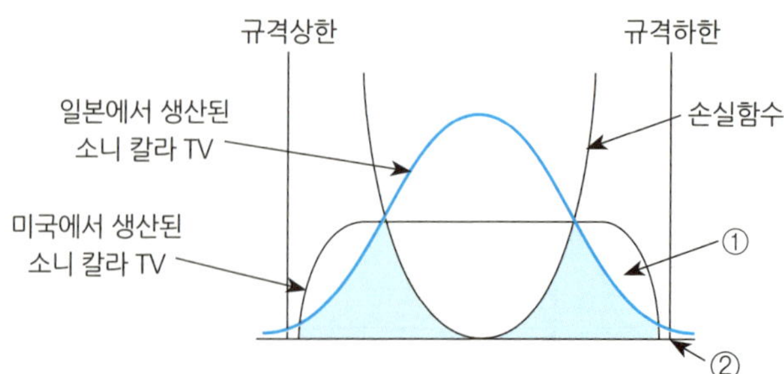

[그림 18-4] 일본과 미국에서 생산한 소니 칼라 TV의 품질비교

전통적인 품질의 사고로는 이러한 현상을 설명할 수 없었으나 손실함수를 통해 비교해 보면 그 이유를 알 수 있다. 일본에서 생산된 제품의 대부분의 특성치는 중심에 몰려있어 미국에서 생산된 제품에 비해 품질 손실비용이 적기 때문이다.

[그림 18-4]에서 빗금친 부문의 면적은 일본 및 미국제품 모두에 해당되는 손실비용이나 ①과 ②의 면적의 차이가 손실의 차이로 ①의 면적이 ②에 비해 매우 큼을 알 수 있다.

(2) 망소특성의 경우

망소특성의 경우 목표치 $m=0$이므로 손실함수는 식 (18.4)로부터

$$L(y)=ky^2,\ k=\frac{A}{\Delta^2} \qquad (18.6)$$

이 되며, 손실함수 $L(y)$의 기대값은 식 (18.5)로 부터

$$E(L)=kE(y^2)=k(\sigma^2+\mu^2) \qquad (18.7)$$

이 된다.

따라서 망소특성의 경우 손실비용을 작게하기 위해서는 품질특성의 평균(공정의 중심값)과 산포를 가능한 작게 해야 한다는 것을 알 수 있다.

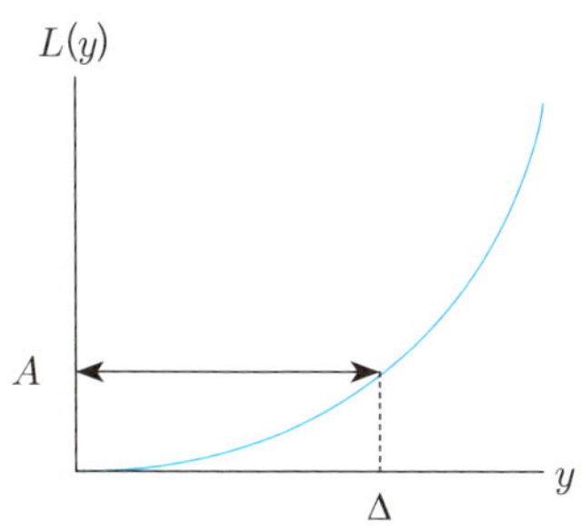

[그림 18-5] 망소특성의 손실함수

(3) 망대특성의 경우

망대특성은 품질특성치가 크면 클수록 좋은 경우로 망소특성의 역이 된다. 따라서 망대특성 y를 변환하여

$$y' = \frac{1}{y}$$

로 하면 망소특성을 망대특성으로 변환할 수 있다.

따라서 망대특성인 경우의 손실함수는 식 (18.6)으로부터 다음과 같이 나타낼 수 있다.

$$L(y) = k\frac{1}{y^2},\ k = A\Delta^2 \qquad (18.8)$$

망대특성의 손실함수 $L(y)$의 기대값은 다음과 같다.

$$E(L) = k\frac{1}{\mu^2}\left(1 + \frac{3\sigma^2}{\mu}\right) \qquad (18.9)$$

따라서 망대특성의 경우 손실비용을 작게하기 위해서는 품질특성의 평균(공정의 중심)은 크게, 산포의 값은 작게 해야 한다.

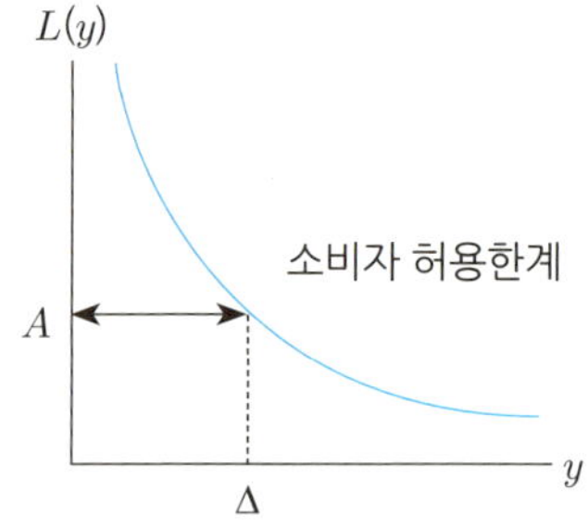

[그림 18-6] 망대특성의 손실함수

2.3) 공정변동에 따른 손실비용의 비교

다음과 같이 4가지 형태로 공정이 변동할 경우 품질수준과 기대손실을 구하면 **[표 18-2]**와 같다.

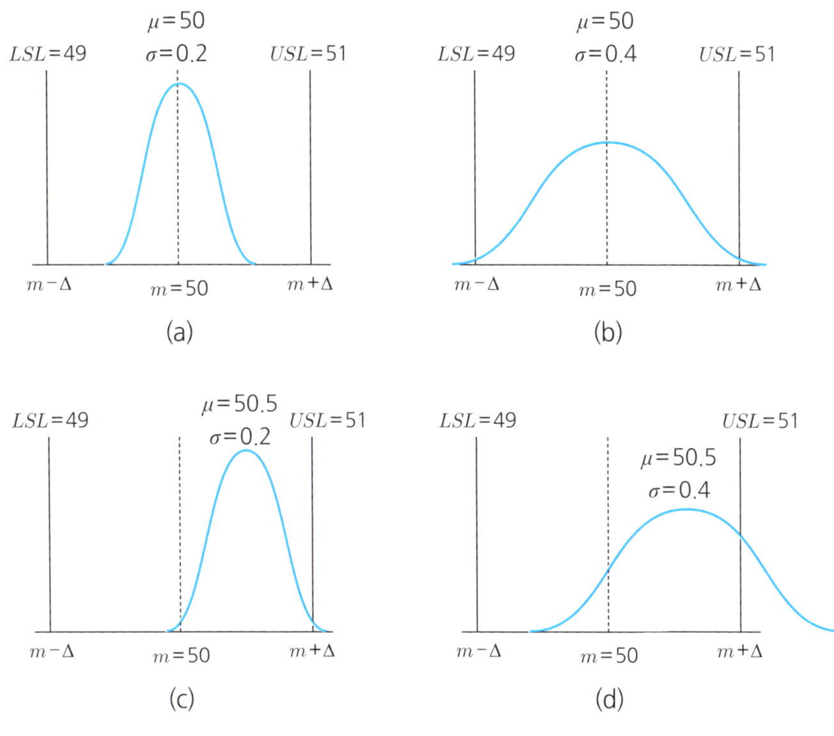

[그림 18-7] 공정의 변동의 4가지 상태

[표 18-2] 공정상태에 따른 품질수준 및 기대손실의 비교(k=100만)

구분	불량률	Cp	$C_{pk}=C_p-\dfrac{\text{off target}}{3\sigma}$	기대손실 $L=k[\sigma^2+(\mu-m)^2]$
(a)	0.00%	1.67	1.67	4만원
(b)	1.24%	0.83	0.83	16만원
(c)	0.62%	1.67	0.83	29만원
(d)	10.56%	0.83	0.42	41만원

(출처: 박성현, 응용실험계획법, 영지문화사, 1990)

(c)의 경우 (b)에 비해 C_p 값은 크고 C_{pk} 값은 동일하나 중심이탈로 인해 기대손실이 큰 것을 알 수 있다.

따라서 품질비용을 최소화하기 위해서는 산포의 문제 못지않게 중심이탈의 문제도 중요함을 알 수 있다.

18.3 제품 및 공정설계의 원리

1) 잡음에 대한 대응책

잡음의 발생원인을 제거 또는 제어하여 품질특성의 변동을 줄임으로써 손실비용을 최소화 할 수 있다.

그러나 제품을 생산하는 공정에서나 또는 출하 이후 제품을 사용할 때 수 많은 잡음인자가 존재한다. 따라서 이들 모든 잡음인자를 제거하거나 또는 잡음이 발생할 때마다 제어하는 것은 현실적으로 불가능하거나 또는 가능하더라도 비용이 많이 소요된다.

이에 다꾸찌는 이들 잡음에 대해 직접적인 조치를 취하기보다는, 잡음이 있더라도 제어할수 있는 제어인자로 잡음에 둔감한 강건설계를 함으로써, 보다 적은 비용으로 원하는 품질을 만들어 낼 수 있는 방법을 제시하였다.

그런데 만일 제어인자로 분류할 수 인자 중에서도 제어하기 곤란하거나 또는 비용이 많이 소요되는 경우, 이들 인자를 잡음인자로 취급한 후 기타 제어하기 용이한 다른 제어인자로 잡음에 둔감한 설계를 할 수 있다.

[표 18-3] 잡음제거의 가능성 여부

품질관리구분	담당 부서	대응책	잡음의 종류		
			외부잡음	내부잡음	제품간의 잡음
라인외 품질관리	설계 · 개발 (Research and Development)	(1) 시스템 설계	◎	◎	◎
		(2) 파라미터 설계	◎	◎	◎
		(3) 허용차 설계	○	◎	◎
	생산기술 (Production Engineering)	(1) 시스템 설계	×	×	◎
		(2) 파라미터 설계	×	×	◎
		(3) 허용차 설계	×	×	◎
라인내 품질관리	생산 (Production)	(1) 공정진단과 조정	×	×	◎
		(2) 예측과 수정	×	×	◎
		(3) 검사(측정과 조치)	×	×	◎
	판매(Sales)	애프터 서비스	×	△	△

비고) ◎: 대응가능, ×: 대응불가능
○: 대응책이 가능하나 최후의 수단임, △: 예방보전의 의미로서 가능

2) 강건설계의 필요성

[표 18-3]에서 볼 수 있듯이 설계단계에서는 외부잡음, 내부잡음 및 제품 간의 잡음 모두에 대응할 수 있다. 그러나 제품이 설계단계를 벗어나 생산기술로 이관된 이후에는 제품 간의 잡음에만 대응할 수 있다.

따라서 품질을 근본적으로 향상하기 위해서는 설계단계에서 잡음에 둔감한 제품 및 공정의 최적조건을 설정해야 한다. 즉, 강건설계를 해야 한다.

3) 강건설계의 원리

[그림 18 –8]에서 인자 A_0의 조건에서는 특성치 y의 기울기가 급하므로 A_0의 조건이 조금만 변동하더라도 특성치 y는 크게 변동하게 된다. 이 경우 A_0이 18 ~ 22 사이를 변동할 때 특성치 y는 55~67의 큰 값을 갖는다.

따라서 인자 A의 조건을 A_0으로 세팅할 경우 특성치의 변동을 줄이기 위해 더 좋은 원재료나 또는 정밀한 설비를 사용해야 한다.

그러나 A_1조건의 경우 특성치의 기울기가 완만하므로 A_1의 조건이 어느 정도 변동되더라도 특성치 y는 크게 변동되지 않는다. 이 경우 A_1이 40 ~ 60사이를 변동하더

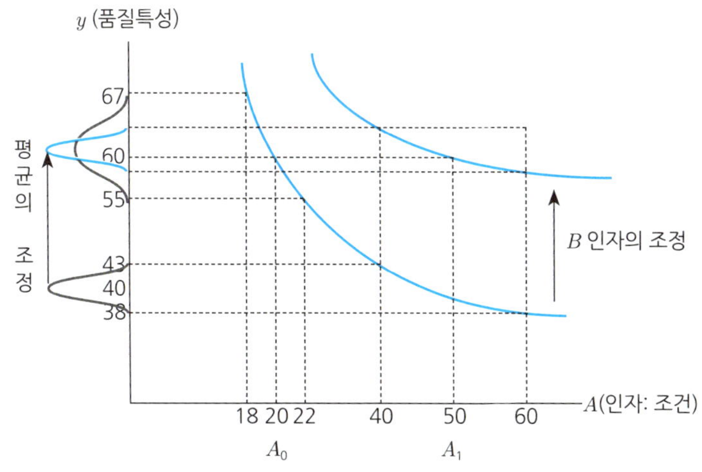

[그림 18-8] 강건설계의 원리

라도 특성치 y는 38~43의 작은 값을 갖는다.

따라서 잡음의 영향에 의해 A_1 조건이 어느 정도 변동하더라도 품질특성 y는 별로 영향을 받지 않으므로 A_1은 강건설계의 조건이 된다.

단, 목표치 y의 값이 60인데 A_1에서는 40이므로 중심이탈의 문제가 존재한다. 그러나 특성치의 중심값를 이동할 수 있는 또 다른 인자 B가 존재한다면 B인자를 조정하여 특성치의 중심값을 목표치에 일치시킴으로써 중심이탈의 문제를 해결할 수 있다.

따라서 인자 A를 A_1으로 세팅할 경우 보다 값싼 원재료나 정밀도가 떨어지는 설비를 사용할 수 있으므로 경제적으로 제품이나 공정을 설계할 수 있다.

다꾸찌는 인자 A와 같이 특성치의 산포의 변동을 제어할 수 있는 인자를 산포제어인자, 인자 B와 같이 평균을 조정할 수 있는 인자를 평균조정인자라고 한다. 실험을 통해 다수의 인자 중에서 산포제어인자와 평균조정인자를 분류한다. 그리고 산포제어인자 및 평균조정인자를 각각 조절하여 품질특성의 산포와 중심값을 확보함으로써 잡음에 둔감하며 목표에 일치되는 품질을 만들어 낼 수 있다.

4) 설계의 3단계

다꾸찌 품질공학에서는 설계의 3단계를 거처 원하는 품질을 만들어 간다.

4.1) 시스템 설계(system design)

이 단계에서는 개념을 실제 생활수단으로 만들기 위해 원형(prototype)을 개발하는 단계이다. 기능과 원재료 및 공정조건에 대한 개략규격이 설정되고 몇 가지의 대체공법 또는 대체 원재료가 선정된 상태이다.

4.2) 파라메터 설계(parameter design)

파라메터 설계에서는 특정 공법하에서 제품 및 공정조건 중 제어할 수 있는 인자 즉, 파라메터를 가지고 잡음에 둔감한 최적의 조건을 설정하는 단계이다.

이 단계에서는 처음부터 좋은 원자재 또는 정밀한 설비를 사용할 것이 아니라, 목표품질을 만들어 낼 수 있는 가능성하에서 가능한 경제성을 고려하여 원자재 또는 설비를 선정하여 실험을 해야 한다.

4.3) 허용차 설계(tolerance design)

파라메터 설계에서 설정한 목표값에 허용차를 결정하는 단계이다. 만일 파라메터 설계단계에서 목표로 하는 품질특성을 만들어 낼 수 없을 경우 더욱 좋은 원재료나 더욱 정밀한 설비를 사용함으로써 목표품질을 달성해야 한다. 따라서 이 단계에서는 비용이 소용된다.

18.4 계량치 파라미터 설계

파라메타 설계란 잡음의 영향하에서 특성치의 분산이 작고 공정의 중심이 목표치에 일치하도록 하기 위하여 즉, 잡음에 둔감한 강건설계를 하기 위하여 제어인자로 제품 및 공정의 조건을 설정하는 것이다.

1) 파라메타 설계의 원리

[표 18-4]상의 좌측 내측배열에 제어인자를 배치하고, 우측 상단 외측배열에 잡음인자를 배치한다. 이때 잡음인자의 각각의 수준값은 변동이 예측되는 범위의 값이다.

이후 제어인자로 구성된 내측배열의 각각의 실험번호에서 잡음인자의 각각의 수준조합(잡음인자의 실험번호)마다 실험을 하여 얻은 y_{ij} 값으로 SN비(Signal to Noise ratio)인 SN_i를 구한다. 그리고 전제 SN비를 최대로 하는 제어인자의 조합을 구하면 산포를 최소로 하는 최적조건이 된다.

즉, 잡음이 있는 상태하에서 제어인자를 통하여 SN비를 최대로 하는 조건을 찾으면 잡음의 영향에 둔감한 강건설계를 할 수 있다.

망목특성 및 동특성의 경우 SN비를 최대로 하면서 평균 또는 기울기를 목표치에 일치시킴으로써 산포를 최소로 하면서 목표를 달성할 수 있는 조건을 구할 수 있다.

[표 18-4] 파라미터 설계의 기본구조

구분	내측배열($L_3(2)^7$)							외측배열($L_4(2)^3$)				
	제어인자의 수준 조합							실험결과(y)				SN비
인자의 종류	제어인자							실험번호				잡음인자
								1	2	3	4	
열번호	A	B	C	D	F	e	e	0	0	1	1	U
실험번호	1	2	3	4	5	6	7	0	1	0	1	V
								0	1	1	0	W
1	0	0	0	0	0	0	0	y_{11}	y_{12}	y_{13}	y_{14}	SN_1
2	0	0	0	1	1	1	1	y_{21}	y_{22}	y_{23}	y_{24}	SN_2
3	0	1	1	0	0	1	1					
4	0	1	1	1	1	0	0					
5	1	0	1	0	1	0	1					
6	1	0	1	1	0	1	0					
7	1	1	0	0	1	1	0					
8	1	1	0	1	0	0	1	y_{81}	y_{82}	y_{83}	y_{84}	SN_8

2) SN비 의 계산

2.1) 망목특성

[그림 18-9]에서 특성치를 y, 규격의 중심을 m이라 하면 다음의 손실함수를 얻을 수 있다.

$$L(y) = k\,(y - m)^2 = k\sigma^2 \qquad (18.10)$$

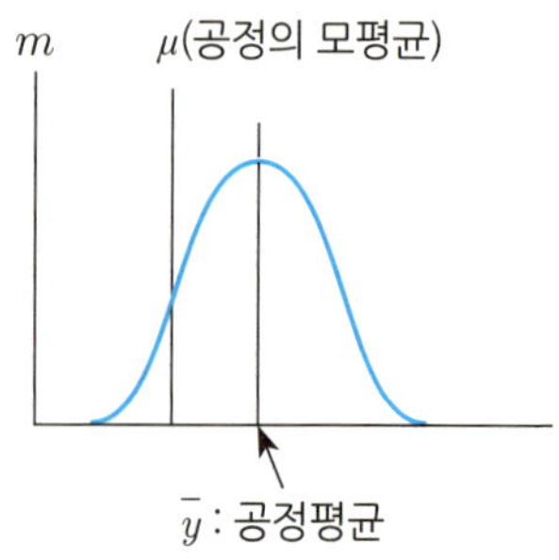

[그림 18-9] 공정의 중심과 목표치

이때 중심이탈의 문제를 해결하기 위해 각각의 측정치를 다음과 같이 보정한 후

$$y' = y\frac{m}{\mu} \tag{18.11}$$

y'에 대한 변동을 구하면

$$Var(y') = \sigma'^2 = \sigma^2\frac{m^2}{\mu^2}$$

이 된다. 여기서 $Var(y) = \sigma^2$

따라서 식(18.10)에 따라 손실함수를 다음과 같이 나타낼 수 있는데

$$L(y') = k\sigma'^2 = k\sigma^2\frac{m^2}{\mu^2} \tag{18.12}$$

식 (18.12)에서 k, m^2은 상수이기 때문에 손실함수 $L(y')$를 작게하기 위해서는 $\frac{\sigma^2}{\mu^2}$을 작게 즉, $\frac{\mu^2}{\sigma^2}$를 크게하지 않으면 않된다.

이상에서 우리는 손실비용을 작게하기 위해 식 (18.13)과 같은 SN비를 얻을 수 있는데 이를 통신공학에서 사용하는 데시벨(decibel) 단위로 나타내면 식(18.14)와 같아진다.

$$SN\text{비} = \frac{\mu^2}{\sigma^2} = \frac{\text{신호의 힘}}{\text{잡음의 힘}} \tag{18.13}$$

$$SN\text{비}(db) = 10\log\frac{\mu^2}{\sigma^2} \tag{18.14}$$

식 (18.14)에서 μ^2의 추정치로 $\hat{\mu}^2 = \left(\frac{y_1 + y_2 + \cdots + y_n}{n}\right)^2$을 사용할 수 있으나 $\hat{\mu}^2$에는 오차가 포함되어 있어 μ^2의 값이 과대평가 되기 때문에 μ^2값을 다음과 같이 추정한다.

$S_\mu = \frac{(y_1 + y_2 + \cdots + y_n)^2}{n}$ 이라하면

$E(S_\mu) = n\mu^2 + \sigma^2$ 이므로

$$\hat{\mu}^2 = \frac{S_\mu - \hat{\sigma}^2}{n} \text{ 으로 나타낼 수 있다.} \tag{18.15}$$

그리고 σ^2의 추정치는

$SST = \sum y_i^2$이므로

$SSE = SST - S_\mu$ 이 되고

$V_E = \dfrac{SSE}{n-1}$이므로 $E(V_E) = E\left(\dfrac{SSE}{n-1}\right) = \sigma^2$이 되어

$\hat{\sigma}^2 = V_E$ 가 된다.

따라서 식 (18.15)는 $\hat{\mu}^2 = \dfrac{S_\mu - V_E}{n}$가 되므로

최종적으로 식 (18.14)의 SN비는

$$SN\text{비}(db) = 10\log\frac{\mu^2}{\sigma^2}$$

$$= 10\log\frac{\frac{1}{n}(S_\mu - V_E)}{V_E} \text{가 된다.} \tag{18.16}$$

만일 $\dfrac{V_E}{n}$값이 작으면 식 (18.16)은

$$SN\text{비}(db) = 10\log\frac{\frac{1}{n}S_\mu}{V_E} \text{ 이 된다.} \tag{18.17}$$

따라서 $\dfrac{1}{n}S_\mu = (\bar{y})^2$ 이므로 SN비를 다음과 같이 간략하게 구할 수 있다.

$$SN\text{비}(db) = 10\log\frac{(\text{표본의 평균})^2}{(\text{표본의 표준편차})^2} = 10\log\frac{\bar{y}^2}{S^2} \tag{18.18}$$

2.2) 망소특성

망소특성의 경우 손실함수의 기대값은 다음과 같다.

$$E\{L(y)\} = kE(y^2)$$

이때 실험에 의한 특성치의 값을 $y_1, y_2, \cdots, y_n$ 이라 하면 $E(y^2)$를 평균제곱편차(mean square deviation)로 다음과 같이 추정할 수 있다.

$$MSD = \frac{1}{n}\sum_{i=1}^{n}(y_i - 0)^2$$

$$= \frac{1}{n}\sum_{i=1}^{n}y_i^{\,2}$$

상기의 식에 −10log를 취해주면 식 (18.19)와 같이 SN비를 데시벨 단위로 나타낼 수 있다. 또한 손실을 작게하기 위해 망목특성의 경우와 같이 SN비를 크게할 수 있다.

$$SN_i = -10\log\left\{\frac{1}{n}\sum_{j=1}^{n}y_{ij}^{\,2}\right\} \qquad (18.19)$$

2.3) 망대특성

망대특성인 경우는 망소특성의 역이므로 손실함수의 기대값은

$$E\{L(y)\} = kE\left(\frac{1}{y^2}\right) \text{ 이 되며}$$

SN비는

$$SN_i = -10\log\left(\frac{1}{n}\sum_{j=1}^{n}\frac{1}{y_{ij}^{\,2}}\right) \text{ 이 된다.} \qquad (18.20)$$

3) 설계방법

3.1) 망목특성의 파라미터 설계방법

① 직교배열표를 이용하여 제어인자의 각 조합마다 잡음인자의 변동을 고려하여 실험을 계획한다.

② SN비를 계산한다.

③ 각각의 인자를 다음과 3가지로 분류한다.

- 산포제어인자: SN비에 유의한 영향을 주는 인자
- 평균조정인자: 평균에 유의한 영향을 주는 인자
- 기타인자: SN비나 평균에 영향을 주지 못하는 인자

※ 만일 SN비와 평균에 동시에 영향을 주는 경우에는 산포제어인자로 분류한다.

④ 산포제어인자로 SN비를 최대로하는 조건을 찾는다.

⑤ SN비를 최대로하는 조건에서 평균조정인자를 조절하여 평균값을 목표치에 일치시킴으로써 최적조건을 설정한다.

⑥ 기타인자는 경제성, 관리의 용이성을 고려하여 적정한 수준을 선택한다.

⑦ 최적조건에서 추가실험을 통해 재현성을 확인한다.

3.2) 망소, 망대특성의 파라미터 설계방법

① 직교배열표를 이용하여 제어인자의 각 조합마다 잡음인자의 변동을 고려하여 실험을 계획한다.

② SN비를 계산한다.

③ SN비에 영향을 크게 미치는 유의한 제어인자로 SN비를 크게하는 최적조건을 찾는다.

④ 기타 제어인자는 경제성, 관리의 용이성을 고려하여 적정한 수준을 선택한다.

⑤ 최적조건에서의 추가실험을 통해 재현성을 확인한다.

4) 망목특성의 실험

예제 18-1

[표 18-5] 망목특성에 대한 파라미터 설계 실험

실험번호	제어인자							잡음인자		평균	표준편차	SN비
	A	B	e	C	e	e	D					
	1	2	3	4	5	6	7	N_1	N_2			
1	0	0	0	0	0	0	0	3	4	3.5	0.71	13.89
2	0	0	0	1	1	1	1	2	1	1.5	0.71	6.53
3	0	1	1	0	0	1	1	4	3	3.5	0.71	13.89
4	0	1	1	1	1	0	0	6	8	7.0	1.41	13.89
5	1	0	1	0	1	0	1	12	7	9.5	3.54	8.59
6	1	0	1	1	0	1	0	8	6	7.0	1.41	13.89
7	1	1	0	0	1	1	0	10	9	9.5	0.71	22.56
8	1	1	0	1	0	0	1	7	10	8.5	2.12	12.06
									합계	50		105.3

전자부품를 생산하는 공정에서 제품이 5 Ω의 일정한 저항값을 갖는 것이 중요하다. 이를 위해 온도(A), 상승시간(B), 유지시간(C), 받침대 종류(D)를 설계변수(제어인자)로 고려하고, 잡음인자로는 재질의 산포, 부품위치를 조합하여 N_1, N_2 로 설정하였다. 제어인자는 모두 2수준으로, 각각의 제어인자의 조합마다 잡음인자 N_1 및 N_2의 두가지 경우에서 총 16회 실험을 실시하였다. 최적조건을 구하시오.

실험번호 1의 특성치 평균 및 표준편차를 구한 후 식 (18.18)에 의해 SN비를 구하면 다음과 같다.

$$SN_1 = 10\log\frac{\bar{y}_1^{\,2}}{s_1^{\,2}} = 10\log\frac{3.5^2}{0.71^2} \cong 13.89$$

이와 같은 방식으로 구한 SN비 및 평균이 **[표 18-5]**의 우측에 나타나 있는데 이들 SN비 및 평균을 인자의 수준별로 정리하면 각각 **[표 18-6]**, **[표 18-7]**과 같다.

[표 18-6] SN비에 대한 수준별 평균

수준	A	B	C	D
0	12.05	10.73	14.73	16.06
1	14.28	15.6	11.59	10.27

[표 18-7] 평균에 대한 수준별 평균

수준	A	B	C	D
0	3.88	5.38	6.5	6.75
1	8.63	7.13	6	5.75

[표 18-6]의 SN비 및 **[표 18-7]**의 평균을 그래프로 나타내면 각각 다음과 같다.

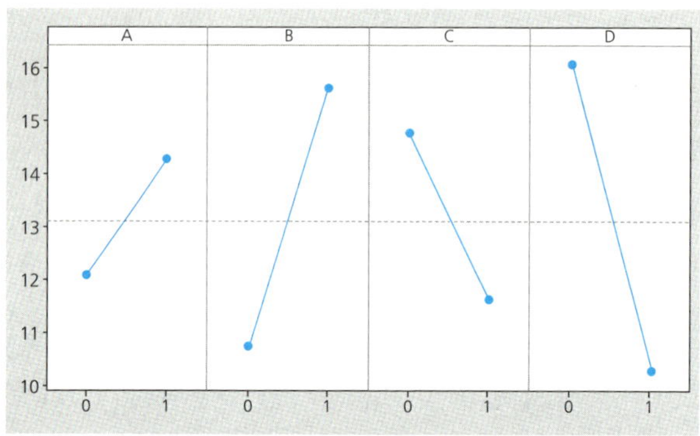

[그림 18-10] '예제 18-1'의 SN비

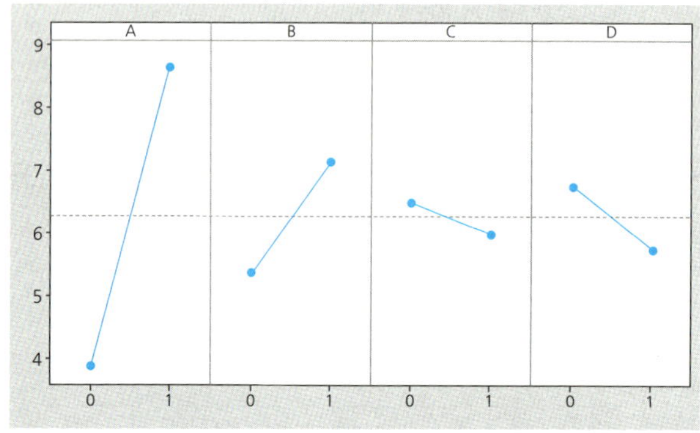

[그림 18-11] '예제 18-1'의 평균

[그림 18-10], [그림 18-11]에서 인자 A는 SN비에 비해 평균이 크므로 평균 조정인자이며 인자 B 및 D는 SN비가 크므로 산포제어인자이다. 그리고 인자 C는 SN비 또는 평균에 영향을 주지 못하므로 기타인자이다.

[표 18-8] '예제 18-1'의 분산분석표(SN비)

요인	SS	ϕ	V	F_{calc}	$F_{critic}(0.05)$
A	9.95	1	9.95	2.41	
B	47.43	1	47.53	11.51*	10.13
C	19.72	1	19.72	4.77	
D	67.04	1	67.04	16.23*	
E	12.4	3	4.13		
총계	156.54	7			

실제로 SN비 및 평균에 대한 분산분석표를 각각 **[표 18-8]**과 **[표 18-9]**와 같이 작성하면 SN비는 인자 B, D 만이 그리고 평균은 인자 A만이 유의한 것을 알 수 있다.

[표 18-8]에서의 각각의 변동은 다음과 같이 구할 수 있다.

$$SST = (SN_1^{\ 2} + SN_2^{\ 2} + \cdots + SN_8^{\ 2}) - \frac{T^2}{N}$$
$$= (13.89^2 + 6.53^2 + \cdots + 12.06^2) - \frac{105.3^2}{8} = 156.54$$

$SSA = 2 \times (\text{주효과 } A)^2$ 식 (17.2)로부터

$= 2 \times \{(\text{1수준의 평균}) - (\text{0수준의 평균})\}^2$

$= 2 \times (14.28 - 12.05)^2 = 9.95$ [표 18-6]으로부터

$SSB = 2 \times (15.6 - 10.73)^2 = 47.43$

$SSC = 2 \times (11.59 - 14.73)^2 = 19.72$

$SSD = 2 \times (10.27 - 16.06)^2 = 67.04$

$SSE = SST - (SSA + SSB + SSC + SSD) = 12.4$

[표 18-9] '예제 18-1'의 분산분석표(평균)

요인	SS	ϕ	V	F_{calc}	$F_{critic}(0.05)$
A	45.13	1	45.13	12.03*	
B	6.13	1	6.13	1.63	
C	0.5	1	0.50	0.13	
D	2	1	2.00	0.53	10.13
E	11.24	3	3.75		
총계	65	7			

[표 18-19]에서 각각의 변동은 다음과 같이 구할 수 있다.

$$SST = (\bar{y}_1^{\ 2} + \bar{y}_2^{\ 2} + \cdots + \bar{y}_8^{\ 2}) - \frac{T^2}{N}$$
$$= (3.5^2 + 1.5^2 + \cdots + 8.5^2) - \frac{50^2}{8} = 65$$

$$SSA = 2\{(1\text{수준의 평균}) - (0\text{수준의 평균})\}^2$$

$$= 2(8.63 - 3.88)^2 = 45.13$$ [표 18-7]으로부터

$$SSB = 2(7.13 - 5.38)^2 = 6.13$$

$$SSC = 2(6 - 6.5)^2 = 0.5$$

$$SSD = 2(5.75 - 6.75)^2 = 2$$

$$SSE = SST - (SSA + SSB + SSC + SSD) = 11.24$$

[그림 18-10]과 **[표 18-6]**에서 유의한 인자 B 및 D에 대해 SN비를 최대로 하는 조건을 구하면 다음과 같다.

$$\hat{\mu}(B_1D_0) = \widehat{\mu + b_1 + d_0} = \widehat{\mu + b_1} + \widehat{\mu + d_0} - \hat{\mu}$$
$$= 15.6 + 16.06 - 13.16$$
$$= 18.5$$

평균의 경우 유의한 인자가 A뿐이므로

$$\hat{\mu}(A_i) = \widehat{\mu + a_i} = \overline{A}_i\text{에서}$$

[표 18-7]로부터

인자 A가 0수준일 경우 $\overline{A}_0 = 3.88$
인자 A가 1수준일 경우 $\overline{A}_1 = 8.63$ 이 된다.

목표값이 5 Ω이므로 **[그림 18-12]**와 같이 보간법을 사용하면 A_0과 A_1 사이의 23.6 %가 되는 지점에서 특성치의 평균과 목표치가 일치가 되는 것을 알 수 있다.

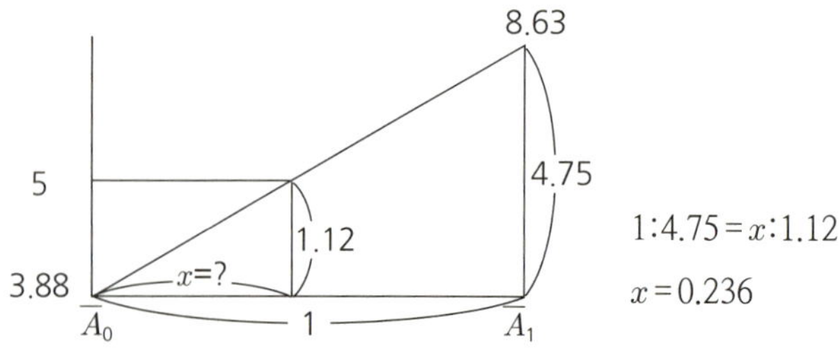

[그림 18-12] 보간법을 이용한 최적조건의 설정

이상에서 구하고자 하는 조건은 $A_{0.236}B_1D_0$이 되는데 재현성 실험을 통해 SN비와 평균값이 재현이 되는지 여부를 확인할 필요가 있다.
이 경우 인자 C는 SN비를 크게하는 C_0으로 설정하나 경제성 및 관리의 용이성을 동시에 고려해야 한다.

■ 미니탭을 사용하여 **'예제 18-1'**을 풀면 다음과 같다.

통계분석 > 실험계획법 > Taguchi 설계 > Taguchi 설계 생성을 클릭하면 다음의 화면이 나타난다.

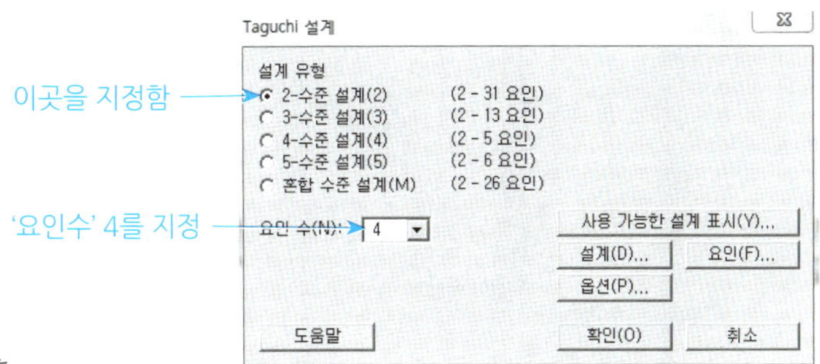

'설계'를 클릭한 후

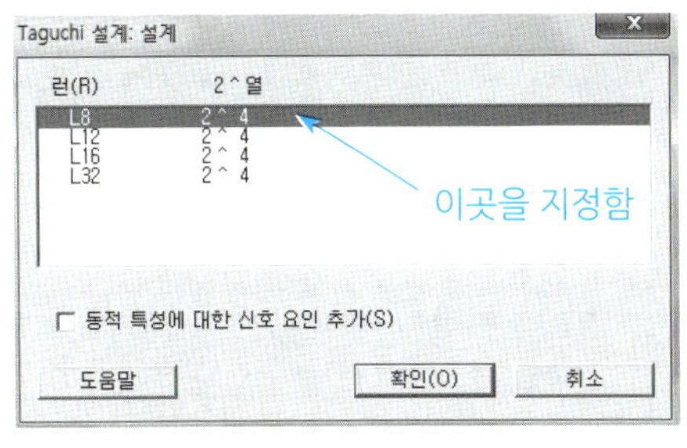

'확인'을 클릭한 후 '요인'을 클릭하여

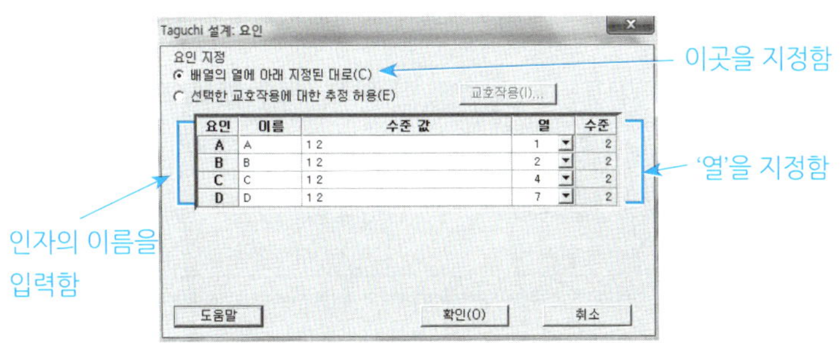

'확인'을 연속하여 클릭하면 다음의 워크시트가 작성된다.

↓	C1	C2	C3	C4	C5	C6
	A	B	C	D	N1	N2
1	1	1	1	1	3	4
2	1	1	2	2	2	1
3	1	2	1	2	4	3
4	1	2	2	1	6	8
5	2	1	1	2	12	7
6	2	1	2	1	8	6
7	2	2	1	1	10	9
8	2	2	2	2	7	10

실험의 관측값을 입력함

통계분석 > 실험계획법 > Taguchi 설계 > Taguchi 설계 분석을 클릭하면 다음의 화면이 나타난다.

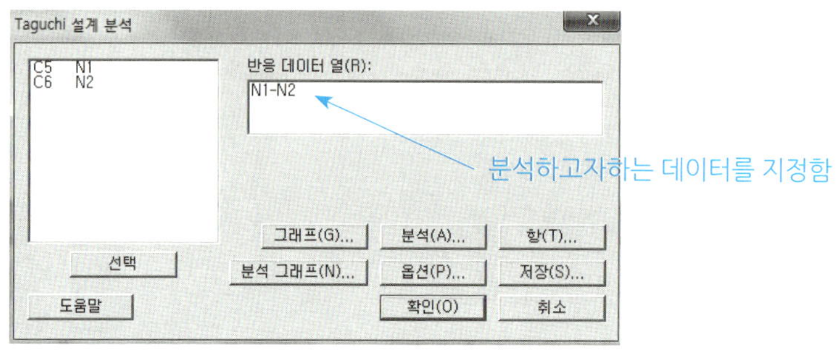

[그림 18-13] '예제 18-1'의 분석

'옵션'을 클릭한 후

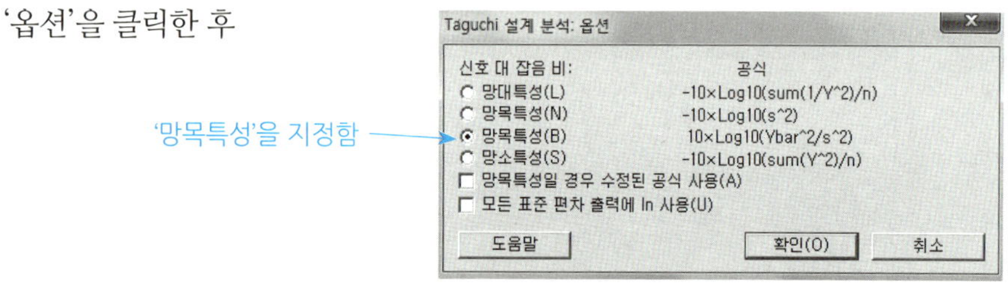

'확인'을 클릭한 후 '분석'을 클릭하여 다음을 각각 지정함

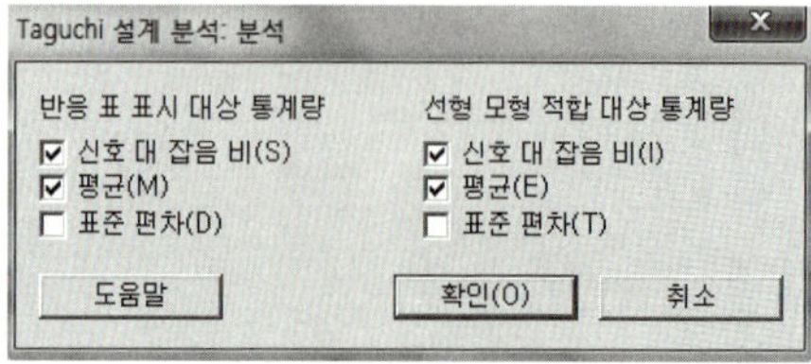

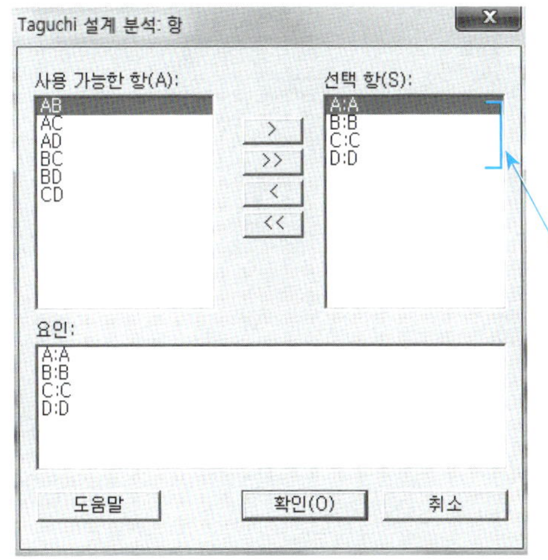

'확인'을 클릭한 후 '항'을 클릭하여

'확인'을 클릭한 후 '그래프'를 클릭하여 '신호 대 잡음 비', '평균'을 각각 지정함

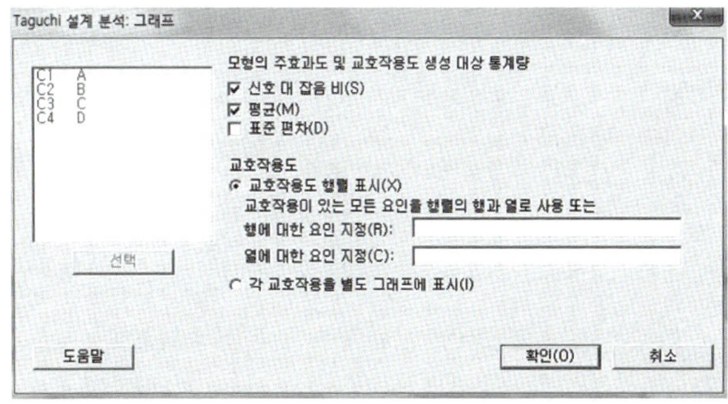

'확인'을 연속하여 클릭하면 다음의 결과들이 나타난다.

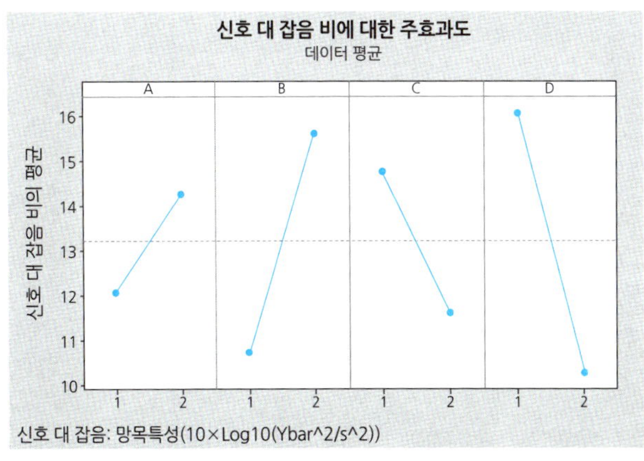

인자 B와 D가 SN비에 크게 영향을 주는 것을 알 수 있다.

인자 A만이 평균에 영향을 주는 것을 알 수 있다.

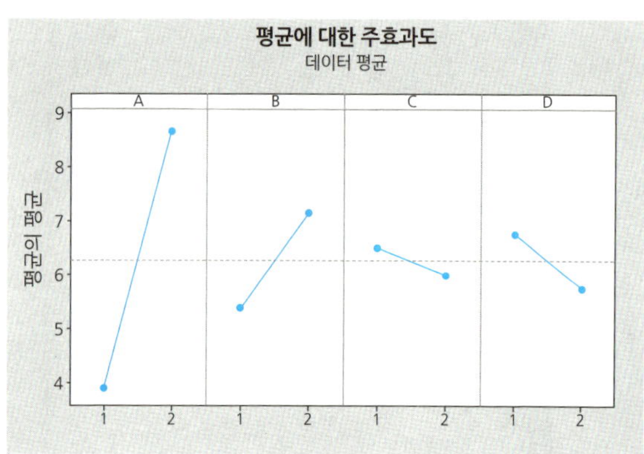

Taguchi 분석: N1, N2 대 A, B, C, D

선형 모형 분석: 신호 대 잡음 비 대 A, B, C, D

신호 대 잡음 비에 대한 추정된 모형 계수

항	계수	SE 계수	T	P
상수	13.163	0.7182	18.328	0.000
A 1	-1.111	0.7182	-1.547	0.220
B 1	-2.438	0.7182	-3.395	0.043
C 1	1.570	0.7182	2.186	0.117
D 1	2.897	0.7182	4.033	0.027

S = 2.031 R-제곱 = 92.1% R-제곱(수정) = 81.6%

신호 대 잡음 비에 대한 분산 분석

출처	DF	Seq SS	Adj SS	Adj MS	F	P
A	1	9.881	9.881	9.881	2.39	0.220
B	1	47.548	47.548	47.548	11.52	0.043
C	1	19.725	19.725	19.725	4.78	0.117
D	1	67.131	67.131	67.131	16.27	0.027
잔차 오차	3	12.380	12.380	4.127		
총계	7	156.665				

B와 D가 SN비에 영향을 주는 유의한 인자이다.

평균에 대한 추정된 모형 계수

항	계수	SE 계수	T	P
상수	6.2500	0.6847	9.129	0.003
A 1	-2.3750	0.6847	-3.469	0.040
B 1	-0.8750	0.6847	-1.278	0.291
C 1	0.2500	0.6847	0.365	0.739
D 1	0.5000	0.6847	0.730	0.518

S = 1.936 R-제곱 = 82.7% R-제곱(수정) = 59.6%

평균에 대한 분산 분석

출처	DF	Seq SS	Adj SS	Adj MS	F	P
A	1	45.1250	45.1250	45.1250	12.03	0.040

A만이 평균에 영향을 주는 유의한 인자이다.

B	1	6.1250	6.1250	6.1250	1.63	0.291
C	1	0.5000	0.5000	0.5000	0.13	0.739
D	1	2.0000	2.0000	2.0000	0.53	0.518
잔차 오차	3	11.2500	11.2500	3.7500		
총계	7	65.0000				

신호 대 잡음 비에 대한 반응 표
망목특성(10×Log10(Ybar^2/s^2))

수준	A	B	C	D
1	12.05	10.73	14.73	16.06
2	14.27	15.60	11.59	10.27
델타	2.22	4.88	3.14	5.79
순위	4	2	3	1

평균에 대한 반응 표

수준	A	B	C	D
1	3.875	5.375	6.500	6.750
2	8.625	7.125	6.000	5.750
델타	4.750	1.750	0.500	1.000
순위	1	2	4	

이상에서 인자 A를 평균을 조정하는 인자로, 나머지 B, C, D 인자들은 산포를 제어하는 인자로 사용한다.

다꾸찌 실험에서는 항상 SN비를 크게 해야 하므로 산포제어 인자를 $B_2C_1D_1$으로 설정한다. 그리고 평균조정인자인 A를 사용하여, 앞에서 설명한 대로 특성치의 평균을 목표값과 일치시킨다.

SN비에 대해 인자 B, D만이 유의하므로 $\mu(B_2D_1)$의 예측값은 다음과 같다.

통계분석 > 실험계획법> Taguchi 설계 > Taguchi 결과 예측을 클릭하여 다음의 화면이 나타나면

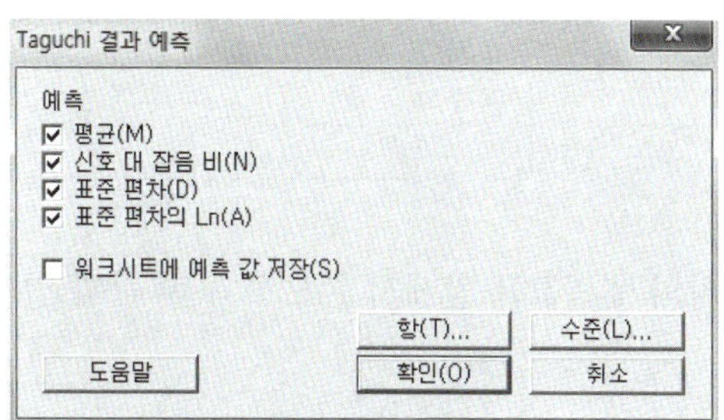

'항'을 클릭한 후

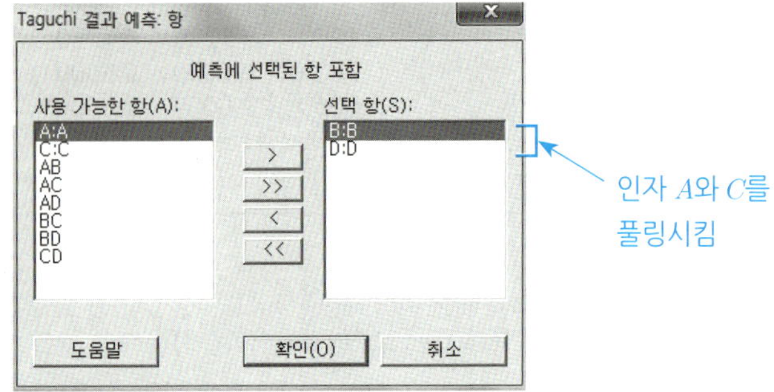

'확인'을 클릭한 후 '수준'을 클릭하여

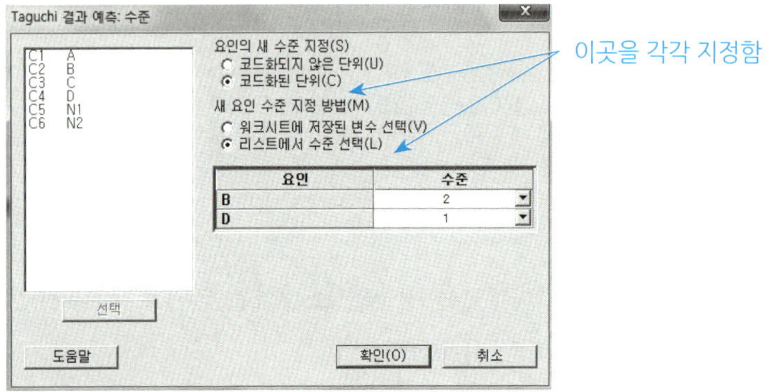

'확인'을 연속하여 클릭하면 다음의 결과가 나타난다.

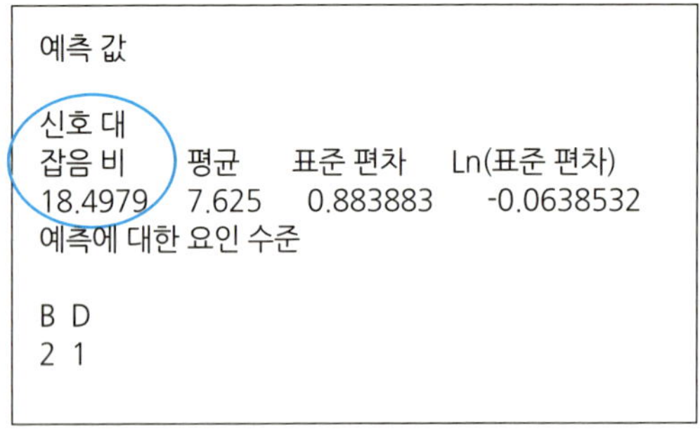

예측 값

신호 대 잡음 비	평균	표준 편차	Ln(표준 편차)
18.4979	7.625	0.883883	-0.0638532

예측에 대한 요인 수준

B D
2 1

SN비의 예측값은 앞에서 손으로 구한 값과 일치됨을 알 수 있다.

5) 망소특성의 실험

예제 18-2

엔진의 일산화탄소 배출량을 줄이기 위해 5개의 제어인자와 2개의 잡음인자의 조합에서 다음과 같은 실험을 실행하였다. 일산화탄소 배출량을 최소로 하는 조건을 구하시오.

[표 18-10] 망목특성에 대한 파라미터 설계 실험

실험번호	제어인자							잡음인자		SN
	A	B	C	D	e	e	F	N_1	N_2	
1	0	0	0	0	0	0	0	1	2	-3.98
2	0	0	0	1	1	1	1	3	4	-10.97
3	0	1	1	0	0	1	1	7	6	-16.28
4	0	1	1	1	1	0	0	12	15	-22.66
5	1	0	1	0	1	0	1	2	1	-3.98
6	1	0	1	1	0	1	0	5	3	-12.30
7	1	1	0	0	1	1	0	9	8	-18.60
8	1	1	0	1	0	0	1	14	12	-22.30

실험번호 1의 SN비는 식 (18.19)에 의해 다음과 같이 구할 수 있다. 기타의 SN비도 동일한 방법으로 구해져 **[표 18-10]**의 우측에 나타나 있다.

$$SN_1 = -\log\left[\frac{1}{2}(1^2 + 2^2))\right] = -3.98$$

상기의 실험결과를 **[표 18-11]**과 같이 분석한 후 이를 이용하여 **[표 18-12]**와 같은 분산분석표를 작성한 결과 인자 B와 D가 중요한 인자임을 알 수 있다.
따라서 인자 B와 D에서 SN비를 최대로 하는 조건을 **[표 18-11]**의 '평균특성치'란에서 구하면 B_0D_0이 됨을 알 수 있다.
B_0D_0에서 SN비를 추정하면 다음과 같다.

$$\begin{aligned}\hat{\mu}(B_0D_0) &= \widehat{\mu + b_0} + \widehat{\mu + d_0} - \hat{\mu} \\ &= -7.81 - 10.71 + 13.88 \\ &= -4.64\end{aligned}$$

[표 18-11] SN비에 대한 계산표

효과	수준	수준합 (1)	총합 (2)	평균특성치 (3)	(4)= (3)의 차이	변동 (5)=2×(3)^2
μ				-13.88		
A	A_0 A_1	-53.89 -57.18	-111.07	-13.47 -14.30	0.83	1.38
B	B_0 B_1	-31.23 -79.84	-111.07	-7.81 -19.96	12.15	295.25
C	C_0 C_1	-55.85 -55.22	-111.07	-13.96 -13.81	0.15	0.05
D	D_0 D_1	-42.84 -68.23	-111.07	-10.71 -17.06	6.35	80.65
F	F_0 F_1	-57.54 -53.53	-111.07	-14.39 -13.38	1.01	2.04

그리고 이 점에서 신뢰구간을 구하면 다음과 같다.

$$\begin{aligned}\hat{\mu}(B_0D_0) &\pm t(\phi_E;\ 0.025)\sqrt{\frac{V_E}{n_e}}\\ &= -4.64 \pm 2.571\sqrt{\frac{3}{8}\cdot 1.42}\\ &= -4.64 \pm 1.88\\ &= (-6.52,\ -2.76)\end{aligned}$$

여기서 V_E및 $t(\phi_E;\ 0.025)$는 **[표 18-12]**를 풀링한 **[표 18-13]**에서의 오차의 평균변동 및 자유도에 대한 값이다.

그리고 $\frac{1}{n_e} = \frac{1}{4} + \frac{1}{4} - \frac{1}{8} = \frac{3}{8}$이므로 $n_e = \frac{8}{3}$이 된다.

[표 18-10]에서 B_0D_0을 포함한 실험번호 1번과 5번은 상기에서 구한 신뢰구간 내에 포함됨을 알 수 있다.

[표 18-12]에서 총변동 $SST = (SN_1{}^2 + SN_2{}^2 + \cdots + SN_8{}^2) - T^2/8 = 383.01$이고 각 인자의 변동은 **[표 18-11]**의 '(5)'열에 다음과 같은 계산을 통해 구해져 있다.

$$SSA = 2(\text{주효과 } A)^2 = 2(\text{평균특성치의 차이})^2 = 2(0.83)^2 = 1.38$$

[표 18–12] '예제 18–2' 의 분산분석표

요인	SS	ϕ	V	F_{calc}	$F_{critic}(1, 2 ; 0.05)$
A	1.38	1	1.38	0.76	
B	295.25	1	295.25	162.23*	
C	0.05	1	0.05	0.03	18.5
D	80.65	1	80.65	44.31*	
F	2.04	1	2.04	1.12	
E	3.64	2	1.82		
T	383.01	7			

$$SSB = 2(12.15)^2 = 295.25$$

$$SSC = 2(0.15)^2 = 0.05$$

$$SSD = 2(6.35)^2 = 80.65$$

$$SSF = 2(1.01)^2 = 2.04$$

따라서 오차변동 $SSE = SST - (SSA + SSB + SSC + SSD + SSF) = 3.64$이다.

[표 18–13] '예제 18–2' 의 분산분석표(풀링 후)

요인	SS	ϕ	V	F_{calc}	$F_{critic}(1, 2 ; 0.05)$
B	295.25	1	295.25	207.92*	6.61
D	80.65	1	80.65	56.8*	
E	7.11	5	1.42		
T	383.01	7			

■ 미니탭을 사용하여 **'예제 18–2'**을 풀면 다음과 같다.

통계분석 > 실험계획법 > Taguchi 설계 > Taguchi 설계 생성을 클릭한 후

'2-수준설계', '요인수' '5'를 지정한 후 '설계'를 클릭하여 '$L_8 2^5$'를 지정한 후 '확인'을 클릭한다.

'요인'을 클릭한 후 인자의 이름을 입력하고, '열'에 인자 A, B, C, D는 각각 1, 2, 3, 4열 그리고 인자 F는 7열을 지정한다.

'확인'을 연속하여 클릭하여 '워크시트'가 작성되면 N_1과 N_2를 입력한다.

통계분석 > 실험계획법 > Taguchi 설계 > Taguchi 설계 분석을 클릭하여

분석하고자 하는 데이터(N_1, N_2)를 지정하고

'옵션'을 클릭한 후

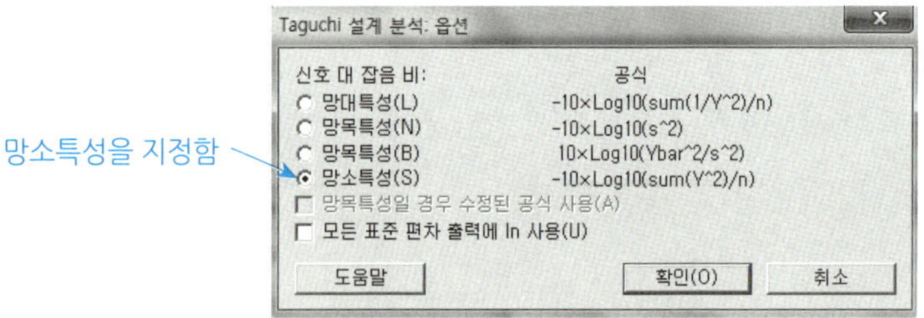

'확인'을 클릭한 후 '분석'을 클릭하여 다음을 각각 지정함.

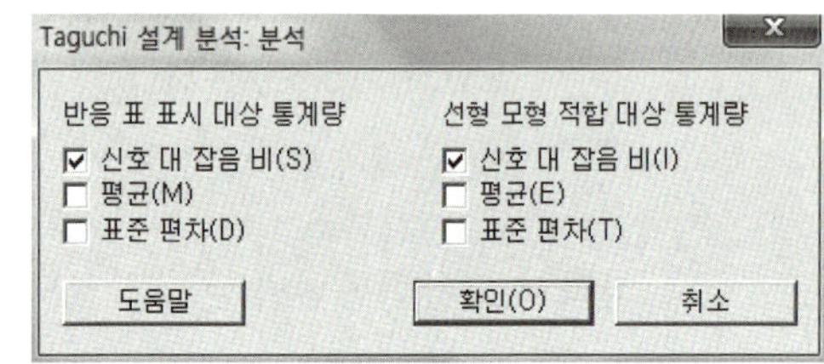

'확인'을 클릭한 후 '그래프'를 클릭하여 '신호대 잡음비'만을 지정한다.

'확인'을 클릭한 후 '항'을 클릭하여 인자 A, B, C, D 및 F가 선택되었는지를 확인한다.

'확인'을 연속하여 클릭하면 다음의 결과들이 나타난다.

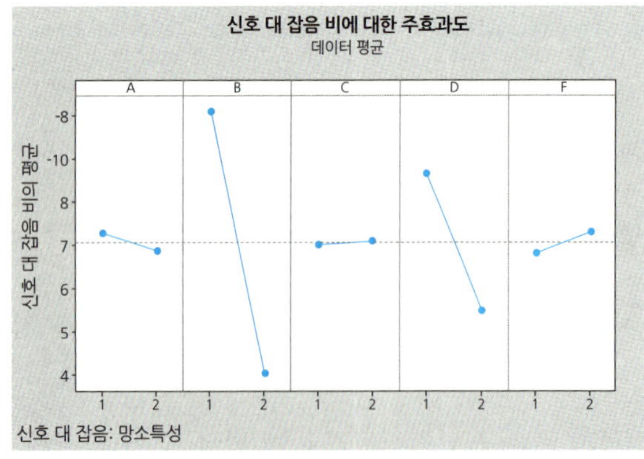

B, D가 SN비에 많은 영향을 주는 것을 알 수 있다.

선형 모형 분석: 신호 대 잡음 비 대 A, B, C, D, F
신호 대 잡음 비에 대한 추정된 모형 계수

항	계수	SE 계수	T	P
상수	-13.8855	0.4778	-29.059	0.001
A 1	0.4124	0.4778	0.863	0.479
B 1	6.0774	0.4778	12.718	0.006
C 1	-0.0786	0.4778	-0.164	0.884
D 1	3.1740	0.4778	6.642	0.022
F 1	-0.5013	0.4778	-1.049	0.404

S = 1.352 R-제곱 = 99.0% R-제곱(수정) = 96.7%

신호 대 잡음 비에 대한 분산 분석

출처	DF	Seq SS	Adj SS	Adj MS	F	P
A	1	1.361	1.361	1.361	0.74	0.479
B	1	295.480	295.480	295.480	161.76	0.006
C	1	0.049	0.049	0.049	0.03	0.884
D	1	80.594	80.594	80.594	44.12	0.022
F	1	2.010	2.010	2.010	1.10	0.404
잔차 오차	2	3.653	3.653	1.827		
총계	7	383.148				

신호 대 잡음 비에 대한 반응 표
망소특성

수준	A	B	C	D	F
1	-13.473	-7.808	-13.964	-10.712	-14.387
2	-14.298	-19.963	-13.807	-17.060	-13.384
델타	0.825	12.155	0.157	6.348	1.003
순위	4	1	5	2	3

실제로 B, D가 SN비에 많은 영향을 주는 유의한 요인인 것을 알 수 있다. 따라서 유의한 요인 B, D만을 남기고 나머지 항들을 풀링하여 분석을 다시 하면 다음과 같다.

Taguchi 분석: N1, N2 대 B, D
신호 대 잡음 비에 대한 추정된 모형 계수

항	계수	SE 계수	T	P
상수	-13.886	0.4205	-33.019	0.000
B 1	6.077	0.4205	14.452	0.000
D 1	3.174	0.4205	7.548	0.001

S = 1.189 R-제곱 = 98.2% R-제곱(수정) = 97.4%

```
신호 대 잡음 비에 대한 분산 분석

출처      DF   Seq SS    Adj SS    Adj MS      F       P
B          1  295.480   295.480   295.480   208.85   0.000
D          1   80.594    80.594    80.594    56.97   0.001
잔차 오차  5    7.074     7.074     1.415
총계       7  383.148

신호 대 잡음 비에 대한 반응 표
망소특성

수준      B         D
1      -7.808   -10.712
2     -19.963   -17.060
델타   12.155     6.348
순위        1         2
```

SN를 크게해야 하므로 B_1D_1을 선정하고 나머지 인자들은 경제성, 관리의 편리성 등을 고려하여 SN비를 키우는 쪽으로 설정한다.

B_1D_1에서 SN비를 예측하기 위해

통계분석 > 실험계획법 > Taguchi 설계 > Taguchi 결과 예측을 클릭한 후

'수준'을 클릭하고 '코드화된 단위', '리스트에서 수준 선택'을 각각 지정한후 B_1D_1을 각각 설정한다.

'확인'을 연속하여 클릭하면 다음의 결과가 나타난다.

```
예측 값
 신호 대
 잡음 비    평균   표준 편차  Ln(표준 편차)
-4.63410   0.625  0.530330     -0.483900

예측에 대한 요인 수준

B D
1 1
```

계산상의 약간의 차이가 있을 뿐 앞에서 구한 SN비값과 일치됨을 알 수 있다.

6) 망대특성 실험

예제 18-3

원료를 가공하여 접착제를 생산하는 공정에서 접착력에 영향을 줄 것이라고 생각되는 4개의 제어인자와 통제하기 곤란한 2개의 잡음인자로 다음과 같은 실험을 하였다. 접착력을 최대로하는 조건을 구하시오.

실험번호	제어인자				잡음인자				
					1	2	3	4	
					0	0	1	1	F
	A	B	C	D	0	1	0	1	G SN
1	0	0	0	0	2	3	5	3	8.92
2	0	1	1	1	5	4	6	7	14.23
3	0	2	2	2	4	8	7	9	15.57
4	1	0	1	2	9	2	4	3	9.63
5	1	1	2	0	6	7	8	10	17.34
6	1	2	0	1	10	12	9	14	20.66
7	2	0	2	1	8	6	5	3	13.13
8	2	1	0	2	7	9	6	8	17.20
9	2	2	1	0	12	14	10	8	20.26

실험번호 1의 SN비를 식 (18.20)에 의해 다음과 같이 계산할 수 있다. 기타 다른 SN도 동일한 방법으로 구하면 된다.

$$SN_1 = -10\log\left[\frac{1}{4}\left(\frac{1}{2^2}+\frac{1}{3^2}+\frac{1}{5^2}+\frac{1}{3^2}\right)\right] = 8.92$$

[표 18-14]의 SN비 분석 결과를 이용하여 분산분석표를 작성하면 **[표 18-15]**와 같다. 이 경우 오차항이 없는 상태에서 인자 C 및 D의 변동이 작으므로 이들 2개의 인자를 오차항으로 하여 새로운 분산분석표를 작성하면 **[표 18-16]**과 같다.

[표 18-16]의 분산분석표에서 인자 A와 B가 유의하므로 **[표 18-14]**의 '평균특성치'란에서 각각의 인자 A 및 B에 대해 SN비를 최대로 하는 수준을 찾으면 A_2B_2임을 알 수 있다.

따라서 최적조건에서의 추정치는 다음과 같다.

$$\hat{\mu}(A_2B_2) = \widehat{\mu+a_2} + \widehat{\mu+b_2} - \hat{\mu}$$
$$= 16.86 + 18.83 - 15.22 = 20.47$$

[표 18-14] SN비의 분석

효과	수준	수준합	총합	평균특성치	변동
μ				15.22	
A	A_0	38.72	136.94	12.91	25.45
	A_1	47.63		15.88	
	A_2	50.59		16.86	
B	B_0	31.68	136.94	10.56	107.47
	B_1	48.77		16.26	
	B_2	56.49		18.83	
C	C_0	46.78	136.94	15.59	1.26
	C_1	44.12		15.35	
	C_2	46.04		15.34	
D	D_0	46.52	136.94	15.51	5.64
	D_1	48.02		16.01	
	D_2	42.4		14.13	

여기서

총변동: $SST = (SN_1{}^2 + SN_2{}^2 + \cdots + SN_9{}^2) - T^2 / N$

$$= (8.92^2 + 14.23^2 + \cdots + 20.26^2) - (136.94^2) / 9 = 139.82$$

A의 변동: $SSA = \frac{1}{3}\{(0\text{수준합})^2 + (1\text{수준합})^2 + (2\text{수준합})^2\} - \frac{T^2}{N}$

$$= \frac{1}{3}\{38.72^2 + 47.63^2 + 50.59^2\} - \frac{1}{9}(136.94)^2 = 25.45$$ 이다.

나머지 인자들에 대한 변동도 동일한 방법으로 구할 경우 **[표 18-14]**의 우측과 같다.

[표 18–15] '예제 18–3' 의 분산분석표

요인	SS	ϕ	V	F_{calc}
A	25.45	2		
B	107.47	2		
C	1.26	2		
D	5.64	2		
T	139.82	8		

[표 18–16] '예제 18–3' 의 분산분석표(풀링 후)

요인	SS	ϕ	V	F_{calc}	$F_{critic}(2, 4;005)$
A	25.45	2	12.73	7.36*	6.94
B	107.47	2	53.74	31.06*	
E	6.9	4	1.73		
T	139.82	8			

중요한 인자 A, B에 대해 각 수준에서의 SN비를 그래프로 나타내면 수준의 변화에 따른 효과를 더욱 쉽게 파악할 수 있다.

■ 미니탭을 사용하여 **'예제 18–3'**을 풀면 다음과 같다.

통계분석 > 실험계획법 > Taguchi 설계 > Taguchi 설계 생성을 클릭한 후

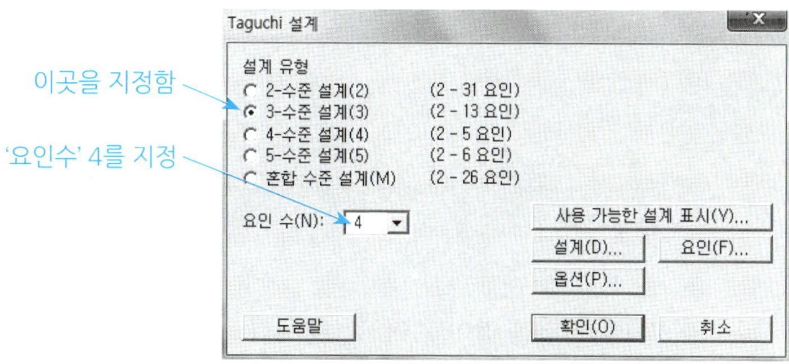

'설계'를 클릭한 후 '$L_9 3^4$'를 지정한 후 '확인'을 클릭

'요인'을 클릭한 후 인자의 이름을 입력

'확인'을 연속하여 클릭하여 '워크시트'가 작성되면 ($N_1 \sim N_4$)를 입력한다.

통계분석 > 실험계획법 > Taguchi 설계 > Taguchi 설계 분석을 클릭하여 분석하고자 하는 데이터($N_1 \sim N_4$)를 지정한 후

'옵션'을 클릭하여

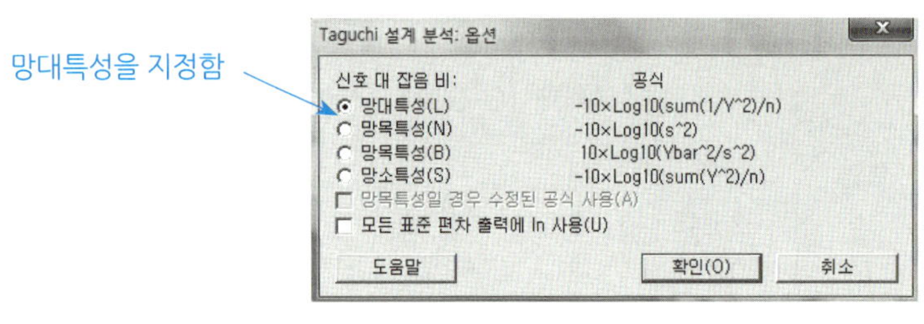

'확인'을 클릭한 후 '분석'을 클릭하여 '신호 대 잡음비(S)', '신호 대 잡음비(I)'를 각각 지정한다.

'확인'을 클릭한 후 '그래프'를 클릭하여 '신호 대 잡음 비'를 지정한다.

'확인'을 클릭한 후 '항'을 클릭하여 인자 A, B, C, D를 선택한다.

'확인'을 연속하여 클릭하면 다음의 결과들이 나타난다.

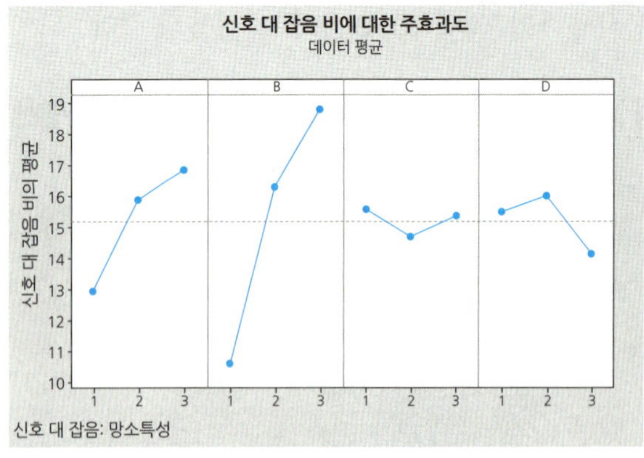

인자 A와 B가 SN비에 영향을 많이 주며 A_3, B_3에서 최대가 되는 것을 알 수 있다.

```
선형 모형 분석: 신호 대 잡음 비 대 A, B, C, D
신호 대 잡음 비에 대한 추정된 모형 계수

항            계수
상수       15.2172
A 1        -2.3045
A 2         0.6567
B 1        -4.6561
B 2         1.0437
C 1         0.3780
C 2        -0.5083
D 1         0.2914
D 2         0.7918

S = *

신호 대 잡음 비에 대한 분산 분석

출처      DF   Seq SS   Adj SS    Adj MS   F  P
A          2   25.372   25.372   12.6861   *  *
B          2  107.453  107.453   53.7265   *  *
C          2    1.255    1.255    0.6274   *  *
D          2    5.656    5.656    2.8280   *  *
잔차 오차  0        *        *         *
총계       8  139.736

신호 대 잡음 비에 대한 반응 표
망대특성

수준      A      B      C      D
1     12.91  10.56  15.60  15.51
2     15.87  16.26  14.71  16.01
3     16.87  18.83  15.35  14.13
델타   3.95   8.27   0.89   1.88
순위      2      1      4      3
```

변동이 작은 요인 C, D를 풀링한 후 재분석을 하면 다음과 같다.

```
선형 모형 분석: 신호 대 잡음 비 대 A, B
신호 대 잡음 비에 대한 추정된 모형 계수

항          계수  SE 계수       T      P
상수     15.2172   0.4381  34.731  0.000
A 1      -2.3045   0.6196  -3.719  0.020
A 2       0.6567   0.6196   1.060  0.349
B 1      -4.6561   0.6196  -7.514  0.002
B 2       1.0437   0.6196   1.684  0.167
```

```
S = 1.314   R-제곱 = 95.1%   R-제곱(수정) = 90.1%
신호 대 잡음 비에 대한 분산 분석

출처        DF    Seq SS    Adj SS   Adj MS     F      P
A            2    25.372    25.372   12.686   7.34  0.046
B            2   107.453   107.453   53.726  31.10  0.004
잔차 오차    4     6.911     6.911    1.728
총계         8   139.736

신호 대 잡음 비에 대한 반응 표
망대특성
수준     A       B
1      12.91   10.56
2      15.87   16.26
3      16.87   18.83
델타    3.95    8.27
순위      2       1
```

인자 A, B의 $p<0.05$이므로 유의함을 알 수 있다. 따라서 A_3B_3에서 예측값을 구하면 다음과 같다.

통계분석 > 실험계획법 > Taguchi 설계 > Taguchi 결과 예측을 클릭한 후 '수준'을 클릭하고 '코드화된 단위', '리스트에서 수준 선택'을 각각 지정한다. A_3B_3를 각각 지정한 후 '확인'을 연속하여 클릭하면 다음의 결과가 나타난다.

```
예측 값

신호 대                                  Ln(표준
잡음 비     평균      표준 편차           편차)
20.4774   10.7222   2.33825   0.855366

예측에 대한 요인 수준

A B
3 3
```

상기의 SN비값은 앞에서 구한 값과 일치됨을 알 수 있다.

18.5 계수치 파라미터 설계

품질특성치가 계수치인 경우 검사에 의해 제품을 단순히 양품 또는 불량 등의 2가지 상태로 판정하는 경우를 0, 1 데이터의 실험이라고 한다. 그리고 특성치의 상태에 따라 '좋음', '보통', '나쁨'등 3가지 상태 이상으로 분류하는 경우를 범주형 데이터 실험이라고 한다.

1) 0, 1 데이터 실험

n개의 제품에 대해 검사를 실시한 결과, i번째 제품이

$$y_i = \begin{cases} 0: \text{불합격품인 경우} \\ 1: \text{합격품인 경우} \end{cases} \quad \text{일 때} \tag{18.21}$$

합격율을 p'라하면 베르누이 분포로부터

$$E(y_i) = p'$$
$$Var(y_i) = p'(1-p')\text{이다.}$$

이때 n개의 데이터 $y_1, y_2, \cdots, y_n$을 취하면

$$\text{합격율} \quad p = \frac{y_1 + y_2 + \cdots + y_n}{n}$$

$$\text{일반평균변동} \quad S_\mu = \frac{(y_1 + y_2 + \cdots + y_n)^2}{n} = \frac{1}{n}(np)^2 = np^2$$

$$\text{총변동} \quad SST = \sum_i y_i^2 = np$$

오차변동 $SSE = SST - S_\mu = np - np^2 = np(1-p)$이므로

$$E\left(\frac{SSE}{n-1}\right) = \sigma^2 \text{에서 } \hat{\sigma}^2 = \frac{SSE}{n-1} = \frac{np(1-p)}{n-1} = V_E \text{가 된다.}$$

따라서 0, 1 데이터에 대한 SN비는 다음과 같이 정의된다.

식 (18.17)로부터

$$SN = 10\log\left(\frac{\frac{1}{n}S_\mu}{V_E}\right)$$

$$= 10\log\left(\frac{\frac{1}{n}(np^2)}{\frac{np(1-p)}{n-1}}\right)$$

$$= 10\log\left(\frac{n-1}{n}\cdot\frac{p}{(1-p)}\right)$$

$$\approx 10\log\left(\frac{p}{1-p}\right)$$

$$= -10\log\left(\frac{1}{p}-1\right) \qquad (18.22)$$

이 된다.

따라서 시료합격율 p가 증가할수록 SN비 값은 커지는데, SN값이 크면 클수록 좋다.

0, 1 데이타를 식 (18.21)과 반대로 다음과 같이 정의 할 경우

$$y_i = \begin{cases} 0 : \text{합격품인 경우} \\ 1 : \text{불합격품인 경우} \end{cases}$$

y_i의 값이 작은 것이 좋으므로 망소특성이 된다. 따라서 SN비를 다음과 같이 구할 수 있다.

$$SN = -10\log\left(\frac{1}{n}\sum_{i=1}^{n} y_i^2\right)$$

$$= -10\log\left(\frac{\sum_{i=1}^{n} y_i}{n}\right)$$

$$= -10\log(p) = 10\log\left(\frac{1}{p}\right) \qquad (18.23)$$

이 된다. 여기서 p는 시료의 불합격률로서 p값이 작으면 작을수록 SN값은 커진다.

식 (18.22), (18.23)의 SN비를 구하는 공식은 다르지만 어느 것을 사용해도 분석 후의 결과는 동일하다.

예제 18-4

전자제품을 납땜하는 공정에서 납땜불량(soldering defect)을 줄이기 위해 다음의 4가지 요인으로 실험을 하였다.

단, 납땜후에 결점수가 한개라도 발생되면 불량으로 처리한다.

A : 납의 절단 길이: $A_0 = 1$ mm, $A_1 = 2$ mm, $A_2 = 3$ mm

B : 납땜온도: $C_0 = 200$ ℃, $C_1 = 220$ ℃, $C_2 = 240$ ℃

C : 납땜각도: 30°, 60°. 90°

D : 납의 재질: D_0, D_1, D_2

[표 18-17]은 각각의 실험번호에서 200개의 제품을 생산한 후 양품수를 구한 것이다.

[표 18-17] '예제 18-4'의 실험데이터

인자배치	A	B	C	D	데이터	양품률	SN비
열번호 실험번호	1	2	3	4	200개중 양품수		$SN = -10\log(1/p-1)$
1	0	0	0	0	182	0.91	10.05
2	0	1	1	1	194	0.97	15.10
3	0	2	2	2	190	0.95	12.79
4	1	0	1	2	162	0.88	8.65
5	1	1	2	0	170	0.81	6.30
6	1	2	0	1	180	0.9	9.54
7	2	0	2	1	193	0.965	14.40
8	2	1	0	2	168	0.915	10.32
9	2	2	1	0	177	0.885	8.86
합계					1,565		96.01

납땜불량을 최소화하는 최적조건을 구하시오.

실험번호 1의 양품률과 SN비는 다음과 같다.

$$p = \frac{\text{양품수}}{\text{시료수}} = \frac{182}{200} = 0.91$$

$$SN_1 = -10\log\left(\frac{1}{p} - 1\right)$$

$$= -10\log\left(\frac{1}{0.91} - 1\right) = 10.05$$ 식 (18.22)로부터

기타 다른 번호의 SN비도 동일한 방법으로 구할 수 있다.
각 수준에서의 SN비의 합계를 구하면 다음과 같다.

[표 18-18] '예제 18-4'의 SN비의 합계

수준	A	B	C	D
0	37.94	33.1	29.91	25.21
1	24.49	31.72	32.61	39.04
2	33.58	31.19	33.49	31.76
합계	96.01	96.01	96.01	96.01

[표 18-18]로부터 인자 A의 변동을 구하면 다음과 같다.

$$CT = \frac{T^2}{N} = \frac{96.01^2}{9} = 1\,204.21$$

$$SSA = \frac{1}{3}(37.94^2 + 24.49^2 + 33.58^2) - 1\,204.21 = 31.39$$

같은 방식으로 나머지 인자들의 변동을 구하여 분산분석표를 작성하면 **[표 18-19]**와 같다. 이때 인자 B 및 C는 변동의 크기가 작으므로 오차항으로 취급하면 **[표 18-20]**과 같은 새로운 분산분석표를 구할 수 있다.
인자 A, D는 유의하므로 중요한 인자이며 **[표 18-18]**로부터 A_0D_1에서 특성치가 최대가 되는 것을 알 수 있다.
이때의 추정값은

$$\begin{aligned}\hat{\mu}(A_0D_1) &= \widehat{\mu + a_0} + \widehat{\mu + d_1} - \hat{\mu} \\ &= \frac{37.94}{3} + \frac{39.04}{3} - \frac{96.01}{9} \\ &= 14.99\end{aligned}$$

이다.

[표 18-19] '예제 18-4'의 분산분석표

요인	SS	ϕ	V	F_{calc}
A	31.39	2		
B	0.65	2		
C	2.32	2		
D	31.91	2		
T	66.27	8		

[표 18-20] '예제 18-4'의 분산분석표(풀링)

요인	SS	ϕ	V	F_{calc}	$F_{critic}(2, 4;005)$
A	31.39	2	15.70	21.22*	6.94
D	31.91	2	15.96	21.57*	
E	2.97	4	0.74		
T	66.27	8			

■ 미니탭을 사용하여 **'예제 18-4'**를 풀면 다음과 같다.

통계분석 > 실험계획법 > Taguchi 설계 > Taguchi 설계 생성을 클릭한 후

'3-수준설계', '요인 수'에 '4'를 지정

'설계'를 클릭한 후, '$L_9 3^4$'를 선택

'확인'을 연속하여 선택하면 다음의

'워크시트'가 나타난다.

↓	C1	C2	C3	C4	C5	C6
	A	B	C	D	양품률	
1	1	1	1	1	0.910	
2	1	2	2	2	0.970	
3	1	3	3	3	0.950	
4	2	1	2	3	0.880	
5	2	2	3	1	0.810	
6	2	3	1	2	0.900	
7	3	1	3	2	0.965	
8	3	2	1	3	0.915	
9	3	3	2	1	0.885	

양품률 또는 불량률을 입력함

계산 > 계산기를 클릭한 후

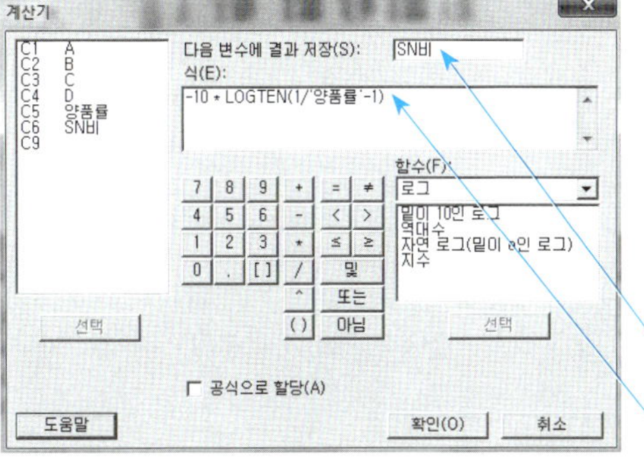

SN비가 저장될 변수명을 입력함

'SN비' 계산식을 입력함

'확인'을 클릭하면 워크시트에 'SN비'가 나타난다.

↓	C1	C2	C3	C4	C5	C6
	A	B	C	D	양품률	SN비
1	1	1	1	1	0.910	10.0480
2	1	2	2	2	0.970	15.0965
3	1	3	3	3	0.950	12.7875
4	2	1	2	3	0.880	8.6530
5	2	2	3	1	0.810	6.2973
6	2	3	1	2	0.900	9.5424
7	3	1	3	2	0.965	14.4046
8	3	2	1	3	0.915	10.3200
9	3	3	2	1	0.885	8.8625

이를 분석하기 위해 **통계분석 > 분산 분석 > 일반 선형 모형 >일반 선형 모형 적합**을 클릭한 후

'반응'에 SN비를 지정하고, '요인'에 인자 A, B, C, D를 지정한다.

'확인'을 클릭하면 다음의 결과가 나타난다.

```
일반 선형 모형: SN비 대 A, B, C, D
방법

요인 코딩  (-1, 0, +1)
요인 정보

요인        유형  수준   값
A           고정    3   1, 2, 3
B           고정    3   1, 2, 3
C           고정    3   1, 2, 3
D           고정    3   1, 2, 3

분산 분석

출처  DF   Adj SS     Adj MS    F-값    P-값
 A    2   31.3555    15.6777    *       *
 B    2    0.6521     0.3261    *       *
 C    2    2.3197     1.1599    *       *
 D    2   31.9344    15.9672    *       *
오차  0        *          *
총계  8   66.2617

모형 요약
S    R-제곱    R-제곱(수정)   R-제곱(예측)
*  100.00%           *              *
```

인자 B, C는 변동량이 작아 유의하지 않을 것으로 판단되어 풀링을 한 후 재분석을 하면 다음과 같다.

```
일반 선형 모형: SN비 대 A, D
방법
요인 코딩 (-1, 0, +1)

요인 정보

요인     유형  수준  값
A        고정   3   1, 2, 3
D        고정   3   1, 2, 3

분산 분석
출처 DF   Adj SS    Adj MS    F-값    P-값
 A   2   31.355   15.6777   21.10   0.007
 D   2   31.934   15.9672   21.49   0.007
오차 4    2.972    0.7430
총계 8   66.262

모형 요약
    S        R-제곱  R-제곱(수정)  R-제곱(예측)
0.861953  95.51%     91.03%      77.29%
```

인자 A, D는 SN비에 영향을 미치는 유의한 요인임을 알 수 있다.

통계분석 > 분산 분석 > 일반 선형 모형 > 요인 그림을 클릭하여 그래프를 작성하면 다음과 같다.

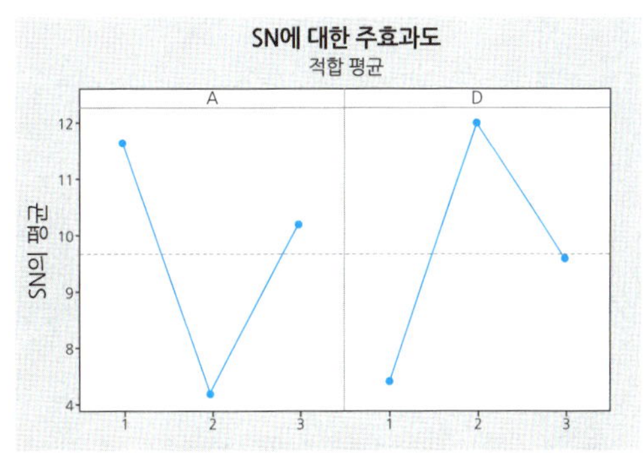

A_1D_2에서 SN비가 최대가 됨을 알 수 있다. 따라서 이 수준에서 SN비의 추정값을 구하기 위해 **통계분석 > 분산 분석 > 일반 선형 모형 > 예측**을 클릭하여 A_1D_2를 설정한 후 '확인'을 클릭하면 다음을 구할 수 있다.

```
SN비에 대한 예측
일반 선형 모형 정보

항
A D

변수  설정
A     1
D     2

적합치    SE 적합치        95% CI              95% PI
14.9905  0.642462  (13.2068, 16.7743)  (12.0057, 17.9753)
```

적합치는 앞에서 구한 값과 일치됨을 알 수 있다.

2) 범주형 데이터 실험

[표 18-21]과 같이 범주형 데이터는 실험의 결과를 3가지 상태 이상으로 분류하여 관측한다.

범주형의 개수는 보통 3, 4개인 경우가 대부분이며, 각 실험점마다 관측수의 합이 다를 수 있다.

[표 18-21] 범주형 데이터의 실험구조

인자의 조건	관측데이터의 상태	범주		
		양호(w_1)	보통(w_2)	불량(w_3)
		관측도수의 집계(n_i)		
	양호, 보통, 불량, 보통 …	8	3	1

범주형 데이터의 실험절차는 다음과 같다.

① 각 범주에 부여할 가중치 w_i를 결정한다.
일반적으로 좋은 상태에 낮은 점수를 부여한다.

② 가중치를 고려하여 다음과 같이 SN비를 계산한다.

$$SN = -10\log\left[\frac{\sum_{i=1}^{k}\sum_{j=1}^{n}(w_i y_{ij})^2}{n}\right] \tag{18.24}$$

그런데 여기서 모든 i, j에 대해

$$y_{ij} = \begin{cases} 1: i\text{조에서 } j\text{번째 제품이 } i\text{조의 특성을 갖는 경우} \\ 0: \text{상기의 경우가 아닐 때} \end{cases}$$

$\sum_{i=1}^{k}\sum_{j=1}^{n}(w_i y_{ij})^2 = \sum_{i=1}^{k} w_i^2 \sum_{j=1}^{n} y_{ij}^2 = \sum_{i=1}^{k} w_i^2 n_i$이 되므로 식 (18.24)를 다음과 같이 보다 간편하게 나타낼 수 있다.

$$SN = -10\log\left[\frac{\sum_{i=1}^{k} w_i^2 n_i}{n}\right] \qquad (18.25)$$

예제 18-5

전자부품의 외관을 향상하기 위해 다음의 요인으로 실험을 한 후 외관 상태에 따라 4등급으로 판정하였다.

A : 온도

B : 압력

C : 부품의 재질

D : 받침대 종류

AB, AC

각각의 인자는 현행 조건과 새로운 조건의 2 수준으로 온도와 압력 및 온도와 재질은 교호작용이 있는 것으로 판단되어 교호작용 AB, AC를 조사하기로 하였다.

[표 18-22] '예제 18-5'의 범주형 데이터의 실험

구분	제어인자 배치							결과치				
요인배치	A	B	$A \times B$	C	$A \times C$	e	D	가중치 매우양호 =0 양호 =1 등급판매 =3 폐기처리 =5				SN비= $-10\log\left(\frac{\sum_{i=1}^{k} w_i^2 n_i}{n}\right)$
열번호 (기본표시) 실험번호	1 (a)	2 (b)	3 (ab)	4 (c)	5 (ac)	6 (bc)	7 (abc)	0	1	3	5	
1	0	0	0	0	0	0	0	30	2	5	3	-4.84
2	0	0	0	1	1	1	1	34	3	1	2	-1.90
3	0	1	1	0	0	1	1	32	2	2	4	-4.77
4	0	1	1	1	1	0	0	33	1	3	3	-4.11
5	1	0	1	0	1	0	1	37	2	1	0	5.61
6	1	0	1	1	0	1	0	38	2	0	0	13.01
7	1	1	0	0	1	1	0	36	3	1	0	5.23
8	1	1	0	1	0	0	1	36	3	0	1	1.55

[표 18-22]는 각 실험조건에서 40회를 측정하여 얻은 결과이다. 여기서 외관은 그 상태에 따라

외관상태가 매우 양호하다(0점)
외관상태가 양호하다(1점)
외관이 불량하나 등급 판매가 가능하다(3점)
폐기처리 해야 한다(5점)

로 분류하였다.
유의한 인자와 최적조건을 구하시오.

상기의 [표 18-22]에서 실험번호 1의 SN비는 식 (18.25)로부터

$$SN_1 = -10\log\left[\frac{\sum_{i=1}^{k} w_i^2 n_i}{n}\right]$$

$$= -10\log\left(\frac{0^2\times 30 + 1^2\times 2 + 3^2\times 5 + 5^2\times 3}{40}\right) = -4.84$$

가 된다.
같은 방식으로 모든 실험번호에서 SN비를 구한 후 각 인자의 수준에서 SN비의 합계를 구하면 다음과 같다.

[표 18-23] SN비에 대한 계산표

	A	B	$A\times B$	C	$A\times C$	D	e(6열)
0 수준의 합	-15.63	11.87	0.03	1.22	4.95	9.29	-1.8
1 수준의 합	25.4	-2.1	9.74	8.55	4.82	0.48	11.57
합계	9.77	9.77	9.77	9.77	9.77	9.77	9.77

상기의 표를 이용하여 인자 A의 변동을 구하면 다음과 같다.

$$SSA = \frac{1}{8}\{25.4 - (-15.63)\}^2 = 210.433$$

이와 같은 방식으로 다른 인자의 변동을 구하여 분산분석표를 작성하면 **[표 18–24]**와 같다. 여기서 교호작용 AC의 변동이 매우 작으므로 오차항에 풀링하면 **[표 18–25]**를 얻는다.

[표 18–24] '예제 18–5'의 분산분석표

요인	SS	ϕ	V	F_{calc}	$F_{critic}(\alpha)$
A	210.433	1			
B	24.395	1			
C	6.716	1			
D	9.702	1			
$A \times B$	11.786	1			
$A \times C$	0.002	1			
오차	22.347	1			
총계	285.379	7	285.212		

[표 18–25]에서 인자 A만이 유효한데 **[표 18–23]**에서 SN비를 최대로 하는 조건은 A_1이 되며 그 값은 $25.4/4=6.35$임을 알 수 있다.

[표 18–25] '예제 18–5'의 Pooling 후의 분산분석표

요인	SS	ϕ	V	F_{calc}	$F_{critic}(1, 4; 0.05)$
A	210.433	1	210.43	18.84*	10.13
B	24.395	1	24.40	2.18	
C	6.716	1	6.72	0.60	
D	9.702	1	9.70	0.87	
$A \times B$	11.786	1	11.79	1.06	
오차	22.347	2	11.17		
총계	285.379	7			

■ 미니탭을 사용하여 **'예제 18–5'**를 풀면 다음과 같다.

통계분석 > 실험계획법 > Taguchi 설계 > Taguchi 설계 생성을 클릭한 후 '2-수준설계', '요인 수'에 '4'를 지정

'설계'를 클릭한 후, '$L_8 2^4$'를 선택

'확인'을 클릭한 후 '요인'을 클릭하면 다음의 화면이 나타난다.

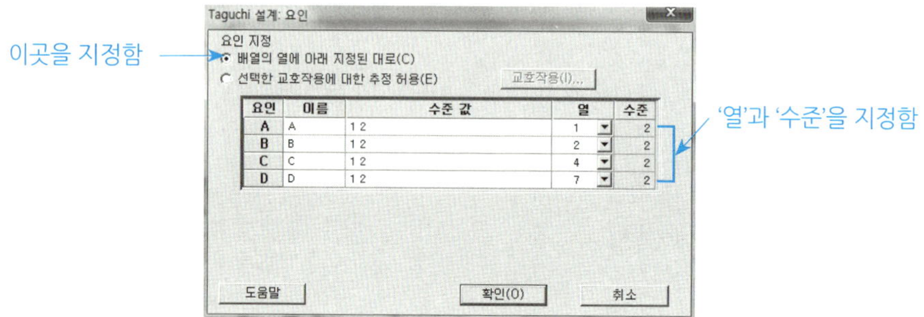

'확인'을 연속하여 클릭하면 다음의 워크시트가 나타난다.

↓	C1	C2	C3	C4	C5	C6	C7	C8
	A	B	C	D	0	1	3	5
1	1	1	1	1	30	2	5	3
2	1	1	2	2	34	3	1	2
3	2	2	1	1	32	2	2	4
4	2	2	2	2	33	1	3	3
5	1	2	1	2	37	2	1	0
6	1	2	2	1	38	2	0	0
7	2	1	1	2	36	3	1	0
8	2	1	2	1	36	3	0	1

실험의 결과값을 입력한 후 **계산 > 계산기**를 클릭하여

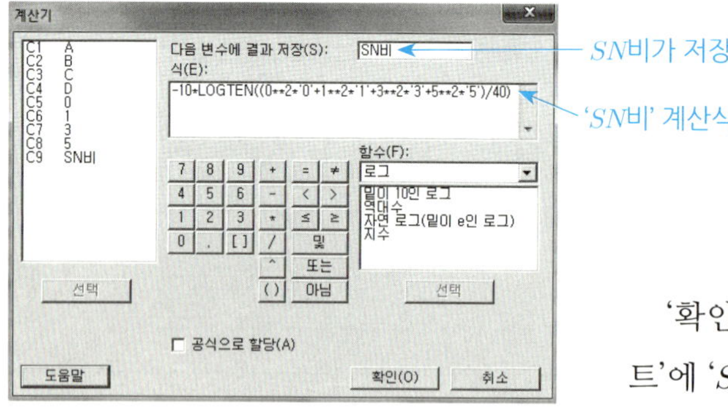

'확인'을 클릭하면 '워크시트'에 'SN비'가 나타난다.

↓	C1	C2	C3	C4	C5	C6	C7	C8	C9
	A	B	C	D	0	1	3	5	SN비
1	1	1	1	1	30	2	5	3	-4.8430
2	1	1	2	2	34	3	1	2	-1.9033
3	2	2	1	1	32	2	2	4	-4.7712
4	2	2	2	2	33	1	3	3	-4.1078
5	1	2	1	2	37	2	1	0	5.6067
6	1	2	2	1	38	2	0	0	13.0103
7	2	1	1	2	36	3	1	0	5.2288
8	2	1	2	1	36	3	0	1	1.5490

통계분석 > 분산 분석 > 일반 선형 모형 >일반 선형 모형 적합을 클릭한 후

'반응'에 SN비를 지정하고, '요인'에 인자 A, B, C, D를 지정함

'모형'을 클릭한후 교호작용 $A \times B$, $A \times C$를 지정함

'확인'을 연속하여 클릭하면 다음의 결과가 나타난다.

일반 선형 모형: SN비 대 A, B, C, D
방법
요인 코딩 (-1, 0, +1)

요인 정보

요인	유형	수준	값
A	고정	2	1, 2
B	고정	2	1, 2
C	고정	2	1, 2
D	고정	2	1, 2

분산 분석

출처	DF	Adj SS	Adj MS	F-값	P-값
A	1	210.331	210.331	9.43	0.200
B	1	24.402	24.402	1.09	0.486
C	1	6.711	6.711	0.30	0.681
D	1	9.696	9.696	0.43	0.629
A*B	1	11.777	11.777	0.53	0.600
A*C	1	0.002	0.002	0.00	0.994
오차	1	22.310	22.310		
총계	7	285.228			

모형 요약

S	R-제곱	R-제곱(수정)	R-제곱(예측)
4.72334	92.18%	45.25%	0.00%

교호작용 AC의 변동이 너무 작으므로 이를 오차항에 풀링한 후 재분석을 하면 다음과 같다.

일반 선형 모형: SN비 대 A, B, C, D
방법
요인 코딩 (-1, 0, +1)
요인 정보

요인	유형	수준	값
A	고정	2	1, 2
B	고정	2	1, 2

```
C          고정  2   1, 2
D          고정  2   1, 2

분산 분석
출처  DF    Adj SS     Adj MS     F-값    P-값
 A     1   210.331   210.331   18.85   0.049
 B     1    24.402    24.402    2.19   0.277
 C     1     6.711     6.711    0.60   0.519
 D     1     9.696     9.696    0.87   0.450
 A*B   1    11.777    11.777    1.06   0.412
오차   2    22.312    11.156
총계   7   285.228

모형 요약

   S        R-제곱   R-제곱(수정)  R-제곱(예측)
3.34005   92.18%     72.62%       0.00%
```

인자 A의 $p=0.049<0.05$이므로 부품의 외관에 영향을 미치는 중요한 요인임을 알 수 있다.

통계분석 > 분산 분석 > 일반 선형 모형 > 요인 그림을 클릭하여 그래프를 작성하면 다음과 같다.

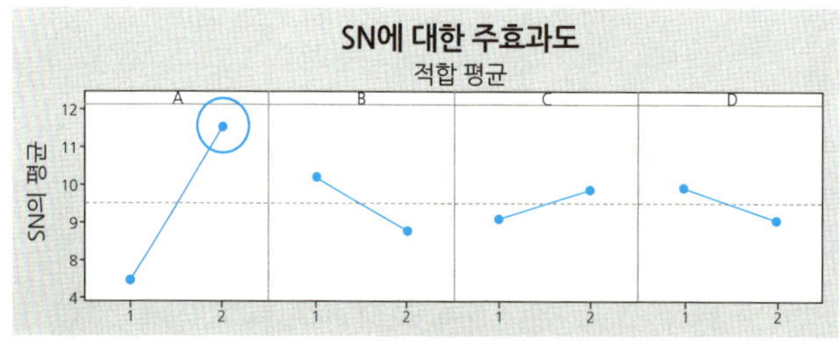

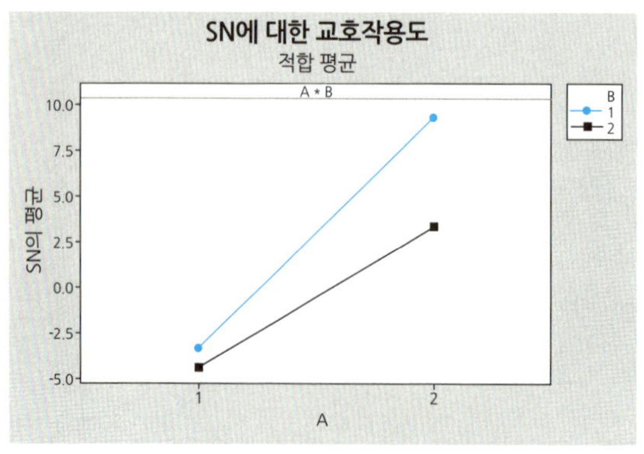

인자 A의 기울기가 가장 크며 A_2에서 SN비가 가장 큼을 알 수 있다.

유의한 인자 A만을 남기고 나머지 인자를 풀링하여 분석을 한 후

통계분석 > 분산 분석 > 일반 선형 모형 > 예측을 클릭하여 A_2를 설정한 후 '확인'을 클릭하면 다음을 구할 수 있다.

```
SN비에 대한 예측
일반 선형 모형 정보

항
A

변수  설정
A      2

적합치   SE 적합치    95% CI               95% PI
6.34870  1.76655  (2.02611, 10.6713)  (-3.31691, 16.0143)
```

이상에서 미니탭에 의한 분석 결과는 앞에서 손으로 구한 결과와 일치됨을 알 수 있다.

18.6 동특성 파라미터 설계

정특성의 경우(망목, 망소, 망대특성)에는 목표치가 항상 일정하지만 많은 경우 입력의 변화에 따라 목표치가 변화되어야 하는 때가 있다. 예를 들어 자동차의 엑셀레이터를 밟음에 따른 엔진 출력의 변화, 무게에 따른 저울눈금의 이동 등은 입력값에 따라 output 출력이 변화하지 않으면 않된다.

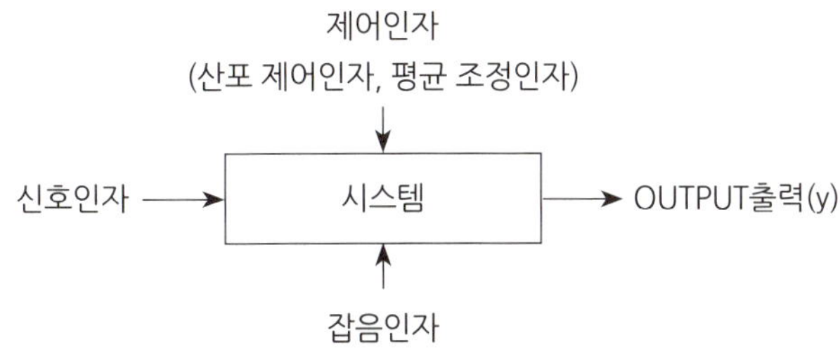

[그림 18-14] 동특성의 원리

이와 같은 특성을 동특성이라 하는데 여기서 입력값을 결정하는 인자를 특별히 신호인자라고 한다.

동특성의 특별한 경우가 정특성으로 향후 제품의 성능의 향상 또는 다양화에 신속하게 대응하기 위해서는, 정특성보다는 가능한 동특성으로 품질을 설계하는 것이 바람직하다.

1) 동특성의 SN비와 손실

대부분의 동특성의 경우 초기에 신호인자의 입력값이 작을 때에는 반응하지 않거나 출력이 미미하다. 그리고 신호인자의 입력값이 임계치를 벗어나게 되면 의도한 대로 일정수준의 출력을 내다가 다시 입력값이 한계치를 벗어나면 출력 즉, 성능이 저하된다. **[그림 18-15]**는 이러한 상태를 나타낸다.

따라서 동특성의 설계목적은 우선 출력 즉, 특성치의 산포를 작게하며 또한 이들 특성치가 우리가 원하는 목표치(**[그림 18-15]**에서 $y=\beta_0 M$)에 일치하도록 하는 것이다.

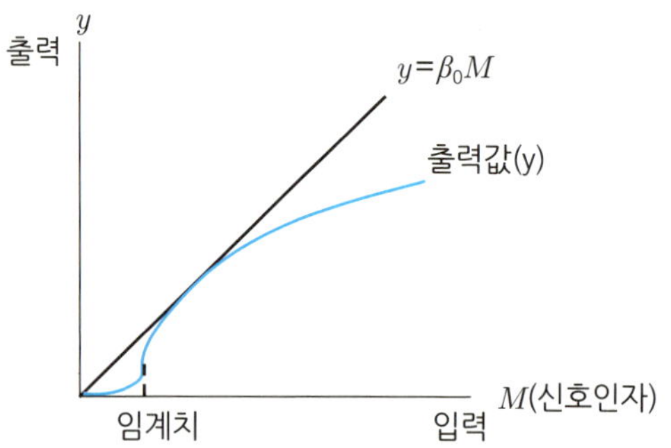

[그림 18-15] 신호인자의 변화에 따른 출력특성의 변화

[그림 18-15]와 같은 실험에서 신호인자 M과 특성치 y 간에 다음과 같은 선형관계가 성립한다고 하자.

$$y=\beta M$$

제어인자의 배치	신호인자				SN비	기울기 S
	M_1	M_2	$\cdots$	M_r		
	y_{11}	y_{12}	$\cdots$	y_{1r}	SN_1	S_1
	y_{21}	y_{22}	$\cdots$	y_{2r}	SN_2	S_2
	$\vdots$	$\vdots$		$\vdots$	$\vdots$	$\vdots$
	y_{n1}	y_{n2}	$\cdots$	y_{nr}	SN_n	S_n

이때 각각의 특성치가 목표값 $y=\beta_0 M$에 가까워 지도록하기 위해 특성치 y값을 다음과 같이 보정하면

$$y' = y\frac{\beta_0}{\beta}$$

새로운 y'값의 변동은 다음과 같다.

$$Var(y') = \sigma'^2 = \sigma^2\frac{\beta_0^{\ 2}}{\beta^2} \qquad \text{여기서 } Var(y) = \sigma^2\text{이다.}$$

그러므로 특성치 y에 대한 손실함수는 $L = k\sigma'^{\,2} = k\beta_0^{\ 2}\frac{\sigma^2}{\beta^2}$로 나타낼 수 있는데 여기서 k, $\beta_0^{\ 2}$은 상수이므로 이 손실함수를 작게 하기 위해서는 $\frac{\sigma^2}{\beta^2}$를 작게 즉, $\frac{\beta^2}{\sigma^2}$를 크게 해야 한다.

따라서 SN비를 다음과 같이 나타낼 수 있는데 통신공학에서의 데시벨(decibel) 단위로 나타내기 위해 식 (18.27)과 같이 변형한다.

$$SN\text{비} = \frac{\beta^2}{\sigma^2} = \frac{\text{신호의 힘}}{\text{잡음의 힘}} \tag{18.26}$$

$$SN\text{비}(\text{db}) = 10\log\frac{\beta^2}{\sigma^2} \tag{18.27}$$

이때 식 (18.27)에서 β^2의 추정치로 $\hat{\beta}^2 = \left(\frac{\sum M_i y_i}{\sum M_i^2}\right)^2$을 사용할 수 있으나 $\hat{\beta}^2$에는 오차가 포함되어 있어 β^2 값이 과대 평가되기 때문에 β^2 값을 다음과 같이 추정한다.

$$S_\beta = \frac{(\sum M_i y_i)^2}{\sum M_i^2} = \frac{(\sum M_i y_i)^2}{r}$$

여기서 $E(S_\beta)=\sigma^2+\beta^2\sum M_i^2$이므로

$$\hat{\beta}^2=\frac{S_\beta-\hat{\sigma}^2}{r}\text{으로 나타낼 수 있다.} \tag{18.28}$$

그리고 σ^2의 추정치는

총변동 $SST=\sum y_i^2$이고

오차변동 $SSE=SST-S_\beta$이므로

$$V_E=\frac{SSE}{n-1}\text{ 이 되어}$$

$$E(V_E)=E\left(\frac{SSE}{n-1}\right)=\sigma^2\text{ 이 되므로}$$

$$\hat{\sigma}^2=V_E\text{가 된다.}$$

따라서 식 (18.28)은

$$\hat{\beta}^2=\frac{S_\beta-V_E}{r}\text{이 되며} \tag{18.29}$$

최종적으로 식 (18.27)의 SN비는

$$SN=10\log\frac{\beta^2}{\sigma^2}$$

$$=10\log\frac{\frac{1}{r}(S_\beta-V_E)}{V_E}\text{로 나타낼 수 있다.} \tag{18.30}$$

그리고 기울기는 식 (18.29)로부터

$$\hat{\beta}=\sqrt{\frac{S_\beta-V_E}{r}}\text{ 이 된다.}$$

예제 18-6

성형공정에서 성형물의 치수불량이 발생되어 이 문제를 해결하기 위해 동특성을 사용하고자 한다. 치수에 영향을 미치는 주요인자는 다음과 같다.

A: 설비 RPM, B: 원료의 양, C: 설비의 압력,

D: 원료배합률, F: 성형온도

이들 주요인자는 모두 2수준이며, 신호인자는 치수로

$$M_1 = 10\text{ mm} \qquad M_2 = 25\text{ mm} \qquad M_3 = 35\text{ mm}$$ 이고

잡음인자는 원료의 수분 함량으로 다음과 같다.

N_1 = 수분이 규격 미달　　N_2 = 수분이 규격 이상

[표 18-26]은 3개의 신호인자에서 잡음인자 2수준을 반복 실험한 결과로 총 48회의 실험을 실행하였다.

[표 18-26] '예제 18-6'의 실험 데이터

								M_1		M_2		M_3			
	A	B	e	C	e	D	F	N_1	N_2	N_1	N_2	N_1	N_2	SN	기울기 S
1	0	0	0	0	0	0	0	7	7	22	21	32	32	-4.162	0.886
2	0	0	0	1	1	1	1	8	9	23	24	34	34	0.412	0.955
3	0	1	1	0	0	1	1	9	8	24	25	34	34	0.692	0.968
4	0	1	1	1	1	0	0	8	7	21	22	31	32	-2.161	0.879
5	1	0	1	0	0	0	1	13	14	28	27	36	37	-5.364	1.077
6	1	0	1	1	1	1	0	11	11	26	26	37	38	5.453	1.063
7	1	1	0	0	1	1	0	12	11	26	26	36	38	0.848	1.056
8	1	1	0	1	0	0	1	13	14	27	28	38	36	-5.137	1.086
												합계		-9.419	7.970
												평균		-1.177	0.996

유의한 인자와 최적조건을 구하시오.

실험번호 1의 SN비 및 기울기 S의 계산을 위해 우선 다음을 구한다.

$$SST_1 = \sum y_i^2 = (7^2 + 7^2 + \cdots + 32^2) = 3\,071$$

$$S_{\beta_1} = \frac{(\sum M_i y_i)^2}{2\sum M_i^2} = \frac{(\sum M_i y_i)^2}{2r}$$

$$= \frac{\{(10(7+7) + 25(22+21) + 35(32+32)\}^2}{2 \times (10^2 + 25^2 + 35^2)} = 3\,060.7756$$

$$SSE_1 = SST_1 - S_{\beta_1}$$
$$= 3\,071 - 3\,060.7756 = 10.2244$$

$$V_{E_1} = \frac{SSE_1}{n_1 - 1} = \frac{10.2244}{5} = 2.0449$$

이상에서 SN비는

$$SN_1 = 10\log\left[\frac{\frac{1}{2r}(S_{\beta_1} - V_{E_1})}{V_{E_1}}\right]$$

$$= 10\log\left[\frac{\frac{1}{3\,900}(3\,060.7756 - 2.0449)}{2.04}\right] = -4.162$$

가 되고 기울기 S는

$$S_1 = \sqrt{\frac{S_{\beta_1} - V_{E_1}}{2r}}$$

$$= \sqrt{\frac{3\,060.7756 - 2.0449}{3\,900}} = 0.886$$

가 된다.

이와 같은 방식으로 구한 SN비 및 기울기 S가 **[표 18-26]**의 우측에 나타나 있다.

[표 18-26]의 SN비 및 기울기 S에 대해 인자의 수준별 평균을 구하면 다음과 같다.

[표 18-27] SN비의 수준별 평균

수준	RPM(A)	원료양(B)	설비압력(C)	배합률(D)	성형온도(F)
0	-1.305	-0.915	-1.997	-4.206	-0.006
1	-1.050	-1.450	-0.358	1.851	-2.349

[표 18-28] 기울기 S의 수준별 평균

수준	RPM(A)	원료양(B)	설비압력(C)	배합률(D)	성형온도(F)
0	0.922	0.995	0.997	0.982	0.971
1	1.071	0.997	0.996	1.011	1.022

[표 18-27]과 **[표 18-28]**을 각각 그래프로 나타내면 **[그림 18-16]**에서 배합률(D)은 SN비에, **[그림 18-17]**에서 RPM(A)은 기울기 S에 특히 유의한 영향을 주는 것을 알 수 있다.

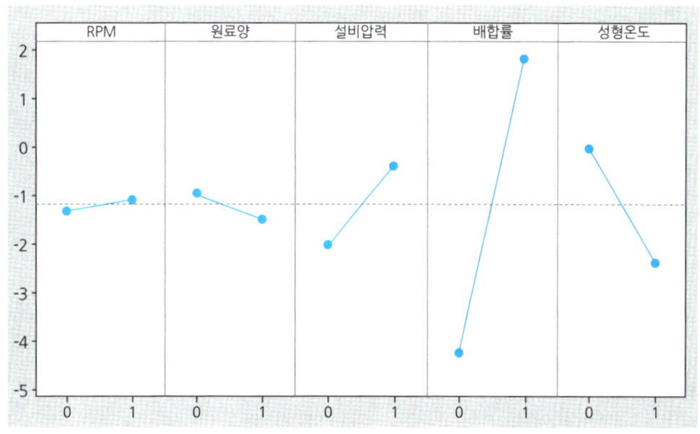

[그림 18-16] '예제 18-6'의 SN비

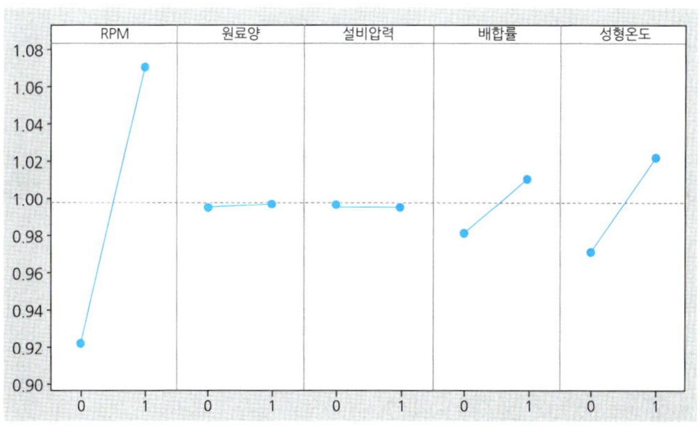

[그림 18-17] '예제 18-6'의 기울기 S

분산분석표를 작성해 보면 **[표 18-29]**에서 배합률(D)만이 SN비에 유의하며, **[표 18-30]**에서 RPM(A), 배합률(D) 및 성형온도(F)가 기울기에 유의한 것을 알 수 있다.

[표 18-29] *SN*비에 대한 분산분석표

요인	SS	ϕ	V	F_{calc}	$F_{critic}(0.05)$
RPM(A)	0.13	1	0.13	0.04	
원료양(B)	0.55	1	0.55	0.16	
설비압력(C)	5.37	1	5.37	1.59	18.51
배합률(D)	73.38	1	73.38	21.71*	
성형온도(F)	10.98	1	10.98	3.25	
잔차	6.75	2	3.38		
총계	97.16	7			

[표 18-30] '예제 19-6'의 기울기 S

요인	SS	ϕ	V	F_{calc}	$F_{critic}(0.05)$
RPM(A)	0.044105	1	0.044105	580.95*	
원료양(B)	0.000008	1	0.000008	0.13	
설비압력(C)	0.000002	1	0.000002	0.03	18.51
배합률(D)	0.001625	1	0.001625	21.21*	
성형온도(F)	0.005202	1	0.005202	83.90*	
잔차	0.000062	2	0.000031		
총계	0.051004	7			

이 경우 RPM(A)을 기울기를 조정하는 인자로 사용하고 나머지 인자들은 모두 *SN*비를 최대로하는 조건을 설정한다.

따라서 인자 A를 제외한 나머지 요인의 수준은 $B_0C_1D_1F_0$이 된다. 이 경우 인자 A, D, F가 기울기에 영향을 미치는 중요한 요인이므로 이들 요인을 포함한 기울기의 추정값은 다음과 같다.

$$\hat{\mu}(A_iD_1F_0) = \widehat{\mu+a_i} + \widehat{\mu+d_1} + \widehat{\mu+f_0} + 2\hat{\mu}$$
$$\approx \overline{A}_i + 1.011 + 0.971 - 2\times 0.996$$
$$= \overline{A}_i - 0.01$$

따라서 **[표 18-28]**에서

$$\text{인자 } A\text{의 0수준: } \overline{A}_0 - 0.01 = 0.922 - 0.01 = 0.912$$
$$\text{인자 A의 1수준: } \overline{A}_1 - 0.01 = 1.071 - 0.01 = 1.061$$

이 되므로 보간법을 사용하여 기울기 S를 목표치 '1'에 일치시키는 인자 A의 조건을 구함으로써 산포를 최소화하면서 목표치에 일치시키는 조건을 구할 수 있다.

이후 재현성 실험을 통하여 SN비 및 기울기 S의 재현성 여부를 확인할 필요가 있다.

■ 미니탭을 사용하여 **'예제 18-6'**을 풀면 다음과 같다.

통계분석 > 실험계획법 > Taguchi 설계 > Taguchi 설계 생성을 클릭한 후

'2 수준 설계', '요인수' '5'를 지정

'설계'를 클릭하여 다음의 화면이 나타나면

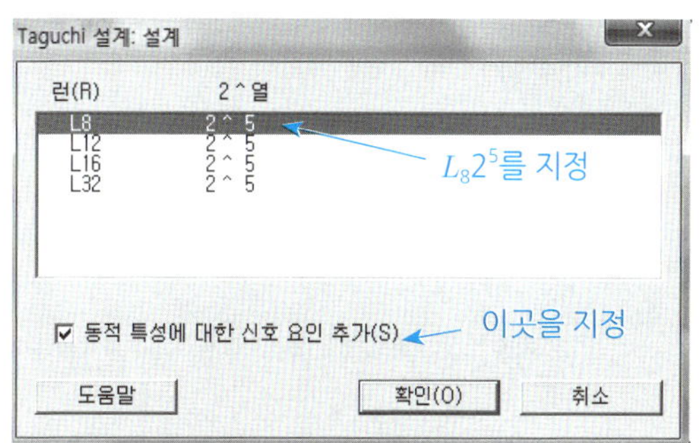

'확인'을 클릭한 후 '요인'을 클릭하여

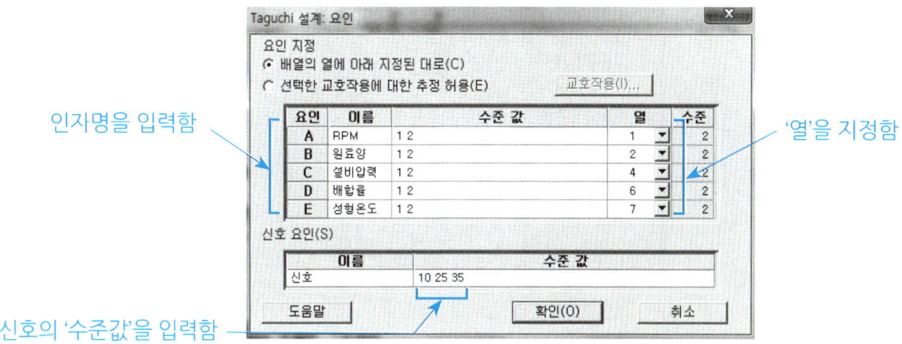

'확인'을 연속하여 클릭하면 다음의 '워크시트'가 생성된다.

↓	C1	C2	C3	C4	C5	C6	C7	C8
	RPM	원료양	설비압력	배합률	성형온도	신호	N1	N2
1	1	1	1	1	1	10	7	7
2	1	1	1	1	1	25	22	21
3	1	1	1	1	1	35	32	32
4	1	1	2	2	2	10	8	9
5	1	1	2	2	2	25	23	24
6	1	1	2	2	2	35	34	34
7	1	2	1	2	2	10	9	8
8	1	2	1	2	2	25	24	25
9	1	2	1	2	2	35	34	34
10	1	2	2	1	1	10	8	7
11	1	2	2	1	1	25	21	22
12	1	2	2	1	1	35	31	32

실험의 관측값을 입력함

통계분석 > 실험계획법 > Taguchi 설계 > Taguchi 설계 분석을 클릭하여 'N_1', 'N_2'를 지정한 후,

'분석'을 클릭하여 다음을 각각 지정함

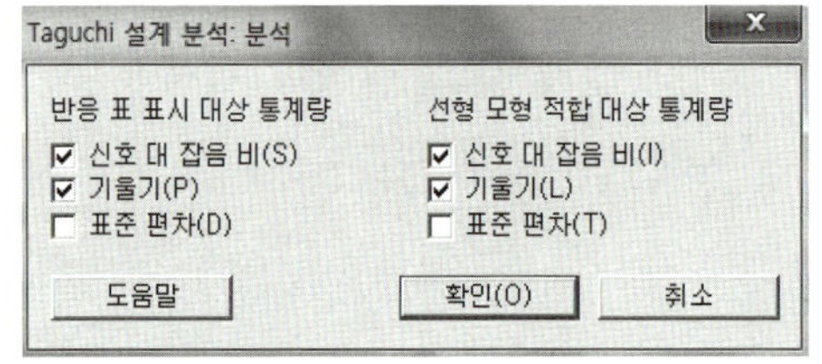

'확인'을 클릭한 후 '옵션'을 클릭하여

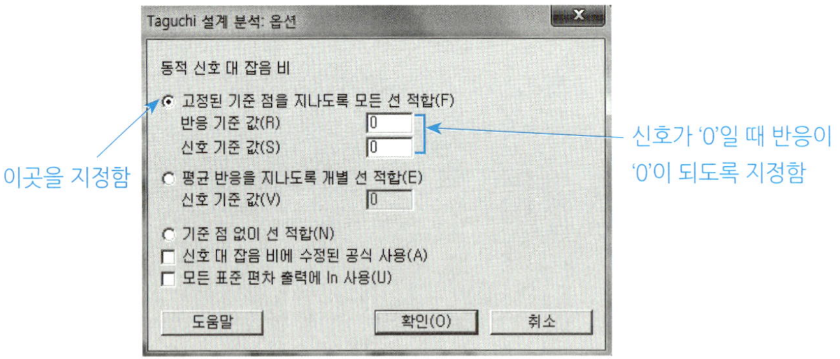

'확인'을 클릭한 후 '그래프'를 클릭하여 '신호대 잡음비'와 '기울기'를 각각 지정한다.

'확인'을 클릭한 후 '항'을 클릭하여 분석해야할 인자가 모두 선택되었는지를 확인한다.

'확인'을 연속하여 클릭하면 다음의 결과들이 나타난다.

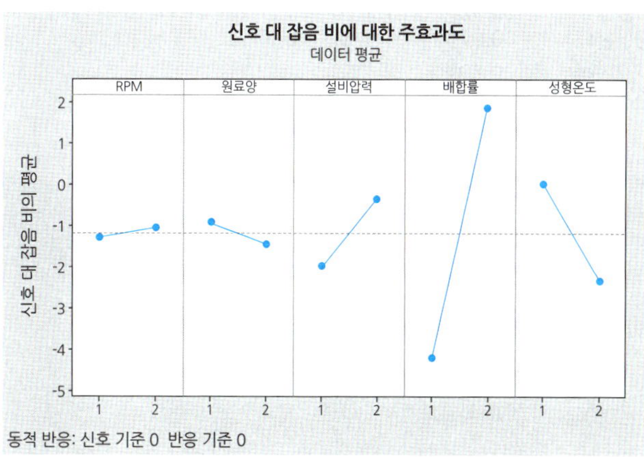

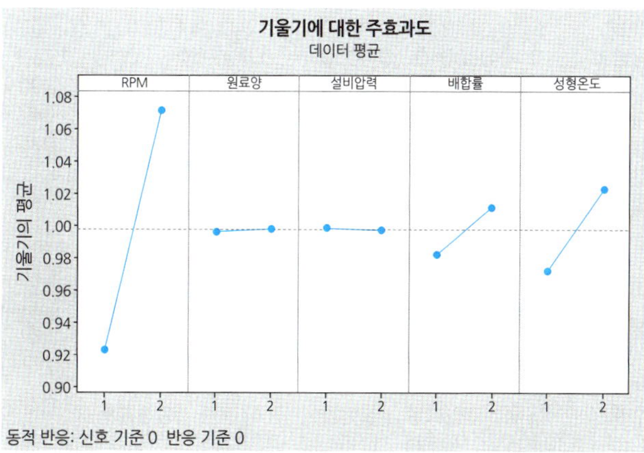

신호 대 잡음 비에 대한 추정된 모형 계수

항	계수	SE 계수	T	P
상수	-1.1755	0.6496	-1.810	0.212
RPM 1	-0.1276	0.6496	-0.196	0.862
원료양 1	0.2623	0.6496	0.404	0.725
설비압력 1	-0.8189	0.6496	-1.261	0.335
배합률 1	-3.0275	0.6496	-4.661	0.043
성형온도 1	1.1713	0.6496	1.803	0.213

S = 1.837 R-제곱 = 93.0% R-제곱(수정) = 75.7%

신호 대 잡음 비에 대한 분산 분석

출처	DF	Seq SS	Adj SS	Adj MS	F	P
RPM	1	0.1303	0.1303	0.1303	0.04	0.862

원료양	1	0.5504	0.5504	0.5504	0.16	0.725
설비압력	1	5.3653	5.3653	5.3653	1.59	0.335
배합률	1	73.3255	73.3255	73.3255	21.72	0.043
성형온도	1	10.9752	10.9752	10.9752	3.25	0.213
잔차 오차	2	6.7508	6.7508	3.3754		
총계	7	97.0976				

기울기에 대한 추정된 모형 계수

항	계수	SE 계수	T	P
상수	0.996314	0.003078	323.644	0.000
RPM 1	-0.074199	0.003078	-24.103	0.002
원료양 1	-0.001122	0.003078	-0.364	0.750
설비압력 1	0.000481	0.003078	0.156	0.890
배합률 1	-0.014263	0.003078	-4.633	0.044
성형온도 1	-0.025160	0.003078	-8.173	0.015

S = 0.008707 R-제곱 = 99.7% R-제곱(수정) = 99.0%

기울기에 대한 분산 분석

출처	DF	Seq SS	Adj SS	Adj MS	F	P
RPM	1	0.044044	0.044044	0.044044	580.95	0.002
원료양	1	0.000010	0.000010	0.000010	0.13	0.750
설비압력	1	0.000002	0.000002	0.000002	0.02	0.890
배합률	1	0.001627	0.001627	0.001627	21.47	0.044
성형온도	1	0.005064	0.005064	0.005064	66.80	0.015
잔차 오차	2	0.000152	0.000152	0.000076		
총계	7	0.050899				

배합률(D)는 SN비에 영향을 주는 유의한 인자임을 알 수 있다.

RPM(A), 배합률(D) 및 성형온도(F)가 기울기에 유의한 영향을 주는 인자임을 알 수 있다.

신호 대 잡음 비에 대한 반응 표

동적 반응

수준	RPM	원료양	설비압력	배합률	성형온도
1	-1.30308	-0.91315	-1.99440	-4.20295	-0.00417
2	-1.04783	-1.43776	-0.35652	1.85203	-2.34674
델타	0.25525	0.52461	1.63788	6.05498	2.34257
순위	5	4	3	1	2

기울기에 대한 반응 표

수준	RPM	원료양	설비압력	배합률	성형온도
1	0.9221	0.9952	0.9968	0.9821	0.9712
2	1.0705	0.9974	0.9958	1.0106	1.0215
델타	0.1484	0.0022	0.0010	0.0285	0.0503
순위	1	4	5	3	2

배합률(D)만이 SN비에 그리고 RPM(A), 배합률(D), 성형온도(F)가 기울기에 영향을 미치는 중요 인자이다. 이상의 내용은 앞에서 손으로 구한 내용과 일치됨을 알 수 있다. 최적화를 하는 방법은 이미 앞에서 설명하였으므로 생략하기로 한다.

18장

연습문제

1. 품질은 다꾸찌 이전의 전통적인 품질과 그 이후의 품질로 나누어 비교될 수 있다. 이에 대해 그 차이를 간략하게 기술하시오.

2. 다꾸찌는 강건설계의 개념을 제시하였다. 전통적인 품질과 비교하여 강건설계의 개념을 간략하게 기술하시오.

3. 품질공학에서는 잡음의 종류를 외부, 내부 및 제품 간의 잡음으로 분류한다. 각각을 간략하게 기술하시오.

4. '**문제 3**'과 연관하여 품질을 근본적으로 향상하기 위해서는 설계단계에서 강건설계를 해야 하는 이유를 설명하시오.

5. 품질공학에서는 설계를 시스템 설계, 파라메터 설계 및 허용차 설계의 3단계로 정의한다. 각 단계에서의 추진내용을 간략하게 기술하시오.

6. 정특성과 동특성의 차이를 간략하게 기술하시오.

7. 부품의 내경치수를 10 mm에 맞추기 위해 A: 부품의 재질, B: 가공속도, C: 드릴의 종류, D: 작업방법의 제어인자와 드릴의 사용기간을 잡음인자로 하여 다음과 같은 실험을 하였다. 다음의 질문에 답을 하시오.

실험 번호	제어인자							잡음인자	
	A	B	e	C	e	e	D		
	1	2	3	4	5	6	7	N_1	N_2
1	0	0	0	0	0	0	0	9.8	9.9
2	0	0	0	1	1	1	1	10	10.2
3	0	1	1	0	0	1	1	10.2	10.4
4	0	1	1	1	1	0	0	10.4	10.3
5	1	0	1	0	1	0	1	10.6	10.4
6	1	0	1	1	0	1	0	11	10.9
7	1	1	0	0	1	1	0	10.3	10.4
8	1	1	0	1	0	0	1	10.8	11

1) 실험번호 1번에서 SN비를 구하시오.

2) 인자 A에 대한 변동을 구하시오.

3) 분산분석을 한 후 유의한 인자를 설정하시오.

4) 내경 치수를 10 mm로 하기 위한 최적조건을 구하시오.

8. 제품의 초기 스크랩량을 줄이기 위해 다음의 인자의 조합에서 온도와 습도를 잡음인자로 하여 다음과 같은 실험을 하였다. 다음의 질문에 답을 하시오.

A: 설비속도, B: 원료종류, C: 설비압력, D: 원료투입량/단위시간

실험 번호	제어인자							잡음인자	
	A	B	e	C	e	e	D	N_1	N_2
1	0	0	0	0	0	0	0	48	47
2	0	0	0	1	1	1	1	50	52
3	0	1	1	0	0	1	1	55	57
4	0	1	1	1	1	0	0	45	42
5	1	0	1	0	1	0	0	68	60
6	1	0	1	1	0	1	0	62	60
7	1	1	0	0	1	1	0	60	61
8	1	1	0	1	0	0	1	66	68

1) 실험번호 1번에서 SN비를 구하시오.

2) 인자 A에 대한 변동을 구하시오.

3) 분산분석을 한 후 유의한 인자를 설정하시오.

4) 스크랩량을 최소로 하는 조건에서 스크랩량 평균의 95 %의 신뢰구간을 구하시오.

5) SN비가 최대로 되는 조건을 설정하시오.

9. 유산균의 번식에 A: 온도, B: 유산균의 종류, C: 시간이 영향을 미친다고 판단이 되어, 통제하기 곤란한 습도를 잡음인자로 하여 잡음인자의 2조건에서 다음과 같은 실험을 하였다. 다음의 질문에 답을 하시오.

실험	제어인자				잡음인자	
번호	A	B	e	C	N_1	N_2
1	0	0	0	0	80	81
2	0	1	1	1	81	83
3	0	2	2	2	85	84
4	1	0	1	2	97	91
5	1	1	2	0	93	91
6	1	2	0	1	92	95
7	2	0	2	1	85	83
8	2	1	0	2	88	85
9	2	2	1	0	83	81

1) 실험번호 1번에서 SN비를 구하시오.

2) 인자 A에 대한 변동을 구하시오.

3) 분산분석을 한 후 유의한 인자를 설정하시오.

4) 유산균이 최대로 되는 조건을 설정하시오.

10. 사출 성형공정에서 외관불량을 개선하기 위해 A: 압력, B: 온도, C: 속도, D: 원료의 종류를 고려하여 다음과 같은 실험을 하였다. 다음의 질문에 답을 하시오.

인자배치	A	B	C	D	데이터	불량율	SN비
열번호 실험번호	1	2	3	4	500개중 불품수		$SN=-10\log(1/p-1)$
1	0	0	0	0	3	0.006	22.22
2	0	1	1	1	8	0.016	17.96
3	0	2	2	2	10	0.02	16.99
4	1	0	1	2	1	0.002	26.99
5	1	1	2	0	6	0.012	19.21
6	1	2	0	1	4	0.008	20.97
7	2	0	2	1	10	0.02	16.99
8	2	1	0	2	22	0.044	13.57
9	2	2	1	0	24	0.048	13.19
합계					88		168.08

1) 실험번호 1번의 SN비를 구하시오.

2) 인자 A의 변동을 구하시오.

3) 분산분석표를 작성하고 유의한 인자를 선정하시오.

4) 불량율이 가장 낮은 조건을 구하시오.

11. 신제품인 빵 맛을 평가하기 위해 4개의 인자의 주효과와 교호작용 AC, AD를 고려하여 다음과 같이 빵을 만들어 평가단 50명이 평가를 하였다. 이 경우 다음의 질문에 답을 하시오.

A: 설탕량, B: 밀가루 종류, C: 숙성시간, D: 가공온도

구분	제어인자 배치							결과치				
인자배치	A	C	$A \times C$	D	$A \times D$	e	B	가중치: 아주좋음=0 좋음=1 보통=3 보통이하=5				SN비=-10log $\left(\frac{\sum_{i=1} w_i^2 n_i}{n}\right)$
열번호	1	2	3	4	5	6	7					
(기본표시) 실험번호	(a)	(b)	(ab)	(c)	(ac)	(bc)	(abc)	0	1	3	5	
1	0	0	0	0	0	0	0	25	9	8	8	7.9
2	0	0	0	1	1	1	1	26	13	4	7	6.9
3	0	1	1	0	0	1	1	28	17	2	3	6.6
4	0	1	1	1	1	0	0	29	13	4	4	6.9
5	1	0	1	0	0	0	1	43	6	1	0	3.9
6	1	0	1	1	1	1	0	42	6	2	0	4.7
7	1	1	0	0	1	1	0	35	10	3	2	6.0
8	1	1	0	1	0	0	1	38	6	3	3	5.2

1) '실험번호 1번'에 대한 SN비를 구하시오.

2) '실험번호 1번'에 대한 변동 A를 구하시오.

3) 분산분석표를 작성한 후 중요한 요인을 선정하시오.

4) 빵 맛이 가장 좋은 조건에서 점 추정을 하시오.

12. 색의 농도에 영향을 주는 것으로 예상되는 5개 인자로 다음과 같은 실험을 하였다. 각 인자는 2수준이며 염료의 사용량이 신호인자이다. 이 경우 염료의 사용량에 따라 일정한 색의 농도를 내기 위한 조건을 설정하시오.

A: 온도, B: 시간, C: 압력, D: 소재의 양, F: 염료의 종류

신호인자(소재의 양에 대한 염료사용 비율): M_1(1 %), M_2(3 %), M_3(5 %)

잡음인자(N_1, N_2): 물의 종류

								M_1		M_2		M_3	
	A	B	e	C	e	D	F	N_1	N_2	N_1	N_2	N_1	N_2
	0	0	0	0	0	0	0	7	7	22	21	32	32
	0	0	0	1	1	1	1	8	9	23	24	34	34
	0	1	1	0	0	1	1	9	8	24	25	34	34
	0	1	1	1	1	0	0	8	7	21	22	31	32
	1	0	1	0	0	0	1	13	14	28	27	36	37
	1	0	1	1	1	1	0	11	11	26	26	37	38
	1	1	0	0	1	1	0	12	11	26	26	36	38
	1	1	0	1	0	0	1	13	14	27	28	38	36

부록

부표 1: 표준정규분포표
부표 2: T 분포표
부표 3: F 분포표
부표 4: χ^2 분포표

[부표 1]

표준정규분포표

Z	0	0.01	0.02	0.03	0.04	0.05	0.06	0.07	0.08	0.09
0.0	0.50000	0.49601	0.49202	0.48803	0.48405	0.48006	0.47608	0.47210	0.46812	0.46414
0.1	0.46017	0.45620	0.45224	0.44828	0.44433	0.44038	0.43644	0.43251	0.42858	0.42465
0.2	0.42074	0.41683	0.41294	0.40905	0.40517	0.40129	0.39743	0.39358	0.38974	0.38591
0.3	0.38209	0.37828	0.37448	0.37070	0.36693	0.36317	0.35942	0.35569	0.35197	0.34827
0.4	0.34458	0.34090	0.33724	0.33360	0.32997	0.32636	0.32276	0.31918	0.31561	0.31207
0.5	0.30854	0.30503	0.30153	0.29806	0.29460	0.29116	0.28774	0.28434	0.28096	0.27760
0.6	0.27425	0.27093	0.26763	0.26435	0.26109	0.25785	0.25463	0.25143	0.24825	0.24510
0.7	0.24196	0.23885	0.23576	0.23270	0.22965	0.22663	0.22363	0.22065	0.21770	0.21476
0.8	0.21186	0.20897	0.20611	0.20327	0.20045	0.19766	0.19489	0.19215	0.18943	0.18673
0.9	0.18406	0.18141	0.17879	0.17619	0.17361	0.17106	0.16853	0.16602	0.16354	0.16109
1.0	0.15866	0.15625	0.15386	0.15151	0.14917	0.14686	0.14457	0.14231	0.14007	0.13786
1.1	0.13567	0.13350	0.13136	0.12924	0.12714	0.12507	0.12302	0.12100	0.11900	0.11702
1.2	0.11507	0.11314	0.11123	0.10935	0.10749	0.10565	0.10383	0.10204	0.10027	0.09853
1.3	0.09680	0.09510	0.09342	0.09176	0.09012	0.08851	0.08692	0.08534	0.08379	0.08226
1.4	0.08076	0.07927	0.07780	0.07636	0.07493	0.07353	0.07215	0.07078	0.06944	0.06811
1.5	0.06681	0.06552	0.06426	0.06301	0.06178	0.06057	0.05938	0.05821	0.05705	0.05592
1.6	0.05480	0.05370	0.05262	0.05155	0.05050	0.04947	0.04846	0.04746	0.04648	0.04551
1.7	0.04457	0.04363	0.04272	0.04182	0.04093	0.04006	0.03920	0.03836	0.03754	0.03673
1.8	0.03593	0.03515	0.03438	0.03362	0.03288	0.03216	0.03144	0.03074	0.03005	0.02938
1.9	0.02872	0.02807	0.02743	0.02680	0.02619	0.02559	0.02500	0.01442	0.02385	0.02330
2.0	0.02275	0.02222	0.02169	0.02118	0.02068	0.02018	0.01970	0.01923	0.01876	0.01831
2.1	0.01786	0.01743	0.01700	0.01659	0.01618	0.01578	0.01539	0.01500	0.01463	0.01426
2.2	0.01390	0.01355	0.01321	0.01287	0.01255	0.01222	0.01191	0.01160	0.01130	0.01101
2.3	0.01072	0.01044	0.01017	0.00990	0.00964	0.00939	0.00914	0.00889	0.00866	0.00842
2.4	0.00820	0.00798	0.00776	0.00755	0.00734	0.00714	0.00695	0.00676	0.00567	0.00639
2.5	0.00621	0.00604	0.00587	0.00570	0.00554	0.00539	0.00523	0.00508	0.00494	0.00480
2.6	0.00466	0.00453	0.00440	0.00427	0.00415	0.00402	0.00391	0.00379	0.00368	0.00357
2.7	0.00347	0.00336	0.00326	0.00317	0.00307	0.00298	0.00289	0.00280	0.00272	0.00264
2.8	0.00256	0.00248	0.00240	0.00233	0.00226	0.00219	0.00212	0.00205	0.00199	0.00193
2.9	0.00187	0.00181	0.00175	0.00469	0.00164	0.00159	0.00154	0.00149	0.00144	0.00139
3.0	0.00135	0.00131	0.00126	0.00122	0.00118	0.00114	0.00111	0.00107	0.00104	0.00100
3.1	0.00097	0.00094	0.00090	0.00087	0.00084	0.00082	0.00079	0.00076	0.00074	0.00071
3.2	0.00069	0.00066	0.00064	0.00062	0.00060	0.00058	0.00056	0.00054	0.00052	0.00050
3.3	0.00048	0.00047	0.00045	0.00043	0.00042	0.00040	0.00039	0.00038	0.00036	0.00035
3.4	0.00034	0.00032	0.00031	0.00030	0.00029	0.00028	0.00027	0.00026	0.00025	0.00024
3.5	0.00023	0.00022	0.00022	0.00021	0.00020	0.00019	0.00019	0.00018	0.00017	0.00017
3.6	0.00016	0.00015	0.00015	0.00014	0.00014	0.00013	0.00013	0.00012	0.00012	0.00011
3.7	0.00011	0.00010	0.00010	0.00010	0.00009	0.00009	0.00008	0.00008	0.00008	0.00008
3.8	0.00007	0.00007	0.00007	0.00006	0.00006	0.00006	0.00006	0.00005	0.00005	0.00005
3.9	0.00005	0.00005	0.00004	0.00004	0.00004	0.00004	0.00004	0.00004	0.00003	0.00003
4.0	0.000032	0.000030	0.000029	0.000028	0.000027	0.000026	0.000025	0.000024	0.000023	0.000022
4.1	0.000021	0.000020	0.000019	0.000018	0.000017	0.000017	0.000016	0.000015	0.000015	0.000014
4.2	0.000013	0.000013	0.000012	0.000012	0.000011	0.000011	0.000010	0.000010	0.000009	0.000009
4.3	0.000009	0.000008	0.000008	0.000007	0.000007	0.000007	0.000007	0.000006	0.000006	0.000006
4.4	0.000005	0.000005	0.000005	0.000005	0.000005	0.000004	0.000004	0.000004	0.000004	0.000004
4.5	0.000003	0.000003	0.000003	0.000003	0.000003	0.000003	0.000003	0.000002	0.000002	0.000002
4.6	0.000002	0.000002	0.000002	0.000002	0.000002	0.000002	0.000002	0.000002	0.000001	0.000001
4.7	0.000001	0.000001	0.000001	0.000001	0.000001	0.000001	0.000001	0.000001	0.000001	0.000001
4.8	0.000001	0.000001	0.000001	0.000001	0.000001	0.000001	0.000001	0.000001	0.000001	0.000001
4.9	0.000000	0.000000	0.000000	0.000000	0.000000	0.000000	0.000000	0.000000	0.000000	0.000000

[부표 2] t 분포표

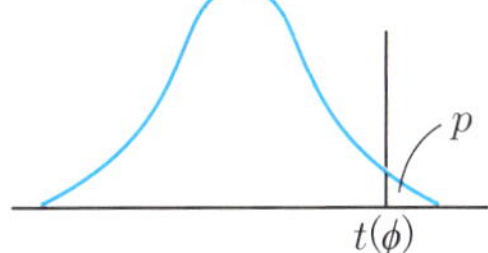

ϕ	0.4	0.3	0.2	0.1	0.05	0.025	0.01	0.005
1	0.325	0.727	1.376	3.078	6.314	12.706	31.821	63.657
2	0.289	0.617	1.061	1.886	2.920	4.303	6.965	9.925
3	0.277	0.584	0.978	1.638	2.353	3.182	4.541	5.841
4	0.271	0.569	0.941	1.533	2.132	2.776	3.747	4.604
5	0.267	0.559	0.920	1.476	2.015	2.571	3.365	4.032
6	0.265	0.553	0.906	1.440	1.943	2.447	3.143	3.707
7	0.263	0.549	0.896	1.415	1.895	2.365	2.998	3.499
8	0.262	0.546	0.889	1.397	1.860	2.306	2.896	3.355
9	0.261	0.543	0.883	1.383	1.833	2.262	2.821	3.250
10	0.260	0.542	0.879	1.372	1.812	2.228	2.764	3.169
11	0.260	0.540	0.876	1.363	1.796	2.201	2.718	3.106
12	0.259	0.539	0.873	1.356	1.782	2.179	2.681	3.055
13	0.259	0.538	0.870	1.350	1.771	2.160	2.650	3.012
14	0.258	0.537	0.868	1.345	1.761	2.145	2.624	2.977
15	0.258	0.536	0.866	1.341	1.753	2.313	2.602	2.947
16	0.258	0.535	0.865	1.337	1.746	2.120	2.583	2.921
17	0.257	0.534	0.863	1.333	1.740	2.110	2.567	2.898
18	0.257	0.534	0.862	1.330	1.734	2.101	2.552	2.878
19	0.257	0.533	0.861	1.328	1.729	2.093	2.539	2.861
20	0.257	0.533	0.860	1.325	1.725	2.086	2.528	2.845
21	0.257	0.532	0.859	1.323	1.721	2.080	2.518	2.831
22	0.256	0.532	0.858	1.321	1.717	2.074	2.508	2.819
23	0.256	0.532	0.858	1.319	1.714	2.069	2.500	2.807
24	0.256	0.531	0.857	1.318	1.711	2.064	2.492	2.797
25	0.256	0.531	0.856	1.316	1.708	2.060	2.485	2.787
26	0.256	0.531	0.856	1.315	1.706	2.056	2.479	2.779
27	0.256	0.531	0.855	1.314	1.703	2.052	2.473	2.771
28	0.256	0.530	0.855	1.313	1.701	2.048	2.467	2.763
29	0.256	0.530	0.854	1.311	1.699	2.045	2.462	2.756
30	0.256	0.530	0.854	1.310	1.697	2.042	2.457	2.750
40	0.255	0.529	0.851	1.303	1.684	2.021	2.423	2.704
60	0.254	0.527	0.848	1.296	1.671	2.000	2.390	2.660
120	0.254	0.526	0.845	1.289	1.658	1.980	2.358	2.617
	0.253	0.524	0.842	1.282	1.645	1.960	2.326	2.576

[부표 3]

F 분포표

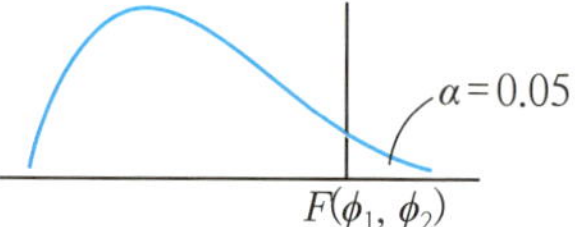

Tabulated values for $\alpha = 0.05$

	1	2	3	4	5	6	7	8	9	10
1	161.40	199.50	215.70	224.60	230.20	234.00	236.80	238.90	240.50	241.90
2	18.51	19.00	19.16	19.25	19.30	19.33	19.35	19.37	19.38	19.40
3	10.13	9.55	9.28	9.12	9.01	8.94	8.89	8.85	8.81	8.79
4	7.71	6.94	6.59	6.39	6.26	6.16	6.09	6.04	6.00	5.96
5	6.61	5.79	5.41	5.19	5.505	4.95	4.88	4.82	4.77	4.74
6	5.99	5.14	4.76	4.53	4.39	4.28	421	4.15	4.10	4.06
7	5.59	4.74	4.35	4.12	3.97	3.87	3.79	3.73	3.68	3.64
8	5.32	4.46	4.07	3.84	3.69	3.58	3.50	3.44	3.39	3.35
9	5.12	4.26	3.86	3.63	3.48	3.37	3.29	3.23	3.18	3.14
10	4.96	4.10	3.71	3.48	3.33	3.22	3.14	3.07	3.02	2.98
11	4.84	3.98	3.59	3.36	3.20	3.09	3.01	2.95	2.90	2.85
12	4.75	3.89	3.49	3.26	3.11	3.00	2.91	2.85	2.80	2.75
13	4.67	3.81	3.41	3.18	3.03	2.92	2.83	2.77	2.71	2.67
14	4.60	3.74	3.34	3.11	2.96	2.85	2.76	2.70	2.65	2.60
15	4.54	3.68	3.29	3.06	2.90	2.79	2.71	2.64	2.59	2.54
16	4.49	3.63	3.24	3.01	2.85	2.74	2.66	2.59	2.54	2.49
17	4.45	3.59	3.20	2.96	2.81	2.70	2.61	2.55	2.49	2.45
18	4.41	3.55	3.16	2.93	2.77	2.66	2.58	2.51	2.46	2.41
19	4.38	3.52	3.13	2.90	2.74	2.63	2.54	2.48	2.42	2.38
20	4.35	3.49	3.10	2.87	2.71	2.60	2.51	2.45	2.39	2.35
21	4.32	3.47	3.07	2.84	2.68	2.57	2.49	2.42	2.37	2.32
22	4.30	3.44	3.05	2.82	2.66	2.55	2.46	2.40	2.34	2.30
23	4.28	3.42	3.03	2.80	2.64	2.53	2.44	2.37	2.32	2.27
24	4.26	3.40	3.01	2.78	2.62	2.51	2.42	2.36	2.30	2.25
25	4.24	3.39	2.99	2.76	2.60	2.49	2.40	2.34	2.28	2.24
26	4.23	3.37	2.98	2.74	2.59	2.47	2.39	2.32	2.27	2.22
27	4.21	3.35	2.96	2.73	2.57	2.46	2.37	2.31	2.25	2.20
28	4.20	3.34	2.95	2.71	2.56	2.45	2.36	2.29	2.24	2.19
29	4.18	3.33	2.93	2.70	2.55	2.43	2.35	2.28	2.22	2.18
30	4.17	3.32	2.92	2.69	2.53	2.42	2.33	2.27	2.21	2.16
40	4.08	3.23	2.84	2.61	2.45	2.34	2.25	2.18	2.12	2.08
60	4.00	3.15	2.76	2.53	2.37	2.25	2.17	2.10	2.04	1.99
120	3.92	3.07	2.68	2.45	2.29	2.17	2.09	2.02	1.96	1.91
	3.84	3.00	2.60	2.37	2.21	2.10	2.01	1.94	1.88	1.83

Tabulated values for $\alpha = 0.05$

	12	15	20	24	30	40	60	120	
1	243.90	245.90	248.00	249.10	250.10	251.10	252.20	253.30	254.30
2	19.41	19.43	19.45	19.45	19.46	19.47	19.48	19.49	19.50
3	8.74	8.70	8.66	8.64	8.62	8.59	8.57	8.55	8.53
4	5.91	5.86	5.80	5.77	5.75	5.72	5.69	5.66	5.63
5	4.68	4.62	4.56	4.53	4.50	4.46	4.43	4.40	4.36
6	4.00	3.94	3.87	3.84	3.81	3.77	3.74	3.70	3.67
7	3.57	3.51	3.44	3.41	3.38	3.34	3.30	3.27	3.23
8	3.28	3.22	3.15	3.12	3.08	3.04	3.01	2.97	2.93
9	3.07	3.01	2.94	2.90	2.86	2.83	2.79	2.75	2.71
10	2.91	2.85	2.77	2.74	2.70	2.66	2.62	2.58	2.54
11	2.79	2.72	2.65	2.61	2.57	2.53	2.49	2.45	2.40
12	2.69	2.62	2.54	2.51	2.47	2.43	2.38	2.34	2.30
13	2.60	2.53	2.46	2.42	2.38	2.34	2.30	2.25	2.21
14	2.53	2.46	2.39	2.35	2.31	2.27	2.22	2.18	2.13
15	2.48	2.40	2.33	2.29	2.25	2.20	2.16	2.11	2.07
16	2.42	2.35	2.28	2.24	2.19	2.15	2.11	2.06	2.01
17	2.38	2.31	2.23	2.19	2.15	2.10	2.06	2.01	1.96
18	2.34	2.27	2.19	2.15	2.11	2.06	2.02	1.97	1.92
19	2.31	2.23	2.16	2.11	2.07	2.03	1.98	1.93	1.88
20	2.28	2.20	2.12	2.08	2.04	1.99	1.95	1.90	1.84
21	2.25	2.18	2.10	2.05	2.01	1.96	1.92	1.87	1.81
22	2.23	2.15	2.07	2.03	1.98	1.94	1.89	1.84	1.78
23	2.20	2.13	2.05	2.01	1.96	1.91	1.86	1.81	1.76
24	2.18	2.11	2.03	1.98	1.94	1.89	1.84	1.79	1.73
25	2.16	2.09	2.01	1.96	1.92	1.87	1.82	1.77	1.71
26	2.15	2.07	1.99	1.95	1.90	1.85	1.80	1.75	1.69
27	2.13	2.06	1.97	1.93	1.88	1.84	1.79	1.73	1.67
28	2.12	2.04	1.96	1.91	1.87	1.82	1.77	1.71	1.65
29	2.10	2.03	1.94	1.90	1.85	1.81	1.75	1.70	1.64
30	2.09	2.01	1.93	1.89	1.84	1.79	1.74	1.68	1.62
40	2.00	1.92	1.84	1.79	1.74	1.69	1.64	1.58	1.51
60	1.92	1.84	1.75	1.70	1.65	1.59	1.53	1.47	1.39
120	1.83	1.75	1.66	1.61	1.55	1.50	1.43	1.35	1.25
	1.75	1.67	1.57	1.52	1.46	1.39	1.32	1.22	1.00

[부표 4]

χ^2 분포표

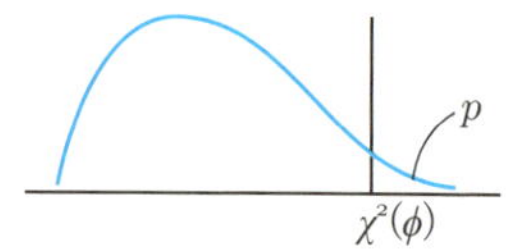

df	.995	.990	.975	.950	.900	.750	.500
1	000039	.000160	.000980	.003930	.015800	.101500	.455000
2	0.010	0.020	0.051	0.103	0.211	0.575	1.386
3	0.072	0.115	0.216	0.352	0.584	1.213	2.366
4	0.207	0.297	0.484	0.711	1.064	1.923	3.357
5	0.412	0.554	0.831	1.145	1.610	2.675	4.351
6	0.676	0.872	1.237	1.635	2.204	3.455	5.348
7	0.989	1.239	1.690	2.167	2.833	4.255	6.346
8	1.344	1.646	2.180	2.733	3.490	5.071	7.344
9	1.735	2.088	2.700	3.325	4.168	5.899	8.343
10	2.156	2.558	3.247	3.940	4.865	6.737	9.342
11	2.603	3.053	3.816	4.575	5.578	7.584	10.341
12	3.074	3.571	4.404	5.226	6.304	8.438	11.340
13	3.565	4.107	5.009	5.892	7.042	9.299	12.340
14	4.075	4.660	5.629	6.571	7.790	10.165	13.339
15	4.601	5.229	6.262	7.261	8.547	11.036	14.339
16	5.142	5.812	6.908	7.962	9.312	11.912	15.338
17	5.697	6.408	7.564	8.672	10.085	12.792	16.338
18	6.265	7.015	8.231	9.390	10.865	13.675	17.338
19	6.844	7.633	8.907	10.117	11.651	14.562	18.338
20	7.434	8.260	9.591	10.851	12.443	15.452	19.337
21	8.034	8.897	10.283	11.591	13.240	16.344	20.337
22	8.643	9.542	10.982	12.338	14.041	17.240	21.337
23	9.260	10.196	11.688	13.091	14.848	18.137	22.337
24	9.886	10.856	12.401	13.848	15.659	19.037	23.337
25	10.520	11.524	13.120	14.611	16.473	19.939	24.337
26	11.160	12.198	13.844	15.379	17.292	20.843	25.336
27	11.808	12.879	14.573	16.151	18.114	21.749	26.336
28	12.461	13.565	15.308	16.928	18.939	22.657	27.336
29	13.121	14.256	16.047	17.708	19.768	23.567	28.336
30	13.787	14.953	16.791	18.493	20.599	24.478	29.336
40	20.707	22.164	24.433	26.509	29.051	33.660	39.335
50	27.991	29.707	32.357	34.764	37.689	42.942	49.335
60	35.535	37.485	40.482	43.188	46.459	52.294	59.335
				51.739	55.329	61.698	69.334
70	43.275	45.442	48.758				
80	51.172	53.540	57.153	60.391	64.278	71.145	79.334
90	59 196	61 754	65 647	69 126	73 291	80 625	89 334
100	67.328	70.065	74.222	77.929	82.358	90.133	99.334

df	.250	.100	.050	.025	.010	.005	.001
1	1.323	2.706	3.841	5.024	6.635	7.879	10.828
2	2.773	4.605	5.991	7.378	9.210	10.597	13.816
3	4.108	6.251	7.815	9.348	11.345	12.838	16.266
4	5.385	7.779	9.488	11.143	13.277	14.860	18.467
5	6.626	9.236	11.070	12.832	15.086	16.750	20.515
6	7.841	10.645	12.592	14.449	16.812	18.548	22.458
7	9.037	12.017	14.067	16.013	18.475	20.278	24.322
8	10.219	13.362	15.507	17.535	20.090	21.955	26.125
9	11.389	14.684	16.919	19.023	21.666	23.589	27.877
10	12.549	15.987	18.307	20.483	23.209	25.188	29.588
11	13.701	17.275	19.675	21.920	24.725	26.757	31.264
12	14.845	18.549	21.026	23.337	26.217	28.300	32.909
13	15.984	19.812	22.362	24.736	27.688	29.819	34.528
14	17.117	21.064	23.685	26.119	29.141	31.319	36.123
15	18.245	22.307	24.996	27.488	30.578	32.801	37.697
16	19.369	23.542	26.296	28.845	32.000	34.267	39.252
17	20.489	24.769	27.587	30.191	33.409	35.718	40.790
18	21.605	25.989	28.869	31.526	34.805	37.156	43.312
19	22.718	27.204	30.144	32.852	36.191	38.582	43.820
20	23.828	28.412	31.410	34.170	37.566	39.997	45.315
21	24.935	29.615	32.671	35.479	38.932	41.401	46.797
22	26.039	30.813	33.924	36.781	40.289	42.796	48.268
23	27.141	32.007	35.172	38.076	41.638	44.181	49.728
24	28.241	33.196	36.415	39.364	42.980	45.558	51.179
25	29.339	34.382	37.652	40.646	44.314	46.928	52.620
26	30.434	35.563	38.885	41.923	45.642	48.290	54.052
27	31.528	36.741	40.113	43.194	46.963	49.645	55.476
28	32.620	37.916	41.337	44.461	48.278	50.993	56.892
29	33.711	39.087	42.557	45.722	49.588	52.336	58.302
30	34.800	40.256	43.773	46.979	50.892	53.672	59.703
40	45.616	51.805	55.758	59.342	63.691	66.766	73.402
50	56.334	63.167	67.505	71.420	76.154	79.490	86.661
60	66.981	74.397	79.082	83.298	88.379	91.952	99.607
70	77.577	85.527	90.531	95.023	100.425	104.215	112.317
80	88.130	96.578	101.879	106.629	112.329	116.321	124.839
90	98.650	107.565	113.145	118.136	124.116	128.299	137.208
100	109.141	118.498	124.342	129.561	135.807	140.169	149.449

참고문헌

1. KSA, 실험계획법/다구찌 활용실무, KSA 인재개발원, 2007
2. 김상익 외, 통계학의 이해와 응용, 민영사, 2010
3. 김혁주 외, 제2종의 중심합성계획의 몇 가지 성질, 한국통계학회, 2004
4. 다구찌, 개발, 설계단계의 품질공학, KSA 본부, 1991
5. 박성현, 응용실험계획법, 영지문화사, 1990
6. 박성현, 품질공학, 민영사, 1993
7. 박성현, 현대실험계획법, 민영사, 2003
8. 박성현, 회귀분석, 민영사, 1989
9. 박성현 외, 미니탭을 활용한 현대실험계획법, 민영사, 2011
10. 박성현 외, 통계적품질관리, 민영사, 1997
11. 박성현 외, 통계적 품질관리와 6시그마 이해, 2014
12. 배도선, 최신 통계적품질관리, 영지문화사, 1992
13. 양인모 외, 6시그마 경영, 민영사, 2015
14. 양인모 외, 통계적품질관리, 민영사, 2015
15. 유춘번 외, 통계적품질관리, 민영사, 2015
16. 윤상운 외, 실용통계학, 자유아카데미, 2000
17. 이우선 외, 최신 실험설계와 분석, 민영사, 2014
18. Angela Dean, Max Morris, John Stufken, Derek Bingham Handbook of Design and Analysis of Experiments, Chapman & Hall/CRC, 2015
19. Atkinson, A. C. and Donev, A. N. and Tobias, R. D. Optimum Experimental Designs, with SAS. Oxford University Press, 2007
20. Box, G. E. P. and Draper, Norman. Response Surfaces, Mixtures, and Ridge Analyses, Second Edition, Wiley, 2007.
21. Colin Hardwick, Practical Design of Experiments: DoE Made Easy!, Create Space Independent Publishing Platform; 1 edition, 2013
22. Douglas C. Montgomery, Design and Analysis of Experiments 8th, Wiley, 2013
23. Douglas C. Montgomery, Elizabeth A. Peck, G. Geoffrey Vining, Introduction to Linear Regression Analysis 5th Edition, wiley, 2012

24. George E.P. Box 외, Empirical Model-Building and Response Surfaces, Wiley, 1986
25. J . Rick Turner, Julian F. Thayer, Introduction to Analysis of Variance: Design, Analysis & Interpretation. SAGE Publications, 2001
26. Jiju Antony, Design of Experiments for Engineers and Scientists, Second Edition , Elsevier, 2014
27. John A. Cornell, A Primer on Experiments with Mixtures 1st Edition, Wiley, 2011
28. Larry B. Barrentine, An Introduction to Design of Experiments: A Simplified Approach, Amer Society for Quality, 1999
29. Mark J. Anderson 외, RSM Simplified Optimizing Processes Using Response Surface Methods For Design of Experiments, PRODUCTIVITY Press, 2004
30. Mark J. Anderson, Patrick J. Whitcomb, DOE Simplified: Practical Tools for Effective Experimentation, Second Edition 3rd Edition, Productivity Press, 2015
31. Max Morris, Design of Experiments: An Introduction Based on Linear Models , Chapman & Hall, 2010
32. Patrick J. Whitcomb, Mark J. Anderson, RSM Simplified: Optimizing Processes Using Response Surface Methods for Design of Experiments, Productivity Press, 2004
33. Peter Goos, Bradley Jones, Optimal Design of Experiments: A Case Study Approach 1st Edition, Wiley, 2011
34. R.H. Myers, D.C. Montgomery, C.M. Anderson-Cook, Response Surface Methodology: Process and Product Optimization using Designed Experiments(4rd ed.)Wiley, 2016
35. Ranjit K. Roy, A Primer on the Taguchi Method, 2nd edition 2nd edition Edition, Society of Manufacturing Engineers, 2010
36. Samprit Chatterjee, Ali S. Hadi, Regression Analysis by Example 5th Edition, wiley, 2012

찾아보기

저자소개

양인모(sigmamo@hanmail.net)

아주대학교 산업공학과 학사
KAIST 산업공학과 석사
품질관리 기술사, 공정관리 기술사, 품질경영 기사 1급
삼정전자 정보통신, 한국생산성본부, 한국능률협회 전문위원, KMQ 소장
대한설비관리학회 이사
(현) 스탠다드 파트너스 파트너

오근태(gtoh@suwon.ac.kr)

고려대학교 산업공학과 졸업
KAIST 산업공학과 공학석사, KAIST 산업공학과 공학박사
(현) 한국신뢰성학회 총무이사
(현) 수원대학교 산업공학과 교수

유춘번(cbyoo@kgu.ac.kr)

고려대학교 산업공학과 졸업
KAIST 산업공학과 공학석사, KAIST 경영과학과 공학박사
한국품질경영학회 회장 역임, 한국경영과학과 부회장 역임
국가기술표준원 품질경영기술심의회 위원장, 기본기술심의회 위원장
ISO/TC 176 국내위원, 통계적 방법 전문위원, 적합성 평가 전문위원
(현) 경기대학교 산업경영공학과 교수

황인극(ikhwang@kongju.ac.kr)

아주대학교 산업공학과 학사
Univ. of Iowa, Dept. of Industrial & Management Engineering (M.S)
Texas A&M Univ. Dept. of Industrial Engineering (Ph.D:품질공학)
멀티미디어 기술사
공주대학교 산업과학연구원장 겸 산업개발연구소장, 학생복지부처장, 취업지원본부장,
종합인력개발원장
ISO 21500/PC236 프로젝트경영 전문위원, ABEEK 평가위원
ISO 9001 International Lead Auditor
(현) 공주대학교 산업시스템공학과 교수

새로운 개념과 접근법에 따른 **실험계획법**

지은이 양인모 외
펴낸날 2015년 11월 1일 초판
펴낸이 김동현
펴낸곳 민영사, 대한상공회의소

주소 서울시 성동구 독서당로 39길 43 1층
전화 (02) 711-1224~5
팩스 (02) 711-1226
등록 2014년 1월 1일 제2014-000001호
홈페이지 www.minyoungsa.com
www.korcham.net
E-mail myspub@hanmail.net

값 32,000원
ISBN 979-11-86378-03-8 93410
＊잘못 만들어진 책은 교환해 드립니다.

민영사는 정직과 신뢰로 책을 만듭니다.